普通高等教育案例版系列教材

供医学硕士研究生和预防医学、公共管理、卫生检验、卫生监督、
营养等专业本科生使用

案例版

卫生统计学

第 2 版

主编　罗家洪　郭秀花

科 学 出 版 社

北 京

内 容 简 介

本书不改变教学核心内容,引入案例教学,在第1版案例版《医学统计学》的基础上,修改、充实科研案例。全书24章,融先进性、科学性、启发性、适用性于一体,在突出基础理论、基本知识和基本技能的基础上,以案例引导教学,采用错误案例(或正常案例)→问题→分析→引导出基本概念→基本理论→实际科研案例→正确分析方法→知识点→思考练习模式,强调以"学"为中心。用各种正确和错误的典型案例启发学生思考。各章节知识点明确,学生易学,教师好教,内容符合教育部制定的基本教学要求。

本书是3年制医学硕士研究生和5年制预防医学专业本科生教材,也可供公管、卫生检验、营养、卫生监督等专业本科生使用,同时适用于医学研究生毕业后执业医师考试和博士研究生入学考试,也可作为在职医疗卫生人员继续教育培训教材,还可以作为在职医疗卫生人员科研参考书。

图书在版编目(CIP)数据

卫生统计学:案例版 / 罗家洪,郭秀花主编 .—2版 .—北京:科学出版社,2015.12

ISBN 978-7-03-044934-4

Ⅰ.①卫… Ⅱ.①罗… ②郭… Ⅲ.①卫生统计-医学院校-教材 Ⅳ.①R195.1

中国版本图书馆CIP数据核字(2015)第128400号

责任编辑:朱 华 / 责任校对:李 影
责任印制:赵 博 / 封面设计:陈 敬

科学出版社 出版
北京东黄城根北街16号
邮政编码:100717
http://www.sciencep.com
北京厚诚则铭印刷科技有限公司印刷
科学出版社发行 各地新华书店经销
*
2006年12月第 一 版 开本:787×1092 1/16
2015年12月第 二 版 印张:32
2025年 7 月第十三次印刷 字数:779 000

定价:118.00元

(如有印装质量问题,我社负责调换)

《卫生统计学》编委会

（第 2 版）

主　　编　罗家洪　郭秀花

副 主 编　曹明芹　姚应水　贾　红　刘启贵　李　健
赵若望　董莉萍　程晓萍　许传志　李秀央
谢红卫　尹家祥　毛　勇　杨兴华

学术秘书　陈　莹　孟　琼

编　　委　（按姓氏拼音排列）

曹明芹（新疆医科大学）
常　巍（昆明医科大学）
陈　润（四川医科大学）
陈　莹（昆明医科大学）
程晓萍（辽宁医学院）
董莉萍（北华大学）
杜瑞红（北华大学）
尔西丁．买买提（新疆医科大学）
高晓凤（川北医学院）
郭　晋（首都医科大学）
郭秀花（首都医科大学）
郝金奇（内蒙古科技大学包头医学院）
贺连平（皖南医学院）
侯瑞丽（内蒙古科技大学包头医学院）
胡志宏（北华大学）
贾　红（四川医科大学）
金岳龙（皖南医学院）
孔丽娅（浙江大学）
李　健（川北医学院）
李秀央（浙江大学）
李　岩（北华大学）
刘军祥（四川医科大学）
刘启贵（大连医科大学）
罗家洪（昆明医科大学）
罗艳侠（首都医科大学）
毛　勇（昆明医科大学）
孟　琼（昆明医科大学）
齐亚莉（北华大学）
宋　湛（川北医学院）
孙艳春（昆明医科大学）
田小兵（川北医学院）
童玲玲（南华大学）
王　倩（新疆医科大学）
王　山（浙江大学）
王　莹（辽宁医学院）
王博涵（辽宁医学院）
韦丽琴（内蒙古科技大学包头医学院）
巫秀美（大理大学）
谢红卫（南华大学）
许传志（昆明医科大学）
闫宇翔（首都医科大学）
杨兴华（首都医科大学）
姚雪梅（新疆医科大学）
姚应水（皖南医学院）
叶运莉（四川医科大学）
尹家祥（大理大学）
喻　箴（昆明医科大学）
张俊辉（四川医科大学）
章丽娟（大理大学）
赵若望（内蒙古科技大学包头医学院）
朱　陶（川北医学院）
祝慧萍（首都医科大学）

前　言

本教材是根据教育部《2003～2007年教育振兴行动计划》的精神，本着与时俱进、改革与创新医学生培养模式、教学方法的宗旨，采用先进教学模式——案例式教学模式的基础上，在供医学研究生、预防本科生等使用的案例版《医学统计学》（罗家洪、薛茜主编）的基础上编写的第二版教材，编写的适合中国国情、供医学硕士研究生和预防医学、公管、卫检、营养、卫生监督等本科生使用的全新案例式教材。

卫生统计学是医学生的一门重要基础学科，它是应用统计学的基本原理和方法，研究医学及其有关领域数据信息的搜集、整理、分析、表达和解释的一门科学。由于医学领域及其有关领域的研究主要对象是人，人的健康及其影响因素较复杂，具有生物变异性和多因素特点，与社会因素、心理因素、环境因素等有关，需要借助卫生统计学的方法进行统计分析，解决医学日常工作和医学科研工作的实际问题。因此，卫生统计学是医学生的公共基础课，又是专业基础课；卫生统计学是医疗卫生人员正确认识医学领域及其有关领域的客观规律、总结工作经验、进行医学科研和疾病防治工作的重要工具。人类已进入信息时代，要在大量的信息中获得有价值的结果，需要对信息进行科学的统计分析，这就要求医学生具有扎实的卫生统计学基础。为培养合格的21世纪医学人才，绝大多数医科院校都将卫生统计学列为本专科生、硕士研究生、博士研究生以及医学继续教育和成人在职培训的必修课程。但是，由于卫生统计学的抽象性、综合性和灵活性等特点，加之传统的教材内容和教学模式，使得医学生普遍感到该课程难学、难懂，以至于在医疗实践中不知如何应用。

长期以来，我国高等教育的教学活动中“教”、“学”分离现象突出，枯燥的“填鸭式”教学，单向传输的师生关系，导致医学生学习主动性不够，创新思维不强，自学能力缺乏，影响了人才培养的质量。相对于其他学科而言，医学教学模式更为传统和保守，课程体系、教学方法几十年不变，这与“灌输式”的教材结构有着很大关系。传统教材模式为基本概念→基本理论→正常案例→习题，没有错误案例，学生不知道会犯何种错误？应该怎样避免？怎样正确分析？为了顺应教育部教学改革的潮流，改进现有教学模式和课程体系，提升教学质量和就业率，我们在不改变教学核心内容的前提下，采用先进教学模式，借鉴职业教育成功经验，在保持供医学研究生、预防医学等本科生使用的第一版案例版《医学统计学》（罗家洪、薛茜主编）的基础上，修改、充实科研案例，以全新面貌编写了供医学硕士研究生和预防医学本科生等使用的案例式卫生统计学，其主要特点有以下几个方面：

1. 先进性　在突出基础理论、基本知识和基本技能的基础上，融典型科研正反案例于教材中，以案例引导教学，采用错误案例（或正常案例）→问题→分析→引导出基本概念→基本理论→实际科研案例→正确分析方法→知识点→思考练习模式，丰富教学内容，提高学习效率。强调以“学”为中心，以学生的主动学习为主，打破传统教学中强调的以“教”为主，将教学改革落到实处。

2. 科学性　注重创新能力和实践能力的培养，力求为学生知识、素质和能力的协调发展创造条件。将教学改革和教学经验、临床科研成果融入教材，基础课程中加入临床案例，加强了基础学科与临床学科的联系和结合，明确了学习基础课的目的，让学生感到学有所用，既能充分调动学习主动性和积极性，提高学习效率，又能大幅度提升教学质量。

3. 启发性　用各种正确和错误的典型案例启发学生思考，引导学生提出问题，鼓励学生自己寻找问题的答案，培养学生批判性和分析性的思维能力，从根本上改变死记硬背、理论与实践相脱离的学习过程。

4. 适用性　各章节知识点明确，学生易学，教师好教，使学生在较短的时间内掌握所学知识。教材内容符合教育部制定的基本教学要求，以 3 年制医学硕士研究生和 5 年制预防医学专业本科生为主要对象，也可供公管、卫生检验、营养、卫生监督等专业本科生使用，同时适用于医学研究生毕业后执业医师考试和博士研究生入学考试，也可作为在职医疗卫生人员继续教育培训教材，还可以作为在职医疗卫生人员科研参考书。

本教材是常年从事医学统计学和卫生统计学教学工作的各位主编、副主编及编委的经验总结，也是医学科研统计方法的综合反映。在教材编写和出版过程中，得到了科学出版社和各参编医科院校的大力支持；同时，昆明医科大学校长姜润生教授，副校长李松教授，副校长李燕教授，教务处处长章宗籍教授，公共卫生学院殷建忠院长、王贵义书记等也给予了大力支持并提出了宝贵意见，我谨代表全体编委一并鸣谢。

本教材是全新的案例式教材，限于我们的水平和编写经验，可能有不少的缺点和错误，热忱欢迎广大师生和同行批评指正，并希望各医科院校在使用过程不断总结经验，提出宝贵意见，以便进一步修改提高。

罗家洪
2015 年 5 月于春城昆明

目　录

第一章　绪论 …………………………………… (1)
　第一节　概述 …………………………… (1)
　第二节　统计工作的步骤 ……………… (3)
　第三节　统计资料的类型 ……………… (4)
　第四节　统计学的几个基本概念 … (6)
第二章　计量资料的统计描述 ……… (9)
　第一节　频数表和频数分布图 …… (9)
　第二节　集中趋势的描述 ………… (13)
　第三节　离散趋势的描述 ………… (19)
　第四节　正态分布 ………………… (23)
第三章　分类资料的统计描述 ……… (32)
　第一节　常用相对数 ……………… (32)
　第二节　动态数列 ………………… (36)
　第三节　应用相对数的注意事项 … (37)
　第四节　标准化法 ………………… (39)
　第五节　医学人口统计常用指标 … (43)
第四章　统计表与统计图 ………… (51)
　第一节　统计表 …………………… (51)
　第二节　统计图 …………………… (57)
第五章　总体均数估计与假设检验 … (78)
　第一节　总体均数估计 …………… (78)
　第二节　假设检验的基本思想和步骤 ………………………………… (84)
　第三节　单样本 t 检验 ……………… (87)
　第四节　配对 t 检验 ………………… (88)
　第五节　两独立样本 t 检验 ………… (90)
　第六节　大样本 z 检验 ……………… (95)
　第七节　假设检验的两类错误和注意事项 ………………………… (97)
第六章　方差分析 ……………………… (102)
　第一节　完全随机设计的方差分析 ………………………………… (102)
　第二节　随机区组设计的方差分析 ………………………………… (107)
　第三节　重复测量资料的方差分析 ………………………………… (109)
　第四节　析因设计资料的方差分析 ………………………………… (111)
　第五节　正交试验设计资料的方差分析 ………………………… (115)
　第六节　多个样本均数的两两比较 ………………………………… (124)
　第七节　多个方差齐性检验 …… (126)
　第八节　变量变换 ……………… (127)
第七章　二项分布与 Poisson 分布 … (131)
　第一节　二项分布及其应用 …… (131)
　第二节　Poisson 分布及其应用 … (137)
第八章　χ^2 检验 …………………………… (146)
　第一节　完全随机设计四格表资料的 χ^2 检验 …………………… (146)
　第二节　完全随机设计行×列表资料的 χ^2 检验 ………………… (150)
　第三节　配对 χ^2 检验 ………………… (154)
　第四节　四格表的确切概率法 … (156)
第九章　秩和检验 ………………… (162)
　第一节　配对设计资料的秩和检验 ………………………………… (163)
　第二节　单样本资料的秩和检验 … (164)
　第三节　完全随机设计两样本资料的秩和检验 ………………… (165)
　第四节　完全随机设计多个样本资料的秩和检验 ……………… (168)
　第五节　随机区组设计资料的秩和检验 ……………………… (172)
　第六节　多个样本之间的两两比较 ………………………………… (174)
第十章　简单线性相关与回归 …… (181)
　第一节　简单线性相关 ………… (181)

第二节 等级相关 ………………… (185)
第三节 简单线性回归分析 …… (186)
第四节 线性相关与回归的联系与区别 ………………………… (191)
第十一章 调查设计 ………………… (195)
第一节 调查设计的基本内容和步骤 ……………………………… (195)
第二节 调查问卷或调查表设计 … (200)
第三节 基本抽样方法 ………… (204)
第四节 样本含量的估计 ……… (209)
第五节 常用定性调查方法 …… (211)
第十二章 实验设计 ………………… (218)
第一节 实验设计概况 ………… (218)
第二节 实验设计的基本要素 … (221)
第三节 实验设计的基本原则 … (228)
第四节 样本含量的估计 ……… (233)
第五节 常用的实验设计方案 … (236)
第六节 临床试验设计 ………… (242)
第十三章 剂量反应 ………………… (249)
第一节 剂量反应概率单位法 … (251)
第二节 剂量反应面积法(寇氏法) ……………………………… (254)
第三节 加权直线回归法 ……… (256)
第四节 剂量反应的应用 ……… (259)
第十四章 Ridit 分析 ……………… (264)
第一节 样本与总体比较 ……… (264)
第二节 两样本比较 …………… (268)
第三节 多样本比较 …………… (271)
第十五章 寿命表 ………………… (277)
第一节 寿命表的概念 ………… (277)
第二节 寿命表的主要指标与其计算方法 ………………………… (279)
第三节 简略寿命表的编制步骤与方法 ………………………… (281)
第四节 去死因寿命表 ………… (285)
第五节 寿命表的应用 ………… (288)
第十六章 随访资料生存分析 …… (294)
第一节 概述 …………………… (294)
第二节 生存率分析 …………… (297)
第三节 COX 回归 …………… (306)
第十七章 病例对照研究设计与分析 ……………………………… (314)
第一节 病例对照研究的设计 … (314)
第二节 成组设计资料分析 …… (318)
第三节 配对设计资料分析 …… (322)
第十八章 队列研究 ……………… (327)
第一节 队列研究的设计 ……… (328)
第二节 队列研究的分析 ……… (332)
第十九章 多重线性回归和相关 … (347)
第一节 多重线性回归与相关 … (348)
第二节 多重线性回归自变量的选择 ……………………………… (355)
第三节 多重线性回归与相关的应用及注意事项 ………………… (358)
第二十章 Logistic 回归 …………… (366)
第一节 概述 …………………… (366)
第二节 二分类 Logistic 回归 … (369)
第三节 多分类 Logistic 回归 … (371)
第四节 有序分类 Logistic 回归 … (373)
第五节 条件 Logistic 回归 …… (376)
第二十一章 聚类分析 …………… (387)
第一节 距离与相似系数 ……… (389)
第二节 系统聚类分析 ………… (391)
第三节 动态聚类分析 ………… (403)
第四节 应用聚类分析时注意事项 ……………………………… (404)
第二十二章 判别分析 …………… (408)
第一节 判别方法 ……………… (408)
第二节 逐步判别 ……………… (413)
第二十三章 主成分分析和因子分析 ……………………………… (424)
第一节 主成分分析 …………… (424)
第二节 因子分析 ……………… (435)
第二十四章 诊断和筛检试验的设计与分析 ………………… (450)
第一节 诊断和筛检试验的设计 … (450)
第二节 诊断和筛检试验的分析 … (454)
第三节 ROC 曲线 …………… (463)
第四节 诊断和筛检试验的评价 … (466)
参考文献 ………………………… (471)
附录一 统计用表 ………………… (472)
附录二 英汉名词对照表 ………… (497)

第一章　绪　　论

第一节　概　　述

【例 1-1】　某医师研究结核病抗体检测方法，经过简单设计后，随机抽取 60 例结核病患者，采用甲乙两种方法测定这些结核病患者体内抗体阳性率。结果：甲法测定阳性率为 85.0%，乙法测定阳性率为 55.0%，两种方法一致测定阳性率为 40.0%。为比较甲乙两种方法的测定阳性率是否有差异，该医师首先将资料整理为表 1-1。然后采用四格表 χ^2 检验进行假设检验，得 $\chi^2=8.547$，$P=0.003$，差异有统计学意义，故认为甲乙两种方法的测定结果有差别，甲法测定阳性率较高。

表 1-1　两种方法测定结果比较

测定方法	阳性数	阴性数	合计	阳性率(%)
甲法	48	12	60	80.0
乙法	33	27	60	55.0
合计	81	39	120	70.0

该医师将资料整理撰写成论文，投稿到某杂志编辑部，没有几天，该医师接到该杂志编辑部的回信：请重新做统计学处理。该医师非常不理解，已经计算了各组的治愈率，而且做了 χ^2 检验，还要做什么统计处理？

【问题 1-1】

笔记：

(1)这是什么资料？

(2)该资料属于何种设计方案？

(3)该医师统计方法是否正确？为什么？

(4)该资料需要用何种统计方法处理？

【分析】

(1) 该资料是按两种方法测定结果(阳性、阴性)分类，分别清点两种方法测定结果阳性人数和阴性人数，属于典型的二分类计数资料。

(2) 该设计为同一受试对象接受两种不同的处理，属于自身配对设计方案。

(3) 该医师用完全随机设计资料的四格表 χ^2 检验分析配对设计资料，其统计表和统计方法均不正确。故该杂志编辑部编辑要求重新做统计学处理，需要重新选择统计方法进行假设检验后根据 P 值大小再下结论。

(4) 根据资料的类型及其设计方案，比较甲乙两种方法测定结果的阳性率是否有差别，应采用配对 χ^2 检验(或 McNemar 检验)。其正确计算表见表 1-2。

表 1-2　两种方法测定结果比较

甲法	乙法		合计
	+	−	
+	24	24	48
−	9	3	12
合计	33	27	60

该医师请统计学专家进行配对四格表χ^2检验，因 b+c=24+9=33<40，选用校正公式计算χ^2值，得$\chi^2=6.818$，查χ^2界值表 $0.01<P<0.05$，或用 SPSS 统计软件包进行 McNemar 检验，得 $P=0.014$，按 $\alpha=0.05$ 水准，拒绝 H_0，接受 H_1，差异有统计学意义，可认为甲乙两种方法的测定结果有差别，甲法测定阳性率较高。该医师根据统计学专家分析结果，修改论文后寄到杂志编辑部，1 个月后论文就发表出来。

通过上述资料的统计分析，该医师深刻认识到：**没有较好的统计学知识，就不可能进行较好的科学研究，更不可能写出一篇高质量的科研论文。**

统计学(statistics)是应用概率论和数理统计的基本原理和方法，研究数据的搜集、整理、分析、表达和解释的一门科学。通过对被研究对象的数量信息的综合分析，去粗取精，去伪存真，透过表面现象揭示事物内部的客观规律。将统计学的理论和方法应用于自然科学和社会科学的不同领域，形成了若干统计学的分支，卫生统计学就是其中之一。国际统计学界把卫生统计学作为生物统计学(biostatistics)的一个分支。

笔记：

卫生统计学(health Statistics)是应用统计学的基本原理和方法，研究医学及其有关领域数据信息的搜集、整理、分析、表达和解释的一门科学。由于医学领域及其有关领域的研究主要对象是人，人的健康及其影响因素较复杂，具有生物变异性和多因素特点，与社会因素、心理因素、环境因素等有关，需要借助卫生统计学的方法进行统计分析，解决医学日常工作和医学科研工作的实际问题。因此，卫生统计学是医学研究生的公共基础课，又是专业基础课；卫生统计学是医疗卫生人员正确认识医学领域及其有关领域的客观规律、总结工作经验、进行医学科研和疾病防治工作的重要工具。

卫生统计学的主要内容：①基本理论与方法：包括研究设计（调查设计、实验设计）、统计描述（计量资料的统计描述、分类资料的统计描述、统计图表）、统计推断（t 检验、方差分析、χ^2 检验、秩和检验、Ridit 分析等）、直线相关与回归、多重线性相关与回归、Logistic 回归、聚类分析、判别分析、因子分析等。②健康统计：包括医学人口统计、疾病统计、健康体检统计等。③医疗服务统计：病案统计、医院统计、医疗服务的需求与利用、医疗保健制度与管理的统计分析等。本教材内容丰富，包括了大多数卫生统计学的基本理论和方法，有些教材上没有的方法可以参考其他统计教材。

统计学的起源可以追溯到十八世纪甚至更早，但统计学的主要发展却是在十九世纪末和二十世纪初才真正开始，到四十年代才逐渐成熟起来的。第二次世界大战以后，随着电子计算机的发展，统计的计算工作变得简化而快捷，计算工作全部用计算程序完成。将对资料进行各种统计处理分析的一系列程序组合就成为统计软件包(statistical package)，有了统计软件包以后，统计学的计算非常简便，应用更为广泛。

统计软件包较多，国际上最著名的三大统计软件包为 SAS、SPSS 和 BMDP，SAS (statistical analysis system，统计分析系统)是由美国的 SAS institute 在 20 世纪 60 年代开发的统计软件包。SPSS(statistical package for social sciences，社会科学统计软件包)是美国 SPSS 公司开发的大型统计软件包。自 BMDP 被 SPSS 收购后，第三大国际统计软件包一直没有确定。在国际学术界有条不成文的规定：凡是用 SAS 和 SPSS 统计分析的结果，在国际学术交流中可以不必说明算法。此外，国际统计软件包还有 STATA、SYSTAT、STATISTICA、S-PLUS、P-STAT 、SPIDA、MINITAB、GLIM、EPI INFO、R 软件等；国内有四川大学华西公共卫生学院卫生统计学教研室开发的 PEMS(the package for encyclopaedia of medical statistics，《中国医学百科全书·医学统计学》统计软件包)中文统计软件包等。目前，统计学及其软件包已广泛普及和应用于医学、社会学、市场学、经济学和自然科学等各个领域的信息处理、定量研究和科研分析中。

【知识点 1-1】

1. 统计学是应用概率论和数理统计的基本原理和方法，研究数据的搜集、整理、分析、表达和解释的一门科学。

2. 卫生统计学是应用统计学的基本原理和方法，研究医学及其有关领域数据信息的搜集、整理、分析、表达和解释的一门科学。

3. 统计软件包是对资料进行各种统计处理分析的一系列程序的组合。

预防本科生、医学研究生学习统计学，不仅多了一个认识世界、了解事物的工具，而且对将来的工作也有很大的帮助。医学工作和研究的对象是富于变化的人体，目前人类对自己的身体还有许多未知的部分，医学的发展离不开统计学的应用。对医生和医学科研工作者，阅读文献是了解学科发展的必不可少的工作，统计学知识有助于在阅读中对文献的可靠性进行正确的判断，也有助于更好地理解别人的工作。如果要进行科学实验或将自己的工作总结发表，更是离不开统计学知识。而统计学的基本思想，有助于形成良好的逻辑思维，增强科研工作能力。

学习统计学，不是像学数学那样单纯理论和做习题，也不是像学医学那样记忆许多细节，事事眼见为实。学习统计学必须理论课与实习课紧密结合。理论课着重掌握基本概念、基本思想与基本方法，掌握他们的意义、用途和应用条件，而不必深究其数学推导和计算；实习课通过讨论和案例分析，加深对“三基”的理解与认识，并通过一些应用分析题的解题练习，掌握卫生统计学的分析过程和方法。

学习统计学的最好方法是熟练掌握一个统计软件包，如 SPSS 或 SAS。根据实际资料正确选用分析方法，自己操作统计软件包完成有关计算，并对计算结果做出合理的解释，撰写出符合客观实际的科研论文。在实际操作过程中，可以加深统计方法的理论和应用条件的理解。学习统计是一个长期的过程，经常撰写科研论文有助于对所学知识的掌握和巩固，也有助于提高统计方法的应用能力。

第二节 统计工作的步骤

例 1-1 提示，统计工作步骤分为研究设计→搜集资料→整理资料→分析资料→撰写科研论文，一般把前四步作为统计工作的基本步骤，简化为“设计、搜集、整理、分析”八字。

1. 研究设计(research design) 科研结果的好坏取决于研究设计的好坏，一定的设计决定了一定的数据分析方法，不同设计下获得的资料常要用不同的方法来分析，因此，设计决定分析，选择统计方法时应首先弄清楚资料类型属于何种资料，采用什么设计方案。设计是整个研究过程中最关键的一环，因此将在第十一章《调查设计》和第十二章《实验设计》中进行专门的介绍。

笔记：

2. 搜集资料(data collection) 对统计资料的收集要做到完整、准确、及时、可靠。医学科学研究的资料主要来源于三个方面：①日常工作记录。包括病历、卫生监测记录、健康检查记录等。应注意资料的完整性和准确性。病历是临床研究资料的重要来源，由于没有经过研究的设计环节，可能会产生不完整和不准确的情况。②统计报表。包括工作报表、传染病报表等。报表资料的质量取决于填报人员的认识和责任感，使用时应对数据的准确性做出判断。③专题调查或实验。实验和现场调查一般都经过严格的研究设计过程，但应注意收集资料过程中的质量控制和审核。

3. 整理资料(data sorting) 包括对收集到的资料进行检查和整理的过程。一般采用计算机统计软件包对资料进行核查、汇总与整理分析。在输入计算机前，需要对资料进行编码处理

(coding),例如,可以用汉字、字母(如 M 代表男、F 代表女)或数字(如 1 代表男,2 代表女)表示性别。应根据下一步的统计分析选择合适的编码类型。注意输入计算机的信息准确,特别是数量较大、项目较多的资料,可以选择能提高输入质量的数据管理软件如 EpiData、Excel 等软件输入数据。

4. 分析资料(data analysis) 统计分析可以分为统计描述和统计推断两大类。统计描述(statistical description)是对已知的样本(或总体)的分布情况或特征进行分析表述,常用的统计描述方法有统计图(statistical graph)、统计表(statistical table)、统计指标(statistical index)和统计模型(statistical model)等。在统计指标中,常用集中趋势(central tendency)、离散趋势(tendency of dispersion)和相对数(relative number)等表示。

统计推断(statistical inference)是根据已知的样本信息来推断未知的总体,是统计分析的目的。包括参数估计(parameter estimation)和假设检验(hypothesis test)。

【知识点 1-2】

1. 统计工作的基本步骤:研究设计、搜集资料、整理资料和分析资料。

2. 科研结果的好坏取决于研究设计的好坏,研究设计是统计工作的基础和关键,决定着整个统计工作的成败。

3. 统计分析包括统计描述和统计推断。统计描述是对已知的样本(或总体)的分布情况或特征进行分析表述;统计推断是根据已知的样本信息来推断未知的总体。

第三节 统计资料的类型

【例 1-2】 某医师观察三七丹参片治疗中老年人脑梗塞的疗效,用丹参片作对照。在进行临床实验设计时,考虑观察病人的年龄(实际岁数)、性别(男、女)、民族(具体民族)、文化程度(文盲、小学、初中、高中、中专、大专、本科、硕士研究生、博士研究生)、职业(无业、个体、农民、工人、干部)、血型(A、B、O、AB)、病情(轻、中、重)、病程(天)、血常规(红细胞计数、血红蛋白、白细胞计数等)、肝功(ALT、AST)、肾功(Bun、Cr)、TCD 检查、超声检查及临床治疗效果(治愈、显效、有效、无效)等 125 个指标。随机抽取中老年脑梗塞患者 220 人作为研究对象,随机分成治疗组和对照组,治疗组(三七丹参片)治疗 110 人,治愈 25 人,显效 35 人,有效 45 人,无效 5 人,总有效 105 人,总有效率为 95.5%;对照组(丹参片)治疗 110 人,治愈 20 人,显效 30 人,有效 50 人,无效 10 人,总有效 100 人,总有效率 90.9%,治疗组和对照组的疗效分布差异无统计学意义(秩和检验 $z=-1.520$,$P=0.128$),治疗组于与对照组疗效分布相同;治疗组和对照组的总有效率比较差异无统计学意义($\chi^2=1.789$,$P=0.181$),治疗组总有效率与对照组基本相同。

在上述例 1-2 中,观察对象的指标因个体差异不同而统称为变量(variable),如患者的年龄、性别、职业等。变量可分为定性与定量两种类型,前者说明事物的类别和本质,后者反映事物的数量特征。兼具两种性质者常称为半定量变量或等级变量。变量观察结果或变量的测定数值称为变量值(variable value),如实际的年龄、性别的男女等。某次研究变量值的组合构成了该次研究的统计资料(data)。由不同的变量产生的统计资料类型也不同,由定量变量产生的统计资料一般称为计量资料(measurement data),而由定性变量产生的统计资料一般称为计数资料(count data)或定性资料(qualitative data)。等级变量产生的资料是等级资料(ordinal data)。

医学领域原始资料类型可分为计量资料(measurement data)、计数资料(count data)和等级资料(ordinal data),三类资料在一定条件下可以互相转换。

1. 计量资料(measurement data,或定量资料 quantitative data) 计量指标也称数值变量(numerical variable)或定量变量(quantitative variable)。计量资料是用定量的方法对每一个观察单位的某项指标进行测定所得的资料。计量资料的变量值是定量的,表现为数值大小,一般具有度量衡单位,例 1-2 中的年龄、RBC 数、血红蛋白等。定量变量按取值的不同可分为离散型变量(discrete variable)和连续型变量(continuous variable)两种,前者取值范围是有限个值或者一个数列构成的,常取 0 和正整数值,如现有子女数,儿童的龋齿数,胎次等。连续型变量则可以取实数轴上的任何数值,如身高、体重、血红蛋白等。

笔记:

2. 计数资料(count data,或定性资料 qualitative data,或分类资料 categorical data) 计数指标也称分类变量(categorical variable)或名义变量(nominative variable)。计数资料是把观察单位按某种属性(性质)或类别进行分组,清点各组观察单位数所得资料。各观察数值是定性的,一般无度量衡单位。各属性之间互不相容。例 1-2 中的性别、职业、血型等。

3. 等级资料(ordinal data)等级资料是把观察单位按属性程度或等级顺序分组,清点各组观察单位数所得资料。各属性之间有程度的差别,各属性之间互不相容。例 1-2 中的文化程度、临床治疗效果等,等级资料的等级顺序不能任意颠倒。两分类(dichotomy)的等级资料由于分析方法与计数资料相同,因此,等级资料通常指有序多分类的资料。

笔记:

变量和资料的类型以及相应的统计方法列于表 1-3。医学领域的三类资料可以互相转换。

表 1-3 变量或资料的类型及其相应的分析方法

变量类型	变量值表现	资料类型	例子	可选分析方法
定量变量(数值变量)				
离散型变量	不连续的数值	计量资料	出生孩子数、死亡动物数等	t 检验、方差分析、相关回归分析等
连续型变量	连续的数值	计量资料	身高、体重、血红蛋白、血清铁含量等	t 检验、方差分析、相关回归分析等
分类变量	定性(不同属性)			
无序分类 二分类	对立的两类	计数资料	性别	χ^2检验、z 检验等
多分类	类间无程度差异	计数资料	血型、职业	χ^2检验等
有序分类	类间有程度差异	等级资料	文化程度、临床治疗结果	秩和检验、Ridit 分析等

【知识点 1-3】 **医学原始资料类型**

1. 计量资料是用定量的方法对每一个观察单位的某项指标进行测定所得的资料。

2. 计数资料是把观察单位按某种属性(性质)或类别进行分组,清点各组观察单位数所得资料。

3. 等级资料是把观察单位按属性程度或等级顺序分组,清点各组观察单位数所得资料。各属性之间有程度的差别。等级资料的等级顺序不能任意颠倒。

4. 医学领域的原始资料可以根据需要进行互相转换。

第四节　统计学的几个基本概念

1. 随机事件与必然事件　随机事件(random event)是指随机现象的某个可能观察结果或可能发生也可能不发生的事件,如医疗事故、交通事故等。必然事件(certain event)是指一定要发生的事件,如水加温到100℃就成开水了。

2. 同质与变异　统计分析是建立在同质基础上的。同质(homogeneity)是指所研究的观察对象具有某些相同的性质或特征。变异(variation)是同质个体的某项指标之间的差异,即个体变异(individual variation)或个体差异性。如研究儿童的生长发育情况,研究对象是同年龄、同性别的儿童,其生长发育指标如身高、体重、智商等各自不同,即存在个体变异;研究某种新药对高血压患者的疗效,研究对象为确诊的高血压患者,使用相同的药物进行治疗,其疗效也不尽相同。统计分析的目的就是在同质的基础上对变异进行研究,找出客观存在的规律性,从而对同类事物加以估计和预测,以便指导实际工作。

3. 总体与样本　总体(population)是根据研究目的确定的同质研究对象的全体(或全部同质观察单位)。观察单位数有限的总体称为有限总体(finite population),如某校 2007 年在校大学生的体质调查,某地 2014 年孕产妇死亡调查等。无法确定数量的总体称为无限总体(infinite population)。

要研究总体中的全部观察单位,需要花费巨大的资源,有时是不可能的。在实际工作中,常常是从总体中抽取一部分有代表性的个体组成样本(sample),对样本进行研究以推断总体。样本是从总体中抽取的具有代表性的部分个体(individual),其能否代表总体取决于抽取样本的过程,即抽样(sampling)。样本的代表性还取决于抽取的个体数的多少,称为样本含量或样本例数(sample size)。抽样方法和样本含量估计详见第十一章《调查设计》。

笔记:

总体与样本的划分是相对的,一个研究中的样本可能是另一个研究中的总体。

4. 抽样研究与抽样误差　通过从总体中随机抽取样本,对样本信息进行分析,从而推断总体特征的研究方法称为抽样研究(sampling research)。由随机抽样造成的样本指标与总体指标之间、样本指标与样本指标之间的差异称为抽样误差(sampling error)。抽样误差的根源在于个体变异,在抽样研究中是不可避免的,但其规律可以认识。统计学的任务就是寻找抽样误差的规律并估计其大小。

5. 参数与统计量　反映总体特征的指标称为参数(parameter),常用小写的希腊字母表示,确定的研究总体的参数是常数。而通过样本资料计算出来的相应指标称为统计量(statistic),常用英文字母表示。根据统计量推断参数是统计推断(statistical inference)的主要任务,包括对总体参数大小进行估计的参数估计(parameter estimation)和对总体参数进行比较的假设检验(hypothesis test)。

6. 概率　概率(probability,P)是随机事件发生可能性大小的数值度量。概率的取值为 $0 \leqslant P \leqslant 1$。$P=1$ 的事件称为必然事件,即一定会发生的事件;而 $P=0$ 的事件为不可能事件,即不会发生的事件;P 介于 0～1 之间的事件称为随机事件,即可能发生也可能不发生的事件。$P \leqslant 0.05$ 的随机事件称为小概率事件,小概率事件的原理是在一次实验中是不大可能发生的。统计学研究的事件只是随机事件,必然事件和不可能事件不属于统计学的研究范畴。

【知识点 1-4】

1. 总体是根据研究目的确定的同质研究对象的全体。样本是总体中具有代表性的一部分个体。

2. 抽样研究是通过从总体中随机抽取样本，对样本信息进行分析，从而推断总体的研究方法。抽样误差是由随机抽样造成的样本指标与总体指标之间、样本指标与样本指标之间的差异。其根源在于总体中的个体存在变异性。只要是抽样研究，就一定存在抽样误差，不能用样本的指标直接下结论。

3. 统计学的主要任务是进行统计推断，包括参数估计和假设检验。

4. 概率是某随机事件发生可能性大小(或机会大小)的数值度量。小概率事件是指 $P \leqslant 0.05$ 的随机事件。

5. 小概率事件的原理是在一次实验中是不大可能发生的。

思考练习

(一) 名词解释

1. 总体与样本　　2. 参数与统计量　　3. 抽样研究与抽样误差　　4. 概率

(二) 是非题(正确记"＋"，错误记"－")

1. 只要增加样本例数就可以避免抽样误差。 ( )
2. 某医院发生的医疗事故属于小概率事件。 ( )
3. 统计描述就是用样本推断总体的统计过程。 ( )
4. 如果对全部研究对象都进行了调查或测定就没有抽样误差。 ( )
5. 分类资料中的各类别可以相互包含。 ( )
6. 医学领域中的三类资料不能互相转换。 ( )
7. 定量变量按取值的不同可分为离散型变量和连续型变量两种。 ( )
8. 科研结果的好坏取决于研究设计的好坏，研究设计是统计工作的基础和关键，决定着整个统计工作的成败。 ( )
9. 没有较好的统计学知识，就不可能进行较好的科学研究，更不可能写出一篇高质量的科研论文。 ( )
10. 用 SAS 和 SPSS 统计分析的结果，在国际学术交流中可以不必说明算法。 ( )

(三) 选择题(从 a ～ e 中选出一个最佳答案)

a. 计量资料　　b. 还不能决定是计量资料还是计数资料
c. 计数资料　　d. 既可作计量也可作计数资料
e. 等级资料

1. 若以舒张压>90mmHg 为高血压，调查某地 1000 人中有多少个高血压患者，这是________。
2. 一批病人的淋巴细胞转换率(%)是________。
3. 统计一批肝炎病人的住院天数是________。
4. 测量某病病人的抗体滴度(1∶2，1∶4，1∶8，…)，是________。
5. 城市噪音(－、＋、＋＋、＋＋＋、＋＋＋＋、＋＋＋＋＋)资料属于________。
6. 空腹血糖(mmol/L)资料属于________。
7. 患者的病情程度(轻、中、重)资料属于________。
8. 患者的性别资料可以转换为________。
9. 调查某医院医生的工作状况，医生一天内上班的时间是________。

a. 变量　　b. 总体　　c. 个体　　d. 变量值　　e. 统计指标

10. 治疗结果分为有效和无效的资料，严格说来属于________。

a. 等级资料　　b. 计数资料

c. 计量资料　　d. 等级或计量均可　　e. 计数或计量均可

(四) 简答题

1. 某医师根据自己20年来收集的胆结石病例进行分析，认为：胆结石的发病和居住地有关，某些地区特别容易发生胆结石。女性发生胆结石的机会比男性大。从治疗效果看，保守治疗的效果不如手术治疗的效果好。

请从统计学的角度，分析该医师的结论。

2. 举例说明如何正确区分不同类型的统计资料？

3. 举例说明如何进行不同类型资料间的相互转换？

（罗家洪）

第二章　计量资料的统计描述

【例 2-1】 某农村地区 2013 年 130 例 6 岁正常男童胸围(cm)测量结果如下：

53.8	49.8	53.1	51.4	54.4	55.4	55.9	56.4	57.3	58.3
53.8	49.6	53.3	51.6	54.5	55.5	56.0	56.5	57.4	58.3
53.8	61.2	53.3	51.7	54.5	55.5	56.0	56.6	57.4	58.6
53.9	50.3	53.4	52.1	54.6	55.6	56.0	56.6	57.5	59.0
54.0	60.2	53.5	52.4	54.6	55.5	56.0	56.6	57.6	59.0
54.0	60.4	53.5	52.5	54.7	55.5	56.0	56.7	57.7	59.3
54.0	60.5	56.5	52.6	54.7	55.6	56.1	56.7	57.7	59.8
54.1	60.8	55.6	52.4	54.8	55.8	56.1	56.7	58.0	60.5
54.1	51.2	56.6	52.6	54.8	55.8	56.1	56.8	58.1	60.1
54.1	51.3	56.6	52.7	55.2	55.7	56.1	56.8	58.1	60.6
54.2	51.3	56.7	52.7	55.3	55.9	56.2	56.9	58.1	50.8
54.2	51.3	56.7	53.1	55.3	55.9	56.3	57.1	58.1	61.3
54.4	51.4	56.8	53.1	55.4	55.9	56.4	57.2	58.3	61.4

【问题 2-1】

笔记：

(1) 例 2-1 是哪种资料类型？

(2) 这些正常男童的胸围分布有何特征？

(3) 这些正常男童的胸围分布属于何种类型？

(4) 要恰当描述这些正常男童的胸围应包括哪些内容？

【分析】

(1) 胸围是通过特定的测量手段得到的具体数值，并且有度量衡单位，属于计量资料，又称为定量资料或数值变量资料。

(2) 医学实践中收集的原始资料，不管是由调查或实验获得的，一般是杂乱无章的，表面上不易看出其内在规律，故首先需对资料进行分组整理，采用适当的统计学方法对资料进行统计描述。资料统计描述的方法一般分为统计表、统计图和统计学指标。资料的类型不同，统计描述的方法也随之不同。

第一节　频数表和频数分布图

一、频　数　表

医学实践中收集的原始数据常需进行分组整理，使其更具系统性和条理性。分组整理就是先将数据按某种标志(标准)划分为不同组段，再统计不同组段内的观察值个数。不同组段内的观察值个数称为频数(frequency)。用于描述计量资料的分组组段及其频数的统计表即为频数分布表，简称频数表(frequency table)。计量资料的类型不同，其频数表略有不同。对于离散型资料，只要列出取值及其相应的例数(即频数)，就完成了频数表的编制，也可计算相应的频率

(%)及累计频率(%)(表 2-1)。

表 2-1 某年某地区 200 名已婚妇女流产次数的频数分布

流产数(次)(1)	频数 f(2)	频率(%)(3)	累计频数(4)	累计频率(%)(5)
0	53	26.5	53	26.5
1	76	38.0	129	64.5
2	35	17.5	164	82.0
3	22	11.0	186	93.0
4	10	5.0	196	98.0
≥5	4	2.0	200	100.0
合计	200	—	—	—

下面以例 2-1"儿童胸围测量结果"为例介绍连续型计量资料频数表的编制步骤。

(一)求极差

极差(range)是资料中的最大值(maximum value)与最小值(minimum value)之差,又称为全距,用 R 表示。

$$R = \max(x) - \min(x) \tag{2-1}$$

本例中最大值为 61.4cm,最小值为 49.6cm,故极差 R=61.4-49.6=11.8(cm)。也就是说 130 名 6 岁正常男童胸围(cm)测量值最大相差 11.8cm。

(二) 确定组数

组数的多少,视样本含量及资料的变动范围大小而定,一般以达到既简化资料又不影响反映资料的规律性为原则。组数要适当,不宜过多,亦不宜过少。分组越多所求得的统计量越精确,但增大了运算量;若分组过少,资料的规律性就反映不出来,计算出的统计量的精确性也较差。通常分成 8～15 个组(一般样本量在 100～500 左右的可分 10 组,样本量较大时,组数可适当增加)。本例 130 例拟分 10 组。

(三) 确定组距

每组上限(upper limit)与下限(lower limit)之差称为组距(class interval)。组距可以相等,也可以不等,实际应用时一般采用等距分组。组距的大小由极差与组数确定。

$$组距=极差/组数 \tag{2-2}$$

分 10 组时,用极差的 1/10 并取得组距的约数,再将约数酌情调整到较方便的数作为组距,本例组距=11.8/10=1.18,本例取 1.5 为组距。

(四) 确定各组段的上下限

各组段的起点和终点分别称为该组的下限(lower limit)和上限(upper limit),显然上限=下限+组距。第一组段必须包含最小值,其下限≤最小值。本例最小值为 49.6,故取 49.0 为第一组段的下限,因此第一组段的上限=49.0+1.5=50.5。需要注意,各组段不能重叠,第一组段为(49.0,50.5),在频数分布表中用 49.0～表示(见表 2-2),实际划分时上限要少一点即第一组段(49.5,50.49),若胸围恰为 50.5cm,则应归入下一组段,第二组段(50.5,51.99),52.0 划入第三组。依此类推。最末一组必须包括最大值,其上限≥最大值。如本例最大胸围值为 61.4cm,

最末组段为 61.0～62.5。

(五) 归组计数，作频数分布表

分组结束后，按照"下限≤x<上限"的原则统计各组段内的观测值个数即频数，将各组段及其落入该组段的频数列成相应的频数表[见表 2-2 第(1)、(2)列]。在编制频数表时，可计算相应的频率[表 2-2 第(3)列]、累计频率[表 2-2 第(5)列]等指标。

表 2-2　某农村地区 2013 年 130 例 6 岁正常男童胸围的频数表

组段(1)	频数(2)	频率(%)(3)	累计频数(4)	累计频率(%)(5)
49.0～	3	2.3	6	2.3
50.5～	9	6.9	12	9.2
52.0～	14	10.8	26	20.0
53.5～	24	18.5	50	38.5
55.0～	32	24.6	82	63.1
56.5～	25	19.2	107	82.3
58.0～	12	9.2	119	91.5
59.5～	8	6.2	127	97.7
61.0～62.5	3	2.3	130	100.0
合计	130	100.0	—	—

二、频　数　图

除了频数分布表，用频数分布图可直观形象描述计量资料频数分布的特点，并可互为补充。

对于表 2-1 的离散型计量资料，用条图表示频数分布。绘制时，条图的横轴代表变量取值，纵轴代表相应频数，用等宽的直条表示各变量值的频数，且各直条间有一定间隔，如图 2-1。

对于例 2-1 的连续型计量资料，用直方图(histogram)表示频数分布，与条图类似，但中间没有间隔。绘制时，直方图的横轴代表变量值(组中值)，纵轴代表频数或频率，用直方的面积大小表示频数的多少，用直方面积占总面积的比例表示频率大小。用表 2-2 资料绘制的直方图如图 2-2 所示。

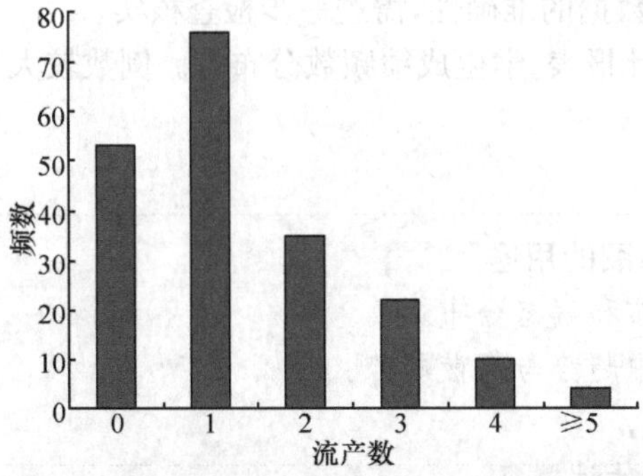

图 2-1　某年某地区 200 名已婚妇女流产次数(条图)

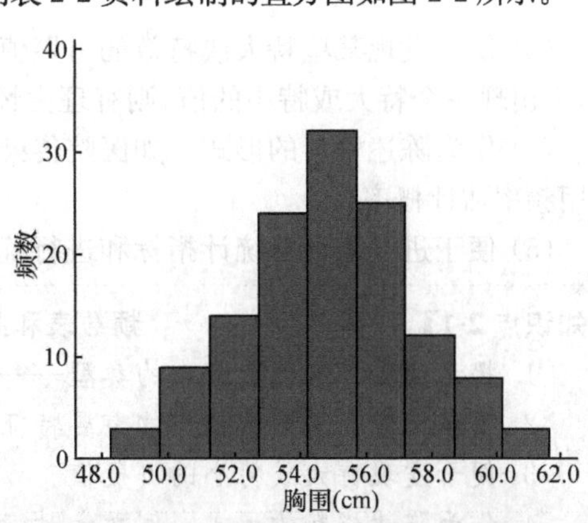

图 2-2　某农村 130 名 6 岁男童胸围的频数分布(直方图)

从直方图可看出，130 名 6 岁正常男童的频数在 55.0～组段较集中，该组段的频数最大，称为集中趋势(central tendency)，以此为中心，两侧(胸围较高与较低)的频数逐渐减少，这种同质的一组数据的分散程度称为离散趋势(dispersion)。

频数表和频数分布图的主要用途如下：

笔记:

(1) 揭示计量资料频数分布的两个重要特征:集中趋势(central tendency)和离散趋势(dispersion)。集中趋势是指一组数据向某一位置聚集或集中的倾向,反映的是资料的平均水平或中间位置;离散趋势是指一组数据的变异程度或离散程度。由表 2-2 和图 2-2 所示,130 名 6 岁正常男童的胸围大多数集中在中间部分(55.0～组段频数最多);从中间到两侧的频数逐渐减少。故要全面对计量资料进行描述需包括集中趋势和离散趋势两个方面。

(2) 揭示计量资料频数分布的类型:正态分布(normal distribution)和偏态分布(skew distribution)。如表 2-2 及图 2-2 所示,频数集中位置(即频数最多的组段)在中间,左右两侧的频数基本对称且逐渐减小,这种分布称为近似正态分布,如果左右两侧的频数完全对称则称为对称分布或正态分布(normal distribution)。如果频数分布不对称,集中位置(即频数最多的组段)偏向一侧则称为偏态分布(skew distribution),若集中位置偏向数据较小的左侧,称为正偏态(positive skew),又称为左偏态(如图 2-3 的血清转氨酶的直方图);若集中位置偏向数据较大的右侧,称为负偏态(negative skew),又称为右偏态(如图 2-3 的血清肌红蛋白的直方图)。如果频数分布看不出哪边多,则称为分布不明或分布不清。选择统计描述的指标就需依据资料的分布类型进行。

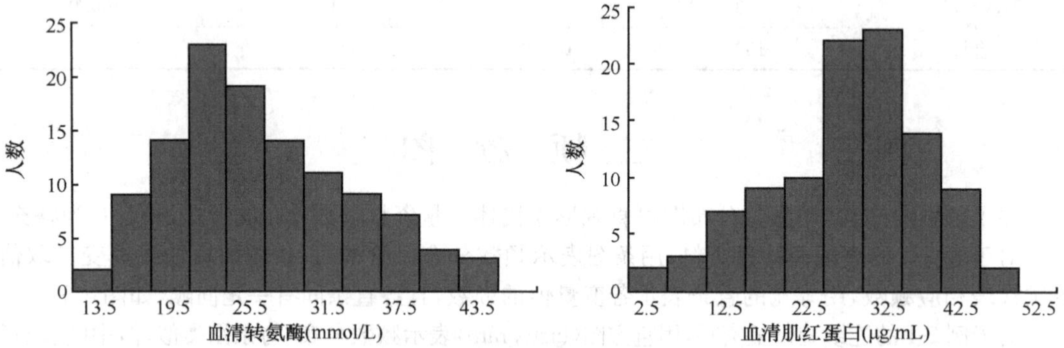

图 2-3 偏态分布示意图

(3) 便于发现某些特大或特效的可疑值。如在频数表的两端连续出现几个组段的频数为 0 后,又出现一个特大或特小的值,则有理由怀疑这些数据的准确性,需进一步检查核实。

(4) 作为陈述资料的形式。如医院传染病年统计报表、学生成绩频数分布等。例数较大时,可用频率估计概率。

(5) 便于进一步计算统计指标和进行统计分析。

【知识点 2-1】　频数表和频数分布图的用途

1. 揭示计量资料频数分布的类型——正态分布和偏态分布。
2. 揭示计量资料频数分布的重要特征——集中趋势与离散趋势。
3. 便于发现特大或特小的可疑值。
4. 作为陈述资料的形式。例数大时,可以频率估计概率。
5. 便于资料的进一步统计分析。

第二节　集中趋势的描述

频数表和频数分布图只能使我们对数据分布有一个直观的认识，为进一步揭示数据分布规律，常还需选择恰当的统计学指标从数量上准确描述集中趋势和离散趋势的大小。集中趋势的指标常用平均数(average)表示。例如，欲了解某地正常成年男子的血脂，首先关心的是平均血脂；了解接种疫苗后的效果，首先关心的是接种的平均抗体效价等。

平均数(average)是描述一组同质变量值的平均水平或集中趋势的指标，也可描述频数分布的集中位置。常用的平均数有算术均数(arithmetic mean)、几何均数(geometric mean)、中位数(median)、众数(mode)和调和均数(harmonic mean)。

一、算数均数

算术均数(arithmetic mean)简称均数(mean)，即所有观察值的和除以观察值的个数，用于描述一组同质计量资料的平均水平。统计学中总体均数用 μ 表示；样本均数用 $\bar{x}$（念作 x bar）表示。计算方法有直接法和加权法(weight method)。

1. 直接法　用于小样本资料，将所有的原始观察值(x_1、x_2、…、x_n)直接相加后，再除以观察值个数 n，即样本均数 $\bar{x}$。

$$\bar{x}=\frac{x_1+x_2+\cdots x_n}{n}=\frac{\sum_{i=1}^{n}x}{n}=\frac{\sum x}{n} \tag{2-3}$$

【例 2-2】　有 9 名健康成人的空腹胆固醇测定值(mmol/L)为：5.61，3.96，3.67，4.99，4.24，5.06，5.20，4.79，5.93，求算术平均数。

$$\bar{x}=\frac{5.61+3.96+3.67\cdots+5.93}{9}=4.83(\text{mmol/L})$$

故该 9 名健康成人的平均空腹胆固醇为 4.83mmol/L。

2. 加权法　用于频数表资料，当资料中相同观察值较多时，将相同观察值的个数(即频数 f)与该观察值 x(组中值)的乘积相加，再除以观察值的总个数 n，即

$$\bar{x}=\frac{f_1x_1+f_2x_2+\cdots+f_kx_k}{f_1+f_2+\cdots+f_k}=\frac{\sum_{i=1}^{k}f_ix_i}{\sum_{i=1}^{k}f_i}=\frac{\sum fx}{\sum f} \tag{2-4}$$

式中，k 为组段数；$x_1,x_2,\cdots,x_k$ 为频数表资料中各组段的组中值；$f_1,f_2,\cdots,f_k$ 表示相应组段的频数。组中值 $=\frac{(\text{本组段下限}+\text{本组段上限})}{2}$。

注意：加权法结果与直接法计算结果很接近。但频数表资料使用组中值代替实际观察值的条件是假定各组数据在组内是均匀取值的，如不符合条件则误差较大。

【例 2-3】　对表 2-2 资料用加权法求胸围的算数均数。

根据表 2-2，先求得各组的组中值(x)和 fx，见表 2-3。

$$\bar{x}=\frac{\sum fx}{n}=\frac{7238.7}{130}=55.68(\text{cm})$$

该 130 例 6 岁正常男童的平均胸围为 55.68cm。

表 2-3　130 例 6 岁正常男童胸围的均数计算表

组段(1)	频数(f)(2)	组中值(x)(3)	fx(4)=(2)(3)
49.0～	3	49.75	149.3
50.5～	9	51.25	461.3
52.0～	14	52.75	738.5
53.5～	24	54.25	1302.0
55.0～	32	55.75	1784.0
56.5～	25	57.25	1431.3
58.0～	12	58.75	705.0
59.5～	8	60.25	482.0
61.0～62.5	3	61.75	185.3
合计	130	—	7238.7

【知识点 2-2】

1. 均数表示一组同质变量值的平均水平，可作为样本的代表值与其他样本资料进行比较。

2. 均数的适用条件：用于计量资料的正态或近似正态分布资料。

3. 各观察值与均数之差(离均差)的总和等于零，即 $\sum(x-\overline{x})=0$

4. 每个观察值都加一个常数 a，则均数为原均数加常数 a；每个观察值都乘以一个常数 b，则均数为原均数的 b 倍。

二、几 何 均 数

【例 2-4】 某医师测定了 7 份血清的抗体效价分别为 1∶2，1∶4，1∶8，1∶16，1∶32，1∶64，1∶128，求平均抗体效价。该医师用其倒数求均数，得平均抗体效价为 1∶36。

【问题 2-2】

(1)这是哪种资料类型？

(2)如何描述该资料的集中趋势？

笔记：

【分析】 该资料是由特定的检测手段得到的具体数值大小，故为计量资料，但观察值相差较大，由于极大值对均数的影响较大，因此均数代表性差，不能较好地反映该组资料的平均水平。由于该资料呈倍数递增的等比级资料，采用几何均数(geometric mean，G)描述其平均水平比较恰当。

类似均数的计算，亦可用直接法和加权法计算几何均数。

1. 直接法 用于小样本资料，用 n 个观察值的连乘积开 n 次方，即

$$G=\sqrt[n]{x_1x_2...x_n} \tag{2-5}$$

为计算方便，利用对数运算，可表示为原始观察值对数值算数均数的反对数，即

$$G=\lg^{-1}(\frac{\lg x_1+\lg x_2+...+\lg x_n}{n})=\lg^{-1}(\frac{\sum \lg x}{n}) \tag{2-6}$$

例 2-4 的资料，因呈倍数递增，可用几何均数(G)描述其平均抗体效价：

$$G=\lg^{-1}\left(\frac{\sum \lg x}{n}\right)=\lg^{-1}\left(\frac{\lg 2+\lg 4+\lg 8\cdots+\lg 128}{7}\right)=16$$

故该 7 人的血清抗体平均效价为 1∶16。

2. 加权法　用于频数表资料，即

$$G=\lg^{-1}\left(\frac{f_1\lg x_1+f_2\lg x_2+\cdots+f_k\lg x_k}{f_1+f_2+\cdots+f_k}\right)=\lg^{-1}\left(\frac{\sum f\ \lg x}{\sum f}\right)=\lg^{-1}\left(\frac{\sum f\ \lg x}{n}\right)\qquad(2\text{-}7)$$

【例 2-5】　某疾病预防控制中心计免科用流脑疫苗为 70 名儿童进行免疫接种后，抗体滴度测定结果见表 2-4，求平均滴度。

表 2-4　70 名儿童血清抗体滴度

抗体滴度	1∶4	1∶8	1∶16	1∶32	1∶64	1∶128
例数	3	9	21	20	12	5

【分析】　该资料是呈倍数递增的等比级资料(表 2-5)，故可用几何均数描述其平均抗体滴度。

表 2-5　70 名儿童的平均抗体滴度计算表

抗体滴度(1)	频数 f(2)	滴度倒数 x(3)	$\lg x$(4)	$f\lg x$(5)=(2)(4)
1:4	3	4	0.6021	1.8063
1:8	9	8	0.9031	8.1279
1:16	21	16	1.2041	25.2861
1:32	20	32	1.5051	30.1020
1:64	12	64	1.8062	21.6744
1:128	5	128	2.1072	10.5360
合计	70	—	—	97.5327

$$G=\lg^{-1}\left(\frac{\sum f\ \lg x}{n}\right)=\lg^{-1}\left(\frac{97.5327}{70}\right)\approx 24.7$$

故该 70 名儿童的接种流脑疫苗后血清平均抗体滴度为 1∶24.7。

【知识点 2-3】

1. 几何均数应用于对数正态分布或近似正态分布资料，也可用于呈倍数关系的等比资料。在医院中主要用于抗原(体)滴度资料。常见的资料有血清抗体滴度、细菌计数等。

2. 观察值中若有 0 或负值，不宜直接使用几何均数。

3. 观察值一般不能同时有正数和负数。若全为负数，计算时可先将负号去掉，得出结果后再加上负号。

三、中　位　数

【例 2-6】　某医生测定某病 8 名患者的潜伏期(天)如下：2，5，3，6，3，3，30，4，该医生用均数表示其平均潜伏期为 7 天。

【问题 2-3】

(1) 这是何种资料类型?

(2) 该医生用均数表示其平均潜伏期是否合适?

(3) 适宜的表示平均水平的指标应选什么?

【分析】

(1) 该资料由具体的数值组成,且有度量衡单位,故为计量资料。

(2) 该资料中观察值的变异度较大,存在特大值 30,故用均数描述其平均潜伏期的代表性较差。

(3) 本例资料从分布类型看属偏态分布,故适宜用中位数(median)表示其平均水平。

中位数(median)是将一组观察值按大小顺序排列后位次居中的那个观察值,用符号"M"表示。当观测值的个数是偶数时,则以中间两个观测值的均数作为中位数。

1. 直接法 用于小样本资料,先将资料按大小顺序排序后,其计算公式为

n 为奇数时,$M = x_{\frac{(n+1)}{2}}$ (2-8)

n 为偶数时,$M = \frac{1}{2}(x_{\frac{n}{2}} + x_{\frac{n}{2}+1})$ (2-9)

式中:$x_{(\frac{n+1}{2})}$、$x_{(\frac{n}{2})}$、$x_{(\frac{n}{2}+1)}$ 为相应位次的观察值。

本例 2-6 中,样本含量 $n=8$,中位数计算如下:

先将观察值从小到大排序:2,3,3,3,4,5,6,30

中位数为 $M = \frac{(3+4)}{2} = 3.5$,故该病 8 名患者的平均潜伏期为 3.5 天。

【例 2-7】 某地 190 名食物中毒患者的潜伏期如表 2-6。求平均潜伏期是多少?

表 2-6 190 名食物中毒患者的潜伏期(小时)

潜伏期	0~	12~	24~	36~	48~	60~	72~84
人数 f	28	69	47	27	13	5	1

【分析】 本资料是由具体的数值组成,且有度量衡单位,故为计量资料。从频数分布看,频数较大的主要集中在 12~和 24~组段,偏向数据较小的左侧,为左偏态资料,故不宜使用均数描述其平均水平。此例可选择中位数描述其平均潜伏期较恰当。

对于大样本的频数表资料,计算中位数可用公式(2-10)。

$$M = L + \frac{i}{f_m}(n \times 50\% - \sum f_L) \tag{2-10}$$

式中:L、i、f_m 分别为中位数所在组段的下限、组距和频数;$\sum f_L$ 为该组段之前的累计频数。

注意:确定中位数所在组段的方法:①中位数所在组段为累计频率刚好大于或等于 50%时所在组段;②中位数所在组段为累计频数刚好大于或等于 $n/2$ 时所在组段。

利用例 2-7 资料计算中位数。将表 2-6 列成表 2-7。从表中可看出,中位数所在组段为 12~组段(累计频率刚好大于 50%)。

$$M = L + \frac{i}{f_m}(n \times 50\% - \sum f_L) = 12 + \frac{12}{69}(190 \times 50\% - 28) = 23.7(\text{小时})$$

表 2-7　190 名食物中毒患者的潜伏期(小时)

潜伏期(小时)	人数 f	累计频数	累计频率(%)
0～	28	28	14.74
12～	69	97	51.05
24～	47	144	75.79
36～	27	171	90.00
48～	13	184	96.84
60～	5	189	99.47
72～84	1	190	100.00
合计	190	—	—

【知识点 2-4】

1. 中位数理论上可用于任何分布的计量资料,但对正态或近似正态分布的资料应首选均数描述其集中趋势。对于正态分布资料:均数＝中位数;左(正)偏态分布:均数 ＞ 中位数 ;右(负)偏态分布:均数 ＜ 中位数 。

2. 中位数不受极端值的影响,主要用于描述偏态分布资料、一端或两端无确定值和分布不明资料的集中趋势。

四、众　数

【例 2-8】　某医生记录 9 名中学生甲型肝炎的潜伏期分别为 14,12,13,15,14,15,15,17,30 天,该医生求其平均潜伏期为 16.11 天。

【问题 2-4】

(1) 这是何种资料类型?

(2) 该医生用均数表示其平均潜伏期是否合适?

(3) 适宜的表示平均水平的指标应选什么?

【分析】

(1) 该资料由具体的数值组成,且有度量衡单位,属于计量资料。

(2) 观察值的变异程度较大,存在特大值 30,故用均数描述其平均潜伏期的代表性较差。

(3) 本例资料属于偏态分布适宜用中位数(median)描述其集中趋势,也可用众数(mode)描述其集中趋势。

笔记:

众数(mode)是一组观察值中出现次数最多的那个观察值,或在频数表中频数最多的组段对应的组中值,常用符号“M_0”表示。连续型资料及非连续型资料均可用众数表示其集中趋势。众数的缺点是不能完全利用样本观察值的信息;若观察值中出现若干个相同次数的数据或相同频数的组段,则众数难以确定。在卫生统计学中,众数比前述三个平均数应用较少。

例 2-8 中,15 出现 3 次,次数最多,即众数为 15,故该 9 人的平均潜伏期为 15 天。

表 2-3 中,频数最多的组段为 55.0～,频数为 32,对应的组中值为 55.75,即众数为 55.75,与均数 55.68 很接近。

五、调和均数

【例 2-9】 某研究者用毒物对 6 只小白鼠染毒后的生存时间(分钟)分别为:62.5,75.8,68.7,63.9,65.5,75.4(分钟)。求其调和均数。

【分析】 调和均数(harmonic average)是观察值 x 倒数均数的倒数,用符号 H 表示,又称为倒数平均数。计算调和均数时,对小样本的原始资料用式(2-11),对大样本的频数表资料用式(2-12)。调和均数的应用:(1)明显呈正偏态分布的计量资料;(2)数据两端波动较大资料;(3)某些分类资料需要计算平均率时,最好计算调和均数。

$$H=\frac{1}{\frac{1}{n}\sum_{i=1}^{n}\frac{1}{x_i}}=\frac{n}{\sum_{i=1}^{n}\frac{1}{x_i}} \tag{2-11}$$

$$H=\frac{1}{\frac{1}{n}\sum_{j=1}^{k}(\frac{1}{x_j}\cdot f_j)}=\frac{n}{\sum_{j=1}^{k}(\frac{f_j}{x_j})} \tag{2-12}$$

例 2-9 计算调和均数:

$$H=\frac{n}{\sum_{i=1}^{n}\frac{1}{x_i}}=\frac{6}{\frac{1}{62.5}+\frac{1}{75.8}+\frac{1}{68.7}+\frac{1}{63.9}+\frac{1}{65.5}+\frac{1}{75.4}}=68.2(\text{分钟})$$

该 6 只小白鼠的平均生存时间为 68.2 分钟。

例 2-7 资料计算调和均数,列计算表如表 2-8,将数据带入公式(2-12)即可计算调和均数。

表 2-8　190 名食物中毒患者的潜伏期(小时)

潜伏期(小时)(1)	人数(f_j)(2)	组中值 x_j(3)	f_j/x_j(4)=(2)/(3)
0～	28	6	4.67
12～	69	18	3.83
24～	47	30	1.57
36～	27	42	0.64
48～	13	54	0.24
60～	5	66	0.08
72～84	1	78	0.01
合计	190	—	11.04

$$H=\frac{n}{\sum_{j=1}^{k}(\frac{f_j}{x_j})}=\frac{190}{11.04}=17.2(\text{小时})$$

该 190 名食物中毒患者的潜伏期的调和均数为 17.2 小时。

【知识点 2-5】

1. 众数是一组观察值中出现次数最多的那个观察值,或在频数表中频数最多的组段对应的组中值。常用符号 M_0 表示。众数可用于描述连续型资料及非连续型资料的集中趋势。在医学统计中,众数比前述三个平均数应用较少。

2. 调和均数是观察值 x 倒数均数的倒数,用符号 H 表示,又称为倒数平均数。用于明显呈正偏态分布的计量资料,或数据两端波动较大资料,或某些分类资料需要计算平均率时。

【知识点 2-6】　均数、几何均数、中位数与众数的关系

1. 在正态分布资料中，四者相等；在近似正态分布资料或其他对称分布中，四者十分接近。

2. 一般在偏态分布中：(1) 正偏态分布：$\overline{x}>M>G$。

(2) 负偏态分布：$M>\overline{x}>G$

第三节　离散趋势的描述

平均数反映一组数据向某一位置聚集或集中趋势，而各观察值间的变异程度（离散趋势）不得而知，只有将两者结合起来才能全面反映资料的分布规律。为进一步说明该问题，请看例 2-10。

【例 2-10】 某地甲、乙、丙 3 组 6 岁儿童胸围(cm)如下：

甲组：53,54,55,56,57

乙组：52,53.5,55,56.5,58

丙组：53,53.5,55,56.5,57

甲、乙、丙 3 组 6 岁儿童胸围(cm)的均数和中位数均为 55cm，故认为这 3 组 6 岁儿童胸围(cm)的变异程度完全相同的。

【问题 2-5】

笔记：

(1) 该结论是否正确？

(2) 仅用表示集中趋势的均数能否全面地对资料进行描述？

【分析】

(1)该结论不正确。

(2)对资料描述应考虑集中趋势和离散趋势指标。本例 3 组数据的中心位置相同，但三组观测值的波动情况或在中心位置附近分布的程度是不同的：甲组和丙组数据在均数附近取值较集中，而乙组数据距离均数较远，即取值较分散。甲组数据分布均匀，丙组数据较甲组分散，集中分布在两端（见图 2-4）。

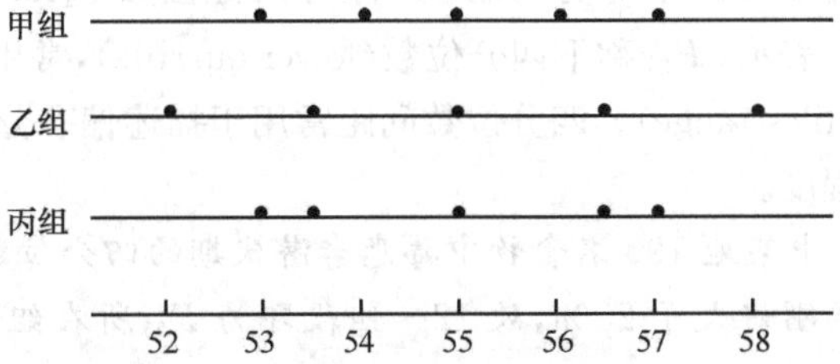

图 2-4　甲乙丙 3 组 6 岁儿童胸围(cm)分布

描述离散趋势的指标有极差、四分位数间距、方差、标准差和变异系数等，现分述如下。

一、极　　差

极差(range)又称全距，是全部观察值中最大值与最小值之差，用符号“R”表示。极差大，说明变异程度大；极差小，说明变异程度小。

例 2-10 中，甲、乙、丙 3 组 6 岁儿童胸围(cm)的极差分别为：

$$R_{甲}=57-53=4(\text{cm}),R_{乙}=58-52=6(\text{cm}),R_{丙}=57-53=4(\text{cm})$$

$R_{乙}>R_{甲}$ 和 $R_{丙}$，说明甲组和丙组的胸围分布较为集中，乙组的胸围分布较为分散。即乙组和丙组的变异度较小，而甲组的变异度较大，说明 3 组胸围的集中趋势位置相同，但离散趋势不同。而甲组和丙组的极差相等，但从观察值来看，两组数据的变异程度亦有所不同。极差只利用了资料中的最大值和最小值，并不能准确表达资料中各观测值的变异程度，比较粗略。

另外，样本量越大，由于观测到偏小或偏大值的可能性越大，从而极差也会越大，因此样本量相差悬殊时，不宜比较极差；即使样本量相同，极差的抽样误差也较大，即极差不稳定。

二、四分位数间距

为克服极差的不稳定性，可采用从小到大排列观察值的中间值的波动范围来描述资料的离散趋势，即百分位数间距(inter-percentiles range)。

1. 百分位数(percentile)　百分位数(percentile)是一种位置指标，样本的第 x 百分位数记为 P_x。它表示将全部观测值 $x_1,x_2,\cdots,x_n$ 由小到大依次排列后位于第 x 百分位置的数值。全部观测值中，有 $x\%$ 的观测值 $\leqslant P_x$，而有 $(100-x)\%$ 的观测值 $\geqslant P_x$。

利用频数表资料计算百分位数的公式如下：

$$P_x=L_x+\frac{i_x}{f_x}(nx\%-\sum f_L) \tag{2-13}$$

式中：L_x 为 P_x 所在组段的下限，i_x 为 P_x 所在组段的组距，f_x 为 P_x 所在组段的频数，n 为总例数，$\sum f_L$ 为 P_x 所在组段前一组的累计频数。

确定 P_x 所在组段的方法：找累计频率，当累计频率刚好大于或等于 $x\%$ 时所在组段即为 P_x 所在组段。

显然，中位数 M 是一个特殊的百分位数，即第 50 百分位数 P_{50}。中位数是最稳定的百分位数，离中位数越近的百分位数越稳定，离中位数越远的百分位数越不稳定。

2. 四分位数间距　百分位数间距(inter-percentiles range)是两个百分位数的差值，可用于描述资料的离散趋势。如 $P_{95}-P_5$、$P_{90}-P_{10}$ 等。最常用的百分位数差为 $P_{75}-P_{25}$，由于 P_{25}、P_{50} 和 P_{75} 将全部观察值分成四个等分，因此又称为四分位数(quartile)，P_{75} 称上四分位数(upper quartile)，常用 Q_U 表示，P_{25} 称下四分位数(lower quartile)，常用 Q_L 表示。$P_{75}-P_{25}$ 为四分位数间距 Q(inter-quartiles range)。四分位数间距常用于描述偏态分布资料、两端无确切值或分布不明确资料的离散程度。

【例 2-11】　求例 2-7 中某地 190 名食物中毒患者潜伏期的四分位数间距。

12～组段的累计频率刚好大于 25%，故 12～组段即为 P_{25} 所在组段。所以，$L_{25}=12$，$i_{25}=12$，$f_{25}=69$，$\sum f_L=28$，由式(2-13)求得：

$$P_{25}=L_{25}+\frac{i_{25}}{f_{25}}(n\times 25\%-\sum f_L)=12+\frac{12}{69}(190\times 25\%-28)=15.39(\text{小时})$$

同理，24～组段的累计频率刚好大于 75%，故 24～组段为 P_{75} 所在组段。所以，$L_{75}=24$，$i_{75}=12$，$f_{75}=47$，$\sum f_L=97$，由式(2-13)求得：

$$P_{75}=L_{75}+\frac{i_{75}}{f_{75}}(n\times 75\%-\sum f_L)=24+\frac{12}{47}(190\times 75\%-97)=35.62(\text{小时})$$

则四分位数间距为 $Q=P_{75}-P_{25}=35.62-15.39=20.23$(小时)

【知识点 2-7】

1. 极差与四分位数间距可用于描述计量资料的离散程度，但都比较粗略。

2. 四分位数间距较极差稳定。

3. 四分位数间距主要用于描述偏态分布资料、两端无确切值或分布不明资料的变异程度。

4. 中位数 M 是一个特殊的百分位数，即第 50 百分位数 P_{50}。

5. 百分位数是一种位置指标，样本的第 x 百分位数记为 P_x。它表示将全部观测值 x_1，x_2，…，x_n 由小到大依次排列后位于第 x 百分位置的数值。

三、离均差平方和与方差

极差和四分位数间距都未全面考虑观察值的变异情况，为了克服该缺点，需计算总体中每个观察值 x 与总体均数 μ 的差值 $(x-\mu)$，称为离均差。

由于 $\sum(x-\mu)=0$，不能反映观察值变异度的大小，故采用离均差平方和 $\sum(x-\mu)^2$ (sum of squares of deviations from mean)反映总的变异程度。显然，当总体中的观察例数 N 越大，$\sum(x-\mu)^2$ 越大。为消除观察值个数的影响，对离均差平方和求平均值即得到方差，总体方差用 σ^2 表示，计算公式为：

$$\sigma^2=\frac{\Sigma(x-\mu)^2}{N} \tag{2-14}$$

在实际工作中，总体均数 μ 往往是未知的，所以只能用样本均数 $\overline{x}$ 作为总体均数 μ 的估计值，即用 $\sum(x-\overline{x})^2$ 代替 $\sum(x-\mu)^2$，用样本例数 n 代替 N，但再按式(2-14)计算的结果总是比实际 σ^2 小。英国统计学家 W. S. Gosset 提出用 n-1 代替 n 来校正，这就得到样本方差 s^2 计算公式为：

$$s^2=\frac{\sum(x-\overline{x})^2}{n-1}=\frac{\sum x^2-\frac{(\sum x)^2}{n}}{n-1} \tag{2-15}$$

式中的 n-1 称为自由度，用希腊字母 ν 表示。采用自由度做分母是为了避免样本方差估计总体方差时偏小。

方差主要适用于对称分布，尤其是呈正态或近似正态分布的资料。方差越大，说明观察值变异程度越大；反之，方差越小，说明观察值变异程度越小。

笔记：

四、标 准 差

方差可以比较全面地反映变量值的变异情况，但其方差的单位是原单位的平方，故引入标准差的概念。标准差：将方差开平方，恢复成原度量单位，得到总体的标准差 σ 和样本标准差 s。标准差仍主要适用于正态分布或近似正态分布的资料。

总体的标准差 σ 的计算公式为：

$$\sigma=\sqrt{\frac{\sum(x-\mu)^2}{n}} \tag{2-16}$$

样本标准差 s 的计算公式为：

$$s=\sqrt{\frac{\sum(x-\overline{x})^2}{n-1}} \tag{2-17}$$

实际工作中，对于小样本资料计算样本标准差 s 常用下式：

$$s=\sqrt{\frac{\sum x^2-\frac{(\sum x)^2}{n}}{n-1}} \tag{2-18}$$

实际工作中，对于频数表资料计算样本标准差 s 常用下式：

$$s=\sqrt{\frac{\sum f_i x_i^2-(\sum f_i x_i)^2/n}{n-1}} \tag{2-19}$$

式中，x 为各组段组中值，f 为各组段频数，n 为总例数。

【例 2-12】 求例 2-11 中甲、乙、丙三人红细胞计数的标准差。

利用公式(2-18)，求得：$s_{甲}=1.58$(cm)，$s_{乙}=2.37$(cm)，$s_{丙}=1.77$(cm)

因此，甲组的标准差最小，乙组的标准差最大，丙组居中。说明乙组的变异程度大于甲组和丙组，丙组的变异程度大于甲组。

【例 2-13】 求例 2-1 胸围数据的标准差。

该数据已整理成表 2-3 胸围均数的计算表，在表 2-3 上增加一栏 $f_i x_i^2$，计算 $\sum f_i x_i^2$ 得 403949.13，带入式(2-19)得 $s=2.61$(cm)。

$$s=\sqrt{\frac{\sum f_i x_i^2-(\sum f_i x_i)^2/n}{n-1}}=\sqrt{\frac{403949.13-7238.7^2/130}{130-1}}=2.61(\text{cm})$$

故该 130 例 6 岁正常男童胸围的标准差为 2.61cm。

标准差的应用：

(1) 描述同质事物的变异程度，适用于正态或近似正态分布资料的变异程度。

(2) 衡量均数的代表性。在两组或多组资料计量单位相同，均数相近条件下，标准差大，表示变异程度越大，该组各观测值较分散(远离均数)，因而均数的代表性较差，反之，亦然。

(3) 结合样本均数描述频数分布特征。

(4) 确定医学参考值范围(或正常值范围)。

(5) 计算变异系数和标准误。

标准差的特性：

(1) 标准差的大小，受资料中每个观察值的影响，如观察值间变异大，求得的标准差也大，反之则小。

(2) 如果各观察值加上或减去一个常数 a，标准差不变。

(3) 当每个观察值乘以或除以一个常数 b，则标准差是原标准差的 b 倍或 1/b 倍。

【知识点 2-8】

1. 方差和标准差主要用于描述正态或近似正态分布计量资料的离散程度。

2. 对于正态或近似正态分布的资料，常用均数与标准差全面描述其集中趋势与离散趋势。科研论文中表示为均数±标准差($\overline{x}\pm s$)。对偏态分布资料则用中位数±四分位数间距($M\pm Q$)表示。

3. 同质的两组资料，在均数相近的条件下，标准差大说明该组各观测值较分散(远离均数)，因而均数的代表性较差；反之，标准差小，说明该组观测值集中在均数附近，因而均数的代表性较好。

五、变异系数

【例 2-14】 某年某市城区 120 名 5 岁女孩体重均数为 17.71kg，标准差为 1.44kg，同年该地 120 名 5 个月女孩体重均数为 7.37kg，标准差为 0.77kg，试问 5 岁女孩与 5 个月女孩哪个变异程度大？

【分析】 此例观察值均为体重，度量衡单位相同，但由于 5 岁女孩与 5 个月女孩的体重均数相差较大，无法直接用标准差 1.44kg 和 0.77kg 直接比较，宜用变异系数来比较其变异程度的大小。

变异系数(coefficient of variation，简记为 CV)，亦称离散系数(coefficient of dispersion)，为标准差与均数之比，写成公式为

笔记：

$$CV=\frac{s}{\bar{x}}\times 100\% \tag{2-20}$$

极差、四分位数间距和标准差都是有单位的，其单位与观察值的单位相同；而变异系数为相对数，没有单位，更便于资料间变异程度的比较。

则 5 岁女孩体重的变异系数：$CV=\frac{s}{\bar{x}}\times 100\%=\frac{1.44}{17.71}\times 100\%=8.13$

5 个月女孩体重的变异系数：$CV=\frac{s}{\bar{x}}\times 100\%=\frac{0.77}{7.37}\times 100\%=10.45\%$

故 5 个月女孩体重的变异程度大于 5 岁女孩体重的变异程度。

【例 2-15】 某地 7 岁男孩身高的均数为 123.10cm，标准差为 4.71cm；体重均数为 22.29kg，标准差为 2.26kg，比较其变异度？

【分析】 由于身高和体重的度量衡单位不同，无法直接用标准差 4.71cm 和 2.26cm 比较，可采用无度量衡单位的变异系数进行比较。

身高的变异系数：　　$CV=\frac{4.71}{123.10}\times 100\%=3.83\%$

体重的变异系数：　　$CV=\frac{2.26}{22.29}\times 100\%=10.14\%$

故某地 7 岁男孩身高的变异程度小于体重的变异程度。

【知识点 2-9】

1. 变异系数描述的是相对离散程度。变异系数越大，说明资料的变异程度越大；反之，变异系数越小，说明资料的变异程度越小。

2. 变异系数无度量衡单位。

3. 变异系数主要用于单位不同，或虽单位相同，但均数相差较大的资料间变异程度的比较。

第四节　正态分布

一、正态分布的概念

例 2-1 对于某农村地区 130 名 6 岁正常男童的胸围的研究中，利用所得的样本数据，绘制图 2-2 的直方图，见图 2-5 中的 A，频数分布的高峰在中间，两端基本对称，逐步减少，这种分布称为

近似正态分布，如果两端完全对称则称为正态分布(normal distribution)。正态分布最早是德国数学家高斯(C. F. Gauss，1777～1855)研究误差理论时发现的，故又称为高斯分布(Gaussian distribution)。例 2-1 中，当样本量 n 越来越大而组距越来越小时，图中直条将逐渐变窄，见图 2-5 中的 B，其顶端将逐渐接近于一条光滑的曲线，这条曲线描述了某农村地区 130 名 6 岁正常男童的胸围的分布，见图 2-5 中的 C，这条曲线称为正态曲线(normal curve)，它是一条高峰位于中央，均数处最高，两侧逐渐下降并完全对称，曲线两端永远不与横轴相交的钟型曲线。

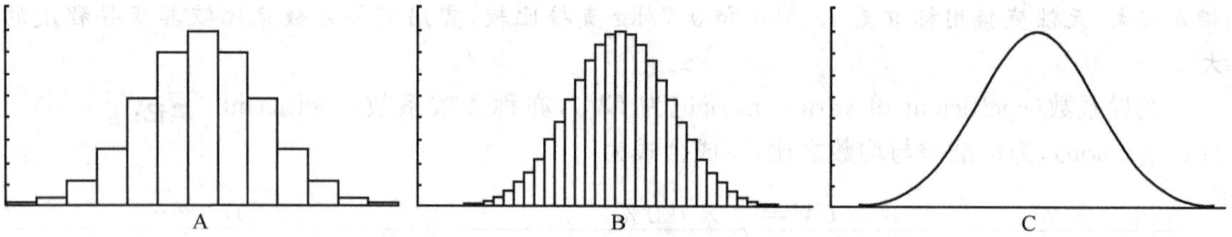

图 2-5　频率分布逐渐接近正态分布示意

正态曲线的函数表达式 $f(x)$ 称为正态分布密度函数(probability density function)：

$$f(x)=\frac{1}{\sigma\sqrt{2\pi}}e^{-\frac{(x-\mu)^2}{2\sigma^2}},\quad -\infty<x<+\infty\quad,\tag{2-21}$$

式中 π 为圆周率，e 为自然对数的底，μ（总体均数）和 σ（总体标准差）为正态分布的参数。如果连续型随机变量 x 具有如公式(2-21)的概率密度函数，则称随机变量 x 服从参数为 μ 和 σ^2 的正态分布(normal distribution)，记为 $x\sim N(\mu,\sigma^2)$。

一般把 $\mu=0$，$\sigma=1$ 的正态分布 $N(0,1)$ 称为为标准正态分布(standard normal distribution)。z 称为标准正态变量或标准正态离差(standard normal deviate)。

二、正态分布的特征

正态分布具有以下几个特征：

(1) 正态曲线(normal curve)在横轴上方以均数处最高的单峰对称分布，以均数为中心，左右两侧对称。从公式可以看出，$f(x)$ 必为正，图形在横轴的上方，当 $x-\mu$ 的绝对值越小，$f(x)$ 值越大；当 $x=\mu$ 时，$x-\mu$ 的绝对值最小，$f(x)$ 值最大，故正态分布曲线以均数处曲线最高。当 $x-\mu$ 的绝对值相等时，$f(x)$ 值也相等，故正态分布是以 μ 为中心，左右两侧对称的分布。

(2) 正态分布 $N(\mu,\sigma^2)$ 中有两个参数：总体均数 μ 和总体标准差 σ。μ 是位置参数，它确定正态分布曲线的在横轴上的中心位置即集中趋势位置。当 σ 固定时，μ 增大，则曲线沿 x 轴向右移动；反之，μ 减小，曲线沿 x 轴向左移动，如图 2-6A 所示。σ 是变异度参数，描述正态变量的离散程度，它决定了正态曲线的形状。当 μ 固定时，σ 愈大，表示 x 的取值愈分散，曲线愈“矮胖”；σ 愈小，x 的取值愈集中在 μ 附近，曲线愈“瘦高”，如图 2-6B 所示。

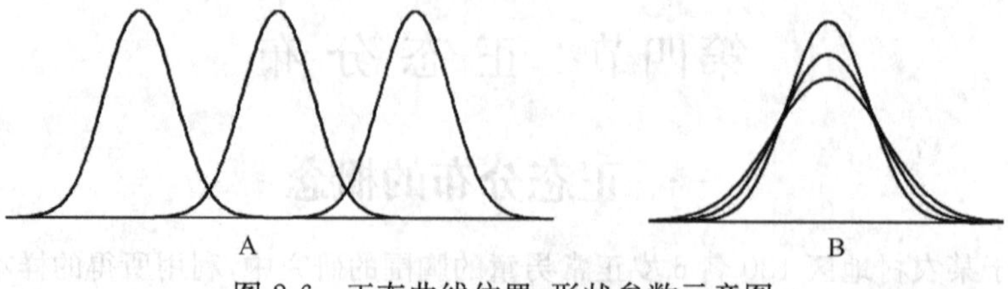

图 2-6　正态曲线位置、形状参数示意图

(3) 正态曲线与横轴所夹的面积为1,其分布有一定规律。

【知识点 2-10】

1. 正态分布是横轴上方以均数处最高的单峰对称分布,以均数为中心,左右两侧对称。

2. 正态分布 $N(\mu,\sigma^2)$ 中有两个参数:总体均数 μ 和总体标准差 σ。μ 是位置参数,σ 是变异度参数。

三、正态曲线下的面积分布规律

标准正态分布的概率密度函数及分布函数分别记作 $\varphi(z)$ 和 $\Phi(z)$,可分别用式(2-22)及式(2-23)计算。

$$\varphi(z)=\frac{1}{\sqrt{2\pi}}e^{-\frac{z^2}{2}} \tag{2-22}$$

$$\Phi(z)=\frac{1}{\sqrt{2\pi}}\int_{-\infty}^{z}e^{-\frac{1}{2}z^2}dz \tag{2-23}$$

标准正态分布的概率密度曲线如图 2-7 所示,图中阴影部分的面积(表示标准正态变量 z 落在$(-\infty,\mu)$内的概率)即为分布函数 $\Phi(z)$ 的值。

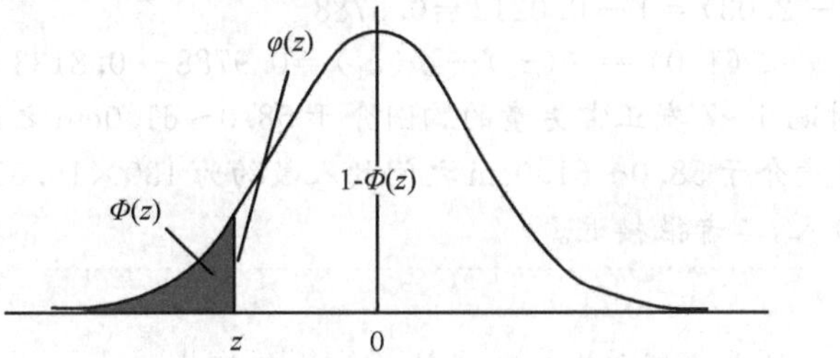

图 2-7　标准正态分布曲下面积Φ(z)及纵高示意图

按式(2-21),统计学家对不同的 z 值编制了标准正态分布曲线下面积表(见附表 1),从中可查到标准正态变量落在区间$(-\infty,\mu)$内的概率,即对应的 $\Phi(z)$值。

利用标准正态分布,可以计算出正态分布曲线下常用的几个面积:

1. 位于$(\mu-1.64\sigma,\mu+1.64\sigma)$内的面积为 0.90,即正态变量在 $\mu\pm1.64\sigma$ 范围内取值的概率为 0.90,在该区间以外取值的概率(两侧的阴影面积之和)为 0.10。

2. 位于$(\mu-1.96\sigma,\mu+1.96\sigma)$内的面积为 0.95,即正态变量在 $\mu\pm1.96\sigma$ 范围内取值的概率为 0.95,在该区间以外取值的概率(两侧的阴影面积之和)为 0.05。

3. 位于$(\mu-2.58\sigma,\mu+2.58\sigma)$内的面积为 0.99,即正态变量在 $\mu\pm2.58\sigma$ 范围内取值的概率为 0.99,在该区间以外取值的概率(两侧的阴影面积之和)为 0.01。(见图 2-8)

实际工作中,μ 和 σ 分别用 $\bar{x}$ 和 s 替换,即 $\bar{x}\pm1.64s$ 内的面积为 90%,$\bar{x}\pm1.96s$ 内的面积为 95%,$\bar{x}\pm2.58s$ 内的面积为 99%。

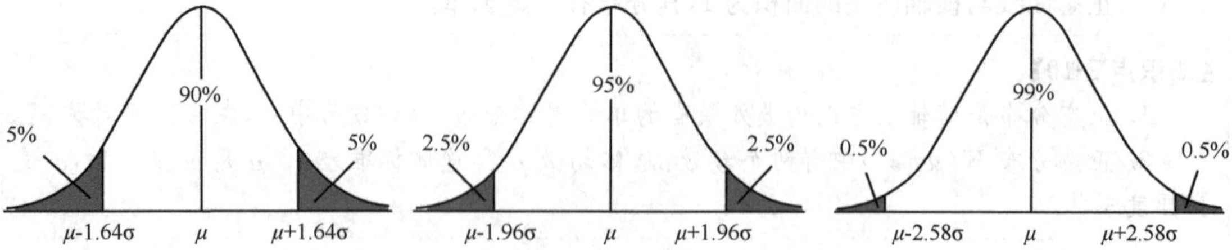

图 2-8　正态分布曲线下面积分布规律示意图

【例 2-16】 在例 2-1 中，已求得某农村地区 130 名 6 岁正常男童的胸围均数 $\overline{x}=55.68$cm，标准差 $s=2.61$cm，试估计该农村地区 130 名 6 岁正常男童的胸围介于 58.0～61.0cm 的比例及人数。

本例由于是大样本，可用样本均数和样本标准差分别作为总体 μ、σ 的估计值，即将该地 130 名 6 岁正常男童的胸围（记作 x）近似看作服从 $N(55.68, 2.61^2)$ 的正态分布。作如下标准化变换：

$$z_1=\frac{58.0-55.68}{2.61}=0.89\ ,\ z_1=\frac{61.0-55.68}{2.61}=2.03$$

查标准正态分布表得：$\Phi(z_1)=1-\Phi(-0.89)=1-0.1867=0.8133$

$\Phi(z_2)=1-\Phi(-2.03)=1-0.0212=0.9788$

于是 $P(58.0<x<61.0)=\Phi(z_2)-\Phi(z_1)=0.9788-0.8133=16.55\%$ 。

故估计该该农村地 6～7 岁正常男童的胸围介于 58.0～61.0cm 之间的比例为 16.55%。估计 130 名 6 岁正常男童介于 58.0～61.0cm 之间的人数约为 130×16.55%≈22 人。这是理论频数，而实际频数是 20 人，二者很接近。

【知识点 2-11】

1. 正态曲线下横轴上的面积为 1，其分布有一定的规律：$\overline{x}\pm1.64s$ 内的面积为 90%，$\overline{x}\pm1.96s$ 内的面积为 95%，$\overline{x}\pm2.58s$ 内的面积为 99%。

2. 任一正态分布 $N(\mu, \sigma^2)$ 均可通过 $z=\frac{x-\mu}{\sigma}$ 或 $\frac{x-\overline{x}}{s}$ 转化为标准正态分布 $N(0,1)$。

四、正态分布的应用

在医学研究中，正态分布的应用很广。因为许多医学现象服从或近似服从正态分布，如同性别、同年龄儿童的血清总胆固醇，同性别健康成人的红细胞数、血红蛋白含量、脉搏数等。正态分布是自然界最常见的一种分布，如测量误差，炮弹落点的分布；农作物的收获量等，正常情况下生产的产品尺寸：直径、长度、重量等也都近似服从正态分布。有的呈偏态分布的指标经变量变换后也可转换成正态分布，如医院病人的住院天数、环境中若干有害物质的浓度等，常在变量变换（对数变换）能转换正态分布，可按正态分布的规律处理。另一方面，正态分布是很多统计方法的理论基础，如 t 分布、二项分布、*poisson* 分布的极限分布即为正态分布，在一定条件下，均可按正态近似的原理来处理。另外，一些分布又可以通过正态分布来导出，如卡方检验、t 分布与 F 分布等都是在正态分布的基础上推导出来的。因此，在统计学中，正态分布无论在理论研究还是实际应用中，均占有重要的地位。

（一）制定医学参考值范围

医学参考值范围（medical reference range）又称正常值范围，医学上常将包括绝大多数正常人的某指标值的波动范围称为该指标的正常值范围。这里所谓"正常人"不是一点小病都没有的人，而是指排除了影响所研究指标的疾病和有关因素的同质人群。"绝大多数"习惯上包括正常人的 80%、90%、95%、99%等。医学参考值范围在诊断方面可作为划分正常或异常的参考标准。

制定观察指标的参考值范围的一般步骤如下：

(1) 依据观察指标的特点、背景和已知的影响因素，确定抽样的入选标准和排除标准(例如在制定正常成年男子身高的参考值范围研究中，要排除成年男子严重营养不良、侏儒症、巨人症、大骨关节病等；而在制定肺活量的参考值范围研究中，要排除患有呼吸道疾病的个体)，并抽取一定的样本含量(一般要求 100 以上)。

(2) 根据指标特点决定单侧或双侧：若某指标过高或过低均属异常(如血清胆固醇含量，白细胞计数等)，则参考值范围应取双侧；若某指标仅过高属异常(如血铅，发汞等)，应采用单侧参考值范围制定上侧界值(上限)，反之，若某指标仅过低属异常(如肺活量等)，应对此指标制定下侧界值(下限)。总之，需根据专业知识确定计算医学参考值范围应采用单侧还是双侧界值。

(3) 确定置信度：一般以 95%参考值范围最为常用。也可根据需要确定置信度。

(4) 按资料分布特征选取不同方法计算正常值范围：正态分布或近似正态分布资料用正态分布法，偏态分布或分布不明资料用百分位数法 (表 2-9)。

表 2-9　常用参考值范围的制定

参考值范围(%)	正态分布法			百分位数法		
	双侧	单侧		双侧	单侧	
		下限	上限		下限	上限
90	$\overline{x}\pm1.64s$	$\overline{x}-1.28s$	$\overline{x}+1.28s$	$P_5\sim P_{95}$	P_{10}	P_{90}
95	$\overline{x}\pm1.96s$	$\overline{x}-1.64s$	$\overline{x}+1.64s$	$P_{2.5}\sim P_{97.5}$	P_5	P_{95}
99	$\overline{x}\pm2.58s$	$\overline{x}-2.33s$	$\overline{x}+2.33s$	$P_{0.5}\sim P_{99.5}$	P_1	P_{99}

【例 2-17】 测定某地 208 名 13 岁健康女孩的身高，得均数 $\overline{x}=157.22$cm，标准差 $s=5.64$cm. 试制定该地 13 岁女孩身高的 95%参考值范围。

【分析】 由于身高近似服从正态分布，可用正态分布法计算。因身高过高或过低均为异常，应计算双侧 95%参考值范围。

下限　$\overline{x}-1.96s=157.22-1.96\times5.64=146.17$ (cm)

上限　$\overline{x}+1.96s=157.22+1.96\times5.64=168.27$ (cm)

故该地 13 岁女孩身高的 95%参考值范围为(146.17，168.27)cm。

【例 2-18】 为了某市居民发汞的基础水平，调查了留住该市一年以上，无明显肝、肾疾病，无汞作业接触史的居民 238 人发汞含量如表 2-10。计算得该样本资料的均数 $\overline{x}=7.14\mu$mol/kg，标准差 S＝3.32μmol/kg，由于发汞仅过高为异常，于是估计该地居民发汞值的 95%正常值上限为 $\overline{x}+1.64s=12.58\mu$mol/kg。

表 2-10　某地 238 名正常成人的发汞值(μmol/kg)

发汞值	1.5～	3.5～	5.5～	7.5～	9.5～	11.5～	13.5～	15.5～	17.5～	19.5～21.5
例数	20	66	60	48	18	16	6	1	0	3

【问题 2-6】

(1) 该资料是正态分布资料还是偏态分布资料？

(2) 应当选用什么方法计算正常值范围?

【分析】 从表2-10可以看出,该样本资料呈偏态分布,故不能用正态分布法计算正常值范围,而应该用适合偏态分布的百分位数法,计算 $P_{95}=12.50\mu mol/kg$,故估计该市居民尿汞值的95%参考值范围为不高于 12.50μmol/kg。

【知识点 2-12】

1. 医学参考值范围是绝大多数正常人的某指标值的波动范围。
2. 正常人是指排除了所影响研究指标的疾病和有关因素的同质人群。
3. 正态分布法适用于正态分布或近似正态分布资料。
4. 百分位数法适于偏态分布或分布不明资料。

(二) 质量控制

若实验误差仅由随机误差引起,不存在系统误差,则指标的波动应服从正态分布,根据这一原理,可以实现测量过程的质量控制。

为控制检验误差,通常以 $\overline{x}\pm 2s$ 作为上下警戒限,以 $\overline{x}\pm 3s$ 作为上下控制限。因为根据正态分布曲线下的面积规律,落在($\overline{x}-2s$, $\overline{x}+2s$)区域的概率约为 95%,而落在($\overline{x}-3s$, $\overline{x}+3s$)区域的概率约为 99%,从而在一次测量中落在($\overline{x}-3s$, $\overline{x}+3s$)区域以外的概率几乎为0,可以认为是不可能事件。若一测量值落在控制限以外,则有理由认为数据的波动不仅仅是由随机测量误差引起的,可能存在某种非随机的系统误差。

(三) 正态分布是许多统计方法的理论基础

后面各章讨论的许多统计方法如 t 检验、方差分析、回归分析等都要求指标服从正态分布。对于非正态分布的资料,实施统计处理的一个重要途径是对其进行变量变换,使得转换后的资料近似服从正态分布,然后按正态分布的方法作统计学处理。

另外,关于统计量的分布如 t 分布、χ^2分布、F 分布等都是在正态分布的基础上推演出来的,所以正态分布在统计学中占有重要的地位。

五、正态性检验

前面提到有些统计方法的应用条件只适于正态分布的资料,如用均数和标准差描述资料的分布特征,用正态分布法确定参考值范围等。因此在应用方法前,常要判定资料是否服从正态分布,或样本是否来自正态总体,这就要进行正态性检验(test of normality),常用图示法(坐标纸图、正态概率纸图)、P-P 图、W 检验、D 检验、χ^2 拟合优度检验、Kolmogorov-Smirnov 检验、Lilliefor 正态分布检验、偏度峰度检验法等。图示法是一种简单易行的方法,可以大致了解观察资料是否服从正态分布,缺点是比较粗糙。P-P 图的横坐标是所观察数据的累计概率(observed cumulative proportion),纵坐标是假设数据是服从正态分布的累加概率的期望值(expected cumulative proportion)。如果所分析的数据服从正态分布,则在 P-P 图上数据点应在从左下到右上的直线上。可采用假设检验方法,在样本量比较小时($3\leqslant n\leqslant 50$)采用 W 检验,在样本量比较大时($50\leqslant n\leqslant 100$)采用 D 检验。χ^2 拟合优度检验是样本检验总体分布是否与某一理论分布一致,Kolmogorov-Smirnov 检验可检验单一样本是否来自某一特定分布,如检验一组数据是否为正态分布,它的检验方法是以样本数据的累积频数分布与特定理论分布比较,若两者间的差距很小,则推论该样本取自某特定分布族。

思考练习

(一) 是非题(正确记"＋",错误记"－")

1. 比较7岁男童和17岁青年身高的变异程度宜用变异系数。（　）
2. 四分位数间距排除了有序数列两端各25%的观察值的影响。（　）
3. 离散程度指标中,最易受极端值影响的是标准差。（　）
4. 正态分布资料中,$\overline{x}=M$。（　）
5. 频数分布两端无确切值的资料,宜用中位数来描述其分布的集中趋势。（　）
6. 离散型定量变量的频数分布图可以用直方图表达。（　）
7. 对称分布与正态分布等价。（　）
8. 正态分布的σ是位置参数。（　）
9. 标准正态分布曲线是唯一的。（　）
10. 在实际测定值为正值,如果标准差大于均数,则其分布一定为偏态分布。（　）

(二) 选择题(从a～e中选出一个最佳答案)

1. 均数和标准差的关系是________。

a. 均数越大,标准差越大　　b. 均数越大,标准差越小

c. 标准差越大,均数对各观察值的代表性越好

d. 标准差越小,均数对各观察值的代表性越好

e. 均数和标准差都可以描述资料的离散趋势

2. 已知某疾病患者10人的潜伏期(小时)分别为:6,13,9,5,10,12,8,8,11,＞20,则平均潜伏期约为________天。

a. 9　　b. 9.5　　c. 10

d. 10.2　　e. 11

3. 两组同质资料,若甲组$\overline{x}$小于乙组$\overline{x}$,但甲组s大于乙组s,则________。

a. 甲组$\overline{x}$代表性较好　　b. 甲组$\overline{x}$代表性较差　　c. 两组$\overline{x}$一样大

d. 两组s一样大　　e. 无法判断

4. 以下关于频数表的用途哪种说法是错误的________。

a. 揭示频数分布的类型　　b. 揭示频数分布的特征　　c. 可以发现极端值

d. 当样本量足够大时,以频率估计概率　　e. 描述某变量随另一变量变动的情况

5. 偏态分布资料宜用________描述其集中趋势。

a. $\overline{x}$　　b. G　　c. M　　d. Q　　e. CV

6. 测得200名正常成年女子的身高(cm),为进行统计描述,下列说法不正确的是________。

a. 可用加权法计算均数　　b. 可用直接法计算均数

c. 可用直接法计算标准差　　d. 可用加权法计算标准差

e. 可用直条图表示频数分布图

7. 样本中出现次数最多的观察值称为________。

a. 中位数　　b. 均数　　c. 几何均数　　d. 众数　　e. 调和均数

8. 若一组数据呈正态分布,且n足够大,其中小于$\overline{x}+1.96s$的变量值有________。

a. 0.5%　　b. 5%　　c. 95%　　d. 97.5%　　e. 45%

9. 某病病人的某项指标低于正常人,但有部分重叠,为控制漏诊率应当考虑________。

a. 提高参考值上限值　　b. 降低参考值上限值

c. 提高参考值下限值　　d. 降低参考值下限值　　e. 以上都不对

10. 若正常人的血铅含量 x 近似服从对数正态分布，则制定 x 的 95%参考值范围，最好采用(其中 $y=\lg x$, s_y 为 y 的标准差)________。

a. $\overline{x}\pm 1.96s$　b. $P_{2.5}\sim P_{97.5}$　c. $\lg^{-1}(y+1.64s_y)$　d. $\lg^{-1}(y+1.96s_y)$　e. $P_5\sim P_{95}$

(三) 应用分析题

1. 某研究者调查测定某地 107 名正常人尿铅含量(mg/L)如表 2-11,试计算该 107 名正常人尿铅的平均含量。

表 2-11　某地 107 名正常人尿铅含量(mg/L)频数表

尿铅含量	0～	4～	8～	12～	16～	20～	24～	28～
例数	14	22	29	18	15	6	1	2

2. 某地 101 例 30～40 岁健康成年男子血清总胆固醇测定值见表 2-12,请根据该数据完成以下问题。

(1) 编制频数表并绘制直方图,简述频数分布的类型及频数分布的特征。

(2) 计算适当的集中趋势指标和离散程度指标。

表 2-12　某地 101 例 30～40 岁健康成年男子血清总胆固醇值(mg/dl)

184	130	237	152.5	137.4	163.2	166.3	181.7	219.7
176	168.8	208	243.1	201	278.8	214	151.7	201
199	222.6	184.9	197.8	200.6	197	181.4	183.1	135.2
169	188.6	241.2	205.5	173.6	178.8	139.4	171.6	171.1
155.7	225.7	157.9	129.2	157.5	185.1	204.8	191.7	122.7
199.1	196.7	226.3	185	206.2	163.8	166.9	184	245.6
188.5	214.6	117.5	175.7	129.3	188	160.9	235.7	199.2
174.6	168.9	166.3	176.7	220.7	252.9	183.6	177.9	160.8
172.6	131.2	150.9	104.2	177.5	157.9	230	211.5	170
207.8	150	177.7	172.6	140.6	167.8	199.9	237.1	125.1
117.9	159.2	251.4	181.1	164	163.4	246.4	196.6	155.4
175.7	189.2							

3. 某医生收集了 150 例麻疹患者病后血清抗体滴度如表 2-13,请计算其平均抗体滴度。

表 2-13　150 例麻疹患者病后血清抗体滴度

抗体滴度	1∶4	1∶8	1∶16	1∶32	1∶64	1∶128	1∶256	1∶512	1∶1024
例数	1	7	10	31	32	41	24	3	1

4. 某地 13 岁男生的体重(kg)结果见表 2-14,求该地 13 岁男孩体重的 95%参考值范围。

表 2-14　某地 143 名 13 岁男生的体重(kg)

33	70	35	35	48	49	46	55	67	42
43	44	48	58	42	45	50	46	54	36
48	37	56	40	44	30	42	47	44	40
36	53	37	45	50	39	44	55	30	41

续表

45	45	50	48	51	37	35	40	34	67
42	46	42	41	60	40	33	60	35	44
35	42	45	44	70	55	41	30	35	60
60	65	40	65	46	54	41	65	59	47
50	46	62	40	37	35	52	44	35	
45	55	35	60	55	35	40	39	35	
35	70	43	48	72	39	33	39	49	
35	43	49	36	53	42	50	45	48	
60	45	44	54	40	46	41	40	51	
45	55	35	38	35	31	43	54	44	
42	41	56	47	35	50	46	40	41	

5. 已求得某校2000学生某课程的期末成绩均数 $\overline{x}=71$ 分，标准差 $s=8$ 分，试估计该门课程成绩低于60分的比例及人数。（假设某门课程的考试成绩呈正态分布）。

（高晓凤　朱　陶　李　健）

第三章　分类资料的统计描述

第一节　常用相对数

【例 3-1】 某疾病控制中心调查了该地甲乙两社区高血压患病情况，结果甲社区高血压患者为 1500 人，乙社区患者 1205 人，甲社区比乙社区多 295 人，由此得出甲社区高血压患病情况比乙社区严重。你认为该结论是否正确？为什么？

【问题 3-1】

(1) 这是什么资料？

(2) 该地疾病控制中心分析结论是否正确？为什么？

(3) 如何正确分析比较？

【分析】

(1) 高血压患病人数是按患病与未患病分类，属于二分类资料，即计数资料。

笔记：

(2) 该分析结论不正确。因为两社区高血压患病人数是根据患病与未患病分组直接清点所得数据即绝对数，可以说明某现象在一定条件下的规模和实际水平，但不能互相比较，因基数(或调查人数)未知。

(3) 若要比较高血压患病严重程度，还需要考虑两社区被调查的居民数(假设两社区年龄构成相近)，计算两社区居民高血压患病率后才能比较。高血压患病率是高血压患病人数除以调查人数所得的比值，是一种相对数。相对数(relative number)是分类资料的描述性统计指标，是两个有联系指标之比。常用相对数有率、构成比、相对比和动态数列，对比的两个指标可以是绝对数、相对数、平均数等，性质可以相同，也可以不同。假如调查人数为甲社区 15000 人，乙社区 10000 人，则甲社区高血压患病率为 $1500/15000 \times 100\% = 10.00\%$，乙校高血压患病率为 $1205/10000 \times 100\% = 12.05\%$，可见乙社区高血压患病率高于甲社区。

【知识点 3-1】

1. 绝对数是分类资料整理中，根据资料的类别直接清点各组所得的数据。
2. 相对数是分类资料的描述性统计指标，是两个有联系指标之比。常用相对数有：率、构成比、相对比和动态数列。
3. 对比的两个指标可以是绝对数、相对数、平均数等，性质可以相同，也可以不同。
4. 相对数可以用来说明某事件发生的频率或强度，也便于资料之间的对比。

【例 3-2】 某年某地不同年龄组高血压病的患病情况见表 3-1，某医师由此认为“40～”岁组的患病情况最为严重。该结论是否正确？为什么？

【分析】 该结论不正确。原因是以患病构成比代替患病率来说明问题。上表第(4)栏是每一组患病人数除以总患病人数得到的；第(5)栏是定基比，以“0～”岁组的患病构成比作基数，每组患病构成比与之相比。从第(4)栏和第(5)栏可以看出，患病构成比在“40～”岁组为最高峰(达 41.35%)，“0～”岁组最低，但这并不能说明“40～”岁组的患病情况最为严重，见图 3-1(A)，只能说明“40～”岁组患病构成比重最大。要说明患病的严重程度，需要用患病率来比较。在表

3-1的基础上，用患病人数除以调查人数计算出患病率，见表3-2第(6)栏和图3-1(B)。从患病率可以看出，患病率是随着年龄的增加而增大，“60～”岁组患病最严重。因此，该医师用患病构成比来代替患病率分析是错误的。

表3-1　某年某地不同年龄组高血压病的患病情况比较

年龄组(岁)(1)	调查人数(2)	患病人数(3)	患病构成比(%)(4)	与0～之比(5)
0～	42350	880	8.65	1.00
20～	38526	1568	15.41	1.78
40～	28760	4208	41.35	4.78
60～	18420	3520	34.59	4.00
合计	128056	10176	100.00	—

表3-2　某年某地不同年龄组高血压病的患病情况比较

年龄组(岁)(1)	调查人数(2)	患病人数(3)	患病构成比(%)(4)	与0～之比(5)	患病率(%)(6)=(3)/(2)
0～	42350	880	8.65	1.00	2.08
20～	38526	1568	15.41	1.78	4.07
40～	28760	4208	41.35	4.78	14.63
60～	18420	3520	34.59	4.00	19.11
合计	128056	10176	100.00	—	7.95

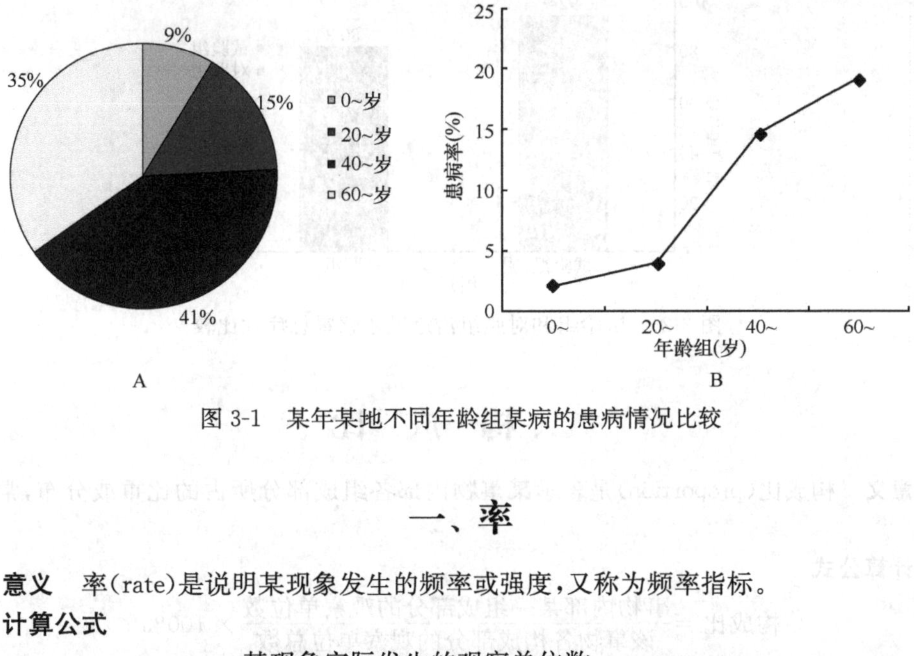

图3-1　某年某地不同年龄组某病的患病情况比较

一、率

1. 意义　率(rate)是说明某现象发生的频率或强度，又称为频率指标。

2. 计算公式

$$率=\frac{某现象实际发生的观察单位数}{可能发生该现象的观察单位总数}\times 比例基数 \tag{3-1}$$

表3-2第(6)栏“0～”的患病率为880/42350×100%＝2.08%，由第(2)、(3)栏的数据算得，依次类推，可算得“20～”、“40～”和“60～”岁组的患病率分别为4.07%、14.63%和19.11%。

比例基数可以取100%或1000‰等，比例基数的选择主要根据习惯用法或使计算的率有适当位数的整数，而且整数不太大；小数位数保留1～2位即可。

3. 特点

从表3-2、表3-3和图3-2看出，率有以下两个特点：

(1) 一般合计率或总率不等于100%。

(2) 某一部分的分率改变不影响其他分率的变化。

4. 应用 在医疗卫生工作和科学研究的分析中应用非常广泛，如患病率、发病率、死亡率、病死率、阳性率、治愈率、有效率等。

【例3-3】 昆明医科大学某医师在伤风停胶囊申请保护专利临床试验中，试验组用云南白药集团伤风停胶囊治疗，对照组用感冒软胶囊治疗。试验组治疗310例风寒感冒患者，有效288例，有效率为92.9%；对照组治疗风寒感冒患者104例，有效84例，有效率为80.8%，表3-3和图3-2，试验组和对照组有效率比较差异有统计学意义($\chi^2=12.578, P<0.001$)，试验组总有效率高于对照组即伤风停胶囊治疗风寒感冒患者的疗效优于感冒软胶囊。

表3-3 试验组和对照组治疗风寒感冒总疗效比较

组别	治疗人数	有效人数	无效人数	有效率(%)
试验组	310	288	22	92.9
对照组	104	84	20	80.8
合计	414	372	42	89.9

* $\chi^2=12.578$， $P<0.001$

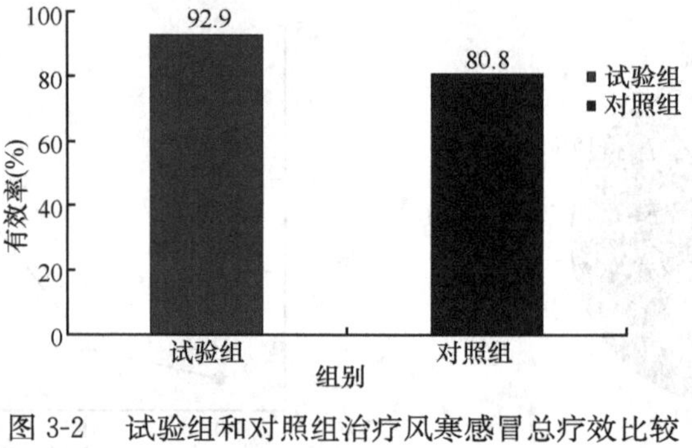

图3-2 试验组和对照组治疗风寒感冒总疗效比较

二、构 成 比

1. 意义 构成比(proportion)是表示某事物内部各组成部分所占的比重或分布，常以百分数表示。

2. 计算公式

$$构成比=\frac{事物内部某一组成部分的观察单位数}{该事物各构成部分的观察单位总数}\times 100\% \tag{3-2}$$

表3-1第(4)栏的患病构成比是由第3栏算得的，其中"0～"占全部患病人数的比重为880/10176×100%＝8.65%，依次类推，可算得"20～"、"40～""和"60～"所占的比重分别为15.41%、41.35%和34.59%。

【例3-4】 某县医院2009年各科病床数均为100张病床，2014年各科病床数因外科病床增加了100张病床，资料见表3-4和图3-3。

表 3-4　某县医院 2009 年和 2014 年各科病床数比较

科室	2009 年		2014 年	
	病床数	构成比(%)	病床数	构成比(%)
内科	100	25.0	100	20.0
外科	100	25.0	200	40.0
妇产科	100	25.0	100	20.0
其他科	100	25.0	100	20.0
合计	400	100.0	500	100.0

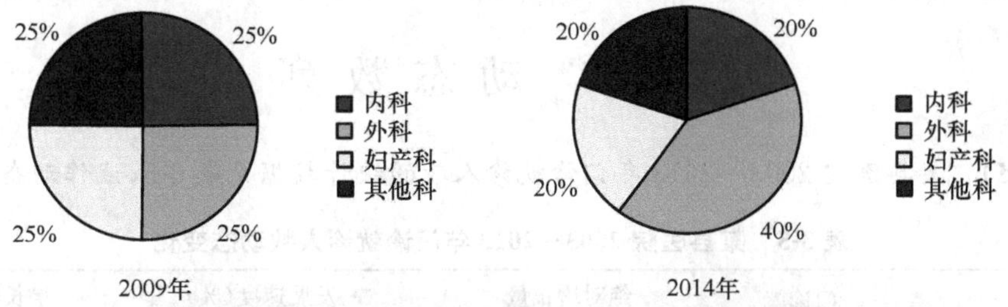

图 3-3　某县医院 2009 年和 2014 年病床数比较

笔记：

例表 3-4 中各个科室的病床构成比等于病床数除以合计病床数乘 100%，如 2009 年内科病床构成比＝100÷400×100%＝25.0%，其余依次类推，各科室病床数构成比总和等于 100%。在 2014 年，由于外科病床数增加 100 张，外科病床数构成比从 25.0%增加为 40.0%，其余科室的病床数没有改变，但构成比从 25.0%下降为 20.0%，因要保持总病床构成比为 100.0%。

3. 特点　从表 3-2、表 3-4 和图 3-3 看出构成比有两个特点：

(1) 某事物内部各构成比的总和必定等于 100%，即各分子的总和等于分母。

(2) 某一构成比的变化将影响其他构成比的变化，这一部分构成比增加，其他构成比将减少，反之，亦然。

4. 应用　在医疗卫生工作和科学研究的分析中应用非常广泛，如年龄构成、血型构成、病种构成、死亡原因构成等。

三、相　对　比

1. 意义　相对比(relative ratio)是表示两个有关事物指标之比，常以百分数和倍数表示，用以说明一个指标是另一个指标的几倍或百分之几。

2. 计算公式

$$相对比=\frac{甲指标}{乙指标}(或\times 100\%) \tag{3-3}$$

式中：甲、乙指标可以是相对数、绝对数、平均数。如果甲指标大于乙指标，用倍数表示；如果甲指标小于乙指标，用百分数表示。

例表 3-3 中，试验组和对照组有效率的相对比为 92.9%÷80.8%＝1.15 倍。

3. 特点

(1) 甲乙两个指标的性质可相同也可不同。

（2）甲乙两个指标可以是绝对数、相对数或平均数。

4. 应用 在医疗卫生工作和科学研究的分析中应用也非常广泛，如性别比、人口密度、医生（护士）床位比等。

【知识点 3-2】

1. 率是说明某现象发生的频率或强度。某一分率改变不影响其它分率变化。

2. 构成比是表示某事物内部各组成部分所占的比重或分布。某一部分构成比的改变将影响其它构成比的变化。

3. 相对比表示两个有关事物指标之比，用以说明一个指标是另一个指标的几倍或几分之几。两个指标可以是绝对数、相对数或平均数。

第二节 动态数列

【例 3-5】 某县医院 2003～2013 年门诊就诊人数的统计数据见表 3-5，试作动态分析。

表 3-5 某县医院 2003～2013 年门诊就诊人数动态变化

年份(1)	符号(2)	门诊就诊人数(3)	绝对增长量		发展速度(%)		增长速度(%)	
			累计(4)	逐年(5)	定基比(6)	环比(7)	定基比(8)	环比(9)
2003	a_0	6500	—	—	100.0	100.0	—	—
2004	a_1	7000	500	500	107.7	107.7	7.7	7.7
2005	a_2	7300	800	300	112.3	104.3	12.3	4.3
2006	a_3	7600	1100	300	116.9	104.1	16.9	4.1
2007	a_4	7750	1250	150	119.2	102.0	19.2	2.0
2008	a_5	7850	1350	100	120.8	101.3	20.8	1.3
2009	a_6	8050	1550	200	123.8	102.5	23.8	2.5
2010	a_7	8280	1780	230	127.4	102.9	27.4	2.9
2011	a_8	8450	1950	170	130.0	102.1	30.0	2.1
2012	a_9	8550	2050	100	131.5	101.2	31.5	1.2
2013	a_{10}	8700	2200	150	133.8	101.8	33.8	1.8

【分析】 动态数列（dynamic series）是按照一定的时间顺序，将一系列描述某事物的统计指标依次排列起来，观察和比较该事物在时间上的变化和发展趋势，这些统计指标可以为绝对数、相对数或平均数。动态数列分析建立在相对比基础上，采用定基比和环比两种方式。常用的动态数列分析指标：绝对增长量、发展速度与增长速度、平均发展速度与平均增长速度。

笔记：

1. 绝对增长量 说明事物在一定时期所增长的绝对值。绝对增长量可计算：① 累计增长量，若以 2003 年该县医院门诊就诊人数为基数，各年门诊就诊人数与其相减即得，如 2008 年门诊就诊累计增长量为 7850－6500 ＝1350（人）；② 逐年增长量，即以下一年门诊就诊人数与上一年相减，如表 3-5 第(5)栏。

2. 发展速度和增长速度 可计算：① 定基比，即统一以某个时间的指标为基数，用各时间的指标与之相比；②环比，即以前一个时间的指标为基数，用相邻的后一时间的指标与之相比。发展速度和增长速度是说明事物在一定时期的速度变化。增长速度＝发展速度－1（或 100%）。如：

2010 年定基发展速度 ＝ 8280/6500×100% ＝ 127.4%

2010 年定基增长速度 ＝ 127.4%－100% ＝ 27.4%

2010 年环比发展速度 ＝ 8280/8050×100% ＝ 102.9%

2010 年环比增长速度 ＝ 102.9%－100% ＝ 2.9%

按上述方法分别计算出各时期的发展速度与增长速度。见表 3-5 的第(6)～(9)栏。

3. 平均发展速度和平均增长速度　平均发展速度是各环比发展速度的几何平均数，说明某事物在一个较长时期中逐年平均发展变化的程度。平均增长速度是各环比增长速度的平均数，说明某事物在一个较长时期中逐年平均增长的程度。其计算公式为

$$\text{平均发展速度} = \sqrt[n]{a_n/a_0} \tag{3-4}$$

式(3-4)中：a_0 为基期指标；a_n 为第 n 年指标。

$$\text{平均增长速度} = \text{平均发展速度} - 1 \tag{3-5}$$

根据表 3-5 第(3)栏资料计算平均发展速度与平均增长速度：

$$\text{平均发展速度} = \sqrt[10]{8700/6500} = 1.030 = 103.0\%$$

$$\text{平均增长速度} = 103.0\% - 100\% = 3.0\%$$

可以看出，该县医院 2003～2013 年间门诊就诊人数平均发展速度为 103.0%，平均增长速度则为 3.0%。

第三节　应用相对数的注意事项

【例 3-6】　某医生收集了三种消化道肿瘤患者血清 TPS 检出结果见表 3-6，问此表中存在的主要问题是什么？

表 3-6　消化道肿瘤患者血清 TPS 阳性率

肿瘤类型	检查人数	阳性人数	阳性率(%)
食管癌	6	6	100.0
胃癌	6	4	66.7
大肠癌	8	5	62.5
合计	20	15	76.4

【问题 3-2】

(1) 这是什么资料？

(2) 该表中有无不当之处？为什么？

(3) 正确做法是什么？

【分析】

(1) 这是计数资料。

(2) 此表中存在主要问题有两个：①计算“阳性率”的分母太小，因为分母太小时，抽样误差大，偶然性大，相对数波动大，结果不稳定；② 合计率的计算错误，不能简单地把各组率相加求其平均值而得。

(3) 正确做法：① 分母过小时，最好用绝对数表示，否则，应列出率的可信区间；② 计算合计率应该分别将绝对数相加，然后用合计的分子与合计的分母求出合计率，本例的合计率为 15/20×100%＝75.0%。

【例 3-7】　某单位于 2013 年对 1356 名全体职工进行糖尿病普查，按年龄、职业分组统计结

果见表 3-7。作者认为：该单位干部、工人的糖尿病发病率均随年龄增加而增加，到50～岁组达到高峰，60～70 岁组又下降。

表 3-7 某单位不同职业的各年龄组糖尿病发病率比较

职业	40～		50～		60～70		合计
	病人数	%	病人数	%	病人数	%	
干部	15	27.3	30	54.5	10	18.2	55
工人	10	33.3	15	50.0	5	16.7	30
合计	25	29.4	45	52.9	15	17.6	85

【问题 3-3】

(1) 此例分析是否正确？为什么？

(2) 正确做法是什么？

【分析】

(1) 结论是错误的，原因是犯了用构成比代替率的错误。该作者普查的结果只有糖尿病的年龄构成，只能说明在此单位，无论是干部糖尿病患者还是工人糖尿病患者均是 50～岁组占的比例高，而不能得出该单位干部、职工的糖尿病发病率均随年龄增加而增加，到 50～岁组达到高峰，60～70 岁组又下降的结论。

(2) 正确做法：调查各年龄段的职工数及 2013 年当年新发病例数，再分别计算出该单位干部和职工的各个年龄组的糖尿病发病率再比较。若只在该单位下结论，可直接根据各年龄组发病率下结论。

【例 3-8】 某医院发现一批皮痒疾病病例，其中 90%有使用过某某牌蚊香，据此院方认为该皮痒疾病病因是该某某牌蚊香。你认为如何？

【问题 3-4】

(1) 90%是构成比还是率？

(2) 该院方结论是否正确？为什么？

(3) 正确做法是什么？

【分析】

(1) 这里 90%是指在所有病例中有 90%的人使用过某某牌蚊香，是构成比而不是率。

(2) 该医院的结论是错误的，它将构成比当成率使用的错误。

(3) 正确做法：随机抽取足够数量的样本，随机分成试验组和对照组，试验组使用某某牌蚊香，对照组不用蚊香或用其他牌蚊香，两组除了使用蚊香不同外，其他条件基本一致。采用盲法观察，观察一段时间后，分别计算两组人群皮痒的发病率，并进行假设检验后再下结论。

【例 3-9】 某医院研究枸橼酸乙胺嗪与酒石酸锑钾对丝虫病的疗效，对 120 例不合并其他寄生虫病的丝虫病患者采用枸橼酸乙胺嗪治疗，对 120 例合并血吸虫病患者用酒石酸锑钾治疗，结果见表 3-8。据此表，作者认为枸橼酸乙胺嗪疗效比酒石酸锑钾好，你怎样评价？

表 3-8 枸橼酸乙胺嗪与酒石酸锑钾治疗丝虫病的疗效比较

药物	治疗例数	治愈例数	治愈率(%)
枸橼酸乙胺嗪	120	77	64.2
酒石酸锑钾	120	25	20.8

【问题 3-5】

(1) 此作者的结论是否正确？为什么？

(2) 正确做法是什么？

【分析】

(1) 该作者的结论不正确。因为他犯了两个错误，首先，两组观察对象不同质，一组是单纯的丝虫病患者，而另一组是合并血吸虫病的丝虫病患者，对疗效的影响除治疗方法不同外，是否合并血吸虫病也能影响治疗效果，因此两组不具有可比性；其次，该例题比较的两组均是样本治愈率，是样本就存在着抽样误差，因此欲比较两组疗效，应该在有可比性的情况下做假设检验，不能根据样本率直接下结论。

(2) 正确做法：随机抽取足够数量的丝虫病患者（不合并其他寄生虫病）（如随机抽取 240 例），并随机分为枸橼酸乙胺嗪治疗组和酒石酸锑钾治疗组，两组之间除治疗方法不同外其余条件应尽可能一致。治疗一段时间后，观察两组的治愈情况，采用适当统计学方法进行假设检验后再下结论。

【知识点 3-3】　　应用相对数注意事项

1. 计算相对数时分母应该有足够数量即例数不能太小。

2. 计算合计率或平均率时，不能把 n 个率相加后除以 n，应将绝对数相加后再计算相对数。

3. 正确区分构成比与率，分析时不能以构成比代替率。

4. 相对数的比较应该注意其可比性。

5. 样本率或样本构成比在比较时应做假设检验。

6. 内部构成不同影响到总率比较时应进行率的标准化法后再进行比较。

第四节　标准化法

【例 3-10】 某医院欲比较甲、乙两种疗法治疗老年气管炎疗效，得资料见表 3-9。据此认为甲疗法为优。

表 3-9　甲、乙两种疗法治疗老年气管炎的治愈率比较

病型	甲疗法			乙疗法		
	病人数	治愈数	治愈率(%)	病人数	治愈数	治愈率(%)
轻型	600	540	90.0	150	135	90.0
重型	150	90	60.0	600	360	60.0
合计	750	630	84.0	750	495	66.0

【问题 3-6】

(1) 这是什么资料？

(2) 该医生的结论是否正确？为什么？

(3) 正确做法是什么？

【分析】

(1) 甲、乙两种疗法的治疗结果为治愈人数和未治愈人数，为计数资料。

(2) 该医师结论不正确，因为这两组病人的病型构成有很大不同，甲疗法中治愈率较高的轻型病人所占比重较大，而乙疗法中治愈率较低的重型组病人所占比重大，并且轻型与重型的治愈率也有很大差别。两种疗法分别按轻型组和重型组进行比较时，甲、乙两疗法的治愈率相等，但由于两组内部构成不同，即乙疗法的重型组病人多于甲疗法，造成了两种疗法的合计治愈率不同(甲疗法高于乙疗法)。

(3) 正确做法：先将两组治疗对象的病型构成按照统一标准进行调整，然后计算出调整后的标准化合计治愈率即标准化率后再进行比较。

【知识点 3-4】

当比较的两组或多组资料内部各小组率明显不同，且各小组观察例数的构成比，诸如年龄、性别、工龄、病情轻重、病程长短等也明显不同时，直接比较其合计率是不合理的。因为其内部构成不同，会影响合计率的大小，因此合计率之间不具可比性，需要按统一的内部构成进行调整后计算标准化率，使其具有可比性，这种方法称为率的标准化法。

标准化率(standardized rate)亦称为调整率(adjusted rate)，常用的标准化方法有直接法、间接法和反推法。本教材主要介绍前两种标准化方法。

一、直 接 法

【例 3-11】 试就表 3-10 资料分析比较甲、乙两地的肿瘤死亡率。

表 3-10 甲、乙两地的肿瘤死亡率(1/10 万)

年龄(岁)(1)	甲地				乙地			
	人口数(2)	人口构成比(%)(3)	肿瘤死亡数(4)	肿瘤死亡率(5)	人口数(6)	人口构成比(%)(7)	肿瘤死亡数(8)	肿瘤死亡率(9)
0～	266536	53.16	17	6.38	288568	51.24	19	6.65
30～	78548	15.67	32	40.74	85459	15.18	39	45.64
40～	65879	13.14	59	89.56	78755	13.99	89	113.01
50～	39265	7.83	112	285.24	54898	9.75	174	316.95
60～	32548	6.49	203	623.69	38589	6.85	262	678.95
70～	18589	3.71	153	823.07	16856	2.99	166	984.81
合计	501365	100.00	576	114.89	563125	100.00	749	133.01

【分析】 由表 3-10 资料看出，肿瘤死亡率随年龄增长明显升高，乙地各年龄别肿瘤死亡率皆比甲地高，但甲地总的肿瘤死亡率却高于乙地。究其原因是由于两地年龄别构成不同所致，须计算标化率后再进行比较两地的总肿瘤死亡率。本例已知两地的年龄别死亡率，用直接法。

1. 以某地各年龄组人口数作标准(表 3-11 第(2)栏)；按式(3-6)计算甲、乙两地的标准化总肿瘤死亡率。

$$p'=\frac{\sum N_i p_i}{N} \tag{3-6}$$

式中 N_i 为标准年龄别人口数(表 3-11 第(2)栏)，p_i 为实际年龄别死亡率(表 3-11 第(3)、(5)栏)，N 为标准人口总数，$\Sigma N_i p_i$ 为预期死亡数(表 3-11 第(4)、(6)栏)。本例得：

甲地标准化总肿瘤死亡率 $p'=\frac{1236}{1064490}\times 10\text{万}/10\text{万}=116.11/10\text{万}$

乙地标准化总肿瘤死亡率　$p'=\frac{1406}{1064490}\times 10$ 万 /10 万 =132.08/10 万

可见，经标准化以后，乙地的总肿瘤死亡率高于甲地。

表 3-11　直接法计算标准化肿瘤死亡率(1/10 万)

年龄(岁)(1)	标准人口数 N_i(2)	甲地		乙地	
		原肿瘤死亡率 p_i(3)	预期肿瘤死亡数 N_ip_i(4)=(2)×(3)	原肿交瘤死亡率 pi(5)	预期肿瘤死亡数 N_ip_i(6)=(2)×(5)
0～	555104	6.38	35	6.65	37
30～	164007	40.74	67	45.64	75
40～	144634	89.56	130	113.01	163
50～	94163	285.24	269	316.95	298
60～	71137	623.69	444	678.95	483
70～	35445	823.07	292	984.81	349
合计	1064490	—	1236	—	1406

2. 以某地各年龄组人口构成比作标准(表 3-12 第(2)栏)；按式(3-7)计算甲、乙两地的标准化总肿瘤死亡率。见表 3-12 第(4)、(6)栏合计值。

$$p'=\sum(\frac{N_i}{N})p_i \tag{3-7}$$

式中 N_i/N 为标准年龄别人口构成比，乘以实际年龄别死亡率 p_i，其乘积和就是直接法的标准化总肿瘤死亡率。由表 3-12 得甲、乙两地标准化总肿瘤死亡率分别为 116.09/10 万、132.06/10 万，乙地总肿瘤死亡率高于甲地，与按式(3-6)计算的结果相同。

表 3-12　直接法计算标准化总肿瘤死亡率(1/10 万)

年龄(岁)(1)	标准人口构成比 N_i/N(2)	甲地		乙地	
		原肿瘤死亡率 p_i(3)	分配肿瘤死亡率 $(N_i/N)p_i$ (4)=(2)×(3)	原肿瘤死亡率 p_i(5)	分配肿瘤死亡率 $(N_i/N)p_i$(6)=(2)×(5)
0～	0.5215	6.38	3.33	6.65	3.47
30～	0.1541	40.74	6.28	45.64	7.03
40～	0.1359	89.56	12.17	113.01	15.35
50～	0.0885	285.24	25.23	316.95	28.04
60～	0.0668	623.69	41.68	678.95	45.37
70～	0.0333	823.07	27.41	984.81	32.79
合计	1.0000	—	116.09	—	132.06

二、间　接　法

【例 3-12】　已知甲地总肿瘤死亡数 576 人，乙地总肿瘤死亡数 749 人，以及两地人口资料见表 3-13 第(3)、(5)栏，求标准化总肿瘤死亡率。本例已知甲乙两地总肿瘤死亡数与年龄组人口数，用间接法计算 *SMR* 及标准化率。

$$p' = P\frac{r}{\sum n_i P_i} = P \times SMR \tag{3-8}$$

式中，P 为标准组的总死亡率，r 为被标化组的实际总死亡数，n_i 为被标化组的实际年龄别人口数，P_i 为标准组的年龄别死亡率，$\sum n_i P_i$ 是被标化组的预期死亡人数，$\frac{r}{\sum n_i P_i}$ 是被标化组的实际死亡数与预期死亡数之比，称为标准化死亡比（standardized mortality ratio，*SMR*）。若 *SMR*＞1，表示被标化组的死亡率高于标准组；若 *SMR*＜1，表示被标化组死亡率低于标准组。本例得：

甲地总肿瘤标化死亡比　$SMR = 576/617 = 0.93$

甲地总肿瘤标化死亡率　$p' = 124.47/10$ 万 $\times 0.93 = 115.76/10$ 万

乙地总肿瘤标化死亡比　$SMR = 749/708 = 1.06$

乙地总肿瘤标化死亡率　$p' = 124.47/10$ 万 $\times 1.06 = 131.94/10$ 万

乙地总肿瘤死亡率高于甲地，与直接法的结果相同。

表 3-13　间接法计算标准化肿瘤死亡率

年龄（岁）(1)	标准肿瘤死亡率 P(2)	甲地		乙地	
		人口数 n_i(3)	预期肿瘤死亡数 n_iP_i (4)＝(2)×(3)	人口数 n_i (5)	预期肿瘤死亡数 n_iP_i (6)＝(2)×(5)
0～	6.49	266536	17	288568	19
30～	43.29	78548	34	85459	37
40～	102.33	65879	67	78755	81
50～	303.73	39265	119	54898	167
60～	653.67	32548	213	38589	252
70～	899.99	18589	167	16856	152
合计	124.470	501365	617（$\sum n_iP_i$）	563125	708（$\sum n_iP_i$）

【知识点 3-5】

1. 常用的标准化方法有直接标准化法和间接标准化法，简称直接法和间接法。若已知年龄别死亡率，可采用直接法，若只有总死亡数和年龄别人口数而缺乏年龄别死亡率时，宜用间接法。

2. 一般选择“标准”的方法有二种：

(1) 选择具有代表性的、较稳定的、数量较大的人群作为“标准”。如采用世界的、全国的、全省的、本地区或杂志论文中的数据作为标准。

(2) 互相比较资料中任选一组数据作“标准”。最好用合并数据作为“标准”。

3. 标准化死亡比(*SMR*)是被标化组的实际死亡数与预期死亡数之比，若 *SMR*＞1，表示被标化组的死亡率高于标准组；若 *SMR*＜1，表示被标化组死亡率低于标准组。

4. 计算标准化率的步骤：

(1) 根据资料所具备的条件选用直接法或间接法。

(2) 选定标准构成。

(3) 选择公式计算标准化率。

【知识点 3-6】 应用标准化法的注意事项

1. 标准化法只适用于内部构成不同影响到总率比较的情况。

2. 由于选择的标准不同，算出的标准化率也不同，但比较的结论一致。

3. 标准化后的标准化率，已经不再反映当时当地的实际水平，它只表示两组相互比较的资料间的相对水平。

4. 样本标准化率也存在抽样误差，也需要进行假设检验。

第五节　医学人口统计常用指标

医学人口统计是卫生统计学在居民健康和医疗卫生保健领域中的应用。它应用卫生统计学的理论和方法，从医疗卫生保健的角度研究人口的数量、结构、变动及其与卫生事业发展的相互关系，为制定医疗卫生工作计划及其工作效果评价等提供重要依据。

常用医学人口统计指标主要包括四方面：人口数和人口构成指标、生育统计指标、死亡统计指标和疾病统计指标等。

一、人口数和人口构成指标

【例 3-13】 卫生部门想要了解某地的人口学特征，请问需要收集哪些资料，可计算些什么指标？

【分析】 这个调查需进行一次医学人口统计，要收集人口数总数及这个地区人口的基本特征，包括性别、年龄、文化、职业等，可根据基本资料计算人口年龄构成、人口性别构成等几项指标(表 3-14)。

1. 人口数(population size)　又称人口总量(total number of population)，指一定时点、一定地点范围内所有存活人口的总和。但在实际中不可能获得各个时点的人口数字，一般只能计算平均人口数的近似值。当人口数在一年中是均匀变动时，可用相邻两年年末(12 月 30 日)人口数的平均值计算年平均人口数；也可用年中(7 月 1 日零时)人口数代表全年的平均人口数。

2. 人口构成(population composition)　可按照不同的人口学特征进行计算。人口学特征包括年龄、性别、文化和职业等，其中最常用来描述人口构成情况的是性别和年龄。

表 3-14　常用人口数和人口构成指标

人口数量	人口数
人口年龄构成	老年人口系数(proportion of old population)：指≥65 岁以上人口数与总人口数之比 少年儿童人口系数(proportion of child population)：指≤14 岁以下人口数与总人口数之比 抚养比(dependency ratio)：又称为人口负担系数(反映劳动人口负担程度的指标) $抚养比=\frac{14岁及以下人口数+65岁及以上人口数}{15岁至64岁人口数}$　(3-9) 老少比(ratio of old to young)：根据国际年龄分组，0-14 岁为少年儿童人口；15-64 岁为劳动人口；65 岁以上为老年人口。老少比为≥65 岁以上人口数与≤14 岁以下人口数之比
人口性别构成	性别比(sex ratio)：即男女人口比例

二、生育统计指标

【例 3-14】 2013 年某地育龄妇女生育数和活产数见表 3-15，试计算总生育率(GFR)、年龄别生育率(ASFR)和总和生育率(TFR)。

表 3-15　2013 年某地育龄妇女年龄别生育率

年龄组(岁)(1)	育龄妇女数(2)	活产数(3)	年龄别生育率(‰)(4)=(3)/(2)
15～	156265	3079	19.70
20～	139878	32758	234.19
25～	89786	15456	172.14
30～	77599	5589	72.02
35～	75868	1686	22.22
40～	58678	339	5.77
45～49	46985	66	1.45
合计	645059	58973	91.42

【分析】 反映生育水平的统计指标包括总生育率、年龄别生育率和总和生育率等(表 3-16)。

表 3-16　常用的生育统计指标

反映生育水平的统计指标	粗出生率(CBR)、总生育率(GFR)、年龄组生育率(ASFR)、终生生育率(LTFR)、总和生育率(TFR)等
测量人口再生育的统计指标	自然增长率(NIR)、粗再生育率(GRR)、净再生率(NRR)等
反映计划生育工作情况的统计指标	避孕现用率、人工流产率等

1. 总生育率(general fertility rate, GFR)指某地某年平均每千名育龄妇女的活产数。计算公式：

$$总生育率=\frac{同年活产数}{某年平均育龄妇女数}\times 1000‰ \tag{3-10}$$

2. 年龄别生育率(age-specific fertility rate, ASFR)　指某年某地某年龄组平均每千名育龄妇女的活产数。计算公式：

$$年龄别生育率=\frac{该年同年龄组的活产数}{某年某年龄组的平均育龄妇女数}\times 1000‰ \tag{3-11}$$

3. 总和生育率(total fertility rate, TFR)　假定同时代出生的一代妇女，按照某年的年龄别生育率水平度过一生的生育历程，平均每个妇女可能生育的子女数。计算公式：

$$总和生育率=i\times\sum ASFR \tag{3-12}$$

式中：i 为组距，$\sum ASFR$ 为各年龄组生育率的总和。

据式(3-10)、式(3-11)、式(3-12)得：

$$总生育率=\frac{58973}{645059}\times 1000‰=91.42‰$$

$$15\sim\text{岁组年龄别生育率}=\frac{3079}{156265}\times1000‰=19.70‰$$

依次类推，结果见表3-15第4栏。

总和生育率=5×(19.70‰+234.19‰+172.14‰+72.02‰+22.22‰+5.77‰+1.45‰)=2.6

根据以上计算结果，如果按2013年某地的生育水平计算，估计每个妇女一生平均生2.6个孩子。

三、死亡统计指标

【例3-15】 某县1岁以下儿童死亡情况如表3-17所示，请计算各年的婴儿和新生儿死亡率，并做简要分析。

表3-17　某县1岁以下儿童死亡情况

年份	活产数	死亡数	
		新生儿	婴儿
2009	3895	125	156
2010	2984	91	112
2011	2465	68	88
2012	1987	49	69
2013	1788	35	58

【分析】 世界卫生组织将"死亡"明确定义为"在出生后的任何时候，全部生命现象永远消失称为死亡"。活产之前的死亡称为"胎儿死亡"，不应包括在生命统计的死亡之内。粗死亡率等计算见表3-18。

1. 婴儿死亡率(infant mortality rate, IMR)　指某年平均每千名活产中不满1周岁(婴儿)的死亡数。

$$\text{婴儿死亡率}=\frac{\text{同年未满1岁婴儿死亡数}}{\text{某年活产总数}}\times1000‰ \tag{3-13}$$

2. 新生儿死亡率(neonatal mortality rate, NMR)　指某地平均每千名活产数中未满28天的新生儿死亡数。

$$\text{新生儿死亡率}=\frac{\text{同年未满28天的新生儿死亡数}}{\text{某年活产总数}}\times1000‰ \tag{3-14}$$

据式(3-13)、式(3-14)得：

2009年　$\text{新生儿死亡率}=\frac{125}{3895}\times1000‰=32.09‰$

$\text{婴儿死亡率}=\frac{156}{3895}\times1000‰=40.05‰$

2010年　$\text{新生儿死亡率}=\frac{91}{2984}\times1000‰=30.50‰$

$\text{婴儿死亡率}=\frac{112}{2984}\times1000‰=37.53‰$

2011年　$\text{新生儿死亡率}=\frac{68}{2465}\times1000‰=27.59‰$

$$婴儿死亡率=\frac{88}{2465}\times1000‰=35.70‰$$

2012 年

$$新生儿死亡率=\frac{49}{1987}\times1000‰=24.66‰$$

$$婴儿死亡率=\frac{69}{1987}\times1000‰=34.73‰$$

2013 年

$$新生儿死亡率=\frac{35}{1788}\times1000‰=19.57‰$$

$$婴儿死亡率==\frac{58}{1788}\times1000‰=32.44‰$$

从数据上可以看出 2009～2013 这 5 年婴儿和新生儿死亡率呈递减的趋势，可能与我国经济发展和妇幼卫生保健工作的开展有关。

表 3-18 常用死亡统计指标

死亡水平指标	1. 粗死亡率(死亡率) $=\frac{同期内死亡总数}{某年平均人口数}\times1000‰$	(3-15)
	2. 年龄别死亡率 $=\frac{同年该年龄组的死亡人数}{某年某年龄组平均人口数}\times1000\%$	(3-16)
	3. 婴儿死亡率(见式 3-13)，新生儿死亡率(见式 3-14)	
	4. 围产儿死亡率 $=\frac{同年围产期死胎数+死产数+出生7天内的新生儿死亡数}{某年围产期死胎数+死产数+活产数}\times1000‰$	(3-17)
	围产期是指胎儿体重达到 1000g 及以上，或孕期满 28 周至出生后 7 天以内的时期。在此期间的死亡称为围产儿死亡	
	5. 孕产妇死亡率 $=\frac{同年孕产妇死亡数}{某年活产总数}\times1000‰$	(3-18)
死因顺位指标	1. 死因构成或相对死亡比 $=\frac{同年某类死因死亡人数}{某年死亡总人数}\times100\%$	(3-19)
	2. 死因顺位：指按各类死因构成比从高到低排列的位次，说明死因的重要性，反映了各种死亡原因导致死亡的严重程度	

四、疾病统计指标

【例 3-16】 2013 某单位有职工 5000 人，该单位医院对全体职工进行体检，发现甲肝患者两例，于是上报该单位 2013 年甲肝发病率为 2/5000=0.4‰，你认为是否正确，为什么？

【分析】 指标计算错误，发病率是指观察期间内某病在一定人群中的新发病例数，而体检得到的是某一时点上的患病人数，所以计算得到的是甲肝患病率。常用疾病统计指标计算公式见表 3-19。

1. 发病率(incidence rate，IR) 观察期间内，某病在一定人群中的新发病例数。或某病在一定时期、一定人群中发生的频率或机会大小。一般把发病率高的疾病称为多发病。发病率的计算公式：

$$某病发病率=\frac{该期间内新发生的某病病例数}{一定时期内可能发生某病的平均人口数}\times K \quad (3\text{-}20)$$

式中：K 为比例基数，可为 100%、1000‰、万/万等，视具体情况和习惯而定。发病率的时间范围，可以是年、季、月、旬、周等时间单位，常用年和月。

2. 患病率(prevalence rate，PR) 指在某时点上受检人数中患某种疾病的人数与受检人数的比例。一般把患病率高的疾病称为常见病，如果发病率高，患病率也高的疾病则称为常见多发病。患病率的计算公式：

$$某病患病率=\frac{检查时发现的某病现患病例的总数}{该时点受检人口数}\times K \quad (3\text{-}21)$$

式中：现患病例总数包括新旧病例数。一般使用时点患病率，“时点”表示调查的期限，一般不超过一个月。该指标适用于病程较长的疾病或发病时间不易明确的疾病的统计研究，反映某病在一定人群中流行的规模和水平。

表 3-19　常用疾病统计指标

1. 发病率(IR)：见式(3-20)
2. 患病率(PR)：见式(3-21)
3. 某病病死率(case fatality)：观察期间某病患者中因该病死亡的频率

$$某病病死率=\frac{观察期间因某病死亡人数}{同期某病患者数}\times 100\% \quad (3\text{-}22)$$

4. 某病死亡率(mortality rate)：表示一定观察期内因某病死亡的机会大小

$$某病死亡率=\frac{观察期间因某病死亡人数}{同期平均人口数}\times K \quad (3\text{-}23)$$

【知识点 3-7】

1. 发病率是计算一定期间内某人群中的新发病例数，而患病率是计算调查时点被调查人群中的现患病例数。

2. 在一定期间内某人可能发病一次以上而成为多个病例，所以发病率可能会大于100%；而患病率不会出现大于100%的情况。

3. 发病率高的疾病称为多发病；患病率高的疾病称为常见病。患病率高，发病率也高的疾病称为常见多发病。

【例 3-17】　某地有居民1500人，2012年爆发麻疹，有150人患病，其中5人死亡；2013年又有82人感染，其中3人死亡。问2013年该地麻疹的发病率和死亡率。

【分析】　该地原有1500居民，2012年患麻疹150人，死亡5人，即这些人不会再患麻疹，所以：

$$2013年麻疹发病率=\frac{82}{1500-150}\times 100\%=6.07\%$$

$$2013年麻疹死亡率=\frac{3}{1500-150}\times 100\%=0.22\%$$

思考练习

(一) 选择题(从 a ～ e 中选出一个最佳答案)

1. 计算麻疹疫苗接种后血清检查的阳转率，分母是________。

a. 麻疹患者数　　b. 麻疹疫苗接种人数　　c. 麻疹易感人数

d. 麻疹疫苗接种后的阳转人数　　e. 麻疹疫苗接种后的阴转人数

2. 下列哪种说法是错误的________。

a. 计算相对数尤其是率时应有足够数量的观察单位数或观察次数

b. 分析大样本数据时可以构成比代替率

c. 应分别将分子和分母合计求合计率或平均率

d. 相对数的比较应注意其可比性

e. 样本率或构成比的比较应作假设检验

3. 甲乙两地某病的死亡率进行标准化计算时，其标准的选择________。

a. 不宜用甲地的数据　b. 不宜用乙地的数据

c. 不宜用甲地和乙地的合并数据　d. 可用甲地或乙地的数据　e. 以上都不对

4. 某厂全厂职工不同年龄组呼吸系统疾病的发病率见表3-20，据此可认为________。

表3-20　某厂全厂职工不同年龄组呼吸系统疾病的发病率比较

年龄(岁)	人数	发病数	发病率(%)
35～	67	8	10.9
45～	53	11	20.7
合计	120	19	15.8

a. 年龄越大呼吸系统发病率越高　b. 两组来自不同的年龄，不具可比性

c. 该厂工人呼吸系统发病率45岁组高于35岁组

d. 可进行假设检验后再下结论　e. 以上都不对

5. 欲了解某地幼儿园3～6岁儿童蛔虫感染率，现抽样求得男、女童蛔虫感染率分别为30.8%和26.5%，可认为____。

a. 男童的蛔虫感染率高于女童　b. 资料不具可比性，不能直接作比较

c. 应进行标准化后再做比较　d. 应进行假设检验后再下结论　e. 以上都不对

(二) 思考题

1. 常用的相对数有哪几种？各种相对数指标的含义、计算方法及特点？

2. 怎样区别率和构成比？

3. 应用相对数应该注意哪些问题？

4. 何为标准化法？直接标准化法与间接标准化法的区别。

5. 什么是动态数列？其有何用途？

(三) 应用分析题

1. 某地某年循环系统疾病死亡资料见表3-21。

表3-21　某地某年循环系统疾病死亡资料

年龄组(岁)	平均人口数	循环系统死亡人数	死亡人数构成比(%)	死亡率(1/10万)	相对比(各年龄组死亡率/0～组死亡率)
0～	745000	25			
30～	538760	236			
40～	400105	520			
50～	186537	648			
60～	52750	373			
合计	1923152	1802			

(1) 请根据上述数据计算各年龄组构成比、死亡率和相对比。

(2) 分析讨论各指标的含义。

2. 据表 3-22 资料回答问题：

(1) 填充

(2) 各种病以哪个年龄组容易发病？

(3) 各种病的病人主要是哪个年龄组的儿童？

(4) 各个年龄组的发病儿童以哪一种病为主？

表 3-22　某地某年两个年龄组的五种传染病统计

病种	0～4 岁(2000 人)			10～14 岁(4000 人)		
	病例数	百分数	发病率(%)	病例数	百分数	发病率(%
麻疹	320	( )	( )	( )	16	1.2
肺炎	160	( )	( )	75	( )	( )
猩红热	( )	5	2	45	15	( )
痢疾	240	( )	12	( )	( )	( )
百日咳	40	( )	( )	( )	4	( )
合计	( )	100	( )	( )	100	( )

3. 2013 年云南省普洱市抽查 0～7 岁儿童营养不良患病情况见表 3-23，某医师据此认为 0～7岁儿童中，3 岁以前儿童最容易患营养不良，其中 1～岁组最严重。你认为是否正确？为什么？

表 3-23　2013 年普洱市 0～7 岁儿童患病情况

年龄(岁)	0～	1～	2～	3～	4～	5～	6～7	合计
患病人数	122	354	98	58	95	98	75	900
%	13.6	39.3	10.9	6.4	10.6	10.9	8.3	100.0

4. 试就表 3-24 资料分析比较某年某省城乡女性原发性骨质疏松症患病率。

表 3-24　某年某省城乡女性的原发性骨质疏松症患病率比较

年龄组(岁)	城市			农村		
	调查人数	患病人数	患病率(%)	调查人数	患病人数	患病率(%)
50～	354	78	22.0	241	49	20.3
60～	251	125	49.8	315	136	43.2
70～	130	90	69.2	175	110	62.9
80 及以上	41	29	70.7	58	40	69.0
合计	776	322	41.5	789	335	42.5

5. 某市 1996-2005 年围产儿死亡率见表 3-25，试对该动态数列进行分析。

表 3-25　某市 1996-2005 年围产儿死亡率(%)

年份	围产儿死亡率
1996	22.45
1997	21.35
1998	20.82
1999	15.84

续表

年份	围产儿死亡率
2000	14.34
2001	10.11
2002	10.65
2003	9.83
2004	9.02
2005	8.70

（谢红卫　童玲玲）

第四章 统计表与统计图

第一节 统 计 表

【例 4-1】 为比较匹伐他汀与普伐他汀治疗高胆固醇血症的疗效，某项多中心、随机、双盲临床试验将 400 例原发性高胆固醇血症患者随机等分为两组(每组 200 例)，两组除治疗药物不同外，其他条件基本相同。采用双盲法治疗和观察 12 周后结果显示，400 例患者中有效例数共 334 例，无效例数共 66 例，有效率为 83.5%[95%可信区间(*CI*)为 79.9%～87.1%]。其中，匹伐他汀组有效 178 例，无效 22 例，有效率为 89.0%(95%*CI* 为 84.7%～93.3%)；普伐他汀组有效 156 例，无效 44 例，有效率为 78.0%(95%*CI* 为 72.3%～83.7%)。该医师采用完全随机设计四格表资料的 χ^2 检验比较两种药物的有效率，得 Pearson $\chi^2=8.782$，$P=0.003$，差异有统计学意义，故认为匹伐他汀治疗高胆固醇血症的疗效好于普伐他汀。

【问题 4-1】

笔记：

(1) 这是什么资料？

(2) 试验结果的描述方式是否直观？为什么？

【分析】

(1) 该资料的分析变量疗效(有效、无效)为二分类变量，属于计数资料。

(2) 该试验结果的内容较多，用冗长的文字加以叙述，直观性较差。

(3) 正确做法：对于复杂的内容，宜选用清晰、形象、直观的统计表描述。

【例 4-2】 某医师将例 4-1 的试验结果列表(见表 4-1)：

表 4-1 两组疗效比较

组别＼疗效	有效	无效	合计	有效率	95%*CI*
匹伐他汀组	178	22	200	89.0%	84.7%～93.3%
普伐他汀组	156	44	200	78.0%	72.3%～83.7%
合计	334	66	400	83.5%	79.9%～87.1%
备注	Pearson $\chi^2=8.782$，$P=0.003$				

【问题 4-2】

该表格的设计有无不妥之处？如有，请指出。

【分析】

(1) 该表格的设计不妥。主要缺陷：①标题过于简单，不能概括统计表的主要内容；②竖线、斜线和数据区的横线多余；③“无效”栏冲淡了比较有效率的主题；④不应在数据区内标注单位，如“有效率”栏和“95%*CI*”栏的“%”；⑤错将备注列入表内。

(2) 正确做法：①标题以最少的文字高度概括主要内容，如“表 4-2 两种药物治疗高胆固醇血症的疗效比较”；②去除多余的竖线、斜线和横线；③去掉“无效”栏；④标注单位：由于数据区既有绝对数(如例数)，又有相对数(如有效率)，纵标目名称不应只写“有效”、“合计”、“有效率”、

“95%CI”，应分别在纵标目上注明单位，如“有效例数”、“治疗例数”、“有效率(%)”、“有效率95%CI(%)”；⑤备注项移至表的下方。改进后的列表方式如表4-2。

表 4-2　两种药物治疗高胆固醇血症的疗效比较

组别	治疗例数	有效例数	有效率(%)	有效率 95%CI(%)
匹伐他汀组	200	178	89.0	84.7～93.3
普伐他汀组	200	156	78.0	72.3～83.7
合计	400	334	83.5	79.9～87.1

注：Pearson $\chi^2=8.782$，$P=0.003$

一、统计表的基本概念

统计表(statistical table)是将统计分析的事物及其指标用表格的形式列出来，直观地反映事物的数量关系及其趋势的一种表现形式。通过统计表，可将数据简单明了、层次清楚地表达出来，既代替了冗长的文字叙述，又便于进一步的计算、分析和比较，在科研论文中常常被采用。统计表有广义和狭义之分，广义统计表包括统计工作各环节所用的表格，如调查表、整理表和统计分析表等，狭义统计表仅指统计分析表。研究报告和科研论文统计表以及本教材所讲的统计表仅指狭义统计表。

二、统计表的结构与编制要求

(一) 统计表的结构

统计表一般由标题、标目、线条、数字和备注等部分组成。其基本结构如图4-1所示。

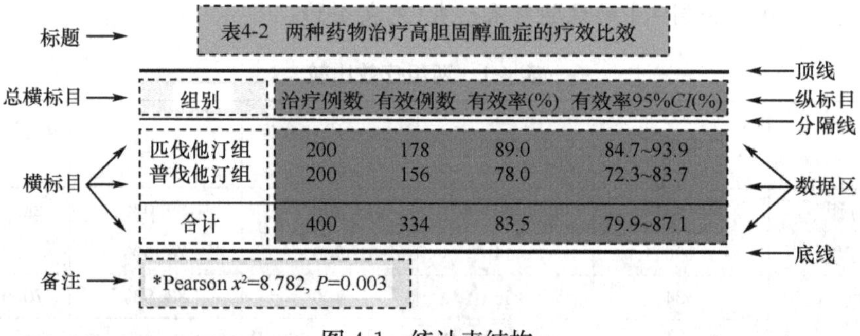

图 4-1　统计表结构

(二) 统计表的编制要求

1. 标题　置于表的上方正中，一般包括表号、时间、地点和主要事件，用于说明统计表的内容。标题不能过于简练或繁琐，应当用最少的文字高度概括地说明主要内容。如“表4-2 两种药物治疗高胆固醇血症的疗效比较”。

2. 标目　用于分别说明表格内的项目。根据标目的位置，可分为横标目和纵标目。

(1) 横标目：列于表的左侧，用于说明同行数据的特征(一般为研究的事物)。如表4-2中的“匹伐他汀组”、“普伐他汀组”。通常情况下，横标目应冠以总标目，如表4-2中的“组别”。

(2) 纵标目:列于表的上端,用于说明同列数据的特征(一般为描述事件的指标),如表 4-2 中的“治疗例数”、“有效例数”、“有效率(%)”、“有效率 95%*CI*(%)”。必要时,纵标目可冠以总标目,如表 4-4 中的“男性”(或“女性”)作为“检查例数”、“高血压例数”、“高血压患病率(%)”的总标目。

注意:① 单位标注:当指标有单位时,要统一标注在相应的标目处,不能在数据区内标注单位。如表 4-2,在纵标目“有效率”、“有效率 95%*CI*”处用括号注明“%”。② 总标目层次:编制组合表时,可分别对横标目和纵标目冠以总标目,但一般不超过两个层次。

3. 线条 统计表中只有横线,无竖线、斜线和边线。一般情况下,统计表只包括 3 条基本线(顶线、底线、纵标目分隔线),故统计表又称为“三线表”。顶线与底线的线条应略粗于纵标目分隔线。当表中有合计项时,应加细横线隔开。如有多层纵标目,应加短横线隔开,表示从属关系,见表 4-4。

4. 数字 表内数字必须准确无误,一律用阿拉伯数字表示。同一列的小数位数要一致,且位次对齐。数字中如有“±”或“～”号,则以其为中心对齐。表格内不能留有空项,数据缺失或未记录时用“…”表示,无数值时用“—”表示,数值为零时表示为“0”。

5. 备注 备注不是统计表的固有组成部分,一般不列入表内。如需对统计表的某个指标或数字做出说明时,可在该指标或数字的右上角用星号“ * ”标注(多处备注可用不同的符号表示),并在统计表的下方用文字加以说明。如表 4-2 下方的备注项,用于说明四格表 χ^2 检验的结果。

三、统计表的种类

根据分组标志或变量的多少,统计表可分为简单表和组合表。

(一) 简单表

简单表(simple table)只按单一标志或变量分组。如表 4-2,只按治疗方式分组;如表 4-3,只按年龄分组。

表 4-3 2013 年某地 2121 例冠心病患者年龄别高血压情况

年龄(岁)	检查例数	高血压例数	高血压患病率(%)
40～	377	144	38.2
50～	592	258	43.6
60～	527	280	53.1
70～	443	306	69.1
80～90	182	134	73.6
合计	2121	1122	52.9

(二) 组合表

组合表(combinative table)又称复合表,是将两个或两个以上标志或变量结合起来分组形成的表格形式。如表 4-4,将性别和年龄结合起来分组,既可分析同一性别高血压患病率的年龄趋势,又可比较各年龄组高血压患病率的性别差异。

表 4-4 2013 年某地 2121 例冠心病患者性别年龄别高血压情况

年龄(岁)	男性			女性		
	检查例数	高血压例数	高血压患病率(%)	检查例数	高血压例数	高血压患病率(%)
40～	195	75	38.5	182	69	37.9
50～	291	125	43.0	301	133	44.2
60～	268	139	51.9	259	141	54.4
70～	211	155	73.5	232	151	65.1
80～90	93	71	76.3	89	63	70.8
合计	1058	565	53.4	1063	557	52.4

【知识点 4-1】

1. 统计表是将统计分析的事物及其指标用表格的形式列出来，直观地反映事物的数量关系及其趋势的一种表现形式。
2. 统计表一般由标题、标目、线条、数字和备注等部分组成。
3. 统计表的 3 条基本线：顶线、底线、纵标目分隔线。
4. 统计表内数字必须准确无误，一律用阿拉伯数字表示。
5. 根据分组标志或变量的多少，统计表可分为简单表和组合表。

四、统计表的编制原则

(一) 重点突出，简单明了

【例 4-3】 为了解某县农村居民的卫生服务需要及其影响因素，2012 年某课题组横断面调查了随机抽取的该县 4142 名农村居民的两周患病和慢性病患病情况，其性别年龄别两周患病率和慢性病患病率的结果如表 4-5。

表 4-5 2012 年某县 4142 名农村居民性别年龄别两周患病率和慢性病患病率(%)

年龄(岁)	调查人数	两周患病率(%)		慢性病患病率(%)	
		男性	女性	男性	女性
0～	124	22.7	27.6	1.5	0.0
5～	714	11.9	11.4	0.3	0.0
15～	754	4.0	7.4	0.8	1.6
25～	529	3.8	7.5	2.5	6.2
35～	1060	8.5	9.3	9.0	5.9
45～	384	11.4	9.7	13.7	17.0
55～	237	10.7	15.2	20.5	22.4
65～96	340	9.6	12.0	35.9	28.8
合计	4142	8.6	10.2	8.3	7.8

笔记：

【问题 4-3】

该表格的设计有无不妥？如有，请指出。

【分析】

(1) 该表格的设计不妥。主要缺陷：中心内容过多，重点不突出。两周患病率和慢性病患病率是从不同角度反映居民卫生服务需要情况的两个指标，属于两个中心内容，放在同一张表格内，既不突出重点，也不便于进一步的分析和比较。

(2) 正确做法：根据中心内容(两周患病率、慢性病患病率)，将表格进行拆分。

一般情况下，一张表只应包括一个中心内容，不要包罗万象。在篇幅允许的情况下，不同的中心内容应当用不同的表格加以描述。根据该原则，将表 4-5 拆分为表 4-6 和表 4-7。

表 4-6　2012 年某县 4142 名农村居民性别年龄别两周患病情况

年龄(岁)	男性			女性		
	调查人数	患病人数	患病率(%)	调查人数	患病人数	患病率(%)
0～	66	15	22.7	58	16	27.6
5～	337	40	11.9	377	43	11.4
15～	376	15	4.0	378	28	7.4
25～	237	9	3.8	292	22	7.5
35～	532	45	8.5	528	49	9.3
45～	219	25	11.4	165	16	9.7
55～	112	12	10.7	125	19	15.2
65～96	156	15	9.6	184	22	12.0
合计	2035	176	8.6	2107	215	10.2

表 4-7　2012 年某县 4142 名农村居民性别年龄别慢性病患病情况

年龄(岁)	男性			女性		
	调查人数	患病人数	患病率(%)	调查人数	患病人数	患病率(%)
0～	66	1	1.5	58	0	0.0
5～	337	1	0.3	377	0	0.0
15～	376	3	0.8	378	6	1.6
25～	237	6	2.5	292	18	6.2
35～	532	48	9.0	528	31	5.9
45～	219	30	13.7	165	28	17.0
55～	112	23	20.5	125	28	22.4
65～96	156	56	35.9	184	53	28.8
合计	2035	168	8.3	2107	164	7.8

(二) 主谓分明，层次清楚

【例 4-4】　为评价某种新药治疗 2 型糖尿病的疗效，某医师将 100 例 40～65 岁、病程在 6 个月以上的 2 型糖尿病患者随机分为两组，每组 50 例。试验组服用新药，对照组服用传统药物。两组除治疗药物不同外，其他条件基本相同。采用双盲法治疗和观察。治疗前与治疗 3 个月后均测定了空腹血糖(FPG)、餐后 2h 血糖(2hPG)、糖化血红蛋白(HbA1c)等指标,该 3 项指标治疗前后的变化情况如表 4-8。

表 4-8 两种药物治疗前后 FPG、2hPG、HbA1c 的变化($\bar{x}\pm s$)

时期	FPG(mmol/L)		2hPG(mmol/L)		HbA1c(%)	
	试验组(*n*=50)	对照组(*n*=50)	试验组(*n*=50)	对照组(*n*=50)	试验组(*n*=50)	对照组(*n*=50)
治疗前	9.7±1.9	9.8±1.6	15.8±3.2	16.3±3.4	8.7±1.6	8.4±1.4
治疗后	7.3±2.1*	7.1±1.7*	10.8±3.1*	11.2±3.6*	7.3±1.1*	7.1±1.2*

注:与同组治疗前比较,*:$P<0.05$

笔记:

【问题 4-4】

该表格的设计有无不妥之处?如有,请指正。

【分析】

(1) 该表格的设计不妥。主要缺陷:① 主语(试验组、对照组)的位置不正确,且重复出现;② 试验组和对照组数据未能紧密对应,不便于互相比较。

(2) 正确做法:将主语(试验组、对照组)换到横标目上,并作为"治疗前"、"治疗后"两个横标目的总标目,使横标目、纵标目主谓分明、层次清楚。

统计表的主谓语位置要准确,标目的安排及分组要层次清楚,符合逻辑,避免层次过多或结构混乱。通常情况下,横标目代表主语,纵标目代表谓语,横标目、纵标目、表中相应数字三者结合起来可以表达一个完整的意思,从左读到右应为一句通顺的话。如表 4-2,匹伐他汀组所在行可读为"匹伐他汀组治疗原发性高胆固醇血症患者 200 例,有效 178 例,有效率为 89.0%(95% *CI* 为 84.7%~93.3%)"。根据该原则,将表 4-8 改进为表 4-9。

表 4-9 两种药物治疗前后 FPG、2hPG、HbA1c 的变化($\bar{x}\pm s$)

组别		FPG(mmol/L)	2hPG(mmol/L)	HbA1c(%)
试验组(*n*=50)	治疗前	9.7±1.9	15.8±3.2	8.7±1.6
	治疗后	7.3±2.1*	10.8±3.1*	7.3±1.1*
对照组(*n*=50)	治疗前	9.8±1.6	16.3±3.4	8.4±1.4
	治疗后	7.1±1.7*	11.2±3.6*	7.1±1.2*

注:与同组治疗前比较,* $P<0.05$

【例 4-5】 为了解某地 65 岁以上居民 2 型糖尿病的患病率及其影响因素,2010 年 5 月,某课题组横断面调查了随机抽取的当地 1020 名入选对象的 2 型糖尿病患病情况,并对该调查结果进行了统计分析。其中,2 型糖尿病患者组与非患者组之间部分指标比较的单因素分析结果如表 4-10。

表 4-10 2010 年某地 2 型糖尿病患者与非患者之间部分指标的比较

组别	年龄(岁)	男性	体质指数(kg/m²)	脉压(mmHg)	总胆固醇(mmol/L)	甘油三酯(mmol/L)
患者组(*n*=366)	71.5±4.8	142(38.8)	25.7±3.2	70.6±17.0	5.1±1.1	1.5(1.1~2.2)
非患者组(*n*=654)	72.2±5.3	239(44.8)	25.5±3.4	67.2±17.0	5.1±1.1	1.5(1.0~2.1)
检验统计量	-1.987	3.458#	0.623	3.062	-0.184	-0.724▲
P 值	0.047*	0.063	0.533	0.002**	0.854	0.469

注:(1)数值用 $\bar{x}\pm s$、*n*(%)或 $M(P_{25}, P_{75})$表示;(2) #:Pearson χ2 值;▲:*z* 值;(3) *:$P<0.05$;**:$P<0.01$

【问题 4-5】

笔记：

该表格的设计是否合理？为什么？

【分析】

(1) 该表格的设计不合理。该表虽然符合主语放在横标目，谓语放在纵标目的要求，但此时谓语（指标）的内容较多，而主语（患者组、非患者组）相对简单，编制出来的表格横幅过宽。如果要罗列所有需要比较的指标，还需增加表格才能满足要求。

(2) 正确做法：将主语（患者组、非患者组）换至纵标目，谓语（指标）换至横标目。改进后的列表方式如表 4-11。

注：当主语比较简单，谓语内容较多时，也可以用纵标目代表主语，横标目代表谓语，这样就可以在表格横幅不变的情况下，不断增加需要比较的指标。

表 4-11　2010 年某地 2 型糖尿病患者与非患者之间部分指标的比较

指标	患者组(n=366)	非患者组(n=654)	检验统计量	P 值
年龄(岁)	71.5±4.8	72.2±5.3	−1.987	0.047*
男性[n(%)]	142(38.8)	239(44.8)	3.458#	0.063
体质指数(kg/m²)	25.7±3.2	25.5±3.4	0.623	0.533
脉压(mmHg)	70.6±17.0	67.2±17.0	3.062	0.002**
总胆固醇(mmol/L)	5.1±1.1	5.1±1.1	−0.184	0.854
甘油三酯(mmol/L)	1.5(1.1～2.2)	1.5(1.0～2.1)	−0.724▲	0.469

注：(1)数值用 $\bar{x}\pm s$、n(%)或 $M(P_{25},P_{75})$表示；(2)#：Pearson χ^2 值；▲：z 值；(3)*：$P<0.05$；**：$P<0.01$

（三）结构完整，有自明性

统计表要做到结构完整，能让读者只看统计表，不阅读正文，即可理解统计或对比的意义。

【知识点 4-2】　统计表的编制原则

1. 重点突出，简单明了。一张统计表只应包括一个中心内容。

2. 主谓分明，层次清楚。通常情况下，横标目代表主语，纵标目代表谓语，横标目、纵标目、表中相应数字三者结合起来可以表达一个完整的意思。当主语比较简单，谓语内容较多时，也可以用纵标目代表主语，横标目代表谓语。

3. 结构完整，有自明性。

第二节　统　计　图

【例 4-6】　某医师根据表 4-12 的高血压患者受教育程度别 2 型糖尿病患病率绘制了图 4-2。

表 4-12　2013 年某市 2866 例高血压患者受教育程度别 2 型糖尿病患病情况

受教育程度	检查人数	患者数	患病率(%)
小学及以下	821	296	36.1
初中	924	321	34.7
高中	562	175	31.1
大学及以上	559	166	29.7

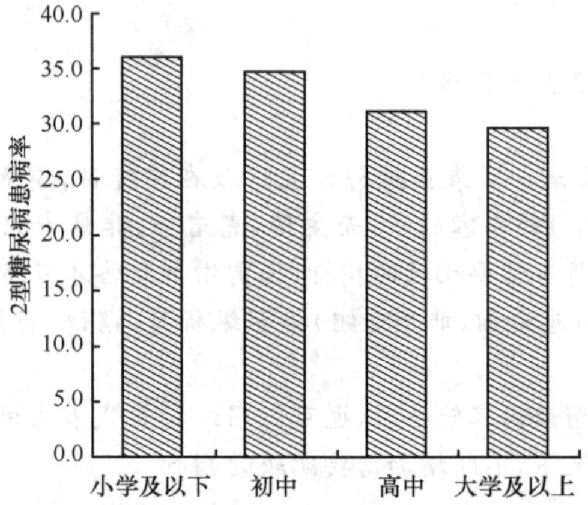

图 4-2　2013 年某市 2866 例高血压患者受教育程度别 2 型糖尿病患病率(%)[改进前]

笔记:

【问题 4-6】

该图形的绘制有无不妥之处?如有,请指出。

【分析】

(1)该图形的绘制不妥。主要缺陷:① 标题的位置错误,不应在图形上方;② 未注明横轴和纵轴的标目及其单位;③ 纵横轴长度比不符合 5∶7 要求;④ 每根直条上未注明数据。

(2)正确做法:① 将标题放在图形的正下方;② 标明横轴和纵轴的标目及其单位;③ 延长横轴长度,使纵横轴的长度比为 5∶7;④ 每根直条上标明相应的数据。改进后的图形如图 4-3。

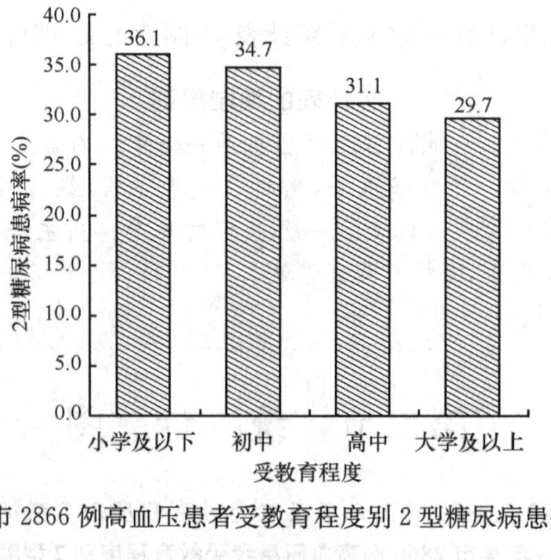

图 4-3　2013 年某市 2866 例高血压患者受教育程度别 2 型糖尿病患病率(%)[改进后]

一、统计图的基本概念

统计图(statistical chart)是用点的位置、线段的升降、直条的长短和面积的大小等来表达统计数据的一种形式。它具有直观、形象、生动和具体等特点。统计图可以使复杂的统计数字简单化、通俗化和形象化,便于理解和比较,因此,统计图在统计资料整理与分析中占有重要地位,并得到广泛应用。常用的统计图有条图、圆图、百分条图、直方图、线图、半对数线图、散点图、箱式图和统计地图等，其中，条图、圆图和百分条图等主要用于分类资料和离散型计量资料的描述，直方图、线图、半对数线图、散点图和箱式图等主要用于连续型计量资料的描述。

二、统计图的绘制原则和要求

(1) 根据资料的性质和分析目的，选用最合适的图形。例如，分析比较独立的或不连续的多个组或多个类别的统计量时宜选用条图；分析某指标随时间或其他连续型变量而变化的趋势时宜选用线图；描述某变量的频数分布情况或数值分布趋势时宜选用直方图；描述或比较不同事物内部构成时宜选用圆图或百分条图。

(2) 标题置于图的下方正中，一般包括图号、时间、地点和主要事件，用于说明资料的主要内容。

(3) 横轴和纵轴应注明标目及其单位，标明尺度。以两轴交点为起点，横轴尺度自左而右，纵轴尺度自下而上，数量一律从小到大，并等距标明。注意，条图与直方图的纵坐标尺度必须从0开始，并标明0点位置。

(4) 纵横轴长度的比例一般以5∶7为宜。当统计数值集中在某一区间，而这一区间又距离原点0刻度较远，可采取截断再续的方法，集中表现该区间的图形。

(5) 比较不同的事物时，要用不同的颜色、线条或图案表示，并附图例说明。图例可放在横标目与标题之间，如图4-4，也可放在图区的右上角或其他位置。

【知识点 4-3】

1. 统计图是用点的位置、线段的升降、直条的长短和面积的大小等来表达统计数据的一种形式。
2. 常用的统计图有条图、圆图、百分条图、直方图、线图、半对数线图、散点图、箱式图和统计地图等。
3. 统计图的标题置于图的下方正中，横轴和纵轴应注明标目及其单位，标明尺度。
4. 统计图的纵横轴长度的比例一般以5∶7为宜。
5. 比较不同的事物时，要用不同的颜色、线条或图案表示，并附图例说明。

三、常用统计图

(一) 条图

条图(bar chart)用等宽的直条长度表示相互独立的各项指标的数值大小，以示相互之间的对比关系。主要适用于描述或比较相互独立的多个组或多个类别的统计指标。数值可以是绝对数，也可以是相对数或平均数。条图可分为单式条图(图4-3、图4-4)和复式条图(图4-5B、图4-6)两种。

【例 4-7】 某医师根据表4-13的农村居民收入别贫血患病率绘制了单式条图，如图4-4A。

表 4-13 2010年某地2863名农村居民收入别贫血患病情况

家庭人均收入(元/月)	调查人数	患者数	患病率(%)
低(<2000)	1321	223	16.9
中(2000～5000)	1167	178	15.3
高(>5000)	375	36	9.6

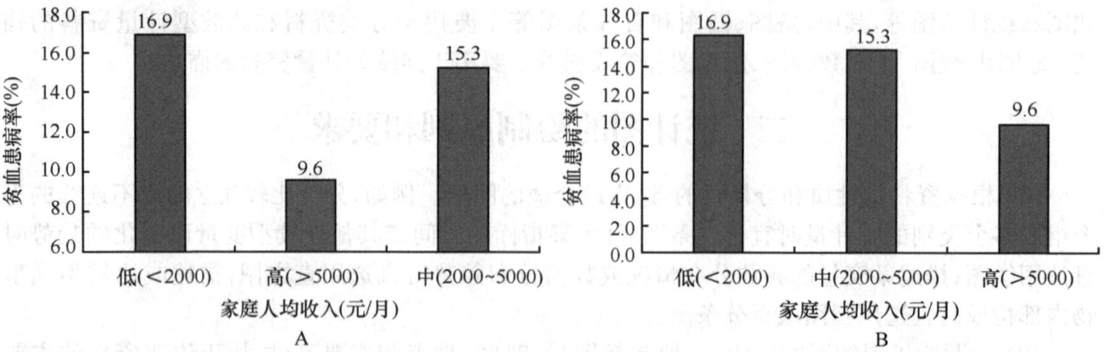

图 4-4　2010 年某地 2863 名农村居民收入别贫血患病率(%)

笔记：

【问题 4-7】

图 4-4A 的绘制有无不妥之处？如有，请指出。

【分析】

(1) 该条图的绘制不妥。主要缺陷：① 纵坐标尺度未从 0 开始，而是从 6.0 开始，给人的印象是低收入组和中等收入组的贫血患病率分别是高收入组的 3 倍和 2.6 倍，与实际比例(1.8∶1、1.6∶1)不符；② 直条未按分组的等级顺序(低、中、高)排列；③ 直条间隙过宽。

(2) 正确做法：① 纵坐标尺度从 0 开始；② 直条按分组的等级顺序(低、中、高)排列；③ 直条的间隙宽度与直条等宽。改进后的图形如图 4-4B。由图可见，低收入组和中等收入组的贫血患病率差别较小，且均高于高收入组。

条图的绘制要点：①一般以横轴为基线，表示被研究的事物或特征，纵轴表示被研究事物相应指标的数值；②表示指标数值大小的坐标(通常为纵坐标)尺度必须从 0 开始，一般为等间距，否则会改变各直条长度的比例，使人产生错觉；③直条顺序一般按分组的自然顺序或等级顺序排列；④各直条的宽度要相等，间隙宽度一般与直条等宽或为其一半。

【例 4-8】 某医师根据表 4-14 的农村居民性别受教育程度别两周患病率绘制了单式条图，如图 4-5A。

表 4-14　2013 年某市 8911 名农村居民性别受教育程度别两周患病情况

受教育程度	男性			女性		
	调查人数	患病人数	患病率(%)	调查人数	患病人数	患病率(%)
文盲	772	93	12.0	1033	126	12.2
小学及初中	3095	261	8.4	2823	252	8.9
高中及中专	548	29	5.3	478	19	4.0
大学及以上	90	6	6.7	72	3	4.2

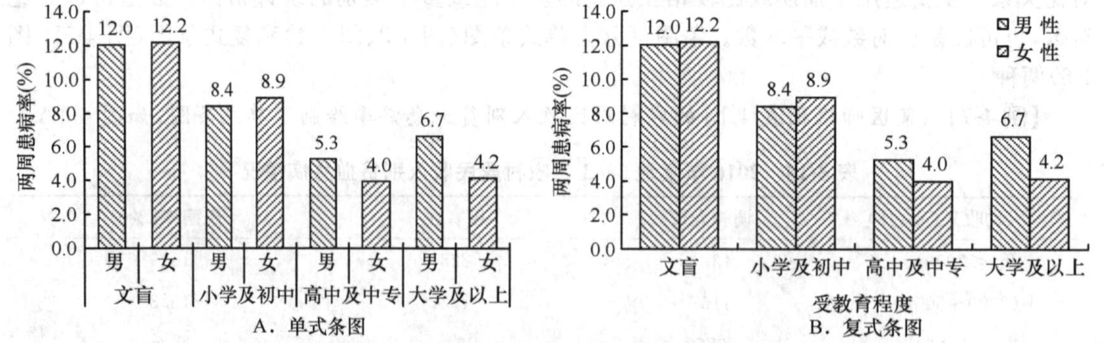

图 4-5　2013 年某市 8911 名农村居民性别受教育程度别两周患病率(%)

【问题 4-8】

该资料用单式条图描述和比较是否合理？为什么？

【分析】

(1) 不合理。该资料的分析变量(两周患病率)是同时由两个分组变量(性别、受教育程度)决定的。选用单式条图描述和比较，对比性和直观性较差。

(2) 正确做法：描述和比较性别受教育程度别两周患病率，宜选用复式条图。改进后的图形如图 4-5B。由图可见：① 受教育程度别差异：从文盲至高中，无论男女均表现为文化程度越高的组别，其两周患病率越低；从高中至大学，男性大学组的两周患病率略高于高中组，而女性两组间的差异较小；② 性别差异：文化程度较低组(文盲、小学)两周患病率的性别差异较小，而较高组(高中、大学)两周患病率的性别差异较大，表现为男性高于女性。

笔记：

单式条图适用于具有一个分组变量(分类变量或离散型数值变量)、一个分析变量的资料；复式条图适用于具有两个或两个以上分组变量(分类变量或离散型数值变量)、一个分析变量的资料。注意，复式条图同一组内的直条间不留间隙，直条所表示的类别要附图例加以说明。

【例 4-9】 某医师根据表 4-15 中两组居民的指标测量值绘制了复式条图，如图 4-6A。

表 4-15　某地腹型肥胖与非腹型肥胖居民间部分指标的比较(mmol/L，$\overline{x}\pm s$)

指标	腹型肥胖组(n=1755)	非腹型肥胖组(n=398)	t	P
总胆固醇(TC)	5.15±1.07	5.00±1.00	2.468	0.014*
低密度脂蛋白胆固醇(LDL-C)	3.07±0.94	2.90±0.86	3.435	0.001**
高密度脂蛋白胆固醇(HDL-C)	1.28±0.36	1.39±0.43	−5.363	<0.001**

* $P<0.05$，** $P<0.01$

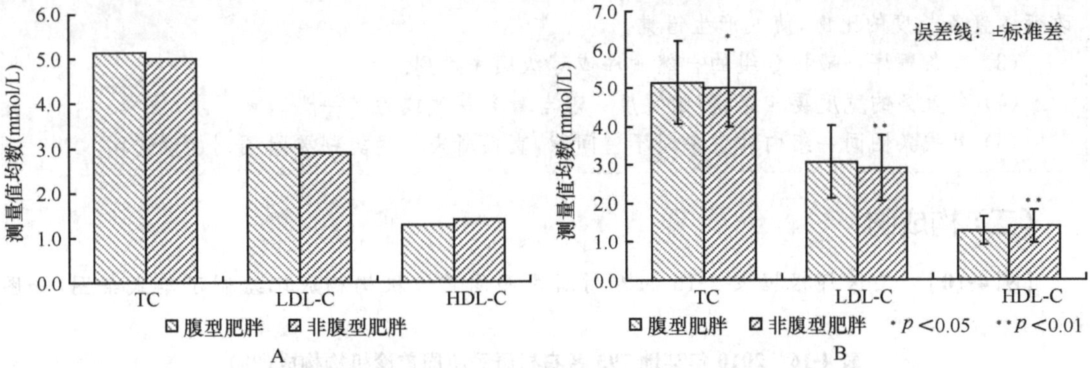

图 4-6　某地腹型肥胖与非腹型肥胖居民间部分指标的比较

【问题 4-9】

图 4-6A 的绘制有无不妥之处？如有，请指出。

笔记：

【分析】

(1) 该图形的绘制不妥。主要缺陷：① 未用误差线表示标准差的数值；② 未用星号"*"标识"差异有统计学意义"。

(2) 正确做法：① 以正负偏差的形式绘制误差线(取值为±标准差)，放置于直条顶端；② 在直条上方标注星号"*"，表示两组均数的差异有统计学意义。改进后的图形见图 4-6B。由图可见，与非腹型肥胖者相比，该地腹型肥胖者的 TC、LDL-C 的平均值较高，而 HDL-C 的平均值较低。

选用条图描述正态分布计量资料的均数±标准差（$\bar{x} \pm s$）时，一般用直条高度代表均数 $\bar{x}$ 的大小，直条顶端正负偏差形式的误差线代表“±标准差”（$\pm s$）的大小。可标注星号“*”，表示“差异有统计学意义”。

误差线（Error bar）的形式及其绘制方式：① 正负偏差：取值为±标准差（$\pm s$）、±标准误（$\pm s_{\bar{x}}$））或95%可信区间（$\bar{x} \pm 1.96 s_{\bar{x}}$）等，以工字形显示；② 正偏差：取值为正标准差（$+s$）或正标准误（$+s_{\bar{x}}$）等，以“┬”形显示；③ 负偏差：取值为负标准差（$-s$）或负标准误（$-s_{\bar{x}}$）等，以“┴”形显示。

【知识点 4-4】

1. 条图用等宽的直条长度表示相互独立的各项指标的数值大小，以示相互之间的对比关系。主要适用于描述或比较相互独立的多个组或多个类别的统计指标。数值可以是绝对数，也可以是相对数或平均数。

2. 单式条图适用于具有一个分组变量（分类变量或离散型数值变量）、一个分析变量的资料；复式条图适用于具有两个或两个以上分组变量（分类变量或离散型数值变量）、一个分析变量的资料。

3. 选用条图描述正态分布计量资料的 $\bar{x} \pm s$ 时，一般用直条高度代表 $\bar{x}$ 的大小，直条顶端正负偏差形式的误差线代表“$\pm s$”的大小。可标注星号“*”，表示“差异有统计学意义”。

4. 误差线的形式主要有正负偏差、正偏差和负偏差三种。

5. 条图的绘制要点：

(1) 一般以横轴为基线，表示被研究的事物或特征，纵轴表示被研究事物相应指标的数值。

(2) 表示指标数值大小的坐标（通常为纵坐标）尺度必须从0开始，一般为等间距，否则会改变各直条长度的比例，使人产生错觉。

(3) 直条顺序一般按分组的自然顺序或等级顺序排列。

(4) 各直条的宽度要相等，间隙宽度一般与直条等宽或为其一半。

(5) 复式条图同一组内的直条间不留间隙，直条所表示的类别要附图例加以说明。

（二）构成图

【例 4-10】 某医师根据表 4-16 的农村居民两周首诊机构构成比绘制了单式条图，如图 4-7A。

表 4-16　2010 年某地 793 名农村居民两周首诊机构构成（%）

两周首诊机构	村卫生室	乡镇卫生院	县级医院	地市级以上医院	私人诊所	自购药
构成比（%）	40.2	24.9	11.2	7.4	10.5	5.8

笔记：

【问题 4-10】

该资料选用单式条图描述是否合理？为什么？

【分析】

(1) 不合理。两周首诊机构各组成部分的构成比总和为 100%，而单式条图的各直条是彼此分开的，并未堆积在一起，不能以面积 100%的形式反映两周首诊机构的构成情况。

(2) 正确做法：描述两周首诊机构的构成情况（单个构成比），宜选用圆图（图 4-7B）或百分条图（图 4-7C）。由图可见，在该地 793 名农村居民的两周首诊机构中，村卫生室所占比重最大

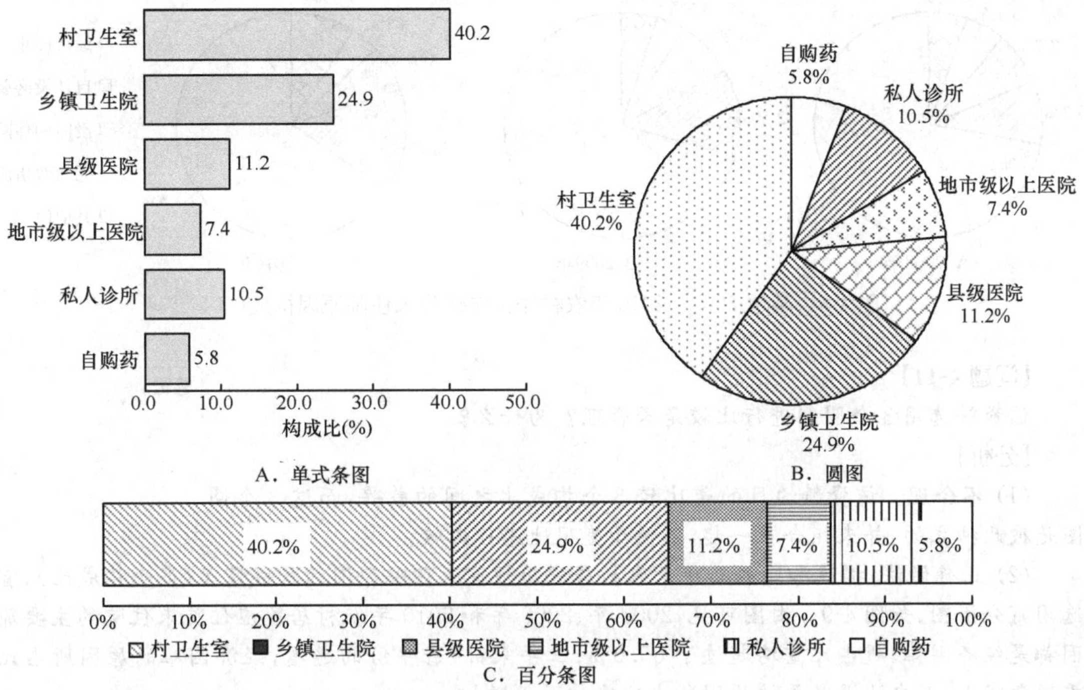

图 4-7 2010 年某地 793 名农村居民两周首诊机构构成(%)

(40.2%),乡镇卫生院次之(24.9%),而地市级以上医院和自购药所占比重均较小(7.4%和 5.8%)。

构成图用于表示构成比资料,反映事物内部各组成部分所占的比重或构成。常用的构成图有圆图和百分条图。

1. 圆图(pie chart) 以圆面积为 100%,圆内各扇形面积为事物内部各部分所占的百分比,如图 4-7B。主要用于单个构成比的描述。不同的扇面用不同颜色或花纹区别,可用图例说明各种颜色或花纹所代表的类别,也可直接将各类别的名称和构成比数值标在图中。

2. 百分条图(percent bar chart) 以直条的面积为 100%,条内各段面积为事物内部各部分所占的百分比,如图 4-7C。主要用于多个构成比的描述和比较。绘制百分条图时要在直条的各分段上标明百分比的数值。

【例 4-11】 为描述和比较某地农村居民三年来应住院未住院原因的构成情况,某医师根据表 4-17 的构成比绘制了 3 个圆图,如图 4-8。

表 4-17 某地 2008～2010 年农村居民应住院未住院原因构成(%)

原因	2008 年	2009 年	2010 年
经济困难	72.3	70.5	65.3
自认没必要	9.2	12.5	14.8
没时间住院	7.7	8.2	6.5
无有效措施	5.5	3.7	4.1
其他原因	5.3	5.1	9.3

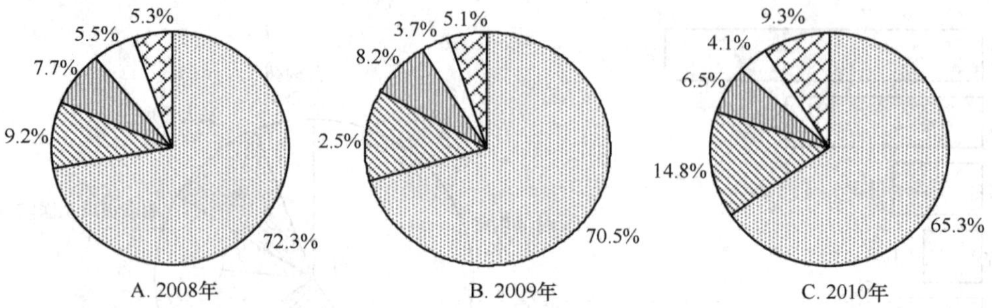

图 4-8　某地 2008～2010 年农村居民应住院未住院原因构成(%)

【问题 4-11】

该资料选用 3 个圆图进行比较是否合理？为什么？

笔记：

【分析】

(1) 不合理。该资料的目的是比较 3 个构成比之间的差异，而这 3 个圆图是彼此独立的，并未组合在一起，不便于直观地进行比较。

(2) 正确做法：描述和比较 3 年来农村居民应住院未住院原因的构成情况(多个构成比)，宜选用百分条图，如图 4-9。由图可见，2008 年、2009 年和 2010 年农村居民应住院未住院的主要原因都是经济困难，所占比重均超过了 65.0%；三年来，随着年份的递增，经济困难的原因所占比重逐年减小，而自认没必要的原因所占比重却逐年增加。

若有两种或两种以上性质相同的资料，可在同一标尺上绘制两个或两个以上的直条，以便于分析比较。

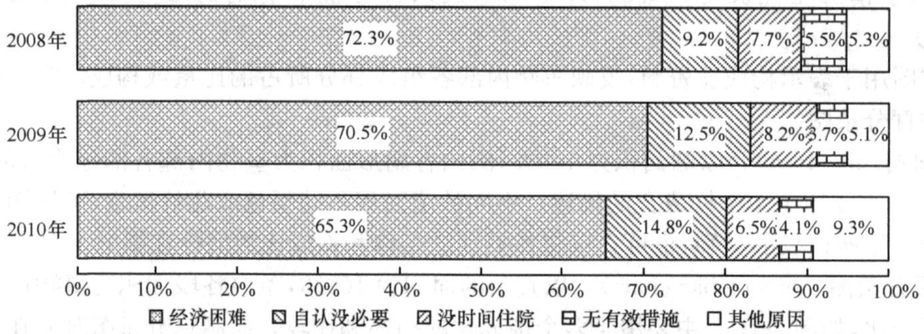

图 4-9　某地 2008～2010 年农村居民应住院未住院原因构成(%)

【知识点 4-5】

1. 常用的构成图有圆图和百分条图。

(1) 圆图以圆面积为 100%，圆内各扇形面积为事物内部各部分所占的百分比。不同的扇面用不同颜色或花纹区别，可用图例说明各种颜色或花纹所代表的类别，也可直接将各类别的名称和构成比数值标在图中。

(2) 百分条图以直条的面积为 100%，条内各段面积为事物内部各部分所占的百分比。绘制百分条图时要在直条的各分段上标明百分比的数值。

2. 单个构成比的描述，可选用圆图或百分条图；多个构成比的描述和比较，宜选用百分条图。

(三) 线图

【例 4-12】 某医师根据表 4-18 的某县和全国农村居民的年龄别两周患病率绘制了条图，如图 4-10A。

表 4-18 2012 年某县与全国农村居民的年龄别两周患病率(%)

区域	年龄(岁)							
	0～	5～	15～	25～	35～	45～	55～	65～
某市农村	25.0	11.6	5.7	5.9	8.9	10.7	13.1	10.9
全国农村*	18.0	8.0	5.0	8.0	14.8	23.3	31.0	39.8

* 数据来自《中国卫生统计年鉴》(中华人民共和国国家卫生和计划生育委员会编)

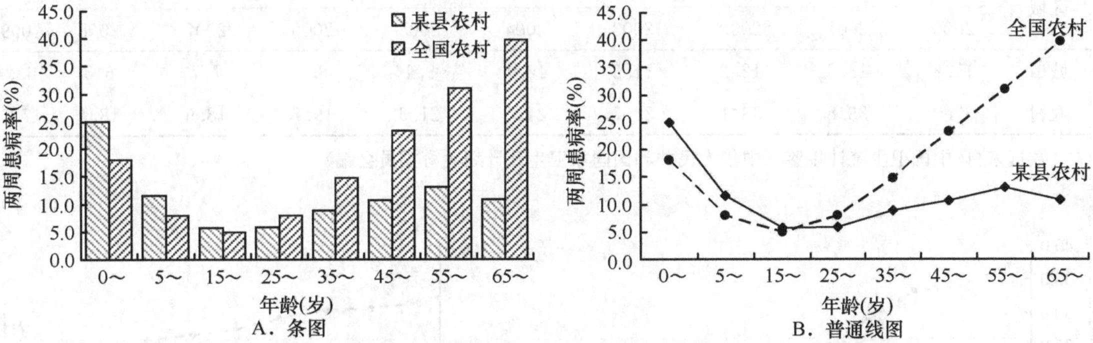

图 4-10 2012 年某县与全国农村居民的年龄别两周患病率(%)

【问题 4-12】

笔记：

该资料选用条图描述或比较是否合理？为什么？

【分析】

(1) 不合理。条图适用于描述或比较相互独立的多个组或多个类别的统计指标，而年龄属于连续型数值变量，其年龄分组为连续性分组，选用条图描述和比较，割裂了各年龄段的连续性，不能直观反映两周患病率随年龄变化而变化的趋势。

(2) 正确做法：描述和比较某县与全国两周患病率随年龄变化而变化的趋势，宜选用复式线图，如图 4-10B。由图可见，两条折线均以 15～岁组为折点，呈现先降后升的趋势，但两条折线的上升幅度相差悬殊，其中全国农村居民的升幅较大。

线图(line chart)是用线段的升降表示某项指标随某个连续型数值变量变化而变化的趋势(包括绝对变化趋势和相对变化趋势两种)。通常以横轴表示某一连续型数值变量(如年龄、年份、药物剂量等)；纵轴表示某种频数或频率等。线图中只有一条折线时，称为单式线图；若有两条及以上折线，称为复式线图，如图 4-10B。

根据纵轴尺度的不同，线图可分为普通线图和半对数线图。

1. 普通线图 纵、横轴都是算术尺度，纵轴一般从 0 点开始，也可不从 0 开始，但需做特殊标记或说明。普通线图适用于描述某项指标随某个连续型数值变量变化而变化的幅度(绝对变化趋势)。

2. 半对数线图 横轴是算术尺度，纵轴是对数尺度，使线图上的数量关系变为对数关系。半对数线图(semi-logarithmic linear chart)适用于描述某项指标随某个连续型数值变量变化而变化的速度(相对变化趋势)。

线图的绘制要点：① 坐标内各标记点的位置要准确，用直线依次将相邻点连接起来，一般情况下，不应将折线绘制成平滑的曲线；② 如有两条或两条以上的折线时，要用不同的颜色或线型(如实线、虚线等)加以区分，并附图例说明。

【例 4-13】 某医师根据表 4-19 的城乡婴儿死亡率绘制了普通线图，如图 4-11A。由图可见，两条折线的坡度相差悬殊，其中农村地区婴儿死亡率随年份增加而下降的幅度较大。据此，该医师认为 2000～2009 年农村地区婴儿死亡率的下降速度也高于城市。

表 4-19 2000～2009 年监测地区城乡婴儿死亡率(‰)

区域	年份									
	2000	2001	2002	2003	2004	2005	2006	2007	2008	2009
城市	11.8	13.6	12.2	11.3	10.1	9.1	8.0	7.7	6.5	6.2
农村	37.0	33.8	33.1	28.7	24.5	21.6	19.7	18.6	18.4	17.0

数据来自《中国卫生统计年鉴》(中华人民共和国国家卫生和计划生育委员会编)

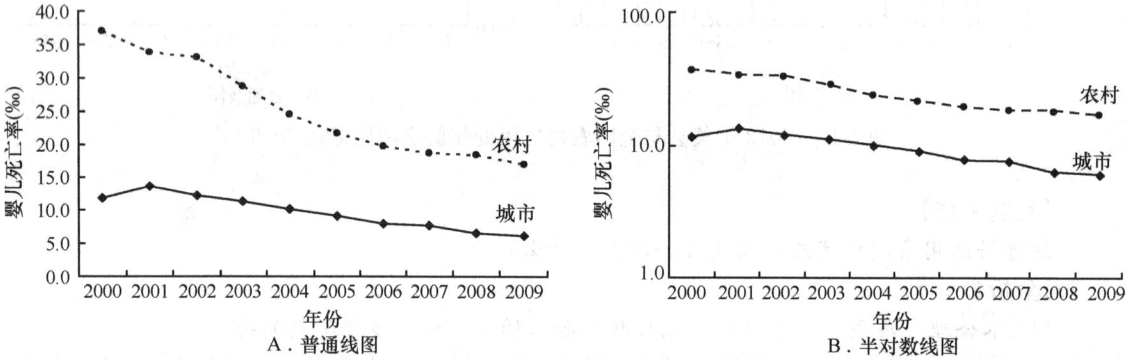

图 4-11 2000～2009 年监测地区城乡婴儿死亡率(‰)变化情况

【问题 4-13】

该医师的结论是否正确？为什么？

【分析】

(1) 不正确。普通线图适用于描述和比较城乡婴儿死亡率随年份变化而变化的幅度(绝对变化趋势)，但不适用于描述和比较二者之间的变化速度。

(2) 正确做法：描述和比较城乡婴儿死亡率随年份变化而变化的速度(相对变化趋势)，宜选用半对数线图，如图 4-11B。由图可见，两条折线的坡度基本一致，表明 2000～2009 年城市与农村地区婴儿死亡率的下降速度基本相同。

在分析某统计指标随时间或另一连续型数值变量变化而变化的趋势时，应同时采用普通线图和半对数线图来描述，这样才能全面地反映实际情况。

笔记：

【知识点 4-6】

1. 线图是用线段的升降表示某项指标随某个连续型数值变量变化而变化的趋势(包括绝对变化趋势和相对变化趋势两种)。

2. 根据纵轴尺度的不同,线图可分为普通线图和半对数线图。

(1) 普通线图纵、横轴都是算术尺度,适用于描述某项指标随某个连续型数值变量变化而变化的幅度(绝对变化趋势)。

(2) 半对数线图横轴是算术尺度,纵轴是对数尺度,适用于描述某项指标随某个连续型数值变量变化而变化的速度(相对变化趋势)。

3. 线图的绘制要点:

(1) 坐标内各标记点的位置要准确,用直线依次将相邻点连接起来,一般情况下,不应将折线绘制成平滑的曲线。

(2) 如有两条或两条以上的折线时,要用不同的颜色或线型(如实线、虚线等)加以区分,并附图例说明。

(四) 直方图

【例 4-14】 某医师根据表 4-20 的高血压患者脉压差(收缩压与舒张压之差)频数表绘制了条图,如图 4-12A。

表 4-20　100 例 45 岁以上高血压患者脉压差频数表

脉压差(mmHg)	30～	36～	42～	48～	54～	60～	66～	72～	78～	84～90
患者例数	2	4	10	12	14	19	16	12	7	4

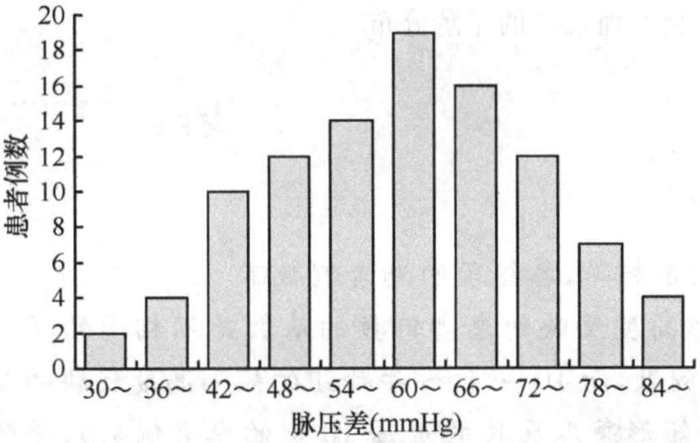

A. 条图

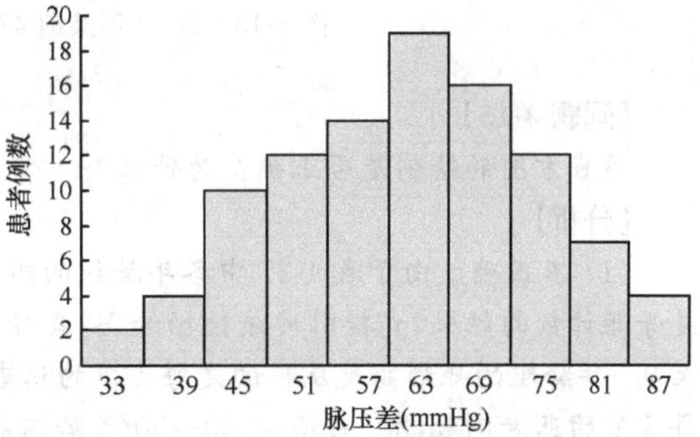

B. 直方图

图 4-12　100 例 45 岁以上高血压患者脉压差频数图

【问题 4-14】

笔记:

该资料选用条图描述是否合理？为什么？

【分析】

(1) 不合理。条图适用于描述或比较相互独立的多个组或多个类别的统计指标,而脉压差是连续型数值变量,其脉压差分组为连续性分组,选用条图描述,割裂了脉压差各组段的连续性,不能直观反映该人群脉压差的分布类型和分布特征。

(2) 正确做法:描述连续型数值变量(脉压差)的频数分布情况,宜选用直方图,如图 4-12B(注意,横轴变量脉压差的取值为各组段的组中值)。由图可见,该 100 例 45 岁以上高血压患者脉压差的频数分布呈近似正态分布。

直方图(histogram)一般用横轴表示连续性数值变量,纵轴表示频数或频率,每个矩形的宽度等于各组段的组距,高度等于相应组段的频数或频率。常用于描述连续型数值变量的频数或频率分布,了解一组数据的分布类型(正态分布或偏态分布)和分布特征(集中趋势和离散趋势)。

频率密度直方图用横轴表示连续性数值变量,纵轴表示频率密度(频率/组距),每个矩形的面积等于相应组段的频率。在组距相等时,频率密度直方图的面积之和等于1。

【例 4-15】 某医师根据表 4-21 的贫血患者年龄分布绘制了直方图,如图 4-13。

表 4-21　2010 年某地 472 例贫血患者的年龄分布

年龄(岁)	0～	1～	2～	3～	4～	5～	6～	7～	8～	9～	10～	15～	20～	30～	40～50
患者例数	68	28	17	11	10	16	14	14	13	11	60	85	41	41	43

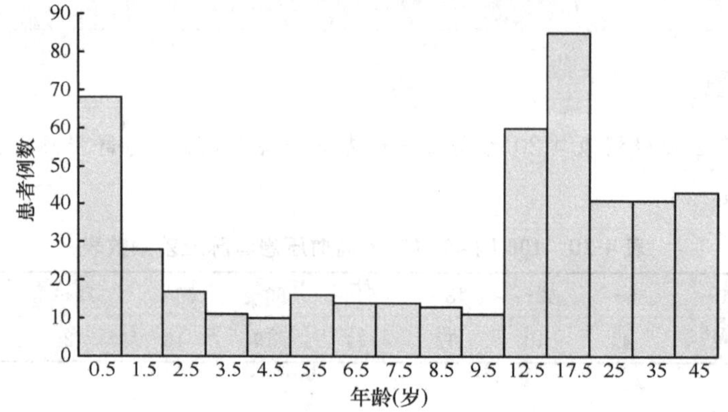

图 4-13　2010 年某地 472 例贫血患者的年龄分布

【问题 4-15】

笔记:

该直方图的绘制是否正确?为什么?

【分析】

(1) 不正确。由于表 4-21 中各年龄组的组距不相等,各组段的患者例数不是等距计数的结果,直接引用该数据绘图,各矩形高度反映的患者例数的基数是不相同的(0～至 9～年龄组的矩形高度反映的是每 1 岁的患者例数,而 10～、15～年龄组的矩形高度反映的是每 5 岁的患者例数,20～、30～、40～50 年龄组的矩形高度反映的是每 10 岁的患者例数),导致所形成的直方图不能正确反映实际的分布类型与分布特征。

(2) 正确做法:首先,将各年龄组的患者例数折算为每岁患者例数(频数/组距),如 10～、15～的每岁患者例数分别为 12(60/5)和 17(85/5),20～、30～、40～50 的每岁患者例数分别为 4.1(41/10)、4.1(41/10)和 4.3(43/10),如表 4-22。然后,以各组段的组距为矩形宽度、每岁患者例数为矩形高度绘制直方图,如图 4-14。从图中可以看出,每岁贫血患者例数随着年龄的增长而减少,呈正偏态分布。

表 4-22　2010 年某地 472 例贫血患者的年龄分布

年龄(岁)	0～	1～	2～	3～	4～	5～	6～	7～	8～	9～	10～	15～	20～	30～	40～50
每岁患者例数	68	28	17	11	10	16	14	14	13	11	12	17	4.1	4.1	4.3

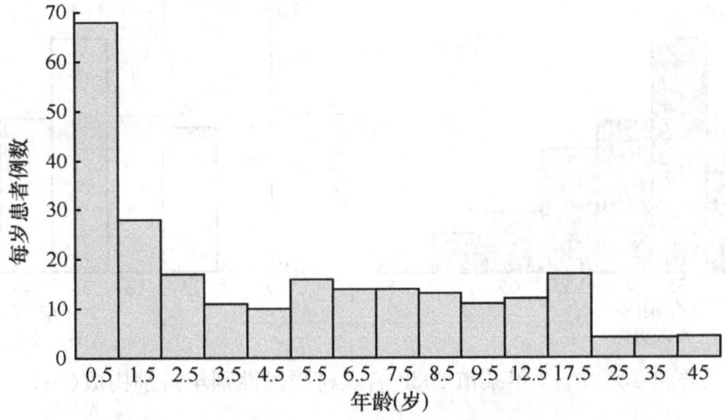

图 4-14　2010 年某地 472 例贫血患者的年龄分布

直方图的绘制要点：① 纵轴尺度必须从 0 开始；② 横轴的变量取值为各组段的组中值；③ 各组段的组距应该相等；④ 当各组段的组距不等时，矩形的宽度等于各组段的组距，高度等于频数/组距，矩形面积为该组段的频数。

【例 4-16】　为比较某市农村居民调查对象年龄结构的性别差异(即各年龄段的性别构成差异)，某医师根据表 4-23 的性别年龄别构成比(%)绘制了 2 个直方图，如图 4-15A(男性)、图 4-15B(女性)。

表 4-23　2013 年某市 9038 名农村居民性别年龄别构成情况

年龄(岁)	男性		女性	
	人数	构成比(%)	人数	构成比(%)
0～	503	11.1	477	10.6
10～	661	14.5	614	13.7
20～	634	13.9	665	14.8
30～	1039	22.8	995	22.2
40～	674	14.8	653	14.6
50～	550	12.1	549	12.2
60～	274	6.0	285	6.4
70～	176	3.9	180	4.0
80～90	43	0.9	66	1.5
合计	4554	100.0	4484	100.0

【问题 4-16】

笔记：

该资料选用 2 个直方图进行比较是否合理？为什么？

【分析】

(1) 不合理。这 2 个直方图是彼此独立的，并未组合在一起，难以直观比较各年龄段的性别构成差异。

(2) 正确做法：比较调查对象年龄结构的性别差异(即各年龄段的性别构成差异)，宜选用人口金字塔，如图 4-16。由图可见，男性中 0～、10～、30～、40～年龄组所占比例均高于女性中相应年龄组所占的比例，而男性中 50 岁及以上对象所占比例低于女性中 50 岁及以上对象所占比

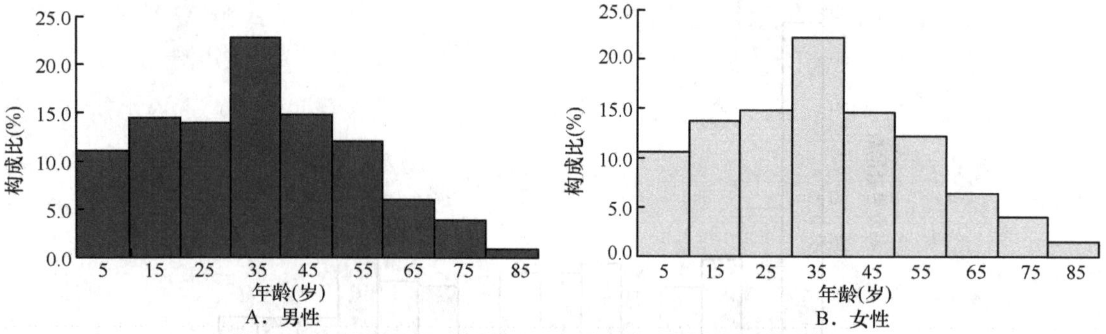

图 4-15 2013 年某市 9038 名农村居民性别年龄别构成(%)

例,即男性低年龄组所占比例比女性低年龄组所占比例高,相比女性,男性对象偏年轻。

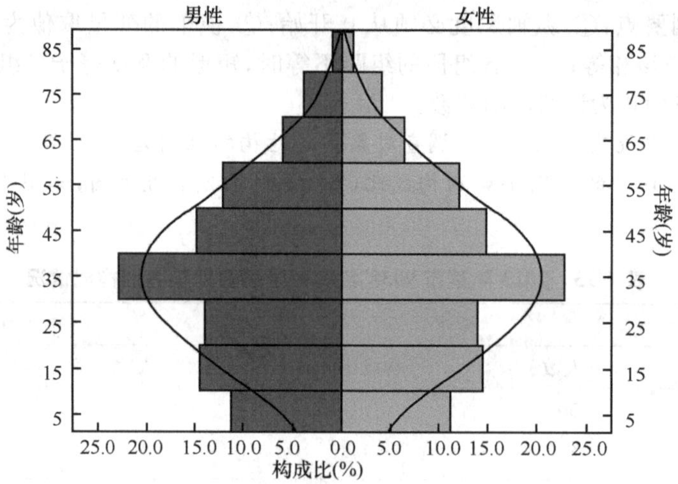

图 4-16 2013 年某市 9038 名农村居民的人口年龄金字塔

【知识点 4-7】

1. 直方图一般用横轴表示连续性数值变量(变量取值为各组段的组中值),纵轴表示频数或频率,每个矩形的宽度等于各组段的组距,高度等于相应组段的频数或频率。常用于表示连续型数值变量的频数或频率分布,了解一组数据的分布类型和分布特征。

2. 频率密度直方图用横轴表示连续性数值变量,纵轴表示频率密度(频率/组距),每个矩形的面积等于相应组段的频率。在组距相等时,频率密度直方图的面积之和等于1。

3. 比较调查对象年龄结构的性别差异(即各年龄段的性别构成差异),宜选用人口金字塔。

4. 直方图的绘制要点:

(1) 表示指标数值大小的坐标(通常为纵坐标)尺度必须从 0 开始。

(2) 横轴的变量取值为各组段的组中值。

(3) 各组段的组距应该相等。

(4) 当各组段的组距不等时,矩形的宽度等于各组段的组距,高度等于频数/组距,矩形面积为该组段的频数。

(五) 散点图

【例 4-17】 为探讨腰围与体质指数(BMI)之间的关系,某医师根据表 4-24 的腰围与体质指数的测量值绘制了线图,如图 4-17A。

表 4-24　10 名 45 岁健康成人腰围与体质指数(BMI)的测量值

编号	1	2	3	4	5	6	7	8	9	10
腰围(cm)	62	66	76	76	79	85	90	93	95	103
BMI(kg/m^2)	17.48	17.93	24.44	23.42	22.49	23.80	23.34	27.78	31.96	25.39

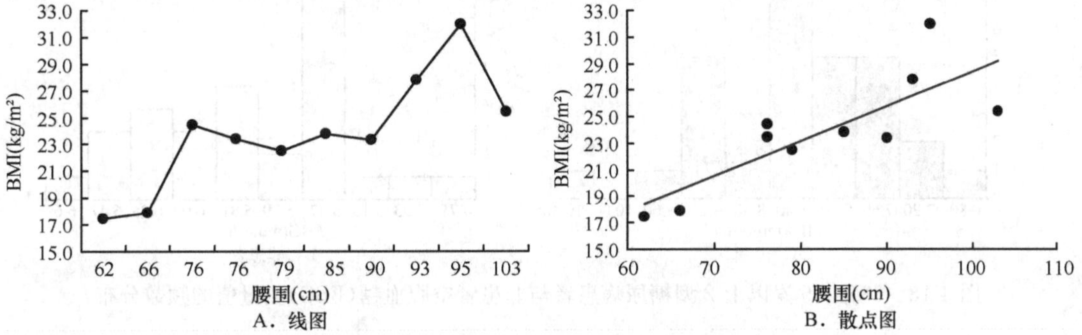

图 4-17　10 名 45 岁健康成人腰围与体质指数(BMI)的关系

【问题 4-17】

该资料选用线图描述是否合理? 为什么?

笔记:

【分析】

(1) 不合理。线图主要用于描述某项指标随某个连续型数值变量变化而变化的趋势,不适用于描述两个连续型数值变量(腰围与体质指数)之间的相关关系。

(2) 正确做法:描述腰围与体质指数之间的相关关系,宜选用散点图,如图 4-17B。由图可见,BMI 随腰围的增加而增加,可初步判断两变量间有近似线性关系,提示可以进一步做直线相关与回归分析。

散点图(scatter plot)是用直角坐标上点的密集程度和趋势表示两变量间的相关关系。绘制散点图时,以横轴代表某一变量 p,纵轴代表另一变量 q,将所获得的 n 对独立的观察数据(p_i,q_i)($i=1,2,\cdots,n$)在直角坐标系中描点,就可得散点图。

【知识点 4-8】

1. 描述两个连续型数值变量之间的相关关系,宜选用散点图。

2. 散点图的绘制要点:以横轴代表某一变量,纵轴代表另一变量,将所获得的 n 对独立的观察数据在直角坐标系中描点。

(六) 箱式图

【例 4-18】 为比较 2 型糖尿病患者与非患者之间空腹血糖(FBG)测量值分布特征的差异,某医师利用表 4-25 的数据绘制了 2 个直方图,如图 4-18A(患者)、图 4-18B(非患者)。

表 4-25　60 名 45 岁以上 2 型糖尿病患者与非患者空腹血糖(FBG)的测量值(mmol/L)

患者	7.10	9.08	6.77	10.52	8.69	8.31	8.45	8.08	9.03	9.17
	7.57	7.79	7.36	8.21	8.47	8.48	9.53	9.07	7.52	9.22
	8.20	8.00	8.88	7.70	8.17	7.45	8.60	8.12	8.13	8.34
非患者	5.84	5.33	5.70	6.00	6.55	5.45	5.36	6.25	6.78	6.52
	6.24	5.59	6.43	5.40	5.80	5.09	5.41	6.24	6.30	5.61
	6.08	4.90	6.09	5.45	4.63	5.33	5.37	5.75	5.40	5.73

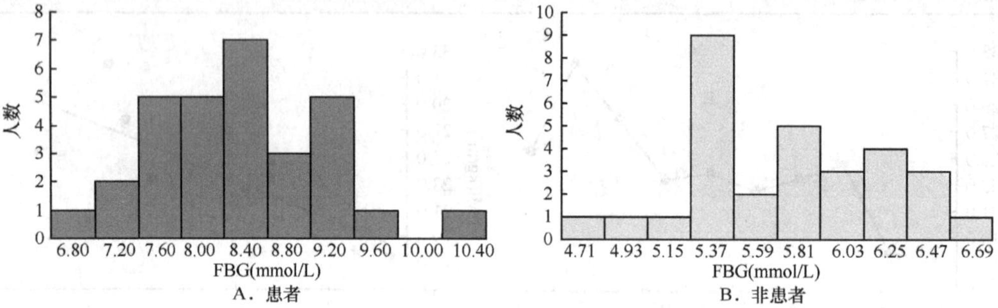

图 4-18　60 名 45 岁以上 2 型糖尿病患者与非患者空腹血糖(FBG)测量值的频数分布

笔记：

【问题 4-18】

该资料选用 2 个直方图进行比较是否合理？为什么？

【分析】

(1) 不合理。这 2 个直方图是彼此独立的，并未组合在一起，难以直观比较两组 FBG 测量值分布特征(集中趋势、离散趋势)的差异。

(2) 正确做法：比较不同类别之间某个连续型数值变量分布特征的差异，宜选用箱式图，如图 4-19。由图可见，2 型糖尿病患者与非患者 FBG 测量值均呈近似正态分布(中间粗横线接近箱子中部)，患者组的 5 个统计量(最小值、P_{25}、中位数、P_{75}、最大值)均比非患者组高，且有一个异常值(编号为 4，数值为 10.52mmol/L)。

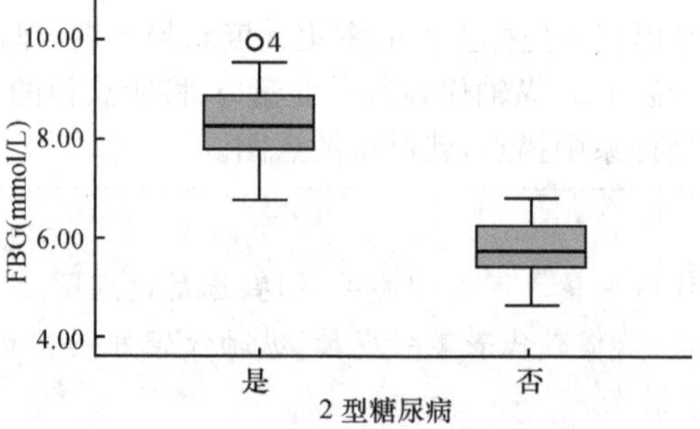

图 4-19　60 名 45 岁以上 2 型糖尿病患者与非患者空腹血糖(FBG)测量值分布情况

箱式图(box plot)通常选用 5 个描述统计量来绘制，即最小值、下四分位数(P_{25})、中位数(M)、上四分位数(P_{75})、最大值。箱式图可用于描述某个连续型数值变量的分布特征(集中趋势和离散趋势)，也可用于比较不同类别之间某个连续型数值变量分布特征的差异。如果代表中位数的中间粗横线位于箱子的中部，则提示数据分布为对称分布；如果中间粗横线偏下或偏上，则提示数据分布为正偏态或负偏态分布。箱子越长，表示数据的波动范围越大；箱子越短，表示数据的波动范围越小。箱式图还能显示数据中的异常值(指大于 1.5 倍四分位数间距的数值)和极端值(指大于 3 倍四分位数间距的数值)。

箱式图的绘制要点:①“箱体”中间的粗横线为中位数(M),顶线和底线分别为上四分位数(P_{75})和下四分位数(P_{25});② 箱子的上下两个“手柄”(细横线)分别是扣除异常值和极端值外的最大值和最小值;③ 异常值常用圆圈“○”或黑点“●”表示,极端值常用星号“＊”表示。

【知识点 4-9】

1. 箱式图通常选用 5 个描述统计量来绘制,即最小值、下四分位数(P_{25})、中位数(M)、上四分位数(P_{75})、最大值。

2. 箱式图可用于描述某个连续型数值变量的分布特征,也可用于比较不同类别之间某个连续型数值变量分布特征的差异。

3. 箱式图的绘制要点:

(1) “箱体”中间的粗横线为中位数(M),顶线和底线分别为上四分位数(P_{75})和下四分位数(P_{25})。

(2) 箱子的上下两个“手柄”(细横线)分别是扣除异常值和极端值外的最大值和最小值。

(3) 异常值常用圆圈“○”或黑点“●”表示,极端值常用星号“＊”表示。

(七) 统计地图

【例 4-19】 为描述 2009 年我国西部 12 个省(自治区、直辖市)甲型 H1N1 流感疫情的地理分布特征,某医师根据表 4-26 的数据绘制了条图,如图 4-20。

表 4-26　2009 年我国西部 12 个省(自治区、直辖市)甲型 H1N1 流感发病情况

行政区域	内蒙古	广西	重庆	四川	贵州	云南	西藏	陕西	甘肃	青海	宁夏	新疆
发病率(1/10 万)	4.57	10.16	8.30	6.80	5.17	5.80	71.01	15.32	14.57	35.49	19.83	13.91

注:数据来自《中国卫生统计年鉴》(中华人民共和国国家卫生和计划生育委员会编)

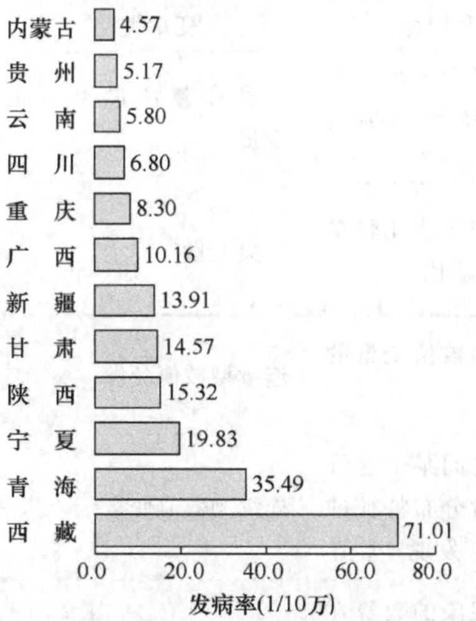

条图

图 4-20　2009 年我国西部 12 个省(自治区、直辖市)甲型 H1N1 流感发病情况

笔记：

【问题 4-19】

除条图外，该资料还可选用何种统计图描述？

【分析】

描述该资料可选用统计地图，以渐变颜色表示升序排列的 2009 年我国西部 12 个省（自治区、直辖市）甲型 H1N1 流感发病率的数值大小，直观反映疫情的地理分布特征，可采用 ArcGIS 10.0 软件绘制。

统计地图（statistical map）是运用统计数据反映制图对象数量特征的一种图型，主要用于描述某种现象的数量在地域空间上的分布，广泛应用于医学、工业、农业等领域。例如，在流行病学研究中，统计地图可用于研究疾病的时空分布、疾病的地区聚集性、潜在高危人群分布、疾病监测、危险因素分析和建立疾病地理信息系统等；在社区卫生研究中，统计地图可用于研究不同民族疾病与死亡率的差异性；在卫生管理领域，统计地图可用于分析人口统计特征、社会经济特征等。近年来，世界各国开发了很多绘制统计地图的软件系统，如 ArcGIS、MapInfo、mapgis 和 geomap 等，为统计资料的选取、统计数据的处理和分级以及图形输出等提供了技术支持。

统计地图的绘制要点：以行政区域（如国家、省、市、县或乡等）或经济区域为分级单位，用不同的颜色、不同样式的线条或不同密度的点表示不同地区某种现象（如发病率、患病率、感染率或死亡率等）的数值大小，直观地反映该现象的地理分布特征。

【知识点 4-10】

1. 统计地图是运用统计数据反映制图对象数量特征的一种图型，主要用于描述某种现象的数量在地域空间上的分布。

2. 统计地图的绘制要点：以行政区域或经济区域为分级单位，以不同的颜色、不同样式的线条或不同密度的点表示不同地区某种现象的数值大小，直观地反映该现象的地理分布特征。（注意审核，防止出现领土主权等政治问题。）

【知识点 4-11】

常用统计图的意义、用途、变量类型和注意事项

分类	统计图	意义和用途	变量类型	注意事项
比较图	条图	主要用于多个组别和多个类别的统计指标的比较	分类变量离散型数值变量	纵轴尺度必须从 0 开始
	圆图百分条图	主要用于描述或比较单个或多个构成比	分类变量	多个构成比的比较宜选用百分条图
分布图	直方图	描述连续型数值变量的频数分布	连续型数值变量	纵轴尺度必须从 0 开始；横轴的变量取值为各组段的组中值；组距相等
	箱式图	不同类别之间某个连续型数值变量分布特征的比较，也用于发现异常值	连续型数值变量	
	统计地图	描述某种现象的数量在地域空间上的分布	分类变量数值变量	防止出现领土主权等政治问题

续表

分类	统计图	意义和用途	变量类型	注意事项
动态图	普通线图	描述某项指标随某个连续型数值变量变化而变化的幅度（绝对变化趋势）	连续型数值变量	
	半对数线图	描述某项指标随某个连续型数值变量变化而变化的速度（相对变化趋势）	连续型数值变量	
关系图	散点图	描述两个连续型数值变量之间的相关关系	连续型数值变量	

思考练习

（一）是非题（正确记"＋"，错误记"－"）

1. 统计表和统计图的标题都应置于表和图的上方正中。（　　）
2. 统计表一般由标题、标目、线条、数字和备注等部分组成。（　　）
3. 统计表的线条包括竖线、横线、边线和斜线。（　　）
4. 当指标有单位时，要在数据区内标注单位。（　　）
5. 条图各直条的间隙宽度一般为直条宽度的1.5倍。（　　）
6. 比较县级、地市级和省级医院孕产妇主要死因的构成情况，宜选用圆图。（　　）
7. 描述和比较某地城市居民的性别年龄别贫血患病率，宜选用复式条图。（　　）
8. 直方图各组段的组距应该相等。（　　）
9. 箱式图通常选用5个描述统计量来绘制，其中"箱体"中间的粗横线为均数。（　　）
10. 比较我国2001年与2010年流脑发病的地区分布特征，宜选用统计地图。（　　）

（二）选择题（从a～e中选出一个最佳答案）

1. 统计表的编制原则包括________。

a. 重点突出，简单明了　b. 主谓分明，层次清楚　c. 结构完整，有自明性
d. a、b、c都是　e. a、b、c都不是

2. 直方图横轴的变量取值为各组段的________。

a. 下限　b. 上限　c. 组中值
d. a、b、c都对　e. a、b、c都不对

3. 比较10个地区65岁以上老年人的高血压患病率，宜选用________。

a. 条图　b. 圆图　c. 线图
d. 直方图　e. 箱式图

4. 纵坐标尺度必须从0开始的统计图有________。

a. 条图、半对数线图　b. 条图、散点图　c. 条图、直方图
d. 线图、散点图　e. 散点图、箱式图

5. 描述某市10年来孕产妇死亡率的变化幅度，宜选用________。

a. 条图　b. 普通线图　c. 半对数线图
d. 直方图　e. 散点图

6. 比较某地10年来不同性别人群艾滋病感染率的变化速度，宜选用________。

a. 条图　　b. 普通线图　　c. 半对数线图

d. 直方图　　e. 散点图

7. 描述100名健康成人血红蛋白含量的频数分布情况，宜选用________。

a. 条图　　b. 圆图　　c. 直方图

d. 线图　　e. 散点图

8. 比较调查对象年龄结构的性别差异，宜选用________。

a. 条图　　b. 圆图　　c. 直方图

d. 人口金字塔　　e. 箱式图

9. 探讨乙型肝炎患者血清HBsAg定量和HBV-DNA含量之间的关系，宜选用__________。

a. 条图　　b. 线图　　c. 直方图

d. 散点图　　e. 箱式图

10. 比较男性和女性血红蛋白含量分布特征的差异，宜选用________。

a. 条图　　b. 线图　　c. 直方图

d. 散点图　　e. 箱式图

（三）应用分析题

1. 某医师根据表4-27中两种药物疗效的构成比绘制了复式条图，如图4-21。该资料选用复式条图描述是否合理？为什么？

表4-27　两种药物治疗慢性支气管肺炎的疗效比较[n(%)]

组别	控制	显效	有效	无效
试验组	52(47.3)	27(24.5)	18(16.4)	13(11.8)
对照组	47(42.7)	30(27.3)	19(17.3)	14(12.7)

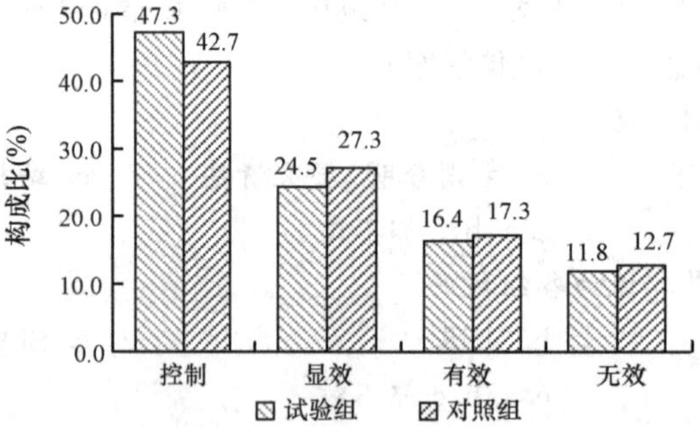

图4-21　两种药物治疗慢性支气管肺炎的疗效构成比(%)

2. 某医师根据表4-28的围产儿死亡率绘制了散点图，如图4-22。该资料选用散点图描述是否合理？为什么？

表4-28　2000～2009年我国围产儿死亡率(‰)

年份	2000	2001	2002	2003	2004	2005	2006	2007	2008	2009
围产儿死亡率(‰)	13.99	13.28	12.47	12.24	11.08	10.27	9.68	8.71	8.74	7.70

数据来自《中国卫生统计年鉴》(中华人民共和国国家卫生和计划生育委员会编)

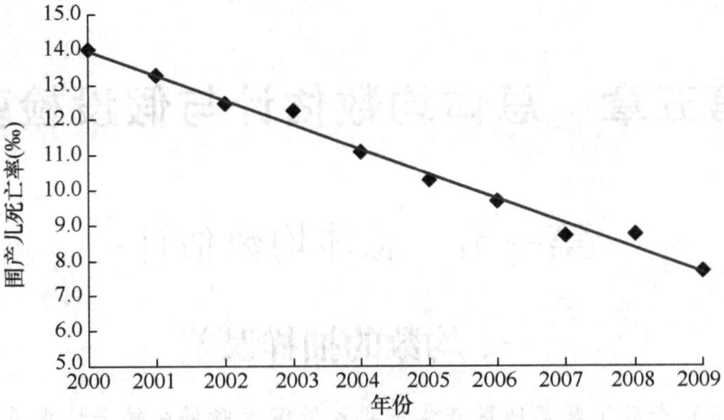

图 4-22　2000～2009 年我国围产儿死亡率(‰)

3. 某医师根据表 4-29 的性别年龄别慢性病患病率绘制了复式条图，如图 4-23。该资料选用复式条图描述是否合理？为什么？

表 4-29　2007 年某市 9038 名参合农民性别年龄别慢性病患病率(%)

性别	年龄(岁)							
	0～	5～	15～	25～	35～	45～	55～	65～91
男性	1.9	0.5	0.1	1.3	2.6	7.1	7.1	10.9
女性	0.5	0.3	0.8	1.8	2.7	5.4	8.2	9.7

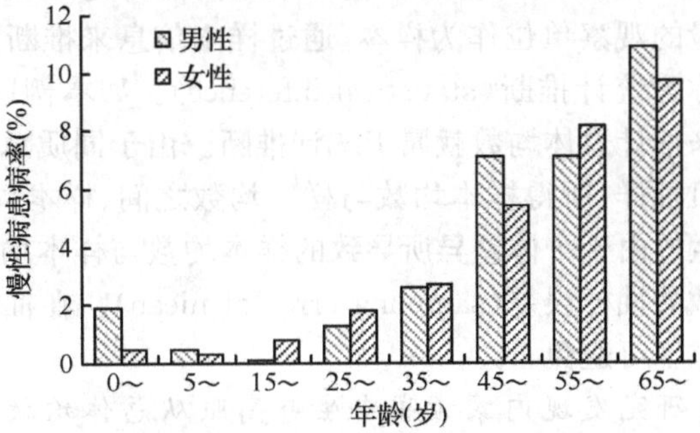

图 4-23　2007 年某市 9038 名参合农民性别年龄别慢性病患病率(%)

（毛　勇）

第五章　总体均数估计与假设检验

第一节　总体均数估计

一、均数的抽样误差

【例 5-1】 某研究者欲了解某地区正常中年人低密度脂蛋白的平均水平，随机抽取该地 200 名正常中年人，测得低密度脂蛋白的均数为 3.2mmol/L，标准差为 0.6mmol/L。该研究者认为该地正常中年人低密度脂蛋白的平均水平为 3.2mmol/L。

笔记：

【问题 5-1】

(1) 这是什么资料？

(2) 该研究者的结论是否正确？为什么？

【分析】

(1) 低密度脂蛋白值是数值变量，有度量衡单位，属计量资料。

(2) 该研究者的结论不完全正确。研究者想通过抽样调查以了解总体的特征，但是没有考虑存在抽样误差，而直接用样本均数作为总体均数的估计值。

了解总体特征最好的方法是对总体中全部个体进行检测或调查，即普查，从而获得总体参数，但在实际工作中往往做不到或没有必要。通常采用抽样研究(sampling study)的方法，即从总体中随机抽取一定数量的观察单位作为样本，通过样本信息来推断总体特征，这种用样本信息推断总体特征的过程称为统计推断(statistical inference)。如本例以 200 名该地正常中年人低密度脂蛋白样本均数来估计总体均数就属于统计推断。由于同质总体中个体间存在差异，因而即使从同一总体中随机抽样，所得样本均数与样本均数之间、样本均数与总体均数之间也会有差别。这种由抽样产生的由于个体差异所导致的样本均数与样本均数之间、样本均数与总体均数之间的差异称为均数的抽样误差(sampling error of mean)。在抽样研究中，由于是随机地抽取样本，因此，抽样误差不可避免。

【例 5-2】 某研究者研究发现内蒙古高中生身高服从总体均数 $\mu=167.7$cm、总体标准差 $\sigma=5.3$cm的正态分布。从这个正态分布 $N(167.7, 5.3^2)$总体中进行随机抽样，抽取 100 个样本，每个样本含量 $n_i=20$ 人，计算得到 100 个样本均数 $\overline{x}_i$ 及标准差 s_i。该 100 个样本均数的频数分布如表 5-1 所示，试分析其样本均数的抽样分布特点。

表 5-1　从正态总体 $N(167.7, 5.3^2)$随机抽取的 100 个样本均数频数分布

均数组段(cm)	样本数	频率(%)	累计样本数	累计频率(%)
163.0～	1	1.0	1	1.0
164.0～	3	3.0	4	4.0
165.0～	13	13.0	17	17.0
166.0～	19	19.0	36	36.0
167.0～	23	23.0	59	59.0

续表

均数组段(cm)	样本数	频率(%)	累计样本数	累计频率(%)
168.0～	19	19.0	78	78.0
169.0～	14	14.0	92	92.0
170.0～	4	4.0	96	96.0
171.0～	3	3.0	99	99.0
172.0～	1	1.0	100	100.0
合计	100	100.0	—	—

【分析】 将该 100 个样本均数看成新的变量值，则这 100 个样本均数构成新的分布。根据频数分布表绘制直方图，如图 5-1 所示。由表 5-1 和图 5-1 可以看出样本均数分布的特点：① 各样本均数不一定都等于总体均数 167.7cm。② 样本均数之间存在差异。③ 样本均数的分布很有规律，围绕着总体均数 167.7cm 波动，中间多，两边少，左右基本对称，也服从正态分布。

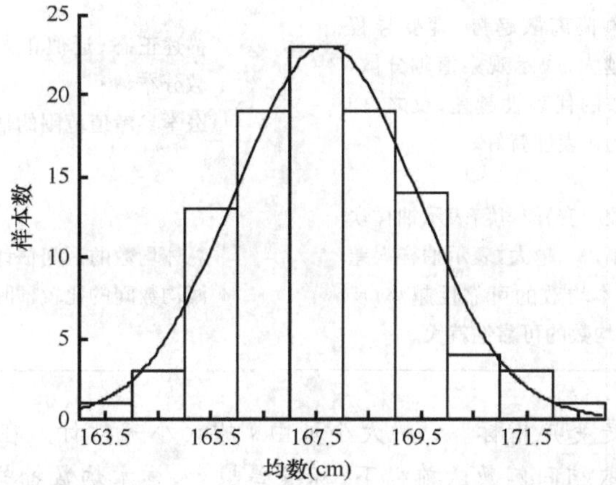

图 5-1　从正态总体 $N(167.7, 5.3^2)$ 随机抽取的 100 个样本均数频数分布

数理统计原理和中心极限定理表明：在正态总体 $N(\mu, \sigma^2)$ 中随机抽样，其样本均数 $\bar{x}$ 服从正态分布。即使是从偏态总体中抽样，当样本含量 n 足够大时（$n \geqslant 100$），样本均数也服从正态分布，该正态分布的均数仍等于原总体均数 μ，样本均数的标准差（一般称为标准误 standard error, SE，用符号 $\sigma_{\bar{x}}$ 表示）等于原变量总体标准差除以例数的平方根（式 5-1），即样本均数 $\bar{x}$ 服从正态分布 $N(\mu, \sigma_{\bar{x}}^2)$。标准误反映样本均数与总体均数的离散程度，标准误大，表明样本均数与总体均数的差异大，即抽样误差大，反之，标准误小，表明抽样误差小。标准误可按式(5-1)计算：

$$\sigma_{\bar{x}} = \frac{\sigma}{\sqrt{n}} \text{（理论值）} \tag{5-1}$$

在实际工作中，总体标准差 σ 常常未知，往往用样本标准差 s 来估计，因此均数的标准误可用下式估计：

$$s_{\bar{x}} = \frac{s}{\sqrt{n}} \text{（估计值）} \tag{5-2}$$

由式(5-1)和(5-2)可见，标准误的大小与标准差的大小成正比，与样本含量 n 的平方根成反比，即在同一总体中随机抽样，样本含量 n 越大，标准误越小，因此，可通过增加样本含量来减小样本均数的标准误，从而降低抽样误差。但在减少抽样误差的同时，有可能增加非抽样误差。因此，在实际工作中，并非样本含量越大越好。

【例 5-3】 在例 5-1 对某地区正常中年人低密度脂蛋白水平的抽样调查中，得 $n=200$，样本均数 $\overline{x}=3.2$mmol/L，标准差 $s=0.6$mmol/L，试估计样本均数的抽样误差。

$$s_{\overline{x}}=\frac{s}{\sqrt{n}}=\frac{0.6}{\sqrt{200}}=0.042\text{mmol/L}$$

【知识点 5-1】

1. 均数抽样误差是由抽样造成的因个体变异产生的样本均数与样本均数之间、样本均数与总体均数之间的差异。

2. 标准误是样本均数的标准差，是描述均数抽样误差大小的指标。

3. 标准差与标准误的区别与联系：

(1) 区别：

指标	意义	应用
标准差（s）	衡量观察值离散趋势（即变异程度）。s 越大，表示观察值越分散，样本均数的代表性越差；反之，样本均数的代表性就好。	描述正态（近似正态）分布资料的频数分布。 医学参考值范围的估计。
标准误（$s_{\overline{x}}$）	样本均数的变异程度，表示抽样误差的大小。$s_{\overline{x}}$ 越大，表示抽样误差越大，样本均数的可靠性越小；反之，样本均数的可靠性就大。	总体均数的区间估计。 两均数间的比较，即 t 检验。

(2) 联系：二者都是变异指标。$s_{\overline{x}}$ 的大小可由 s 的大小来估计。在样本含量一定时，s 越大，$s_{\overline{x}}$ 也越大，即在抽取相同例数的前提下，标准差越大，样本均数抽样误差也越大。

二、t 分 布

（一）t 分布的概念

在例 5-2 中，从内蒙古高中生身高的正态总体 $N(\mu,\sigma^2)$ 中随机抽取 100 个样本，其样本均数 $\overline{x}$ 服从正态分布 $N(\mu,\sigma_{\overline{x}}^2)$。通过标准正态分布转换 $z=\frac{(\overline{x}-\mu)}{\sigma_{\overline{x}}}$，可将样本均数的正态分布转换为标准正态分布 $N(0,1)$。但在实际工作中，由于总体标准差 σ 未知，常用 $s_{\overline{x}}$ 来代替 $\sigma_{\overline{x}}$，于是 $(\frac{\overline{x}-\mu}{s_{\overline{x}}})$ 就不是 z 变换，而是 t 变换。统计量 t 不再服从标准正态分布 $N(0,1)$，而是服从自由度 $\nu=n-1$ 的 t 分布（t-distribution）。

$$t=\frac{\overline{x}-\mu}{s_{\overline{x}}}\qquad \nu=n-1 \tag{5-3}$$

t 分布最早由英国统计学家 W. S. Gosset 于 1908 年以"Student"笔名发表。t 分布的定义：如果变量 x 服从标准正态分布 $N(0,1)$，变量 y 服从自由度为 ν 的 χ^2 分布，则 $t=\frac{x}{\sqrt{y/\nu}}$ 服从自由

度为 ν 的 t 分布。

其中自由度 ν (degree of freedom, df)是指 n 个变量中能够自由取值的变量的个数，例如 $x+y+z=20$，有三个变量，由于受到总和 20 的限制，能够自由取值的变量只有两个，故其自由度 $\nu=2$。

(二) t 分布的图形特征和 t 界值表

例 5-2 中，含量 $n_i=20$ 的 100 个样本，每个样本都采用 t 变换，就可得到 100 个 t 值，将 t 值绘制成相应的直方图，可得到 t 值分布曲线图；同理，样本含量 $n_i=50$ 的 100 个样本，也可将 t 值绘制相应的直方图得到 t 值分布曲线图，但两个 t 值分布曲线图并不完全一样。

t 分布曲线的形状随自由度 ν 的大小不同而有规律地变动，见图 5-2。

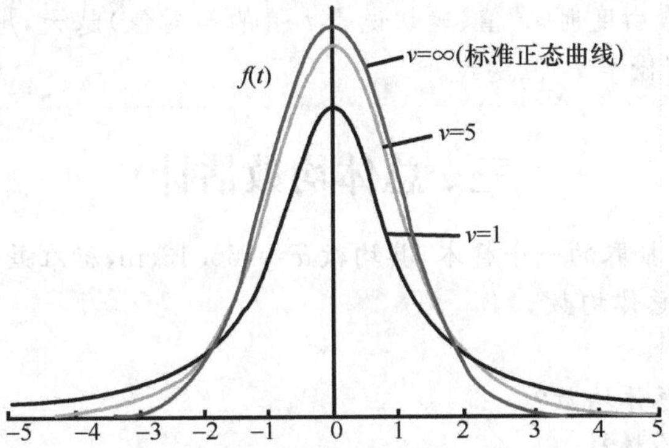

图 5-2　不同自由度下的 t 分布图

由图 5-2 可见，t 分布与标准正态分布对比有如下特征：① 两者都是以 0 为中心，左右对称的单峰分布；② 自由度 ν 越小，则 $s_{\bar{x}}$ 越大，t 值越分散，曲线的高峰越矮，尾部越翘；③ 随着自由度 ν 逐渐增大，t 分布逐渐逼近标准正态分布；当 ν 趋于∞时，t 分布就成为标准正态分布，故标准正态分布是 t 分布的特例。

t 分布曲线下的面积由附表 2（t 界值表）列出，反映横轴 t 值与曲线下面积（即概率 P）的关系。在 t 界值表中，横标目为自由度 ν，纵标目为概率 P（或 α），表中数字表示当自由度 ν 和 P（或 α）确定时对应的 t 临界值(critical value)。表中分别给出了一侧尾部面积称为单侧概率和两侧尾部面积之和称为双侧概率所对应的 t 临界值，如图 5-3A、图 5-3B 所示。

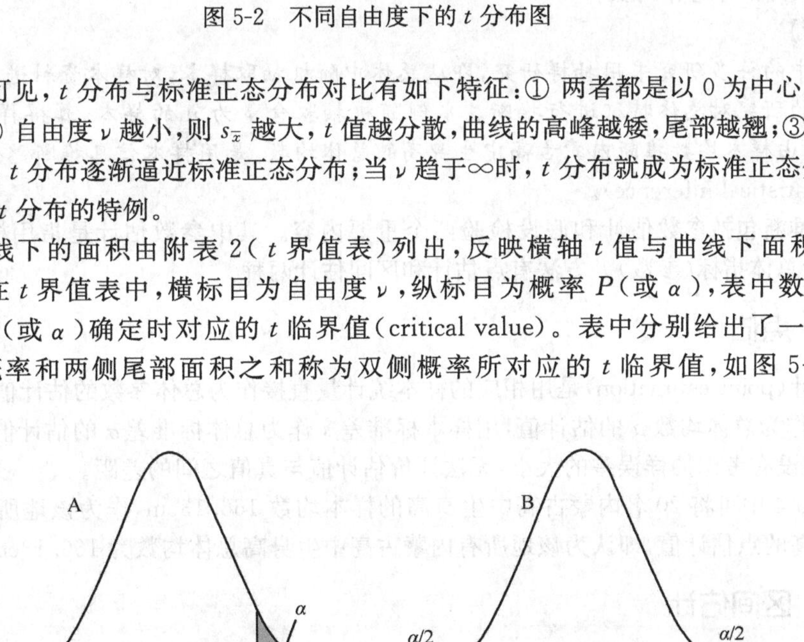

图 5-3　单、双 t 临界值示意图

由于 t 分布以 0 为中心左右对称，附表 2 中只列出了正的 t 临界值，查表时，以绝对值

$|t|$ 查表确定概率 P 值。

从表中数字可以看出：

(1)相同自由度时，$|t|$ 增大，尾部面积即概率 P 值减小，$|t|$ 减小，尾部面积即概率 P 值增大。

(2)在相同 $|t|$ 时，双侧概率 P 值为单侧概率 P 值的两倍。如双侧 $t_{0.05,20}$ = 单侧 $t_{0.025,20}$ = 2.086。

【注】 本书除单侧临界值予以说明外，双侧临界值则省去说明，默认为双侧。

【知识点 5-2】

1.t 分布是以 0 为中心左右对称的单峰分布，不同自由度下的 t 分布曲线形态不同，随着 ν 增大，t 分布逐渐逼近标准正态分布，当自由度 $\nu=\infty$ 时，t 分布完全成为标准正态分布。

2.t 分布中，相同自由度时，t 值(确切说是 t 值的绝对值)越大，尾部面积即概率 P 值越小，t 越小，尾部面积即概率 P 值越大。

三、总体均数估计

【例 5-4】 例 5-2 中抽取的一个样本，其均数 $\bar{x}$=166.13cm，标准差 s=5.24cm，n=20，试估计内蒙古高中生身高的总体均数。

【问题 5-2】

(1) 为什么要估计总体均数？

(2) 如何估计总体均数？

【分析】

医学中的许多研究采用抽样研究，即从总体中随机抽取样本，对样本资料进行分析，目的是通过样本的研究对总体特征进行推断。本例随机抽取含量为 n 的样本，算得样本均数及标准差，目的是由样本均数推断内蒙古高中生身高的总体均数，是用样本信息推断总体特征，属于统计推断(statistical inference)。

统计推断包括参数估计和假设检验两个重要内容。其中参数估计是指用样本指标(统计量)来估计总体指标(参数)。方法有点估计和区间估计两种。

(一) 点估计

点估计(point estimation)是用相应的样本统计量直接作为总体参数的估计值。如用样本均数 $\bar{x}$ 直接作为总体均数 μ 的估计值，用样本标准差 s 作为总体标准差 σ 的估计值。点估计的方法简单，但没有考虑抽样误差的大小，无法评价估计值与真值之间的差距。

如例 5-4 中可将 20 名内蒙古高中生身高的样本均数 166.13cm，作为该地所有内蒙古高中生平均身高的点估计值，即认为该地所有内蒙古高中生身高总体均数为 166.13cm。

(二) 区间估计

区间估计(interval estimation)是按预先给定的概率 $1-\alpha$ 确定的包含总体参数的一个范围。该范围称为总体参数的 $1-\alpha$ 可信区间或置信区间(confidence interval, CI)；$1-\alpha$ 称为可信度或置信度(confidence level)，常取 95%或 99%。如没有特别说明，一般做双侧的区间估计。

总体均数可信区间的计算方法，依据样本资料的条件选用不同的方法：

1. t 分布法 当 σ 未知时，按 t 分布原理计算可信区间。t 分布曲线下 $1-\alpha$ 可信度的区间面

积为去掉 t 分布双侧尾部面积 α 后 $-t_{\alpha,\nu}$ 与 $t_{\alpha,\nu}$ 区间对应的面积，即

$$P(-t_{\alpha,\nu}<t<t_{\alpha,\nu})=1-\alpha \tag{5-4}$$

由于样本均数的 t 变换为 $\frac{\overline{x}-\mu}{s_{\overline{x}}}$，则 t 值满足 $-t_{\alpha,\nu}<\frac{\overline{x}-\mu}{s_{\overline{x}}}<t_{\alpha,\nu}$，于是可得总体均数 μ 的双侧 $1-\alpha$ 可信区间为：

$$\overline{x}-t_{\alpha,\nu}s_{\overline{x}}<\mu<\overline{x}+t_{\alpha,\nu}s_{\overline{x}}$$

或

$$(\overline{x}-t_{\alpha,\nu}s_{\overline{x}},\overline{x}+t_{\alpha,\nu}s_{\overline{x}})$$

简写为

$$\overline{x}\pm t_{\alpha,\nu}s_{\overline{x}} \tag{5-5}$$

例 5-4 中，$\overline{x}=166.13\text{cm}$，$s=5.24\text{cm}$，$n=20$，故内蒙古高中生身高总体均数的 95%可信区间计算如下：

本例 $\nu=n-1=20-1=19$，双侧 $\alpha=0.05$，可信度 $1-\alpha=95\%$，查 t 界值表双侧 $t_{0.05,19}=2.093$，代入式(5-5)计算得：

$$\overline{x}\pm t_{0.05,19}s_{\overline{x}}=\overline{x}\pm t_{0.05,19}(\frac{s}{\sqrt{n}})=166.13\pm 2.093\times\frac{5.24}{\sqrt{20}}=(163.68,168.58)\text{ cm}$$

故内蒙古高中生身高总体均数的 95%可信区间为(163.68，168.58)cm。

当 $1-\alpha=95\%$ 时，算得的可信区间有 95%的可能包含了总体均数 μ，5%的可能未包含总体均数 μ。即作 100 次同样的估计，有 95 次包括总体均数 μ 在内(估计正确)，有 5 次不包含总体均数 μ(估计错误)。实际工作中，当依据样本对总体均数作 95%可信区间估计时，认为"总体均数 μ 在 $\overline{x}\pm t_{0.05,\nu}s_{\overline{x}}$ 范围内"，可信程度为 95%，即正确的可能性为 95%。

2. 正态近似法　当 σ 已知或 σ 未知但样本例数 n 足够大时($n\geqslant 100$)，按正态分布(z 分布)原理估计总体均数的 $1-\alpha$ 可信区间。

(1) σ 已知，总体均数的双侧 $1-\alpha$ 可信区间简写为

$$\overline{x}\pm z_{\alpha}\sigma_{\overline{x}} \tag{5-6}$$

(2) σ 未知，总体均数的双侧 $1-\alpha$ 可信区间简写为

$$\overline{x}\pm z_{\alpha}s_{\overline{x}} \tag{5-7}$$

总体均数 95%可信区间为 $\overline{x}\pm 1.96s_{\overline{x}}$，99%可信区间为 $\overline{x}\pm 2.58s_{\overline{x}}$。

【例 5-5】　根据例 5-1，试估计该地正常中年人低密度脂蛋白总体均数的 95%可信区间。本例 $n=200$，为大样本，故可用正态近似法估计总体均数的 95%可信区间。

$$\overline{x}\pm 1.96s_{\overline{x}}=3.2\pm 1.96\times\frac{0.6}{\sqrt{200}}=(3.12,3.28)\text{ mmol/L}$$

故该地正常中年人低密度脂蛋白总体均数的 95%可信区间为(3.12，3.28)mmol/L。

可信区间的两个要素：一是准确度，反映在可信度 $1-\alpha$ 的大小，即区间包含总体均数的概率大小，越接近 1 越好，如 99%可信度比 95%可信度好；二是精密度，反映在区间的宽度，区间愈窄愈好。当样本含量确定时，二者是矛盾的。若单纯提高可信度 $1-\alpha$（即减小了 α，会增大 t 或 z 值)，则可信区间变宽，就降低了可信区间的应用价值，所以不能笼统地认为 99%可信区间比 95%可信区间好，要兼顾准确度与精密度。一般情况下 95%可信区间更为常用。在可信度确定的情况下，增加样本含量(减小 t 和 $s_{\overline{x}}$)，可减小可信区间的宽度。

计算和应用可信区间时，一定要和参考值范围区别。总体均数可信区间与参考值范围在意义、计算、应用上均不相同，实际应用中不能将两者混淆。二者的区别总结于表 5-2。

表 5-2　总体均数可信区间与参考值范围的区别

区别	总体均数可信区间	参考值范围
意义	按预先给定的概率 $1-\alpha$ 确定总体均数 μ 的可能范围。 95%可信区间指按 95%可信度，估计总体均数所在的范围。此时估计正确的概率为 95%，即有 95%的可能性包含了总体均数。 说明总体均数的可能范围。	“正常人”的解剖、生理、生化、某项指标的波动范围。 95%参考值范围指同质总体内包括 95%个体值的估计范围。 说明个体值的波动范围。
计算	正态分布：σ 未知，$n<100$ 时，双侧 $\overline{x}\pm t_{\alpha,\nu}s_{\overline{x}}$ σ 未知，$n\geqslant100$ 时，双侧 $\overline{x}\pm z_{\alpha}s_{\overline{x}}$ σ 已知，双侧 $\overline{x}\pm z_{\alpha}\sigma_{\overline{x}}$	正态分布：双侧 $\overline{x}\pm z_{\alpha}s$ 单侧 $\overline{x}-z_{\alpha}s$ 或 $\overline{x}+z_{\alpha}s$ 偏态分布：双侧 $P_{x/2}\sim P_{100-x/2}$ 单侧 P_{x} 或 P_{100-x}
应用	总体均数的区间估计（常用 95%可信区间）；评价未知总体均数所在的范围。	判断观察对象的某项指标正常与否（常用 95%参考值范围）；评价个体指标是否正常。

【知识点 5-3】

1. 参数估计是指用样本指标（统计量）来推断总体指标（参数）。估计方法有点估计和区间估计两种。

2. 区间估计是按预先给定的概率 $1-\alpha$，由样本指标确定的包含总体参数的一个范围。

3. 可信区间是指总体均数可能所在的范围。

4. 总体均数 95%可信区间的意义为：总体均数在 $\overline{x}\pm t_{0.05,\nu}s_{\overline{x}}$ 或 $\overline{x}\pm1.96s_{\overline{x}}$ 范围内的可信度为 95%。

第二节　假设检验的基本思想和步骤

笔记：

【例 5-6】 某地区为了分析蒙古族初中男生的营养状况，已知 10 年前同年龄组男生的体重指数均数为 19.350(kg/m²)。现随机调查了 30 名牧区蒙古族初中男生的身高和体重，计算出其体重指数均数为 20.813(kg/m²)，标准差为 1.069(kg/m²)，故认为牧区蒙古族初中男生体重指数均数高于 10 年前同年龄组初中男生的体重指数均数。

【问题 5-3】

(1) 该结论是否正确？为什么？

(2) 如何解决此类问题？

【分析】

(1) 该结论是错误的。因为牧区蒙古族 30 名初中男生的体重指数均数为 20.813(kg/m²) 为样本均数，存在抽样误差，不能直接通过比较样本均数 20.813(kg/m²) 与总体均数 19.350(kg/m²) 的大小得出结论。

(2) 应对样本均数与总体均数之间的差异进行假设检验后再下结论。

一、假设检验的概念和基本思想

上一节介绍了统计推断的一个内容，即总体均数的估计。本节将讲述统计推断的另一个内容——假设检验(hypothesis test)。现以例 5-6 说明假设检验的基本原理和步骤。

讲述抽样误差的概念时提到，从同一总体中随机抽取样本，所得样本均数与总体均数之间、样本均数与样本均数之间存在差异，即抽样误差。本例已知一个总体均数 19.350(kg/m^2)，要判断样本均数 20.813(kg/m^2)所代表的总体均数和已知总体均数是否有差别，存在以下两种情况：

(1) 该样本是来自总体均数为 19.350(kg/m^2)的总体，其差异仅仅是由抽样误差所致。

(2) 该样本不是来自总体均数为 19.350(kg/m^2)的总体，而是来自另外一个总体(10 年后)，其差异是由时间因素(本质差别)所致。

如何判断是由哪种原因所致，统计上是通过假设检验来回答这个问题。假设检验是先对总体做出某种假定(检验假设)，然后根据样本信息来推断其是否成立的一类统计方法的总称。

假设检验的基本思想包括小概率思想和反证法思想。

1. 小概率思想　小概率事件(发生概率很小的事件)在一次试验中认为基本上不发生。

小概率事件的概率是相对的，在进行统计分析时要事先规定，即检验水准 α 。

2. 反证法思想　首先提出一个假设，用适当的统计方法确定当假设成立时，获得现在样本的概率大小，如果是小概率事件，则推断假设是假的，因此拒绝它；如果不是小概率事件，则不能认为假设是假的，于是不能拒绝它。

【注意】　虽然用了反证思想，但假设检验不是证明的过程，因为假设检验的结论是根据概率的大小而下的，具有概率性。不拒绝假设，并不是假设一定成立，拒绝假设，也不意味着假设肯定不成立。

二、假设检验的基本步骤

(一) 建立检验假设，确定检验水准

进行假设检验首先必须建立检验假设。假设有两种：一是无效假设(null hypothesis)或称零假设，用 H_0 表示；二是备择假设(alternative hypothesis)或称对立假设，用 H_1 表示。两者都是根据分析目的提出的对总体的假设，是一对对立的假设。假设检验是针对 H_0 进行的，当 H_0 被拒绝时，则接受 H_1。

H_0：差别由抽样误差引起

H_1：存在本质差别

本例：

H_0：该地区蒙古族初中男生的体重指数均数 μ 与该地 10 年前同年龄组男生的体重指数均数 μ_0 相同，即 $\mu=\mu_0$

H_1：该地区蒙古族初中男生的体重指数均数 μ 高于该地 10 年前同年龄组男生的体重指数均数 μ_0，即 $\mu>\mu_0$

【注意】　在建立检验假设时，应根据分析目的和专业知识明确使用单侧检验还是双侧检验。在本例中，如果该地区蒙古族初中男生的体重指数均数高于和低于该地 10 年前同年龄组男生的体重指数均数两种可能都存在，研究者同等关心，应用双侧检验(two-sided test)；如果根据专业知识，认为该地区蒙古族初中男生的体重指数均数不会低于该地 10 年前同年龄组男生

的体重指数均数，或研究者只考虑该地区蒙古族初中男生的体重指数均数是否高于该地10年前同年龄组男生的体重指数均数，应用单侧检验(one-sided test)。又如比较两种药物疗效时，若研究者能从专业知识上排除一种药物不会比另一种药物差时，只考虑前者是否优于后者，则用单侧检验；若不能确定两种药物谁好谁差时，则用双侧检验。一般认为双侧检验较为稳妥，故较常用。

【注】 本书除注明采用单侧检验外，一律使用双侧检验。

用符号表示单侧检验和双侧检验如下：

1. 样本均数(其相应的总体均数为 μ)**与已知总体均数** μ_0 **的比较**

	目的	H_0	H_1
双侧检验	是否 $\mu \neq \mu_0$	$\mu = \mu_0$	$\mu \neq \mu_0$
单侧检验	是否 $\mu > \mu_0$	$\mu = \mu_0$	$\mu > \mu_0$
	或是否 $\mu < \mu_0$	$\mu = \mu_0$	$\mu < \mu_0$

2. 两个样本均数(其相应的总体均数分别为 μ_1 与 μ_2)**的比较**

	目的	H_0	H_1
双侧检验	是否 $\mu_1 \neq \mu_2$	$\mu_1 = \mu_2$	$\mu_1 \neq \mu_2$
单侧检验	是否 $\mu_1 > \mu_2$	$\mu_1 = \mu_2$	$\mu_1 > \mu_2$
	或是否 $\mu_1 < \mu_2$	$\mu_1 = \mu_2$	$\mu_1 < \mu_2$

确定检验水准 不管单侧检验或双侧检验，都必须确定差异有无统计学意义的水准即检验水准 α (size of a test)，α 是拒绝 H_0 时的最大允许误差的概率，常取0.05。

(二) 计算检验统计量

根据资料的类型、设计方案、统计推断目的和适用条件选择检验统计量。如配对设计两样本均数比较用配对 t 检验；完全随机设计的两样本均数比较，可根据资料的特点选用统计量 t、t' 或 z 等。

所有的检验统计量都是在假定 H_0 成立的前提下计算出来的。不同的统计量所涉及的统计分布不同。

(三) 确定 P 值，作出统计推断

P 值是指如果假设成立，则抽到现有样本统计量及更极端值(与 H_0 相差更大)的可能性。也可间接地理解为假设成立的可能性大小。确定 P 值的方法可以用计算出的统计量，利用统计量的概率分布获得 P 值，也可以用概率函数直接计算 P 值。

根据概率 P 与事先规定的检验水准 α 进行比较，看其是否为小概率事件而作出结论。推断结论应包括统计结论和专业结论两部分，统计结论说明差异有统计学意义(statistical significance)或无统计学意义(no statistical significance)，还必须结合专业得出最终结论。当 $P \leqslant \alpha$ 时，按所取 α 水准，拒绝 H_0，接受 H_1，差异有统计学意义(统计结论)，可认为……不同或不等(专业结论)；当 $P > \alpha$ 时，按所取 α 水准，不拒绝 H_0，差异无统计学意义，尚不能认为……不同或不等。须知，拒绝 H_0，不能认为 H_0 肯定不成立，虽然在 H_0 成立的条件下出现等于及大于(或等于及小于)现有检验统计量的概率很小，但仍有可能出现，只是可能性很小而已；同理，不拒绝 H_0，也不能认为 H_0 肯定成立。由此可见假设检验的结论是具有概率性的，在拒绝 H_0 或不拒绝 H_0 时，都有可能发生错误，即第Ⅰ类错误和第Ⅱ类错误(第七节叙述)。

【知识点 5-4】

1. 在抽样研究中，由于有抽样误差存在，不能直接通过比较样本均数与样本均数之间、样本均数与总体均数之间的大小得出结论，要进行假设检验。

2. 假设检验的基本思想是小概率思想和反证法思想。

3. 假设检验是先对总体做出某种假定（检验假设），然后根据样本信息来推断其是否成立的一类统计方法的总称。

4. 假设检验的基本步骤：

(1) 建立检验假设，确定检验水准。

(2) 计算检验统计量。

(3) 确定 P 值，做出统计推断。

第三节　单样本 t 检验

【例 5-7】 对例 5-6 资料进行假设检验。

【分析】 本例已知总体均数 $\mu_0 = 19.350(\text{kg/m}^2)$，随机抽取一个样本，$n = 30$，$\overline{x} = 20.813(\text{kg/m}^2)$，$s = 1.069(\text{kg/m}^2)$。目的是推断该样本所代表的总体均数 μ 和已知总体均数 μ_0 是否有差别，可采用单样本 t 检验。

单样本 t 检验也称样本均数与总体均数比较的 t 检验。已知总体均数一般为正常值、理论值、标准值或经大量观察所得的稳定值等。当样本例数较小时，要求样本取自正态总体。这时检验统计量 t 值的计算式为：

$$t = \frac{\overline{x} - \mu_0}{s_{\overline{x}}} = \frac{\overline{x} - \mu_0}{s/\sqrt{n}} \tag{5-8}$$

$$\nu = n - 1$$

【检验步骤】

1. 建立检验假设，确定检验水准

H_0：该地区蒙古族初中男生的体重指数均数 μ 与该地 10 年前同年龄组男生的体重指数均数 μ_0 相同，即 $\mu = \mu_0$

H_1：该地区蒙古族初中男生的体重指数均数 μ 高于该地 10 年前同年龄组男孩的体重指数均数 μ_0，即 $\mu > \mu_0$

单侧 $\alpha = 0.05$

2. 计算检验统计量 t 值

现 $n = 30$，$\overline{x} = 20.813(\text{kg/m}^2)$，$s = 1.069(\text{kg/m}^2)$，$\mu_0 = 19.350(\text{kg/m}^2)$

按式(5-8)　$t = \frac{\overline{x} - \mu_0}{s_{\overline{x}}} = \frac{\overline{x} - \mu_0}{s/\sqrt{n}} = \frac{20.813 - 19.350}{1.069/\sqrt{30}} = 7.496$

$$\nu = n - 1 = 30 - 1 = 29$$

3. 确定 P 值，作出统计推断　查附表 2（t 界值表），得单侧 $t_{0.0005,29} = 3.659$，$P < 0.0005$，按 $\alpha = 0.05$ 水准，拒绝 H_0，接受 H_1，差异有统计学意义，可认为该地区蒙古族初中男生的体重指数均数高于该地 10 年前同年龄组男生的体重指数均数。

【知识点 5-5】

1. 单样本 t 检验的目的是推断样本均数所代表的总体均数与已知总体均数是否相同。
2. 已知总体均数一般为正常值、理论值、标准值或经大量观察所得的稳定值等。
3. 单样本 t 检验要求样本取自正态总体。

第四节　配对 t 检验

【例 5-8】　某医师欲了解分割放射疗法对肿瘤的治疗效果，在 15 只大白鼠身上成功制造了肿瘤模型，分别测定了大白鼠放射分割疗法治疗前后的肿瘤最大直径，数据如表 5-3 所示；并比较，数据如表 5-4 所示。该医师计算了大白鼠肿瘤治疗前后最大直径的差值，均数为 1.5(cm)，故认为分割放射疗法对肿瘤治疗有明显的效果。

表 5-3　分割放射治疗前后的肿瘤最大直径(cm)

编号	1	2	3	4	5	6	7	8	9	10	11	12	13	14	15
用药前	8.1	9.4	7.3	8.7	8.9	7.3	8.6	9.0	6.3	8.0	9.4	9.2	9.1	8.3	8.5
用药后	6.5	8.5	5.2	7.1	7.5	5.6	5.9	7.4	6.0	6.9	7.5	8.6	7.4	6.5	7.0

【问题 5-4】

表 5-4　放射疗法治疗前后肿瘤最大直径的比较(cm)

编号	用药前	用药后	d	d^2
1	8.10	6.50	1.60	2.56
2	9.40	8.50	0.90	0.81
3	7.30	5.20	2.10	4.41
4	8.70	7.10	1.60	2.56
5	8.90	7.50	1.40	1.96
6	7.30	5.60	1.70	2.89
7	8.60	5.90	2.70	7.29
8	9.00	7.40	1.60	2.56
9	6.30	6.00	0.30	0.09
10	8.00	6.90	1.10	1.21
11	9.40	7.50	1.90	3.61
12	9.20	8.60	0.60	0.36
13	9.10	7.40	1.70	2.89
14	8.30	6.50	1.80	3.24
15	8.50	7.00	1.50	2.25
			(Σd)22.50	(Σd^2)38.69

(1) 该资料属于何种设计方案？

(2) 该医生的结论是否正确？为什么？

【分析】　该资料为同一受试对象处理前后的比较，为自身配对设计。该医生的结论是不正确的，因为没有进行统计推断，而是直接用样本信息下结论。本例资料可用配对 t 检验作统计推断。

配对设计　指将受试对象按某些重要特征相近的原则配成对子，每对中的两个个体随机分别给予两种处理。在医学科学研究中配对设计主要有以下情况：

(1) 一一配对，同对的两个受试对象分别给予两种处理。

(2) 同一受试对象分别给予两种处理或处理前后的比较。由于按非处理因素进行配对或自身配对，减少了个体差异，因此，配对设计的抽样误差较小，其统计效率较高。

配对 t 检验是对每对数据的差值进行检验，理论上，若两处理无差别，则差值 d 的总体均数 μ_d 应为 0。因此可将配对设计的均数比较看成是样本均数 $\bar{d}$ 与总体均数 $\mu_d=0$ 的比较。计算检验统计量 t 值的公式为：

$$t=\frac{\bar{d}-0}{s_{\bar{d}}}=\frac{\bar{d}}{s_d/\sqrt{n}} \tag{5-9}$$

$$\nu=n-1$$

式中：$\bar{d}$ 为差值的均数，$s_{\bar{d}}$ 为差值的标准误，s_d 为差值的标准差，n 为对子数。

【检验步骤】

1. 建立检验假设，确定检验水准

H_0：分割放射疗法治疗前后肿瘤的最大平均直径相同，即 $\mu_d=0$

H_1：分割放射疗法治疗前后肿瘤的最大平均直径不同，即 $\mu_d\neq 0$

$\alpha=0.05$

2. 计算检验统计量 t 值

现 $n=15$，$\Sigma d=22.50$，$\Sigma d^2=38.69$，$\bar{d}=\Sigma d/n=22.50/15=1.50$。

$$s_d=\sqrt{\frac{\Sigma d^2-(\Sigma d)^2/n}{n-1}}=\sqrt{\frac{38.69-22.50^2/15}{15-1}}=0.594$$

按式(5-9)

$$t=\frac{\bar{d}}{s_d/\sqrt{n}}=\frac{1.50}{0.594/\sqrt{15}}=9.780$$

$$\nu=n-1=15-1=14$$

3. 确定 P 值，作出统计推断　查附表 2(t 界值表)，得 $t_{0.001,14}=4.140$，$P<0.001$，按 $\alpha=0.05$ 水准，拒绝 H_0，接受 H_1，差异有统计学意义，可认为分割放射疗法治疗后肿瘤的最大平均直径减小。

【例 5-9】　某医生欲了解一种新药治疗骨质疏松症的临床疗效，随机抽取了服用新药的 12 名骨质疏松症患者，按年龄配对随机抽取了常规治疗药物的 12 名女性配成对子。测得前臂末端 BMD(骨密度)值，见表 5-5。试了解新药的临床治疗效果？

表 5-5　骨质疏松症患者治疗后前臂末端 BMD(骨密度)值(g/cm)

配对号	新药组	常规药物组	d
1	0.379	0.321	0.058
2	0.378	0.351	0.027
3	0.268	0.255	0.013
4	0.278	0.265	0.013

续表

配对号	新药组	常规药物组	d
5	0.238	0.213	0.025
6	0.269	0.247	0.022
7	0.226	0.205	0.021
8	0.344	0.321	0.023
9	0.298	0.247	0.051
10	0.287	0.221	0.066
11	0.256	0.254	0.002
12	0.248	0.251	−0.003

【分析】 该资料属于同对的两个受试对象分别给予两种处理的比较，属配对设计，应用配对 t 检验。

【检验步骤】

1. 建立检验假设，确定检验水准

H_0：两组治疗效果相同，即前臂末端 BMD(骨密度)值相同，即 $\mu_d=0$

H_1：两组治疗效果不同，即前臂末端 BMD(骨密度)值不同，即 $\mu_d\neq0$

$\alpha=0.05$

2. 计算检验统计量 t 值

$$n=12,\ \bar{d}=0.0265,\ s_d=0.0214。$$

$$t=\frac{\bar{d}}{s_d/\sqrt{n}}=\frac{0.0265}{0.0214/\sqrt{12}}=4.290$$

$$\nu=n-1=12-1=11$$

3. 确定 P 值，作出统计推断 查附表 2(t 界值表)，得 $t_{0.002,11}=4.025$，$t_{0.001,11}=4.437$，$0.001<P<0.002$，按 $\alpha=0.05$ 水准，拒绝 H_0，接受 H_1，差异有统计学意义，可以认为两组治疗后前臂末端 BMD(骨密度)值不同。

【知识点 5-6】

1. 配对设计包括：

(1)两个受试对象按某些特征相同或相近配成对子，分别给予不同的处理；

(2)同一受试对象给予不同的处理或处理前后的比较。

2. 配对设计可以降低抽样误差，提高统计效率。

3. 配对 t 检验适用于配对设计的计量资料的比较。

4. 配对 t 检验要求差值服从正态分布。

第五节 两独立样本 t 检验

一、完全随机设计两样本均数比较的 t 检验

【例 5-10】 为了了解稀土氧化物颗粒对大白鼠肺部的影响，研究者对 11 例大白鼠进行灌肺，以正常大白鼠 11 例为对照，测量两组动物超氧化物歧化酶(SOD)的活性(10^3 U/L)，结果如

表5-6。该研究者根据此资料算得灌肺组大白鼠SOD活性的均数 $\overline{x}_1=30.57(10^3\text{U/L})$，$s_1=1.6387(10^3\text{U/L})$；正常组大白鼠SOD活性的均数 $\overline{x}_2=33.95(10^3\text{U/L})$，$s_2=1.4637(10^3\text{U/L})$，配对 t 检验结果，$t=-6.145$，$P<0.001$，故认为正常组大白鼠SOD活性高于灌肺组。

表5-6 两组大白鼠超氧化物歧化酶(SOD)的活性(10^3 U/L)测定结果

分组	超氧化物歧化酶(SOD)的活性(10^3 U/L)										
灌肺组	29.32	30.12	28.62	30.78	31.62	29.06	31.97	29.43	33.37	29.20	32.78
正常组	33.25	34.56	35.21	34.14	30.89	33.64	35.64	32.57	35.71	33.02	34.82

【问题5-5】

(1) 该资料属于何种设计方案？

(2) 该医生的统计处理是否正确？为什么？

【分析】

(1) 该资料是随机从两组(研究的两个总体)中抽取样本，测定超氧化物歧化酶(SOD)的活性，属于完全随机设计。

(2) 统计处理不正确。对完全随机设计的资料不宜用配对 t 检验。本资料应用完全随机设计两样本均数比较的 t 检验，目的是判断两样本均数分别代表的两总体均数 μ_1 和 μ_2 是否相同。

【检验步骤】

1. 建立检验假设，确定检验水准

H_0：两组大白鼠的超氧化物歧化酶(SOD)活性的总体均数相同， 即 $\mu_1=\mu_2$

H_1：两组大白鼠的超氧化物歧化酶(SOD)活性的总体均数不同， 即 $\mu_1\neq\mu_2$

$\alpha=0.05$

2. 计算检验统计量 t 值

$$t=\frac{\overline{x}_1-\overline{x}_2}{s_{\overline{x}_1-\overline{x}_2}}=\frac{\overline{x}_1-\overline{x}_2}{\sqrt{s_c^2\left(\frac{1}{n_1}+\frac{1}{n_2}\right)}} \tag{5-10}$$

$$\nu=n_1+n_2-2$$

式中 s_c^2 为合并方差：

$$s_c^2=\frac{(n_1-1)s_1^2+(n_2-1)s_2^2}{n_1+n_2-2}=\frac{\sum(x_1-\overline{x}_1)^2+\sum(x_2-\overline{x}_2)^2}{n_1+n_2-2} \tag{5-11}$$

本例，$n_1=10$，$\overline{x}_1=30.57(10^3\text{U/L})$，$s_1=1.6387(10^3\text{U/L})$；$n_2=10$，$\overline{x}_2=33.95(10^3\text{U/L})$，$s_1=1.4637(10^3\text{U/L})$。按式(5-11)

$$s_c^2=\frac{(n_1-1)s_1^2+(n_2-1)s_2^2}{n_1+n_2-2}=\frac{(11-1)\times1.6387^2+(11-1)\times1.4637^2}{11+11-2}=2.4139$$

按式(5-10)
$$t=\frac{\overline{x}_1-\overline{x}_2}{\sqrt{s_c^2\left(\frac{1}{n_1}+\frac{1}{n_2}\right)}}=\frac{30.57-33.95}{\sqrt{2.4139\left(\frac{1}{11}+\frac{1}{11}\right)}}=-5.102$$

$$\nu=11+11-2=20$$

3. 确定 P 值，作出统计推断 查附表2(t 界值表)，得 $t_{0.001,20}=3.850$，$P<0.001$，按 $\alpha=0.05$ 水准，拒绝 H_0，接受 H_1，差异有统计学意义，可认为正常组大白鼠与灌肺组的超氧化物歧化酶(SOD)活性的总体均数不同，正常组大白鼠超氧化物歧化酶(SOD)活性高

于灌肺组。

【例 5-11】 为观察普伐他汀治疗高脂血症的作用，将 100 例高脂血症患者随机分为两组，观察组 50 例应用普伐他汀治疗，对照组 50 例口服西立伐他汀，一个疗程后比较两组疗效。结果见表 5-7。

表 5-7 两组患者治疗前后胆固醇变化情况（$\overline{x} \pm s$,mmol/L）

分组	时间	*TC*	*TG*	*LDL-C*	*HDL-C*
观察组(n=50)	治疗前	6.60±1.12	3.32±1.22	3.86±0.76	0.82±0.16
	治疗后	5.64±0.86	2.46±0.86	2.86±0.70	1.74±0.24
对照组(n=50)	治疗前	6.58±0.97	3.34±1.28	2.68±0.78	0.86±0.18
	治疗后	5.29±0.82	2.04±0.88	2.58±0.66	1.65±0.18

作者对两组治疗前后各组结果进行完全随机设计两样本均数比较的 t 检验，差异均有统计学意义（$P < 0.05$），两组治疗后结果进行完全随机设计两样本均数比较的 t 检验，差异均有统计学意义（$P < 0.05$），由此得出结论为两种药物均有降血脂的作用，且普伐他汀的疗效优于口服西立伐他汀。

【问题 5-6】

(1) 该资料属于何种设计方案？

(2) 该作者的统计处理是否正确？为什么？

【分析】

(1) 该资料的设计方案包括配对设计和完全随机设计。

(2) 该作者所用统计分析方法不正确。首先，观察组和对照组治疗前后比较属配对设计，应行配对 t 检验分别说明两种药物是否有效，而作者误用了完全随机设计两样均数比较的 t 检验。其次，要比较两种药物何者为优，应分别计算出两组药物治疗前后的差值（分别反映两种药物的效应），形成两个新的样本（属完全随机设计），再进行完全随机设计两样本均数比较的 t 检验。而作者误将两组治疗后结果直接进行了两独立样本 t 检验。最后，有统计学意义不等于有实际意义，还应考虑差值的平均水平是否达到或超过有实际意义的差值。

【知识点 5-7】

1. 完全随机设计可以将一批同质受试对象随机分到各组，也可以是随机抽取几组不同的受试对象，观察其实验效应。

2. 完全随机设计两样本均数比较的 t 检验是推断计量资料的两个总体均数之间有无差别的假设检验方法。

3. 完全随机设计两样本均数比较的 t 检验要求样本来自正态总体，且两总体方差相等（方差齐）。

二、两样本方差的齐性检验

【例 5-12】 某医生测一般患者和结核性脑膜炎患者的脑脊液中葡萄糖的含量（mmol/L），结果如表 5-8，并据 t 检验结果认为一般患者的脑脊液葡萄糖含量高于结核性脑膜炎患者。

表 5-8 一般患者和结核性脑膜炎患者的脑脊液铁含量比较（$\bar{x} \pm s$，mmol/L）

分组	n	脑脊液葡萄糖含量	t	P
一般患者	30	4.5±4.2	2.492	0.016
结核性脑膜炎患者	30	2.5±1.3		

【问题 5-7】

(1) 该资料属于何种设计方案？

(2) 该医生的统计处理是否正确？为什么？

【分析】

(1) 该资料是随机从两个研究总体中抽取样本，测量脑脊液中葡萄糖的含量，属于完全随机设计。

(2) 该统计处理不正确。完全随机设计两样本均数比较的 t 检验要求样本来自正态总体，且两总体方差齐，即在做两样本均数比较的 t 检验之前，应首先对两样本进行正态性检验和方差齐性检验（F 检验）。根据医学专业知识，脑脊液葡萄糖含量测量值一般呈正态分布；但经方差齐性检验表明，一般患者和结核性脑膜炎患者脑脊液葡萄糖含量的总体方差不齐（$F=10.438$，$P<0.05$），因此该资料不满足完全随机设计两样本均数比较的 t 检验的应用条件。

两样本均数比较时要求相应的两总体方差相等，即方差齐（homogeneity of variance）。即使两总体方差相等，由于抽样误差的原因，使得样本方差不一定相等，故要检验样本方差不等是否由于抽样误差所致。方差齐性检验的目的是通过两样本方差的比较来推断两总体方差 σ_1^2 和 σ_2^2 有无差别，其适用条件是两样本均来自正态分布的总体。

【检验步骤】

1. 建立检验假设，确定检验水准

H_0：两总体方差相等，即 $\sigma_1^2=\sigma_2^2$

H_1：两总体方差不等，即 $\sigma_1^2 \neq \sigma_2^2$

$\alpha=0.05$

2. 计算检验统计量 F 值

$$F=\frac{s_1^2(\text{较大})}{s_2^2(\text{较小})} \qquad \nu_1=n_1-1,\nu_2=n_2-1 \tag{5-12}$$

本例，$n_1=30$，$s_1=4.2$ mmol/L；$n_2=30$，$s_2=1.3$ mmol/L。

按式(5-12) $F=\frac{s_1^2(\text{较大})}{s_2^2(\text{较小})}=\frac{4.2^2}{1.3^2}=10.438 \quad \nu_1=30-1=29,\nu_2=30-1=29$

3. 确定 P 值，作出统计推断 查附表 3（方差齐性检验用的 F 界值表），得 $F_{0.05,(30,29)}=2.092$，$P<0.05$，按 $\alpha=0.05$ 水准，拒绝 H_0，接受 H_1，差异有统计学意义，可认为一般患者和结核性脑膜炎患者的脑脊液葡萄糖含量（mmol/L）总体方差不齐。

【知识点 5-8】

1. 方差齐性检验的适用条件是两样本均来自正态分布的总体。

2. 方差齐性检验中检验统计量 F 服从 F 分布，有两个自由度，分子的自由度（较大方差）和分母的自由度（较小方差）。F 值越大，P 值越小。

3. 两个样本均数比较，方差不齐时可选择：

(1) 近似 t' 检验；

(2) 通过一定的变量变换以达到方差齐；

(3) 选用非参数统计，如秩和检验等。

三、t' 检 验

在例 5-12 中，因两种病人脑脊液葡萄糖的总体方差不齐，其样本均数的比较可用 t' 检验。

【检验步骤】

1. 建立检验假设，确定检验水准

H_0：两种病人的脑脊液中葡萄糖含量的总体均数相同，即 $\mu_1=\mu_2$

H_1：两种病人的脑脊液中葡萄糖含量的总体均数不同，即 $\mu_1\neq\mu_2$

$\alpha=0.05$

2. 计算检验统计量 t' 值

$$t'=\frac{\bar{x}_1-\bar{x}_2}{\sqrt{\frac{s_1^2}{n_1}+\frac{s_2^2}{n_2}}} \tag{5-13}$$

$$t'_{\alpha}=\frac{s_{\bar{x}_1}^2\cdot t_{\alpha,\nu_1}+s_{\bar{x}_2}^2\cdot t_{\alpha,\nu_2}}{s_{\bar{x}_1}^2+s_{\bar{x}_2}^2} \tag{5-14}$$

$$\nu_1=n_1-1,\quad \nu_2=n_2-1$$

本例，$n_1=30$，$\bar{x}_1=4.5$ mmol/L，$s_1=4.2$ mmol/L；$n_2=30$，$\bar{x}_2=2.5$ mmol/L，$s_2=1.3$ mmol/L。

按式(5-13)
$$t'=\frac{\bar{x}_1-\bar{x}_2}{\sqrt{\frac{s_1^2}{n_1}+\frac{s_2^2}{n_2}}}=\frac{4.5-2.5}{\sqrt{\frac{4.2^2}{30}+\frac{1.3^2}{30}}}=2.492$$

$$\nu_1=30-1=29,\ \nu_2=30-1=29$$

查附表 2(t 界值表)，得 $t_{0.05,29}=2.045$，代入式(5-14)得：

$$t'_{0.05}=\frac{s_{\bar{x}_1}^2\cdot t_{0.05,\nu_1}+s_{\bar{x}_2}^2\cdot t_{0.05,\nu_2}}{s_{\bar{x}_1}^2+s_{\bar{x}_2}^2}=\frac{\frac{4.2^2}{30}\times 2.045+\frac{1.3^2}{30}\times 2.045}{\frac{4.2^2}{30}+\frac{1.3^2}{30}}=2.045$$

3. 确定 P 值，作出统计推断 今 $t'>t'_{0.05}$，则 $P<0.05$，按 $\alpha=0.05$ 水准，拒绝 H_0，接受 H_1，差异有统计学意义，可认为一般病人和结核性脑膜炎病人的脑脊液中葡萄糖含量不同。

四、两独立样本几何均数比较的 t 检验

【例 5-13】 2013 年包头市疾病预防控制中心评价该地区学龄前儿童乙肝的抗体效价，随机抽取了当地幼儿园儿童 32 名，测定结果见表 5-9。经完全随机设计两样本均数比较的 t 检验(方差齐，$F=1.599$，$P>0.05$)，$t=1.364$，$P>0.05$，故认为包头市学龄前儿童乙肝抗体效价无性别差异。

表 5-9 2013 年包头市 32 名学龄前儿童乙肝的抗体效价测定结果

分组	乙肝抗体效价(倒数)															
男	320	20	320	640	80	320	160	40	320	80	160	40	80	320	20	40
女	20	20	160	40	40	160	40	20	160	40	160	40	40	40	640	80

【问题 5-8】

(1) 该资料属于何种设计方案？

(2) 统计处理是否正确？为什么？

【分析】

(1) 该资料是随机抽取当地 32 名学龄前儿童男孩和女孩作为样本，测定每个观察对象的乙肝疫苗抗体滴度，属于完全随机设计。

(2) 统计处理方法不正确。由于抗体滴度值是等比资料，服从对数正态分布，各组的平均滴度应用几何均数(G)描述，其假设检验不能直接用完全随机设计两样本均数比较的 t 检验，而应将观察值进行对数变换后再用 t 检验。

两独立样本几何均数比较的 t 检验的目的是判断两样本所代表的两总体几何均数(平均滴度)有无差别。步骤及公式同完全随机设计两样本均数比较的 t 检验，但要将观察值进行对数变换。

【检验步骤】

1. 建立检验假设，确定检验水准

H_0：两总体几何均数相等

H_1：两总体几何均数不等

$\alpha=0.05$

2. 计算检验统计量 t 值

将两样本的观察值取对数后求和 $\Sigma(\log x_i)$、平方和 $\Sigma(\log x_i)^2$、标准差 $s_{\log x_i}$、几何均数的对数 $\log G_i$，即

$n_1=16\quad \log G_1=2.0536\quad s_{\log x_1}=0.4791$

$n_2=16\quad \log G_2=1.7902\quad s_{\log x_2}=0.4239$

按式(5-11) $s_c^2=\dfrac{(n_1-1)s_1^2+(n_2-1)s_2^2}{n_1+n_2-2}=\dfrac{(16-1)\times 0.4791^2+(16-1)\times 0.4239^2}{16+16-2}=0.2046$

按式(5-10) $t=\dfrac{\bar{x}_1-\bar{x}_2}{\sqrt{s_c^2(1/n_1+1/n_2)}}=\dfrac{2.0536-1.7902}{\sqrt{0.2046(1/16+1/16)}}=1.647$

$\nu=16+16-2=30$

3. 确定 P 值，作出统计推断　查附表 2(t 界值表)，得 $t_{0.20,30}=1.310$，$t_{0.10,30}=1.694$，$0.20>P>0.10$，按 $\alpha=0.05$ 水准，不拒绝 H_0，差异无统计学意义，尚不能认为包头市学龄前儿童乙肝抗体效价有性别差异。

第六节　大样本 z 检验

一、单样本 z 检验

【例 5-14】　为了解某城市老年人的幸福指数，随机抽取了该市 60 岁及以上的常住老年人 346 人，用量表进行测定，算得各项因子总分的均分为 125.6，标准差为 20.51，全国因子总分的均分为 129.0，问该市老年人的总分是否与全国水平相同。

【分析】

本例已知一个总体均数，随机抽取一个样本，得到相应的样本均数和标准差。目的是要推断样本所代表的总体均数 μ 与已知的总体均数 μ_0 有无差别。由于样本含量较大(大于 100)，可应用单样本 z 检验。

【检验步骤】

1. 建立检验假设,确定检验水准

H_0:该市老年人的总分与全国水平相同,即 $\mu=\mu_0$

H_1:该市老年人的总分与全国水平不同,即 $\mu\neq\mu_0$

$\alpha=0.05$

2. 计算检验统计量 z 值

$$z=\frac{\overline{x}-\mu_0}{s_{\overline{x}}}=\frac{\overline{x}-\mu_0}{s/\sqrt{n}} \tag{5-15}$$

如总体标准差 σ_0 已知

$$z=\frac{\overline{x}-\mu_0}{\sigma_0/\sqrt{n}} \tag{5-16}$$

本例,$n=346$,$\overline{x}=125.6$,$s=20.51$,$\mu_0=129.0$

按式(5-15)

$$z=\frac{\overline{x}-\mu_0}{s/\sqrt{n}}=\frac{125.6-129.0}{20.51/\sqrt{346}}=-3.084$$

3. 确定 P 值,作出统计推断 查附表 2(t 界值表),得 $z_{0.005}=t_{0.005,\infty}=2.8070$,$z_{0.002}=t_{0.002,\infty}=3.0902$,$0.002<P<0.005$,按 $\alpha=0.05$ 水准,拒绝 H_0,接受 H_1,差异有统计学意义,可认为该市老年人的总分与全国水平不同,其因子总分的均数低于全国水平。

二、两样本均数比较的 z 检验

【例 5-15】 某医师为了解妇女不育症患者抗心磷抗体(ACA)(U/L)水平是否与正常育龄妇女不同,从多个医院中随机抽取了 110 名不育症和 110 名正常育龄妇女,并用全自动生化分析仪检测抗体,结果见表 5-10,问两组人群血清中抗心磷抗体含量有无差异?

表 5-10 两组人群血清中抗心磷抗体含量比较($\overline{x}\pm s$,U/L)

组别	例数	ACA 含量
正常组	110	1.3625±0.2512
不育组	110	0.7842±0.2166

【分析】 本例是从两总体中随机抽取两个样本,得到两个样本均数和标准差,属于完全随机设计。目的是要判断两样本所代表的两总体均数 μ_1 和 μ_2 有无差别。由于两样本含量大(均大于 100),可采用两样本均数比较的 z 检验。

【检验步骤】

1. 建立假设,确定检验水准

H_0:两组人群血清中抗心磷抗体含量的总体均数相同,即 $\mu_1=\mu_2$

H_1:两组人群血清中抗心磷抗体含量的总体均数不同,即 $\mu_1\neq\mu_2$

$\alpha=0.05$

2. 计算检验统计量 z 值

$$z=\frac{\overline{x}_1-\overline{x}_2}{s_{\overline{x}_1-\overline{x}_2}}=\frac{\overline{x}_1-\overline{x}_2}{\sqrt{\frac{s_1^2}{n_1}+\frac{s_2^2}{n_2}}} \tag{5-17}$$

本例,$n_1=110$,$\overline{x}_1=1.3625$,$s_1=0.2512$;$n_2=110$,$\overline{x}_2=0.7842$,$s_2=0.2166$。

按式(5-17)

$$z=\frac{\overline{x}_1-\overline{x}_2}{z_{\overline{x}_1-\overline{x}_2}}=\frac{\overline{x}_1-\overline{x}_2}{\sqrt{\frac{s_1^2}{n_1}+\frac{s_2^2}{n_2}}}=\frac{1.3625-0.7842}{\sqrt{\frac{0.2512^2}{110}+\frac{0.2166^2}{110}}}=18.286$$

3. 确定 P 值，作出统计推断　查附表2（t 界值表），得 $z_{0.001}=t_{0.001,\infty}=3.290$，$P<0.001$，按 $\alpha=0.05$ 水准，拒绝 H_0，接受 H_1，差异有统计学意义，可认为两组人群血清中抗心磷抗体含量的总体均数不同，正常组高于不育组。

【知识点 5-9】

1. z 检验适用于大样本资料的假设检验。

2. 对于大样本的计量资料，单样本 t 检验、配对 t 检验和两独立样本 t 检验和 z 检验均可使用。

【知识点 5-10】

t 检验和 z 检验的应用条件

用途	应用条件	公式
样本均数与总体均数的比较	正态分布资料，例数较少，或总体标准差未知。	$t=\dfrac{\overline{x}-\mu_0}{\frac{s}{\sqrt{n}}}$
	例数较多或总体标准差已知。	$z=\dfrac{\overline{x}-\mu_0}{\frac{s}{\sqrt{n}}}$ 或 $z=\dfrac{\overline{x}-\mu_0}{\frac{\sigma}{\sqrt{n}}}$
配对资料的比较	差数为正态分布资料，例数较少。	$t=\dfrac{\overline{d}-0}{\frac{s_d}{\sqrt{n}}}$
完全随机设计两样本均数的比较	两组正态分布资料，总体方差相等，例数较少。	$t=\dfrac{\overline{x}_1-\overline{x}_2}{s_{\overline{x}1-\overline{x}2}}$
	例数较多（如 $n>100$）。	$z=\dfrac{\overline{x}_1-\overline{x}_2}{s_{\overline{x}1-\overline{x}2}}=\dfrac{\overline{x}_1-\overline{x}_2}{\sqrt{\frac{s_1^2}{n_1}+\frac{s_2^2}{n_2}}}$

第七节　假设检验的两类错误和注意事项

一、假设检验的两类错误

从我们的主观愿望来讲，总是希望通过假设检验作出正确的推断，即 H_0 确实成立，则接受它；若 H_0 确实不成立，则拒绝它。但在客观上，我们是根据样本确定的检验统计量来作出推断的。由于存在抽样误差，当拒绝或接受 H_0 时，就有可能发生两类错误：① 拒绝了实际上成立的 H_0，这类“弃真”错误称为第Ⅰ类错误（type I error），发生的概率为 α，为已知；② 没有拒绝实际上不成立的 H_0，这类“存伪”错误称为第Ⅱ类错误（type II error），发生的概率为 β，未知。

第Ⅰ类错误的概率 α 在假设检验时，研究者可依据不同的研究目的确定。如取 $\alpha=0.05$，当拒绝 H_0 时，则理论上有5%的机会发生这样的错误。第Ⅱ类错误概率 β 只有与特定的 H_1 结合起来才有意义，β 的大小是未知的，但 α 与 β 的关系如图5-4，即当样本含量固定时，α 增大 β 减小，α 减小 β 增大。要想同时减小 α 和 β，则只有增大样本含量。

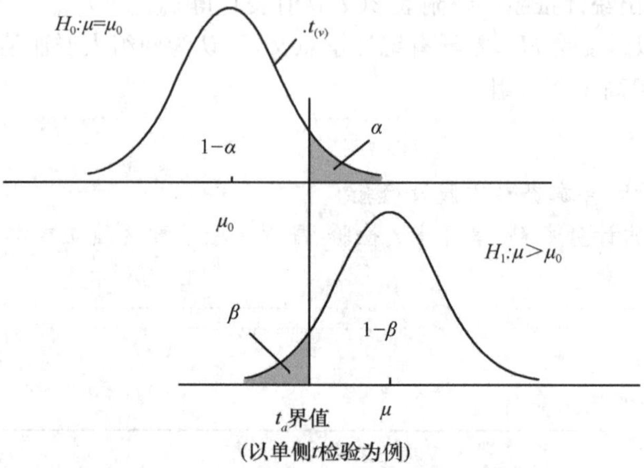

图 5-4　Ⅰ类错误与Ⅱ类错误示意图

图 5-4 中 $1-\beta$ 为检验效能(power of a test),也称把握度,其意义是两总体确有差别,按 α 水准能发现它们有差别的能力。如 $1-\beta=0.90$,意味着若两总体确有差别,则理论上有 90%的可能性能够得出差异有统计学意义的结论。两类错误总结如下(表 5-11):

表 5-11　假设检验结论和两类错误

客观实际	拒绝 H_0	不拒绝 H_0
H_0 成　立	第Ⅰ类错误(α)	推断正确($1-\alpha$)
H_0 不成立	推断正确($1-\beta$)	第Ⅱ类错误(β)

实际工作中,可根据要求通过调整 α 来控制 β。若目的是减小Ⅰ类错误,α 可取小一些,如 α 可取 0.01、0.05;若目的是减小Ⅱ类错误,α 可取大一些,如 α 可取 0.05、0.1 或 0.2 等。

二、假设检验的注意事项

1. 要有严密的抽样研究设计　这是假设检验的前提。要严格按照设计方案收集资料,样本的获取必须遵循随机化原则,组间应具有可比性,即除研究因素以外其他可能影响结果的因素在对比组间应尽可能相同或相近。只有在此基础上,假设检验的结论才有意义。

2. 选择假设检验方法应符合相应条件　应根据分析目的、资料类型和分布、设计方案、样本含量的大小及变量的多少选择适当的检验方法。如完全随机设计两样本均数比较,若 n 较小且方差齐选 t 检验,方差不齐选 t' 检验;$n\geqslant 100$ 时,可选 z 检验,也可以选 t 检验。又如,配对设计的计量资料采用配对 t 检验等。

3. 有统计学意义不等于有实际意义　有无统计学意义是目前作统计结论时公认的一个统计学术语。只能说明这样大的差别由抽样误差造成可能性的大小,若可能性很小,如 $P\leqslant 0.05$ 为有统计学意义;若可能性较大,如 $P>0.05$ 为无统计学意义,这些都是统计结论,并不等于差别有无实际的专业意义。如有人欲比较两种降压药的降压效果,随机抽取了高血压病人 100 名,分别测定了两组病人服药后舒张压的改变值,得两组舒张压改变值的均数为 0.11kPa。作两大样本 z 检验,得 $z=6.306$,$P<0.001$,有统计学意义,但两组病人服药后舒张压的改变值较小,并未达到有临床意义的差值 0.67 kPa,故没有实际意义。

4. 结论不能绝对化　由于统计结论具有概率性质,因此不要作出"肯定……"、"一定……"

的结论。可能在 $\alpha=0.05$ 水准拒绝 H_0，而在 $\alpha=0.01$ 时就不拒绝 H_0；在同一水准下，就现有样本不拒绝 H_0，但增大样本含量，由于减小了抽样误差，就有可能拒绝 H_0。此外，拒绝 H_0 可能犯第Ⅰ类错误，不拒绝 H_0 可能犯第Ⅱ类错误。在报告结论时，应列出检验统计量值，具体的 P 值(采用统计软件)或 P 值的范围(查工具表)。

【知识点 5-11】

1. 两类错误：

第Ⅰ类错误：检验假设 H_0 本来是成立的，经过检验后被拒绝了，即“弃真”。其发生的概率为 α，为已知。

第Ⅱ类错误：检验假设 H_0 本来不成立，经过检验后被接受了，即“取伪”。其发生的概率为 β，属未知数。

2. 假设检验的注意事项：①要有严密的抽样研究设计。②选择假设检验方法应符合相应条件。③有统计学意义不等于有实际意义。④结论不能绝对化。

【知识点 5-12】　**假设检验与可信区间的区别与联系**

1. 可信区间用于推断总体参数所在的范围，假设检验用于推断总体参数是否不同。前者估计总体参数的大小，后者推断总体参数有无质的不同。

2. 可信区间也可回答假设检验的问题。如已知的总体均数在样本均数所估计的可信区间之内时，可认为两总体均数相同，反之则可认为不同。但可信区间不能提供确切的 P 值范围，只能给出在 α 水准上有无统计意义。

3. 可信区间还可提示差别有无实际意义。假设检验有统计意义但差别无实际意义的资料，在实际工作中可能不重要。

4. 验证一个假设时，可选择假设检验，而只是对总体的参数做一个估计时，可选用区间估计，两者结合可对问题进行更全面的说明。

思考练习

(一) 是非题(正确记“＋”，错误记“－”)

1. 标准差和标准误都是反映变异程度大小的指标。（　）
2. 两独立大样本 t 检验前可以不作正态性检验但一定要做方差齐性检验。（　）
3. 拒绝 H_0 是依据小概率事件在一次抽样研究中几乎是不可能发生而下的结论。（　）
4. 两样本均数差别做假设检验，无效假设成立与不成立时所犯Ⅱ类错误的概率相等。（　）
5. 两样本均数 t 检验中，如果 $t>t_{0.05,\nu}$，可以认为两个总体均数不同。（　）
6. 在 t 检验中，若拒绝 H_0，P 值越小，则说明两总体均数差别越大。（　）

(二) 选择题(从 a ～ e 中选出一个最佳答案)

1. 区间 $\bar{x}\pm 2.58s_{\bar{x}}$ 的含义是________。

a. 99%的总体均数在此范围内　　b. 样本均数的 99%可信区间

c. 99%的样本均数在此范围内　　d. 总体均数的 99%可信区间

e. 95%的总体均数在此范围内

2. 评价某人的血红蛋白值是否正常，可选用的范围是________。

a. $\bar{x}\pm 1.96s$　　b. $\mu\pm 1.96\sigma$

c. $\overline{x} \pm t_{0.05,\nu} s_{\overline{x}}$　　d. $\mu \pm 1.96\sigma_{\overline{x}}$　　e. $\overline{x} \pm 1.96 s_{\overline{x}}$

3. 从某市抽取300名20岁女青年，测定其血红蛋白值，估计该市20岁女青年血红蛋白均值可能所在范围，应选用的公式是________。

a. $\overline{x} \pm 1.96s$　　b. $\mu \pm 1.96\sigma$

c. $\overline{x} \pm t_{0.05,\nu} s$　　d. $\mu \pm 1.96\sigma_{\overline{x}}$　　e. $\overline{x} \pm 1.96 s_{\overline{x}}$

4. 作两样本均数的比较，当方差不齐时，下述哪一个是错误的________。

a. 作变量变换　b. 作 t' 检验　c. 作秩和检验　d. 仍作 t 检验　e. 不能作 t 检验

5. 两样本比较时，分别取以下检验水准，下列何者所取第二类错误最小。

a. $\alpha=0.05$　　b. $\alpha=0.01$　　c. $\alpha=0.15$　　d. $\alpha=0.20$　　e. $\alpha=0.30$

6. 两样本均数 t 检验中，如果 $t > t_{0.05,\nu}$，可认为________。

a. 两个总体均数不同　b. 两个总体均数相同　c. 两个样本均数不同

d. 两个样本均数相同　e. 两总体均数差别有统计学意义

(三) 应用分析题

1. 某市2013年调查得到60岁以上老人144人的脉搏数(次/分)，已知资料服从正态分布，并求得均数为69.3，标准差为8.12，估计60岁以上老人脉搏数均数的95%可信区间。

2. 研究表明某市足月正常产男性新生儿重量均数为3.4kg。某医生记录了某山区12名足月正常产男性新生儿体重资料如下：

4.0　3.6　3.3　3.8　3.7　3.4　3.5　3.6　3.8　3.7　3.9　3.2

试问该地区男性新生儿体重是否大于该市男性新生儿重量。

3. 18名黑热病兼贫血患者被随机分成两组各9名，分别用葡萄糖锑钠(A)和复方葡萄酸锑钠(B)治疗，观察治疗前后血色素(%)的变化，测定结果如表5-12：

表5-12　A、B两药治疗黑热病贫血患者治疗前后血色素变化(%)

	病人号	1	2	3	4	5	6	7	8	9
A药	治疗前	36	45	55	55	65	60	42	45	25
	治疗后	45	65	66	85	70	55	70	45	50
B药	治疗前	55	50	65	60	70	40	45	35	30
	治疗后	80	80	70	60	85	75	60	50	60

问：(1)A、B两药是否都有效？(2)A、B两药的疗效有无差别？

4. 调查2013年山东某市144名男孩的出生身高(cm)，得均数为53.24cm，标准差3.85cm。

(1) 该市市区95%的男孩出生身高在什么范围？

(2) 估计该市市区男孩的出生身高均数在什么范围？

(3) 该市区某男孩出生身高为50cm，如何评价？

(4) 抽查郊区100名男孩的出生身高，得均数为52.3cm，标准差3.52cm，问市区和郊区男孩的出生身高是否不同？

(5)过去该市区男孩平均出生身高为52.86cm，问现在出生身高是否有变化？

5. 某研究者欲了解一种新型小儿肺炎疫苗接种效果，把研究对象随机分为两组，一组注射型疫苗，另外一组注射肺炎球菌多糖疫苗，一段时间后测量两组儿童的抗体滴度，资料如表5-13，研究者用完全随机设计两样本均数比较的 t 检验进行分析，结果 $t=0.947$，$P=0.338$，故认为两种疫苗预防接种效果(平均滴度)相同。请对其结果进行评价？

表 5-13　某地 31 名儿童肺炎的抗体效价测定结果

分组	肺炎抗体效价(倒数)															
新型疫苗	80	20	320	320	80	320	160	40	320	80	320	40	80	320	20	40
肺炎球菌多糖疫苗	20	40	160	40	40	160	40	20	160	40	160	40	40	40	640	

（赵若望　郝金奇）

第六章　方 差 分 析

【例 6-1】 某研究者采用大鼠镉暴露损伤模型，观察脂质过氧化机理并以番茄红素进行营养干预。选 30 只纯种雄性健康 3 月龄 Wistar 大鼠，随机分为 3 组，每组 10 只。分别为正常对照组，镉损伤组和番茄红素加镉联合处理组。4 周后取血清测得丙二醛(MDA，nmol/ml)指标如表 6-1 所示。

表 6-1　大鼠血清测得丙二醛(MDA，nmol/ml)

正常对照组	镉损伤组	番茄红素加镉组
8.21	14.32	7.67
6.42	10.23	12.44
10.34	13.45	8.35
6.54	15.48	9.65
7.98	19.36	10.21
12.36	15.78	6.58
8.93	15.45	9.21
8.56	14.23	10.89
8.22	15.22	11.02
9.23	15.36	9.83

该研究者对上述资料采用了两样本均数 t 检验进行两两比较，得出结论：1、2 组和 2、3 组之间均数差异均有统计学意义，1、3 组之间无统计学意义($P<0.05$)。

【问题 6-1】

(1) 这是什么类型资料？

(2) 该资料属于何种设计方案？

(3) 该研究者处理方法是否正确？为什么？

笔记：

【分析】

(1) 由于测定的是三组大鼠血清丙二醛含量，因此资料为多组计量资料。

(2) 30 只大鼠随机分为三组，属于完全随机设计方案。

(3) 该研究者统计处理方法不正确，因为 t 检验适用于完全随机设计两组计量资料比较，不适于多组计量资料的比较，采用 t 检验进行多重比较会增大犯第一类错误的概率。

(4) 比较多组完全随机设计计量资料时，需应用本章介绍的完全随机设计计量资料的方差分析。

第一节　完全随机设计的方差分析

将例 6-1 资料列成表 6-2，从各组基本数据(x_{ij})计算各组的均数($\overline{x}_i$)、方差(s^2)和总均数($\overline{x}$)。

表 6-2 大鼠血清测得丙二醛(MDA,nmol/ml)

	正常对照组	镉损伤组	番茄红素加镉组	合计
x_{ij}	8.21	14.32	7.67	
	6.42	10.23	12.44	
	10.34	13.45	8.35	
	6.54	15.48	9.65	
	7.98	19.36	10.21	
	12.36	15.78	6.58	
	8.93	15.45	9.21	
	8.56	14.23	10.89	
	8.22	15.22	11.02	
	9.23	15.36	9.83	
n_i	10	10	10	30(N)
$\overline{x}_i$	8.679	14.888	9.585	11.051($\overline{x}$)
s_i^2	3.032	5.146	2.970	11.218(s^2)

一、单因素方差分析的基本思想

方差分析(analysis of variance,ANOVA)的基本思想就是把全部观察值的总变异按设计和需要分解成两个或多个组成部分,再作分析。

方差分析的理论和方法最早是由英国统计学家 R. A. Fisher 创立的,为尊重 Fisher,后人将上述统计量的分布以其名字的首字母命名为 F 分布,故方差分析又称为 F 检验(F test)。

从表 6-2 中的数据可以看到以下三种变异:

(一) 总变异

30 只 Wistar 大鼠血清中丙二醛含量各不相同,这种变异称为总变异(total variation)。该变异既包含了随机误差(即大鼠的个体差异和测量误差),又包含了三组不同饲料导致的不同,即处理因素的影响。反映全部个体观察值之间总的变异情况,用总离均差平方和 $SS_{总}$ 来表示,计算公式为:

$$SS_{总}=\sum_{i=1}^{k}\sum_{j=1}^{n_i}(x_{ij}-\overline{x})^2=\sum_{i=1}^{k}\sum_{j=1}^{n_i}x_{ij}^2-(\sum_{i=1}^{k}\sum_{j=1}^{n_i}x_{ij})^2/N=\sum x^2-C \tag{6-1}$$

式中,k 为处理组数,n_i 为各组的例数。总的自由度 $\nu_{总}=N-1$。$C=\frac{(\sum x)^2}{N}$。

(二) 组间变异

由于三组大鼠接受的处理不同,各组的样本均数 $\overline{x}_i$ 各不相同,与总均数 $\overline{x}$ 也不相同,这种变异称为组间变异(variation between groups)。它反映了不同处理的影响(如处理确实有作用),同时也包括了随机误差(含个体差异和测量误差)。其大小可用各组样本均数 $\overline{x}_i$ 与总均数 $\overline{x}$ 的离均差平方和 $SS_{组间}$ 表示,计算公式为:

$$SS_{组间}=\sum_{i=1}^{k}n_i(\overline{x}_i-\overline{x})^2=\sum_{i=1}^{k}\frac{(\sum_{j=1}^{n_i}x_{ij})^2}{n_i}-C \tag{6-2}$$

组间自由度 $\nu_{组间}=\nu_1=k-1$

(三) 组内变异

各组内 x_{ij} 大小也各不相同，与本组的样本均数 $\overline{x}_i$ 也不相同，这种变异称为组内变异(variation within groups)。组内变异仅反映随机误差(含个体差异和测量误差)，故又称误差变异。组内变异可用组内各测量值 x_{ij} 与所在组的均数 $\overline{x}_i$ 的差值的平方和 $SS_{组内}$ 表示，计算公式为：

$$SS_{组内}=\sum_{i=1}^{k}\sum_{j=1}^{n_i}(x_{ij}-\overline{x}_i)^2 \tag{6-3}$$

组内自由度 $\nu_{组内}=\nu_2=N-k$

总离均差平方和分解为组间离均差平方和及组内离均差平方和，即

$$SS_{总}=SS_{组间}+SS_{组内} \tag{6-4}$$

相应的总自由度分解为组间自由度和组内自由度，即

$$\nu_{总}=\nu_{组间}+\nu_{组内} \tag{6-5}$$

由于组间变异和组内变异均与自由度有关，所以不能直接比较离均差平方和。将各部分的离均差平方和除以各自的自由度，得到相应的平均变异指标——均方，即方差(mean square, *MS*)。组间均方和组内均方的计算公式为：

$$MS_{组间}=\frac{SS_{组间}}{\nu_{组间}} \tag{6-6}$$

$$MS_{组内}=\frac{SS_{组内}}{\nu_{组内}} \tag{6-7}$$

将组间均方除以组内均方即得方差分析的统计量 F：

$$F=\frac{MS_{组间}}{MS_{组内}} \tag{6-8}$$

当 $H_0:\mu_1=\mu_2=\ldots=\mu_k$ 成立时，即各处理组的样本来自相同总体，即处理因素无作用，则组间变异和组内变异一样，只反映随机误差作用的大小。如果此时无抽样误差，则 $MS_{组间}=MS_{组内}$，从理论上讲此时 $F=1$，但由于抽样误差的影响，$F\approx1$。

相反，如果 $MS_{组间}>MS_{组内}$，此时，$F>1$。当 $F>F_{\alpha(\nu_1,\nu_2)}$ 时，即 $P<\alpha$ 时，则处理对各组的作用不同，即 H_0 有可能不成立。所得的 F 值越大，H_0 越有可能不成立。但 F 值要大到多少才有统计学意义？可以查 F 界值表得到相应的 P 值，然后根据所取的检验水准 α 作出推断结论。在附表 4(F 界值表)中，纵标目为组内自由度 ν_1，横标目为组间自由度 ν_2，表中给出了 $\alpha=0.01$ 和 $\alpha=0.05$ 时供方差分析用的单侧 F 界值，用 $F_{\alpha(\nu_1,\nu_2)}$ 表示。

将单因素方差分析的过程整理成表 6-3。

表 6-3 完全随机设计方差分析的计算公式

变异来源	SS	ν(df)	MS	F
组间(处理组间)	$\sum n_i(\overline{x}_i-\overline{x})^2$	$k-1$	$\frac{SS_{组间}}{k-1}$	$\frac{MS_{组间}}{MS_{组内}}$
组内(误差)	$SS_{总}-SS_{组间}$ 或 $\sum(n_i-1)s_i^2$	$N-k$ 或 $\sum(n_i-1)$	$\frac{SS_{组内}}{N-k}$	
总	$\sum x^2-C, C=\frac{(\sum x)^2}{N}$	$N-1$	$\frac{SS_{总}}{N-1}$	

二、完全随机设计方差分析的基本步骤

以例 6-1 说明单因素方差分析的基本步骤如下：

1. 建立检验假设，确定检验水准

H_0：三个总体均数相等，即三组大鼠血清中丙二醛含量相同。

H_1：三个总体均数不等或不全相等，即三组大鼠血清中丙二醛含量不全相同。

$\alpha=0.05$

2. 计算检验统计量 *F* 值

据表 6-3 计算统计量 F。可用统计软件包如 SAS、SPSS 或 PEMS 等进行计算。

$$C=\frac{(\sum x)^2}{N}=\frac{331.52^2}{30}=3663.517$$

$$SS_{总}=\sum x^2-C=3988.83-3663.517=325.31 \qquad \nu_{总}=30-1=29$$

$$SS_{组间}=\sum_{i=1}^{k}\frac{(\sum_{j=1}^{n_i}x_{ij})^2}{n_i}-C=\frac{86.79^2}{10}+\frac{148.88^2}{10}+\frac{95.85^2}{10}-3663.52$$

$$=224.98 \qquad \nu_{组间}=3-1=2$$

$$SS_{组内}=325.31-224.98=100.33 \qquad \nu_{组内}=30-3=27$$

将计算结果列成表 6-4 方差分析表。

表 6-4 方差分析表

变异来源	SS	$\nu(df)$	MS	F	P
组间	224.981	2	112.491	30.272	<0.01
组内	100.332	27	3.716		
总	325.314	29			

3. 确定 *P* 值，作出统计推断 以 $\nu_1=2$，$\nu_2=27$，查附表 4（F 界值表），得 $F_{0.01,(2,27)}=5.488$，$P<0.01$。按 $\alpha=0.05$ 水准，拒绝 H_0，接受 H_1，差异有统计学意义，可认为三组大鼠的血清中丙二醛含量至少有两组有差别。

【知识点 6-1】

1. 方差分析是一种以分析数据的变异为基础，以 F 值为检验统计量的计量资料的假设检验方法。

2. 方差分析主要用于推断两组及两组以上计量资料的总体均数间有无差别。

3. 方差分析的前提条件为资料服从正态分布，各组方差齐。

【知识点 6-2】 完全随机设计方差分析的基本步骤

1. 建立检验假设，确定检验水准。

H_0：多个总体均数相等，即 $\mu_1=\mu_2=\ldots=\mu_k$

H_1：多个总体均数不全相等，亦即至少有两个总体均数不等

$\alpha=0.05$

2. 计算检验统计量 F 值。可用统计软件包如 SAS、SPSS 和 PEMS 等计算 F 值。

3. 确定 P 值，作出统计推断。以 F 值查表或用统计软件包获得 P 值。如果 $P>\alpha$，按 $\alpha=0.05$ 水准，不拒绝 H_0，差异无统计学意义，尚不能认为多个总体均数不同；如果 $P\leqslant\alpha$，按 $\alpha=0.05$ 水准，拒绝 H_0，接受 H_1，差异有统计学意义，可认为多个总体均数不全相同。

【例 6-2】 为研究某研究所工作人员的血脂水平与男性年龄的关系，随机抽取不同年龄组男性 12 名，检测总胆固醇含量(mmol/L)，结果如表 6-5。

表 6-5 三组人群的总胆固醇含量(mmol/L)

青年组	4.90	4.85	4.92	5.16	4.92	4.75
	5.16	4.88	5.06	5.20	4.88	5.13
中年组	5.11	5.12	4.88	5.22	4.98	5.13
	5.15	4.97	5.16	5.24	5.12	5.23
老年组	5.15	5.26	5.23	5.12	5.46	5.24
	5.20	4.99	5.16	5.18	5.25	5.10

该研究者认为资料为多组完全随机设计的计量资料，用方差分析进行检验。其方差分析表如表 6-6。

表 6-6 三组人群的总胆固醇含量(mmol/L)**的方差分析表**

变异来源	SS	$\nu(df)$	MS	F	P
组间(处理组间)	0.270	2	0.135	8.500	<0.01
组内(误差)	0.524	33	0.016		
总	0.793	35			

根据检验结果，该研究者认为不同年龄组的人员三组总体均数不同，青年组高于中年组和老年组，而中年组与老年组差别无统计学意义。

【问题 6-2】

笔记：

(1) 本例的资料类型是什么？

(2) 该资料属于何种设计方案？

(3) 该研究者的处理方法是否正确？为什么？

(4) 该研究者所得结论是否正确？为什么？

【分析】

(1) 由于测定的是不同年龄组的总胆固醇含量，属于多组计量资料。

(2) 该资料属于属于完全随机设计方案。

(3) 该研究者用完全随机设计计量资料的方差分析进行检验是正确的，因为该资料为完全随机设计方案。

(4) 该研究者所得结论不正确，因为方差分析结果按 $\alpha=0.05$ 水准，拒绝 H_0，接受 H_1，差异有统计学意义，可认为不同年龄组三组总体均数不全相同，即三个总体均数中至少有两个不同。至于三个总体均数中哪两个不同，哪两个相同，则需进一步进行两两比较。因此，尚不能得出青年组高于中年组和老年组的结论。

【知识点 6-3】

1. 完全随机设计计量资料多个均数的方差分析结果如果为差异有统计学意义，则只说明多个总体均数中至少有两个不同，不能说明任意两个均数都不同。

2. 要比较多个总体均数中哪两个不同，哪两个相同，需进一步进行两两比较。

第二节 随机区组设计的方差分析

【例 6-3】 为比较三种治疗药物 A、B、C 对病毒性肝炎治疗效果，将 24 只大鼠感染肝炎后，按照性别、体重条件配成 8 组，然后将各配伍组中 3 只大白鼠随机分配到给予 A、B 和 C 药物治疗的三个组。治疗 2 周后，测定大鼠血清谷丙转氨酶浓度(U/L)，如表 6-7。该医师用完全随机设计资料的方差分析方法对资料进行了分析，$F=8.025$，$P<0.05$，故认为三种药物的疗效不全相同。

表 6-7 A、B、C 三种药物治疗后大鼠血清谷丙转氨酶浓度(U/L)

区组号	药物 A	药物 B	药物 C
1	653.21	624.34	445.13
2	741.32	772.32	432.44
3	675.40	632.50	362.50
4	582.54	473.60	348.50
5	491.78	462.80	345.33
6	412.60	431.80	312.56
7	494.60	484.90	296.34
8	379.50	380.70	228.23

【问题 6-3】

笔记：

(1) 该资料的资料类型是什么？

(2) 该研究是何种设计？

(3) 分析所用的方法是否正确？

【分析】

(1) 本例测定的是血清谷丙转氨酶浓度(U/L)，属于多组计量资料。

(2) 24 只大鼠，按性别相同、体重接近分为 8 个区组。每个区组 3 只大鼠随机采用 A、B、C 三种药物治疗，故属于随机区组设计方案。

(3) 该医师应用完全随机设计计量资料的方差分析进行检验是不正确的，应该选用随机区组设计的方差分析方法进行检验。

【检验步骤】

1. 建立检验假设，确定检验水准

对于处理组：

H_0：三个处理组的总体均数全相等，即 A、B、C 三种药物的疗效相同

H_1：三个处理组的总体均数不全相等，即 A、B、C 三种药物的疗效不全相同

对于区组：

H_0：8 个区组的总体均数全相等

H_1：8 个区组的总体均数不全相等

检验水准均取 $\alpha=0.05$

2. 计算检验统计量 F 值 将表 6-7 资料整理为表 6-8 方差分析计算表。

表 6-8 A、B、C 三种药物治疗后大白鼠血清谷丙转氨酶浓度(U/L)方差分析计算表

区组	药物 A	药物 B	药物 C	n_j	$\bar{x}_j$
1	653.21	624.34	445.13	3	574.2267
2	741.32	772.32	432.44	3	648.6933
3	675.40	632.50	362.50	3	556.8000
4	582.54	473.60	348.50	3	468.2133
5	491.78	462.80	345.33	3	433.3033
6	412.60	431.80	312.56	3	385.6533
7	494.60	484.90	296.34	3	425.2800
8	379.50	380.70	228.23	3	329.4767
n_i	8	8	8	24(N)	
$\bar{x}_i$	553.87	532.87	346.38		477.71($\bar{x}$)
s_i^2	16903.95	17103.42	5004.37		20948.15(s^2)

据表 6-8 的数据和表 6-9 的公式计算统计量。也可用统计软件包计算得到表 6-10。

表 6-9 随机区组设计方差分析的计算公式

变异来源	SS	$\nu(df)$	MS	F
处理组	$\sum_i n_i(\bar{x}_i-\bar{x})^2$ 或 $\sum_i \frac{(\sum_j x_{ij})^2}{b}-C^*$	$k-1$	$\frac{SS_{处理}}{k-1}$	$\frac{MS_{处理}}{MS_{误差}}$
区组	$\sum_j n_j(\bar{x}_j-\bar{x})^2$ 或 $\sum_j \frac{(\sum_i x_{ij})^2}{k}-C$	$b-1$	$\frac{SS_{区组}}{b-1}$	$\frac{MS_{区组}}{MS_{误差}}$
误差	$SS_{总}-SS_{处理}-SS_{区组}$	$N-k-b+1$ 或 $(k-1)(b-1)$	$\frac{SS_{误差}}{N-k-b+1}$	
总变异	$\sum x^2-\frac{(\sum x)^2}{N}$ 或 $\sum x^2-C$	$N-1$	$\frac{SS_{总}}{N-1}$	

$^*C=\frac{(\sum x)^2}{N}$

表 6-10 方差分析表

变异来源	SS	$\nu(df)$	MS	F	P
处理组	208725.42	2	104362.71	44.425	<0.01
区组	240193.77	7	34313.40	14.607	<0.01
误差	32888.36	14	2349.17		
总	481807.55	23			

3. 确定 P 值，作出统计推断 分别以求 F 值时分子的自由度 $\nu_{处理}$ 和 $\nu_{区组}$、分母的自由度 $\nu_{误差}$ 查附表 4(F 界值表)得出处理效应的 P 值和区组效应的 P 值。若 $F \geqslant F_{\alpha(\nu_1,\nu_2)}$，则$P \leqslant \alpha$，按 $\alpha=0.05$ 水准，拒绝 H_0，接受 H_1，差异有统计学意义。可以认为多个总体均数不全相同。至于

多个总体均数中哪些不同，可用多个均数间的两两比较；若 $F < F_{\alpha(\nu_1,\nu_2)}$，则 $P > \alpha$，按 $\alpha=0.05$ 水准，不拒绝 H_0，差异无统计学意义，尚不能认为多个总体均数不全相同。在本例中，对于处理组，$F=44.425$，$P<0.01$，按 $\alpha=0.05$ 水准，拒绝 H_0，接受 H_1，差异有统计学意义，可认为 A、B、C 三种药物的疗效不全相同。对于区组，$F=14.607$，$P<0.01$，按 $\alpha=0.05$ 水准，拒绝 H_0，差异有统计学意义，可认为 8 个区组的总体均数不全相同。

【知识点 6-4】

1. 随机区组设计资料的总变异被分解为 3 个部分，即处理组间变异、区组间变异和误差。区组变异和误差两部分相当于单因素方差分析的组内变异，因此，随机区组设计方差分析的效率高于单因素方差分析。

2. 随机区组设计方差分析用于推断各处理组的多个总体均数及各区组的多个总体均数是否相同。

3. 随机区组设计方差分析的前提条件：资料服从正态分布。由于设计的特殊性，随机区组设计资料无法进行方差齐性检验，不要求方差齐。

第三节　重复测量资料的方差分析

【例 6-4】　为了解 A、B 两种试剂对血液中某因子的提升效果，某研究者将 18 只小鼠随机分成 2 组，一组注射 A 试剂，另一组注射 B 试剂。分别于注射前（0 周）、注射后 1、2 和 3 周四个时间点检测该因子浓度（表 6-11）。该研究者采用 t 检验对数据进行统计分析，得出如下结论：两种试剂提升血液某因子的效果不同，差别具有统计学意义。

表 6-11　18 名患者血液的检测结果

受试对象	剂型	0 周	1 周	2 周	3 周	受试对象	剂型	0 周	1 周	2 周	3 周
1	1	9.73	54.61	55.91	49.81	10	2	5.62	25.32	30.79	40.92
2	1	5.64	51.52	76.46	85.34	11	2	2.56	14.24	23.26	33.27
3	1	8.66	32.34	48.09	65.12	12	2	3.69	18.75	21.3	35.69
4	1	2.37	18.65	33.12	56.05	13	2	6.97	20.81	35.14	43.01
5	1	4.22	28.59	53.14	70.06	14	2	8.03	35.18	43.21	54.88
6	1	7.93	46.72	69.07	82.32	15	2	5.68	41.12	53.45	62.54
7	1	6.67	53.43	67.16	71.15	16	2	3.57	32.47	46.06	50.32
8	1	2.98	22.43	46.87	56.78	17	2	4.84	34.45	42.65	45.16
9	1	9.84	54.39	56.01	47.98	18	2	4.96	50.78	72.09	80.71

【问题 6-4】

(1) 这是什么资料？

(2) 该资料属于何种设计方案？

(3) 该研究者统计方法是否正确？为什么？

(4) 该资料应该用何种统计方法？其步骤如何？

笔记：

【分析】

①该研究者收集的是血液中某因子含量的数据，为定量资料。②该资料是对同一受试对象

的某项观测指标在不同时间点上进行多次测量所得的数据，属于重复测量资料。③该研究者采用的统计方法不正确，因为 t 检验适用于随机设计两独立样本资料的比较，不适用于重复测量资料的分析。④该资料应采用两因素重复测量数据的方差分析。

【检验步骤】

1. 建立检验假设，确定检验水准 $\alpha=0.05$

关于处理因素 K

H_0：A、B 两种试剂对血液某因子的提升作用相同

H_1：A、B 两种试剂对血液某因子的提升作用不同

关于时间因素 I

H_0：不同时间血液某因子的总体均数相等

H_1：不同时间血液某因子的总体均数不全相等

关于交互作用 K＊I

H_0：剂型 K 与时间 I 之间无交互作用

H_1：剂型 K 与时间 I 之间有交互作用

2. 计算检验统计量

(1) 离均差平方和与自由度的分解

本例中受试对象的观测结果用 x_{ijk} 表示，其中 $i(i=1, 2, 3, \cdots, m)$ 表示时间点，$j(j=1, 2, 3, \cdots, n)$ 表示受试对象，$k(k=1, 2, 3, \cdots, g)$ 表示处理因素。重复测量资料的总变异包含两个部分，一部分为受试对象间(between subjects)的变异，另一部分为受试对象内(within subjects)的变异。其中受试对象间的变异又分为处理因素 K(在此为剂型)的变异和个体间误差的变异两部分；受试对象内的变异则可分为时间因素 I 的变异、处理 K 和时间 I 的交互作用(K＊I)以及个体内误差的变异三部分。用公式可表示为：

$$SS_{总}=SS_{受试对象间}+SS_{受试对象内}$$

$$=(SS_{处理}+SS_{个体间误差})+(SS_{时间}+SS_{处理*时间}+SS_{个体内误差})$$

$$\nu_{总}=\nu_{受试对象间}+\nu_{受试对象内}$$

$$=(\nu_{处理}+\nu_{个体间})+(\nu_{时间}+\nu_{处理*时间}+\nu_{个体内}) \tag{6-9}$$

重复测量数据的方差分析计算较为复杂，一般采用统计软件包完成，故在此不给出具体的计算过程。

(2) 使用统计软件包 SPSS 对本例资料进行分析，可得到表 6-12 的方差分析表。

表 6-12 两因素重复测量资料方差分析表

变异来源	SS	$\nu(df)$	MS	F	P
受试对象间	8105.7748	17			
处理 K	1981.0365	1	1981.0365	5.175	0.037
个体间误差	6124.7383	16	382.7961		
受试对象内	31364.8356	54			
时间 I	27399.1798	3	9133.0599	129.813	<0.001
交互作用 KI	588.5832	3	196.1944	2.789	0.050
个体内误差	3377.0726	48	70.3557		
总	39470.6104	71			

3. 确定概率 P 值，作出统计推断 概率 P 值可以直接通过查 F 界值表得出，或由计算机产

生的 P 值作出统计推断。本例,按 $\alpha=0.05$ 水准,结果提示不同试剂K、时间因素I、试剂K与时间I的交互效应K＊I均拒绝 H_0,接受 H_1,有统计学意义。因此,可认为不同试剂对血液某因子的提升作用不同,注射试剂前后不同时间血液某因子的总体均数不全相等, 不同试剂K和时间I之间存在交互作用。

【知识点 6-5】

1. 重复测量资料(repeated measurement data)是指对同一受试对象的同一观测指标在不同时间点上进行多次重复测量所得的资料。常用于分析某观测指标在不同时间点上的变化规律。

2. 重复测量资料的主要特点是同一受试对象在不同时点的观测值之间彼此不独立,存在某种程度上的相关性,因此不能直接使用一般的一元方差模型来分析。

3. 重复测量资料的方差分析,除需满足一般方差分析的条件外,还需满足协方差矩阵(covariance matrix)的球形性(sphericity / circularity)或复合对称性(compound symmetry)。若球形性质得不到满足,则方差分析的 F 值是有偏的,会增大第一类错误的概率。球对称假设的检验可以采用 Mauchly 检验、Box 检验、Greenhouse-Geisser 检验及 Huynh-Feldt 检验来判断。

4. 重复测量资料中的处理因素在受试对象(看成区组)间随机分配,但受试对象内的各时间点往往是固定的,不能随机分配。

第四节　析因设计资料的方差分析

【例 6-5】　某研究者将20只小鼠随机等分为4组,每组5只,研究某药对尿总酸度的影响。处理由两个因素组合而成,A因素为注射剂量,有两水平,一水平为10ml,记为 a_1,另一水平为5ml,记为 a_2;B因素为注射频率,有两水平,一水平为高频率,记为 b_1,另一水平为低频率,记为 b_2。实验结果为尿总酸度,结果见表6-13。该研究者用完全随机设计方差分析对该资料进行分析,得出结论如下:四组间尿总酸度差别有统计学意义。

表 6-13　20 只小鼠尿总酸度

	10ml(a_1, $i=1$)		5ml(a_2, $i=2$)		合计
	高频率 (b_1, $j=1$)	低频率 (b_2, $j=2$)	高频率 (b_1, $j=1$)	低频率 (b_2, $j=2$)	
	30.2	28.9	26.2	26.8	
	34.3	33.4	30.3	29.7	
X_{ij}	36.8	32.7	29.1	31.4	
	37.4	30.6	33.5	29.0	
	33.1	31.5	31.7	30.6	
n_{ij}	5	5	5	5	20
$\overline{x}_{ij}$	34.36	31.42	30.16	29.50	31.36
n_i	10	10	x_j 10	10	
$\overline{x}_i$	32.89	29.83	n_j 32.26	30.46	

笔记：

【问题 6-5】

(1) 这是什么资料？

(2) 该资料属于何种设计方案？

(3) 该研究者统计方法是否正确？为什么？

(4) 该资料应该用何种统计方法？其步骤如何？

【分析】 ①本资料测定的是小鼠的尿总酸度，为定量资料。②本例有 A、B 两个因素，每个因素各有两个水平，因此有 a_1b_1、a_1b_2、a_2b_1 和 a_2b_2 四种处理组合，本例也称为完全随机的两因素 2×2 析因设计。③该研究者统计方法不正确，因为完全随机设计方差分析适用于随机设计的多组定量资料的比较，不适用于析因设计资料的比较。④要检验析因设计资料的多个均数有无差别，需用析因设计资料的方差分析。

【检验步骤】

1. 建立检验假设，确定检验水准

关于因素 A

H_0：注射不同剂量后小鼠尿总酸度总体均数相等

H_1：注射不同剂量后小鼠尿总酸度总体均数不等

关于因素 B

H_0：注射频率不同小鼠尿总酸度的总体均数相等

H_1：注射频率不同小鼠尿总酸度的总体均数不等

关于交互作用 AB

H_0：因素 A 与因素 B 无交互作用

H_1：因素 A 与因素 B 有交互作用

均取 $\alpha=0.05$

2. 计算检验统计量

(1) 单独效应、主效应和交互效应：将表 6-13 数据的均数整理成表 6-14，以说明处理的单独效应、主效应和交互效应。

表 6-14 20 只小鼠尿总酸度均数的差别

B因素	A因素		平 均	a_1-a_2
	10ml (a_1)	5ml (a_2)		
高频率(b_1)	34.36	30.16	32.26	4.20
低频率(b_2)	31.42	29.50	30.46	1.92
平均	32.89	29.83	31.36	3.06
b_1-b_2	2.94	0.66	1.80	—

单独效应是指其它因素水平固定时，某一因素不同水平之间的差别。本例，如 A 因素固定在 1 水平时，B 因素的单独效应为 2.94；A 因素固定在 2 水平时，B 因素的单独效应为 0.66。同理，如 B 因素固定在 1 水平时，A 因素的单独效应为 4.20；B 因素固定在 2 水平时，A 因素的单独效应为 1.92。

主效应是指某一因素各水平之间的平均差别，即某因素各单独效应的平均水平。本例，如 B 因素固定在 1 水平和 2 水平时，A 因素的单独效应分别为 4.20 和 1.92，两者的平均 3.06，即为 A 因素的主效应；同理，B 因素的主效应为 1.80。

当某因素的各单独效应随另一因素的变化而变化，而且其变化幅度不能用随机误差来解释时，则称这两个因素间存在交互效应。

如 AB 的交互效应为：

$$AB=[(a_1b_1-a_2b_1)-(a_1b_2-a_2b_2)]/2=(4.20-1.92)/2=1.14$$

同理 BA 的交互效应为：

$$BA=[(b_1a_1-b_2a_1)-(b_1a_2-b_2a_2)]/2=(2.94-0.66)/2=1.14$$

可见 AB 的交互效应与 BA 的交互效应虽然算法不同，但结果相等，即 AB=BA。

若将表 6-14 的四个格子 a_1b_1、a_2b_1、a_1b_2 和 a_2b_2 的均数作成线图，可得出如图 6-1 的交互效应示意图，该图则形象直观的表明了 A、B 两个因素间的交互效应。从图中可以看出，两条直线比较接近平行，表示 A、B 两因素交互效应很小或不存在。反之，若两条直线互不平行，则表明 A、B 两因素可能存在交互效应，可通过交互效应的假设检验进行确认。当不存在交互效应时，分析某一因素的作用时只需考察该因素的主效应即可。反之，当存在交互效应，则须逐一分析各因素的单独效应。

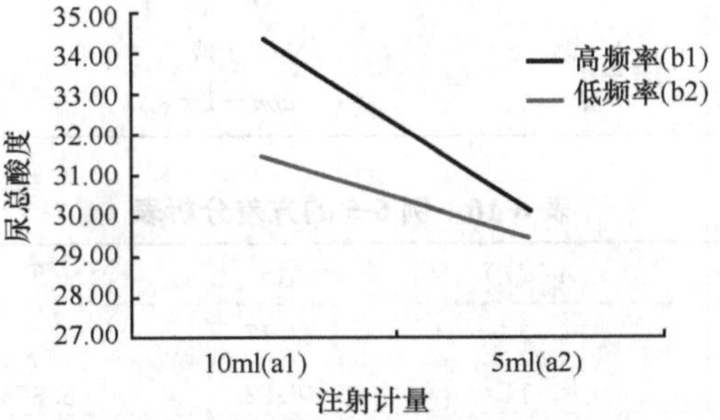

图 6-1　交互效应示意图

（2）离均差平方和与自由度的分解：析因设计是将两个或多个实验因素的各水平进行排列组合、交叉分组，对各种可能的组合进行全面实验，故又称完全交叉分组试验设计。析因设计方差分析的总变异可以分为处理和误差两部分。本例为 2×2 析因设计，处理变异包含了 A 因素、B 因素的主效应以及 A、B 两因素间的一阶交互效应；相应地，自由度也可作相应的分解。公式如下：

$$\begin{aligned}SS_{总}&=SS_{处理}+SS_{误差}\\&=(SS_A+SS_B+SS_{AB})+SS_{误差}\\ \nu_{总}&=\nu_{处理}+\nu_{误差}\\&=(\nu_A+\nu_B+\nu_{AB})+\nu_{误差}\end{aligned} \tag{6-10}$$

其中 $SS_{总}$、$\nu_{总}$、$SS_{误差}$ 和 $\nu_{误差}$ 的计算同随机区组设计资料的方差分析；$SS_{处理}$ 和 $\nu_{处理}$ 的计算同完全随机设计资料方差分析。本例为 2×2 析因设计，每个因素均有 2 个水平，因此交叉排列后产生 2×2=4 个处理组。

（3）根据表 6-15 的公式或用统计软件包 SPSS 进行分析，可得到形如表 6-16 的方差分析表。

两因素两水平的析因设计还可推广至两因素多水平。若处理因素 A 有 a 个水平、处理因素 B 有 b 个水平，则处理组合 k 共有 $a\times b$ 种。若每种处理组合即每个格子中有 n 个受试对象，则全部受试对象的总数 $N=a\times b\times n$。常用 x_{ijk} 表示每个受试对象的观察值，其中 $i(i=1,2,3,\cdots,a)$ 表示因素 A 的水平，$j(j=1,2,3,\cdots,b)$ 表示因素 B 的水平，$k(k=1,2,3,\cdots,n)$ 表示 ab 所构成的组合数。

表 6-15 两因素 A×B 析因设计方差分析的计算公式

变异来源	SS	$\nu(df)$	MS	F
处理	$\sum_i \sum_j n_{ij}(\overline{x}_{ij}-\overline{x})^2$	$ab-1$		
A	$\sum_i n_i(\overline{x}_i-\overline{x})^2$	$a-1$	$\frac{SS_A}{a-1}$	$\frac{MS_A}{MS_{误差}}$
B	$\sum_j n_j(\overline{x}_j-\overline{x})^2$	$b-1$	$\frac{SS_B}{b-1}$	$\frac{MS_B}{MS_{误差}}$
AB	$SS_{处理}-SS_A-SS_B$	$(a-1)(b-1)$	$\frac{SS_{AB}}{(a-1)(b-1)}$	$\frac{MS_{AB}}{MS_{误差}}$
误差	$SS_E=SS_{总}-SS_{处理}$	$N-ab$ 或 $ab(n-1)$	$\frac{SS_{误差}}{ab(n-1)}$	
总	$\sum x^2-\frac{(\sum x)^2}{N}$	$N-1$ 或 $abn-1$	$\frac{SS_{总}}{abn-1}$	

表 6-16 例 6-5 的方差分析表

变异来源	SS	$\nu(df)$	MS	F	P
(处理)	69.52	3	23.17		
A	46.82	1	46.82	8.376	0.011
B	16.20	1	16.20	2.898	0.108
AB	6.50	1	6.50	1.163	0.297
误差	89.43	16	5.59		
总	158.95	19			

3. 确定 P 值,作出推断结论 概率 P 值可以直接通过查 F 界值表得出,或由计算机产生的 P 值作出统计推断。本例,A、B 两因素的交互作用($F=1.16$, $P=0.297>0.05$),差异无统计学意义,尚不能认为两个因素间存在一阶交互效应;由于交互效应无统计学意义,因此可直接看 A、B 两因素的主效应。其中 A 因素(注射剂量)的主效应有统计学意义($F=8.38$,$P=0.011<0.05$),结合表 6-14 中的均数,可以认为与注射 5ml 药物组相比,注射 10ml 药物组小鼠的尿总酸度更高。B 因素(注射频率)的主效应($F=2.90$,$P=0.108>0.05$)不具有统计学意义,故尚不能认为不同的注射频率对小鼠的尿总酸度有影响。

【知识点 6-6】

1. 析因设计可以全面均衡地对各因素的不同水平进行组合,分组进行实验,以最小的实验次数探讨各因素不同水平的效应,同时可获得各因素间的交互作用。

2. 析因设计的方差分析主要用于推断两组及两组以上析因设计计量资料的均数之间有无差别。

3. 进行析因设计的统计分析时,将全部因素对观测指标的影响视为同等重要,即因素之间在专业上是地位平等的(以专业知识为依据),具体体现在分析每一项(包括主效应和交互效应)时所用的误差是相同的。

4. 当析因设计因素与水平过多时，交互作用分析内容繁多，计算复杂，且专业解释较困难，故多用简单的析因设计，一般要求处理因素最好在4个以内，各因素包括的水平属不能划分得过细。

第五节 正交试验设计资料的方差分析

一、无重复两水平正交试验设计资料的方差分析

【例6-6】 为了解工厂车间作业环境对机体健康的影响，某研究者以大白鼠为研究对象，模拟车间中磁场与噪声环境因素，观察大白鼠机体热应激蛋白-70（heat stress protein 70，HSP70）含量（nmol/mg）的变化，研究目的有以下三个：

（1）了解磁场与噪声两种环境因素对大白鼠肝脏HSP70含量的影响；

（2）了解磁场与噪声之间有无交互效应；

（3）了解磁场与噪声对不同性别大白鼠的作用有何不同。

【问题6-6】

（1）该研究所得结果是何种资料？

（2）该研究应选用何种试验设计方案？

（3）该研究应选用何种统计分析方法？

【分析】

笔记：

（1）该研究者研究的是磁场与噪声对大白鼠肝脏HSP70含量的影响以及磁场与噪声对不同性别大白鼠肝脏HSP70含量的影响，所得测量值为大白鼠肝脏HSP70含量（nmol/mg），因此所得结果为计量资料。

（2）该研究分析的影响观察指标的因素与水平较多，可分为A、B、C三因素和1、2两水平，具体如下：

因素A—磁场：	1水平（A_1）—10mT
	2水平（A_2）—50 mT
因素B—噪声：	1水平（B_1）—70 dBA
	2水平（B_2）—90 dBA
因素C—大白鼠性别	1水平（C_1）—雄性大白鼠
	2水平（C_2）—雌性大白鼠

如果采用析因设计，所需做的试验次数太多，此时可以选择正交试验设计进行研究。

（3）该研究所得资料可用正交设计资料的无重复两水平方差分析方法进行统计处理。所谓无重复是指每试验单位试验次数只有1次。

正交试验设计计量资料方差分析的基本步骤

（一）正交设计的基本概念

正交设计是用一系列规格化的正交表来安排多因素试验的设计方法，由于试验次数太多，用析因设计无法承受时，宜选用正交设计。正交试验设计是由试验因素的全部水平组合中，挑选部分有代表性的水平组合进行试验的，通过对这部分试验结果的分析了解全面试验的情况，找出最优的水平组合。因此，正交设计在医学科研中应用十分广泛，例如临床上多种疗法综合

治疗的疗效比较、摸索最佳试验条件的组合、获得最佳疗效的药物配伍、探索有效化学成分提取与纯化的最优条件以及多环节的药品生产等，都可以运用正交设计方案设计。

正交试验设计具有如下特点：

(1) 由正交表挑出来的试验点具有“在空间均匀分散性”、通过对部分试验结果的分析，了解全面试验的情况(试验点就是由各因素的不同水平组合而形成的试验条件)；

(2) 试验次数比较少，但结论比较可靠；

(3) 可以分析全部主效应和少数交互作用的效应，通过部分试验找到最优水平组合。

(二) 正交设计表及其使用

1. 正交表 正交设计采用正交表来安排试验因素。正交表的通用表达形式为 $L_N(q^s)$，其中 L 是正交表的代号，N 代表正交表的行数，即需要做的试验次数，q 代表因素的水平数，s 代表正交表的列数，即可安排的最大因素数。如 $L_8(2^7)$ 正交表，其中“8”表示该表有 8 行，即用这张表安排试验，要做 8 次试验，且处理的自由度为 8－1＝7；“7”表示有 7 列，即代表允许安排的最多因素个数为 7；“2”表示各试验因素均为 2 个水平，与此相对应的是每列皆有 1、2 两个数码，表示该列因素的 2 个水平。

所谓正交性是指正交表具有以下两个特点：①整齐可比性：每一列中不同数字的重复数相等(在 $L_8(2^7)$ 正交表中数字“1”与“2”两者各为 4 次)；②均衡分散性：任意两列中同一行的数字呈有序数对，($L_8(2^7)$ 正交表中为 1,1;1,2;2,1;2,2)，每种数对的重复数也相等(每个数对各为 2 次)。这两个特点，说明从试验因素的全部水平组合中，挑选出的部分试验点具有较强的代表性，同时又能最大限度地利用试验数据。

常用的正交表有：$L_4(2^3)$，$L_8(2^7)$，$L_{16}(2^{15})$，…；$L_9(3^4)$，$L_{27}(3^{13})$…；$L_{16}(4^5)$，…等。在正交表中，每列的自由度 ν ＝水平数－1。例如 $L_8(2^7)$ 正交表每列自由度 ν ＝2-1＝1；$L_8(4^1\times2^4)$ 正交表，其第一列 ν ＝4-1＝3，其他 4 列的 ν＝2-1＝1。

以下列出 $L_8(2^7)$ 与 $L_{16}(2^{15})$ 两种正交表(表 6-17、表 6-18)。

2. 表头设计 根据研究的需要，选用合适的正交表。所谓表头设计，就是将各个因素及交互作用分配给正交表中的各列，如不考虑交互作用，可任意确定，如需考虑交互作用，必须参考正交表的交互作用表来确定，因为某些特定的列要留下来用于对交互作用进行分析。

表 6-17 L8(27)正交表

处理	列						号
	1	2	3	4	5	6	7
1	1	1	1	1	1	1	1
2	1	1	1	2	2	2	2
3	1	2	2	1	1	2	2
4	1	2	2	2	2	1	1
5	2	1	2	1	2	1	2
6	2	1	2	2	1	2	1
7	2	2	1	1	2	2	1
8	2	2	1	2	1	1	2

表 6-18　L16(215)正交表

处理	列							号							
	1	2	3	4	5	6	7	8	9	10	11	12	13	14	15
1	1	1	1	1	1	1	1	1	1	1	1	1	1	1	1
2	1	1	1	1	1	1	1	2	2	2	2	2	2	2	2
3	1	1	1	2	2	2	2	1	1	1	1	2	2	2	2
4	1	1	1	2	2	2	2	2	2	2	2	1	1	1	1
5	1	2	2	1	1	2	2	1	1	2	2	1	1	2	2
6	1	2	2	1	1	2	2	2	2	1	1	2	2	1	1
7	1	2	2	2	2	1	1	1	1	2	2	2	2	1	1
8	1	2	2	2	2	1	1	2	2	1	1	1	1	2	2
9	2	1	2	1	2	1	2	1	2	1	2	1	2	1	2
10	2	1	2	1	2	1	2	2	1	2	1	2	1	2	1
11	2	1	2	2	1	2	1	1	2	1	2	2	1	2	1
12	2	1	2	2	1	2	1	2	1	2	1	1	2	1	2
13	2	2	1	1	2	2	1	1	2	2	1	1	2	2	1
14	2	2	1	1	2	2	1	2	1	1	2	2	1	1	2
15	2	2	1	2	1	1	2	1	2	2	1	2	1	1	2
16	2	2	1	2	1	1	2	2	1	1	2	1	2	2	1

(1) 表头设计的原则

1) 根据因素个数、水平数合理安排主效应和因素之间的交互作用；

2) 需考虑对正交试验数据进行方差分析时误差的计算途径：从空列获得或由重复试验获得。

(2) 表头设计的步骤

1) 确定列数：欲观察的处理因素与不可忽略的交互作用共有多少个，就需要安排多少列。当每个试验号无重复，只有 1 个试验数据或均值时，为便于统计分析，在 2^s 型可设 2 个或多个空白列，以作计算误差项之用。但在多数情况下，每个试验号有重复(即有多个试验数据时，一般为 3～5 个)，可以不设空白列，这样能够获得较多的信息。

2) 确定水平数：水平数如何确定(有或无，不同剂量或不同等级)，取决于试验目的。如果试验目的是决定因素取舍，则可设有、无两个水平；若欲了解最佳剂量搭配，则应以不同剂量作为不同水平(因素的水平数最好相同，且不要过多，常用 2～4 个水平)。

3) 选定正交表：根据确定的列数与水平数，选择相应的正交表。如欲观察 5 个因素，10 个一级交互作用，不留空白列，且每个因素取两个水平，则应选 $L_{16}(2^{15})$ 正交表。

4) 表头设计：在正交表的表头进行处理因素与交互作用的合理安排。在安排时务必优先考虑交互作用不可忽略的处理因素，按照表头设计不可混杂的原则，将它们及其交互作用首先在表头排列妥当。之后再将其余可以忽略交互作用的那些处理因素任意安排在剩下的各列上，未安排的列为空白列。

【注意】 同一试验问题可能会有不同的表头设计，相应的试验方案也会有所不同。

5) 组织实施方案：根据表头设计，将各因素所在的列中的数字进行水平组合。采用完全随机化的方法将试验单元分配给各个处理，然后进行试验。

例 6-7,研究一种含 4 项成分(A、B、C、D)的降血压复方,观察它对大白鼠的降血压效果,其中 A 与 B 交互作用不可忽略。由于处理因素有 4 个,不可忽略交互作用有 1 个,再加 2 个空白,故共有 7 列。每个成分选 2 个剂量,即有 2 个水平,因此,选用 $L_8(2^7)$ 正交表,作出如下表头设计(见表 6-19)。

表 6-19 例 6-7 的表头设计

列号	1	2	3	4	5	6	7
因素与交互作用	A	B	A×B	C			D

由于 A、B 两因素需要观察交互作用,故将二者分别优先安排在第 1、2 两列。根据交互表 A×B 交互安排在第 3 列,于是 C 安排在第 4 列,这时 D 安排在其他任何一列均可。但由交互表可知,A×C 交互在第 5 列,B×C 交互在第 6 列。尽管未考虑 A×C 与 B×C,为避免效应混杂,将 D 安排在第 7 列。因此表头设计如表 6-19,即由第 1、2、4、7 列组成实施方案。以何种剂量为水平 1 或 2,一般主张仍按随机的原则决定。此处 A 以 2μg 为水平 1,以 4 μg 为水平 2;B 以 2μg 为水平 1,以 4μg 为水平 2;C 以 6μg 为水平 1,以 3μg 为水平 2;D 以 5μg 为水平 1,以 10μg 为水平 2。按照 $L_8(2^7)$ 正交表,则组成如下 8 个处方(表 6-20)进行试验。

表 6-20 降血压研究正交设计方案

列号 成分	试验号	1 A	2 B	4 C	7 D
	1	1(2)	1(2)	1(6)	1(5)
	2	1	1	2(3)	2(10)
处	3	1	2(4)	1	2
方	4	1	2	2	1
	5	2(4)	1	1	2
	6	2	1	2	1
	7	2	2	1	1
	8	2	2	2	2

但若除 4 个因素与所有一级交互作用均需了解外,且需知道它们全部的二级交互及 4 项成分的三级交互作用时,则应选用 $L_{16}(2^{15})$ 正交表,可作如下表头设计(表 6-21)。

表 6-21 例 6-7 按 $L_{16}(2^{15})$ 表头设计

列号	1	2	3	4	5	6	7	8	9	10	11	12	13	14	15
因素与交互作用	A	B	AB	C	AC	BC	ABC	D	AD	BD	ABD	CD	ACD	BCD	ABCD

总之,表头设计以不混杂为准则,具体排列可以灵活运用。

(3) $L_8(2^7)$ 及 $L_{16}(2^{15})$ 正交表的表头设计:为避免因素与交互作用混杂,以下列出 $L_8(2^7)$ 及 $L_{16}(2^{15})$ 最常用的表头设计模式,表 6-22 和表 6-23。

当 4 个因素选用 $L_8(2^7)$ 正交表时,第 3 列存在 A×B 与 C×D 两种可能,究竟属于何种交互作用,取决于专业设计,余此类推。

表 6-22　$L_8(2^7)$正交表的表头设计

因素数	列号						
	1	2	3	4	5	6	7
3	A	B	A×B	C	A×C	B×C	A×B×C
4	A	B	A×B C×D	C	A×C B×D	B×C A×D	D

表 6-23　$L_{16}(2^{15})$正交表的表头设计

因素数	列号														
	1	2	3	4	5	6	7	8	9	10	11	12	13	14	15
4	A	B	AB	C	AC	BC	ABC	D	AD	BD	ABD	CD	ACD	BCD	ABCD
5	A	B	AB	C	AC	BC	DE	D	AD	BD	CE	CD	BE	AE	E
6	A	B	AB DE	C	AC DF	BC EF		D	AD BE CF	BD AE	E	CD AF	BE	AE	CE BF
7	A	B	AB DE FG	C	AC DF EG	BC EF DG		D	AD BE CF	BD AE CG	E	CD AF BG	F	G	CE BF AG
8	A	B	AB DE FG CH	C	AC DF EG BH	BC EF DG AH	H	D	AD BE CF GH	BD AE CG FH	E	CD AF BG EH	F	G	CE BF AG DH

(三) 试验结果的方差分析

如例 6-6,以大白鼠作试验。观察指标:HSP70 (nmol/mg)。

试验目的:

(1) 了解磁场与噪声两种环境因素对大白鼠肝脏 HSP70 含量的影响;

(2) 了解磁场与噪声之间有无交互作用;

(3) 了解磁场与噪声对不同性别大白鼠的作用有何不同。

【方差分析步骤】

1. 拟定影响观察指标的因素与水平

因素 A—磁场:　1 水平(A_1)—10mT

　　　　　　　2 水平(A_2)—50mT

因素 B—噪声:　1 水平(B_1)—70dBA

　　　　　　　2 水平(B_2)—90dBA

因素 C—大白鼠性别　1 水平(C_1)—雄性大白鼠

　　　　　　　2 水平(C_2)—雌性大白鼠

2. 根据要求分析的主效应和交互作用项目作表头设计

(1) 分析因素 A、B、C 的主效应;

(2) 分析交互作用:A×B,A×C

选用 $L_8(2^7)$ 正交表，作表头设计：

列号	1	2	3	4	5	6	7
因素	A	B	A×B	C	A×C		

由表 6-22 可查出第 6 列能安排交互作用 B×C，第 7 列为交互作用 A×B×C，因为考虑到 B、C 间，A、B、C 间无交互作用(或交互作用不重要)，因此可以作为空列。由于空列所得离均差平方和可以作为误差，做方差分析，因此第 6、7 列均作为误差估计列。

3. 试验及结果 试验及结果列表(表 6-24)如下，在正交试验中，每一次试验都必须严格按照设计方案进行。例如，8 次试验中，第一次试验应取 A、B、C 因素的 1 水平，即 $A_1B_1C_1$；第二次试验应取 A 因素的 1 水平、B 因素的 1 水平，C 因素的 2 水平，即 $A_1B_1C_2$；第三次试验应取 A 因素的 1 水平，B 因素的 2 水平，C 因素的 1 水平，即 $A_1B_2C_1$；余类推，…，直至 8 次试验进行完毕，测定所得数值列于表的右侧。

表 6-24 磁场与噪声对 HSP70 含量影响的正交试验结果

试验号	A	B	A×B	C	A×C			HSP70
	1	2	3	4	5	6	7	
1	1	1	1	1	1	1	1	0.39
2	1	1	1	2	2	2	2	0.65
3	1	2	2	1	1	2	2	0.53
4	1	2	2	2	2	1	1	0.55
5	2	1	2	1	2	1	2	0.87
6	2	1	2	2	1	2	1	1.06
7	2	2	1	1	2	2	1	0.61
8	2	2	1	2	1	1	2	0.53
Ⅰ	2.12	2.97	2.18	2.4	2.51	2.34	2.61	
Ⅱ	3.07	2.22	3.01	2.79	2.68	2.85	2.58	
$\frac{(I-II)^2}{8}$	0.1128	0.0703	0.0861	0.0190	0.0036	0.0325	0.0001	

表中Ⅰ表示某因素取 1 水平时所得测定值之和，Ⅱ表示某因素取 2 水平时所得测定值之和。分析第 j 个因素的作用，应计算相应的离均差平方和：

$$SS_j=4\left(\frac{I_j}{4}-\overline{y}\right)^2+4\left(\frac{II_j}{4}-\overline{y}\right)^2$$

其中 $\overline{y}$ 表示总均数，$\overline{y}=\dfrac{I_j+II_j}{8}$。

将 $\overline{y}$ 的计算式代入上式求 SS_j，

$$\begin{aligned}SS_j&=4\left(\frac{I_j}{4}-\frac{I_j+II_j}{8}\right)^2+4\left(\frac{II_j}{4}-\frac{I_j+II_j}{8}\right)^2\\&=4\frac{(2I_j-I_j-II_j)^2}{8}+4\frac{(2II_j-I_j-II_j)^2}{8}\\&=4\frac{(I_j-II_j)^2}{8^2}+4\frac{(II_j-I_j)^2}{8^2}\\&=\frac{(I_j-II_j)^2+(II_j-I_j)^2}{16}\end{aligned}$$

$$=\frac{(\text{I}_j-\text{II}_j)^2}{8}$$

计算结果见表6-24的最后一行。

所有两水平的正交表,每一列的自由度为1。用$L_8(2^7)$正交表做试验,总自由度为7,表中第(6)、(7)列是空列。误差平方和是:

$SS_E=SS_6+SS_7=0.0325+0.0001=0.0326$

因每一列的自由度为1,故误差的自由度为2。

4. 方差分析 (见表6-25)。

表6-25 磁场与噪声对HSP70含量影响研究的方差分析表

变异来源	SS	$\nu(df)$	MS	F	P
A	0.110	1	0.110	7.024	0.118
B	0.068	1	0.068	4.353	0.172
A×B	0.088	1	0.088	5.609	0.141
C	0.020	1	0.020	1.272	0.377
A×C	0.004	1	0.004	0.258	0.662
误差	0.031	2	0.016		

$F_{0.05,1,2}=18.5$

结论:各因素均未显示出对大白鼠热应激蛋白HSP70的影响。

【注意】 正交设计的方差分析,一般均按固定模型进行分析,计算统计量F值不用交互作用均方,而用误差均方作分母。

【知识点6-7】

1. 析因试验设计资料的方差分析可以分析多个因素对某个指标的影响,比较各种因素水平的差别,并能分析因素间的交互作用。但当因素个数较多或因素的水平数较多时,析因试验的试验次数是很多的,在实际工作中往往很难实现。由于在很多情况下,高阶交互作用往往不存在或极其微弱从而可以忽略不计,此时可以采用正交试验设计(亦即析因试验的部分实施)。

2. 正交试验设计是一种高效的多因素试验设计。它采用一系列规格化的正交表来安排多个试验因素,即是由试验因素的全部水平组合中,挑选部分有代表性的水平组合进行试验的,通过对这部分试验结果的分析了解全面试验的情况,找出最优的水平组合。

二、有重复两水平正交试验设计资料的方差分析

正交试验设计的方差分析,误差平方和($SS_{误差}$)可以通过两种途径算出,一是空列,二是重复试验。所谓重复试验,即每一组合试验均重复k次。

【例6-7】 姜黄素是姜黄中的主要活性成分,在优化其提取工艺时,研究者考察了三个因素,因素A(作为溶媒的乙醇浓度)、因素B(溶媒的量)、因素C(渗漉速度),每个因素取二个水平,观察姜黄素的提取量(%)。

因素A　A_1 50%　　A_2 70%

因素B　B_1 3倍体积　　B_2 6倍体积

因素C　C_1 2 ml/min　　C_2 4 ml/min

要求：分析交互作用 A × B，A × C，B × C，（不考虑二级交互作用，即某一因素对其他两因素交互作用的影响，也就是不考虑三因素的交互作用 A × B ×C）。每种试验重复 3 次（$r=3$）。

试验结果列入下表（表 6-26）。

表 6-26　有重复的 L8(27)正交试验分析

试验号	A1	B2	AB3	C4	AC5	BC6	7	肝重/体重(%)			合计$\sum x$
								x_1	x_2	x_3	
1	1	1	1	1	1	1	1	6.03	5.76	5.68	17.47
2	1	1	1	2	2	2	2	6.07	6.68	6.85	19.60
3	1	2	2	1	1	2	2	7.31	8.02	6.92	22.25
4	1	2	2	2	2	1	1	6.43	6.60	6.72	19.75
5	2	1	2	1	2	1	2	7.14	7.46	6.23	20.83
6	2	1	2	2	1	2	1	6.88	6.50	7.22	20.60
7	2	2	1	1	2	2	1	7.03	6.70	6.50	20.23
8	2	2	1	2	1	1	2	5.66	5.6	6.46	17.72
I	79.07	78.50	75.02	80.78	78.04	75.77	78.05				
II	79.38	79.95	83.43	76.67	80.41	82.68	80.40				
SS	0.004	0.088	2.947	0.704	0.234	1.990	0.230				

【问题 6-7】

(1) 该研究所得结果应是何种资料?

(2) 该研究应选用何种试验设计方案?

(3) 该研究应选用何种统计方法分析?

【分析】

(1) 该研究分析的是作为溶媒的乙醇浓度、溶媒的量以及渗漉速度对姜黄素的提取量的影响，所得测量值为姜黄素的提取量(%)，因此为计量资料。

(2) 该研究分析的影响观察指标的因素与水平较多，为三因素两水平：

因素 A：　　1 水平(A_1)，50%

（乙醇浓度）　2 水平(A_2)，70%

因素 B：　　1 水平(B_1)，3 倍体积

（溶媒的量）　2 水平(B_2)，6 倍体积

因素 C：　　1 水平(C_1)，2ml/min

（渗漉速度）　2 水平(C_2)，4ml/min

如进行析因设计，所需做的试验次数太多，因此可选择正交试验设计法进行研究。

(3) 该研究资料每一试验观察单位重复三次试验，故可选用正交设计资料的有重复两水平方差分析方法进行统计处理。

【正交试验设计计量资料方差分析的基本步骤】

对于有重复的正交试验设计的方差分析（本例重复数 $k=3$），仍用 $L_8(2^7)$ 正交表。表的右侧留有空列用来记录重复测定值及其相加值。

1. 计算各列的 1 水平试验结果之和

如：第 1 列

$$\text{I}=17.47+19.60+22.25+19.75=79.07$$

计算各列的2水平试验结果之和

如:第1列

$$\text{II}=20.83+20.60+20.23+17.72=79.38$$

2. 计算$\sum x^2$,$\sum x$

$$\sum x^2=6.03^2+5.76^2+5.68^2+\cdots+6.46^2=1054.742$$

$$\sum x=6.03+5.76+5.68+\cdots+6.46=158.45$$

3. 计算每一列的离均差平方和(SS)

$$SS=\frac{(\text{I}-\text{II})^2}{8\times k}$$

如:第1列　$SS_1=\frac{(79.07-79.38)^2}{8\times 3}=0.004$

第2列　$SS_2=\frac{(78.50-79.95)^2}{8\times 3}=0.088$

…

第7列(空列)$SS_7=0.049$,是误差平方和(SS_{E1})的估计值。

4. 重复试验计算误差平方和(SS_{E2})

有两种计算方法:

方法(1)　$SS_{总}=\sum x^2-\frac{(\sum x)^2}{8k}=1054.742-\frac{(158.45)^2}{24}=8.642$

$$\begin{aligned}SS_{E2}&=SS_{总}-SS_1-SS_2-SS_3-SS_4-SS_5-SS_6-SS_7\\&=8.642-0.004-0.088-2.947-0.704-0.234-1.990-0.230\\&=2.446\end{aligned}$$

方法(2)　$SS_{E2}=\sum x^2-\sum\frac{T_j^2}{k}=1054.742-\frac{(17.47)^2}{3}-\frac{(19.60)^2}{3}-\cdots-\frac{(17.72)^2}{3}$

$=2.446$

式中 T_j 为各次重复试验数据之和,$T_1=17.47$,$T_2=19.60$

5. 总的误差平方和

$$SS_E=SS_{E1}+SS_{E2}=0.230+2.446=2.676$$

6. 列方差分析表　见表6-27。

表6-27　溶媒浓度、溶媒量以及渗漉速度对姜黄素提取量的影响方差分析表

变异来源	SS	$\nu(df)$	MS	F	P
A	0.004	1	0.004	0.03	>0.05
B	0.088	1	0.088	0.56	>0.05
A×B	2.947	1	2.947	18.77	<0.01
C	0.704	1	0.704	4.48	<0.05
A×C	0.234	1	0.234	1.49	>0.05
B×C	1.990	1	1.990	12.68	<0.01
误差	2.676	17	0.157		

$F_{0.05,1,17}=4.45$;$F_{0.01,1,17}=8.40$

结论:主效应C及交互作用A×B与B×C对姜黄素提取量的影响有统计学意义。

【知识点 6-8】

1. 有重复两水平正交试验设计是指每个试验因素都有两个水平，每个试验单位重复 k 次试验。

2. 对于有重复的两水平正交试验设计的方差分析(本例重复数 $k=3$)，仍可用 $L_8(2^7)$ 正交表。

3. 有重复的两水平正交试验设计资料的方差分析与无重复的两水平正交试验设计资料的方差分析步骤有所不同。

第六节 多个样本均数的两两比较

【例 6-8】 例 6-1 中，研究者对资料采用了两样本 t 检验进行两两比较，得出结论：1、2 组和 2、3 组之间均数差异均有统计学意义($P<0.05$)。

【分析】

(1) 由于例 6-1 测定的是三组大鼠血中中丙二醛含量，属于多组计量资料。

(2) 30 只大鼠随机分为三组，属于完全随机设计方案。

(3) 该研究者统计处理方法不正确，因为 t 检验适用于随机设计的两组计量资料的比较，不适用于多组资料的比较。

如果将上述资料进行两两比较的 t 检验，则由 $\alpha=0.05$，每次检验判断正确的概率为 0.95，共进行 3 次 t 检验，则据概率乘法法则，全部判断正确概率为每次判断正确的概率之积。即 $0.95^3=0.857$，则犯 Ⅰ 类错误的概率为 $1-0.857=0.143$，远远大于 0.05。因此，多组资料的比较不能用 t 检验进行两两比较。

两两比较的方法较多，这里仅介绍常用的两种方法，其余请参考有关书籍。目前，两两比较都不需手工计算，可应用 SAS、SPSS、PEMS 等统计软件包直接计算，根据计算结果得出结论。

一、q 检验

q 检验又称 SNK 检验，SNK 为 Student-Newman-Keuls 三个人姓氏的缩写，检验统计量为 q 值。这类方法适合于探索性研究，对每两个样本均数均进行检验。其计算公式为：

$$q=\frac{|\bar{x}_A-\bar{x}_B|}{\sqrt{\frac{MS_{误差}}{2}\left(\frac{1}{n_A}+\frac{1}{n_B}\right)}} \tag{6-11}$$

式中：$\bar{x}_A$、$\bar{x}_B$ 为任意两个对比组的样本均数，$MS_{误差}$ 为方差分析中算得的误差均方，n_A、n_B 为两个对比组的例数。以例 6-1 为例，本例 $MS_{误差}=MS_{组内}=3.72$，$\nu_{误差}=27$，由于各组例数相等即 $n_i=10$，则 $\sqrt{\frac{MS_{误差}}{2}\left(\frac{1}{n_A}+\frac{1}{n_B}\right)}=\sqrt{\frac{MS_{误差}}{n_i}}=\sqrt{\frac{3.72}{10}}=0.6099$。

【检验步骤】

1. 建立检验假设，确定检验水准

H_0：$\mu_A=\mu_B$，即任两对比组的总体均数相等。

H_1：$\mu_A\neq\mu_B$，即任两对比组的总体均数不等。

$\alpha=0.05$

2. 计算检验统计量

(1) 将三个样本均数按从小到大的顺序依次排列，并编上组次。

组次	1	2	3
组别	正常对照组	番茄红素加镉组	镉损伤组
均数	8.6790	9.5850	14.8880

(2) 列 q 检验计算表　第(1)栏为 A、B 两个对比组，第(2)栏为两个比较组的均数差值，第(3)栏为组数即 A、B 两个对比组包含的组数，第(4)栏为 q 值，第(5)、(6)栏为 q 界值(以组数 a 和 $\nu_{误差}=27$ 查 q 界值表得到)，第(7)栏为 P 值(见表 6-28)。

表 6-28　四个样本均数间两两比较的 q 检验

比较组 A 与 B (1)	$\lvert\overline{x}_A-\overline{x}_B\rvert$ (2)	组数 a (3)	q 值 (4)$=\frac{(2)}{0.6099}$	q 界值 0.05 (5)	q 界值 0.01 (6)	P(7)
1 与 2	0.9060	2	1.49	2.89	3.89	>0.05
1 与 3	6.2090	3	10.18	3.49	4.45	<0.01
2 与 3	5.3030	2	8.69	2.89	3.89	<0.01

3. 确定 P 值，作出统计推断　按 $\alpha=0.05$ 水准，正常对照组与番茄红素加镉组大鼠血中丙二醛含量无差别外，其它各比较组之间大鼠血中丙二醛含量的差别均有统计学意义。

二、LSD-t 检 验

LSD-t 检验又称最小显著性差异(least significant difference)t 检验，LSD-t 检验适用于事先有明确假设的证实性研究，常用于多个处理组与对照组的比较，某一对或某几对在专业上有特殊意义的均数间的比较等。LSD-t 检验的统计量 t 值的计算公式为：

$$t=\frac{\lvert\overline{x}_A-\overline{x}_B\rvert}{S_{\overline{x}_A-\overline{x}_B}}=\frac{\lvert\overline{x}_A-\overline{x}_B\rvert}{\sqrt{MS_{误差}\left(\frac{1}{n_A}+\frac{1}{n_B}\right)}} \qquad (6\text{-}12)$$

式中：$\overline{x}_A$、$\overline{x}_B$ 分别为两比较组的样本均数，$MS_{误差}$ 为方差分析中的误差均方，n_A、n_B 分别为两比较组的样本含量。计算出 t 值后，以方差分析中的误差自由度 v 为自由度，查 t 界值表确定 P 值，根据 P 值作出结论。以例 6-1 为例，本例 $MS_{误差}=MS_{组内}=3.72$，$\nu_{误差}=27$，由于各组例数相等即 $n_i=10$，则 $s_{\overline{x}_A-\overline{x}_B}=\sqrt{MS_{误差}\left(\frac{1}{n_A}+\frac{1}{n_B}\right)}=\sqrt{\frac{2\times MS_{误差}}{n_i}}=\sqrt{\frac{2\times 3.72}{10}}=0.8626$。

【检验步骤】

1. 建立检验假设，确定检验水准

$H_0:\mu_A=\mu_B$

$H_1:\mu_A\neq\mu_B$

$\alpha=0.05$

2. 计算检验统计量　列 LSD-t 检验计算表，第(1)栏为 A、B 两个对比组，第(2)栏为两个比较组的均数差值，第(3)栏为 t 值，第(4)、(5)栏为 t 界值(以 $\nu_{误差}=27$ 查 t 界值表得到)，第(7)栏为 P 值(见表 6-29)。本例所有样本均数均进行两两比较，也可以只作某一对或某几对在专业上有特殊意义的均数间的比较，如对照组与低剂量组、对照组与中剂量组、低剂量组与中剂量组等。

表 6-29　三个样本均数间两两比较的 LSD-t 检验

比较组 A 与 B(1)	$\lvert \bar{x}_A - \bar{x}_B \rvert$ (2)	t 值 (3) $=\frac{(2)}{0.8626}$	t 界值 0.05 (4)	t 界值 0.01 (5)	P(6)
正常对照组与镉损伤组	6.2090	7.198	2.052	2.771	<0.01
正常对照组与番茄红素加镉组	0.9060	1.050	2.052	2.771	>0.05
镉损伤组与番茄红素加镉组	5.3030	6.148	2.052	2.771	<0.01

3. 确定 P 值，作出统计推断　按 $\alpha=0.05$ 水准，除正常对照组与番茄红素加镉组外，其他比较组之间大鼠血中丙二醛含量差别均有统计学意义。

【注意】 LSD-t 检验与前述两个独立样本比较的 t 检验方法不同的是，在 LSD-t 检验中，计算 $s_{\bar{x}_A-\bar{x}_B}$ 时用方差分析中的误差均方，自由度为方差分析中的误差自由度。两个独立样本比较的 t 检验方法计算 $s_{\bar{x}_A-\bar{x}_B}$ 时用合并方差 s_C^2，自由度 $\nu=n_1+n_2-2$。因此，两种方法对同样两个样本均数的检验结果可能不同。

【知识点 6-9】

1. 多组均数方差分析后，如果 $P<\alpha$，拒绝 H_0，可认为各总体均数不全相等。此时，若要知道哪些相等，哪些不等，可以采用两两比较的方法。

2. 两两比较的方法很多，常用 q 检验、LSD-t 检验等。q 检验适用于探索性研究，对每两个样本均数都进行检验。LSD-t 检验适用于事先有明确假设的证实性研究，如多个处理组与对照组的比较，某一对或某几对在专业上有特殊意义的均数间的比较等。

第七节　多个方差齐性检验

方差分析的前提条件之一是各组总体方差相等（即方差齐）。因此，在进行方差分析前，需要进行方差齐性检验。

一、Bartlett χ^2检验法

Bartlett 法的基本思想是将各组的样本方差之和除以方差个数得合并方差，假如各组总体方差相等，那么，各组样本方差与合并方差相差不会很大，其统计量χ^2值也不会很大，即出现大的统计量χ^2值的可能性很小，如果在一次试验中就出现了大的χ^2值，就有理由怀疑原假设不成立而拒绝它。

用下式计算统计量χ^2：

$$\chi^2=\frac{\sum_i\left[(n_i-1)In\frac{s_C^2}{s_i^2}\right]}{1+\frac{\sum_i(n_i-1)^{-1}-(N-k)^{-1}}{3(k-1)}}\quad \nu=k-1 \tag{6-13}$$

式中：合并方差 s_C^2 亦即组内或误差的均方 $MS_{组内}$ 或 $MS_{误差}$。

二、Levene F 检验

Levene F 检验由 Levene H. 于 1960 年最先提出，既可用于两总体方差齐性检验，也可用于

多个总体的方差齐性检验。具体方法是先将原始观测值 x_{ij} 转换为相应的离差 z_{ij}，然后再作单向方差分析。

离差 z_{ij} 计算方法有如下几种：

$$z_{ij}=|x_{ij}-\overline{x}_i| \tag{6-14}$$

$$z_{ij}=(x_{ij}-\overline{x}_i)^2 \tag{6-15}$$

$$z_{ij}=|x_{ij}-M_i| \tag{6-16}$$

式中：M_i 为第 i 组的中位数。该法又称 Brown & Forsythe 法(1974)。

$$z_{ij}=\frac{(W+n_i-2)n_i(x_{ij}-\overline{x}_i)-W(n_i-1)s_i^2}{(n_i-1)(n_i-2)} \tag{6-17}$$

该法又称 O'Brien 法(1979,1981)。其中 W 一般取 0.5，用它可以调整资料分布的峰度。

按下式计算 F 值，然后以相应自由度查 F 界值表得到结论。

$$F=\frac{(N-k)\Sigma n_i(\overline{z_i}-\overline{z})^2}{(k-1)\Sigma\Sigma(z_{ij}-\overline{z}_i)^2} \quad \begin{matrix}\nu_1=k-1\\ \nu_2=N-k\end{matrix} \tag{6-18}$$

【注意】 Bartlett 法、Levene F 检验计算较复杂，一般均采用统计软件包计算，故本教材仅列出公式，省略例子。

第八节 变量变换

对于明显偏离正态性和方差齐性条件的资料，常采用数据变换(data transformations)或改用秩变换的非参数统计(nonparametric statistics)方法(表 6-30)。数据变换是将原始数据作某种函数转换，如转换为平方根值。数据变换的目的是：①使各组方差齐；②使资料转换为正态分布；③曲线直线化。常用数据变换有对数变换(logarithmic transformation)、平方根变换(square root transformation)、倒数变换(reciprocal transformation)、平方根反正弦变换(arcsine transformation)。

表 6-30 常用数据变换方法比较

指　标	对数变换	平方根变换	平方根反正弦变换	倒数变换
新分析数据	对数值	平方根值	平方根反正弦值	倒数值
计算公式	$y=\lg x$	$y=\sqrt{x}$	$y=\sin^{-1}\sqrt{x}$	$y=\frac{1}{x}$
有小值或零	$y=\lg(x+k)$	$y=\sqrt{x+1}$		
应用	①使对数分布资料正态化；②使数据方差齐性；③使曲线直线化	①使服从 Poisson 分布的资料正态化；②使各样本方差与均数呈正相关的资料之间的方差齐性	适合百分比资料	两端波动较大的资料

思考练习

(一) 是非题(正确记"+"，错误记"-")

1. 方差分析的主要目的是比较各样本均数之间有无差别。
2. 对于多个样本均数的两两比较可选用成组 t 检验。
3. 完全随机设计资料可用随机区组方差分析进行统计处理以提高统计效率。
4. 如果随机区组设计的资料用完全随机设计方差分析来分析，那么前者的 $SS_{区组}+SS_{误差}$

等于后者的 $SS_{组内}$，因此这样做就降低了统计效率。

5. 进行 4 个样本均数之间的比较，若 $P<0.05$，则可认为各样本均数之间有差别，但不能认为 4 个样本均数彼此之间都有差别。

6. 当组数等于 2 时，对于同一资料，方差分析获得的结论与 t 检验相同。

7. 多个均数差别的方差分析，当 $F > F_{0.05,\nu}$，可认为各组总体均数都不相同。

8. 方差分析方法用于推断两个及以上样本均数来自的总体均数之间有无差异。

9. 重复测量资料的方差分析，除需满足一般方差分析的条件外，还需特别满足协方差阵的球形性或复合对称性。

10. 析因设计资料方差分析可分析资料数据的主效应、单独效应和交互效应。

(二) 选择题(从 a ~ e 中选出一个最佳答案)

1. 完全随机设计方差分析中，总变异中分出组间变异和组内变异是指________。

a. 从总均方中分出组间均方和组内均方

b. 从组内离均差平方和分出各组的离均差平方和

c. 从组间离均差平方和分出组间与组内的离均差平方和

d. 从总均数离均差平方和中分出组间离均差平方和和组内离均差平方和

e. 以上都不对

2. 随机区组设计资料的方差分析将总变异分为________。

a. 组间变异、组内变异两部分　　b. 抽样、系统、随机测量三部分

c. 处理、区组、误差三部分　　d. 标准差、标准误两部分

e. 以上说法都不对

3. 随机区组设计资料的方差分析中，配伍组 F 值的计算公式为________。

a. $MS_{区组}/MS_{误差}$　　b. $MS_{区组}/MS_{处理}$

c. $MS_{处理}/MS_{误差}$　　d. $MS_{处理}/MS_{区组}$

e. $MS_{误差}/MS_{处理}$

4. 完全随机设计方差分析中________。

a. $SS_{组间}$ 不会小于 $SS_{组内}$　　b. $SS_{组内}$ 不会小于 $SS_{组间}$

c. $MS_{组间}$ 不会小于 $MS_{组内}$　　d. F 值不可能是负数　　e. F 值可能是负数

5. 方差分析中，当 $F>F_{0.05(\nu)}$，$P<0.05$ 时，结果________。

a. 可认为各样本均数都不相等　　b. 证明各总体均数不等或不全相等

c. 可认为各总体均数都不相等　　d. 可认为各总体均数不等或不全相等

e. 证明各总体均数都不全相等

6. 下列方法中哪项可用于多组样本的方差齐性检验________。

a. SNK-q 检验法　　b. LSD-t 检验法　　c. Bonfferoni 法

d. Bartlett χ^2检验法　　e. 以上都不对

7. 已知发汞的含量为偏态分布资料，将其转换成正态分布时适用的方法为________。

a. 平方根转换　　b. 三角函数转换　　c. 对数转换

d. 平方根反正弦转换　　e. 以上都不对

8. 服从 Poisson 分布的资料转换成正态分布时适用的方法为________。

a. 平方根反正弦转换　　b. 平方根转换　　c. 倒数转换

d. 三角函数转换　　e. 对数转换

(三) 应用分析题

1. 在某项新药临床试验中，研究者设立了安慰剂对照、标准药物对照和试验药物三个组，疗

效为实验室测量的一个连续指标，请回答如何分析试验药物和安慰剂组、标准治疗药物组相比疗效是否不同这一问题。

2. 研究药物郁金对低张性缺氧小鼠生存时间的影响，将 36 只小鼠随机分为三组，每组 12 只，雌雄各半，分别以 10、20、40g/kg 药物灌胃，得到 3 组小鼠生存时间均数和标准差分别为 40.08±5.79min、52.96±5.01min、74.19±6.42min。

(1) 这是什么类型的资料？

(2) 采用 t 检验进行假设检验是否可行？

(3) 请说明应该用何种假设检验方法来分析 3 种不同处理水平均数间的差别？

3. 研究三种药物(A1、A2、A3)对血标本红细胞沉降速度(一小时值)的影响，15 份标本随机分三组，每种药物各测量 5 次，试问三种药物应用后测得的血沉值之间是否有差别？

A1：15　11　13　12　14

A2：13　16　14　17　15

A3：13　15　16　14　12

4. 某社区随机抽取 30 名糖尿病患者、IGT 异常和正常人进行载脂蛋白(mg/dL)测定，结果见表 6-31，试做统计分析。

表 6-31　三组人群的载脂蛋白(mg/dL)

糖尿病	IGT 异常	正常人
85.7	96.0	144.0
105.2	124.5	117.0
109.5	105.1	110.0
96.0	76.4	109.0
115.2	95.3	103.0
95.3	110.0	123.0
110.0	95.2	127.0
100.0	99.0	121.0
125.6	120.0	159.0
111.0		115.0
106.5		

5. 将同性别、体重相近的同一配伍组的 5 只大鼠，分别用 5 种方法染尘，共有 6 个配伍组 30 只大鼠，测得的各鼠全肺湿重，见表 6-32。问 5 种处理间的全肺湿重有无差别？

表 6-32　大鼠经 5 种方法染尘后全肺湿重

区组	对照	50mg SiO_2	50mg SiC	SiC+5% SiO_2	100mg SiC
第 1 区组	1.4	3.3	1.9	1.8	2.0
第 2 区组	1.5	3.6	1.9	2.3	2.3
第 3 区组	1.5	4.3	2.1	2.3	2.4
第 4 区组	1.8	4.1	2.4	2.5	2.6
第 5 区组	1.5	4.2	1.8	1.8	2.6
第 6 区组	1.5	3.3	1.7	2.4	2.1

6. 某研究者研究缝合方法与缝合时间对家兔神经缝合后的轴突通过率(%)的影响,试验结果如表 6-33 所示,试作析因设计的方差分析。

表 6-33 家兔神经缝合后的轴突通过率(%)

A(缝合方法) B(缝合后时间)	外膜缝合(a_1) 1月(b_1)	外膜缝合(a_1) 2月(b_2)	束膜缝合(a_2) 1月(b_1)	束膜缝合(a_2) 2月(b_2)	总计
	10	30	10	50	
	10	30	20	50	
	40	70	30	70	
	50	60	50	60	
	10	30	30	30	
T_k	120	220	140	260	740
$\sum x^2$	4400	11200	4800	14400	54800

7. 为评价缺血脑卒中两种治疗方案的疗效,32 名患者随机分为两组,采用肢体运动功能采用简化 Fugl-Meyer 运动功能量表评价治疗后上肢运动功能的改善情况,并在入组、1、3、6 个月进行测量,得到表 6-34 资料,试对此数据资料进行分析。

表 6-34 缺血性脑卒中患者不同治疗方案 Fugl-Meyer 运动功量表变化(分)

受试对象 j	疗法 1	测定时间 i(月) 0	1	3	6	受试对象 j	疗法 2	测定时间 i(月) 0	1	3	6
1	1	33.00	70.00	88.00	90.00	17	2	49.00	67.00	74.00	79.00
2	1	77.00	89.00	78.00	87.50	18	2	73.00	81.00	88.00	91.00
3	1	87.00	92.00	93.00	99.00	19	2	45.00	63.00	72.00	87.00
4	1	33.00	56.00	54.00	73.00	20	2	20.00	24.00	37.00	60.00
5	1	30.00	54.00	69.00	79.00	21	2	83.00	93.00	96.00	99.00
6	1	25.00	45.00	62.00	71.00	22	2	60.00	87.00	92.00	99.00
7	1	62.00	77.00	45.00	26.00	23	2	52.00	62.00	73.00	85.00
8	1	84.00	99.00	62.33	50.33	24	2	55.00	69.00	76.00	78.00
9	1	82.50	99.00	79.67	74.67	25	2	41.00	52.00	63.00	86.00
10	1	81.00	99.00	97.00	99.00	26	2	23.00	21.00	21.00	34.00
11	1	85.00	60.50	97.00	100.00	27	2	58.00	69.00	86.00	91.00
12	1	34.00	53.00	55.00	60.00	28	2	57.00	64.00	77.00	86.00
13	1	39.00	69.00	87.00	94.00	29	2	33.00	64.00	81.00	88.00
14	1	51.00	61.00	63.00	79.00	30	2	45.00	73.00	83.00	96.00
15	1	20.00	56.00	66.00	79.00	31	2	91.00	98.00	98.00	98.00
16	1	12.00	20.00	42.67	45.00	32	2	33.00	95.00	98.00	99.00

(杨兴华 祝慧萍 闫宇翔)

第七章　二项分布与 Poisson 分布

第一节　二项分布及其应用

【例 7-1】 DepoGeston 长效避孕针是一种较为方便的避孕措施，每 3 个月注射一次，生育期妇女会因为出现如经期出血量多、闭经等副反应而停用，停用率为 4.7%，问 10 例生育期妇女使用该避孕针，恰有 3 人停用的概率为多少？

【问题 7-1】

(1) 这是什么资料？

(2) 该资料有什么特点？属于什么分布？

(3) 怎样求停用人数 x 的概率？

笔记：

【分析】

(1) 生育期妇女使用 DepoGeston 长效避孕针的效果按停用和不停用分类，属于二分类计数资料。

(2) 该资料具有以下特点：①治疗在相同条件下可以重复进行；②每次治疗有且仅有两个可能结果：停用与不停用。③各次治疗相互独立，即每次停用概率都等于 π，不停用的概率等于 $1-\pi$。即每个患者是否停用不受其他病例的影响，概率均为 4.7%，该资料分布属于 Bernouli 分布或二项分布(binomial distribution)。

【知识点 7-1】

1. 二项分布(binomial distribution)是指每次试验有且仅有两个可能结果如“阳性”或“阴性”之一的 n 次独立重复试验中，每次试验的发生“阳性”概率 π 保持不变，出现“阳性”数 $x=0,1,2,3,\cdots,n$ 的一种概率分布。

2. 二项分布服从二项式定理，一般通式为：

$$[(1-\pi)+\pi]^n$$
$$=\binom{n}{0}(1-\pi)^n+\binom{n}{1}(1-\pi)^{n-1}\pi+\binom{n}{2}(1-\pi)^{n-2}\pi^2+\cdots+\binom{n}{x}(1-\pi)^{n-x}\pi^x+\cdots+\binom{n}{n}\pi^n \tag{7-1}$$

$\binom{n}{x}=\dfrac{n!}{x!\,(n-x)!}$ 为二项系数

3. 二项分布的概率函数　在式(7-1)中，含 π^x 项为二项分布的概率函数即

$$P(x=k)=\binom{n}{k}(1-\pi)^{n-k}\pi^k \tag{7-2}$$

其意义是样本数为 n，阳性概率为 π 时，恰有 k 例阳性的概率。

4. 一般地，若一个随机变量 x，它的可能取值是 $0,1,2,3,\cdots,n$，且相应的取值概率满足式(7-2)，则称此随机变量 x 服从以 n、π 为参数的二项分布，记为 $x\sim B(n,\pi)$。

(3)本资料 $\pi=4.7\%=0.047$，$1-\pi=1-0.047=0.953$，$n=10$，代入式(7-1)，得：

$$(0.953+0.047)^{10}=\binom{10}{0}(0.953)^{10}+\binom{10}{1}(0.953)^{10-1}(0.047)^1+\binom{10}{2}(0.953)^{10-2}(0.047)^2$$
$$+\binom{10}{3}(0.953)^{10-3}(0.047)^3+\binom{10}{4}(0.953)^{10-4}(0.047^4+\binom{10}{5}(0.953)^{10-5}$$
$$\cdot(0.047)^5+\binom{10}{6}(0.953)^{10-6}(0.047)^6+\binom{10}{7}(0.953)^{10-7}(0.047)^7+\binom{10}{8}$$
$$\cdot(0.953)^{10-8}(0.047)^8+\binom{10}{9}(0.953)^{10-9}(0.047)^9+\binom{10}{10}(0.047)^{10}$$

从上式可以看出：

0 个停用的概率 $P(k=0)=\binom{10}{0}(0.953)^{10-0}(0.047)^{0}=6.179\times10^{-1}$

1 个停用的概率 $P(k=1)=\binom{10}{1}(0.953)^{10-1}(0.047)^{1}=3.047\times10^{-1}$

2 个停用的概率 $P(k=2)=\binom{10}{2}(0.953)^{10-2}(0.047)^{2}=6.763\times10^{-2}$

3 个停用的概率 $P(k=3)=\binom{10}{3}(0.953)^{10-3}(0.047)^{3}=8.895\times10^{-3}$

4 个停用的概率 $P(k=4)=\binom{10}{4}(0.953)^{10-4}(0.047)^{4}=7.677\times10^{-4}$

5 个停用的概率 $P(k=5)=\binom{10}{5}(0.953)^{10-5}(0.047)^{5}=4.543\times10^{-5}$

6 个停用的概率 $P(k=6)=\binom{10}{6}(0.953)^{10-6}(0.047)^{6}=1.867\times10^{-6}$

7 个停用的概率 $P(k=7)=\binom{10}{7}(0.953)^{10-7}(0.047)^{7}=5.262\times10^{-8}$

8 个停用的概率 $P(k=8)=\binom{10}{8}(0.953)^{10-8}(0.047)^{8}=9.732\times10^{-10}$

9 个停用的概率 $P(k=9)=\binom{10}{9}(0.953)^{10-9}(0.047)^{9}=1.067\times10^{-11}$

10 个停用的概率 $P(k=10)=\binom{10}{10}(0.953)^{10-10}(0.047)^{10}=5.260\times10^{-14}$

本例恰有 3 个停用的概率 $P(k=3)=\binom{10}{3}(0.047)^{3}(0.953)^{10-3}=8.895\times10^{-3}$

一、二项分布的应用条件

在医学卫生研究中，有很多随机事件均服从二项分布，如某指标检测结果的阳性与阴性、某非传染病治疗结果的有效与无效、某急性毒理试验中观察动物的生存与死亡、某病外科手术的成功与失败等。从例 7-1 中可以看出，二项分布的应用条件为：

(1) 每次试验的结果只有两种互相对立的可能结果之一(如阳性或者阴性)；

(2) 每次试验相互独立；

(3) 每次试验的条件不变，各次试验中出现阳性的概率均为 π。

二、二项分布的累计概率

【例 7-2】 例 7-1 中，求(1)最多有 1 个人停用的概率；(2)最少有 8 个人停用的概率。

【解答】

(1) 例 7-1 中，根据通式(7-1)所示，样本例数 n，阳性概率为 π 时，最多有 k 例停用的概率为

$$P(x\leqslant k)=\sum_{0}^{k}P(x) \tag{7-3}$$

本例中最多有一个停用的概率 $P(x\leqslant1)=P(x=0)+P(x=1)$

$$=\binom{10}{0}(0.953)^{10}+\binom{10}{1}(0.953)^{10-1}(0.047)^{1}$$

$$=6.179\times10^{-1}+3.047\times10^{-1}=9.226\times10^{-1}$$

(2) 例 7-1 中，根据通式(7-1)所示，样本例数 n，阳性概率为 π 时，最少有 k 阳性数的概率为

$$P(x\geqslant k)=\sum_{k}^{n}P(x) \tag{7-4}$$

本例最少有 8 个有效的概率 $P(x\geqslant8)=P(x=8)+P(x=9)+P(x=10)$

$$=\binom{10}{8}(0.953)^{10-8}(0.047)^{8}+\binom{10}{9}(0.953)^{10-9}(0.047)^{9}+\binom{10}{10}(0.047)^{10}$$

$$=9.732\times10^{-10}+1.067\times10^{-11}+5.260\times10^{-14}=9.839\times10^{-10}$$

【知识点 7-2】

1. 二项分布的应用条件为：

(1) 每次试验的结果只有两种互相对立的可能结果之一(如阳性或者阴性)；

(2) 每次试验相互独立；

(3) 每次试验的条件不变，各次试验中出现阳性的概率均为 π。

2. 二项分布的累计概率

(1) 样本例数 n，阳性概率为 π 时，最多有 k 例阳性数的概率为

$$P(x \leqslant k)=\sum_{0}^{k} P(x) \tag{7-3}$$

(2) 样本例数 n，阳性概率为 π 时，最少有 k 例阳性数的概率为

$$P(x \geqslant k)=\sum_{k}^{n} P(x) \tag{7-4}$$

三、二项分布的均数和标准差

【例 7-3】 为了解某市城区老年痴呆的患病率及其流行特征，随机抽取该市城区 26 个社区居委会的 60 岁及以上老年人 3229 名作为样本人群，共发现痴呆患者 64 例，求该市城区痴呆患病率的抽样误差 s_p。

【解答】 对于二项分布，如果每一次试验出现阳性结果的概率均为 π，进行 n 次独立重复试验，出现 x 次阳性结果，则 x 总体均数 μ 为：

$$\mu=n\pi \tag{7-5}$$

x 总体方差为
$$\sigma^2=n\pi(1-\pi) \tag{7-6}$$

x 总体标准差为
$$\sigma=\sqrt{n\pi(1-\pi)} \tag{7-7}$$

如果将阳性率记为 $p=\frac{x}{n}$，则 p 的总体均数与标准差可以由式(7-5)、式(7-7)分别除以 n 得到，见式(7-8)和式(7-9)。

$$\mu_p=\pi \tag{7-8}$$

$$\sigma_p=\sqrt{\frac{\pi(1-\pi)}{n}} \tag{7-9}$$

式中：σ_p 是率 p 的标准差，又称率的标准误，它反映阳性率的抽样误差的大小，率的标准误越小，则率的抽样误差越小，样本率的可靠性越高。当 π 未知时，用样本率 p 代替 π，率的标准误记为 s_p，其计算公式为：

$$s_p=\sqrt{\frac{p(1-p)}{n}} \tag{7-10}$$

本例 $n=3229$，$p=64/3229=0.0198$，按(7-10)式得

$$s_p=\sqrt{\frac{p(1-p)}{n}}=\sqrt{\frac{0.0198(1-0.0198)}{3229}}=0.00245=0.245\%$$

四、二项分布的图形特征

根据 n 和 π，按式(7-2)可计算出 x 的所有可能取值对应的概率 $P(x)$，以 x 为横轴，以 $P(x)$ 为纵轴，可绘制二项分布的图形(见图 7-1 和图 7-2)。

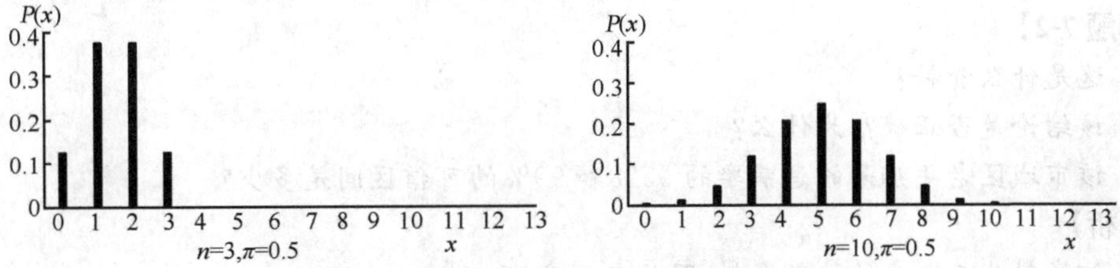

图 7-1　$\pi=0.5$ 时，不同 n 值对应的二项分布

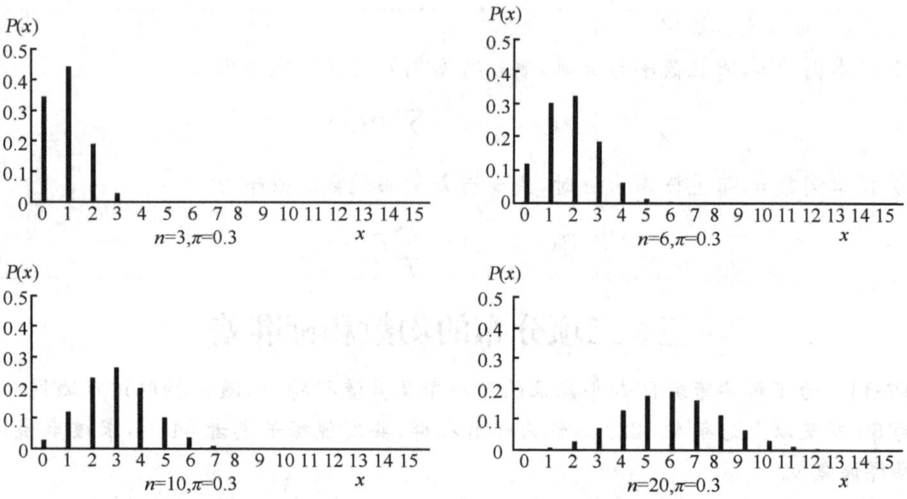

图 7-2 π=0.3 时,不同 n 值对应的二项分布

图 7-1 和图 7-2 给出了 $\pi=0.5$ 和 $\pi=0.3$ 时不同 n 值对应的二项分布图。由图可见,二项分布的图形呈离散型,图的形态取决于 π 与 n,高峰在 $\mu=n\pi$ 处。当 π 接近 0.5 时,图形是对称的;π 离 0.5 愈远,对称性愈差,但随着 n 的增大,分布趋于对称。当 $n\to\infty$时,只要 π 不太接近 0 或 1,特别是当 $n\pi$ 和 $n(1-\pi)$都大于 5 时,二项分布近似于正态分布。

【知识点 7-3】

1. 二项分布资料中,阳性数 x 的总体均数为 $\mu=n\pi$,x 的总体标准差为 $\sigma=\sqrt{n\pi(1-\pi)}$,阳性率 p 的标准误为 $s_p=\sqrt{\dfrac{p(1-p)}{n}}$。

2. s_p 表示率的抽样误差的大小,标准误越小,则抽样误差越小,样本率的可靠性越高,反之,样本率的可靠性就差。

3. 二项分布的图形呈离散型,当 $n\pi$ 或 $n(1-\pi)$ 小于 5 时呈偏态分布;当 $n\pi$ 与 $n(1-\pi)$ 均大于 5 时近似服从正态分布。

五、二项分布的应用

(一) 总体率的区间估计

1. 正态近似法

【例 7-4】 为了解某市城区老年痴呆的患病率及其流行特征,随机抽取该市城区 26 个社区居委会的 60 岁及以上老年人 3229 名作为样本人群,共发现痴呆患者 64 例,即该市城区老年痴呆的患病率为 1.98%。

【问题 7-2】

(1) 这是什么资料?

(2) 该结论是否正确? 为什么?

(3) 该市城区老年痴呆的患病率的 95%和 99%的可信区间是多少?

【分析】

(1) 该资料为二分类的计数资料,服从二项分布。

(2) 该结论不完全正确。研究者想通过抽样调查了解，但未考虑抽样误差，直接用样本率作为总体率的估计值。在抽样研究中，抽样误差是不可避免的。

(3) 总体率的估计类似于总体均数的估计，包括点估计和区间估计，点估计是直接用样本率来估计总体率。区间估计是根据样本提供的信息按预先给定的概率 $1-\alpha$（可信度）来估计总体率的可能所在范围。

在二项分布资料中，当 $n\pi$ 与 $n(1-\pi)$ 均大于5时，资料近似服从正态分布，可以按正态分布原理来估计总体率的 $1-\alpha$ 的可信区间，其公式为：

$$p \pm z_{\alpha}s_p \text{ 或}(p - z_{\alpha}s_p, p + z_{\alpha}s_p) \tag{7-11}$$

本例 $n=3229$，$p=\frac{64}{3229}=0.0198$

$$s_p=\sqrt{\frac{p(1-p)}{n}}=\sqrt{\frac{0.0198\times(1-0.0198)}{3229}}=0.00245$$

某市城区老年痴呆的患病率的95%可信区间为：

$$p \pm z_{0.05}s_p = p \pm 1.96s_p = 0.0198 \pm 1.96\times 0.000245 = 1.93\%\sim 2.02\%$$

即该95%可信区间为1.93%～2.02%。

某市城区老年痴呆的患病率的99%的可信区间为：

$$p \pm z_{0.01}s_p = p \pm 2.58s_p = 0.0198 \pm 2.58\times 0.000245 = 1.92\%\sim 2.04\%。$$

即某市城区老年痴呆的患病率的99%可信区间为1.92%～2.04%。

2. 查表法

【例7-5】 从某市城区社区居委会中随机抽取1小区，调查60岁以上丧偶的23名老人中，有2名老年痴呆患者，求该市城区60岁以上丧偶老人老年痴呆的患病率。

【解答】 在二项分布资料中，当 np 或 $n(1-p)$ 小于5时，资料呈偏态分布，不能按二项分布原理来估计总体率的 $1-\alpha$ 的可信区间，需要查附表6直接求可信区间。

本例 $n=23$，$x=2$，查附表6得某市城区60岁以上丧偶老人老年痴呆的患病率的95%可信区间为(1%，28%)。

【注意】 附表中 x 值只列出 $x\leqslant n/2$ 的部分，当 $x>n/2$ 时，可用 $n-x$ 查附表得总体阴性率的 $1-\alpha$ 的可信区间，然后再以1减去查得的区间即为所求阳性率的可信区间。

（二）样本率与总体率的比较

1. 直接计算概率法

【例7-6】 某地区育龄妇女原发不育症的患病率为4.76%，现随机抽取该地区某社区100名育龄妇女，有2名原发的不孕症患者，患病率为2.00%，因此，认为该社区的不孕症的患病率低于该地其他地区。

【问题7-3】

(1) 该结论是否正确？为什么？

(2) 如何正确分析？

【分析】

(1) 该结论是错误的，因为该地区某社区不孕症的患病率2.00%为样本率，存在抽样误差，不能直接与总体率比较。

(2) 应当对样本率与总体率进行假设检验后再下结论。样本率与总体率的假设检验主要是推断样本所代表的总体率 π 与一个已知的总体率 π_0 是否相等。根据二项分布的累计概率直接计算概率，做出统计推断。依题意，抽取100名育龄妇女，需要计算2人及2人以下患原发不育症的概率。

【检验步骤】

(1) 建立检验假设，确定检验水准

H_0:某地区某社区的不孕症的患病率与一般地区的患病率相同即 $\pi=\pi_0$

H_1:某地区某社区的不孕症的患病率低于一般地区的患病率即 $\pi<\pi_0$

单则 $\alpha=0.05$

(2) 计算 P 值，做出统计推断：根据公式(7-1)和(7-4)，已知 $n=100,\pi=0.0476,1-\pi=1-0.0476=0.9524,x=2$，则2人及2人以下患原发不育症的概率为：

$$P(x\leqslant 2)=\sum_{0}^{2}P(x)=P(x=0)+P(x=1)+P(x=2)$$
$$=\binom{100}{0}(0.0476)^0(0.9524)^{100}+\binom{100}{1}(0.0476)^1(0.9524)^{99}+\binom{100}{2}(0.0476)^2\cdot(0.9524)^{100}$$
$$=0.00762+0.03808+0.09422=0.13992$$

按 $\alpha=0.05$ 水准，不拒绝 H_0，差异无统计学意义($P=0.13992$)，尚不能认为某地区某社区的不孕症的患病率低于该地其他地区，即该地区某社区的不孕症的患病率与其他地区基本相同。结论与该医师的结论相反。

2. 正态近似法

【例 7-7】 60岁以上老人老年痴呆的患病率为2%，对390名丧偶老人调查发现，老年痴呆的患病率为3.35%，问丧偶的老人是否是老年痴呆的高危人群？

【分析】 本例 $n=390$，$p=0.0335$，$np=0.0335\times 390\approx 13$，$n(1-p)\approx 377$，即 np 与 $n(1-p)$ 均大于5时，满足正态近似的条件，可用 z 检验。计算 z 值的公式为：

$$z=\frac{p-\pi_0}{\sqrt{\frac{\pi_0(1-\pi_0)}{n}}} \tag{7-12}$$

【检验步骤】

(1) 建立检验假设，确定检验水准

H_0:丧偶的老人老年痴呆患病率与一般老人相同即 $\pi=\pi_0=2\%$

H_1:丧偶的老人老年痴呆患病率高于一般老人即 $\pi>\pi_0=2\%$

单则 $\alpha=0.05$

(2) 计算检验统计量 z 值：本例 $n=390,P=0.0335,\pi_0=0.02$

$$z=\frac{p-\pi_0}{\sqrt{\frac{\pi_0(1-\pi_0)}{n}}}=\frac{0.0335-0.02}{\sqrt{\frac{0.02\times(1-0.02)}{390}}}=1.9043$$

(3) 确定 P 值，做出统计推断结果：查附表2(t 界值表)，得 $0.10>P>0.05$。按 $\alpha=0.05$ 水准，不拒绝 H_0，差异无统计学意义($0.10>P>0.05$)，尚不能认为丧偶的老人老年痴呆患病率高于一般老人，即丧偶的老人不是老年痴呆的高危人群。

(三) 两样本率的比较

【例 7-8】 卡莫氟为第三代氟脲嘧啶类抗代谢抗肿瘤药物，具有抗瘤谱广的特点，为了解其对不同肿瘤疗效的差别，在为期1年半的临床试验中，共有320例胃癌患者接受了卡莫氟治疗，有88人有效，175名乳腺癌患者，有84人有效，问卡莫氟对乳腺癌的疗效是否不同于胃癌？

【分析】 同一药物治疗不同癌症有效率的比较属于两样本率的比较，目的是对两个总体率进行统计推断。两个样本率分别为 p_1 和 p_2，其总体率分别为 π_1 和 π_2。要推断两个样本率分别代表的两个总体率是否相同（$\pi_1=\pi_2$），可用两样本率的 z 检验。其计算公式如下：

$$z=\frac{p_1-p_2}{\sqrt{p_c(1-p_c)(1/n_1+1/n_2)}} \tag{7-13}$$

其中合并样本率　　$p_c=(x_1+x_2)/(n_1+n_2)$

【检验步骤】

(1) 建立检验假设，确定检验水准

H_0：卡莫氟对乳腺癌的疗效与胃癌相同，即 $\pi_1=\pi_2$

H_1：卡莫氟对乳腺癌的疗效与胃癌不同，即 $\pi_1\neq\pi_2$

$$\alpha=0.05$$

(2) 计算检验统计量 z 值

本例 $n_1=320, x_1=88, p_1=x_1/n_1=\frac{88}{320}=0.275=27.5\%$，

$n_2=175, x_2=84, p_2=x_2/n_2=\frac{84}{175}=0.48=48.0\%$

合并样本率

$$p_c=(x_1+x_2)/(n_1+n_2)=(88+84)/(320+175)=0.347=34.7\%$$

$$z=\frac{|p_1-p_2|}{\sqrt{p_c(1-p_c)(1/n_1+1/n_2)}}=\frac{|0.480-0.275|}{\sqrt{0.347(1-0.347)(1/320+1/175)}}=4.581$$

(3) 确定 P 值，做出统计推断结果：查附表 2（t 界值表），得 $P<0.001$。按 $\alpha=0.05$ 水准，拒绝 H_0，接受 H_1，差异有统计学意义（$P<0.001$），可以认为卡莫氟对乳腺癌的疗效与胃癌不同，即卡莫氟对乳腺癌的疗效优于胃癌。

【知识点 7-4】　二项分布的应用

1. 总体率的区间估计

(1) 正态近似法：当 np 与 $n(1-p)$ 均大于 5 时，资料近似服从正态分布，按正态分布原理来估计总体率的 $1-\alpha$ 的可信区间，其公式为：$p\pm z_\alpha s_p$。

(2) 查表法：当 np 或 $n(1-p)$ 小于 5 时，资料呈偏态分布，可查附表求总体率的可信区间。

2. 样本率与总体率的比较

(1)直接计算概率法：采用二项分布通式或累计概率函数直接计算概率。

(2)正态近似法：当 np 与 $n(1-p)$ 均大于 5 时，可用 z 检验，其公式为：

$$z=\frac{p-\pi_0}{\sqrt{\frac{\pi_0(1-\pi_0)}{n}}}$$

3. 两样本率的比较

两样本含量都足够大，可用 z 检验，其公式为：$z=\frac{p_1-p_2}{\sqrt{p_c(1-p_c)(1/n_1+1/n_2)}}$

第二节　Poisson 分布及其应用

一、Poisson 分布的概念

【例 7-9】　已知某地新生儿先天性心脏病的发病概率为 8‰，现从该地抽取 150 名新生儿，

问其中有5人患先天性心脏病的概率有多大？

【问题 7-4】

(1) 这是什么分布的资料？

(2) 如何计算？

笔记：

【分析】

(1) 新生儿先天性心脏病的发病概率 $\pi=8‰$，新生儿人数 $n=150$，因为发病概率 8‰较低，且新生儿先天心脏病发病为二分类，所以可以认为患先天性心脏病的人数近似地服从 Poisson 分布(Poisson distribution)。

Poisson 分布(Poisson distribution)是一种离散型分布，是二项分布的一种极限情况，由法国人 S. D. Poisson 首先提出。实际工作中，常用于描述医学上人群中出生缺陷、染色体异常、癌症等发病率很低的非传染性疾病的发病人数或患病人数的概率分布，也用于描述单位时间或单位空间内某罕见事件发生次数的概率分布。例如，颅内原发性肿瘤的年发病率为 7.8～12.5/10 万人，在我国为 4～90/10 万人，因肿瘤发病率很低，可以认为其服从 Poisson 分布。水样品中大肠杆菌数的分布、牛奶中细菌的分布、粉尘在观察容积内的分布、钉螺在自然界中的分布、放射性物质在一定时间内放射出质点数的分布等等均服从 Poisson 分布。

随机变量 x 服从二项分布，当 $n\to\infty$，$\pi\to 0$，二项分布的概率函数公式(7-2)成为 Poisson 分布的概率函数公式(7-14)。

$$P(x)=\frac{e^{-\mu}\mu^{x}}{x!}\quad x=0,1,2,3,\cdots \tag{7-14}$$

式中：$\mu=n\pi$ 为 Poisson 分布的总体均数，x 为观察单位内某稀有事件的发生次数；e 为自然对数的底，为常数，约等于 2.71828。Poisson 分布记为 $x\sim P(\mu)$。

Poisson 分布是二项分布的特例，其应用条件除二项分布的三个基本条件外，还要求 n 很大，π 接近于 0(如<0.05)。但若 n 次观察互不独立、发生概率不等，则不能看作 Poisson 分布。例如，传染性疾病首例出现后便成为传染源，会增加后续病例出现的概率；污染的牛奶中细菌成集落存在、钉螺在繁殖期成窝状散布等等，这些现象均不服从 Poisson 分布。

(2) 本例 $\mu=n\pi=150\times0.008=1.2$，按式(7-14)计算概率。

$$P(x=5)=\frac{e^{-1.2}1.2^{4}}{5!}=0.0062$$

该地抽取 150 名新生儿，其中有 5 人患先天性心脏病的概率为 6.2‰。

【知识点 7-5】

1. Poisson 分布是一种离散型分布，是二项分布的一种极限情况。

2. Poisson 分布是二项分布的特例，其应用条件除二项分布的三个基本条件外，还要求 n 很大，π 接近于 0。

3. 实际工作中，Poisson 分布用于描述单位时间或单位空间内某罕见事件发生次数的概率分布。

二、Poisson 分布的图形

已知 μ，按式(7-14)可计算出 x 的所有可能取值时的概率 $P(x)$，以 x 为横轴，以 $P(x)$为纵轴，可绘制 Poisson 分布的图形(见图 7-3)，Poisson 分布呈离散型分布。

由图 7-3 可见 Poisson 分布的图形形状完全取决于总体均数 μ 值的大小，当总体均数 $\mu<5$ 时为偏峰，μ 愈小分布愈偏，随着 μ 增大，分布趋向正态分布。

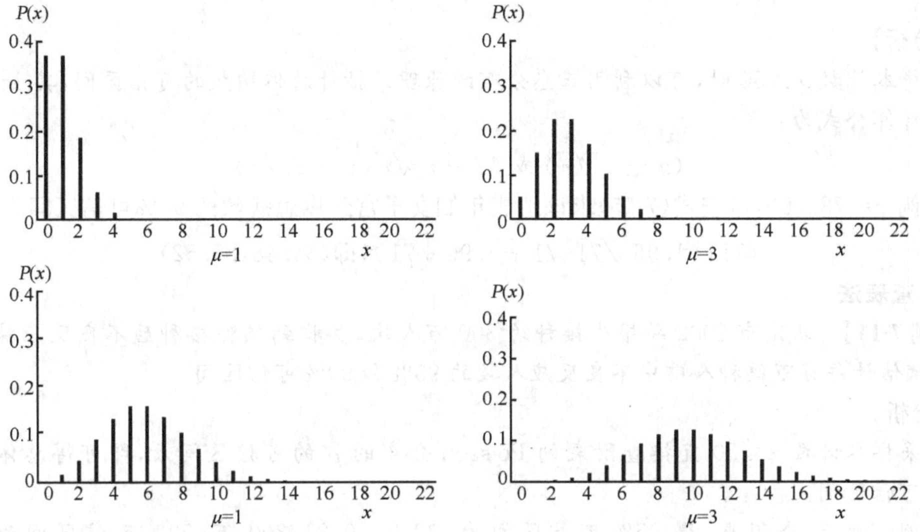

图 7-3　μ 取不同值时的 Poisson 分布图

三、Poisson 分布的性质

(1) Poisson 分布的总体均数与总体方差相等，即 $\mu=\sigma^2$。

(2) 当 n 很大，而 π 很小，并且 $n\pi=\mu$ 为常数时，二项分布近似服从 Poisson 分布。

(3) 当 μ 增大时，Poisson 分布渐近正态分布。一般在实际应用中，$\mu\geqslant 20$ 时，Poisson 分布的资料可按正态分布处理。

(4) Poisson 分布具有可加性。服从 Poisson 分布的 n 个互相独立的随机变量 x_1、x_2、x_3、…、x_n，其总和也服从 Poisson 分布，其均数也为这 n 个随机变量的均数之和。医学研究中常利用其可加性，将小的观察单位合并，来增大发生次数 x，以便用正态近似法作统计推断。如 1ml 的水中细菌分布呈偏态分布，20 个 1ml 的水中细菌分布则呈正态分布。

【知识点 7-6】

1. Poisson 分布呈离散型分布，其图形形状完全取决于总体均数 μ 值的大小，μ 愈小分布愈偏，随着 μ 增加，分布趋向正态分布。

2. Poisson 分布的性质

(1) Poisson 分布的总体均数与总体方差相等，即 $\mu=\sigma^2$。

(2) 当 n 很大，而 π 很小，并且 $n\pi=\mu$ 为常数时，二项分布近似 Poisson 分布。

(3) 当 μ 增大时，Poisson 分布渐近正态分布。一般在实际应用中，$\mu\geqslant 20$ 时，Poisson 分布的资料可按正态分布处理。

(4) Poisson 分布具有可加性。

四、Poisson 分布的应用

(一) 总体均数的区间估计

1. 正态近似法

【例 7-10】 耒宜高速公路 K253 至 K256 路段位于郴州至五里牌路段，2003 年至 2012 年，该路段共发生事故 300 起，死亡人数 71 人，试估计该地段 10 年的交通事故死亡人数 95% 的可信区间。

【分析】

当样本计数 $x>50$ 时，可以利用正态分布的原理来估计总体均数的可信区间，其 $1-\alpha$ 的可信区间计算公式为：

$$(x \pm z_\alpha \sqrt{x}) \text{ 或 } (x - z_\alpha \sqrt{x}, x + z_\alpha \sqrt{x}) \tag{7-15}$$

本例 $x=78>50$，可按式(7-15)求该地成年妇女子宫颈癌患病数的95%可信区间为：

$$(71-1.96\sqrt{71}, 71+1.96\sqrt{71})\text{，即}(54.48, 87.52)$$

2. 查表法

【例 7-11】 北京市 2002 年报告接种约 300 万人次，共收到预防接种后不良反应病例报告 45 例，试估计每百万接种人群中不良反应人数的 95%和 99%可信区间。

【分析】

如果样本计数 $x\leqslant 50$ 直接查附表的 Poisson 分布的 μ 的可信区间表，即可得总体均数的 $1-\alpha$ 的可信区间。

本例 $x=45$，查附表，得 95%可信区间为(32.8,60.2)/300 万；99%可信区间为(29.6, 65.3)/300 万。即每百万接种人群中不良反应人数的 95%可信区间为(10.93,20.07)/100 万，99%可信区间为(9.87,21.77)/100 万。

(二) 样本均数与总体均数的比较

1. 直接计算概率法

【例 7-12】 某市某年预防接种后不良反应发生率为 2/10 万。狂犬病疫苗接种了约 10 万人次，其中 3 人发生不良反应，问狂犬病疫苗接种不良反应率是否高于平均水平。

【分析】

当总体均数 $\mu<20$ 时，根据 Poisson 分布的原理直接计算概率，并依据小概率事件原理，作出统计推断。

【检验步骤】

(1) 建立检验假设，确定检验水准

H_0：狂犬病疫苗接种不良反应率与一般水平相同即 $\pi=\pi_0$，

H_1：狂犬病疫苗接种不良反应率高于一般水平即 $\pi>\pi_0$

单侧 $\alpha=0.05$

(2) 计算 P 值，做出统计推断：本例 $n=100000$，$\pi_0=2/10$ 万，$\mu=n\pi_0=100000\times 2/10$ 万$=$2，在 H_0 成立前提下，100000 名接种者中至少发生 3 例不良反应的概率为：

$$P(x\geqslant 3)=1-[P(0)+P(1)+P(2)]$$

$$P(0)=e^{-2}\frac{2^0}{0!}=0.135335283=0.1353$$

$$P(1)=e^{-2}\frac{2^1}{1!}=0.270670566=0.2707$$

$$P(2)=e^{-2}\frac{2^2}{2!}=0.270670566=0.2707$$

$$\begin{aligned}P(x\geqslant 3)&=1-[P(0)+P(1)+P(2)]\\&=1-[0.1353+0.2707+0.2707]=0.3233\end{aligned}$$

按 $\alpha=0.05$ 水准，不拒绝 H_0，差异无统计学意义($P=0.3233$)，尚不能认为狂犬病疫苗接种不良反应率高于平均水平。

2. 正态近似法

【例 7-13】 手术室空气的优劣直接影响到手术的质量和病人的生命安全，卫生部颁发的手术室空气环境卫生学标准<200cfu/m^3，现对普通手术中手术室的空气进行采样，每1立方米细菌数为217个，问该手术室环境是否符合国家标准。

【分析】 一毫升水源水中的细菌数服从Poisson分布。本例 $x=217$，$\mu_0=200>20$，可用正态近似 z 检验。z 检验用公式(7-16)计算 z 值。

$$z=\frac{x-\mu_0}{\sqrt{\mu_0}} \tag{7-16}$$

【检验步骤】

(1) 建立检验假设，确定检验水准

H_0：该手术室环境符合标准即 $\mu=\mu_0=200$，

H_1：该手术室环境不符合标准即 $\mu\neq\mu_0$

$\alpha=0.05$

(2) 计算检验统计量 z 值

$$z=\frac{x-\mu_0}{\sqrt{\mu_0}}=\frac{217-200}{\sqrt{200}}=1.202$$

(3) 确定 P 值，做出统计推断结果：查附表2(t 界值表)，得 $0.40>P>0.20$。按 $\alpha=0.05$ 水准，不拒绝 H_0，差异无统计学意义($0.40>P>0.20$)，尚不能认为该手术室环境不符合国家标准。

(三) 两个样本均数的比较

1. 观察单位(时间、面积、容积)相同

【例 7-14】 上海市2006年预防接种不良反应一般反应率为32.4/10万，2002年为26.6/10万，问2006年的不良反应率是否有所增加？

【分析】 两个样本均数的比较，目的在于推断两样本所代表的总体均数是否相同。在两样本观察单位(时间、面积、容积、人口数等)相同时，可用公式(7-17)进行 z 检验。

$$z=\frac{x_1-x_2}{\sqrt{x_1+x_2}} \tag{7-17}$$

【检验步骤】

(1) 建立检验假设，确定检验水准

H_0：2006年与2002年相比不良反应率相同即 $\mu_1=\mu_2$，

H_1：2006年与2002年相比的不良反应率有所增加即 $\mu_1>\mu_2$

单侧 $\alpha=0.05$

(2) 计算检验统计量 z 值

$$z=\frac{x_1-x_2}{\sqrt{x_1+x_2}}=\frac{32.4-26.6}{\sqrt{32.4+26.6}}=0.755$$

(3) 确定 P 值，做出统计推断结果：查附表2(t 界值表)，得 $0.50>P>0.40$。按 $\alpha=0.05$，不拒绝 H_0，差异无统计学意义($0.50>P>0.40$)，尚不能认为2006年与2002年相比不良反应率有所增加。

2. 观察单位(时间、面积、容积)不同

【例 7-15】 旅客业客房空气中细菌总数是反映空气卫生的一项重要指标。某疾控中心对所管辖的设有空调和自然通风客房空气中的细菌总数进行检测。空调状态下测定3次，每立方米细菌总数分别为 98、122、203，自然通风的条件下测定 2 次，分别为 138、179，试比较不同状态下室内细菌总数是否相同。

【分析】 本例客房空气中细菌总数服从 Possion 分布，但空调状态下测定 3 次($n_1=3$)，而自然通风的条件下测定 2 次($n_2=2$)，即两样本观察单位数不同。空调状态下 3 次共生长菌落数 $x_1=98+120+203=421$，自然通风的条件下 2 次共生长菌落数 $x_2=138+179=317$。选择式(7-18)来计算检验统计量。

$$z=\frac{\overline{x}_1-\overline{x}_2}{\sqrt{\frac{x_1}{n_1^2}+\frac{x_2}{n_2^2}}} \tag{7-18}$$

式中：n_1，n_2 为两样本观察单位数。

【检验步骤】

(1) 建立检验假设，确定检验水准

H_0：两种状态下菌落数相同即 $\mu_1=\mu_2$

H_1：两种状态下菌落数不同即 $\mu_1\neq\mu_2$

$\alpha=0.05$

(2) 计算检验统计量 z 值：本例菌落生长数服从 Possion 分布，但两种状态取样次数不同，分别是 3 次($n_1=3$)和 2 次($n_2=2$)，即两样本观察单位数不同。空调状态下 3 次共生长菌落数 $x_1=421$，自然通风转状态下 2 次共生长菌落数 $x_2=317$。可用式(7-18)来计算检验统计量 z 值。

$$z=\frac{\overline{x}_1-\overline{x}_2}{\sqrt{\frac{x_1}{n_1^2}-\frac{x_2}{n_2^2}}}\,\frac{\frac{421}{3}-\frac{317}{2}}{\sqrt{\frac{421}{3^2}+\frac{317}{2^2}}}=-1.618$$

(3) 确定 P 值，做出统计推断结果：查附表 2(t 界值表)，得 $0.20>P>0.10$。按 $\alpha=0.05$ 水准，不拒绝 H_0，差异无统计学意义($0.20>P>0.10$)，尚不能认为两种状态下室内菌落总数不同。

【知识点 7-7】 Possion 分布的应用

1. 总体均数的区间估计有正态近似法和查表法两种方法；

2. 样本均数与总体均数的假设检验

(1) 直接计算概率法：当总体均数 $\mu<20$ 时；

(2) 正态近似法：当 $\mu\geqslant 20$ 时，可用正态分布来近似。计算公式为：

$$z=\frac{x-\mu_0}{\sqrt{\mu_0}}$$

3. 两个样本均数的比较

(1) 观察单位(时间、面积、容积、人口数等)相同

$$z=\frac{x_1-x_2}{\sqrt{x_1+x_2}}$$

(2) 观察单位(时间、面积、容积、人口数等)不同

$$z=\frac{\overline{x}_1-\overline{x}_2}{\sqrt{\frac{x_1}{n_1^2}+\frac{x_2}{n_2^2}}}$$

思考练习

(一) 是非题(正确记“＋”,错误记“－”)

1. 如果变量类型为二分类时,对这类变量需按二项分布规律进行统计分析。　(　　)

2. 二项分布的标准差为 $\sigma=\sqrt{n\pi(1-\pi)}$ 。　(　　)

3. 从装有红、绿、蓝三种颜色的乒乓球各 500、300、200 只的暗箱中随机取出 10 个球,以 x 代表所取出球中的红色球数,则 x 服从二项分布 B(10,0.5)。　(　　)

4. 某地人群中高血压的患病率为 π,由该地区随机抽查 n 人,则样本患病率 $p=x/n$ 服从 $B(n,\pi)$。　(　　)

5. n 较大且 π 接近 1 时二项分布近似正态分布。　(　　)

6. Poisson 分布的均数和方差总是相等。　(　　)

7. Poisson 分布可视为二项分布的极限分布。　(　　)

8. 某研究者在某校抽查一年级 32 名同学,其中有 3 人超重,则该校一年级学生体重超标率可用 $p\pm z_{\alpha}s_{p}$ 估计其可信区间。　(　　)

9. Poisson 分布在 λ 较大时近似正态分布。　(　　)

10. Poisson 分布具有可加性。　(　　)

(二) 选择题(从 a ～e 中选出一个最佳答案)

1. 一般正常人群中血红蛋白含量分布属于________。

a. 二项分布　　b. Poisson 分布　　c. 对数正态分布

d. 正态分布　　e. 以上都不对

2. 100 例头痛患者采用针灸治疗,有效人数的分布属于________。

a. 二项分布　　b. Poisson 分布　　c. 对数正态分布

d. 正态分布　　e. 以上都不对

3. 医学上出现的遗传缺陷等发病率很低的非传染性疾病的分布符合________。

a. 二项分布　　b. Poisson 分布　　c. 对数正态分布

d. 正态分布　　e. 以上都不对

4. 二项分布的均数为________。

a. $n(1-n)p$　　b. $np(1-p)$　　c. np　　d. $n(1-p)$　　e. $(1-n)(1-p)$

5. 关于二项分布,下面不正确的描述是________。

a. 它为连续型随机变量的分布;

b. 它的图形当 $p=0.5$ 时是对称的,当 $p\neq0.5$ 时是非对称的,而当 n 愈大时非对称性愈不明显;

c. 二项分布的 $\mu=np$, $\sigma^2=npq$;

d. 二项分布只受成功事件概率 p 和试验次数 n 两个参数变化的影响。

e. 二项分布的各个观察对象的结果相互独立。

6. 在二项分布资料中,含量为 n 的样本中,至少有 x 例阳性的概率为________。

a. $F(x)=1-\sum_{x}^{\infty}P(x)$　　b. $Q(x)=1-\sum_{x}^{\infty}P(x)$　　c. $F(x)=1-\sum_{0}^{x}P(x)$

d. $Q(x)=1-\sum_{x}^{n}P(x)$　　e. 以上都不对

7. 测得某地区井水中细菌含量为 30000/L,据此估计该地区每毫升井水中细菌平均含量的 95%可信区间为________。

a. $30000 \pm 1.96\sqrt{30000}$　　b. $30 \pm 1.96\sqrt{30}$　　c. $1000 \pm 1.96\frac{\sqrt{30000}}{1000}$

d. $30 \pm 1.96\sqrt{30000}$　　e. $30000 \pm 1.96\sqrt{30}$

8. 某研究者在某地采用随机整群抽样的方法获得 1600 名青少年，调查其留守情况，得出留守率 20%，其留守率的标准误为________。

a. 10%　　b. 1%　　c. 0.1%　　d. 2%　　e. 以上都不对

9. 常规治疗急性气管炎的有效率为 70%，现某医师采用中西药结合急性气管炎 200 例，有效 170 人，有效率 85.0%，欲比较中西药治疗急性气管炎的疗效有无差别，应采用________。

a. $z=\frac{p-\pi_0}{\sqrt{\pi_0(1-\pi_0)/n}}$　　b. $z=\frac{p_1-p_2}{\sqrt{p_c(1-p_c)(1/n_1+1/n_2)}}$　　c. $z=\frac{x_1-x_2}{\sqrt{x_1+x_2}}$

d. $z=\frac{\bar{x}_1-\bar{x}_2}{\sqrt{x_1/n_1^2+x_2/n_2^2}}$　　e. $z=\frac{x-\mu_0}{\sqrt{\mu_0}}$

10. 某地以往每年平均出生染色体异常新生儿 0.5 名，现 3 年间共发现染色体异常新生儿 5 名，现要分析现在染色体异常新生儿的发生率是否高于以往，可采用下述何种公式？

a. $z=\frac{p-\pi_0}{\sqrt{\pi_0(1-\pi_0)/n}}$　　b. $z=\frac{x-\mu_0}{\sqrt{\mu_0}}$　　c. $P(x)=\binom{n}{x}(1-\pi)^{n-x}\pi^x$

d. $P(x)=\frac{e^{-\mu}\mu^x}{x!}$　　e. 以上都不对

(三) 应用分析题

1. 已知我国成人乙肝病毒表面抗原平均阳性率为 10%，现随机抽查某地区 10 位成人的血清，其中 3 人为阳性。该地区成人乙肝表面抗原阳性率是否高于全国平均水平？

2. 从某小学 2 年级随机抽取 30 名学生，发现有 23 名视力正常，试求该小学 2 年级视力正常率的 95%可信区间。

3. 一般地区育龄妇女原发不育症的患病率为 3.06%，随机抽样调查了某地区 2300 名育龄妇女中有 93 名原发的不孕症患者，问：(1)该地区的不孕症的患病率 95%的可信区间。(2)问该地区的不孕症的患病率与一般地区是否不同？

4. 某社区医生随机抽查某小学男生 140 人，其中患龋齿 76 人；女生 155 人，患龋齿 90 人，问该小学不同性别小学生患龋率有无差别。

5. 对甲、乙两种降压药进行临床疗效评价，将某时间段内入院的高血压病人随机分为两组，每组均为 100 人。甲药治疗组 80 位患者有效，乙药治疗组 50 位患者有效，两种降压药有效率有无差别？

6. 已知某地新生儿先天性心脏病的发病概率为 8‰，现从该地抽取 120 名新生儿，问其中有 4 人患先天性心脏病的概率有多大？

7. 某医生对某地居民的饮用水进行卫生学检测，随机抽查该饮用水样 1 ml，培养大肠杆菌 3 个，试估计该饮用水中平均每毫升所含大肠杆菌的 95%和 99%可信区间。

8 某研究者对某地 12000 名成年妇女进行了健康检查，发现其中有 78 名患子宫颈癌。试估计该地成年妇女子宫颈癌患病数的 95%可信区间。

9. 普通手术室手术中的空气进行采样，每 1 立方米细菌数为 317 个，在紫外线消毒后 30min 后，每 1 立方米空气细菌培养结果为 64 个，问紫外线照射对降低细菌数是否有效？

10. 甲、乙两地各抽样调查 1 万名妇女，结果甲地卵巢癌患病人数 100 人，乙地卵巢癌患病人数 80 人，请问甲乙两地妇女的卵巢癌患病率是否相同。

11. 某市疾控中心为比较两个游泳池被污染的情况是否相同，在甲池取 3 次水样，在乙池取 2 次水样，每次 10mL 作细菌培养，结果甲池水样菌落生长分别为 550、620、730 个，乙地水样菌落生长分别为 440、485 个，问两游泳池菌落数有无差别？

（李秀央　孔丽娅　王　山）

第八章　χ^2　检　验

第一节　完全随机设计四格表资料的 χ^2 检验

【例 8-1】　某医师为比较中药和西药治疗慢性气管炎的疗效，随机抽取 200 例慢性气管炎患者分成中药组和西药组，结果中药组治疗 100 例，有效 95 例，西药组治疗 100 例，有效 85 例。该医师采用成组 t 检验（有效＝1，无效＝0）进行假设检验，结果 $t=-2.378$，$P=0.018$，差异有统计学意义，故认为中西药治疗慢性气管炎的疗效有差别，中药疗效高于西药。

【问题 8-1】

笔记：

(1) 这是什么资料？

(2) 该资料属于何种设计方案？

(3) 该医师统计方法是否正确？为什么？

(4) 该资料应该用何种统计方法？其步骤如何？

【分析】　①该资料是按中西药疗效（有效、无效）分类的二分类资料，即计数资料。②随机抽取 200 例慢性气管炎患者分成西药组和中药组，属于完全随机设计方案。③该医师统计方法不正确。因为成组 t 检验用于推断两个总体均数有无差别，适用于正态或近似正态分布、方差齐性的计量资料，不能用于计数资料的比较。另外，该医师进行了计量资料的转换，虽然思路正确，但 1 和 0 的分布不呈正态分布，两组方差也不齐（$F=25.105$，$P<0.001$），不能用 t 检验。④该资料的目的是通过比较两样本率来推断它们分别代表的两个总体率有无差别，应用四格表资料的 χ^2 检验（chi-square test）。

首先，将所给资料列成表 8-1。

表 8-1　中西药治疗慢性气管炎患者有效率的比较

处理	有效	无效	合计	有效率(%)
中药	95(a)	5(b)	100($a+b$)	95.0
西药	85(c)	15(d)	100($c+d$)	85.0
合计	180($a+c$)	20($b+d$)	200(n)	90.0

表内 95(a)、5(b)、85(c)和 15(d)为 4 个基本数据，其余数据如行合计（n_R）、列合计（n_C）、总合计(n)及有效率等均可由这 4 个基本数据计算出来。基本数据的行数和列数均为 2 者，称为 2×2 列联表资料或四格表(fourfold table)资料；基本数据的行数或列数大于 2 者，称为 $R\times C$ 列联表资料或行×列表资料。

【检验步骤】

1. 建立检验假设，确定检验水准

H_0：中药和西药的有效率相同，即 $\pi_1=\pi_2=90.0\%$

H_1：中药和西药的有效率不同，即 $\pi_1\neq\pi_2$

$\alpha=0.05$

2. 计算检验统计量 χ^2 值

(1) 计算理论频数：假设 H_0 成立，即两种药物的有效率相同(90.0%)，理论上，中药组有效人数为 100×90.0%=90 人，无效人数为 100×(1−90.0%)=10 人；西药组有效人数为 100×90.0%=90 人，无效人数为 100×(1−90.0%)=10 人。90,10,90,10 称为理论频数(theoretical frequency)，简称理论数(T)，用公式 $T_{RC}=\frac{n_R n_C}{n}$ 计算，式中 T_{RC} 为第 R 行 C 列的理论频数，n_R 为相应的行合计，n_C 为相应的列合计。实际观测得到的数据 95、5、85 和 15 称为实际频数(actual frequency)，简称实际数(A)。在 H_0 成立时，实际频数(A)和理论频数(T)的差异不应该很大，如果实际频数(A)和理论频数(T)的差异很大，则 H_0 成立的可能性很小。

(2) 计算 χ^2 值：实际频数(A)和理论频数(T)构建了统计量 χ^2。χ^2 值反映实际频数(A)和理论频数(T)的符合程度。A 与 T 相差越大，则 $\sum(A-T)^2$ 的值越大，反之则越小。χ^2 检验的基本公式为

$$\chi^2=\sum\frac{(A-T)^2}{T} \tag{8-1}$$

$$\nu=(R-1)(C-1) \tag{8-2}$$

式(8-2)中，ν 为自由度；R 为行数；C 为列数。

将表 8-1 数据代入式(8-1)、式(8-2)，得

$$\chi^2=\frac{(95-90)^2}{90}+\frac{(5-10)^2}{10}+\frac{(85-90)^2}{90}+\frac{(15-10)^2}{10}=5.556$$

$$\nu=(2-1)(2-1)=1$$

3. 确定 P 值，做出统计推断 查附表 6(χ^2 界值表)，得 $\chi^2_{0.025,1}=5.02$，$\chi^2_{0.010,1}=6.63$，$0.025<P<0.010$，按 $\alpha=0.05$ 水准，拒绝 H_0，接受 H_1，差异有统计学意义，可认为两药的有效率不相等，中药疗效高于西药。

笔记：

如果将表 8-1 中的四个基本数据分别用 a、b、c、d 表示，则可用专用公式(8-3)计算 χ^2 值。

$$\chi^2=\frac{(ad-bc)^2 n}{(a+b)(c+d)(a+c)(b+d)} \tag{8-3}$$

按式(8-3) $\chi^2=\frac{(ad-bc)^2 n}{(a+b)(c+d)(a+c)(b+d)}=\frac{(95\times15-5\times85)^2\times200}{100\times100\times180\times20}=5.556$

计算结果与 SPSS 统计软件包计算结果($\chi^2=5.556$，$P=0.018$)一致。

【知识点 8-1】

1. χ^2 检验是一种以 χ^2 分布为基础，以 χ^2 值为检验统计量的计数资料的假设检验方法。
2. χ^2 值反映实际频数(A)和理论频数(T)的符合程度。
3. χ^2 检验主要用途：

(1) 推断两个或两个以上总体率(或构成比)之间有无差别；

(2) 两变量间有无相关关系；

(3) 检验频数分布的拟合优度。

4. χ^2 检验基本公式：$\chi^2=\sum\frac{(A-T)^2}{T}$
5. 四格表 χ^2 检验专用公式：如果四个实际基本数据用 a、b、c、d 表示，则 χ^2 值可以用专用公式计算。

$$\chi^2=\frac{(ad-bc)^2 n}{(a+b)(c+d)(a+c)(b+d)}$$

【例 8-2】 2014 年某医师用中药和西药治疗慢性胃炎病人 40 人，结果见表 8-2。

表 8-2 中药和西药治疗慢性胃炎病人有效率的比较

药物	有效	无效	合计	有效率(%)
中药	20(16.8)	8(11.2)	28	71.4
西药	4(7.2)	8(4.8)	12	33.3
合计	24	16	40	60.0

某医师认为这是完全随机设计的 2 组二分类资料，可用四格表的 χ^2 检验。其步骤如下：

1. 建立检验假设，确定检验水准

H_0：两药的有效率相等，即 $\pi_1=\pi_2$

H_1：两药的有效率不等，即 $\pi_1\neq\pi_2$

$\alpha=0.05$

2. 计算检验统计量 χ^2 值

(1) 计算理论频数：根据公式 $T_{RC}=\dfrac{n_R n_C}{n}$ 计算理论频数，填入表 8-2 的括号内。

(2) 计算 χ^2 值

$$\chi^2=\frac{(20-16.8)^2}{16.8}+\frac{(8-11.2)^2}{11.2}+\frac{(4-7.2)^2}{7.2}+\frac{(8-4.8)^2}{4.8}=5.079$$

$$v=(2-1)(2-1)=1$$

3. 确定 P 值，做出统计推断 查附表 6(χ^2 界值表)，得 $\chi^2_{0.025,1}=5.02$，$\chi^2_{0.010,1}=6.63$，$0.010<P<0.025$，按 $\alpha=0.05$ 水准，拒绝 H_0，接受 H_1，差异有统计学意义，可认为两药的有效率不等，中药疗效高于西药。

【问题 8-2】

笔记：

(1) 这是什么资料？

(2) 该资料属于何种设计方案？

(3) 该医师统计方法是否正确？为什么？

【分析】 ①中西药的疗效按有效和无效分类，该医师认为此资料是二分类资料即计数资料是正确的。②40 例患者随机分配到西药组和中药组，属于完全随机设计方案。③该医师用四格表 χ^2 检验是正确的，但计算 χ^2 值的公式不对。因为有一个理论频数($T_{22}=4.8$)小于 5 大于 1，应用连续性校正公式计算 χ^2 值。

式(8-4)和式(8-5)分别为 χ^2 检验基本公式和四格表专用公式的连续性校正公式。

$$\chi^2=\sum\frac{(|A-T|-0.5)^2}{T} \tag{8-4}$$

$$\chi^2=\frac{\left(|ad-bc|-\frac{n}{2}\right)^2 n}{(a+b)(c+d)(a+c)(b+d)} \tag{8-5}$$

将表 8-2 数据代入式(8-4)，得

$$\chi^2=\frac{(|20-16.8|-0.5)^2}{16.8}+\frac{(|8-11.2|-0.5)^2}{11.2}+\frac{(|4-7.2|-0.5)^2}{7.2}+\frac{(|8-4.8|-0.5)^2}{4.8}$$
$$=3.616$$

$$\nu=(2-1)(2-1)=1$$

查附表 6(χ^2 界值表)，得 $\chi^2_{0.100,1}=2.71$，$\chi^2_{0.050,1}=3.84$，$0.100>P>0.050$，按 $\alpha=0.05$ 水准，不拒绝 H_0，差异无统计学意义，尚不能认为两药的有效率不相同，中药疗效与西药疗效基本相同。结论与前述相反。

【知识点 8-2】　　**χ^2 分布**

χ^2 分布是一种连续型随机变量的概率分布。若 k 个随机变量 z_1、……、z_k 相互独立，且服从标准正态分布，则随机变量 x 被称为服从自由度为 k 的 χ^2 分布，记作 $x-\chi^2(k)$。

$$x=\sum_{n=1}^{k} z_n^2$$

χ^2 分布的概率密度曲线见图 8-1，随着 ν 逐渐增大，χ^2 分布逐渐趋向正态分布。

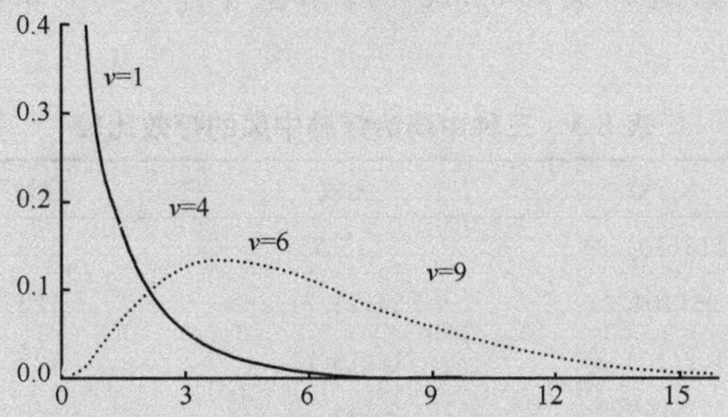

图 8-1　若干 χ^2 分布的概率密度曲线

【知识点 8-3】

1. 四格表 χ^2 检验的连续性校正

由于 χ^2 分布是一种连续性分布，附表 8 中 χ^2 界值是根据此连续性分布的理论公式计算出来的，但两个或多个率比较的原始数据却属定性资料，是不连续的，故式(8-1)和(8-3)只是一个近似计算公式。当样本含量较小时，计算出来的 χ^2 值往往偏大，相应的 P 值偏小，从而人为地增加了犯第 I 类错误的机会。为纠正这种偏性，可采用连续性校正 χ^2。

2. 四格表 χ^2 检验的注意事项

(1) 当 $n \geqslant 40, T \geqslant 5$ 时，用四格表 χ^2 检验的基本公式或专用公式计算 χ^2 值。

(2) 当 $n \geqslant 40, 1 \leqslant T < 5$ 时，需要用校正公式计算 χ^2 值。

(3) 当 $n < 40$ 或 $T < 1$ 时，不宜计算 χ^2 值，需采用四格表确切概率法直接计算概率。

【知识点 8-4】　　**四格表 χ^2 检验的基本步骤**

1. 建立检验假设，确定检验水准

H_0：两总体率相等，即 $\pi_1=\pi_2$

H_1：两总体率不等，即 $\pi_1 \neq \pi_2$

$\alpha=0.05$

2. 计算检验统计量 χ^2 值

(1) 计算理论频数：$T_{RC}=\dfrac{n_R n_C}{n}$

(2) 计算 χ^2 值：根据 n 值和 T 值采用相应的公式。

3. 确定 P 值，做出统计推断

如果 $P>0.05$，不拒绝 H_0，差异无统计学意义，尚不能认为两总体率不同；

如果 $P \leqslant 0.05$，拒绝 H_0，接受 H_1，差异有统计学意义，可认为两总体率不同。

第二节 完全随机设计行×列表资料的 χ^2 检验

【例 8-3】 2014 年某医师在研究中药治疗脑中风的疗效中，采用血塞通片、灯盏花素片、银杏叶片治疗脑中风患者 360 例，结果见表 8-3。，该医师采用行×列表资料的 χ^2 检验比较 3 种中药治疗脑中风的有效率，得 $\chi^2=13.851$，$P<0.001$，差异有统计学意义，故认为 3 种中药治疗流感的疗效都不相同，血塞通片最好（95.8%），银杏叶片次之（85.0%），灯盏花素片最差（80.0%）。

表 8-3 三种中药治疗脑中风的疗效比较

组别	有效	无效	合计	有效率(%)
血塞通片	115(104.3)	5(15.7)	120	95.8
灯盏花素片	96(104.3)	24(15.7)	120	80.0
银杏叶片	102(104.3)	18(15.7)	120	85.0
合计	313	47	360	86.9

【问题 8-3】

笔记：

(1) 该资料是什么资料？

(2) 该研究是什么设计？

(3) 统计分析的目的是什么？统计方法是否正确？

【分析】 ①该资料是 3 组二分类资料。②研究设计为完全随机设计。③统计分析的目的是比较 3 种中药治疗脑中风有效率有无差别，该医师采用行×列表资料的 χ^2 检验进行假设检验是正确的。因为行×列表资料 χ^2 检验的主要用途是推断两个以上的样本率（或样本构成比）之间的差异有无统计学意义，两个分类变量之间有无相关关系。但是，该医师所得的 χ^2 检验结果，只能认为 3 种中药的有效率不全相同，尚不能认为都不相同。如果要看每两个有效率之间有无差异，需要进一步作两两比较。

行×列表资料 χ^2 检验的正确做法如下：

【检验步骤】

1. 建立检验假设，确定检验水准

H_0：3 种中药治疗脑中风的有效率相同，即 $\pi_1=\pi_2=\pi_3$

H_1：3 种中药治疗脑中风的有效率不全相同，即 π_1，π_2，π_3 不全相同

$\alpha=0.05$

【注意】 备择假设 H_1 为零假设 H_0 的对立假设，与之对立的情况包括 $\pi_1\neq\pi_2\neq\pi_3$、$\pi_1\neq\pi_2$、$\pi_1\neq\pi_3$ 或 $\pi_2\neq\pi_3$ 四种，即至少有两个总体率不等，因此 H_1 应包括以上所有四种情况，即各总体有效率不全相等。

2. 计算检验统计量 χ^2 值

(1) 计算理论频数：根据公式 $T_{RC}=n_R n_C/n$ 计算理论频数，填入表 8-3 的括号内。

(2) 计算 χ^2 值：行×列表 χ^2 检验的专用公式为式(8-6)，与 χ^2 检验基本公式(8-1)等价，但计算更为简便。

$$\chi^2=n\left(\sum\frac{A^2}{n_R n_C}-1\right) \tag{8-6}$$

将表 8-3 数据代入式(8-6)，得

$$\chi^2 = 360\left(\frac{115^2}{120\times 313}+\frac{5^2}{120\times 47}+\frac{96^2}{120\times 313}+\frac{24^2}{120\times 47}+\frac{102^2}{120\times 313}+\frac{18^2}{120\times 47}-1\right)=13.851$$

$$\nu=(3-1)(2-1)=2$$

3. 确定 P 值,做出统计推断 查附表 8(χ^2 界值表),得 $\chi^2_{0.005,2}=10.60$,$P<0.005$,按 $\alpha=0.05$ 水准,拒绝 H_0,接受 H_1,差异有统计学意义,可认为 3 种中药治疗脑中风的有效率不全相同。3 种中药治疗脑中风有效率之间的两两比较结果见表 8-4,除灯盏花素片与银杏叶片有效率之间的差异无统计学意义外,其余两两之间的差异均有统计学意义,可认为血塞通片疗效优于灯盏花素片和银杏叶片,而灯盏花素片与银杏叶片的疗效基本相同。(**这与该医师所得结论不同**)

表 8-4 三种中药治疗脑中风有效率之间的两两比较

对比组	四格表 χ^2 值	P	检验水准调整值 α'	检验结果
血塞通片与灯盏花素片	14.159	<0.001	0.017	*
血塞通片与银杏叶片	8.127	0.004	0.017	*
灯盏花素片与银杏叶片	1.039	0.308	0.017	—

注:表中"*"表示差异有统计学意义,"—"表示差异无统计学意义

在用行×列表 χ^2 检验进行统计比较时,还应注意其对资料的要求,即适用条件。

【知识点 8-5】 行×列表资料 χ^2 检验的注意事项

1. 行×列表 χ^2 检验允许有 1/5 的基本格子理论频数小于 5 大于 1,但不能有理论频数小于 1。

2. 如果有 1/5 以上格子的理论频数小于 5 大于 1,或有 1 个格子的理论频数小于 1,可采用以下处理办法:

(1) 增加样本含量:可以增大理论频数。

(2) 将理论频数太小的行或列与性质相近的邻行或邻列中的实际频数合并:合并后可以产生较大的理论频数,但要注意相邻类别合并的合理性,合并后要有实际意义,合并后自由度应作相应调整。

(3) 删去理论频数太小的格子所对应的行或列。

后两种方法将会损失部分信息,也可能破坏样本的随机性,因此,研究设计时应考虑足够的样本含量。

【知识点 8-6】 行×列表资料 χ^2 检验的两两比较

1. 进行多个样本率(或构成比)比较的 χ^2 检验,拒绝检验假设时,只能认为各总体率(或构成比)总的有差别,而不能认为每两组之间都有差异。如果需要知道各组之间是否不同,需要进一步进行组间的两两比较。

2. 常用的方法:将多个样本率(或构成比)拆分为若干个 $2\times C$ 表进行 χ^2 检验。为减小犯 I 类错误的概率,需要调整检验水准 α。计算方法:

$$\alpha'=\frac{\alpha}{比较次数} \text{ 或 } \alpha'=\frac{2\alpha}{k(k-1)}$$

式中,k 为比较的样本组数。

例如,表 8-3 中 3 个样本率之间的两两比较,需比较三次,$\alpha'=0.05/3=0.0167$,即每个四格表 χ^2 检验的 $\alpha'=0.017$。

【例 8-4】 某医师研究胃癌患者和正常人血型构成是否不同，随机抽取住院胃癌患者 150 例，采用 1∶1 对照随机抽取门诊体检正常人 150 例，测得两组血型构成分布资料见表 8-5，问胃癌患者和正常人血型构成分布有无差异？

表 8-5 胃癌患者和正常人血型构成分布比较

组别	血型				合计
	A	B	O	AB	
胃癌组	43	40	42	25	150
正常人组	46	38	40	26	150
合计	89	78	82	51	300

【分析】 该资料为完全随机设计的两组构成比资料，目的是比较胃癌患者和正常人血型构成分布是否不同，可用行×列表资料的 χ^2 检验进行分析。

【检验步骤】

1. 建立检验假设，确定检验水准

H_0：胃癌患者和正常人血型构成分布相同

H_1：胃癌患者和正常人血型构成分布不同

$\alpha=0.05$

2. 计算检验统计量 χ^2 值

(1) 计算理论频数：本例的最小理论频数 $T\min=25.5$。

(2) 计算 χ^2 值：将表 8-5 数据代入式(8-6)，得

$$\chi^2=300\left(\frac{43^2}{150\times 89}+\frac{40^2}{150\times 78}+\frac{42^2}{150\times 82}+\frac{25^2}{150\times 51}+\cdots\cdots+\frac{26^2}{150\times 51}-1\right)=0.221$$

$$\nu=(2-1)(4-1)=3$$

3. 确定 P 值，做出统计推断 查附表 8（χ^2 界值表），得 $\chi^2_{0.975,3}=0.22$，$\chi^2_{0.950,3}=0.35$，$0.950<P<0.975$，按 $\alpha=0.05$ 水准，不拒绝 H_0，差异无统计学意义，尚不能认为胃癌患者和正常人血型构成分布不同。

【例 8-5】 某医师研究某中药治疗不同分级高血压疗效，结果资料见表 8-6。问不同分级高血压的疗效是否不同？

表 8-6 某中药治疗不同分期高血压的疗效比较

分级	有效	无效	合计	有效率(%)
Ⅰ级(轻度)	105	5	110	95.5
Ⅱ级(中度)	113	13	126	87.3
Ⅲ级(重度)	102	18	120	85.0
合计	320	36	356	89.9

【分析】 该资料为完全随机设计多组比较，其分组变量（高血压分级）为等级资料，但分析变量（疗效为有效与无效）为两分类资料，所以可以用行×列表资料的 χ^2 检验进行比较。

【检验步骤】

1. 建立检验假设，确定检验水准

H_0：不同分级高血压的有效率相等。

H_1：不同分级高血压的有效率不全相等。

$\alpha=0.05$

2. 计算检验统计量 χ^2 值

(1) 计算理论频数:本例的最小理论频数 $T\min=11.12$

(2) 计算 χ^2 值将表 8-6 数据代入式(8-6),得

$$\chi^2=356\left(\frac{105^2}{110\times320}+\frac{5^2}{110\times36}+\frac{113^2}{126\times320}+\frac{13^2}{126\times36}+\frac{102^2}{120\times320}+\frac{18^2}{120\times36}-1\right)=6.910$$

$$\nu=(3-1)(2-1)=2$$

3. 确定 P 值,做出统计推断 查附表 6(χ^2 界值表),得 $\chi^2_{0.050,2}=5.99$,$\chi^2_{0.025,2}=7.38$,$0.025<P<0.05$,按 $\alpha=0.05$ 水准,拒绝 H_0,接受 H_1,差异有统计学意义,可认为该中药治疗不同分级高血压疗效不全相等。进一步两两比较,该中药治疗高血压 1 级和 3 级有效率差异有统计学意义($P=0.008$),其余两两之间比较差异无统计学意义($P\geqslant0.096$),该中药治疗高血压 1 级的疗效优于高血压 2 级和 3 级。

【例 8-6】 某医师用复方黄精片治疗不同类型的糖尿病,其中Ⅰ型糖尿病 100 例,Ⅱ型糖尿病 100 例,治疗结果见表 8-7。该医师对此资料采用行×列 χ^2 检验,得 $\chi^2=7.287$,$P=0.063$,差异无统计学意义,故认为复方黄精片对不同类型糖尿病的疗效分布无差别。

表 8-7 复方黄精片治疗不同类型糖尿病的疗效比较

糖尿病类型	治愈	显效	有效	无效	合计
Ⅰ型糖尿病	17	28	30	25	100
Ⅱ型糖尿病	30	32	23	15	100
合计	47	60	53	40	200

【问题 8-4】

(1) 该研究是什么设计?

(2) 统计分析的目的是什么?统计方法是否正确?

笔记:

【分析】 ①该资料为完全随机设计方案。②欲比较两组的疗效是否有差别,其比较的结局变量(分析变量)是等级资料,为单向有序分类资料。用 χ^2 检验不妥,因为如果对其中的两列不同疗效的数值进行调换,χ^2 值不会有变化,但秩和检验与 Ridit 分析统计量有变化,所以该资料应该采用利用等级信息较好的秩和检验或 Ridit 分析。(经秩和检验,结果为 $z=-2.682$,$P=0.007$,差异有统计学意义。**该结论与上述结论相反。**)

【例 8-7】 某医师研究慢性胃炎患者精神紧张程度对病情程度的影响,把 300 例患者资料归纳如表 8-8。试分析慢性胃炎患者病情程度与精神紧张程度之间有无相关性。

表 8-8 不同精神紧张程度慢性胃炎患者的病情程度分布

精神紧张程度	病情程度			合计
	轻度	中度	重度	
轻度	35	35	20	90
中度	25	50	35	110
重度	20	35	45	100
合计	80	120	100	300

【分析】 ①该资料为不同精神紧张程度慢性胃炎患者的病情程度分布情况,为多分类的双向有序等级资料。②该设计为同一受试对象用两种分类方法进行观察,属于自身配对设计方案。③该医师的目的是分析慢性胃炎患者病情程度与精神紧张程度之间有无相关性,宜采用行×列表 χ^2 检验。

【检验步骤】

1. 建立检验假设,确定检验水准

H_0:慢性胃炎患者病情程度与精神紧张程度之间无相关关系。

H_1:慢性胃炎患者病情程度与精神紧张程度之间有相关关系。

$\alpha=0.05$

2. 计算检验统计量 χ^2 值

(1) 计算理论频数本例的最小理论频数 $T\min=10.45$

(2) 计算 χ^2 值将表 8-8 数据代入式(8-6),得

$$\chi^2=300\left(\frac{35^2}{90\times 80}+\frac{35^2}{90\times 120}+\frac{20^2}{90\times 100}+\frac{25^2}{110\times 80}+\frac{50^2}{110\times 120}+\cdots\cdots+\frac{45^2}{100\times 100}-1\right)$$

$$=16.312$$

$$\nu=(3-1)(3-1)=4$$

3. 确定 P 值,做出统计推断 查附表 6(χ^2 界值表),得 $\chi^2_{0.005,4}=14.86$,$P<0.005$,按 $\alpha=0.05$ 水准,拒绝 H_0,接受 H_1,差异有统计学意义,可认为慢性胃炎患者病情程度与精神紧张程度之间有相关关系,慢性胃炎患者病情程度有随精神紧张程度增加而加重的趋势。此时,进一步计算列联系数。列联系数计算公式为:

$$r=\sqrt{\frac{\chi^2}{\chi^2+n}} \tag{8-7}$$

将本例数据代入式(8-7)得 $r=\sqrt{\dfrac{16.312}{16.312+300}}=0.227$

【知识点 8-7】

1. 对于单向有序的多分类资料,行×列表 χ^2 检验仅比较各组的构成比是否相同,没有利用等级信息,因此,在对等级资料进行统计比较时,常用秩和检验或 Ridit 分析。

2. 对于双向有序分类资料,行×列表 χ^2 检验可以分析两个事物或两个变量之间有无相关关系。

第三节 配对 χ^2 检验

【例 8-8】 某医院采用甲乙两种方法测定 100 例恶性肿瘤患者体内 bcl-2 基因表达阳性率,甲法测定阳性率为 80.0%,乙法测定阳性率为 60.0%,两种方法一致测定阳性率为 50.0%。为比较甲乙两种方法的测定阳性率是否有差异,该医生首先将资料整理为表 8-9。然后采用四格表 χ^2 检验进行假设检验,得 $\chi^2=9.524$,$P=0.002$,差异有统计学意义,故认为甲乙两种方法的测定结果有差别,甲法测定阳性率较高。

【问题 8-5】

笔记:

(1) 这是什么资料?

(2) 该资料属于何种设计方案?

(3) 该医师统计方法是否正确? 为什么?

(4) 资料应采用何种方法？其步骤如何？

表 8-9　两种方法测定结果比较

测定方法	阳性数	阴性数	合计	阳性率(%)
甲法	80	20	100	80.0
乙法	60	40	100	60.0
合计	140	60	200	70.0

【分析】 ①该资料是按两种方法测定结果(阳性、阴性)分类的计数资料。②该设计为同一受试对象接受两种不同的处理,属于自身配对设计方案。③该医师用完全随机设计资料的四格表 χ^2 检验分析配对设计资料,其统计表和统计方法均不正确。④比较甲乙两种方法测定结果的阳性率是否有差别,应采用配对 χ^2 检验(或 McNemar 检验)。

现将资料整理为配对计数资料的四格表,见表 8-9。该实验结果表明:甲$_+$乙$_+$为 a,甲$_+$乙$_-$为 b,甲$_-$乙$_+$为 c,甲$_-$乙$_-$为 d,由于甲乙两法一致阳性数 a 和一致阴性数 d 相同,如果要比较甲乙两法何者为优,只要比较 b 和 c 即可,采用配对 χ^2 检验(或 McNemar 检验);如果要了解甲乙两法测定结果之间有无相关关系,则要考虑 a、b、c、d,采用普通四格表 χ^2 检验。

配对 χ^2 检验专用公式为

$$\chi^2=\frac{(b-c)^2}{b+c} \tag{8-8}$$

若 $b+c<40$,应该对式(8-8)进行校正,校正公式为

$$\chi^2=\frac{(|b-c|-1)^2}{b+c} \tag{8-9}$$

表 8-10　两种方法测定结果比较

甲法	乙法 +	乙法 −	合计
+	50(a)	30(b)	80
−	10(c)	10(d)	20
合计	60	40	100

【检验步骤】

1. 建立检验假设,确定检验水准

H_0:两种方法测定的阳性率相同,即 $B=C$

H_1:两种方法测定的阳性率不同,即 $B\neq C$

$\alpha=0.05$

2. 计算检验统计量 χ^2 值　对于表 8-10 数据,因为 $b+c=25+10=35<40$,按式(8-9)计算

$$\chi^2=\frac{(|30-10|-1)^2}{30+10}=9.025$$

$$\nu=(2-1)(2-1)=1$$

3. 确定 P 值,做出统计推断　查附表 6(χ^2 界值表),得 $\chi^2_{0.005,1}=7.88$,$P<0.005$,按 $\alpha=0.05$ 水准,拒绝 H_0,接受 H_1,差异有统计学意义,可认为甲乙两种方法的测定结果有差别,甲法测定阳性率较高。

【例 8-9】 对例 8-8 资料中甲乙两种方法的测定结果进行相关分析。

【分析】 为了解甲乙两种方法的测定结果之间是否有相关性，需作两种属性的相关性分析，采用四格表 χ^2 检验的专用公式对表 8-10 中的数据进行计算。

【检验步骤】

1. 建立检验假设，确定检验水准

H_0：两种方法的测定结果之间无相关。

H_1：两种方法的测定结果之间有相关。

$\alpha=0.05$

2. 计算检验统计量 χ^2 值

(1) 计算理论频数本例的最小理论频数 $T\min=8$

(2) 计算 χ^2 值将表 8-10 数据代入式(8-3)，得

$$\chi^2=\frac{(50\times 10-30\times 10)^2\times 100}{80\times 20\times 60\times 40}=1.042$$

$$\nu=(2-1)(2-1)=1$$

3. 确定 P 值，做出统计推断 查附表 6(χ^2 界值表)，得 $\chi^2_{0.500,1}=0.45$，$\chi^2_{0.250,1}=1.32$，$0.500>P>0.250$，按 $\alpha=0.05$ 水准，不拒绝 H_0，差异无统计学意义，尚不能认为甲乙两种方法的测定结果之间有相关关系。

【知识点 8-8】

1. 计数资料的配对设计方法：将同一个样本的每个观察单位同时按两种处理因素的 2 个或多个水平分组。可用于两种处理因素的优劣检验和相关性分析。

2. 对配对设计的四格表资料，若比较两种因素间有无差别，应采用配对 α^2 检验，也称为 McNemar 检验。当 $b+c>40$，采用式(8-8)；当 $b+c<40$，采用式(8-9)。

3. 配对设计四格表和行×列表资料的相关性分析，可分别采用其相应的专用公式，但一定要将资料整理为配对设计的表格形式。两种处理因素之间有相关性，还需进一步计算列联系数。

第四节 四格表的确切概率法

【例 8-10】 为比较中西药治疗脑梗死的疗效，某医师将 35 例脑梗死患者随机分成两组，分别给予中药和西药治疗，结果见表 8-11。经 χ^2 检验，得连续性校正 $\chi^2=2.839$，$P=0.092$，差异无统计学意义，故认为中西药治疗脑梗死的疗效基本相同。

表 8-11 两种药物治疗急性脑梗死的疗效比较

药物	有效	无效	合计	有效率(%)
中药	18(14.86)	2(5.14)	20	90.0
西药	9(11.14)	6(3.86)	15	60.0
合计	27	8	35	77.1

【问题 8-6】

(1) 这是什么资料？

(2) 该资料属于何种设计方案？

(3) 该医师统计方法是否正确？为什么？

笔记：

【分析】 ①该资料是按中西药的治疗结果(有效、无效)分类的计数资料。②35 例患者随机分配到中药组和西药组，属于完全随机设计方案。③患者总例数 $n=35<40$，该医师用 χ^2 检验是不正确的。当 $n<40$ 或 $T<1$ 时，不宜计算 χ^2 值，需采用四格表确切概率法(exact probabilities in

2×2 table)直接计算概率。因中药的有效率比西药高得多,不可能比西药低,故应该用单侧检验。

【检验步骤】

1. 建立检验假设,确定检验水准

H_0:中药和西药的有效率相等,即 $\pi_1=\pi_2$

H_1:中药和西药的有效率不等,即 $\pi_1\neq\pi_2$

单侧 $\alpha=0.05$

2. 计算样本 $|p_1-p_2|$ 本例样本 $|p_1-p_2|=90.0\%-60.0\%=30.0\%$

3. 计算概率 在四格表的周边合计不变的条件下,变动四个基本数据,列出所有各种组合的四格表(组合数等于最小周边合计数加1个),一般选用行合计与列合计均为最小的那个格子,从0开始,依次增加1,直到该格子的观测频数等于最小周边合计数。采用式(8-10)直接计算表内四个数据的各种组合之概率,再计算等于及大于样本 $|p_1-p_2|$ 的各四格表格的累计概率,双侧检验取两侧累计概率,单侧检验只取一侧累计概率。

$$P=\frac{(a+b)!\,(c+d)!\,(a+c)!\,(b+d)!}{a!\,b!\,c!\,d!\,n!} \tag{8-10}$$

式(8-10)中 a、b、c、d 为四格表的实际频数,n 为总例数,! 为阶乘符号。

本例最小周边合计为9,可列出10个四格表,按式(8-10)分别求出各个四格表的概率,具体如表8-12。

表 8-12 Fisher 确切概率法计算表(四格表周边合计不变时的不同组合)

序号	有效	无效	p_1(%)	p_2(%)	p_1-p_2(%)	P
1	20	0	100.0	46.7	53.3	0.0003
	7	8				
2	19	1	95.0	53.3	41.7	0.0055
	8	7				
3*	18	2	90.0	60.0	30.0	0.0404
	9	6				
4	17	3	85.0	66.7	18.3	0.1455
	10	5				
5	16	4	80.0	73.3	6.7	0.2810
	11	4				
6	15	5	75.0	80.0	−5.0	0.2997
	12	3				
7	14	6	70.0	76.9	−6.9	0.1729
	13	2				
8	13	7	65.0	93.3	−28.3	0.0494
	14	1				
9	12	8	60.0	100.0	−40.0	0.0054
	15	0				

*上表中序号为3的四格表为表8-11资料

熟能通其窍，精能尽其妙。
——[唐]杜甫

本例四格表两样本率的差别为30.0%，凡是比当前四格表更极端的情况都应该考虑进去，因为这些极端情况在 H_0 条件下都可能发生，其概率是支持 H_0 的。本例需计算单侧概率，因此计算单侧概率 $P=P_1+P_2+P_3=0.0462$（即只计算满足 $p_1-p_2\geqslant 30.0\%$ 的四格表的累计概率）。若计算双侧概率，则计算满足 $|p_1-p_2|\geqslant 30.0\%$ 条件的四格表的累计概率 $P=P_1+P_2+P_3+P_9=0.0516$。

4. 确定 P 值，做出统计推断 按 $\alpha=0.05$ 水准，拒绝 H_0，接受 H_1，差异有统计学意义，可认为中西药的有效率不同，中药疗效较高。

【知识点 8-9】

1. 凡是四格表资料均可采用 Fisher 确切概率法进行假设检验。

2. Fisher 确切概率法基于超几何分布，计算的基本步骤是在四格表的周边合计不变的条件下，计算表内四个基本数据的各种组合之概率，再计算满足一定条件的各四格表累计概率：若进行双侧检验，则计算满足等于及大于样本 $|p_1-p_2|$ 条件的所有表格的累计概率；若进行单侧检验，只计算等于及大于样本 (p_1-p_2) 的累计概率。

3. 依次增减四格表中某个格子（一般选用行合计与列合计均为最小的那个格子）的数据，可列出周边合计不变条件下各种组合的四格表（一般可列出最小周边合计数加1个四格表）。

思考练习

（一）是非题（正确记"＋"，错误记"－"）

1. χ^2 检验可用于推断两个或两个以上总体率（或构成比）之间有无差别。 （ ）

2. 三个医院门诊疾病构成比作比较时，不可作 χ^2 检验。 （ ）

3. 配对计数资料做优劣性检验时，当 $b+c<40$ 时，应用校正公式计算 χ^2 值。 （ ）

4. 五个百分率的差别的假设检验，$\chi^2>\chi^2_{0.05,\nu}$，可认为各组总体率都不相同。 （ ）

5. 三行四列的表作 χ^2 检验允许有一个 $T<5$。 （ ）

6. 四格表资料的 χ^2 检验，如 $\chi^2>\chi^2_{0.05,1}$，可认为两样本率不同。 （ ）

7. 对三个地区血型构成（A、B、O、AB型），作抽样调查后比较，若有一个理论频数小于5大于1且 $n>40$，必须作校正 χ^2 检验。 （ ）

8. 进行三个率差别的 χ^2 检验，当 $P<0.05$ 时，可认为各样本率之间总的来说有差别，但不能说明彼此之间都有差别。 （ ）

9. 对于有序行列表，在比较各处理组的效应有无差别时，用 χ^2 检验不是最好的方法。 （ ）

10. 四格表资料的校正 χ^2 检验，当 P 值在界值附近时特别有意义。 （ ）

（二）选择题（从 a ～ e 中选出一个最佳答案）

1. 胃溃疡患者的病情程度和精神紧张程度之间的相关性分析中，χ^2 检验的 H_0 为________。

a. 胃溃疡患者的病情程度和精神紧张程度相同

b. 胃溃疡患者的病情程度和精神紧张程度不同

c. 胃溃疡患者的病情程度和精神紧张程度之间有相关关系

d. 胃溃疡患者的病情程度和精神紧张程度之间无相关关系

e. 以上都不对

2. 当四格表的周边合计数不变时，如果某一个格子的实际数有变化，则其理论数________。

a. 增大　　b. 减小　　c. 不变　　d. 不确定　　e. 以上都不对

3. 四个样本百分率比较时，有一个理论频数小于 5 大于 1 时________。

a. 必须先作合理的并组　　b. 直接作 χ^2 检验　　c. 不能作 χ^2 检验

d. 必须作校正 χ^2 检验　　e. 不能确定是否需要校正

4. 四格表中的一个实际频数字为 1 时，________。

a. 就不能作 χ^2 检验　　b. 还不能决定是否可作 χ^2 检验

c. 就必须用校正 χ^2 检验　　d. 作 χ^2 检验不必校正

e. 不能确定是否需要校正

5. 两个四格表一个 $\chi^2 > \chi^2_{0.01,1}$，另一个 $\chi^2 > \chi^2_{0.05,1}$，可认为________。

a. 前者两个的百分数相差大　　b. 后者两个的百分数相差大

c. 前者更有理由认为两总体率不同　d. 后者更有理由认为两总体率不同

e. 尚不能下结论

6. 三行四列表作 χ^2 检验当有 4 个格子的 $1<T<5$ 时，________。

a. 仍做 χ^2 检验　　b. 应进行合理的合并　　c. 做校正 χ^2 检验

d. 最好增加样本例数　　e. 应进行合理的删除

e. 推断两个或两个以上总体均数之间有无差别

7. 配对计数资料的相关性分析中，$b+c<40$ 时，应采用________。

a. 精确概率法　　b. 校正 χ^2 检验　　c. 不校正 χ^2 检验

d. 增加 n 后再作检验　　e. 尚不能决定采用何法

8. 用触诊和 X 摄片对 100 名妇女作乳癌检查，触诊有 40 名阳性，X 摄片有 70 名阴性，两种方法均阳性者 10 名，两种方法检查均为阴性的人数是________。

a. 20　　b. 30　　c. 50　　d. 40　　e. 60

9. 在四格表精确概率法计算中，变动四个基本数据可组合________个四格表。

a. $N+1$　　b. $N-1$　　c. 最大周边合计数＋1

d. 最小周边合计数＋1　　e. 以上都不对

10. 作两样本率的假设检验，其检验假设是________。

a. $\bar{x}_1=\bar{x}_2$　　b. $\mu_1=\mu_2$　　c. $P_1=P_2$　　d. $\pi_1=\pi_2$　　e. 以上都不对

(三) 应用分析题

1. 用触诊和 X 线片对 100 名妇女作乳房检查，触诊有 40 名阳性，X 线片有 70 名阴性，两种方法均阳性者 10 名。某医师列出统计表及其 χ^2 检验如表 8-13，差异无统计学意义（$P=0.138$），认为两法检查结果无差别。请给予评价。

表 8-13　触诊和 X 线片对乳房检查结果的比较

组别	阳性	阴性	合计	阳性率(%)
触诊	40	60	100	40.0
X 线	30	70	100	30.0
合计	70	130	200	35.0

注：$\chi^2=2.198$，$P=0.138$

2. 2014 年云南省某单位对云南省 0～7 岁儿童作抽样贫血调查，结果为曲靖 500 人，贫血患病人数为 158 人，贫血患病率为 31.6%；临沧 500 人，贫血患病人数为 245 人，贫血患病率为 49.0%，据此资料回答下列问题：

(1) 这是什么资料?

(2) 能否根据患病率直接下结论? 为什么?

(3) 若要比较两地贫血患病率有无差别,应该选用何种统计方法?

(4) 列出计算表。

(5) 列出主要分析步骤(包括判断结果等,不必计算)。

3. 某医师用A药治疗某病病人9例,治愈7人,用B药治疗同类病人10例,治愈1例,算得$\chi^2=8.927$,$P=0.003$,认为A药的疗效优于B药。请给予评价。

4. 对380名钩端螺旋体病人同时用间接免疫荧光抗体实验和显微镜凝聚实验进行血清学诊断,结果间接免疫荧光抗体实验诊断阳性率78.95%,显微镜凝聚实验诊断阳性率为73.68%,两法诊断一致阳性率为68.42%,问两种方法诊断阳性率有无差别?

5. 某医院分别用中西药治疗胃炎患者,结果西药组治疗100人,有效80人,中药组治疗100人,有效95人,问两种药物的疗效有无差别?

6. 某医生用某种新药治疗不同类型类风湿性关节炎患者,结果如表8-14,问该新药治疗不同类型类风湿性关节炎患者的疗效有无差别?

表8-14 某药治疗不同类型关节炎的疗效比较

分组	有效	无效	合计
类风湿性关节炎	155	25	180
骨性关节炎	48	52	100
风湿性关节炎	72	48	120
合计	275	125	400

7. 某医师用甲乙两种培养基培养结核杆菌60份,结果甲培养基阳性率为70%,乙培养基阳性率为50%,两法培养一致阳性率为35%,问:

(1) 两种培养基有无相关关系?

(2) 两种培养基何者为优?

8. 用表8-15资料进行肠结核的临床诊断与X线诊断的相关分析。

表8-15 肠结核的临床诊断与X线诊断结果

X线诊断	临床诊断			合计
	阳性	可疑	阴性	
阳性	22	15	12	49
可疑	5	7	14	26
阴性	6	5	18	29
合计	33	27	44	104

9. 某医师用某种中草药治疗不同类型的小儿肺炎,其中病毒性肺炎60例,细菌性肺炎60例,治疗结果见表8-16。该医师对此资料采用行×列χ^2检验,得$\chi^2=7.077$,$P=0.069$,差异无统计学意义,故认为此种中草药对不同类型小儿肺炎的疗效分布无差别。

表 8-16 某种中草药治疗不同类型小儿肺炎的疗效比较

小儿肺炎类型	治愈	显效	有效	无效	合计
病毒性肺炎	21	17	11	11	60
细菌性肺炎	11	13	17	19	60
合计	32	30	28	30	120

问：

(1) 该研究是什么设计？

(2) 统计分析的目的是什么？统计方法是否正确？

（罗家洪 喻 箴 孙艳春）

第九章 秩和检验

【例 9-1】 为研究化疗的毒副作用，某医师测量了 10 例肺癌患者化疗前后尿中白蛋白(Alb)含量，数据见表 9-1。该医师采用两样本均数比较的 t 检验进行统计分析，得 $t=1.801$，$P=0.088$，差异没有统计学意义，故认为肺癌患者化疗前后尿中白蛋白(Alb)含量相同。

表 9-1　10 例肺癌患者化疗前后尿中白蛋白含量(mg/L)

患者号	1	2	3	4	5	6	7	8	9	10
化疗前	5.4	11.8	7.9	8.8	13.5	7.3	4.6	2.1	13.4	6.2
化疗后	3.7	24.3	14.5	10.4	26.1	11.6	8.9	5.7	12.1	10.4

【问题 9-1】

(1) 这是什么资料？

(2) 该研究属于何种设计方案？

(3) 该医师统计方法是否正确？为什么？

【分析】

(1) 该资料为计量资料。

(2) 该研究属于配对设计方案。

(3) 该医师统计方法不正确。首先，配对资料一般采用对每对数据求差值后进行比较，而该医师采用完全随机设计资料的检验方法，统计方法与设计类型不符；其次，该资料数据波动相差较大，不满足 t 检验的前提条件正态分布，故该资料宜采用非参数检验方法，即 Wilcoxon 配对设计的符号秩和检验，目的是推断配对资料的差值是否来自中位数为零的总体。

笔记：

前面介绍的 t 检验、方差分析等假设检验方法，大都假定样本所来自的总体分布为正态分布，但其参数(即正态总体均数)为未知，统计推断的目的就是对这些未知参数进行检验，这一类依赖于总体分布的具体形式的统计推断方法称为参数统计方法或参数检验(parametric test)。但在许多实际问题中，资料呈明显偏态，或分布不明，则需要用另一类不依赖于总体分布类型的检验即非参数统计方法或非参数检验(nonparametric test)或任意分布检验(distribution-free test)。

非参数检验的优点在于它不受总体分布的限制，因此它的适用范围广，且方法简便易学。但适宜参数检验方法的资料，如果用非参数检验方法，由于没有充分利用资料提供的信息，就降低了检验效率，即第 II 类错误的概率 β 增大。故适合参数检验条件的资料，应首选参数检验，但若参数检验的条件得不到满足，则非参数检验更适合。

非参数检验方法很多，本章介绍常用的秩转换(rank transformation)的非参数检验即秩和检验(rank sum test)。秩和检验的适用范围：①未加精确测量的资料(包括等级资料)；②偏态分布且无法转化为正态分布的资料；③分布不清的资料。

【知识点 9-1】

1. 参数统计方法或参数检验是一类依赖于总体分布的具体形式的统计推断方法。大都假定样本所来自的总体分布为正态分布，但其参数(即正态总体均数)为未知，统计推断的目的就是对这些未知参数进行检验。

2. 非参数统计方法或非参数检验是一类不依赖总体分布类型的检验，即在应用中可以不考虑被研究对象为何种分布以及分布是否已知，检验假设中没有包括总体参数的一类统计方法。

第一节 配对设计资料的秩和检验

配对资料的秩和检验或配对符号秩和检验即 Wilcoxon 符号秩和检验(Wilcoxon signed rank test，或 Wilcoxon 配对法)，它用于资料配对设计计量差值的比较和单一样本与总体中位数的比较。以例 9-1 资料为例介绍 Wilcoxon 符号秩和检验基本步骤。

【检验步骤】

1. 建立检验假设，确定检验水准

笔记：

H_0：差值的总体中位数等于零，即 $M_d=0$

H_1：差值的总体中位数不等于零，即 $M_d\neq 0$

$\alpha=0.05$

2. 计算检验统计量 T 值

(1) 求差值 d：见表 9-2 第(4)栏。

(2) 编秩：按差值的绝对值大小从小到大编秩次，再根据差值的正负给秩次冠以正负号，若差值为 0，舍去不计，例数 n 相应减少；若差值的绝对值相等，称为相持(tie)，这时取平均秩次。

(3) 求秩和，确定统计量 T：分别求出正、负秩和 T_+ 和 T_-，T_+ 和 T_- 之和应为 $n(n+1)/2$。任取其一为统计量。本例 $T_+=51$，$T_-=4$，总秩和为 55，而 $n(n+1)/2=10(10+1)/2=55$，表明秩和计算无误。取 $T=4$ 或 $T=51$。

表 9-2 10 例肺癌患者化疗前后尿中白蛋白含量(mg/L)比较

患者号(1)	化疗前(2)	化疗后(3)	差值(d)(4)=(3)－(2)	秩次(5)
1	5.4	3.7	－1.7	－3
2	11.8	23.4	11.6	9
3	7.9	14.5	6.6	8
4	8.8	10.4	1.6	2
5	13.5	26.1	12.6	10
6	7.3	11.6	4.3	6.5
7	4.6	8.9	4.3	6.5
8	2.1	5.7	3.6	4
9	13.4	12.1	－1.3	－1
10	6.2	10.4	4.2	5

$T_+=51$，$T_-=4$

3. 确定 P 值，做出统计推断

(1) 据统计量 T 查附表 9(配对比较的符号秩和检验 T 界值表)：根据统计量 T 和对子数 n 查配对比较的符号秩和检验 T 界值表，确定 P 值(T 值在 T 界值范围内，P 大于 T 界值范围相应的概率；T 值等于 T 界值范围的下限或上限，P 值等于 T 界值范围相应的概率；T 值在 T 界值范围外，P 小于 T 界值范围相应的概率)，结合专业作出结论。

本例 $n=10$，$T=4$ 或 $T=51$，查附表 9，$T_{0.02,10}=5-50$，$T_{0.01,10}=3-52$，$0.01<P<0.02$，或用 SPSS 计算得 $z=-2.397$，$P=0.017$。按 $\alpha=0.05$ 水准，拒绝 H_0，接受 H_1，差异有统计学意义，可认为肺癌患者化疗前后尿中白蛋白(Alb)含量不同，化疗后尿中白蛋白含量增加。(该结论与医师的结论相反)

【注意】 从附表 9 中可以看出，当 $n \leqslant 5$ 时，配对符号秩和检验不能得出双侧有统计学意义的概率，因此 n 必须大于 5。

(2) 正态近似法随着 n 的增大，秩和分布（T 分布）逐渐逼近均数为 $n(n+1)/4$，方差为 $n(n+1)(2n+1)/24$ 的正态分布。若 $n>50$，超出附表 9 的范围，可用秩和分布的正态近似法作 z 检验。

当无相同秩次时，用式(9-1)计算统计量 z 值：

$$z=\frac{|T-\mu_T|-0.5}{\sigma_T}=\frac{|T-n(n+1)/4|-0.5}{\sqrt{n(n+1)(2n+1)/24}} \tag{9-1}$$

其中 0.5 为连续性校正数。根据上式算得的 z 值确定 P 值，作出判断。

当相持差值较多（如超过 25%）时，用式(9-1)求得的 z 值偏小，应用 Lehmann(1975)提出的公式(9-2)计算校正的统计量 z_c。

$$z_c=\frac{|T-n(n+1)/4|-0.5}{\sqrt{\frac{n(n+1)(2n+1)}{24}-\frac{\sum(t_j^3-t_j)}{48}}} \tag{9-2}$$

式中 t_j 为第 $j(j=1,2,\cdots)$ 次相持所含相同秩次的个数。

【知识点 9-2】

1. Wilcoxon 符号秩和检验的基本思想：在 H_0 成立的前提下，配对差值的总体分布是对称的，总体中位数应为 0，T_+ 与 T_- 应接近 $n(n+1)/4$。若正、负秩和相差悬殊，则 H_0 成立的可能性很小。

2. Wilcoxon 符号秩和检验适用于不满足 t 检验条件的配对设计的计量资料、等级资料和其他不能精确测量的资料。

3. Wilcoxon 符号秩和检验的目的是推断配对资料的差值是否来自中位数为零的总体。

4. Wilcoxon 符号秩和检验的基本步骤：

(1) 建立检验假设，确定检验水准；

(2) 计算统计量 T 值：①求差值 d；②编秩；③求秩和并确定统计量 T 值；

(3) 确定 P 值并作出统计推断：可用查表法（小样本）和正态近似法（大样本）求 z 值，确定 P 值。

第二节　单样本资料的秩和检验

【例 9-2】 某医师为研究当地山区儿童缺锌现象，抽取 12 名山区儿童测得血浆锌含量（μmol/L）见表 9-3。已知该地正常儿童血浆锌含量的中位数为 13.8μmol/L。该医师对此资料采用单样本 t 检验，得 t=-2.359，P=0.038，差异有统计学意义，故认为该地山区儿童缺锌。

【问题 9-2】

(1) 这是什么资料？

(2) 该医师统计方法是否正确？为什么？

(3) 该资料应该用何种统计方法？

笔记：

【分析】

(1) 该资料为计量资料。

(2) 该医师统计方法不正确。血浆锌含量通常为偏态分布资料，从本例的资料也可看出变异较大，呈负偏态分布，故不能用 t 检验处理。

(3) 当资料分布为非正态分布,或总体分布无法确定,应用非参数检验方法,本例可选用 Wilcoxon 符号秩和检验,目的是推断与已知总体中位数的差值是否来自中位数为零的总体。

【检验步骤】

1. 建立检验假设,确定检验水准

H_0:差值的总体中位数等于零,即 $M_d=0$,该地山区儿童血浆锌含量与当地正常儿童血浆锌含量相同。

H_1:差值的总体中位数大于零,即 $M_d\neq0$,该地山区儿童血浆锌含量与当地正常儿童血浆锌含量不同。

$\alpha=0.05$

2. 计算检验统计量 T 值

(1) 求差值:$d=x_i-M_0$,见表 9-3 第(2)栏。

(2) 编秩:对差值的绝对值从小到大编秩,再根据差值的正、负给秩次冠以正负号,见表 9-3 第(3)栏。差值为零,舍去不计,例数 n 减少。差值绝对值相等时,则取平均秩次。

(3) 求正负秩和,确定统计量:$T_+=16$,$T_-=62$,取 $T=16$ 或 $T=62$。

表 9-3 某地山区儿童血浆锌含量测定结果(μmol/L)

血浆锌含量(1)	差值(d)(2)	秩次(3)	血浆锌含量(1)	差值(d)(2)	秩次(3)
6.3	−7.5	−10	15.7	1.9	6
15.4	1.6	4	14.5	0.7	1
5.2	−8.6	−12	10.9	−2.9	−7
8.5	−5.3	−8	15.2	1.4	3
12.1	−1.7	−5	5.5	−8.3	−11
7.7	−6.1	−9	14.7	0.9	2

$T_+=16$, $T_-=62$

3. 确定 P 值,做出统计推断 与配对符号秩和检验相同,本例 $n=12$,$T=16$ 或 $T=62$,查附表 9(配对比较的符号秩和检验 T 界值表),得 $T_{0.10,12}=17\sim61$,$T_{0.05,12}=13\sim65$,$0.05<P<0.10$,或用 SPSS 计算得 $z=-1.804$,$P=0.071$。按 $\alpha=0.05$ 水准,不拒绝 H_0,差异无统计学意义,不可认为该地山区儿童血浆锌含量与当地正常儿童血浆锌含量不同。**(该结论与医师的结论相反)**

【知识点 9-3】

1. Wilcoxon 的符号秩和检验可用于不满足 t 检验条件的单样本计量资料比较。还可用于等级资料、不能精确测量的单样本资料比较。

2. 目的是推断与已知总体中位数的差值是否来自中位数为零的总体。

第三节 完全随机设计两样本资料的秩和检验

【例 9-3】 某研究者抽取 20 例Ⅱ型糖尿病患者随机分为两组,分别用西药制剂和中药制剂治疗六个月后,测得其空腹血糖含量(mmol/L)如下。

西药制剂组:7.5 5.3 6.8 5.1 4.3 5.9 5.6 6.7 10.3 6.9

中药制剂组:7.1 8.6 4.3 12.3 12.7 4.9 6.8 5.7 13.2 14.3

该研究者对此资料作两样本均数比较的 t 检验,得 $t=-1.951$,$P=0.074$,故认为西药制剂和中药制剂治疗效果无差别。

【问题 9-3】

笔记：

(1) 该资料是什么类型的资料？

(2) 研究采用的是何种设计？

(3) 统计分析中有无不妥之处？

【分析】

(1) 该资料为计量资料。

(2) 研究设计为完全随机设计。

(3) 统计方法不正确。两样本均数比较 t 检验的前提条件是资料服从正态分布，并且方差齐。而该资料的方差不齐($F=5.123, P<0.05$)，因此不应作 t 检验，可采用 t'检验、通过变量转换使资料达到方差齐或用非参数检验。本例选用非参数检验中的 Wilcoxon 秩和检验，目的是推断两样本分别代表的总体分布是否不同。

【检验步骤】

1. 建立检验假设，确定检验水准

H_0：两总体分布相同，即西药制剂组和中药制剂组治疗六个月后空腹血糖含量(mmol/L)总体分布相同。

H_1：两总体分布不同，即西药制剂组和中药制剂组治疗六个月后空腹血糖含量(mmol/L)总体分布不同。

$\alpha=0.05$

2. 计算检验统计量 T 值

(1) 统一编秩：两组数据由小到大统一编秩次。有相同数据时，取平均秩次。

(2) 求秩和：两组分别求秩和，本例两组的秩和分别为 86 和 124。

(3) 确定统计量 T 值：若两组例数相等，则任取一组的秩和为统计量 T。若两组例数不等，则以样本例数较小组的秩和为统计量 T。本例，$n_1=n_2=10$，检验统计量 $T=86$ 或 $T=124$。

表 9-4 两组患者空腹血糖含量(mmol/L)测定结果

西药制剂组		中药制剂组	
空腹血糖含量	秩次	空腹血糖含量	秩次
7.5	14	7.1	13
5.3	5	8.6	15
6.8	10.5	4.3	1.5
5.1	4	12.3	17
4.3	1.5	12.7	18
5.9	8	4.9	3
5.6	6	6.8	10.5
6.7	9	5.7	7
10.3	16	13.2	19
6.9	12	14.3	20
$n_1=10$	$T_1=86$	$n_2=10$	$T_2=124$

3. 确定 P 值，做出统计推断

(1) 查表确定 P 值：根据 n_1、n_2-n_1 及统计量 T 查两样本比较的秩和检验 T 界值表，确定 P 值(**T 值在 T 界值范围内，P 大于 T 界值范围相应的概率；T 值等于 T 界值范围的下限或上**

限，P 值等于 T 界值范围相应的概率；T 值在 T 界值范围外，P 小于 T 界值范围相应的概率），结合专业作出结论。本例 $T=86$，在双侧 0.05 对应的 T 值 82～128 的范围内，$P>0.05$，用 SPSS 统计软件包计算得 $z=-1.437$，$P=0.151$。按 $\alpha=0.05$ 检验水准，不拒绝 H_0，差异无统计学意义，认为用西药制剂组和中药制剂组治疗六个月后空腹血糖含量无差别。

（2）正态近似法：如果 n_1、n_2-n_1 超出了附表 10 的可查范围，可用正态近似检验。

$$z=\frac{|T-n_1(N+1)/2|-0.5}{\sqrt{n_1n_2(N+1)/12}} \tag{9-3}$$

当相持较多时（如超过 25%），按式(9-4)进行校正。

$$z_C=\frac{z}{\sqrt{C}} \tag{9-4}$$

其中，$C=1-\sum(t_j^3-t_j)/(N^3-N)$，$t_j$ 为第 j 次相持时相同秩次的个数，$N=n_1+n_2$。

【例 9-4】 某医师用某种中药治疗中度高血压患者和重度高血压患者共 48 例，结果见表 9-5。为评价该中药对两类高血压病的疗效有无差异，该医师对此资料进行 χ^2 检验，得 $\chi^2=5.239$，$P=0.073$，差异无统计学意义，故认为该中药对两类高血压病患者的疗效基本相同。

表 9-5 某种中药治疗两类高血压病的疗效比较

疗效等级	中度高血压	重度高血压	合计
无效	2	7	9
好转	10	9	19
显效	13	6	19
合计	25	22	47

【问题 9-4】

笔记：

（1）该资料是什么类型的资料？

（2）研究采用的是何种设计？

（3）统计分析中有无不妥之处？

【分析】

（1）该资料的分组变量（两类高血压病）是二分类资料，分析变量（疗效等级）是等级资料，称为单向有序分类资料。

（2）研究设计为完全随机设计。

（3）统计分析不正确。该医生的研究目的是比较中药治疗两类高血压病的疗效，用 χ^2 检验只能说明各处理组的效应在分布上有无不同，而不能说明各处理组效应的平均水平有无差别。如果对其中的两列不同疗效的数值进行调换，χ^2 值不会有变化，但秩和检验与 Ridit 分析统计量有变化，也就是说 χ^2 检验没有利用等级信息，因此效率较低。该资料宜用非参数检验的 Wilcoxon 秩和检验。

【检验步骤】

1. 建立检验假设，确定检验水准

H_0：某种中药治疗两类高血压病疗效的总体分布相同。

H_1：某种中药治疗两类高血压病疗效的总体分布不同。

$\alpha=0.05$

2. 计算检验统计量 T 值

（1）求各等级的秩次范围：将两组数据统一按等级顺序由小到大编秩次。先计算各等级的合计数，依等级顺序按合计数确定秩次范围。本例见表 9-6，在第(4)栏各等级合计的基础上，确定各等级的秩次范围。

(2) 求各等级的平均秩次：将秩次范围的上下限相加除以 2 即得平均秩次。在第(5)栏各等级秩次范围的基础上，计算出各等级的平均秩次。如表中无效的平均秩次=(1+9)/2=5。

(3) 求秩和：以各等级的平均秩次分别与各组各等级的相应例数相乘，再求和，得到各组的秩和 T_1 与 T_2。见第(7)与(8)栏。$T_1=475.5$，$T_2=700.5$。

表 9-6　某种中药治疗两类高血压病的疗效比较

等级 (1)	中度高血压 (2)	重度高血压 (3)	合计 (4)	秩次范围 (5)	平均秩次 (6)	秩和 中度高血压 (7)=(2)(6)	 重度高血压 (8)=(3)(6)
无效	2	7	9	1～9	5	10	35
好转	10	9	19	10～28	19	190	171
显效	13	6	19	29～47	38	494	228
合计	25(n_2)	22(n_1)	47	—	—	694(T_2)	434(T_1)

(4) 确定统计量 T 值：本例 $n_1=22$，超过了两组比较 T 界值表的范围，需用正态近似检验。由于相持较多(每个等级的人数表示相同秩次的个数，即 t_j)，按式(9-3)和式(9-4)计算 z_C 值。

$$z=\frac{|T-n_1(N+1)/2|-0.5}{\sqrt{n_1 n_2(N+1)/12}}=\frac{|434-22(47+1)/2|-0.5}{\sqrt{22\times25\times(47+1)/12}}=2.015$$

$$C=1-\frac{\sum(t_j^3-t_j)}{N^3-N}=1-\frac{(9^3-9)+(19^3-19)+(19^3-19)}{47^3-47}=0.861$$

$$z_C=\frac{z}{\sqrt{C}}=\frac{2.015}{\sqrt{0.861}}=2.172$$

3. 确定 *P* 值，做出统计推断　查 t 界值表得 $t_{\infty,0.05}=z_{0.05}=1.9600$，$t_{\infty,0.02}=z_{0.02}=2.3263$，$0.02<P<0.05$，按 $\alpha=0.05$ 水准，拒绝 H_0，接受 H_1，差异有统计学意义，可认为该中药治疗两类高血压病的疗效分布不同，该药治疗中度高血压的疗效较好。(该结论与原结论相反)

【知识点 9-4】

1. Wilcoxon 两样本秩和检验的基本思想：如果 H_0 成立，则两样本来自分布相同的总体，两样本的平均秩次 T_1/n_1 与 T_2/n_2 应相等或接近，含量 n_1 的样本的秩和 T_1 应在 $n_1(N+1)/2$ 的左右变化。若 T 值偏离此值太远，H_0 成立的可能性就很小。若偏离出给定 α 值所确定的范围时，则 $P<\alpha$，拒绝 H_0。

2. Wilcoxon 两样本秩和检验用于完全随机设计两样本资料的比较，可用于分布偏态或方差不齐的计量资料的比较，也可用于单向有序资料或无法精确测量的资料的比较。目的是推断两样本分别代表的总体分布是否不同。

第四节　完全随机设计多个样本资料的秩和检验

【例 9-5】　某泌尿科医生欲比较三种病人的血中前列腺特异性抗原(PSA)水平，随机选择 7 名良性前列腺肥大患者，8 名前列腺癌病理活检阳性患者，9 名病理活检阴性的非患者，测定其 PSA 水平，结果见表 9-7。经方差分析，$F=13.284$，$P<0.001$，差异有统计学意义。进一步用 t 检验作两两比较(表 9-8)，活检阳性组与良性前列腺肥大组、活检阴性组之间的差异均有统计学

意义($P<0.05$)，该医生认为活检阳性组患者的PSA水平与良性前列腺肥大组、活检阴性组有明显差异。

表 9-7 三组患者血中 PSA(ng/ml)水平测定结果

良性前列腺肥大组	6.1	7.8	8.3	5.2	4.1	6.7	5.9		
活检阳性组	7.7	6.9	13.8	8.9	17.6	13.4	12.6	9.7	
活检阴性组	10.5	1.7	2.8	4.4	5.7	6.5	3.2	1.9	2.2

【问题 9-5】

(1) 该资料是什么类型的资料?

(2) 研究采用的是何种设计?

(3) 统计分析中有无不妥之处?

笔记:

【分析】

(1) 该资料为多组计量资料。

(2) 研究设计为完全随机设计。

(3) 统计方法不正确。首先,多个样本均数的比较可采用单因素方差分析,但该资料不服从正态分布(经正态性检验,$P<0.05$),因此不能用方差分析进行比较。其次,用方差分析进行多组样本均数比较,当差异有统计学意义时,不能用 t 检验进行两两比较,而应采用 q 检验或 LSD 检验等。

(4) 该资料可通过变量转换或采用非参数检验的 Kruskal-Wallis 多组样本比较的秩和检验进行分析。

Kruskal-Wallis 秩和检验也称 H 检验,主要用于推断多组样本分别代表的总体分布是否相同。适用于多组计量资料(尤其是不符合方差分析检验条件的多组计量资料)和多组有序分类资料或无法精确测量的资料间的比较。

表 9-8 三组患者血中 PSA(ng/ml)水平比较

良性前列腺肥大组		活检阳性组		活检阴性组	
血中 PSA 水平	秩次	血中 PSA 水平	秩次	血中 PSA 水平	秩次
6.1	11	7.7	15	10.5	20
7.8	16	6.9	14	1.7	1
8.3	17	13.8	23	2.8	4
5.2	8	8.9	18	4.4	7
4.1	6	17.6	24	5.7	9
6.7	13	13.4	22	6.5	12
5.9	10	12.6	21	3.2	5
		9.7	19	1.9	2
				2.2	3
$n_1=7$	$R_1=81$	$n_2=8$	$R_2=156$	$n_3=9$	$R_3=63$
	$\overline{R}_1=11.6$		$\overline{R}_2=19.5$		$\overline{R}_3=7$

【检验步骤】

1. 建立检验假设,确定检验水准

H_0:三组患者血中 PSA 水平的总体分布相同

H_1：三组患者血中PSA水平的总体分布不同或不全相同

$\alpha=0.05$

2. 计算检验统计量 *H* 值

(1) 各自排序：为便于编秩，先将各组数据分别由小到大排序。

(2) 统一编秩：将各组数据由小到大统一编秩。有相同数据时，取平均秩次。

(3) 求秩和：各组秩次分别相加得各组秩和，本例的秩和分别为 $R_1=81$、$R_2=156$ 和 $R_3=63$。

(4) 计算统计量 *H* 值

$$H=\frac{12}{N(N+1)}\sum\frac{R_i^2}{n_i}-3(N+1) \tag{9-5}$$

式中 R_i 为各组的秩和，n_i 为各组相应的例数，$N=\sum n_i$ 。本例，

$$H=\frac{12}{24\times(24+1)}\left(\frac{81^2}{7}+\frac{156^2}{8}+\frac{63^2}{9}\right)-3\times(24+1)=13.406$$

当相持较多(如超过25%)，按式(9-6)计算校正值 H_c。

$$H_c=\frac{H}{c} \tag{9-6}$$

其中，$c=1-\sum(t_j^3-t_j)/(N^3-N)$，$t_j$ 为第 j 次相持时相同秩次的个数。

3. 确定 *P* 值，做出统计推断

(1) 查附表11(*H* 界值表)得到 *P* 值。

(2) 当组数和各组的例数超出 *H* 界值表时，*H* 近似地服从自由度为 $\upsilon=k-1$ 的 χ^2 分布，可查附表8(χ^2 界值表)得到 *P* 值。本例 $n_i>5$，$\nu=k-1=2$，查附表8(χ^2 界值表)，得 $\chi^2_{0.005,2}=10.60$，$P<0.005$。按 $\alpha=0.05$ 水准，拒绝 H_0，接受 H_1，差异有统计学意义，可认为三组患者血中PSA水平不全相同。

【例9-6】 某医院用中草药、西药和混合核苷片治疗急性黄疸性肝炎，疗效评价结果见表9-9。经 χ^2 检验，$\chi^2=17.27$，$P<0.05$，故认为三种药物对急性黄疸性肝炎疗效有差别。

表9-9 三种药物治疗急性黄疸性肝炎的疗效

组别	无效	好转	显效	治愈	合计
中草药组	58	115	47	17	237
西药组	47	103	59	13	222
核苷片组	10	60	17	12	99

【问题9-6】

(1) 该资料是什么类型的资料？

(2) 研究采用的是何种设计？

(3) 统计分析中有无不妥之处？

笔记：

【分析】

(1) 该资料的分组变量(三种药物)是多分类资料，分析变量(治疗效果)是有序分类资料，为单向有序分类资料。

(2) 研究设计为完全随机设计。

(3) 统计分析不正确。因为该资料的分析变量为有序分类，χ^2 检验不是首选，应首选秩和检验或Ridit分析，下面用秩和检验分析。

【检验步骤】

1. 建立检验假设,确定检验水准

H_0:三种药物对急性黄疸性肝炎疗效总体分布相同。

H_1:三种药物对急性黄疸性肝炎疗效总体分布不同或不全相同。

$\alpha=0.05$

2. 计算检验统计量 H 值

(1) 求各等级的秩次范围:与两组等级资料相同,将各组数据统一按等级顺序由小到大编秩次。先计算各等级的合计数,依等级顺序按合计数确定秩次范围。本例据表 9-10 第(5)栏各等级的合计确定第(6)栏各等级的秩次范围。

(2) 求各等级的平均秩次:在第(6)栏各等级秩次范围的基础上,计算出各等级的平均秩次,见第(7)栏。

(3) 求秩和:以各等级的平均秩次分别与各组各等级的相应例数相乘,求和得到秩和 R_i。见第(8)至(10)栏。$R_1=63154, R_2=62772, R_3=30035$。

表 9-10 三种药物对急性黄疸性肝炎疗效比较

疗效	中草药	西药	核苷片	合计	秩次范围	平均秩次	秩和		
							中草药	西药	核苷片
(1)	(2)	(3)	(4)	(5)	(6)	(7)	(8)	(9)	(10)
无效	58	47	10	115	1~115	58	3364.0	2726.0	580.0
好转	115	103	60	278	116~393	254.5	29267.5	26213.5	15270.0
显效	47	59	17	123	394~516	455	21385.0	26845.0	7735.0
治愈	17	13	12	42	517~558	537.5	9137.5	6987.5	6450.0
合计	237	222	99	558	—	—	63154.0	62772.0	30035.0

(4) 计算统计量 H 值:按式(9-5),得

$$H=\frac{12}{N(N+1)}\sum\frac{R_i^2}{n_i}-3(N+1)$$

$$=\frac{12}{558\times(558+1)}\left(\frac{63154^2}{237}+\frac{62772^2}{222}+\frac{30035^2}{99}\right)-3\times(558+1)=3.811$$

由于相同秩次较多,按式(9-6)计算校正值 H_c

$$c=1-\sum\frac{t_j^3-t_j}{N^3-N}$$

$$=1-\frac{(115^3-115)+(278^3-278)+(123^3-123)+(42^3-42)}{558^3-558}=0.856$$

$$H_c=\frac{H}{c}=\frac{3.811}{0.856}=4.452$$

3. 确定 P 值,做出统计推断 本例每组例数 $n_i>5$,超出 H 界值表范围。已知 H_0 成立时,H_c 近似服从 $\nu=k-1=2$ 的 χ^2 分布。查附表 8(χ^2 界值表),得 $\chi^2_{0.250,2}=2.77$,$\chi^2_{0.100,2}=4.61$,$0.100<P<0.250$,按 $\alpha=0.05$ 水准,不拒绝 H_0,差异无统计学意义,可认为三种药物对急性黄疸性肝炎疗效无差别。(该结论与原结论相反)

【知识点 9-5】

1. 完全随机设计多组比较的秩和检验是由 Kruskal 和 Wallis 在 Wilcoxon 秩和检验的基础上扩展而来，又称为 K—W 检验或 H 检验。该检验的目的是推断多组样本分别代表的总体分布是否不同。其原理与两组样本的秩和检验相同。

2. H 检验适用于方差不齐或不服从正态分布的多组定量资料的比较。

3. H 检验还可用于多组有序分类资料的比较或多组无法精确测量资料间的比较。

第五节　随机区组设计资料的秩和检验

【例 9-7】 观察龙葵浓缩果汁对 S_{180} 实体瘤鼠 NK 细胞活性的影响。将同种属的 32 只大白鼠按窝别、性别、体重配成 8 个区组，建成 S_{180} 实体瘤模型。一定时间后将小鼠脱椎处死，测定并计算 NK 细胞活性(%)，结果见表 9-11。研究者对该资料进行了随机区组设计的方差分析，剂量组间 $F=2.864$，$P=0.055$，故认为不同剂量组之间小鼠 NK 细胞活性无差异。

表 9-11　龙葵浓缩果汁不同剂量组的小鼠 NK 细胞活性测定结果(%)

区组编号	高剂量组	中剂量组	低剂量组	肿瘤对照组
1	20.7	17.3	12.3	6.5
2	12.4	11.6	18.6	8.4
3	14.9	14.6	10.8	11.3
4	18.5	9.4	19.9	15.6
5	13.2	9.0	9.0	8.9
6	14.2	20.1	11.5	14.1
7	12.8	11.5	7.3	12.3
8	13.5	11.7	14.7	10.6
9	14.4	10.9	12.6	9.8
10	13.8	18.4	9.5	7.2

【问题 9-7】

笔记：

(1) 该资料属于何种设计方案？

(2) 该医师统计方法是否正确？为什么？

(3) 该资料应该用何种统计方法？

【分析】

(1) 该资料属于随机区组设计的计量资料。

(2) 该医师统计方法不正确。该资料为百分率资料，不服从正态分布，不宜用随机区组设计的方差分析进行比较。

(3) 可采用变量转换或非参数检验的 Friedman M 检验对随机区组设计资料进行比较，目的是推断各处理组样本分别代表的总体分布是否不同。

【检验步骤】

1. 建立检验假设，确定检验水准

H_0：四个剂量组小鼠 NK 细胞活性的总体分布相同。

H_1：四个剂量组小鼠 NK 细胞活性的总体分布不同或不全相同。

$\alpha = 0.05$

2. 计算统计量 *M* 值

(1) 编秩：每一区组内数据从小到大编秩，相同数据取平均秩次(表 9-12)。

(2) 分别计算各处理组的秩和 R_i ：本例分别为 35,25.5,24.5,15。

表 9-12　龙葵浓缩果汁不同剂量组的小鼠 NK 细胞活性(%)比较

区组号	高剂量组		中剂量组		低剂量组		肿瘤对照组	
	细胞活性	秩次	细胞活性	秩次	细胞活性	秩次	细胞活性	秩次
1	20.7	4	17.3	3	12.3	2	6.5	1
2	12.4	3	11.6	2	18.6	4	8.4	1
3	14.9	4	14.6	3	10.8	1	11.3	2
4	18.5	3	9.4	1	19.9	4	15.6	2
5	13.2	4	9	2.5	9.0	2.5	8.9	1
6	14.2	3	20.1	4	11.5	1	14.1	2
7	12.8	4	11.5	2	7.3	1	12.3	3
8	13.5	3	11.7	2	14.7	4	10.6	1
9	14.4	4	10.9	2	12.6	3	9.8	1
10	13.8	3	18.4	4	9.5	2	7.2	1
R_i		35		25.5		24.5		15

(3) 计算平均秩和。用式(9-7)计算平均秩和：

$$\overline{R} = \frac{\sum R_i}{k} = b(k+1)/2 \tag{9-7}$$

式中，k 为处理组数，b 为区组数。本例，

$$\overline{R} = 10(4+1)/2 = 25$$

(4) 计算 M 值。按式(9-8)计算 M 值：

$$M = \sum (R_i - \overline{R})^2 \tag{9-8}$$

本例，$M = (35-25)^2 + (25.5-25)^2 + (24.5-25)^2 + (15-25)^2 = 200.5$

3. 确定 *P* 值，做出统计推断

(1) 查表确定 P 值以区组数 b 和处理组数 k 查附表 12(M 界值表)。$M \geqslant M_{\alpha,(b,k)}$ 时，$P \leqslant \alpha$，反之，$P > \alpha$。

本例，区组数 $b=10$，处理数 $k=4$，查附表得 $M_{0.05,(10,4)} = 131$，$M = 200.5 > 131$，故 $P < 0.05$，按 $\alpha = 0.05$ 水准，拒绝 H_0，接受 H_1，差异有统计学意义，可认为龙葵浓缩果汁四个剂量组的小鼠 NK 细胞活性不全相同。(该结论与原结论相反)

(2) χ^2 近似法确定 P 值当处理组数 k 或区组数 b 超出附表 12(M 界值表)的范围时，可以采用 χ^2 近似法确定 P 值。

$$\chi^2 = \frac{12}{bk(k+1)} \sum_{i=1}^{k} R_i^2 - 3b(k+1),\nu = k-1 \tag{9-9}$$

本例，$b=10$，$k=4$，$R_1=35$，$R_2=25.5$，$R_3=24.5$，$R_4=15$

$$\chi^2 = \frac{12}{10 \times 4 \times (4+1)}(35^2 + 25.5^2 + 24.5^2 + 15^2) - 3 \times 10 \times (4+1) = 12.030$$

以 $\nu=4-1=3$ 查附表 6（χ^2 界值表），得 $\chi^2_{0.010,3}=11.35$，$\chi^2_{0.005,3}=12.84$，$0.005<P<0.010$，按 $\alpha=0.05$ 水准，拒绝 H_0，接受 H_1，差异有统计学意义，可认为龙葵浓缩果汁四个剂量组的小鼠 NK 细胞活性不全相同。

当各区组间相持较多时，用式(9-10)计算

$$\chi^2_c=\frac{\chi^2}{c} \tag{9-10}$$

式中，$c=1-\dfrac{\sum(t_j^3-t_j)}{bk(k^2-1)}$，$t_j$ 为第 j（$j=1,2,\cdots$）次相持所含相同秩次的个数。校正 χ^2_c 在下列情况下意义较大：①相持数据的个数在各区组中所占比重较大时；②所得 P 值在检验水准附近时。

也可以用 Friedman 的 M 检验进行区组间差异的比较，与处理组间比较不同的是，编秩时是每一处理组内数据从小到大编秩。此时的区组变成处理组，而处理组则成了区组。

【知识点 9-6】

1. Friedman 的 M 检验的基本思想：在 H_0 成立的条件下，各区组内观测值取秩为 1，2，…k 的概率相等，则各处理组的秩和应接近 $\overline{R}=n(K+1)/2$，而 M 值反映了实际获得的 k 个处理组的秩和与 $\overline{R}$ 偏离的程度。M 值越大，就越有理由怀疑各处理组的总体分布不同。随着 b 和 k 的增大，M 值近似服从自由度为 $k-1$ 的 χ^2 分布。

2. Friedman 的 M 检验适用于随机区组设计的资料，但不满足随机区组设计方差分析的前提条件，也可用于随机区组设计的等级资料比较。目的是推断各处理组样本分别代表的总体分布是否不同。

第六节　多个样本之间的两两比较

一、完全随机设计多个样本间的多重比较

【例 9-8】 以例 9-5 说明完全随机设计资料进行多重比较的步骤。

【分析】 该资料为非正态分布资料，在进行组间比较时采用 Kruskal-Wallis 检验，结论为拒绝 H_0，接受 H_1。这时与前面所介绍的多组比较方法相类似，我们并不能直接判断该三组资料中哪些组间差异具有统计学意义，为此需进行多组间的两两比较。

多个样本秩和检验中，SPSS 进一步两两比较，采用调整检验水准 α，两个两个作独立样本的秩和检验。

检验水准的调整：对 k 个样本进行多次两两比较，会增加第Ⅰ类错误的概率。为使第Ⅰ类错误的概率总共不超过 α，应采用公式(9-11)调整检验水准。

$$\alpha'=\frac{\alpha}{\text{总的比较次数}} \tag{9-11}$$

笔记：

(1) 多组间的两两比较 k 组样本间，任两组进行比较时，总的比较次数为 $k(k-1)/2$，检验水准 α' 为

$$\alpha'=\frac{\alpha}{k(k-1)/2}=\frac{2\alpha}{k(k-1)} \tag{9-12}$$

(2) 各个实验组与同一个对照组的比较 k 组样本中，对照组与其余各个实验组比较时，总的比较次数为 $k-1$，检验水准 α' 为

$$\alpha' = \frac{\alpha}{k-1} \tag{9-13}$$

【检验步骤】

1. 建立检验假设，确定检验水准

H_0：第 A 组与第 B 组的总体分布相同。

H_1：第 A 组与第 B 组的总体分布不同。

$\alpha = 0.05$

2. 计算检验统计量

(1) 调整检验水准：按 $\alpha = 0.05$ 总的检验水准，每次比较必须采用调整的检验水准

$$\alpha' = \frac{0.05}{3(3-1)/2} = 0.017$$

(2) 两两比较：采用 SPSS 统计软件包进行两两比较，结果见表 9-13，从表中可见，除了良性前列腺肥大组与活检阴性组差异无统计学意义($P = 0.064$)外，其他两两比较差异均有统计学意义($P < 0.017$)。

表 9-13 三组患者血中前列腺特异性抗原 PSA 水平两两比较

比较组	z 值	P 值
良性前列腺肥大组与活检阳性组	−2.777	0.005
良性前列腺肥大组与活检阴性组	−1.852	0.064
活检阳性组与活检阴性组	−3.079	0.002

3. 确定 P 值，做出统计推断 按 $\alpha = 0.05$ 水准，可认为活检阳性组与良性前列腺肥大组、活检阴性组血中前列腺特异性抗原(PSA)水平的差异有统计学意义，活检阳性组的 PSA 水平均高于良性前列腺肥大组和活检阴性组。良性前列腺肥大组和活检阴性组的 PSA 水平差别无统计学意义，两组的血中 PSA 水平基本相同。

二、随机区组设计资料的多重比较

【例 9-9】 以例 9-7 资料说明随机区组设计资料的多重比较。

【分析】 与完全随机设计资料的秩和检验相同，对于随机区组设计资料，当用 Friedman 的 M 检验结果为拒绝 H_0 时，也需进行多组资料间的两两比较。

随机区组秩和检验中，SPSS 进一步两两比较，采用调整检验水准 α，两个两个作相关样本的秩和检验(即配对符合秩和检验)。

【检验步骤】

1. 建立检验假设，确定检验水准

笔记：

H_0：第 A 组与第 B 组的差值总体中位数等于零

H_1：第 A 组与第 B 组的差值总体中位数不等于零

$\alpha = 0.05$

2. 计算检验统计量

$$\alpha' = \frac{0.05}{4(4-1)/2} = 0.008$$

两两比较：采用 SPSS 统计软件包进行两两比较，结果见表 9-14，从表中可见，除了高剂量组与肿瘤对照组差异有统计学意义($P < 0.008$)外，其他两两比较差异均无统计学意义($P > 0.008$)。

表 9-14　龙葵浓缩果汁不同剂量组的小鼠 NK 细胞活性(%)两两比较

比较组	z 值	P 值
高剂量组与中剂量组	−1.070	0.285
高剂量组与低剂量组	−1.580	0.114
高剂量组与肿瘤对照组	−2.805	0.005
中剂量组与低剂量组	−0.533	0.594
中剂量组与肿瘤对照组	−1.785	0.074
低剂量组与肿瘤对照组	−1.376	0.169

3. 确定 P 值,做出统计推断　按 $\alpha=0.05$ 水准,可认为高剂量组与肿瘤对照组的差异有统计学意义($P<0.008$),高剂量组的细胞活性(%)高于肿瘤对照组,其余两两比较差别无统计学意义($P>0.008$),各组的细胞活性(%)基本相同。

【知识点 9-7】

无论是完全随机设计多个样本的 Kruskal-Wallis H 检验还是随机区组设计的 Friedman M 检验,当结论为拒绝 H_0 时,并不能直接判断各处理组间差异有无统计学意义,应进行组间的两两比较。

思考练习

(一) 选择题(从 a ～ e 中选出一个最佳答案)

1. 等级资料的比较宜采用________。

a. t' 检验　　b. t 检验　　c. Z 检验
d. 秩和检验　　e. 方差分析

2. 配对资料比较的 Wilcoxon 符号秩和检验,其检验统计量 T 是________。

a. 以秩和较小者为 T　　b. 以秩和较大者为 T　　c. 以例数较小者秩和为 T
d. 以例数较大者秩和为 T　　e. 取任意一个秩和为 T 均可

3. 满足 t 检验条件的计量资料如果采用秩和检验,拒绝 H_0 时________。

a. 增加Ⅰ类错误　　b. 减少Ⅰ类错误　　c. 减少Ⅱ类错误
d. 增加Ⅱ类错误　　e. 两类错误都增加

4. 多个样本均数比较的假设检验,如果总体方差不等且分布呈偏态,宜选用________。

a. z 检验　　b. t 检验　　c. F 检验
d. Kruskal-Wallis$H$ 检验　　e. Wilcoxon 秩和检验

5. 某医师作了一个配对秩和检验,$n=8$,$T_+=12$,$T_-=24$,查 T 界值表得 $T_{0.05}=3\sim33$,则 P 值为________。

a. $P>0.05$　　b. $P<0.05$　　c. $P=0.05$
d. $P\leqslant0.05$　　e. $P\geqslant0.05$

6. 某医师作了一个两样本秩和检验,$n_1=10$,$T_1=78$,$n_2=11$,$T_2=153$,查 T 界值表得 $T_{0.05}=81\sim139$,则 P 值为________。

a. $P>0.05$　　b. $P<0.05$　　c. $P=0.05$
d. $P\leqslant0.05$　　e. $P\geqslant0.05$

7. 以下检验方法中,不属于非参数检验的方法是________。

a. t 检验　　b. H 检验　　c. T 检验
d. χ^2 检验　　e. M 检验

8. 配对设计的符号秩和检验中,其检验假设 H_1 为________。
a. 差值总体均数等于零 $\mu_d=0$　　b. 差值总体均数等于零 $\mu_d\neq0$
c. 差值总体中位数等于零 $M_d=0$　　d. 差值总体中位数不等于零 $M_d\neq0$
e. 以上都不对

9. 四组资料比较的秩和检验,$n_1=4$,$n_2=5$,$n_3=6$,$n_4=6$,查 χ^2 界值表时自由度为________。
a. 16　　b. 17　　c. 2
d. 3　　e. 21

10. 对于等级资料,如比较的目的是各等级间是否不同,宜选用________。
a. t 检验　　b. χ^2 检验　　c. 秩和检验
d. F 检验　　e. χ^2 检验和秩和检验

(二) 简答题

1. 什么叫非参数检验?它和参数检验有什么区别?
2. 如果资料符合参数统计条件,且检验结果 $P<0.01$,差异有统计学意义,那么,用非参数统计方法,分析结果和结论会怎样?为什么?
3. 两组或多组有序分类资料的比较,为什么宜用秩和检验而不用 χ^2 检验?
4. 为什么当资料适合参数检验的条件时,用非参数统计方法会降低检验效率?

(三) 应用分析题

1. 某医师用改良的 Seldinger's 插管技术对 8 例经临床和病理证实的恶性滋养细胞肿瘤进行选择性盆腔动脉插管灌注化疗。测定治疗前后血中的 HCG 含量如表 9-15。该医师考虑到数据相差较大,采用对数变换后进行两样本均数比较的 t 检验,得 $t=2.460$,$P<0.05$,差异有统计学意义,故认为治疗前后血中 HCG 的含量有差别。

表 9-15　灌注化疗前后 HCG 含量测定结果(pmol/L)

病例号(1)	灌注前(x_1)(2)	灌注后(x_2)(3)	$\lg x_1$(4)	$\lg x_2$(5)
1	1280000	210000	6.1072	5.3222
2	75500	3300	4.8779	3.5185
3	12450	2210	4.0952	3.3444
4	1500000	9.3	6.1761	0.9685
5	10000	2500	4.0000	3.3979
6	9700	1203	3.9868	3.0803
7	15588	4825	4.1928	3.6835
8	4223	914	3.6256	2.9609

问:(1) 这是什么资料?
(2) 该实验属于何种设计方案?
(3) 该医师统计方法是否正确?为什么?

2. 某医师在某地某工厂随机抽取 16 名工人,测得尿铅含量(μmol/L)为 0.65,0.78,2.13,2.48,2.54,2.68,2.73,3.01,3.13,3.27,3.54,4.38,4.47,5.05,6.08,11.27。已知该地正常人尿铅含量的中位数为 2.50μmol/L。该医师对此资料采用单样本 t 检验,得 $t=1.837$,$P>0.05$,差异无统计学意义,故认为该厂工人的尿铅含量不高于当地正常人。

问：(1) 这是什么资料？

(2) 该医师统计方法是否正确？为什么？

(3) 该资料应该用何种统计方法？

3. 某医生研究男性甲状腺机能减退症患者尺骨骨矿含量与正常人是否有差别，随机抽取10例患者和10例正常人，分别测得骨矿含量如下(g/cm^2)。

患者组：0.31　0.35　0.37　0.39　0.52　0.62　0.62　0.63　0.74　0.98

正常组：0.28　0.29　0.31　0.35　0.36　0.37　0.41　0.48　0.53　0.53

该医生对此资料作两样本均数比较的 t 检验，得 $t=2.235$，$P<0.05$，故认为男性甲状腺机能减退症患者尺骨骨矿含量与正常人有差别，患者尺骨骨矿含量较高。

问：(1) 该资料是什么类型的资料？

(2) 研究采用的是何种设计？

(3) 统计分析中有无不妥之处？

4. 用过硫酸铵分光光度法和示波极谱法测定水中锰含量(mg/L)，见表9-16，问两法所得结果有无差别？

表 9-16　两种方法测得水中锰含量(mg/L)

样本号	1	2	3	4	5	6	7	8	9
极谱法	0.17	0.33	0.34	0.32	0.16	0.16	0.09	0.24	0.67
分光光度法	0.49	0.32	0.32	0.32	0.14	0.15	0.07	0.37	0.66

5. 配对比较两种药物治疗10例足癣，结果见表9-17，何种药物疗效好？

表 9-17　两种药物治疗足癣的效果

病例号	1	2	3	4	5	6	7	8	9	10
中草药软膏	治愈	有效	治愈	治愈	有效	治愈	治愈	治愈	有效	治愈
癣敌软膏	有效	无效	有效	治愈	有效	有效	无效	有效	无效	治愈

6. 在研究人参镇静作用的实验中，以4%人参浸液对某批小白鼠120只作腹腔注射，而以等量蒸馏水对同批93只小白鼠作同样注射为对照，结果见表9-18，请问4%人参浸液有无镇静作用？

表 9-18　4%人参浸液人参镇静作用的实验结果

镇静等级	人参组	对照组
－	5	64
±	8	12
＋	17	9
＋＋	20	7
＋＋＋	70	1

7. 某医生用某种中药治疗Ⅰ型糖尿病患者和Ⅱ型糖尿病患者共45例，结果见表9-19。为评价该中药对两型糖尿病的疗效有无差异，该医生对此资料进行 χ^2 检验，得 $\chi^2=5.289$，$P>0.05$，差异无统计学意义，故认为该中药对两型糖尿病患者的疗效基本相同。

表 9-19　某种中药治疗两型糖尿病的疗效比较

疗效等级	Ⅰ型糖尿病	Ⅱ型糖尿病	合计
无效	9	3	12
好转	8	9	17
显效	5	11	16
合计	22	23	45

问:(1) 该资料是什么资料?

(2) 该研究是什么设计?

(3) 统计分析中有无不妥之处?

8. 分别对 8 名未患妊娠合并症的孕妇和 9 名患有妊娠合并症的孕妇进行葡萄糖耐受水平的测试,结果见表 9-20。问两类孕妇的葡萄糖耐受能力是否不同?

表 9-20　两组孕妇葡萄糖耐受水平的测试结果

未患妊娠合并症组	110	119	133	127	141	117	135	122	
患有妊娠合并症组	120	140	162	184	132	128	177	143	181

9. 四种疾病患者痰液内嗜酸性白细胞的检查结果见表 9-21。问四种疾病患者痰液内的嗜酸性白细胞有无差别?

表 9-21　四种疾病患者痰液内的嗜酸性白细胞比较

白细胞	支气管扩张	肺水肿	肺癌	病毒性呼吸道感染
－	0	3	5	3
＋	2	5	7	5
＋＋	9	5	3	3
＋＋＋	6	2	2	0

10. 某市卫生防疫站用两种消毒药分别对 10 个水井消毒前后中细菌总数检验结果见表 9-22,问:(1)消毒前后每升水中细菌总数有无差别?

(2)两种药物消毒效果有何不同?

表 9-22　消毒前后水中细菌总数

编号	A药		编号	B药	
	消毒前	消毒后		消毒前	消毒后
1	1245	563	1	568	25
2	2568	652	2	5678	235
3	560	156	3	4789	456
4	3564	356	4	658	28
5	5879	269	5	786	164
6	235	19	6	7586	654
7	1879	159	7	258	15
8	465	32	8	1563	248
9	887	165	9	875	124
10	532	43	10	3241	287

11. 为评价精神疾病患者的生存质量，2006 年某医师采用 WHO QOL-BREF 量表和 SF-36 问卷调查了 135 例抑郁症患者和 69 例精神分裂症患者，其中患者对自身近一年来健康变化情况的评价结果见表 9-23。该医师对此资料采用行×列表 χ^2 检验，得 $\chi^2=14.861$，$P=0.005$，差异有统计学意义，故认为两种精神疾病患者对自身健康变化情况的评价不同。请给予评价。

表 9-23　两种精神疾病患者对自身健康变化情况评价的比较

病种	例数	差多了	差一些	差不多	好一些	好多了
抑郁症	135	17	54	43	18	3
精神分裂症	69	22	16	18	9	4

12. 某医师以尿白蛋白(UAlb)含量(mg/24h)为标准，将确诊的 2 型糖尿病患者分为 A 组(UAlb<30)、B 组(30≤UAlb<300)、C 组(UAlb≥300)，分别抽取 10 例患者，测定餐后 2h 胰岛素水平(μIU/mL)，结果见表 9-24。该医师采用单因素方差分析，得 $F=2.876$，$P=0.074$，差异无统计学意义，故认为三组患者的胰岛素水平基本相同。请给予评价。

表 9-24　30 例 2 型糖尿病患者餐后 2h 胰岛素水平的测定结果(μIU/mL)

分组	胰岛素									
A 组	12.45	5.66	7.53	10.23	12.43	22.32	23.13	45.33	6.78	49.45
B 组	17.58	6.79	17.66	20.36	13.56	48.45	8.26	50.46	47.91	47.58
C 组	15.69	24.90	21.77	25.47	24.67	28.56	55.37	69.57	62.02	64.69

13. 为探讨某天然药物治疗耳胆脂瘤的作用，某医师将随机抽取的 30 只雄性 SD 大鼠按窝别、体重、月龄等因素配成 10 个区组，每个区组的 3 只大鼠随机分入 3 个处理组，建成耳胆脂瘤动物模型，测定耳胆脂瘤上皮组织的 C-FOS 等细胞因子的灰度值，结果见表 9-25。该医师采用随机区组设计方差分析，$F=15.572$，$P<0.001$，差异有统计学意义，故认为三组大鼠的 C-FOS 细胞因子灰度值不全相同，氯霉素组和天然药物组的灰度值基本相同，都高于生理盐水组(SNK 法)。请给予评价。

表 9-25　三组大鼠耳胆脂瘤上皮组织的 C-FOS 细胞因子的灰度值

区组号	1	2	3	4	5	6	7	8	9	10
天然药物组	121.9	153.4	122.9	157.8	159.9	158.3	165.4	134.2	155.2	163.5
氯霉素组	157.9	156.3	165.4	155.8	119.9	151.4	120.9	122.2	163.2	166.5
生理盐水组	120.3	115.5	97.9	109.8	96.2	94.9	127.4	121.9	107.2	125.4

（董莉萍　杜瑞红　胡志宏）

第十章 简单线性相关与回归

第一节 简单线性相关

【例 10-1】 某研究者检测了 10 个不同污灌区的土壤中的镉含量(mg/kg)和该污灌区种植的谷穗中的镉含量(mg/kg),数据如表 10-1。据此分析土壤中的镉含量(x)和谷穗中的镉含量(y)有无相关关系。

表 10-1 土壤中的镉含量(x)和谷穗中的镉含量(y)

污灌区编号	1	2	3	4	5	6	7	8	9	10
土壤镉含量(mg/kg)	0.20	0.23	0.40	0.48	0.65	0.80	0.62	0.45	0.50	0.42
谷穗镉含量(mg/kg)	0.050	0.060	0.070	0.078	0.085	0.093	0.069	0.071	0.058	0.065

【问题 10-1】

(1) 这是什么资料?

(2) 该资料应如何进行统计分析?

笔记:

【分析】

(1) 土壤中的镉含量和谷穗中的镉含量都是随机定量变量,属于双变量计量资料。

(2) 两变量反映了研究对象的不同特征,无法用前述的假设检验方法进行比较,这里将用到的是另一大类统计方法,用于分析反映研究对象不同特征的两个或多个变量间的关系。相关分析是其中用于分析两个或多个变量间相互关系的统计分析方法。直线相关分析是分析两个变量间有无直线关系的统计方法。

在进行相关分析之前,需要了解变量间的关系,可用散点图(scatter plot)。为了考察土壤中的镉含量和谷穗中镉含量之间的关系,以土壤中的镉含量为横轴(x),以谷穗中的镉含量为纵轴(y),将表 10-1 中的数据绘成散点图(图 10-1)。

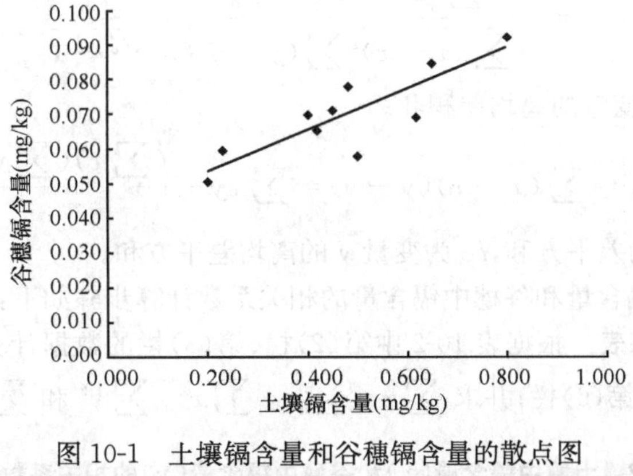

图 10-1 土壤镉含量和谷穗镉含量的散点图

如图 10-1 所示,虽然不是土壤镉含量较高的地区谷穗中的镉含量一定高,但大多数谷穗中镉的含量随其土壤中的镉含量增加而增加,两个变量之间呈近似线性关系。当一个变量增大或减小时,另一个变量也随其增大或减小,这种关系称为正相关关系,简称为正相关(positive correlation)。如年龄与舒张压、父母的身高与子女的身高、进食营养品的量与体重、年龄与肿瘤发病率等。如果研究指标之间的变化关系是相反的，如胰岛素水平越高，血糖浓度越低；预防接种率高，传染病发病率就低；污染源的排放量越低，空气质量就越好。当一个变量增大或减小时，另一个变量反而随其减小或增大，这种关系称为负相关关系，简称为负相关（negative correlation）。如果当一个变量增大或减小时，另一个变量无任何直线变化趋势，这种关系则称为无相关或零相关（zero correlation）即 $r=0$。

初步判断两个变量之间关系的方法是绘制散点图，常见的散点图如图 10-2。

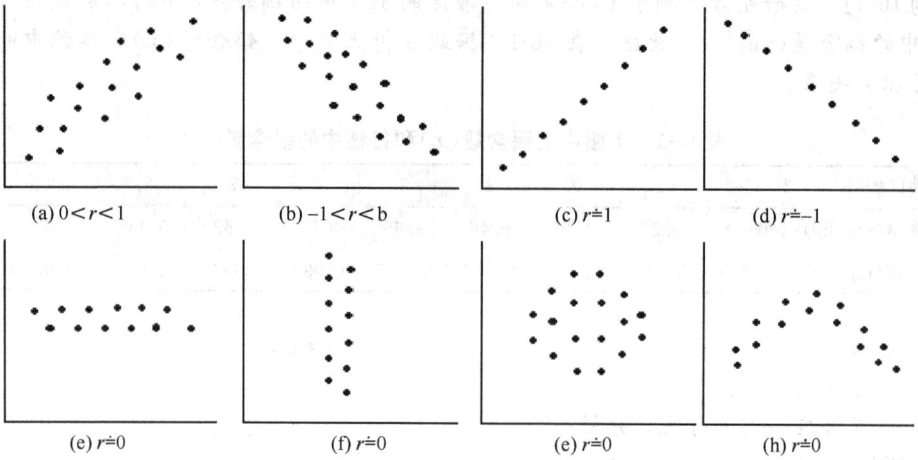

图 10-2 线性相关示意图

散点图仅能粗略地描述两变量间的关系，如果要精确地描述两变量间的直线关系，应进行相关分析。

直线相关分析即用直线相关系数来描述两变量间的直线关系。直线相关系数（linear correlation coefficient）又称 Pearson 相关系数（Pearson's correlation coefficient），它是说明具有直线关系的两个变量间相关关系的密切程度与相关方向的统计指标。样本相关系数用 r 表示，计算公式为：

$$r=\frac{\sum(x-\overline{x})(y-\overline{y})}{\sqrt{\sum(x-\overline{x})^2\sum(y-\overline{y})^2}}=\frac{l_{xy}}{\sqrt{l_{xx}l_{yy}}} \tag{10-1}$$

式中，l_{xy}为 x 与 y 变量的离均差积和。

$$l_{xy}=\sum(x-\overline{x})(y-\overline{y})=\sum xy-\frac{(\sum x)(\sum y)}{n} \tag{10-2}$$

l_{xx}为变量 x 的离均差平方和，l_{yy}为变量 y 的离均差平方和。

例 10-1 中土壤中镉含量和谷穗中镉含量的相关系数计算步骤如下：

1. 列相关系数计算表 根据表 10-2 中第(2)栏、第(3)栏的数据计算 x^2、y^2 及 xy，依次为表中第(4)栏、第(5)栏、第(6)栏；并求 $\sum x$、$\sum y$、$\sum x^2$、$\sum y^2$ 和 $\sum xy$，见表 10-2 合计行。

表 10-2 土壤中镉含量(x)和谷穗中镉含量(y)的相关系数计算表

污灌区编号	土壤镉含量(mg/kg)	谷穗镉含量(mg/kg)	x^2	y^2	xy
(1)	(2)	(3)	(4)	(5)	(6)
1	0.200	0.050	0.0400	0.0025	0.0100

续表

污灌区编号 (1)	土壤镉含量(mg/kg) (2)	谷穗镉含量(mg/kg) (3)	x^2 (4)	y^2 (5)	xy (6)
2	0.230	0.060	0.0529	0.0036	0.0138
3	0.400	0.070	0.1600	0.0049	0.0280
4	0.480	0.078	0.2304	0.0061	0.0374
5	0.650	0.085	0.4225	0.0072	0.0553
6	0.800	0.093	0.6400	0.0086	0.0744
7	0.620	0.069	0.3844	0.0048	0.0428
8	0.450	0.071	0.2025	0.0050	0.0320
9	0.500	0.058	0.2500	0.0034	0.0290
10	0.420	0.065	0.1764	0.0042	0.0273
合计	4.75 ($\sum x$)	0.70 ($\sum y$)	2.5591 ($\sum x^2$)	0.0503 ($\sum y^2$)	0.3499 ($\sum xy$)

2. 求 x、y 的离均差平方和与离均差积和　将表 10-2 各栏合计的数据代入相应各式。

$$l_{xx}=\sum x^2-\frac{(\sum x)^2}{n}=2.5591-\frac{4.75^2}{10}=0.30285$$

$$l_{yy}=\sum y^2-(\sum y)^2/n=0.0503-0.70^2/10=0.0013$$

$$l_{xy}=\sum(x-\overline{x})(y-\overline{y})=\sum xy-\frac{(\sum x)(\sum y)}{n}=0.3499-4.75\times 0.70/10=0.0174$$

3. 将所得的数值代入式(10-1)，求相关系数 r

$$r=\frac{l_{xy}}{\sqrt{l_{xx}l_{yy}}}=\frac{0.0174}{\sqrt{0.30285\times 0.0013}}=0.877$$

样本数据分析结果表明，土壤中的镉含量和谷穗中的镉含量的相关系数为 0.877。

【知识点 10-1】

1. 直线相关是分析服从正态分布的两个随机变量 x 和 y 有无线性相关关系的一种统计分析方法。

2. 相关系数是描述两个变量间线性相关关系的密切程度与方向的统计指标。其特点为：

(1) 相关系数 r 没有单位。

(2) 取值范围在 −1 和 1 之间。

(3) r 值为正表示正相关，r 为 1 表示完全正相关；r 值为负表示负相关，r 为 −1 表示完全负相关。

(4) r 绝对值越接近 1，表示两个变量间相关关系的密切程度越高；越接近 0，则相关关系越不密切。

3. 相关分析的前提条件：两个随机变量；散点图呈线性关系；服从双变量正态分布。

【例 10-2】　为探讨 Sirt3 基因与左心室肥厚的关系，某研究者检测了 10 只高血压大鼠左心室肌中 Sirt3 mRNA 的表达情况和左心室壁的厚度(mm)，并求得高血压大鼠左心室肌中 Sirt3mRNA 的表达和左心室壁的厚度的相关系数 $r=0.884$，据此认为高血压大鼠左心室肌中 Sirt3 mRNA 的表达(x)和左心室壁的厚度(y)有正相关关系。

【问题 10-2】

(1) 该资料是什么资料?

(2) 该研究者的统计分析和结论是否正确?

笔记:

【分析】

(1) 该资料测量了两个指标,为双变量的计量资料。

(2) 该研究者用相关分析是正确的,但结论不一定正确。因为没有原始数据,无法绘制散点图,不知道两变量间是否存在直线关系。即使存在直线关系,仅凭样本计算出的相关系数,并不能说明两变量间就有正相关关系。从总体相关系数 $\rho=0$ 的总体中随机抽样,由于存在抽样误差,所得样本相关系数 r 不一定全为零。因此,求得一个样本相关系数 r 后,需作总体相关系数 ρ 是否为零的假设检验,以推断总体相关系数是否为零。

【检验步骤】

1. 建立检验假设,确定检验水准

H_0:$\rho=0$,即高血压大鼠左心室肌中 Sirt3 mRNA 的表达(x)和左心室壁的厚度(y)间无相关关系。

H_1:$\rho\neq 0$,即高血压大鼠左心室肌中 Sirt3 mRNA 的表达(x)和左心室壁的厚度(y)间有相关关系。

$\alpha=0.05$。

2. 计算检验统计量

相关系数假设检验可用 t 检验,t 的计算公式为

$$t_r=\frac{r-0}{S_r}=\frac{r}{\sqrt{\frac{1-r^2}{n-2}}},\nu=n-2 \qquad (10\text{-}3)$$

本例:

$$t_r=\frac{0.884}{\sqrt{\frac{1-0.884^2}{10-2}}}=5.3484$$

3. 确定 P 值,做出统计推断 以自由度 $\nu=8$ 查附表 2(t 界值表),得 $t_{0.001,8}=5.041$,$P<0.001$,无统计学意义。按 $\alpha=0.05$ 水准,拒绝 H_0,接受 H_1,可以认为高血压大鼠左心室肌中 Sirt3 mRNA 的表达(x)和左心室壁的厚度(y)间有正相关关系($r=0.884$)。

也可根据 r 值,按 $\nu=n-2$ 查附表 13(r 界值表)确定 P 值,得 $P<0.001$,与 t 检验结论相同。

同样,对例 10-1 也需进行相关系数的假设检验才能下结论。

$t_r=5.1625$,$\nu=10-2=8$,查 t 界值表,得 $t_{0.001,8}=5.041$,$P<0.001$,有统计学意义。按 $\alpha=0.05$ 水准,拒绝 H_0,接受 H_1,可认为土壤中镉含量和谷穗中镉含量间存在正相关关系($r=0.877$)。

按 $\nu=n-2$ 查附表 13(r 界值表)确定 P 值,得 $P<0.001$,与 t 检验结论相同。

【知识点 10-2】

1. 相关系数假设检验的目的是推断两变量间有无直线相关关系。

2. 基本步骤:

(1) 建立检验假设,确定检验水准

H_0:$\rho=0$,即变量 x 和 y 间无相关关系

H_1:$\rho\neq 0$,即变量 x 和 y 间有相关关系

$\alpha=0.05$

(2) 计算检验统计量 t_r 值。

(3) 确定 P 值,作出统计推断。查 t 界值表或 r 界值表确定 P 值。如果 $P>\alpha$,不拒绝 H_0,尚不能认为变量 x 和 y 间存在直线相关关系;如果 $P\leqslant\alpha$,按 $\alpha=0.05$ 水准,拒绝 H_0,接受 H_1,可认为变量 x 和 y 间存在直线相关关系。

3. 在有相关关系时,根据 r 值判断两变量相关的密切程度:

(1) $|r|\geqslant0.7$,两变量有高度相关关系;

(2) $0.7>|r|\geqslant0.4$,两变量有中度相关关系;

(3) $|r|<0.4$,两变量有低度相关关系。

第二节　等级相关

【例 10-3】 为研究血脂蛋白 A 与糖尿病足溃疡是否相关,某医师检测了 10 名糖尿病足病患者血清中血脂蛋白 A 的水平,数据如表 10-3。对糖尿病足溃疡程度数量化(轻=1,中=2,重=3)后,该医师采用 SPSS 对该资料作 Pearson 直线相关分析,得 $r=0.933$,$P<0.001$,认为血脂蛋白 A 与糖尿病足溃疡之间存在正相关关系。

表 10-3　10 名糖尿病足病患者血脂蛋白 A 的水平与糖尿病足溃疡

患者编号	1	2	3	4	5	6	7	8	9	10
血脂蛋白 A(mg/dL)	189.6	197.7	179.4	223.1	208.7	213.6	218.6	292.8	305.4	300.5
足溃疡程度	轻	轻	轻	中	中	中	中	重	重	重

【问题 10-3】

(1) 这是什么资料?

(2) 该医师处理方法是否正确?为什么?

(3) 该资料应该用何种统计方法分析?

笔记:

【分析】

(1) 该资料包含血脂蛋白 A 与糖尿病足溃疡程度两个变量,一个属于计量资料,一个属于等级资料。

(2) 该医师处理方法不正确,因为糖尿病足溃疡程度为等级资料,不服从正态分布,因此,不能用 Pearson 直线相关分析。

(3) 该资料应选用非参数统计方法,可采用 Spearman 的等级相关(Spearman's rank correlation)来分析两者的关系。

等级相关又称秩相关(rank correlation),它是一种非参数统计方法。Spearman 的等级相关系数 r_s 是说明两个变量间相关关系的密切程度与相关方向的指标。等级相关应用范围:①偏态分布;②总体分布型未知;③原始数据用等级表示。

【检验步骤】

1. 建立检验假设,确定检验水准

H_0:总体相关系数 $\rho_s=0$;

H_1:总体相关系数 $\rho_s\neq0$;

$\alpha=0.05$

2. 计算等级相关系数 r_s

(1) 编秩：将表 10-3 中两个变量的实际值分别按从小到大的顺序编秩，如表 10-4 第(3)栏和第(5)栏。若有观察值相等，则取平均秩次。

(2) 计算秩次差 d 和 d^2：将表 10-4 第(3)栏和第(5)栏的两变量相应秩次相减，得到第(6)栏秩次差 d，第(7)栏为 d^2。

表 10-4　10 名糖尿病足病患者血脂蛋白 A 的水平与糖尿病足溃疡

患者编号(1)	血脂蛋白 A(2)	秩次(3)	足溃疡程度(4)	秩次(5)	d(6)=(3)−(5)	d^2 (7)
1	189.6	2	轻	2	0	0
2	197.7	3	轻	2	1	1
3	179.4	1	轻	2	−1	1
4	223.1	7	中	5.5	1.5	2.25
5	208.7	4	中	5.5	−1.5	2.25
6	213.6	5	中	5.5	−0.5	0.25
7	218.6	6	中	5.5	0.5	0.25
8	292.8	8	重	9	−1	1
9	305.4	10	重	9	1	1
10	300.5	9	重	9	0	0
合计	—	—	—	—	—	9

(3) 计算等级相关系数 r_s。计算公式为：

$$r_s = 1 - \frac{6\sum d^2}{n(n^2-1)} \qquad (10\text{-}4)$$

本例

$$r_s = 1 - \frac{6\times 9}{10\times(10^2-1)} = 0.945$$

3. 确定 P 值，做出统计推断　根据样本例数 n 查附表 14(r_s 界值表)确定 P 值。若 $r_s < r_{s(0.05,n)}$，则 $P>0.05$，不拒绝 H_0，无统计学意义，尚不能认为两变量之间有相关关系；若 $r_s \geqslant r_{s(0.05,n)}$，则 $P\leqslant 0.05$，拒绝 H_0，接受 H_1，有统计学意义，可认为两变量之间有相关关系。

本例 $n=10$，查表得 $r_{s(0.001,10)}=0.903$，$r_s=0.945>0.903$，$P<0.001$，有统计学意义。按 $\alpha=0.05$ 的水准，拒绝 H_0，接受 H_1，认为糖尿病足病患者血清中血脂蛋白 A 的水平与足溃疡程度之间存在正相关关系。

【知识点 10-3】

1. 等级相关应用范围　① 不服从双变量正态分布或偏态分布；② 总体分布类型未知；③ 原始数据是等级变量。
2. Spearman 等级相关系数 r_s 是描述两变量间相关关系的密切程度与相关方向的统计指标。
3. r_s 的取值和意义与 Pearson 直线相关系数 r 相同。
4. 根据样本资料计算得到的等级相关系数 r_s，也需对其进行假设检验。

第三节　简单线性回归分析

【例 10-4】　以例 10-1 的资料，分析土壤中镉含量和谷穗中镉含量之间的数量关系。

笔记：

【分析】 由于土壤中的镉含量和谷穗中的镉含量两个变量都是连续性随机变量，属于双正态分布变量资料。从相关分析可知两变量间有正相关关系，要分析土壤中的镉含量和谷穗中的镉含量之间的数量关系，可以用直线回归分析。

在分析两个变量或两个事物中，经常用一个测量比较简单的变量推算另一个测量比较复杂的变量，这种分析称为简单回归分析（regression analysis）。简单线性回归（simple linear regression）是用直线回归方程或数学模型描述两个变量间数量关系的统计方法。根据研究目的确定应变量和自变量，一般把测量比较简单的变量作为自变量（independent variable），测量比较复杂的变量作为因变量或应变量（dependent variable）。研究一个应变量（y）与多个自变量（x_i）间线性关系的统计方法则称为多重线性回归分析（multiple linear regression），简称多重回归，它是简单线性回归的推广。

一、直线回归分析的步骤

以例 10-4 为例子，下面介绍直线回归分析的步骤。

（一）绘制散点图

观察 x 与 y 是否有线性关系，见图 10-1。

（二）建立直线回归方程

直线回归方程（linear regression equation）的一般表达式为：

$$\hat{y} = a + bx \tag{10-5}$$

式中：x 为自变量（independent variable），$\hat{y}$ 为应变量（response variable）y 的估计值，a 为样本回归直线在 y 轴上的截距（intercept）。$a>0$，表示直线与纵轴交于原点的上方；$a<0$，表示直线与纵轴交于原点的下方；$a=0$，则回归直线通过原点。b 为样本回归系数（regression coefficient），即回归直线的斜率，表示自变量 x 每改变一个单位时，应变量 y 平均变化 b 个单位。$b>0$，表示 y 随 x 增大而增大；$b<0$，表示 y 随 x 增大而减小；$b=0$，表示回归直线平行于 x 轴，即 y 与 x 无线性依存关系。

在进行回归分析时，要根据研究目的确定应变量和自变量。如果变量间存在依存变化，则依赖于其他变量变化而变化的变量即应变量，引起应变量变化的变量为自变量。如父亲的身高和儿子的身高的分析中，儿子的身高是依赖于父亲的身高的，因此，儿子的身高是应变量，而父亲的身高是自变量。如果变量间的关系是相互的，如身高和体重，没有谁依赖谁的情况，则根据研究目的决定谁是应变量，谁是自变量。本例用土壤中的镉含量作为自变量，谷穗中的镉含量作为应变量进行回归分析。

确定回归直线的斜率 b 和截距 a，一般根据数学上的最小二乘法（least square method）原理，即以各实测点到直线的纵向距离的平方和最小来确定回归直线。a、b 的计算式为：

$$b = \frac{\sum (x-\bar{x})(y-\bar{y})}{\sum (x-\bar{x})^2} = \frac{l_{xy}}{l_{xx}} \tag{10-6}$$

$$a = \bar{y} - b\bar{x} \tag{10-7}$$

本例，$l_{xx}=0.30285$，$l_{yy}=0.0013$，$l_{xy}=0.0174$，$\bar{x}=0.475$，$\bar{y}=0.070$。

$$b=\frac{l_{xy}}{l_{xx}}=\frac{0.0174}{0.30285}=0.0575$$

$$a=\overline{y}-b\overline{x}=0.070-0.0575\times0.475=0.04269$$

回归方程：$\hat{y}=0.04269+0.0575x$

(三)直线回归方程的图示

为了进行直观分析，按求得的直线回归方程在 x 值实测范围内任取两个数值，如取 $x_1=0.800$，$x_2=0.200$，代入回归方程，得相应的 $\hat{y}_1=0.08869$，$\hat{y}_2=0.05419$。在图上确定(0.800，0.08869)和(0.200，0.05419)两个点，以直线连接即得到回归直线(见图 10-1)。

【知识点 10-4】

1. 简单直线回归是研究两个连续性变量间线性依存关系的一种统计分析方法。
2. 直线回归分析是用直线回归方程描述两个变量间变化的数量关系。
3. 直线回归方程的一般表达式为 $\hat{y}=a+bx$。
4. 直线回归分析的前提条件：

(1) 线性(linearity)：两个变量间存在线性关系；

(2) 独立性(independent)：任意两个观察值互相独立；

(3) 正态性(normality)：应变量 y 是服从正态分布的随机变量；

(4) 方差齐(equal variances)：给定 x 后，应变量 y 的方差相等。

【问题 10-4】

(1) 所建立的回归方程是否成立？能否认为土壤中的镉含量每增加一个单位，谷穗中的镉含量增加 0.0575？为什么？

(2) 在进行回归分析时，还应该做什么？

【分析】

(1) 现在还不能认为该回归方程成立，下这样的结论还为时过早。因为根据样本资料计算的回归系数，与其他统计量一样，也存在抽样误差。即使从总体回归系数(β)等于零的总体中作随机抽样，由于抽样误差的存在，其样本回归系数也不一定为零。

(2) 要判断回归方程是否成立，应作假设检验。

笔记：

二、回归分析的假设检验

回归方程的假设检验包括两个部分，即对回归方程的检验和对回归系数的检验。前者用方差分析，后者用 t 检验。对于简单回归分析，因为只有一个自变量，也就只有一个回归系数，因此，方差分析和 t 检验的结果是等价的，即方差分析和 t 检验的结论一致。但当自变量或应变量的数量增加时，二者的意义有所差异，我们将在后面加以介绍。

(一) 方差分析

与第六章方差分析的基本思想一样，回归分析的方差分析也是对应变量 y 的总变异进行分解，如图 10-3 所示。图中任一点 P 的纵坐标均可被回归直线与均数 $\overline{y}$ 截成 3 段，其中 $y-\overline{y}=(\hat{y}-\overline{y})+(y-\hat{y})$。$P$ 点为双变量散点中任取的一点，若将全部数据点按上法处理，并把等式两端平方后求和，则有 $\sum(y-\overline{y})^2=\sum(\hat{y}-\overline{y})^2+\sum(y-\hat{y})^2$，记作 $SS_{总}=SS_{回}+SS_{残}$，即将应变量 y 的总变异 $SS_{总}$ 分解为 $SS_{回}$ 和 $SS_{残}$ 两部分：

1. $SS_{总}$　即 $\sum(y-\overline{y})^2$，总离均差平方和，它说明未考虑 x 和 y 的回归关系时 y 的变异。

2. $SS_{回}$　即 $\sum(\hat{y}-\overline{y})^2$，回归离均差平方和，简称为回归平方和。它反映 x 与 y 的直线关系而导致的 y 的变异，或由于 x 的改变引起的 y 的变化，即在 y 的总平方和中可以用 x 解释的部分。$SS_{回}$ 越大，说明回归的效果越好。

3. $SS_{残}$　即 $\sum(y-\hat{y})^2$，残差平方和或剩余平方和，它反映的是 x 以外的因素引起的 y 的变异（包括抽样误差），即在总平方和中不能用 x 解释的部分。$SS_{残}$ 越大，直线回归的估计误差越大，在散点图上则表现为各散点距回归直线越远。

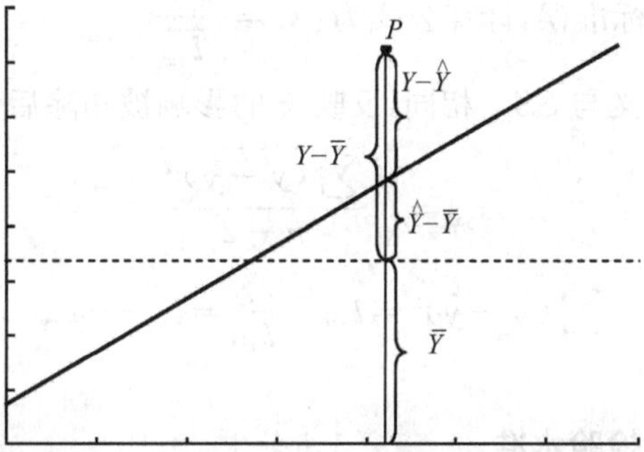

图 10-3　应变量平方和划分示意图

根据 $SS_{总}=SS_{回}+SS_{残}$，进行方差分析的 F 检验，比较回归均方与剩余均方。如回归均方显著大于残差均方（F 值大于一定界值），可认为拟合的回归方程较好，或 x 与 y 的线性关系存在。用表 10-5 计算统计量 F 值，或直接利用 SAS、SPSS 和 PEMS 等统计软件包计算。

表 10-5　回归分析的方差分析计算表

变异来源	SS	ν (df)	MS	F
回归	$bl_{xy}=l_{xy}^2/l_{xx}=b^2l_{xx}$	1	$SS_{回}/1$	$MS_{回}/MS_{残}$
残差	$\sum(y-\hat{y})^2=SS_{总}-SS_{回}$	$n-2$	$SS_{残}/(n-2)$	
总	$l_{yy}=\sum y^2-\frac{(\sum y)^2}{n}$	$n-1$		

【检验步骤】

1. 建立检验假设，确定检验水准

H_0：$\beta=0$，即土壤中镉含量和谷穗中镉含量间无直线回归关系；

H_1：$\beta\neq0$，即土壤中镉含量和谷穗中镉含量间有直线回归关系；

$\alpha=0.05$

2. 计算检验统计量

利用表 10-5 或统计软件包计算得表 10-6 结果。

笔记：

表 10-6　土壤中的镉含量和谷穗中的镉含量回归方程的方差分析表

变异来源	SS	ν (df)	MS	F	P
回归	0.001	1	0.001	19.604	0.002
残差	0.000	8	0.000		
总	0.001	9			

3. 确定 P 值,做出统计推断 按 $v_1=1, v_2=8$,查附表 4(F 界值表),$P<0.01$,有统计学意义。按 $\alpha=0.05$ 水准,拒绝 H_0,接受 H_1,可认为土壤中镉含量和谷穗中镉含量间存在直线回归关系,所求线性回归方程成立。

(二) 回归系数的 t 检验

t 检验的目的是检验总体回归系数是否为 0。t_b 的计算公式为:

$$t_b=\frac{b-0}{s_b}, \nu=n-2 \tag{10-8}$$

其中,s_b 为回归系数的标准误,计算公式为:$s_b=\dfrac{s_{yx}}{\sqrt{l_{xx}}}$ (10-9)

s_{yx} 为残差标准差,其意义与 $SS_{残}$ 相同,反映 x 的影响被扣除后 y 的变异。计算公式为

$$s_{yx}=\sqrt{\frac{\sum(y-\hat{y})^2}{n-2}} \tag{10-10}$$

$$\sum(y-\hat{y})^2=l_{yy}-\frac{l_{xy}^2}{l_{xx}}=l_{yy}-bl_{xy} \tag{10-11}$$

【检验步骤】

1. 建立检验假设,确定检验水准

$H_0: \beta=0$,即土壤中镉含量和谷穗中镉含量间无直线回归关系;

$H_1: \beta\neq 0$,即土壤中镉含量和谷穗中镉含量间有直线回归关系;

$\alpha=0.05$

2. 计算检验统计量 前面已算得 $n=10, lxx=0.30285, lyy=0.0013, lxy=0.0174, b=0.0575$。

$$\sum(y-\hat{y})^2=0.0013-(0.0174)^2/0.30285=0.0003$$

$$s_{yx}=\sqrt{\frac{0.0003}{10-2}}=0.00612 \qquad s_b=\frac{0.00612}{\sqrt{0.30285}}=0.01112$$

$$t_b=\frac{0.0575}{0.01112}=5.171$$

3. 确定 P 值,做出统计推断 按 $\nu=10-2=8$,查附表 2(t 值表),得 $t_{0.001,8}=5.041$,$P<0.001$,按 $\alpha=0.05$ 水准,拒绝 H_0,接受 H_1,可认为土壤中镉含量和谷穗中镉含量间存在直线回归关系,所求线性回归方程成立。与方差分析结果一致,且存在 $t=\sqrt{F}$ 的关系。

【知识点 10-5】

1. 回归方程需要进行假设检验,以推断两个变量间的线性关系是否存在。
2. 回归方程假设检验的方法有方差分析和 t 检验,两者的检验结论相同。
3. 对同一资料,相关系数 t 检验与回归系数 t 检验结果相同。
4. 同一资料,有 $t_r=t_b=\sqrt{F}$。

三、回归方程的应用

1. 描述两个变量之间的数量依存关系 经回归系数的假设检验,认为两变量间线性依存关系存在时,可用直线回归方程来描述两变量间依存变化的数量关系。

2. 利用回归方程进行预测 将自变量 x 的值代入回归方程式,则可得到应变量 y 的估计值 $\hat{y}$,即预测值。其意义为当 $x=x_0$ 时,应变量 y 的样本均数,也称为条件均数。其总体均数

$u_{\hat{y}}$ 的可信区间用下式估计：

$$\hat{y} \pm t_{\alpha,(n-2)} s_{\hat{y}} \tag{10-12}$$

式中：$s_{\hat{y}}$ 是条件均数 $\hat{y}$ 的标准误，其计算公式如下：

$$s_{\hat{y}} = s_{yx}\sqrt{\frac{1}{n} + \frac{(x_0 - \overline{x})^2}{l_{xx}}} \tag{10-13}$$

当同时考虑所有 x 的可能取值时，可信区间形成一个弧形区带，称为回归直线的可信带(confidence band)。其意义为在满足线性回归的条件下，总体回归直线落在可信带内的概率为$(1-\alpha)$。

而预测值 $\hat{y}$ 的波动范围又称为个体值的容许区间，相当于参考值范围的估计。

$$\hat{y} \pm t_{\alpha,(n-2)} s_y \tag{10-14}$$

s_y 是 $x=x_0$ 时样本 $\hat{y}$ 的标准差(注意：与样本观察值 y 的标准差不同)。

$$s_y = s_{yx}\sqrt{1 + \frac{1}{n} + \frac{(x_0 - \overline{x})^2}{l_{xx}}} \tag{10-15}$$

同样，当同时考虑所有 x 的可能取值时，容许区间也会形成一个弧形区带，称为个体值的预测带(prediction band)，较回归直线的可信带宽。

3. 利用回归方程进行控制　统计控制是利用回归方程进行逆估计。如要求应变量 y 在一定范围内波动，可以通过控制自变量 x 的取值来实现。

第四节　线性相关与回归的联系与区别

(一) 区别

笔记：

(1) 相关关系说明两变量间的相互关系，无自变量与应变量之分。回归说明两变量的从属关系，应变量随自变量的变化而变化。

(2) 相关表明两变量间关系的方向和密切程度。回归则用函数方程表达应变量随自变量变化的数量关系。

(3) 在资料要求上，相关分析要求两变量均为随机变量，并服从双变量正态分布。回归分析只要求应变量 y 服从正态分布，而自变量 x 可以是正态分布的随机变量，也可以是人为控制大小的变量，如人为确定的处理剂量、测定时间等资料。

(二) 联系

(1) 对能进行相关分析的同一组数据，计算出的相关系数和回归系数的符号相同，即正、负号一致。

(2) 同一资料 r 和 b 的假设检验等价，即 r 和 b 的假设检验结论相同。即对同一资料而言，有 $t_r = t_b = \sqrt{F}$ 。可以用 r 的假设检验代替 b 的假设检验。

(3) 可以用回归解释相关：可推出如下公式：

$$r^2 = \frac{SS_{回}}{SS_{总}} \tag{10-16}$$

r^2 称为决定系数(coefficient of determination)，表示由 x 与 y 的直线关系导致的 y 的变异 $SS_{回}$在总变异 $SS_{总}$中所占的比重，即回归效果的好坏，r^2 越接近 1，则回归的效果越好。

如某资料算得 $r=0.2$，经检验 $P<0.05$，可认为两变量间有直线关系，但 $r^2=0.04$，说明 $SS_{回}$ 在 $SS_{总}$ 中仅占 4%，所以两变量间的关系意义不大。

【知识点 10-6】 应用直线相关与回归的注意事项

1. 作直线相关与回归分析要有实际意义。不能把毫无关联的两个事物或现象作相关与回归分析。

2. 相关关系不一定是因果关系，可能是伴随关系。

3. 进行相关与回归分析都必须进行假设检验。以推断两变量间的线性关系是否存在。

4. 回归方程一般只适用于自变量 x 实测值的范围内，不能随意外推。

5. 一般应先绘制散点图观察两变量间的关系，有线性趋势时再进行相关或回归分析。

思考练习

（一）是非题（正确记"＋"，错误记"－"）

1. 直线相关是分析服从正态分布的两个随机变量 x 和 y 有无线性相关关系的一种统计分析方法。（　）

2. 直线回归是研究两个连续变量之间数量上的线性依存关系的方法。（　）

3. 假定变量 x 与 y 的相关系数 r_1 是 0.85，$P_1<0.01$；变量 m 与 n 的相关系数 r_2 为 -0.95，$P_2<0.05$，则 x 与 y 的相关密切程度较高。（　）

4. 当直线相关系数 $r=0$ 时，说明变量之间不存在相关关系。（　）

5. 对于同一组数据，回归系数 b 的符号与相关系数 r 的正负号一定相反。（　）

6. 在相关性研究中，P 值越大，则认为总体具有线性相关的理由越充分。（　）

7. 如果直线相关系数 $r=1$，则一定有 $SS_{总}=SS_{残}$。（　）

8. 不满足双变量正态分布的资料可以进行 Spearman 秩相关分析。（　）

9. 线性回归模型的前提条件是：线性、独立、正态、方差齐。（　）

10. 由样本数据获得了回归方程，且 b 有统计意义，就可认为两变量间存在因果关系。（　）

（二）选择题（从 a ～ e 中选出一个最佳答案）

1. 若分析胸围和肺活量之间的数量关系，拟用胸围值预测肺活量值，则采用________。

a. 相关分析　　b. 秩相关分析　　c. 直线回归分析

d. 多元回归分析　　e. 以上都不是

2. 相关系数的假设检验________。

a. 可用 r 的检验代替　　b. 可用 t 检验　　c. 可用 F 检验

d. a，b 均可　　e. a，b，c 均可

3. $|r|<r_{0.05(n-2)}$ 时，可认为两变量 x 与 y 间________。

a. 有一定关系　　b. 有正相关关系　　c. 一定有直线相关关系

d. 有直线相关关系　　e. 尚不能认为有直线相关关系

4. 回归系数检验的无效假设 H_0 是________。

a. $\beta=0$　　b. $\beta\neq0$　　c. $\beta>0$

d. $\beta<0$　　e. $\rho=0$

5. Pearson 积差相关系数的假设检验，其自由度为________。

a. $n-1$　　b. $n-2$　　c. n

d. $2n-1$　　e. $2(n-1)$

6. 若直线回归系数 $b=0$,则一定有________。

a. 截距等于 0　　b. 截距等于 $\overline{y}$　　c. $SS_{残}$ 等于 0

d. $SS_{总}$ 等于 0　　e. $SS_{残}$ 等于 $SS_{回}$

7. 直线回归中 x 与 y 的标准差相等时,则有________。

a. $b=a$　　b. $b=r$　　c. $b=1$

d. $r=1$　　e. $a=1$

8. 分析环境噪音强度与居民失眠患病率之间的关系可采用________。

a. Pearson 相关分析　　b. 直线回归分析　　c. Spearman 等级相关分析

d. x^2 检验　　e. 以上均可

(三) 应用分析题

1. 某医生在不同保存时间的条件下,测得白蛋白与白球蛋白的比值如表 10-7,

表 10-7　不同保存时间条件下的白球蛋白比值

血清保存时间(天)	1	2	3	4	5	6	7	8	9	10	15	20
白球蛋白比值	1.55	1.64	1.70	1.75	1.82	1.90	1.97	2.00	2.08	2.15	2.35	2.81

问:

(1) 该研究属何种设计方案?

(2) 若了解不同保存时间条件下与白球蛋白比值之间是否有关,应作何分析?

(3) 建立回归方程。

2. 某医生研究儿童体重与心脏横径的关系,测得 13 名 8 岁正常男童的体重与心脏横径,数据如表 10-8。试作回归分析。

表 10-8　13 名 8 岁健康男童体重与心脏横径的关系

编号	1	2	3	4	5	6	7	8	9	10	11	12	13
体重(kg)	25.5	19.5	24.0	20.5	25.0	22.0	21.5	23.5	26.5	23.5	22.0	20.0	28.0
心脏横径(cm)	9.5	7.8	9.4	8.6	9.0	8.8	9.0	9.4	9.7	8.8	8.5	8.2	9.9

3. 某市连续 10 年监测大气中总悬浮物(TSP)以及该市居民肺癌死亡率的资料如表 10-9 所示。分析大空中的 TSP 与肺癌死亡率是否具有相关关系。

表 10-9　10 年大气中总悬浮物(TSP)以及该市居民肺癌死亡率

年份	1995	1996	1997	1998	1999	2000	2001	2001	2003	2004
TSP(mg/mm^3)	0.850	0.870	0.628	0.542	0.200	0.188	0.383	0.117	0.178	0.136
肺癌死亡率(1/10 万)	12.013	14.499	12.525	9.738	11.858	11.630	11.814	10.385	10.041	8.985

4. 为探讨儿童缺锌对生长发育的影响,某医生随机抽取某幼儿园 4 岁男童 12 名,分析其身高与发锌含量之间的关系。数据如表 10-10:

表 10-10　某幼儿园 12 名 4 岁男童的发锌与身高值

编号	1	2	3	4	5	6
发锌(μmol/g)	1.78	1.76	1.69	1.59	1.55	1.82
身高(cm)	105.3	104.1	102.5	101.6	98.4	103.5

续表

编号	7	8	9	10	11	12
发锌(μmol/g)	1.57	1.86	1.77	1.9	1.87	1.63
身高(cm)	99.5	104.4	106.8	107.3	107.5	104

问：

(1) 该地4岁男童发锌与身高之间是否有相关关系？

(2) 该地4岁男童发锌改变一个单位，身高改变多少？

5. 某研究人员研究了抑郁程度与睡眠质量的关系，结果如表10-11。请分析抑郁程度与睡眠质量之间有无相关关系？

表10-11　抑郁程度与睡眠质量评分关系

编号	1	2	3	4	5	6	7	8	9	10
抑郁程度	轻	中	重	轻	轻	中	中	重	重	重
睡眠质量评分	1.2	1.3	1.4	1.1	1.2	1.3	1.4	1.5	1.4	1.6

6. 某妇幼保健院对10位7岁儿童体型特征进行分析，其体质指数(BMI)(kg/m^2)与肩胛下皮褶厚度(mm)如表10-12。问7岁儿童的BMI与肩胛下皮褶厚度之间是否有相关关系？

表10-12　10名7岁儿童的体质指数与肩胛下皮褶厚度

编号	1	2	3	4	5	6	7	8	9	10
体质指数	21.6	21.5	18.6	19.5	22.6	20.4	21.1	20.9	18.1	18.9
肩胛下皮褶厚度	17.46	16.03	14.32	15.21	18.5	16.33	17.4	16.5	14.2	15.56

（程晓萍　王　莹　王博涵）

第十一章 调查设计

【例 11-1】 Doll 与 Hill 于 1951 年开始进行一项吸烟与肺癌关系的队列研究。研究对象是在英国登记注册的医生，以信函的方式调查了 59600 个医生，收到合格的调查表 40701 份。调查的内容主要围绕吸烟可致肺癌的假设，如是否吸烟、吸烟年限、吸烟种类、吸烟方式、每日吸烟量等。经过几十年长期随访观察吸烟及不吸烟人群肺癌的发生情况，结果显示：吸烟者比不吸烟者患肺癌的危险性增大，每日吸烟量越大患肺癌的危险性越大。

【例 11-2】 研究者欲分析云南山区傈僳族学龄儿童贫血与膳食因素关系。调查对象为云南省傈僳族聚居地区的两所小学，被调查学生 279 名，其中傈僳族学生 200 名。膳食调查采用五日称重法及三日询问法了解儿童校内外食物摄入量及零食摄入量；实验室测定每个儿童血红蛋白值，并通过问卷进行膳食营养知识、态度和行为调查。结果表明傈僳族学龄儿童贫血患病率较高，食物种类单调，普遍缺乏营养知识。

【问题 11-1】

(1) 上述两例属于何种研究方法？

(2) 这种研究方法有何特点？

【分析】

(1) 研究方法按是否人为施加干预措施分为调查研究和实验研究。上述两例的研究方法均为观察性研究，也称为调查研究(survey research)。

(2) 该研究方法有两个明显特点：①被调查医生是否吸烟和傈僳族学龄儿童膳食因素是客观存在的，不能像做动物实验一样人为地对研究对象施加某些处理因素；②只能“被动”地观察不同吸烟状态的医生肺癌的发生情况和不同膳食条件的傈僳族学龄儿童贫血状况，通过比较不同人群特征某疾病或健康状况的差异，进行研究因素和疾病状态是否存在关联性的分析和推断。研究对象的特征是客观存在或者是其固有的，不能对人群进行随机分组。由此可见，不能人为地施加处理因素和不能完全随机分组是调查研究与实验研究的主要区别。

【知识点 11-1】

1. 调查研究是指在没有干预措施的条件下，客观地观察和记录研究对象的现状及其相关特征。

2. 在调查中，欲研究的对象及其相关特征(包括研究因素和非研究因素)是客观存在的，不能采用随机分配的方法来平衡或消除非研究因素对研究结果的影响。

第一节 调查设计的基本内容和步骤

调查设计是对调查研究所作的周密计划，是调查研究取得真实可靠结果的重要保证，它包括资料收集、整理和分析各个环节以及整个调查过程的统计设想和科学安排。

调查设计是根据研究目的，确定调查对象、观察单位、调查方法和样本含量；将观察指标转化为调查项目，设计成调查表或问卷；然后确定资料收集方法和整理分析计划；同时需制定调查组织计划以及调查质量控制措施等。

现将调查设计的基本内容及步骤介绍如下。

一、调查计划

(一) 确定调查对象和观察单位

明确调查目的是调查研究各个环节中最核心的问题。根据调查目的来确定调查总体、调查对象和基本调查单位。例如,调查某乡3～7岁儿童生长发育状况,调查对象为该乡某年全部3～7岁儿童,观察单位即每个3～7岁儿童。确定调查对象应注意同质性(即纳入与排除标准)。例如,氟牙症的调查对象必须是常住人口,不应包括临时的外地人口,调查范围可根据饮水中含氟浓度而定。

(二) 确定调查方法

调查研究方法依据不同的角度有不同的分类方法。

1. 按调查性质分类 调查研究方法常分为定性调查和定量调查,定性调查主要采用定性访谈、观察等手段获取研究对象对相关问题的理解、解释或观点,常以谈话记录、录音等方式收集信息;定量调查则主要采用定量化手段描述和分析研究对象相关特征以及事物间的关联,常采用调查问卷的形式收集数据和进行定量分析。

2. 按调查时间分类 调查研究根据调查时间可分类为:横断面调查、回顾性调查和前瞻性调查。

横断面调查(cross-sectional study)是在特定的时间或时期内,对人群的疾病或健康状况以及相关影响因素进行调查,反映在一个截断面上事物间的联系或规律。例如,例11-2中调查某一时期傈僳族儿童贫血与膳食的关联,研究属于横断面调查。

回顾性调查(retrospective study)是指从当前时间回溯性收集和整理以往的信息、特征或暴露状态,分析人群的疾病或健康状态。常见的回顾性研究为病例对照研究,它是将人群按照某种疾病状态分为患病或者未患病两组,描述和分析某种特征或暴露与疾病的关联。

前瞻性调查(prospective study)是指由当前按事物发展方向随访观察若干时间后,收集事物的相关特征和疾病或健康状态。常见的前瞻性研究为队列研究,它是将研究人群按是否暴露于某影响因素分成暴露组和非暴露组,随访观察一定时间后,比较不同暴露人群某疾病或健康状态的差异,分析暴露与结局的关联。例如,例11-1为队列研究,吸烟状态或暴露在前,肺癌结局的发生在后,可描述和分析吸烟和肺癌的因果关联。

3. 按调查对象的范围分类 按研究所涉及调查对象的范围分为普查、抽样调查和典型调查。

普查(overall survey):就是全面调查,即对总体中所有的观察单位进行调查。理论上普查不存在抽样误差,可以直接得到总体参数。但如果普查规模太大,往往非抽样误差较大。普查可以了解总体在某一特定"时点"的情况,如了解特定人群的健康水平或疾病分布,有利于早期发现和早期治疗疾病。在医学领域的适用范围是:①发病率较高的疾病;②具有灵敏度和特异度较高的检查或诊断方法;③普查方法便于操作、易于接受;④具有实施或治疗疾病的条件。

抽样调查(sampling survey):是一种非全面调查,是从总体中随机抽取一定数量的观察单位组成样本,对样本进行调查,然后根据样本信息来推断总体特征。抽样调查可节省调查成本,有助于获得较为细致和准确的资料。许多医疗卫生问题只能做抽样调查,如某地流感发病率、乙肝患病率的调查等。此外,抽样调查还可以用于评价普查质量。因此,抽样调查在医疗卫生工作中应用最多。例11-1及例11-2均为抽样调查。

典型调查(typical survey):亦称案例调查。它是根据调查目的,在对事物进行全面分析的基础上，选择有代表性的典型观察单位进行调查，观察单位可以是人、家庭、组织或社区等。比如调查某种疾病的个别典型患者，研究其病理损害；调查几个医疗先进或后进单位，用于总结经验教训。典型常常是同类事物特征的集中表现，有利于对事物特征进行深入细致的研究，但典型调查采用的是非随机抽样，不能对总体作统计推断，只能对总体特征进行经验推论。

【知识点 11-2】

1. 调查方法的确定一般根据调查目的、调查对象的范围和具备的调查条件。

2. 调查的总体较小时可采用全面调查；调查总体太大或为无限总体时，采用抽样调查。

3. 若目的是研究事物之间的相互关系和探索病因，可采用病例对照研究或队列研究方法。

【例 11-3】 为调查某地方性甲状腺病区的防治工作，某研究者采用普查的方法，调查居民24小时的尿碘排泄量。方法为收集该地区全部居民24小时尿液，为了使居民配合调查，通过行政手段全区大人孩子休息一天，而实际所用检测尿碘的方法仅需要尿液5～10ml。一年后，研究者学习外地的采样法：采用午后随机一次尿样测定尿碘，通过一定方法推算出24小时的尿碘排泄量。此方法与24小时留尿法比较，无统计学差异。该研究者改变过去全民普查的方法，随机抽取部分居民，仅检测一次午后尿碘含量，多快好省地完成任务，也达到预期目的。

【问题 11-2】

(1) 研究者前后两次各采用何种调查方法？

(2) 你认为哪种调查方法更合理，为什么？

(3) 这个事例给你什么启发？

【分析】 研究者第一次采用的调查方法是普查，需耗费大量的人力、物力和时间，而第二次采用的方法是抽样调查，也达到预期结果。因此，要根据研究目的和条件合理选择调查方法。这个事例说明合理的研究设计是研究取得成功的关键，科学的设计可大大节省样本含量，使研究结果更具有代表性、严谨性和科学性。

(三) 确定样本含量

在抽样调查中，样本含量(sample size)是一个十分重要的问题。样本含量过少，所得指标不稳定，推断总体精度差，检验效能低；样本含量过多，不仅增加调查成本，而且可能增大各种非抽样误差。因此，样本含量估计的原则是在保证研究结果具有一定的推断精度和检验效能的前提下，确定最少的样本含量。

(四) 确定观察指标

调查设计时，应将调查目的转化为具体的观察指标，通过指标来达到目的。例如，拟对某肺癌高发区进行现场调查，调查目的是了解当地肺癌死亡现状及其相关因素，为疾病研究提供线索，为防治工作提供依据。可确定以下观察指标：①该地某年不同性别、年龄别、职业、文化程度及有无家族史肺癌死亡率；②特殊暴露如砷等有害物质的测定指标以及个体是否吸烟等。调查指标要精选，尽量用客观、灵敏、精确的定量指标。

(五) 拟定调查项目和调查问卷

根据调查指标确定调查项目，通常包括分析项目和备查项目。分析项目是直接用于计算调查指标以及考虑因素之间的相互影响所必须的内容；备查项目是为了核查、填补和更正而设置的，一般不直接用于分析，如姓名、地址、编号等。

把调查项目按逻辑顺序列成表格供调查使用即为调查表(或称调查问卷)。调查问卷的设计详见第二节。

(六) 确定调查方式

调查方式主要有直接观察法、直接采访法和间接采访法 3 种,有时可结合使用。

1. 直接观察法 调查员对调查对象进行直接检查、测量或观察来取得资料,结果较为真实可靠,但成本一般较高。如疾病调查中,由医务人员到现场进行体检、收集标本等。例 11-2 通过实验室检测每个儿童血红蛋白值,然后将儿童划分为正常或贫血,使儿童分组准确可靠。

2. 直接采访法 调查员对调查对象进行面对面采访(face to face interview),根据调查对象的回答来收集资料。调查员向调查对象作口头询问并将答案填入调查表,称为“访问调查”。其优点是有利于调查对象对问题的理解,保证资料的准确性,一般应答率较高,填写“不详”或空项的比例较低。由调查对象本人填写问卷一般称为“自填调查”。优点是调查成本较低而且保密性强,缺点是调查对象对问题的理解和设计不一致时,易影响调查质量,应答率比访问调查低。

3. 间接采访法 通过通信、电话或网络等方式对调查对象进行间接调查,这种调查方式应答率较低,调查质量不易控制。例 11-1 中调查吸烟与肺癌的关系所采用的方式为信访调查,研究者选择依从性较高且人群比较稳定的医生为调查对象,大大提高调查的应答率。

二、制定资料整理分析计划

资料整理是将原始资料进行科学加工,使之系统化、条理化,便于进一步分析。资料分析是根据调查目的与收集资料的类型选择合适的统计分析方法,分析及解决实际问题或发现事物间的内在联系。

(一) 问卷接收

问卷接收是整理工作的第一步,其要点是如何认真管理及回收问卷,如何作登记,掌握每次发放及回收问卷数,记录发放日期和回收日期等。

(二) 问卷核查

问卷核查分为完整性核查和逻辑检查。完整性核查是对调查表全部项目进行检查,不应有缺项或漏项,最好在调查现场进行。逻辑检查主要发现填写中一些明显的逻辑错误。例如出生日期与死亡日期矛盾、年龄与婚姻状况不符等。

(三) 数据编码

数据编码是给每一个问题的每一个可能答案分配一个代码。不同类型的问题采用的编码方式不相同,比如单选问题和多选问题、封闭型问题和开放型问题编码是有区别的。

(四) 数据的计算机录入与校对

调查数据的计算机录入是资料整理极其重要的一个环节,也是进一步定量分析调查资料的前提。如果数据录入发生错误,则任何统计方法都不可能得出正确的结论。因此,应采取有效措施提高计算机录入质量,保证资料的完整、准确和可靠。目前许多软件可用于录入数据和建立数据库。数据录入时,应对录入人员进行简单培训,并提供每人一份统一的录入说明书。可由两个录入员分别录入同一资料,并对两人录入结果进行比较,对于不一致的结果,核对原始调查表进行纠正。数据录入后,根据调查项目间的逻辑关系进行逻辑查错,对某些变量作简单的统计描述,如编制频数表、绘制统计图等,初步揭示指标间的关系。

(五)资料分组

资料分组的目的是将性质相同的观察单位合在一起,将性质不同的观察单位分开,把组内的共性和组间的差异性充分显示出来。

分组可按质量分组,也可按数量分组,也可两种分组结合使用,这取决于研究目的。

1. 质量分组 按分组因素的类别或特征进行分组,如将观察单位按性别、职业、文化程度、是否患病等特征进行分类。

2. 数量分组 按分组因素的数量大小进行分组,如将观察单位按年龄大小、血压高低、血红蛋白含量等进行分组。分组数取决于研究目的、资料性质以及观察单位数多少。分组过少可能掩盖不同特征人群的本质差异;分组过多可能掩盖事物的规律性。在不太清楚研究事物和现象的变化规律时,分组宁可先细一些,分析时根据实际情况再作必要的合并。分组时还应注意数量分组的界限必须清楚,既不要重叠,也不要留有空隙。此外,为了便于相互比较,还应该注意习惯上或国际上惯用的分组方法,如研究年龄别死亡率时,年龄(岁)分组习惯上分为:0～,1～,5～,10～,…,每5岁或10岁为1组。

(六)资料的初步分析计划

资料的初步分析计划应说明各统计指标的内涵和计算方法,预期作哪些统计描述和统计推断(包括单、双侧检验和检验水准的确定),采用什么统计方法控制混杂因素等。最好将统计分析表列出,并通过它检查设计是否有遗漏,以便及时补充和完善。

三、制定调查组织计划

调查研究是一项社会性很强的研究工作,调查的组织计划十分重要,它是调查得以顺利实施和提高调查质量的重要保证。调查的组织计划应包括组织领导、宣传发动、时间进度、地域划分、调查员培训、分工协调、经费预算、调查表格准备、调查资料的检查制度以及资料的汇总要求等。调查设计中必须对上述工作做出周密的计划安排,并认真执行。实际工作中,可适当进行调整。

四、调查的质量控制

在实际调查工作中,应结合具体问题仔细考虑各阶段可能出现的各种非抽样误差,并采取有效措施控制调查质量。

1. 设计阶段 ①正确划分调查范围;②尽量选取客观、明确的指标;③明确定义调查项目;④正确设置调查问题;⑤合理选择调查方式;⑥必要时进行预调查。预调查便于及时调整和完善问卷,也有利于调查人员的培训。

2. 资料搜集、整理与分析阶段 ①严格选择和培训调查员;②广泛宣传,争取调查对象的配合,提高应答率;③严格资料清理和检查,及时发现和更正错误;④评价调查质量的效度和信度。效度是指调查工具对所调查对象测量的有效程度或准确度(真实性),即调查结果能否反映调查对象的真实情况;信度是指调查工具对所调查对象测量的可靠程度(可靠性),即一致性。

第二节　调查问卷或调查表设计

【知识点 11-3】

调查问卷(questionnaire)是调查指标的载荷，一个好的调查问卷对调查研究起着至关重要的作用。问卷设计是根据调查目的和要求，将所需要调查的问题具体化，经过设计，转化为可回答和测量的题目，以更好地获取被调查者的信息资料，便于统计分析的一种手段。

本节以北京市居民传染病健康素养调查问卷为例，介绍问卷的基本结构、问题形式、问题设计的一般原则等(表 11-1 调查问卷为截选“居民传染病健康素养调查问卷”一部分内容)。在应用时，应根据具体研究目的和实际调查问题加以灵活应用。

表 11-1　调查问卷实例

居民传染病健康素养调查问卷(截选)

尊敬的朋友：您好！

为深入了解北京市居民传染病健康素养情况，进行此次调查。我们保证会对您填写的信息保密，请您如实回答调查员的提问。此次调查研究的结果和每一位市民的健康息息相关，有利于政府采取更为有效措施以促进居民健康。从某种意义上说，支持我们的调查就等于为自己和大众健康出了一份力。

衷心感谢您的支持与合作！

请您仔细阅读每一项目，如实填写相关信息(在横线上填写和在符合的选项上打“√”)。

调查地点：

________区(县)________街道(镇)________居委会(村)________号(门牌号)

第一部分调查对象的基本情况

1. 性别：　①男　②女

2. 您的出生日期：________年________月________日

3. 您的民族：①汉族　②回族　③满族　④蒙古族　⑤其他________

4. 您的职业：

①学生　②农民或农民工　③生产及运输工人　④企业或公司职员

⑤医务人员　⑥商业和服务业人员　⑦公务员或事业单位人员　⑧离退休人员

⑨家务及待业人员　⑩其他________

5. 您的文化程度：

①不识字或识字很少　②小学　③初中　④高中/高职/中专

⑤大专/本科及以上

6. 您认为您的身体状况：

①很好　②好　③一般　④不好　⑤很不好

7. 在过去的 1 年中，您是否出现过下列症状：(可多选)

①发热　②腹泻　③皮疹　④皮肤或巩膜黄染

⑤结膜出血　⑥以上都没有

第二部分传染病基本知识

1. 下列说法您是否赞成：掌握传染病知识有助于预防传染病。

①赞成　②不赞成　③不知道

2. 体温大于等于多少度为发热(腋下温度)？

①37.0℃　②37.3℃　③38.0℃　④以上都不对　⑤不知道

3. 给孩子打预防针能够预防哪类疾病？

①慢性病　②传染病　③营养不良　④不知道

4. 当儿童出现发热时，能否注射预防针？

①能　②不能　③不知道

续表

5. 这种说法您是否赞成:共用毛巾容易引起红眼病。
①赞成 ②不赞成 ③不知道
6. 您知道医院设有发热门诊吗?
①知道 ②不知道
7. 儿童预防麻疹最有效的措施:
①锻炼身体,提高抵抗力 ②接种麻疹疫苗 ③养成好的卫生习惯 ④不知道
8. 预防流感最有效的措施:
①锻炼身体,提高抵抗力 ②注射流感疫苗 ③开窗通风 ④服用板蓝根、感冒冲剂
⑤不知道
9. 出现下列哪些症状,可怀疑患上肺结核?
①咳嗽、咳痰2周以上,或痰中带血丝
②发高热,剧烈咳嗽或肌肉酸痛
③咽部不适,发干、异物感或轻度疼痛
④不知道
10. 甲型肝炎(甲肝)主要是如何传播的?
①通过血液和血制品 ②食(饮)用被污染的水或食物
③呼吸被污染的空气 ④不知道
11. 手足口病最主要的感染人群是:
①学龄前儿童 ②小学生 ③中学生 ④成人
⑤老年人 ⑥不知道
12. 以下哪些情况可能感染乙型肝炎?(可多选)
①与乙肝患者共同就餐或共用餐具
②与乙肝患者共同工作
③输入带有乙肝病毒的血液
④与乙肝病毒感染者发生性行为
⑤感染乙肝病毒的孕妇分娩传给新生儿
⑥不知道
13. 梅毒、淋病主要通过以下哪种方式传播?
①蚊虫叮咬 ②性行为 ③共同就餐 ④日常接触 ⑤不知道
14. 以下哪种情况可能感染艾滋病?(可多选)
①蚊虫叮咬 ②与艾滋病病毒感染者或病人共同就餐
③输入带有艾滋病病毒的血液 ④与艾滋病病毒感染共用注射器
⑤感染艾滋病病毒产妇分娩传给新生儿 ⑥与感染艾滋病病毒的人发生性行为
⑦不知道
15. 被狗咬伤或抓伤后,伤口第一步应该如何处理?
①挤出污血 ②用创伤药,并包扎伤口 ③用肥皂或水清洗伤口
④用创可贴 ⑤不用处理 ⑥不知道
16. 蟑螂能传播下列哪个疾病?
①乙肝 ②疟疾 ③乙脑 ④痢疾 ⑤不知道
其余部分(略)
调查员(签名): 质控员(签名): 调查日期:年______月______日

一、问卷的基本结构

问卷的基本结构:说明部分、填写说明(指导)、调查项目与核查项目。

(一) 说明部分

说明部分主要说明调查目的和意义、对调查内容的保密、对调查对象的支持表示感谢等。说明部分可以封面形式出现或在问卷开始部分提出(见表 11-1 的开始部分)。这是取得调查对象理解、信任和合作的一个重要方式。

(二) 填写指导

填写指导的目的是保证调查员或调查对象对调查项目及其填写方法有一个正确的理解和统一的认识。如调查员掌握统一的提问方式和填写标准,提示调查对象如何理解与回答问题以及选择答案等。填写指导随调查方式而有所不同,自填式问卷的填写指导是对调查对象的指导说明,可在问卷的适当位置统一给出,亦可穿插在相应问题的后面;访谈式调查的填写指导是对调查员的指导说明,可与问卷分开。

(三) 调查项目

以人群为观察单位的调查项目一般包括:

1. 基本信息 如调查对象姓名、住址、单位、联系方式等。

2. 人口学特征 如年龄、性别、民族、婚姻状况、文化程度、职业等。

3. 研究项目 研究项目是调查的核心内容,它是根据研究目的和观察指标所确定的必须调查的项目,资料分析时据此计算各统计指标或进行各种统计推断,调整各种可能的混杂因素。除研究项目外,人口学特征也应纳入分析。

(四) 核查项目

核查项目属于调查质量控制内容,与调查目的无关,也不询问调查对象。如调查员姓名、调查日期、复核结果和未调查原因等。这是为便于核查和纠正错误而设置的,旨在保证调查项目填写的完整和准确,通常不直接用于分析。

二、调查问卷中问题的形式

问题的基本形式有提问和陈述两种。提问即直接提出问题并由调查对象回答;陈述即陈述某一观点,由调查对象表达对这一陈述的态度。根据问题答案的形式,一般可将调查问题分为封闭式和开放式两类。

(一) 封闭式问题

所谓封闭式问题就是根据问题可能的答案,提出两个或多个固定答案供调查对象选填。其优点一是答案标准化,易于回答,拒答率低;二是记录汇总方便,能够进行定量分析。缺点是调查对象容易随便选答,也难以得到答案以外的其他信息。

例如,表 11-1 中"您认为您的身体状况:①很好、②好、③一般、④不好、⑤很不好"为封闭式问题,研究者根据自身身体状态选择最贴近的选项。对于封闭式问题,备选答案应包括所有可能的答案,避免出现调查对象找不到合适自己的答案的情况,故常在多种选择后加上"其他"项;此外,被选答案不能相互重叠,避免出现有不止一个答案适合调查对象的情况。一般而言,调查对象只选择一种答案。在有几个答案都可以选择时,可要求调查对象在多个可能的答案中选择一个最佳答案或选择几个答案。例如,表 11-1 中的"下列哪些情况下可能感染乙型肝炎(可多选)"。

(二) 开放式问题

所谓开放式问题就是对问题答案不加任何限制，由调查对象对问题自由回答。适于事先难以确定回答范围或答案很多的情况，以及预调查等。其优点是有利于调动调查对象的主观能动性，获得较丰富的信息。缺点是容易离题，易被拒绝，调查结果不易整理与分析，难以相互比较。

在问卷设计时，可根据具体情况选择开放式问题或封闭式问题，也可以两种形式的问题结合使用。

三、问题设计的一般原则

(一) 避免专业术语

在问题设计时应尽量避免专业术语，应充分考虑到全部调查对象的文化程度和理解能力。设计时应保证最低文化程度的调查对象可以正确理解问题的含义。例如，对患者进行调查时，患者一般很难理解临床体征“啰音”及“呼吸窘迫综合症”等专业术语。

(二) 避免语义模糊

在问题设计时还应尽量避免语义模糊的问题或词汇，如大概、可能、偶尔、经常等。如必须使用，则应给出本次调查的定义或标准。

(三) 避免双重问题

所谓双重问题就是指提出一个问题实际上包含了两个问题。例如，“您吸烟喝酒吗?”即为双重问题。又如，要求调查对象对以下陈述发表意见：“应该减少用于城市大医院的卫生资源，将其用于农村医疗卫生保健”，亦属双重问题。对于双重问题，调查对象往往无所适从，要么拒绝回答，要么随意回答。

(四) 避免诱导性问题

所谓诱导性问题是指研究者有意或无意引导调查对象朝某一方向回答问题，这在问题设计中应尽力加以避免。诱导性问题往往带有暗示性文字或感情色彩的文字，或用否定形式的提问。例如，“您不参加锻炼，是吗?”这种否定形式提问容易引起误解，有诱导之嫌。为了避免调查员诱导性询问所造成的偏倚，应制定统一的询问语或指导语，要求调查员严格按此提问，不得随意改动。

(五) 问题适合全部调查对象

在问题设计时，还应注意问题应适合全部调查对象，并采用跳答的形式安排问题和给出指导语。例如，调查糖尿病患病率时，“最近一次您的尿糖检查结果是阳性还是阴性?”这一问题显然就不一定适合全部调查对象。在问题设计时，一般应按逻辑顺序分别设置几个有关问题，如您是否曾被诊断为糖尿病，您是否做过尿糖检查，最近一次检查结果如何等，并采用指导语跳答。

(六) 问题的安排顺序

问题顺序安排原则：符合逻辑；一般问题在前，特殊问题在后；易答问题在前，难答问题在后；敏感的问题一般放在最后。

四、调查问卷的评价

调查问卷制定后，需要对其进行评价，以了解问卷能否准确可靠地获取调查所需信息。问卷的评价通常从信度、效度和可接受性三方面进行评价。

（一）效度评价

效度也称准确度，反映调查问卷的有效性和正确性，问卷测量能否真实反映研究对象信息。常用的效度评价为内容效度和结构效度。内容效度指问卷所涉及的条目是否覆盖研究目的要求达到的各个方面和领域，通常由相关专家对问卷进行内容效度的评价。结构效度是指调查表的结构是否符合理论构想和框架。例如，护理研究患者的抑郁分为生理抑郁和心里抑郁，抑郁问卷是否可以由这两个潜在抑郁因子支配。通常采用因子分析评价问卷的结构效度。

（二）信度评价

信度反映测量结果的稳定性，通常采用信度系数（取值范围在 0～1 间，系数越大，信度越高）来评价，包括重测信度、分半信度、内部一致性信度等。重测信度是采用同一份问卷在不同时间对同一批研究对象进行重复测量，两次测量结果的一致性程度。通常在调查一周或两周内，抽取 10%的调查对象进行重复问卷调查，计算重测信度系数，重测信度系数应达到 0.7 以上。分半信度是将调查问卷分为奇数条目和偶数条目评分，计算两者的相关系数 r，整个问卷的信度系数为 $2r/(1+r)$。内部一致性信度避免机械地将调查条目奇偶分半，而是考虑到条目之间的内部结构和联系程度估计信度，最常用的为克朗巴赫系数。一般常用的统计软件包均可计算分半系数和克朗巴赫系数。系数越大，提示信度越好。

（三）可接受性评价

可接受性是指被调查者对调查表的接受程度，通常以调查问卷的回收率、合格率和调查所需的平均时间等指标来评价。一般问卷调查时间控制在 10～15 分钟内，调查效果较好。如果调查问卷的回收率和合格率过低，会导致结果存在偏性。

第三节　基本抽样方法

随机抽样是指调查者用随机的方法抽取样本，然后以样本统计量推断总体参数的一种研究方法。常用的随机抽样方法有：单纯随机抽样、系统抽样、整群抽样与分层抽样。

一、单纯随机抽样

（一）抽样方法

单纯随机抽样（simple random sampling）就是在总体中以完全随机的方法抽取一部分观察单位组成样本（即每个观察单位有同等的概率被选入样本）。常见的办法是先对总体中全部观察单位编号，然后用抽签、随机数字表或计算机统计软件包等方法从中抽取一部分观察单位组成样本。

【例 11-4】 某研究者调查某镇中心小学学生的贫血患病情况，该校共有学生 1200 人，若抽取样本含量为 200 人，试作单纯随机抽样。

【基本步骤】

先将全校学生编号：1，2，…，1200；

(1) 抽签法:将学生编号及姓名写在 1200 张卡片上,充分混合均匀后,随机抽取其中的 200 张,得到相应 200 人的样本;

(2) 随机数字表:任意指定随机数字表中的某行某列,比如第 3 行第 5 列,由此处起,向右依次抄录随机数字 200 组,每组 4 个数字,凡后面出现与前面相同的数字者弃去,得 2302、7709、6187、2521、2806、2425…。凡首字≥8 者首位减 8,首字≥6 者首位减 6,首字≥4 者首位减 4,首字≥2 者首位减 2,依次得 302,709,187,521,806,425,…。由属于这些编号的学生组成样本。抽取样本例数较大时,抽签法和随机数字表法实际操作过程均面临困难,可以采用统计软件来实现随机抽样。

(3) 计算机统计软件包:将所用学生姓名及相应编号输入计算机后,给每位编号产生一个随机数(位数为 4 位,与 $N=1200$ 的位数相同),再将 1200 个随机数排序,序号为 1-200 所对应的观察单位即为抽取的样本。单纯随机抽样示意图见图 11-1。

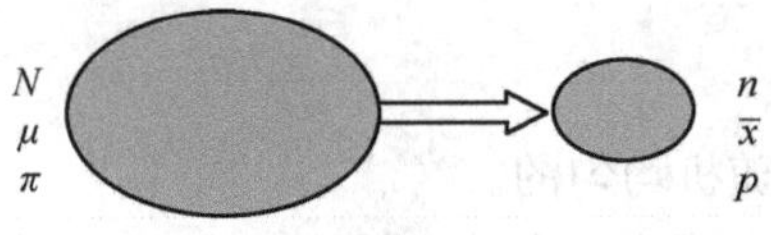

图 11-1 单纯随机抽样示意图

对于单纯随机抽样,样本均数 $\bar{x}$ 或样本率 p 的抽样误差(标准误)的计算见表 11-2。

表 11-2 单纯随机抽样均数、率的标准误计算

总体类别	均数的标准误	率的标准误
无限总体	$s_{\bar{x}}=\frac{s}{\sqrt{n}}$ (11-1)	$s_p=\sqrt{\frac{p(1-p)}{n-1}}$ (11-3)
有限总体	$s_{\bar{x}}=\frac{s}{\sqrt{n}}\sqrt{1-\frac{n}{N}}$ (11-2)	$s_p=\sqrt{\left(1-\frac{n}{N}\right)\frac{p(1-p)}{n-1}}$ (11-4)

注:当被抽样的总体含量无穷大时,称为无限总体,反之称为有限总体。表中 N 为总体例数,n 为样本例数,n/N 称为抽样比,$(1-n/N)$称为有限总体校正数

【例 11-5】 若上例 11-4 查得小学生贫血患病率为 7%,求其标准误。

$$\text{率的标准误 } s_p=\sqrt{\left(1-\frac{n}{N}\right)\frac{p(1-p)}{n-1}}=\sqrt{\left(1-\frac{200}{1200}\right)\frac{0.07(1-0.07)}{200-1}}=0.0165$$

(二) 优缺点

单纯随机抽样方法是其它随机抽样方法的基础,其均数(或率)及其标准误的计算简便;缺点是总体例数较多时,需对总体中每个观察对象编号,实施比较困难,往往难以做到。

(三) 适用范围

适用于总体内个体间差异较小的小型调查或实验研究。

二、系统抽样

(一) 抽样方法

系统抽样(systematic sampling)又称等距抽样或机械抽样。方法是按照一定顺序,机械地每隔若干个观察单位抽取一个观察单位组成样本。例如:要从 1000 户中抽取 100 户作样本,可

先在门牌号 1～10 号之间随机抽取一户(假定为第 4 号住户)，其后每间隔 10 户抽取一户，即抽取 4、14、24、34、…、994，共 100 户组成样本。

因为总体的性质不同，抽样的间隔不同，系统抽样的抽样误差也不同，所以系统抽样本身无统一的计算标准误的方法。实际工作中一般按单纯随机抽样方法估计抽样误差(此方法估计的误差一般是偏大的)。

(二) 优缺点

优点是易于理解，简便易行；容易得到一个按比例分配的样本；样本的观察单位在总体中分布均匀，对总体的代表性较好；系统抽样的抽样误差小于单纯随机抽样。缺点是在某些特殊情况下可能存在偏性。例如上述例子中我们的住户为双号，其住房可能都是一个朝向，若作采光等卫生学调查，将产生明显的偏性。

(三) 适用范围

按抽样顺序个体的分布是随机均匀的。

【例 11-6】 某研究者希望从某地 4 个幼儿园 600 名 3～6 岁儿童中抽取 100 人进行膳食结构的营养调查。

【问题 11-3】

(1) 可采用何种随机抽样方法?

(2) 写出具体的抽样方案。

【分析】 可采用单纯随机抽样或系统抽样方法。单纯随机抽样：可将 600 名儿童编号，在计算机上用统计软件包抽取 100 名儿童作为样本。系统抽样：先给 600 名儿童编号1～600，确定抽样间距为 6(600/100)，确定 1～6 的随机数，若从 5 开始，则抽取儿童编号为 5,11,17,23,…,593,599 组成样本。

三、整群抽样

(一) 抽样方法

整群抽样(cluster sampling)是先将总体划分为 K 个群(集团)，每个群包含若干个观察单位，再随机抽取 k 个“群”($k<K$)，并将被抽取的各个群的全部观察单位组成样本。例如，作钩虫病调查时，调查某县的几个生产队的全部社员；作计划生育调查时，抽取城市里几个社区的全部居民。以图 11-2 示意如下：

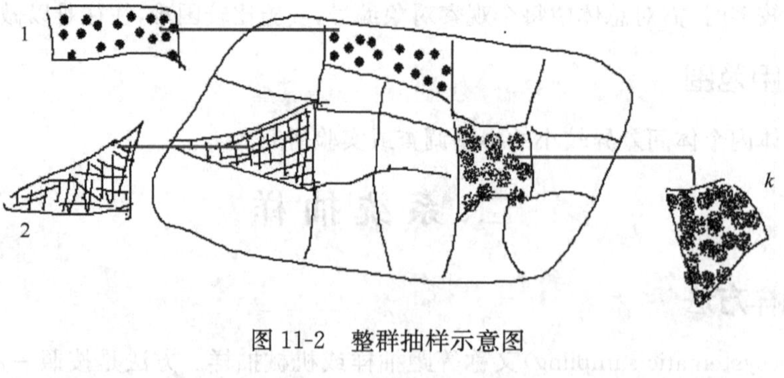

图 11-2 整群抽样示意图

(二) 优缺点

优点是在大规模调查中，整群抽样易于组织，可节省人力物力，容易控制调查质量；缺点是当样本例数一定时，其抽样误差一般大于单纯随机抽样误差。

(三) 适用范围

主要用于群内变异较大而群间差异较小的情形。

【例 11-7】 欲了解安徽省血液透析患者 HCV 感染现状，随机选择安徽省 7 所医院，将这 7 所医院的 104 例血液透析患者作为调查对象，抗－HCV 阳性检出率为 57.69%。

【问题 11-4】

(1) 这是什么随机抽样方法?

(2) 根据该资料写出具体的抽样方案。

【分析】 此为整群抽样方法。具体的抽样方案：先将安徽省所有能接受血液透析的医院编号，然后给每个医院一个 3 位数的随机数，将随机数排序后，1～7 号即为整群抽样选中的医院，调查这 7 所医院所有的血液透析患者。

四、分层抽样

(一) 抽样方法

分层抽样(stratified sampling)又称分类抽样，先按影响观察值变异较大的某种特征将总体分为若干层(strata)，再从每层内随机抽取一定数量的观察单位组成的样本(样本含量为 n)。假设对某地理区域医院床位数进行调查，采用分层抽样的示意图见图 11-3。

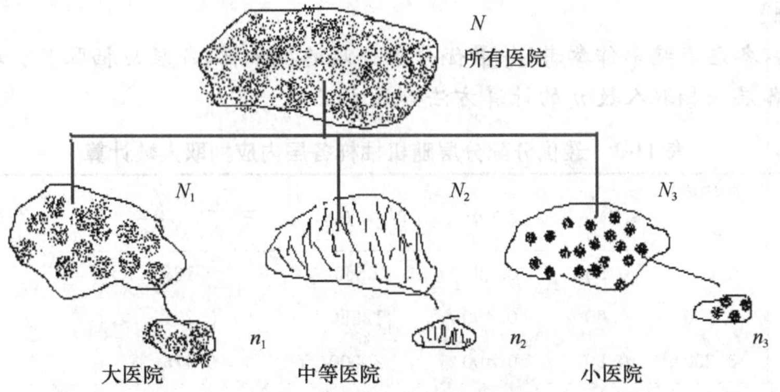

图 11-3　分层抽样示意图

(1) 按比例分层随机抽样：按总体中各层观察单位数的多少来分配各层的观察单位数。

$$n_i = n(N_i/N) = N_i(n/N) \tag{11-5}$$

其中，n_i 表示各层抽取的样本例数，N_i 表示各层包含的观察单位总数，N 表示总的观察例数。

(2) 最优分配随机抽样：按总体中每层观察单位数(N_i)的多少和标准差的大小来分配各层的观察单位数。

均数的抽样

$$n_i = n\frac{N_i\sigma_i}{\sum N_i\sigma_i} \tag{11-6}$$

率的抽样 $$n_i = n\frac{N_i\sqrt{\pi_i(1-\pi_i)}}{\sum N_i\sqrt{\pi_i(1-\pi_i)}} \tag{11-7}$$

式中，σ_i 为总体第 i 层的标准差，π_i 为总体第 i 层的率，σ_i 或 π_i 一般根据以往经验、文献资料或预调查来估计。

(二) 优缺点

抽样误差比较小；先要将总体分层，层内个体差异越小越好，层间个体差异越大越好，便于对不同的层采用不同的抽样方法。

(三) 适用范围

主要用于层间差异较大的对象。

【例 11-8】 欲了解某农村育龄妇女生殖系统感染情况及其影响因素，已知该县有农村人口95000 人，育龄妇女占 30%，其中 70%为已婚，拟调查该农村已婚育龄妇女 3000 人。

【问题 11-5】

若采用分层抽样调查，请写出具体的抽样方案。

【分析】 步骤如下：

(1) 计算该县已婚育龄妇女数：95000×30%×70%＝19950(人)

(2) 计算抽样比：$\frac{3000}{19950}=\frac{1}{6.65}$

(3) 将该县已婚育龄妇女(19950 人)按乡镇经济状况分为好、中、差三层。

(4) 每层中按抽样比(1/6.65)进行随机抽样，全县共抽得 3000 名已婚育龄妇女进行调查。

【例 11-9】 在 12 万人口的居民中调查某病患病率，居民按职业分为甲、乙、丙、丁四个层，现要抽取 1000 人的样本。

【问题 11-6】

若以三年前各层患病率作参考，作最优分配分层随机抽样，各层应抽取多少人？

【分析】 各层应抽取人数 n 的计算方法如表 11-3。

表 11-3 最优分配分层随机抽样各层内应抽取人数计算

职业	人口数 N_i	患病率 p_i	q_i	$\sqrt{p_iq_i}$	$N_i\sqrt{p_iq_i}$	$\frac{N_i\sqrt{p_iq_i}}{\sum N_i\sqrt{p_iq_i}}$	$n_i=n\frac{N_i\sqrt{p_iq_i}}{\sum N_i\sqrt{p_iq_i}}$
甲	35000	0.040	0.96	0.196	6860	0.163	163
乙	25000	0.400	0.60	0.490	12250	0.291	291
丙	50000	0.200	0.80	0.400	20000	0.475	475
丁	10000	0.100	0.90	0.300	3000	0.071	71
合计	120000	0.187	—	—	42110	1.000	1000

【知识点 11-4】

1. 抽样调查有概率随机抽样与非概率抽样之分。

2. 概率抽样是指总体中观察单位被抽中的概率是已知的或是可以计算的。非概率抽样是指总体中每个观察单位被抽中的概率是未知的或是不能计算的。

3. 常用的概率抽样方法有单纯随机抽样、系统抽样、整群抽样和分层抽样。四种抽样方法的抽样误差一般是整群抽样＞单纯随机抽样＞系统抽样＞分层抽样。

4. 非概率抽样常见的有便利抽样、定额抽样、雪球抽样等。非概率抽样对总体的代表性是有偏的，不宜对总体进行统计推断。

在实际的调查研究中，常常将整个抽样过程分为若干阶段来进行，即多阶段抽样，每一个阶段可以将两种或几种抽样方法结合起来使用。例如调查某市小学生的视力情况，可使用两阶段抽样方法，第一阶段用分层整群抽样方法从该市中随机抽取若干个小学，第二阶段再从被抽到的学校中用单纯随机抽样或系统抽样方法各随机抽取部分学生作调查。

第四节 样本含量的估计

在抽样调查中，常常需要确定估计总体均数或总体率时所需要的样本含量。

估计样本含量需具备的基本条件：

1. 允许误差 δ （$\delta=\overline{x}-\mu$ 或 $\delta=p-\pi$）即样本统计量与相应总体参数之差应控制在什么范围。通常取可信区间长度的一半。一般允许误差 δ 越大，所需样本含量越小，反之，亦然。

2. 总体标准差 σ 或总体率 π 可以通过预调查、前人经验或查阅有关资料作出估计。一般总体标准差 σ 越大，所需样本含量越大，反之，亦然；总体率接近 0.5，所需样本含量越大。

3. 第Ⅰ类错误的概率 α 通常取值 0.05。第Ⅰ类错误概率越小，所需样本含量越大。

结合上述 3 个条件，即可对样本含量作出估计，它表示用调查所得的样本均数 $\overline{x}$ 或样本率 p 估计总体均数 μ 或总体率 π 时，样本均数与总体均数之差（$\overline{x}-\mu$）或样本率与总体率之差 $p-\pi$ 不超过 δ 的概率为 $1-\alpha$。

一、单纯随机抽样和系统抽样时样本含量的估计

单纯随机抽样估计总体均数和总体率时，样本含量的计算公式如表 11-4。

表 11-4 单纯随机抽样估计总体均数和总体率时样本含量的计算

总体类型	总体均数估计	总体率估计
无限总体	$n=\left(\frac{z_\alpha\sigma}{\delta}\right)^2$ (11-8)	$n=\frac{z_\alpha^2\pi(1-\pi)}{\delta^2}$ (11-10)
有限总体	$n_c=\frac{n}{1+n/N}$ (11-9) n 的计算同式(11-8)	$n_c=\frac{n}{1+(n-1)/N}\approx\frac{n}{1+n/N}$ (11-11) n 的计算同式(11-10)

注：当有限总体的 n/N 小于 0.05 时，可直接计算 n，不需要校正 n_c

【例 11-10】 若用单纯随机抽样的方法了解某医科大学大学生 SCL-90 的平均水平，该大学有在校学生 15000 人，允许误差不超过 5 分，根据预调查结果，医学生 SCL-90 总分的标准差为 39.2 分，取 $\alpha=0.05$。问需要调查多少医学生？

本例 $\delta=5$ 分，$\sigma=39.2$ 分，$\alpha=0.05$，$z_\alpha=1.96$，$N=15000$，代入式(11-8)

$$n=\left(\frac{z_\alpha\sigma}{\delta}\right)^2=\left(\frac{1.96\times39.2}{5}\right)^2=236$$

$$n_c=\frac{n}{1+n/N}=\frac{236}{1+236/15000}=232$$

【例 11-11】 例 11-10 中，某校医欲调查该校医学生的失眠患病率，如果文献报道医学生的失眠患病率为 15%，允许误差不超过 5%，取 $\alpha=0.05$。现用单纯随机抽样的方法了解该校医学生的失眠患病率，问需要调查多少人？

$\pi=15\%$，$\delta=5\%$，$\alpha=0.05$，$z_\alpha=1.96$，代入式(11-10)

$$n=\frac{z_\alpha^2\pi(1-\pi)}{\delta^2}=\frac{1.96^2\times0.15(1-0.15)}{0.05^2}=196$$

$$n_c=\frac{n}{1+n/N}=\frac{196}{1+196/15000}=193$$

系统抽样样本含量的估计可按单纯随机抽样样本量估计公式进行估计。

二、分层随机抽样时样本含量的估计

分层随机抽样样本含量计算步骤：

1. 求分层随机抽样总体参数估计值 参数估计值为对各层的参数估计值进行加权平均(权重为各层在总体中所占的比例)。

设含 N 个个体的总体，分为 L 层，第 i 层的大小为 N_i，该层的均数或率为 μ_i、π_i，则总体均数 μ、总体方差 σ^2 和总体率 π 分别为

$$\mu=\sum_{i=1}^{L}\mu_iN_i/N \tag{11-12}$$

$$\sigma^2=\sum_{i=1}^{L}\sigma_i^2N_i/N \tag{11-13}$$

$$\pi=\sum_{i=1}^{L}\pi_iN_i/N \tag{11-14}$$

如果从第 i 层抽取样本量为 n_i，第 i 层的样本均数、方差和样本率分别为 $\bar{x}$、s^2、p_i，则总的样本均数 $\bar{x}$、样本方差 s^2 和样本率 p 也可通过各层的统计量加权平均求得。

2. 样本含量的估计 根据单纯随机抽样的样本含量计算公式(11-8)和公式(11-10)估计样本含量。

3. 各层样本量 n_i 的估计 可根据各层的大小按比例分配(式 11-5)；也可根据式(11-6)或式(11-7)进行最优分配。

【例 11-12】 为调查某小学的学生无麻疹免疫力的概率，决定按年级作分层随机抽样。已知该校共有学生 $N=1325$ 名，6 个年级的学生总数分别为 $N_1=290$，$N_2=210$，$N_3=230$，$N_4=184$，$N_5=193$，$N_6=218$。据当地另一所学校的资料，6 个年级无麻疹免疫力的比例分别为 $p_1=0.042$，$p_2=0.035$，$p_3=0.072$，$p_4=0.178$，$p_5=0.195$，$p_6=0.188$。要求相对允许误差不超过 20%，取 $\alpha=0.05$。试估计各年级需抽取的学生人数。

【分析】 按分层随机抽样样本含量计算步骤

(1) 计算总的样本率

$$p=\sum_{i=1}^{L}p_iN_i/N=(290\times0.042+210\times0.035+\cdots+218\times0.188)/1325=0.1113$$

(2) 相对允许误差 $=\delta/p=0.20$ 允许误差 $\delta=0.20\times0.1113$

(3) 计算总的样本含量

$$n=\frac{z_\alpha^2\pi(1-\pi)}{\delta^2}=\frac{1.96^2\times0.1113\times0.8887}{(0.1113\times0.20)^2}\approx767$$

(4) 按比例分配计算各层样本含量

$n_1=767\times290/1325=168$ $n_2=767\times210/1325=122$ $n_3=767\times230/1325=133$

$n_4=767\times184/1325=107$ $n_5=767\times193/1325=112$ $n_6=767\times218/1325=126$

三、整群抽样时样本含量估计

整群抽样的样本含量估计方法：先使用单纯随机抽样的方法估计出 n，然后乘以设计效率 k

即可(如果整群抽样的方差是单纯随机抽样的 k 倍,就说设计效率为 k)。至于抽取的群的数目以及每群的平均大小,还涉及群间的变异与费用大小。下面以实例说明:

【例 11-13】 从生活在某地区的 4000 名儿童中随机抽取 50 名作调查,发现 30 人有蛔虫。欲以 95%的信度,估计与总体蛔虫感染率的相差不超过±5%,采用整群抽样,已知设计效率为 2,问如何安排样本含量?

已知 $N=4000$,$P=60\%$,$\alpha=0.05$,$\delta=0.05$,由单纯随机抽样公式计算得 $n=369$,故整群抽样所需样本例数为 $369\times2=738$。

若抽取的群数为 10,每群约为 74 名儿童;若抽取的群为 15 个,每群平均为 49 名儿童。而且如果群间的变异大,所抽取的群数越多,反之,亦然。调查群数也与调查的费用有关,费用越大,抽取的群数需适当减少。

【知识点 11-5】

1. 估计样本含量需具备的基本条件:允许误差 δ、总体标准差 σ 或总体率 π 和第Ⅰ类错误的概率 α。

2. 随机抽样的方法不同,样本含量的估计方法亦不相同。

第五节 常用定性调查方法

在卫生服务领域中,常会遇见一些问题:为什么农村妇女,特别是汉族妇女,不顾自己的身体健康,非要生一个儿子不可?为什么许多人明明知道吸烟有害健康,仍然不采取一定的戒烟行动?如何真正从不同人群角度了解其卫生保健需求?采用什么样的调查方法才能回答这些问题? 显然传统的以调查问卷为主的"定量调查"方法已难以回答这些问题,此时"定性调查"方法可以完成这一任务。

定性调查是研究者通过访谈、专题小组讨论、观察等方法了解人们对某一事物或现象的经历、观点、见解、想法、感受,收集定性资料,并按一定的主题、类别进行编码与归纳推理的过程。由此产生的见解、知识、观点和理论假设即为定性调查结果。收集资料的形式通常是声音、图像和文字性材料,而不同传统的数字形式。如今,定性调查方法被越来越多地用于医学研究中,特别是医疗卫生服务领域。

常用的定性调查方法有访谈、专题小组讨论、观察法及个案研究等。

一、访 谈(interview)

访谈主要是通过调查人员有目的地与被访谈者交谈或向其提出一系列问题,来了解被访谈者的认知、态度和行为等。访问者需站在被访者的角度,始终以开放的头脑接受访谈中出现的各种概念,以发现被访者的思维框架。访谈适合了解个体的行为、经历、观念(包括价值观)、感受、知识、感官体验、人口学特征及背景细节等。

(一) 访谈的分类

访谈有多种形式,根据访谈问题的种类可大致分为 3 种:结构式访谈、半结构式访谈和深入访谈。

结构式访谈又称为规范化访谈或正式访谈或系统访谈,它是事先准备好要让采访对象回答的问题,对每一个采访对象提问相同的问题,而且问题的措词和提问顺序也是一样的。结构式访谈适合侧重文化模式的研究,相对来说对调查人员的访谈技巧要求不高。例如,请每一个母亲列举一些对腹泻有好处的食物。

半结构式访谈是以提纲或粗略的问题来确定访谈的范围，近似于一个粗略的问卷，访谈过程中，询问问题的顺序也不固定，可根据情况进行调整。受访谈者的技巧和对访谈问题的熟练程度影响较大。

深入访谈是在主题的范围内，通过和访谈对象的自由交谈，获得被访谈者的经历、态度和行为。一般只有1～2个主题，没有明确的、固定的问题，但需试探更多的细节信息，这种访谈对访谈者的技巧要求最高，尤其是试探技巧。例如，涉及人们性行为、性偏好、性心理等敏感问题，可采用深入访谈。

(二) 实施

访谈之前必须对访问者进行技巧培训，只有培训合格的访问者才可以开展访谈。访问者事先应考虑哪些因素会对被访者造成负性影响并设法避免。如有的患者为了取悦医生而说出他认为医生所希望得到的答案。因此，访问者若是医生，最好不访谈自己的患者。若无法避免，访谈之前应明确告诉患者，访谈的目的是想了解患者真实的想法。访谈的问题应该是开放性和中性的，对被访者来说是清楚的。一般从容易回答的问题开始，然后切入较难回答或敏感的话题。访问者应始终以尊重、感兴趣的神情倾听，并随时观察被访者的面部表情、语气、语调和躯体语言等，以了解被访者在此场合是否舒服，内心想法的暴露程度，所谈内容与内心想法是否一致，是否理解访问者的问题以及对访谈的情感反应等，以便及时弥补不足。访谈的顺序可以灵活改变，但应根据研究目的并运用各种访谈技巧将问题引向深入，以发现一些新的内容或想法。

二、专题小组讨论(focus group discussion)

专题小组讨论是指从特定的目标人群中选择6～12名具有类似背景和经验的人组成一组，在主持人的带领下，就与研究目的有关的话题进行深入、自由、自愿的讨论，从而通过小组成员的相互交流获得信息的方法。

专题小组讨论适合研究群体的态度和想法及其产生的背景和表现的方式，可用来寻找定量调查问卷项目的最佳提问方式或解释定量调查的结果。一个好的小组讨论可以让研究者从新的角度看待所研究的问题，从而建立新的理论框架或干预措施。

下面以实例“了解农村地区婴幼儿家长对辅食添加的认识”说明专题小组讨论的实施步骤：

(一) 确立研究目的

研究目的通常由全体参与研究的人员讨论决定。本次调查的目的是通过了解农村地区婴幼儿家长对4～24个月婴幼儿辅食添加的认识，包括何时添加辅食、孩子几个月时添加哪种辅食、添加辅食的顺序等，为农村地区制定出有效的婴幼儿喂养指导和营养改善策略提供参考。

(二) 编写讨论提纲

注意以下几个原则，问题一般应该按由浅入深的逻辑顺序排列，为了保证良好的讨论效果，问题以8～12个为适宜，讨论时间一般控制在1～2小时内。本次调查的专题小组讨论提纲设计了10个问题，内容包括婴幼儿家长认为孩子4～6个月时应该添加什么食物及其原因、何时添加鸡蛋、肉类、豆腐及其制品等食物及其原因，不给孩子添加的原因、获得婴幼儿喂养知识的途径等。

(三) 选取调查对象

分组时需要遵循同质性的原则，即尽可能使小组成员之间在年龄、性别、社会经济地位、生活背景等相似。从理论上讲，定性调查没有一定的样本量，不强调随机，但强调信息的饱和，讨论可以一直持续进行直至在同一类别的小组成员中再没有新观点为止。但在实际操作过程中，需要根据研究目的、内容、对象特征、时间、人力和财力等综合分析而定。通常同一类别的组数为2～6组，每组由6～12人组成。本次调查采用方便抽样。选取北京房山、浙江东阳、陕西彬县、河南辉县和甘肃定西5县农村地区的4～24个月婴幼儿家长（父母亲或祖父母），每个县作3～4组专题小组讨论，每组8～10人。

(四) 实施访谈

专题小组讨论设在方便、安静、舒适的场所进行，围坐成圆形，这样有助于建立一个良好的气氛。同时准备录音设备、文具和纪念品。研究人员最少2人，分别担任主持人和记录员。讨论开始前，由主持人致欢迎词，解释讨论的目的、意义及参与的重要性，讲明讨论方式及要求，解释录音的必要性及强调保密性，以消除研究对象的紧张及顾虑。然后讨论正式开始，主持人按照事先拟定的提纲指导各小组进行讨论，讨论中运用探索、提醒、复述等询问技术。主持人引导研究对象围绕主题开展讨论，使其阐明各自的观点及认识框架，并分析讨论中提出的观点是小组多数人的观点还是个别人的观点。在讨论中，应鼓励表述不同的观点。如果被访者提出了一些新的有价值的信息或想法，应及时请其详细解释，并对此展开讨论。讨论时间一般持续1～2小时。讨论结束时，主持人请每个参加者简单总结自己的看法，或补充自己想说而没有机会说的话。最后，主持人再一次强调保密性原则，并对调查对象的参与表示感谢，同时分发纪念品。在整个讨论期间，记录员负责对谈话内容的录音和记录，记录被访者的重要观点、躯体语言及现场气氛等。

(五) 资料分析

仔细阅读在专题小组讨论中收集到的所有资料（提纲、手稿、录音带等）。通过对所记录的原始资料深入阅读来理解其内容，并通过分类、集中、归纳和比较，概括主要观点及其原因，归纳结果。例如部分农村家长不给婴幼儿及时添加肉类原因是认为1岁内孩子不易消化肉类食物。

专题小组讨论可以获得定量研究得不到的信息，所需经费较少，花费的时间相对较少，研究方法较灵活。但它也有一定的局限性，它所涉及行为方面的信息是语言上的，讨论中可能会产生因团体压力而带来的被访者回答“趋同”问题。

三、观察法（observation）

观察法作为定性调查方法之一，是一种收集社会基础信息或原始资料的方法。它通过直接感知和记录的方式，获得与研究目的和对象有关的社会现象和行为资料。它主要依赖视觉获取信息，运用听觉、触觉和直觉等作为辅助，同时还通过记录、录音、照相、摄像等延长手段获取信息。观察法适合收集实际行为方面的、非语言方面的信息。比如人们的有些行为常常包含一些难以察觉的习惯性动作，观察法能比其他方法获得更多可靠的信息。

(一) 观察的类型

1. 按观察的方式分为直接观察和间接观察 直接观察指观察者用自己的感觉器官直接感知观察对象，它包括观察实际行为或正在发生的事件，而不是发生事件的结果。例如观察者在医院候诊大厅视听病人及其家属对医院服务态度和质量的讨论和评价。

间接观察是指观察者通过观察与被观察对象有关的自然物品、社会环境、行为痕迹等，从而间接反映出被观察对象的状况和特征。一般来说，当资料不能通过直接观察方法获得，或是使用直接观察法收集资料过于昂贵时，则适合采用间接观察法。比如，国外有人做过“丢失信件”的实验，在不同地区，将写好地址、贴足邮票的信件丢在大街上，通过计算这些信件被人寄走的比率来估计不同地区人们的道德水平及助人为乐的程度。

2. 根据观察者的角色可分为非参与性观察和参与性观察 非参与性观察就是观察者置身于所观察的现象或事件之外，以局外人的身份对研究对象的活动和表现进行观察。例如观察者在医院候诊大厅视听病人及其家属对医院服务态度和质量的讨论和评价，而病人及其家属并不知道自己受到注意。

参与性观察是亲自投身到社会现象和社会生活中，对其进行观察。比如，同吃、同住、同劳动的蹲点调查，或者上级领导视察下属单位的行为都属于参与性观察。

3. 根据观察程序可分为非结构式观察和结构式观察 非结构式观察是根据研究目的对观察对象进行扩散性观察，其特点是直接观察社会现象，事先没有严格的计划，只要求对事物作一个概括的观察，不使用专门的观察表格和观察仪器，因而往往用于探索性调查。

结构式观察是通过统一设计（内容、项目与要求），统一手段（观察表或观察卡、必要的辅助工具），并严格按照计划实施的观察。结构式观察需事先对需观察的范畴详细分类，对观察的内容和记录方法逐一规定。例如连续性观察不同地区婴儿喂养行为。

（二）观察法的优缺点

1. 优点 可掌握第一手资料，能够把握整个现场的情况、情境和气氛，并可借助录音、照相、录像等得到详实的信息；观察法是在自然环境中进行，可得到自然条件下真实行为的资料，特别适用于无语言文字沟通的调查对象，如对少数民族、聋哑人的研究；通过收集非语言资料，观察获取真实行为方面的信息，以弥补其他方法的缺陷。

2. 缺点 有时难以预见所要观察的现象或事件发生的时间，而且难以控制其他影响因素，不能做到有计划的观察；观察难以得到私人场合的行为资料，如家庭内部纠纷，高层领导行为等；当人们知道在被观察或监督时，他们的态度、行为方式就会与平时不同，比如当医生知道有人在观察他的诊疗态度和行为时，其表现通常会优于平常，产生霍桑效应。这种效应或变化会干扰研究设计和观察行为的客观进程，但又往往很难避免，很难确定这种影响的范围和程度；观察法受观察者个人情感、知识和经验等因素的影响；需要大量的人力和时间。

四、个案研究（case study）

个案研究也称案例研究，是通过对个别案例如个人、家庭、项目等进行详尽的调查来认识社会的一种调查方法，要求调查者对被研究的个案做全面、深入、细致的了解，不仅要了解其本身的现状、历史，还要调查研究其周围的社会背景与各种社会联系。

个案研究具有所需研究对象少，调查分析详细，可采用多种调查方法灵活进行调查等特点。但结论不能用来推断总体。一般适用于较大范围的调查研究的开始或结束时，对某个问题的研究。例如，对个别地区狂犬病发病率升高，采用个案调查，分析原因，以便采取相应对策。

【知识点 11-6】

1. 定性调查方法与定量调查方法相比更强调在自然情景下进行研究，更重视研究者与研究对象之间的关系，有利于获得真实可靠的信息。但定性研究采用的是非概率抽样方法（目的抽样），因此定性调查的结果只适应于特定的情景和条件，不能外推到样本以外的范围。

2. 常用的定性调查方法有访谈、专题小组讨论、观察法等。
3. 定性研究可以为定量研究做准备，它可以解决定量研究无法解决的一些问题。
4. 定性研究方法与定量研究方法相结合，从多个角度来解决问题。

思考练习

(一) 是非题(正确记“＋”，错误记“－”)

1. 研究方法按是否人为施加干预措施分为调查研究和实验研究。
2. 调查表(问卷)就是根据分析项目和备考项目按逻辑顺序列成的表格。
3. 抽样调查中，只能选择一种基本抽样方法如整群抽样。
4. 普查不会产生抽样误差，因此了解总体情况最好作普查。
5. 整群抽样的优点就是便于组织，节省经费，容易控制调查质量。
6. 抽样调查中，系统抽样的抽样误差最小。
7. 敏感问题调查方法也可以采用专题小组讨论。
8. 调查研究按时间可划分为横断面研究、回顾性研究和前瞻性研究。
9. 一般允许误差 δ 越大，所需样本含量越小。
10. 调查研究的质量控制关键是在数据搜集阶段进行。

(二) 选择题(从 a ～ e 中选出一个最佳答案)

1. 要考评调查表的重测信度，至少对被调查者进行________次调查。

a. 0　　b. 1　　c. 2　　d. 3　　e. 4

2. 在调查研究中，选择合适的调查方法主要取决于________。

a. 工作方便　　b. 研究的目的和条件　　c. 研究者的主观愿意
d. 研究对象所能提供的信息　　e. 可任意选择

3. 一般来讲，样本含量________。

a. 越大越好
b. 因为不存在抽样误差，普查最好
c. 时间、财力、人力等条件允许情况下的最大例数
d. 在保证一定的精度和检验效能的前提下最小例数
e. 根据试验目的确定的最小例数

4. 欲在学生中调查某种疾病的患病率，从 500 名学生中随机抽取 200 名作为调查对象，采用哪种抽取方法________。

a. 自愿报名　　b. 教师推荐
c. 学生自行商量　　d. 收齐 500 名学生证将次序打乱，随机抽取 200 名
e. 收齐 500 名学生证按次序号取前 200 名

5. 为调查某医科大学本科生中艾滋病知识掌握情况，根据专业不同，分为公共卫生、临床医学和其他三个部分，公共卫生专业和临床医学专业分别随机抽取一个班所有学生进入样本，其他专业学生编号后随机确定，本次调查中涉及的基本方法有________。

a. 系统抽样、单纯随机抽样、分层抽样
b. 分层抽样、单纯随机抽样、整群抽样
c. 等距抽样、分层抽样、机械抽样
d. 机械抽样、单纯随机抽样、整群抽样
e. 以上都不是

6. 欲调查某地糖尿病发病情况,调查对象是________,观察单位是________。

a. 该地全体人,每个人　b. 该地全体人,每个家庭

c. 该地常住人口,每个人　d. 该地常住人口,每个家庭

e. 以上都不对

7. 在调查研究工作中,确定对研究对象的调查项目是根据________。

a. 工作方便　b. 研究对象所能提供的信息

c. 研究者的主观意愿　d. 研究目的所决定的预期分析指标

e. 任意选择

8. 按调查对象涉及的范围,调查方法分为________。

a. 普查、抽样调查、病例对照调查

b. 全面调查、典型调查、队列调查

c. 非全面调查、抽样调查、案例调查

d. 普查、抽样调查、典型调查

e. 普查、抽样调查、队列调查

9. 概率抽样研究中,四种基本抽样方法为________。

a. 典型调查、全面调查、个案调查、随机化抽样调查

b. 单阶段抽样、多阶段抽样、病例对照抽样、现场研究抽样

c. 单纯随机抽样、分层随机抽样、系统整群抽样、临床试验抽样

d. 单纯随机抽样、分层抽样、系统抽样、流行病学抽样

e. 单纯随机抽样、分层抽样、系统抽样、整群抽样

10. 调查研究估计样本含量时,需要具备的基本条件是________。

a. $\mu,\delta,\sigma(\pi)$　b. $\alpha,\beta,\sigma(\pi)$　c. $\alpha,\delta,\sigma(\pi)$　d. $\alpha,\delta,\mu(\lambda)$　e. 以上都不对

(三) 简答题

1. 调查研究的主要特点是什么?
2. 简述调查计划包括那些内容?
3. 试比较常用的四种随机抽样方法的优缺点。
4. 调查问卷的基本结构有哪些?
5. 常用的定性调查方法有哪些? 各有何特点?

(四) 应用分析题

1. 请指出下列样本采用何种抽样方法?

(1) 欲调查某市中学生对艾滋病的认识,从全市 40 所中学中随机抽取 4 所,对该 4 所学校的全部学生实施问卷调查。

(2) 调查某地卫生技术人员的医疗保健服务能力,分为县、乡、村 3 级,从各级随机抽取 1/10 卫生技术人员进行问卷调查和技术考核。

(3) 调查某社区居民的吸烟率,该社区共 3000 人,将其编号,随机产生一个两位数,如 38,抽取所有编号末尾为 38 的观察对象组成样本。

2. 欲了解某小学在校生近视患病情况,已知该小学共有 6 个年级学生,每个年级 10 个班,每个班 50 名学生。试用分层整群抽样方法调查 600 名学生,问如何抽样?

3. 某医学院校部分医学生存在不同程度的情绪问题,大约有 26% 的医学生有抑郁倾向。现欲了解该医学院校学生的抑郁症患病率,该校共有学生 4000 人,允许误差不超过 8%,问需要调查多少人?($\alpha=0.05$)

4. 某研究者怀疑某工厂的生产原料中存在损害工人健康状况物质,工厂主管想了解该因素

对工人健康的影响，欲对该厂工人的健康状况进行调查。研究者利用目前工资表的编号对工人进行排序，用随机数字抽取部分工人进行调查。请问：该调查属于什么抽样调查？研究者的调查设计是否可行？请完善相关设计。

5. 为了了解我国居民健康状况及卫生服务需求，为进一步深化卫生改革提供依据，计划开展国家卫生服务抽样调查。拟采用入户询问的方式，了解居民健康状况、卫生服务需要和需求量、居民卫生服务实际利用量及其影响因素、居民对卫生服务的反应性等情况。请设计抽样调查方案。

（曹明芹　尔西丁．买买提）

第十二章 实验设计

第一节 实验设计概况

【例 12-1】 为了比较中、西医治疗慢性胃炎的疗效，病人入院时，将重症病人安排到西医治疗组，将轻症病人安排到中医治疗组。观察结果显示，中医治疗组比西医治疗组有更好的治疗效果。

【问题 12-1】

笔记：

(1) 该医师的结论是否正确？

(2) 实验设计有何缺陷？

(3) 应该怎样正确设计？

【分析】

(1) 该医师的结论不正确。

(2) 该实验设计违背了均衡性原则和随机化原则，实验结果没有可比性。西医治疗和中医治疗两组病人的病情程度不同，中医治疗组病情较轻，而西医治疗组病情较重，必然导致错误的试验结果。

(3) 正确的实验设计：将符合诊断标准的病人按照分层随机的原则以病情进行分层后，再进行随机分组，使得两组除治疗方案不同外，其它条件尽可能均衡，并采用盲法进行疗效观察，将收集的数据经统计分析后进行疗效评估。

上述分析表明：**临床科研结果的好坏取决于临床试验设计的好坏，良好的实验设计才能得到较好的科研结果。**

一、基本概念

笔记：

实验研究(experimental study)是指研究者根据研究目的主动给予受试对象(包括人或动物)施加处理因素，通过随访，评价干预措施的效果的一种研究方法。实验研究广泛应用于医学领域，其中以病人为研究对象的试验研究称为临床试验(clinical trial)。实验设计(experimental design)是对实验研究所作的周密计划，它包括实验研究的资料搜集、整理、分析全过程。通常将一组随机抽取的实验对象随机分配到两组或多组处理组，观察比较不同处理因素的效应或结果。如观察某种中药制剂对儿童肺炎的疗效，可将儿童肺炎随机分为治疗组和对照组，治疗组用中药制剂治疗，对照组用疗效较好的抗菌素治疗，一个疗程后可比较两种药物的治疗效果，说明中药制剂的疗效好坏。在实验研究中，实验结果除受处理因素的影响外，还受到许多非处理因素的干扰。如在临床药物试验中，药物疗效除受药物本身的影响外，还受到给药途径、给药时间、病人体质、环境、病人及医生心理等多种因素的影响。在非处理因素中，有的能够控制，有的不可能控制。由于影响实验结果的因素很多，要得到一个可靠的结论，需要有良好的实验设计，好的设计方案是保证研究顺利进行的前提。

二、实验设计的特点

(一) 研究者能够主动设置处理因素

在实验研究中,研究者根据研究的目的设计干预因素,这些因素可以是物理的、化学的、生物的以及社会性的因素,随机地安排对研究对象(实验组)进行干预措施或不进行干预措施(对照组),以观察和比较试验组和对照组的差别。例如,在研究乳脂健是否具有降血脂作用时,将观察动物喂养高脂饲料造成高脂血症模型,然后随机分为两组,一组喂养加乳脂健的饲料作为实验组,一组喂养普通饲料作对照组,然后比较两组动物的各项血脂指标的差别有无统计学意义。

(二) 受试对象接受何种处理因素是由随机分配而定的

在实验性研究中,受试对象分到试验组或对照组、接受处理因素或非处理因素不是研究者主观决定,而是通过随机数字随机分配而定的。通过随机分配的原则,可以平衡非研究因素的干扰,控制和排除混杂因素对研究结果的影响,从而减少实验误差,提高统计效率。

三、实验设计的分类

(一) 按研究对象划分

根据研究对象的不同,实验研究可分为以动物为对象的动物实验(experiment)和以人为对象的临床试验(clinical trial)、社区干预试验(community intervention trial)。

1. 动物实验 动物实验(experimentdesign)是以动物作为研究对象。目的是观察动物的急慢性毒副作用。在动物实验设计中,较少地考虑到伦理和道德问题,可以严格地控制实验条件,包括有毒的环境、温度、湿度等。

2. 临床试验 临床试验(clinical trial)是以患者或健康人为研究对象,目的是为了评价疗效及诊断试验等。由于患者不可能像动物一样任意采取严格的控制措施,且人有心理和社会活动,因此,在设计时必须周密考虑,控制误差和偏倚,减少对研究结果的干扰。

3. 现场试验 现场试验(field trial)是以尚未患所研究疾病的自然人群作为研究对象,以个人为基本单位分组,实验组接受处理或某种预防措施,随访观察实验结果,常用于在健康人群中推行预防接种、药物预防等措施的效果评价。

4. 社区试验 社区试验(community trial)又称为社区干预试验(community intervention trial),往往在社区的一般人群中以社区人群整体为干预单位进行试验,干预措施是施加给整个人群而不是分别给于每个个体,持续时间一般较长,目的是通过干扰某些危险因素或施加某些保护性措施,然后了解其在人群中产生的效果。例如在饮水中加氟防龋齿的人群试验;在高血压发病率高发地区人群中用钾盐替换钠盐的试验;非典疫苗的社区干预试验。由于社区干预试验中难以贯彻随机分配,故又称之为半试验性研究(quasi-experiment)。

(二) 根据研究因素的设置进行划分

1. 单因素设计 单因素实验设计方法包括完全随机设计、配对设计(配对因素只作为平衡因素而不作为研究因素)。

2. 两因素设计 对两因素实验的设计方案有配对设计(配对因素作为研究因素)、配伍设计、平衡不完全配伍设计、两层次分组设计等。

3. 三因素设计 包括拉丁方设计、裂区设计等。

4. 多因素多水平的研究 主要有析因设计、正交设计、均匀设计等方法。

5. 考虑交互作用的设计 有析因设计、正交设计等。

(三) 根据实验组数多少划分

1. 两组比较 可采用完全随机设计、异体配对、交叉设计、序贯设计等方法。

2. 多组比较 选择设计方案时,需要考虑配伍条件、因素数量、样本量是否相等、交互作用等各方面的情况进行选择设计方案。如果不具备配伍的条件,可采用完全随机设计;若具备配伍的条件,可考虑配伍设计、析因设计、拉丁方设计或裂区设计。

四、实验设计的基本步骤

(一) 明确实验目的

笔记:

做任何研究都需要投入大量的人力、物力、财力和时间,经过严密策划,遵照计划按步骤实施,不能随意进行。设计的第一步就是要有明确的研究目的,明确要解决的问题,建立具有实际意义的假设。如"地特胰岛素联合门冬胰岛素治疗2型糖尿病临床观察"的目的是评价地特胰岛素联合门冬胰岛素治疗2型糖尿病的临床疗效;泻痢消胶囊申请保护专利临床试验的目的是评价"泻痢消胶囊"临床治疗湿热内蕴所致泄泻的临床疗效及用药安全性,并进一步观察其不良反应。

(二) 确定研究对象

确定研究目的后,下一步工作就是根据目的确定研究对象。要求研究对象对研究的因素比较敏感,处理效应才能有效地体现出来。研究对象应有明确的纳入标准和排除标准,不能在概念上含混不清。例如某医生研究"稳心汤治疗不稳定性心绞痛的疗效",就应该明确不稳定性心绞痛的定义,选择病人时排除稳定型心绞痛和心肌梗死。

(三) 设置可比的实验组和对照组

根据研究目的选择设计方案,比如研究A、B两种药物对高血压病人的治疗效果可选用完全随机设计。选定了研究类型后,要确定相应的实验组和对照组,上例可设立两个实验组A药组和B药组,同时可设立一个空白对照组或安慰剂组。设立对照组要注意遵循齐同对比的原则,即在相互比较的各组间,除了对要研究的因素做有计划的安排外,其余因素(条件)特别是可能影响研究结果的因素(条件)要尽量相同。动物实验要求种系、性别、年龄、体重、窝别、毛色等尽可能一致;临床试验要求病人的年龄、性别、病程、病情(期、型)、体质等尽可能一致。在有历史记录或经验遵循的的时候可以不设立对照组。

(四) 确定把受试对象分配到各处理组中的原则

在分配受试对象时要遵循随机化分组的原则,但不同的设计类型分组的方法有所不同。例如完全随机设计是将受试对象随机分到各个实验组,而配伍设计则要先进行配伍再进行区组内的随机分配。所以分配方法要根据设计类型来确定,并在设计中明确规定。

（五）估计样本含量

样本含量就是考虑用多少动物或接受干预的人做试验的问题。样本含量太小无法得出统计结论，样本太大实际操作比较困难，同时造成不必要的浪费，所以要认真考虑样本含量的大小，具体方法请参见本章第四节。

（六）精选观察指标

实验效应是在处理因素作用下，受试对象的反应或结局。实验效应通过观察指标来体现，如果指标选择不当，不能准确反映处理因素的作用，获得的研究结果就缺乏科学性。所确定的指标应当客观、灵敏而准确地反映处理因素的效应，经对观察指标的分析，能够较为圆满地回答研究假设所提出的问题。观察指标有主观指标和客观指标之分。主观指标是被观察者的主观感觉、记忆、陈述或观察者的主观判断结果；而客观指标则是借助测量仪器或实验室检验等手段获得的结果。主观指标易受观察者和被观察者心理因素的影响，具有随意性和偶然性，而客观指标具有较好的真实性和可靠性。因此客观指标通常优于主观指标。

笔记：

另外，观察指标应当精选，不应列入与研究目的无关的指标，否则将会冲淡研究主题，影响研究结果。例如，伏格列波糖胶囊治疗 2 型糖尿病的临床试验中，疗效指标包括空腹血糖、餐后 1h 血糖、餐后 2h 血糖和糖化血红蛋白。这些指标的联合应用能够较为客观、灵敏及准确地反映出药物对 2 型糖尿病的的治疗作用。

（七）控制误差和偏倚

临床试验是以人为研究对象，因而不可能像动物一样任意采取严格的控制措施，控制误差和偏倚就显得尤为重要。必须做好每一步周密设计，采取相应的措施，保证实验不致受其他非实验因素的干扰（误差和偏倚的控制请参阅流行病学教材中相关章节的介绍）。

【知识点 12-1】

1. 实验研究是指研究者根据研究目的人为地对受试对象（包括人或动物）施加处理因素，控制混杂因素，观察、评价处理因素的效果的一种研究方法。

2. 实验设计的特点：①研究者能人为设置处理因素；②受试对象接受何种处理因素或水平是由随机分配而定的。

3. 实验设计是对实验研究所作的周密计划，它包括实验研究的资料搜集、整理、分析全过程。通常将一组随机抽取的实验对象随机分配到两组或多组处理组，观察比较不同处理因素的效应或结果。

第二节　实验设计的基本要素

例 12-1 中蕴含了实验设计的基本要素，医师使用了中西医药（处理因素）治疗慢性胃炎病人（受试对象），并观察两种药的治疗效果（实验效应）。

医学实验研究的目的一般都是为了阐明某因素或某些因素对受试对象有什么效应或者影响，因此，医学实验设计包括三个基本要素：处理因素（treatment）或研究因素（factor）、受试对象（study subjects）和实验效应（effect）。这三个基本要素在科研论文中一般均必须反映出来，例 12-1 中的中西医药（处理因素）、慢性胃炎病人（受试对象）和治疗效果（实验效应）。又如，观察某种降压药物的疗效,该降压药物为处理因素,高血压病人为受试对象,血压的下降值为实验效应指标。任何一项实验研究在进行设计时,应首先明确这三个要素。

笔记:

一、处理因素

【例 12-2】 将 20 只肝癌模型大白鼠随机分为 4 组,分别接受不同剂量的实验处理,4 周后体内存活的肿瘤细胞数如表 12-1,问各组大白鼠 4 周后体内肿瘤细胞数有无差异?

表 12-1 不同实验处理后存活肿瘤细胞数(有丝分裂细胞/10 个高倍镜视野)

对照(未服药)	低剂量	中剂量	高剂量
49	46	24	6
51	52	21	5
48	49	20	0
52	47	23	3
47	45	19	2

【问题 12-2】

(1) 这是什么资料?

(2) 该实验设计的处理因素是什么?

(3) 每个处理因素有几个水平?

(4) 可采用何统计分析方法?

【分析】

(1) 此资料中每只大白鼠在实验后都有具体的指标(存活细胞数),表现为具体的数值大小,有单位,故为计量资料。

(2) 处理因素是研究者施加于研究对象并能引起效应的因素,处理因素可以是生物的,也可以是化学的或物理的。本例中只有一个处理因素(不同剂量的抗癌药物),为单因素设计。

(3) 因素在数量或强度上可有不同,这种数量或强度上的不同称为水平(level)。本例中,有四个对比组,故为单因素四水平的完全随机设计资料。

(4) 此资料中,若每组的数据服从于正态分布及方差齐,可以采用单因素的方差分析,若整体检验有统计学意义,还可进一步作两两检验(*LSD*-t 检验,*SNK* 检验,*DUNNET*-t 检验);若不服从正态分布或方差不齐,可作秩和检验。

(一) 处理因素

处理因素(study factor,treatment):根据研究目的,研究者施加于实验对象并能引起直接或间接效应的因素。处理因素一般指外部施加的因素(如某种药物、某种手术等),而有时受试者本身的某些特征如性别、年龄、职业、文化程度、民族、婚姻状况等也可成为处理因素。处理因素可以分为单因素和多因素。确定处理因素时应注意下面 3 点。

笔记:

1. 抓住试验中的主要因素 根据研究目的确定某次试验

的主要因素作为处理因素，一次试验的处理因素不宜太多，应选择几个主要的或关键性因素作为处理因素。

2. 确定非处理因素和处理因素 实验设计时，首先确定处理因素和非处理因素（又称混杂因素），后者可产生混杂效应，因此，应设法消除非处理因素的干扰作用，控制非处理因素的主要方法是使实验组和对照组均衡。

3. 处理因素标准化 保证处理因素在整个试验过程中保持不变。如果处理因素发生改变，将会影响试验结果的评价。

（二）混杂因素

混杂因素（confounder）是指影响实验效应并与处理因素同时存在的非处理因素。混杂因素通常在实验组和对照组中分布不均匀，因而导致处理因素与实验效应之间的联系被歪曲。在设计时可通过采取排除、平衡或标准化等办法来控制混杂因素。

（三）水平

水平（level）是指同一处理因素在数量上或强度上的不同程度。例如不同的药物剂量就是不同的水平。根据因素和水平的不同可产生以下组合：单因素单水平处理、单因素多水平处理、多因素单水平处理和多因素多水平处理。

【知识点 12-2】

1. 处理因素是根据研究目的确定的欲施加或欲观察的、并能引起受试对象产生效应的因素，一般临床上是指外部施加的因素（如某种药物、某种手术等），而有时受试者本身的某些特征如性别、年龄、职业、文化程度、民族、婚姻状况等也可成为处理因素。
2. 混杂因素是指影响实验效应并与处理因素同时存在的非处理因素。
3. 水平是指同一处理因素在数量上或强度上的不同程度。
4. 在实验设计中，要控制混杂因素，防止混杂因素的效应掩盖处理因素的作用。
5. 设置处理因素要注意：①抓住实验中的主要因素。②确定处理因素和非处理因素（又称混杂因素）。③处理因素标准化。
6. 要对次要处理因素和主要处理因素交互作用进行分析。常用分析方法有方差分析和多重线性回归分析等方法。

【例 12-3】 为研究大豆对缺铁性贫血的恢复作用，某研究者进行了如下实验：选取患贫血病的住校儿童 30 人，随机等分为 3 组，每组 10 名，分别给予三种不同的饮食：不含大豆的普通饮食、早餐加豆浆的饮食和三餐均含豆制品的饮食。持续饮食一月后，测定学生的血红蛋白（g/L），结果见表 12-2。对结果作单因素方差分析，表明三种不同伙食对儿童贫血恢复有影响，（$P<0.05$）。

表 12-2 三种不同伙食的贫血病儿童的血红蛋白值（g/L）

普通饮食	早餐加豆浆的饮食	三餐均含豆制品
95.60	93.00	136.00
93.00	138.40	118.20
79.60	88.80	145.60
80.80	123.20	150.20
68.80	119.80	150.20
75.40	133.40	154.80

续表

普通饮食	早餐加豆浆的饮食	三餐均含豆制品
73.00	105.80	163.80
98.20	94.00	143.00
95.80	101.00	163.60
103.20	93.60	160.60

【问题 12-3】

笔记：

(1) 这是什么资料？

(2) 该实验设计有何不妥？

(3) 何为非处理因素？

(4) 怎样控制非处理因素？

【分析】

(1) 此资料中儿童的血红蛋白有数值大小，有单位(g/L)，故为计量资料。

(2) 在实验设计时，应结合专业知识，考虑重要的非实验因素对实验结果可能带来的影响，以免因考虑不周，到实验结束时无法弥补而导致整个实验的失败。本资料在实验设计时，应考虑儿童进食量不同对血红蛋白的增加可能带来的影响，故应该增加一个处理因素(进食量)，结果中应该对进食量与血红蛋白数进行直线相关与回归分析。

(3) 本例中，进食量可能不是研究者感兴趣的研究因素，但其可能会影响实验的结果，为非处理因素，又称为混杂因素。非处理因素可能有年龄、性别等，不同的年龄、性别、病情的儿童的疗效可能不一样。

(4) 实验者总是希望避免混杂因素对研究结果的影响，因此，可在设计阶段，采取排除、平衡或标准化的办法来控制它对处理因素的影响，本例可在设计时控制每个孩子的进食量为一致，选择不挑食的儿童参与实验，对客观存在(不能控制)的非处理因素可以采用平衡的办法，如性别、年龄、营养状况可能对体重增量有影响，除了处理因素外，三组的性别、年龄、体重、病情分布应尽可能一致。在实验结束后，可采用恰当的统计分析方法消除非处理因素，如协方差分析、标准化法、分层分析、多因素分析等。

二、受试对象

【例 12-4】 欲研究某种降压药物的降压疗效，应如何考虑选择受试对象？

【问题 12-4】

笔记：

(1) 受试对象的来源？对受试对象有哪些要求？

(2) 诊断标准是什么？

(3) 研究对象的纳入标准和排除标准有哪些？

【分析】

(1) 受试对象的选择是实验成功的关键，对本例，应当说每一个高血压患者都应当是受试对象。对受试对象的要求主要有以下几点：特异性、敏感性、稳定性、经济性和可行性。对本例来说，一般情况Ⅲ期高血压患者对药物不敏感，而Ⅰ期患者本身血压波动较大，因此宜选择Ⅱ期高血压患者为受试对象。

(2) 诊断标准：必须确定原发性高血压的诊断标准及检查方法。规定每日清晨经同一血压计进行三次测量，舒张压平均在 12.5kPa(94mmHg)以上的患者，方能作为受试对象。

(3) 纳入标准和排除标准：对本例来说，可规定符合上述诊断标准，且年龄在 40～60 岁之间，排除有心、肾、脑血管等脏器损害的高血压患者，以便集中观察该药对高血压的降压效果。

(一) 受试对象

受试对象(study subjects)是处理因素作用的客体，是根据研究目的确定的研究对象。受试对象的选择十分重要，对实验结果有极为重要的影响。受试对象的选择是实验成功的关键，一般分为人的选择和动物的选择两类：

1. 人的选择　在以人为受试对象时，无论选择正常人或病人为受试对象，都应明确规定纳入标准和排除标准，另外要注意医德问题，签订知情同意书。实验组和对照组受试对象的性别、年龄、民族、职业、文化程度、经济状况等基本一致。

2. 动物的选择　如果选用动物适当，将使方法简化、时间缩短，给实验成功提供有利条件。一般是先做动物实验后再移到人体，如预防接种实验、药物毒力实验、某些手术方法等。实验组和对照组的动物种类、品系、年龄、性别、窝别、体重和营养状况等应基本一致。

(二) 受试对象的来源

受试对象来源的顺序：确定目标人群(target population)—研究结果适宜推广的人群⟶确定源人群(source population)—诊断标准⟶合格人群(eligible population)—纳入标准和排除标准。

(三) 诊断标准

采用公认的国际疾病分类标准或全国性学术会议规定的诊断标准(diagnostic criteria)作为标准化的尺度来选择受试对象。因为这些标准具有权威性，且与同类的研究结果有可比性。如果某种疾病无公认的诊断标准，研究者可以自行拟定标准。但是自行拟定标准时应尽量采用客观指标，例如病理学、生物化学、影像学、免疫学和内窥镜检查等指标。

(四) 纳入标准

纳入标准(inclusion criteria)是根据研究目的，在制定诊断标准的基础上制定适当的入选标准，即符合诊断标准且具备入组条件的具体规定。

(五) 排除标准

排除标准(exclusion criteria)是实验设计时制定的不能入选的具体规定。当研究对象符合诊断标准时也未必都成为受试对象，如患者年龄过小、体质过弱、合并其它并发症或患有另一种可能影响本实验效果的疾病时，或者对药物有不良反应等情况，就不适合作为受试对象，应予排除。

【知识点 12-3】

1. 受试对象是处理因素作用的客体或对象。

2. 如果以人为研究对象，实验组和对照组受试对象的性别、年龄、民族、职业、文化程度、经济状况等基本一致。如果选择动物，实验组和对照组的动物种类、品系、年龄、性别、窝别、体重和营养状况等也应基本一致。

3. 一般选择受试对象的原则：①受试对象能从临床试验中受益；②受试对象具有代表性；③受试对象具有依从性；④可以是志愿者。

4. 确定入选标准和排除标准应考虑：①估计对处理因素比较敏感的人群作为入选对象；②估计该处理可能有害于某些特殊病人的，应考虑为排除标准；③病人已经采取了某种措施，该措施可能会对处理因素有影响的应考虑排除；④病人的某些特殊情况、依从程度差等都应该考虑为排除标准。

三、实验效应

笔记：

【例 12-5】 用加了某种药物的食物配方饲养大白鼠，观察心肌坏死面积，探讨药物的毒作用，问两组大白鼠心肌坏死面积有无差异？

A 组：($n=29$)

0,0,0,0,0,0,0,0,0,0,0.2,0.3,0.4,0.4,0.6,1,1.6,2.2,2.6,3.3,4.3,5.1,5.4,5.5,6.1,6.2,9.7,13.8,36

B 组：($n=28$)

0,0,0,0,0,0,0,0,0,0,0,0,0,0,0,0.2,0.2,0.2,0.3,0.4,0.4,0.9,0.9,1.3,1.7,2.8,7.4,13

两位医师对上述资料作了两种不同的分析方法(表 12-3，表 12-4)：

表 12-3 两组心肌坏死率的比较

分组	无心肌坏死	心肌坏死	合计	坏死率(%)
A 组	10	19	29	65.52
B 组	15	13	28	46.43
合计	25	32	57	56.14

注：$\chi^2=1.40$，$P=0.240$

表 12-4 两组心肌坏死等级的秩和检验

分组	n	秩和	理论秩和
A 组	29	968	841
B 组	28	685	812
合计	57	1653	1653

注：$z=2.119$，$P=0.0341$

【问题 12-5】

(1) 表 12-3 和表 12-4 各为何种指标？

(2) 哪个指标更有优势？

(3) 选择实验效应指标有何要求？

【分析】

(1) 表 12-3 采用对受试对象定性描述的方法记录研究结果(坏死与未坏死)、并计算坏死率，为计数指标。考虑表 12-4 数据间不服从正态分布，故改用反映分布位置的指标来表示，为位置指标(中位数)。

(2) 一般来说，对于同一资料，计量指标要优于计数指标，原因是计量指标更能灵敏的反映处理因素引起的效应变化。而反映等级的指标同样要优于计数指标，因为把等级资料转换为计数资料损失了部分信息。从两个临床医师选择的方法中可以看出，如选择心肌坏死率为指标，则两组心肌坏死率无统计学意义；而选择中位数为指标，两组心肌坏死程度存在差异。值得一提的是，在临床疗效评价中常用痊愈率、有效率、病死率等百分比指标，其统计效能很差。

(3) 指标是对效应的具体表现，指标的选择直接影响到研究的结果，因此，必须认真选择效应指标。在选择指标时要注意指标的关联性、客观性、灵敏性及可用性，还要结合统计分析方法考虑指标的性质以及指标的收集整理方法。应尽量选用客观定量的指标，若实验效应的观察带有偏性，则会影响结果的比较和分析。如研究者的心理常偏向于阳性结果；医生常偏于新疗法组，而病人则对新疗法持怀疑态度等。

实验效应(effect)是处理因素作用于受试对象后出现的反应(response)和结局(outcome)，它通过指标的选择和指标的观察来体现。

(一) 指标的选择

指标选择应考虑指标的客观性、灵敏度和精确性。

1. 客观性 实验效应的观察指标应选择客观性强的指标，因为客观指标是测量或检验的结果，一般为计量资料，比主观指标(一般为分类资料)更可靠。如选择贫血疗效指标时应选择RBC、Hb，不要选择头昏、头晕、乏力等主观指标。对心理健康状况等研究，只有主观指标，应进行数量化，尽量将每个指标答案设置成5～7个等级，利用计量信息，如了解患者的"今天心情怎样?"，不要设置成"好或差"，应该设置成"1. 非常差 2. 差一些 3. 一般 4. 好一些 5. 非常好"，前者设置仅得到二分类计数资料，后者设置可以得到等级资料，含有计量信息和计数信息。

2. 灵敏度 实验效应的观察指标应选择灵敏度高的指标。灵敏度(sensitivity)是指处理因素发生微小的变化，观察指标也能发生相应的变化；或一项诊断试验能将实际有病的人正确诊断为病人的能力，说明试验对疾病的检出能力。选用灵敏度高的指标，才能将处理因素的效应更好地表现出来。

3. 精确性 实验效应的观察指标应选择精确性好的指标，精确性包括准确度(accuracy)和精密度(precision)。准确度(accuracy)是指观察值与真值的接近程度，说明观察有无系统误差。精密度(precision)是指重复测量或观察时，观察值与其平均值的接近程度，说明随机误差的大小。

(二) 指标的观察

在临床试验中，研究者或有关工作人员知道受试对象的分组及其治疗情况，有时可能因主观成见或不自觉偏性(bias)影响试验结果。另一方面，受试对象知道自己的分组及治疗情况，会产生各种心理影响，导致一些非特异性反应而影响试验结果。因此，实验效应的观察应避免偏性(bias)，设计时应采用盲法(blind method)。

盲法是指按试验方案的规定，在试验结束前，研究者或有关人员或受试者不知道受试者分在何组，接受何种处理。如果只有受试者不知道自己分在何组，接受何种治疗称为单盲(single blindness)。如果有关工作人员和受试者不知道受试者分在何组，接受何种处理则称为双盲(double blindness)。目前，双盲法设计是临床试验中最常见的试验方法。

笔记：

【知识点 12-4】

1. 实验效应是处理因素作用于受试对象的反应或结果，它通过观察指标来体现。
2. 观察指标应选择客观性强、灵敏度高、精确性好的指标。
3. 观察结果时最好采用盲法，避免实验效应产生偏性。

【例 12-6】 某医生在研究不同的给药方式对剖宫产的镇痛效果时，以不同时间的镇痛达Ⅱ级的有效率作为观察指标，见表 12-5，并采用 χ^2 检验，得出差异有统计学意义的结论。

表 12-5 三种疗法不同时间镇痛达Ⅱ级的有效率(%)比较

组别	例数	1小时	2小时	4小时	6小时	12小时	24小时
对照组	370	347(96.78)	356(96.22)	283(76.49)	272(73.51)	284(76.76)	364(98.27)
实验组甲	58	57(96.55)	57(98.28)	55(94.83)	53(91.38)	55(94.83)	57(98.27)
实验组乙	410	401(97.80)	403(97.56)	388(94.63)	378(92.20)	392(95.61)	407(99.26)

【问题 12-6】

(1) 采取24小时的镇痛达Ⅱ级有效率作为观察指标是否正确?

(2) 本研究如何正确选择观察指标?

【分析】

笔记:

(1) 一般来说剖宫产后疼痛是反复持续发作的,特别是产后24小时内疼痛比较严重,采用镇痛药都能得到明显的镇痛效果,因此在24小时内不同时间镇痛的效果无法比较出效果的好坏。从表中可以看出,不管哪个组,24小时内不同时间的镇痛有效率都相差不大,不能有效地反应处理因素引起的变化。

(2) 可采取用药后持续镇痛的时间即计量数值作为观察指标,有效地反映不同治疗组之间的镇痛效果,见表12-6。除此之外,本研究还可以将镇痛的时间作生存分析,分析镇痛效果的影响因素。

表 12-6 三种疗法对剖宫产患者镇痛时间的比较($\bar{x} \pm s$,小时)

组别	例数	镇痛时间	F	P
对照组	370	18.5±3.5		
实验组甲	58	23.6±4.4	56.452	<0.001
实验组乙	410	20.1±3.6		

【知识点 12-5】

1. 在实验设计时,必须结合专业知识、研究目的,正确、合理地选择指标。

2. 要在数据收集之前就考虑好指标的收集方式、评价方法,为结果的统计分析做好事先的规定,而不是在数据收集后才考虑如何进行统计分析。

3. 医学实验设计包括三个基本要素:处理因素(treatment)或研究因素(factor)、受试对象(study subject)和实验效应(effect)。任何一项实验研究在进行设计时,应首先明确这三个要素。

第三节 实验设计的基本原则

一、对照原则

【例 12-7】 某医院欲研究中药骨碎补液对高脂血症的治疗和预防作用,将20只已做成高血脂模型的家兔随机分成2组,一组每日肌注骨碎补液0.8ml/kg,另一组每日肌注生理盐水0.8ml/kg,于第七日测定各组家兔的血清胆固醇含量(mg%),结果见表12-7。

表 12-7 两组家兔第七日测定的血清胆固醇含量(mg%)

分组	n	$\bar{x} \pm s$
骨碎补液组	10	108.06±14.30
生理盐水组	10	200.32±12.62

【例 12-8】 为研究某新药治疗周围性面神经麻痹的疗效,某医师将532例周围性面神经麻

痹患者随机分为三组，分别给予不同的治疗方案，治疗效果见表12-8。

表12-8　周围性面神经麻痹患者三种治疗方法疗效的比较

组别	有效	无效	合计	有效率(%)
新药	199	7	206	96.60
传统药物	164	18	182	90.11
外用膏药	118	26	144	81.94
合计	481	51	532	90.41

【例12-9】　为研究某药治疗高血压的疗效。对8名高血压患者用药1周前后的舒张压进行比较，治疗效果见表12-9。

表12-9　高血压患者服用1周前后舒张压(mmHg)的比较

患者编号	治疗前	治疗后
1	96	88
2	112	108
3	108	102
4	102	98
5	98	100
6	100	96
7	106	102
8	100	92

【问题12-7】

以上3个例子各为何种对照？

【分析】　例12-7为实验对照；例12-8为相互对照；例12-9为自身对照。

(一) 对照的意义

有对照才有比较，有比较才有鉴别，没有对照不能说明任何处理因素的作用。设立对照也是控制实验过程中各种非实验因素的影响和偏倚的有力措施，因此临床试验的一个重要原则是必须设立对照(control)。其意义在于使处理因素和非处理因素的差异有一个科学对比，鉴别处理因素与非处理因素之间的效应差异，消除或减少实验误差。判断处理因素的效应是否有意义，不是根据效应本身的大小，而是通过对比，才能得出科学的结论。医学上有一些疾病是可以自愈的，能自行减轻和缓解的疾病则更为多见，所以设立对照组是必不可少的。

(二) 对照的形式

对照的形式有多种，可根据研究目的和内容加以选择，常用以下几种：

1. 空白对照(blank control)　对照组不给予任何处理因素。如动物诱癌试验中，需设立与实验组动物种属、窝别、性别、体重均相同的空白对照组，以排除动物本身可能自然患癌的影响。在观察某种新免疫制剂对某种传染病的预防效果时，采取免疫组与空白组的对比观察，比较两组的血清学和流行病学的效果，这样才能科学说明这种免疫制剂的作用。

2. 安慰剂对照(placebo control)　采用一种无药理作用的假药作对照。目的是观察新药治疗时是否痊愈。如观察某药治疗胃病疗效时,用淀粉作安慰剂,将药物和淀粉制成一样剂型,实验组用该药治疗,对照组用淀粉制成的安慰剂。

3. 标准对照(standard control) 用现有的标准疗法或药物作对照。如观察某药治疗肺炎的疗效时,实验组用该药治疗,对照组可用青霉素或其它有效抗菌素作对照。

4. 实验对照(experimental control) 对照组不施加处理因素,但施加某种与处理因素有关的实验因素。例如在赖氨酸是否可促进儿童长高的试验中,单独给药儿童不易接受,请儿童吃面包则儿童非常乐意,将赖氨酸加入面包中,试验组吃含赖氨酸的面包,而对照组吃无赖氨酸的面包,面包是实验因素。

5. 自身对照(self control) 实验与对照在同一受试对象进行研究。例如用药前后的自身对比观察;或是对照与实验在同一对象身上进行,再例如身体对称部位的比较观察或同一受试对象在观察的不同时期接受不同的疗法,然后比较它们的差异,这种方法也称为自身交叉对照。自身对照或自身交叉对照的应用受一定条件的限制,结论的推导也应慎重。

6. 历史对照(historical control) 用过去的研究结果作对照。如牛痘疫苗预防天花,某种中药治愈胃癌,某种药物能戒毒,某种复方中药能治愈艾滋病等。

7. 相互对照 几种实验组互为对照,比较几种处理因素的实验效应之强弱。如用白芨冲剂、急支糖浆、止咳丸治疗儿童急性气管炎,三种药物可以互为对照,以比较各种药物的疗效好坏。

(三) 设立对照时的常见错误

1. 对照不足 临床试验中设立对照的常见问题是对照不足。主要表现为设立了实验组和对照组,但未将影响因素考虑周全,对照设置不足。如临床经典试验—果胶驱铅的临床试验中,某医师随机抽取 30 例铅中毒患者,以血铅、尿铅为疗效指标,采用自身对照,分别比较治疗前后的血铅、尿铅,结果治疗后血铅、尿铅下降显著,差异均有统计学意义($P<0.001$),据此该医师认为果胶治疗铅中毒疗效非常好。该结论不正确,试验中缺乏空白对照或标准对照,没有考虑患者的自身自然排泄。

2. 对照不当 部分人用历史资料作为目前试验结果的对比基础,这种对比不恰当。因为不同历史时期,即使是同一病种,其诊断方法、治疗方法、护理水平、设备条件等许多方面都有很大不同,这种情况下,不仅试验施加的处理因素有差异,非处理因素也很难一致,所以不具可比性。

3. 对照多余 例如研究所涉及的药物本身并非什么新药,而是已经动物实验和临床应用反复验证过的,显然再对这些药物设立对照进行研究就是多余的。有时两种新旧药物,如已知它们都是有效的,唯不清楚两者之间的疗效程度、副作用大小,这时只需进行新旧药物的比较即可解决,不必再设对照组。

二、随机原则

【例 12-10】 为评价某西药治疗胃炎的临床疗效,某医师抽取符合入选条件的胃炎患者 140 例,按患者经济条件分为两组,经济条件较好组服用该西药,经济条件较差组服用公认效果佳的中药,临床观察结果见表 12-10。经四格表 χ^2 检验,得 $\chi^2=7.78$, $P<0.01$,差异有统计学意义,故认为该西药疗效优于中药。

表 12-10 中、西两药有效率的比较

分组	例数	有效	有效率(%)
西药	80	64	80.00
中药	60	35	58.33

【问题 12-8】

(1) 该研究属何种类型？

(2) 在设计的过程中是否遵循了实验设计的基本原则？

(3) 该临床试验为何种对照？

(4) 该医师的结论是否可靠？为什么？

【分析】

(1) 该研究属临床试验研究。

(2) 在设计与实施的过程中，该医师是按照患者经济条件分为两组，未能按照随机化的原则分组。

(3) 该临床试验为标准对照。

(4) 由于该医师未遵循随机化原则，导致两组患者的非处理因素不均衡，可比性差，因此其结论不可靠。

(一) 随机化的意义

随机化(randomization)的作用是使样本具有较好的代表性，使各组受试对象在重要的非处理因素方面具有较好的均衡性，提高实验结果的可比性。随机化包括随机抽样和随机分组。

1. 随机抽样　指保证总体中的每一个个体都有同等的机会被抽出来作为样本。

2. 随机分组　指保证样本中的每一个个体都有同等的机会被分配到实验组或对照组。

一般用随机数字表、随机排列表或统计软件包来实现随机抽样和随机分组。

(二) 随机化的方法

随机化的方法很多，现将临床研究中常用的随机分配方法简述如下：

1. 简单随机化(simple randomization)　简单随机化可通过抛掷硬币、抽签、摸球、查随机数字表或操作计算器的随机数字健来完成。

2. 区组随机化(block randomization)　根据受试者进入研究的时间先后顺序，将其分成内含相等例数的若干区组，而后，区组内的受试者被随机分配至不同处理组。

【知识点 12-6】

1. 实验设计的基本原则：对照、随机、重复、均衡。

2. 有对照才有比较，有比较才有鉴别，没有对照不能说明任何处理因素的作用。常用对照的形式有空白对照、安慰剂对照、实验对照、标准对照、自身对照、相互对照及历史对照等。

3. 随机化包括随机抽样和随机分组。随机抽样指保证总体中的每一个个体都有同等的机会被抽出来作为样本。随机分组指保证样本中的每一个个体都有同等的机会被分配到实验组或对照组。

三、重复原则

【例 12-11】　某医师发明了一种治疗视网膜炎的新手术方法，为评价其疗效，治疗了 2 例视网膜炎患者，病人全部治愈，该医师由此报道新的手术方法痊愈率为 100%，而传统的手术方法痊愈率为 85%，故得出新的手术方法优于传统的手术方法。

【问题 12-9】

该医师遵循的重复原则是否合理？为什么？

【分析】　该例中样本含量 $n=2$，即独立的受试对象的个数。例数太少，波动大，误差大，将样本推广到一般的做法，严重地违背了实验设计的重复原则。

(一) 重复的意义

重复(replication)是指研究样本要有一定的数量，即在保证研究结果具有一定可靠性的条件下，确定最少的样本例数。如果样本例数太少，不能反映事物的必然规律，可产生严重的错误结果；如果样本例数太多，不易控制实验误差，容易造成人力、物力和财力的浪费。重复原则的作用在于它有利于使随机变量的规律性充分地显露出来。

(二) 重复的三种情形

1. 重复实验 在相同的实验条件下，做多次的独立实验。这里的"独立"是指要用不同的个体或样品做实验，而不是在同一个体或样品上做多次实验。

2. 重复取样 从同一个样品中多次取样，测量某定量指标的数值。

3. 重复测量 对接受某种处理的个体，随着时间的推移，对其进行多次观测。

(三) 临床研究实施重复原则的常用措施

(1) 严格按照研究目的规定研究对象的性质与范围。

(2) 保证临床研究足够的样本含量(sample size)(样本含量的估计将在第五节种详细介绍)。

四、均衡原则

【例 12-12】 某研究者欲研究某药预防流感的疗效，在甲幼儿园随机抽取大、中、小班儿童共150名组成试验组，服用该药物(剂量按年龄、体重严格计算)，在乙幼儿园随机抽取大、中、小班儿童共150名组成对照组，不服用该药物，其中两所幼儿园参加此项试验的儿童的饮食、作息时间和体育活动情况完全相同。结果发现：甲幼儿园150名儿童流感的发病率明显低于乙幼儿园150名儿童流感的发病率($P<0.001$)。于是，研究者得出结论：该药有预防流感的作用。

【问题 12-10】

(1) 该研究者遵循了均衡原则吗？为什么？

(2) 该研究的混杂因素有哪些？

(3) 应该怎样正确设计？

【分析】

(1) 该实验设计的缺陷是违背了均衡的原则，两组儿童流感发病率的差异不能完全归之于是否用药，即除了药物以外的其他影响因素(混杂因素)也可能造成两组儿童发病率的差异，虽然研究者强调了两所幼儿园儿童的某些影响因素是相同的，但这只是一些目前已知的影响因素，还有一些未知的影响因素在两组儿童中是否相同就未可知晓了。因此认为该设计是非均衡设计，结论的真实性较差。

(2) 本研究的混杂因素有家庭经济条件、父母文化程度、地理位置、营养条件等。这些混杂因素得不到控制，上述结论就会存在缺陷。但要通过改变儿童营养条件等来控制这些混杂因素是不现实的，可通过交叉均衡设计或随机化的方法，以达到均衡目的。

(3) 正确设计：将甲幼儿园随机抽取的150名儿童随机分成两组，一组服药，对照组不服药；乙幼儿园随机抽取的150名儿童也随机分成两组，一组服药，对照组不服药。观察一段时间后，分别比较甲、乙两所幼儿园试验组与对照组儿童流感发病率有无差异。另一种设计方法是按分层随机化的方法进行分组，即将随机抽取到的300名儿童按大、中、小班随机分配到试验组和对照组，这样两组除了药物以外的其他影响因素就均衡了，才能衬托出药物的效果。

(一) 均衡的意义

均衡(balance)原则又称齐同对比原则，指实验组和对照组或各实验组之间，除了处理因素以外，其他一切条件应尽可能相同或一致。实验组和对照组的非处理因素不均衡，将导致错误的实验结果。如观察某药预防流感的作用，选择 7～12 岁的儿童作为受试对象，若用高年级作对照组，低年级作试验组，实验结果是该药无预防流感的作用；反之，高年级作试验组，低年级作对照组则试验结果是该药有效，结论相反。

均衡原则的作用是使受试对象受到的非处理因素的影响完全平衡，确保处理因素各水平组间不受其它因素或重要的非处理因素不平衡的干扰和影响，使所考察的处理因素在不同水平条件下对观察结果的影响真实地显现出来。

(二) 临床研究实施均衡原则的常用措施

均衡原则贯穿于随机化、重复和对照原则中，因此其它原则的实施实际上亦是均衡原则的实施。但它亦有其特殊的实施方法，在此介绍两种：

1. 交叉均衡法　交叉均衡是在各实验组中又各设立实验和对照的方法，以使两组的非处理因素均衡一致。例 12-12 的正确做法就是采用交叉均衡。

2. 分层均衡法　分层均衡法是将非处理因素按不同水平划分为若干个单位组(层)，然后在每个单位组(层)内安排处理因素。

【知识点 12-7】

1. 重复是指研究样本要有一定的数量，即在保证研究结果具有一定可靠性的条件下，确定最少的样本例数。

2. 均衡原则又称齐同对比原则，指实验组和对照组或各实验组之间，除了处理因素以外，其他一切条件应尽可能相同或一致。

第四节　样本含量的估计

【例 12-13】　某临床医师欲观察两种药物治疗某病的效果，问两组各需要多少病例？该医生认为样本例数越多越好，甚至提出“大量观察”是确定样本含量的一个重要原则。

【问题 12-11】

(1) 该研究应采用何种设计方案？

(2) 该医师的观点是否正确？为什么？

(3) 怎样估计样本含量？

【分析】

(1) 该研究应采用完全随机设计的临床试验，将抽到的病例随机分配到两组，分别给予不同的治疗药物以观察疗效差异。

(2) 该医师的观点不正确。因为要满足科学研究的重复原则，就应该有足够的样本含量，样本对总体才有代表性，但实验例数太大或实验次数太多不仅会增加控制实验条件的困难，也会造成不必要的浪费。从抽样误差的计算公式中可知：抽样误差的大小与样本含量的平方根成反比，但当样本含量增大到一定程度后，再增大样本含量可能得不偿失，而且由于过分追求数量，还可能引入更多的混杂因素，对研究结果造成不良影响。因此，必须在保证科研结果具有可靠性的条件下，确定最少的实验例数。

(3) 要估计研究所需的样本含量，必需知道影响样本含量的因素，再经公式计算或查表的方法来估计样本含量。

样本量(sample size)即观察例数的多少，又称样本大小。在保证研究结论具有一定可靠性(精度和检验效能)的前提下，在实验设计阶段就应该估计最少的样本例数。不管是在实验研究、临床试验还是调查性研究中都必须考虑样本量的问题。

一、影响样本含量估计的因素

1. 容许误差 δ 即两个比较总体参数间的差值，$\delta=\mu_1-\mu_2$ 或 $\delta=\pi_1-\pi_2$。δ 与样本含量成反比，δ 越大，所需样本含量越小；反之，δ 越小，所需样本含量越大。

2. 第Ⅰ类错误概率 α 即检验水准 α 与样本含量成反比，α 越小所需样本含量越多。一般取 $\alpha=0.05$，根据实际情况可以增大或减小，同时明确单侧检验或双侧检验，双侧检验所需的样本例数约是单侧检验的 2 倍。

3. 检验效能或把握度($1-\beta$) 指在 α 水准下，如总体间确实存在差异，该次实验能发现此差异的概率。β 为第Ⅱ类错误的概率，它与 α 成反比，α 越大，β 越小，反之，α 越小，β 越大。β 越小($1-\beta$ 越大)，所需的样本含量越多。β 一般取单侧，常取 $\beta=0.10$ 或 $\beta=0.20$，则检验效能为 0.90 或 0.80，若检验效能低于 0.75 则可能出现假阴性结果。

4. 总体标准差 σ 如 σ 未知，可用预试验的样本标准差 s 来估计。s 与样本含量成正比，s 越大，所需样本含量越大，反之，s 越小，所需样本含量越小。

二、样本含量估计方法

(一) 样本均数与总体均数比较(或配对定量资料比较)

样本均数与总体均数比较时所需样本含量的计算公式为

$$n=\left[\frac{(z_\alpha+z_\beta)s}{\delta}\right]^2 \tag{12-1}$$

式中：n 为所需样本含量，s 为总体标准差估计值，δ 为容许误差(研究者提出的差值)，z_α、z_β 分别为检验水准(α)、第Ⅱ类错误概率(β)相对应的 z 值，其值可由 z 界值表查得。z_α 有单双侧之分，z_β 一般只取单侧值。

【例 12-14】 为观察某药治疗血吸虫病的疗效，某医师用该药治疗一批血吸虫病患者后，其血红蛋白含量平均升高了 1.5g/L，标准差为 3.0g/L。假定该药确能增加血红蛋白含量，需观察多少患者才能得出服药前后血红蛋白之间的差异有统计学意义的结论？

该资料属配对定量资料，$\delta=1.5$，$s=3.0$，该药能增加血红蛋白含量，故 $\alpha=0.05$(单侧)，$\beta=0.10$(单侧)，查 z 界值表得，单侧 $z_{0.05}=1.645$、单侧 $z_{0.10}=1.282$，代入式(12-1)，得

$$n=\left[\frac{(1.645+1.282)\times 3.0}{1.5}\right]^2\approx 34$$

故需 34 例血吸虫病患者，才能得出服药前后血红蛋白之间的差异有统计学意义的结论。

(二) 两样本均数比较

两样本均数比较时估计所需样本含量的计算公式为

$$n=2\left[\frac{(z_\alpha+z_\beta)s}{\delta}\right]^2 \tag{12-2}$$

式中：n 为所需样本含量，一般假定两样本含量相等；s 为总体标准差的估计值；δ 为两总体

均数之差值；z_α、z_β 分别为 α、β 所对应的 z 值。

【例 12-15】 某研究中心为评价新研发降压药物 A 药的疗效，用传统降压药物 B 药作对照，预试验结果为 A 药血压平均下降值为 5kPa，标准差为 3.5kPa，B 药血压平均下降值为 3kPa，标准差为 3.5kPa，需要多少病例才能得出 A 药疗效优于 B 药的结论？

该资料属两样本均数的比较，$\delta=5-3=2$，$s=3.5$，单侧 $z_{0.05}=1.645$、单侧 $z_{0.10}=1.282$，代入式(12-2)，得

$$n=2\left[\frac{(1.645+1.282)\times 3.5}{2}\right]^2\approx 52$$

故每组各需 52 例病例才能得出 A 药疗效优于 B 药的结论。

(三) 样本率与总体率比较

样本率与总体率比较时估计所需样本含量的计算公式为

$$n=\left(\frac{z_\alpha+z_\beta}{\delta}\right)^2\pi_0(1-\pi_0) \tag{12-3}$$

式中：n 为所需样本含量，π_0 为已知总体率，δ 为预期实验结果的总体率与已知总体率之差，z_α、z_β 分别为 α、β 相对应的 z 值。

【例 12-16】 已知常规抗菌药物治疗某感染性疾病的有效率为 40%，欲评价某新研发药物的疗效，估计有效率可达 60%，$\alpha=0.05$，$\beta=0.10$，需治疗多少病例？

该资料属样本率与总体率的比较，$\pi_0=0.40$，$\delta=0.60-0.40=0.20$，双侧 $z_{0.05}=1.96$，$z_{0.10}=1.282$，代入式(12-3)，得

$$n=\left(\frac{1.96+1.282}{0.20}\right)^2\times 0.40\times(1-0.40)\approx 63$$

故需治疗 63 例病人。

(四) 两样本率比较

两样本率比较时估计所需样本含量的计算公式为：

$$n=\left[\frac{z_\alpha\sqrt{2p_c(1-p_c)}+z_\beta\sqrt{p_1(1-p_1)+p_2(1-p_2)}}{p_1-p_2}\right]^2 \tag{12-4}$$

式中：n 为所需样本含量，p_1、p_2 分别为两总体率的估计值，$p_c=(p_1+p_2)/2$，z_α、z_β 分别为 α、β 相对应的 z 值。

【例 12-17】 欲评价 A、B 两种药物治疗乙型肝炎的疗效，经预试验得，A 药的阴转率为 65%，B 药的阴转率为 40%，若每组例数相等，问进行正式试验需多少乙肝病例？

该资料属两样本率的比较，$p_1=0.65$，$p_2=0.40$，$p_c=(0.65+0.40)/2=0.525$，双侧 $z_{0.05}=1.96$，$z_{0.10}=1.282$，代入式(12-4)，得

$$n=\left[\frac{1.96\times\sqrt{2\times 0.525\times(1-0.525)}+1.282\times\sqrt{0.65\times(1-0.65)+0.40\times(1-0.40)}}{0.65-0.40}\right]^2\approx 82$$

故进行正式试验每组各需 82 例乙肝病人。

【知识点 12-8】

1. 影响样本含量估计的四个因素：δ、α、σ、$1-\beta$、α、δ。与样本含量成反比，σ(或 s)、$1-\beta$ 与样本含量成正比。

2. 根据资料性质选用相应的计算公式或用 SAS、SPSS、PEMS 等统计软件包来估计样本含量。

【例 12-18】 某研究者用 20 只大鼠做实验，随机分成两组，实验组用高蛋白喂养，对照组用低蛋白喂养，测定大鼠 6 周后的体重增量，结果见表 12-11。该研究者作两样本均数比较的 t 检验，$t=0.452$，$P=0.657$，认为两组大鼠体重增量差异无统计学差异，问此结论是否可靠？

表 12-11 两组大鼠 6 周后体重增量(g)的比较

分组	n	$\bar{x}$	s
高蛋白组	10	60.5	10.4
低蛋白组	10	58.4	10.4

【问题 12-12】

(1) 该资料属于何种设计方法？

(2) 该研究者的结论是否可靠？为什么？

(3) 检验效能怎样计算？

【分析】

(1) 为了显示两组大鼠在体重增量上的差异，把受试对象按照完全随机的方式分配到两个组，以均数上的差异来反映蛋白的作用，故该资料采用的是完全随机设计的方法。

(2) 该研究者的结论不可靠，确定样本含量的另外一种倾向是忽视应当保证足够的样本含量的重要性，使得样本含量偏少，检验效能$(1-\beta)$偏低，导致总体中本来存在的差异未能检验出来，出现了非真实的阴性结果，这在医学科研设计中应当值得注意。一般情况下，检验效能应高于 80%，当检验效能低于 75%时，可认为结果不可靠。

(3) 可以根据样本含量、检验统计量的公式来反推 z_β，再查 z 面积表(附表 1)得 β，从而得检验效能$(1-\beta)$。

本例中：$\delta=60.5-58.4=2.1$，$\sigma=10.4$，$\alpha=0.05$，$z_{0.05}=1.96$，z_β 计算如下：

$$z_\beta=\frac{|\delta|}{\sigma\sqrt{\frac{1}{n_1}+\frac{1}{n_2}}}-z_\alpha=\frac{2.1}{10.4\times\sqrt{\frac{1}{10}+\frac{1}{10}}}-1.96=-1.51$$

查 z 面积表(附表 1)得面积为 0.0655，由于该处 z_β 为负值，故 $1-\beta=0.0655$，即检验效能为 6.55%，可见检验效能太低，该研究者的结论并不可靠，还应增大样本含量作进一步试验。

第五节 常用的实验设计方案

一、完全随机设计

【例 12-19】 某研究比较两种康复护理方式对脑卒中患者机体康复的影响，将 46 例研究对象随机分为两组，干预组 26 人，接受康复团队有针对性的康复指导和训练，对照组 20 人，接受常规护理。采用 STREAM 评分比较两组人群的康复效果。

【问题 12-13】

(1) 该研究采用的实验设计方案是什么？

(2) 干预组和对照组的基线 STREAM 评分分别为 22.80 和 27.55，进行基线评分比较显示，两组之间差异有统计学意义($P<0.05$)，这提示着什么问题？

(3) 若想完善该设计方案，还需做什么？

【分析】

(1) 该研究采用的是完全随机设计方案。

(2) 但是干预组和对照组的基线 STREAM 评分分别为 22.80 和 27.55，差别有统计学意义，提示随机效果不理想。

(3) 若需完善该设计方案，需要考虑到各脑卒中患者的严重程度可能有所不同，直接随机分组，有时两组病例严重程度会不均衡。所以，对于类似研究，可以按照疾病的严重程度进行分层后再在每一层中实施完全随机分组。

(一) 完全随机设计的概念

完全随机设计(completely random design) 又称为随机对照试验(randomized controlled trial，RCT)，属于单因素研究设计，是将受试对象按照随机分配的原则分配到实验组和对照组中，然后给予不同的处理因素，对各组的效应进行同期平行观察，最后比较各组的观察指标有无差别。

(二) 完全随机设计的应用范围

在只有一个研究因素时，如果不需要进行配伍或者无法配伍的时候就选用完全随机设计，在动物实验和临床疗效观察研究中均可采用。通常是在非实验性因素对效应指标影响不是很大的情况，或非实验性因素对效应指标的影响在实验组和对照组能均衡的情况下采用这种设计方案。

(三) 完全随机设计的基本模式

【例 12-20】 将 28 只大白鼠分四组进行实验，要求每组 7 只。进行如下操作，1)首先给动物按照体重编号；2)任意指定随机数字表中第 3 行，从第 8 列开始由上向下抄录 28 个两位的随机数；3)将抄录的随机数按照大小排序，用 R 表示；4)规定 R 为 1-7 的大白鼠进入甲组，8-14 的大白鼠进入乙组，15-21 的大白鼠进入丙组，21-28 的大白鼠进入丁组。

【问题 12-14】

试问，该实验进行的是什么分组设计？

【分析】

该研究进行的是四组的完全随机设计方案。

【例 12-21】 高粘综合征患者的血沉较快，某医生为比较 A、B 两个降粘药物对血沉(mm/h)的影响，从他主治的年龄 18～60 岁的住院或门诊患者中随机抽取了 20 名高粘综合征患者，随机分为两组，分别给予 A、B 两个降粘药物，A 药组治疗前后病人血沉下降值为 8.4±2.221 mm/h，B 药组下降值为 16.2±3.425 mm/h。经 t 检验，得 $t=6.0419$，$P<0.05$，差异有统计意义，可认为 B 药降低血沉的效果优于 A 药。

【问题 12-15】

上述案例采用的实验设计方案是什么？

【分析】

上述案例采用了两组计量资料的完全随机设计方案。

完全随机设计(completely random design)方案的基本模式见图 12-1。

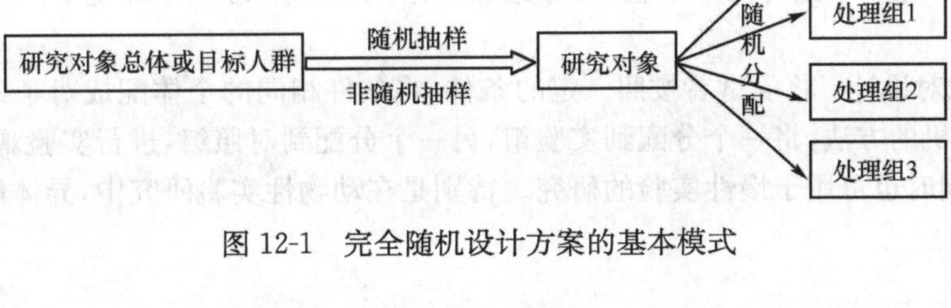

图 12-1 完全随机设计方案的基本模式

【知识点 12-9】

1. 完全随机设计又称为随机对照试验，属于单因素研究设计，是将受试对象按照随机分配的原则分配到实验组和对照组中，然后给予不同的处理因素，对各组的效应进行同期平行观察，最后比较各组的观察指标有无差别。

2. 完全随机设计的优缺点：优点：实验设计和统计分析简单。缺点：一次只能研究一个因素，且所需样本量比较大。

二、配对设计

【例 12-22】 用 10 只家兔试验某批注射液对体温的影响，测定每只家兔注射前后的体温，见表 12-12。问注射前后体温有无显著差异？

表 12-12 10 只家兔注射药物前后的体温(℃)

指标	1	2	3	4	5	6	7	8	9	10
注射前体温	37.8	38.2	38.0	37.6	37.9	38.1	38.2	37.5	38.5	37.9
注射后体温	37.9	39.0	38.9	38.4	37.9	39.0	39.5	38.6	38.8	39.0
前后差值	−0.1	−0.8	−0.9	−0.8	0	−0.9	−1.3	−1.1	−0.3	−1.1

【问题 12-16】

该实验采用的设计方案是什么？

【分析】 该实验采用的是实验前后配对方法，即自身配对设计方案。

(一) 配对设计的概念

配对设计(paired design)是将受试对象按一定条件配成对子，再随机分配每对中的两个受试对象到不同的处理组。

(二) 配对设计的两种情形

1. 自身对照设计 比较受试者实验前后的变量值改变情况，或比较同一标本接受两种不同测定方法的检查结果。主要适合于急性和短期的实验，或病情稳定的慢性病中观察短期对症治疗的效果。对于实验时间较长的试验通常不用该方法，因为时间长，其它混杂因素掺入的可能性就大，对实验结果造成影响，使得实验前后失去可比性。自身配对设计的基本模式见图 12-2。

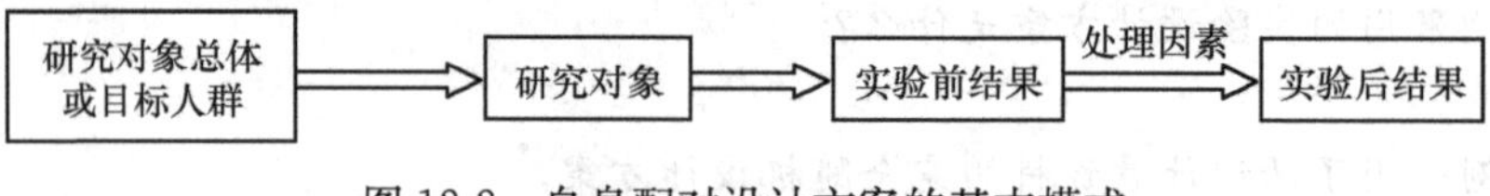

图 12-2 自身配对设计方案的基本模式

自身配对设计的注意事项：①实验时间不能过长，严格控制实验条件，保证处理前后其他条件具有可比性。②如果进行离体实验，要考虑器官组织在非正常机体环境下的变化，尤其是生理反应变化。

2. 异体配对设计 将受试者按照一定的条件，将条件相同的个体配成对子即一一配对，在对子内按照随机的方法，将一个分配到实验组，另一个分配到对照组，进行实验观察。不仅可用于急性实验，同时也可用于慢性实验的研究。特别是在动物性实验研究中，异体配对容易实施，通常将动物的种属、品系、性别、体重、窝别、生长天数作为配对的基本条件。异体配对设计的基本模式见图 12-3。

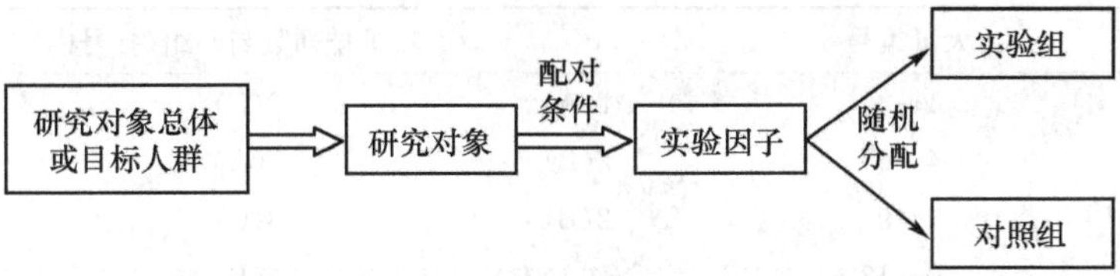

图 12-3　异体配对设计方案的基本模式

异体配对设计的注意事项：①配对时尽可能做到对子的齐同，配对条件理论上要求包括全部主要影响因素，最理想的异体配对是同卵双生且在同样的环境下养育的双生子，一般齐同要求 $P>0.2$。②对于时间过长的慢性病研究，注意考察其它因素在整个实验的全程保持齐同。③即使两个组处理前的资料（基线资料）无统计学差异，并不意味着两组处理前基线水平完全相等，所以处理后的结果不宜进行两组的直接比较，最好是用两组处理前后差值进行统计学分析。

【例 12-23】　现有病情、病种与年龄相近的男病人 4 对，女病人 4 对，查随机数字表，从第 11 行第 1 个数字开始自左向右，则随机分配如表 12-13，其中前一个随机数为奇数者进入甲组，对子中另一个入乙组；如前一个随机数为偶数者进入乙组，对子中另一个入甲组。

表 12-13　16 例病人随机分配表

性别	男								女							
对号	1		2		3		4		5		6		7		8	
病人编号	1	2	3	4	5	6	7	8	9	10	11	12	13	14	15	16
随机数目	57	35	27	33	72	24	53	63	94	09	41	10	10	76	91	44
分组	甲	乙	甲	乙	乙	甲	甲	乙	乙	甲	甲	乙	乙	甲	甲	乙

结果是：甲组 1，3，6，7，10，11，14，15；乙组：2，4，5，8，9，12，13，16。

【问题 12-17】

上述分配病人入组的方案是什么设计方案？

【分析】　上述实验设计的方案是异体配对设计方案。

【知识点 12-10】

1. 配对设计是将受试对象按一定条件配成对子，再随机分配每对中的两个受试对象到不同的处理组。

2. 配对设计的优点：提高组间均衡性，减少实验误差，提高统计效率。缺点：太多的配对条件容易造成配对的困难。

三、随机区组设计

【例 12-24】　欲比较周围神经端侧温和与自体神经移植后神经再生效果，选用符合条件要求的同性别 Wistar 大鼠，采用切断左侧腓神经 1cm 的方式建立神经损伤模型。将 15 只大鼠配成 5 个区组，每区组内 3 只大鼠随机分配到 3 个不同的治疗组并考察效果（表 12-14）。随机分组步骤：①将 15 只大鼠按体重顺序编号，并按照体重接近原则配成 5 个区组，每组 3 只；②各区组分别指定随机数字表中第 21-25 行，抄录 1-3 之间的随机数；③规定随机排列数为 1 者分入 A

组,2 者分入 B 组,3 者分入 C 组。

表 12-14　15 只 Wistar 神经损伤大鼠分组表

区组号	大鼠编号	随机排列数与归组(括号内)		
1	1～3	1(A)	3(C)	2(B)
2	4～6	2(B)	1(A)	3(C)
3	7～9	2(B)	3(C)	1(A)
4	10～12	1(A)	2(B)	3(C)
5	13～15	1(B)	2(B)	3(C)

分组结果:编号为 1,5,9,10,13 号动物分入 A 组;3,4,7,11,14 号动物分入 B 组;2,6,8,12,15 号动物分入 C 组。

【问题 12-18】

该资料是何种实验设计方案?

【分析】　该资料以体重作为划分区组的特征,实验设计方案是随机区组设计。

(一) 随机区组设计的概念

随机区组设计(randomized block design)又称为配伍设计,它是配对设计的扩大。或者说配对设计是随机区组设计的最简单形式。随机区组设计是将几个条件相同的受试对象划成一个区组,区组中观察对象的数量取决于对比组的组数。如处理因素有四个对比组,则一个区组就有四个或八个受试对象。将区组中的受试对象采用随机的方法,分配到不同的对比组中,以增强各对比组的均衡性。

随机区组设计的注意事项:①在随机区组设计中,要区别何为第一因素,何为第二因素。第一因素是处理因素,第二因素是区组条件。②配伍的条件不能太多,否则,难以划分区组。特别要注意的是不能将处理因素作为配伍条件而出现配伍过头的情况。③随机区组设计研究在动物实验中容易实施,特别是用小动物进行实验时,常将动物的品种、窝别、性别、体重、生长的天数作为划分区组的条件。

(二) 随机区组设计的应用范围

配伍设计是医学研究中常用的一种设计方案。不管是在动物实验还是临床研究中,凡是要进行两种处理因素,每个处理因素有两个或两个以上水平的研究均可以采用随机区组设计的方法。如观察不同药物(因素Ⅰ)和不同病程(因素Ⅱ)对患者的治疗效果(实验效应)的影响;中西药结合治疗肝炎病人中,研究不同方剂(因素Ⅰ)和不同证型(因素Ⅱ)的的疗效(实验效应)。

(三) 随机区组设计的基本模式

随机区组设计方案的基本模式见图 12-4。

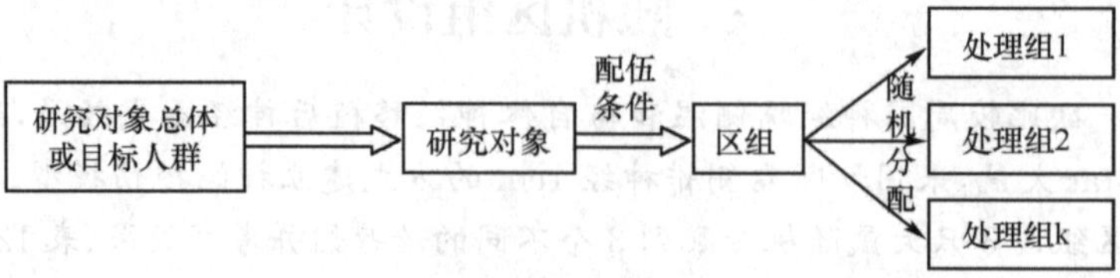

图 12-4　随机区组设计方案的基本模式

【知识点 12-11】

1. 随机区组设计是将几个条件相同的受试对象划成一个区组,再将区组中的受试对象采用随机的方法,分配到不同的处理组中,以增强各处理组的均衡性。

2. 随机区组设计的优点:它属于两因素设计,可分析处理因素(因素Ⅰ)间或区组(因素Ⅱ)间的实验效应有无差别。组间的均衡性好,抽样误差小,实验效率高。缺点:当实验动物偶然死亡则实验结果一般需改用完全随机设计方法处理。

四、析因设计

【例 12-25】 为了观察中药补阳还五汤与肿瘤坏死因子对体外培养的血管内皮细胞凋亡的影响及两者有无交互作用,某医生进行了如表 12-15 的设计方案。

表 12-15 补阳还五汤与肿瘤坏死因子对体外培养的血管内皮细胞凋亡的影响

补阳还五汤	肿瘤坏死因子	
	有	无
有	A	B
无	C	D

本研究经上述设计后,可以分成四个组:A组:补阳还五汤+肿瘤坏死因子;B组:补阳还五汤;C组:肿瘤坏死因子;D组:空白对照组。

【问题 12-19】

(1) 上述研究采用的是何种设计方案?

(2) 该研究涉及到几因素几水平?

【分析】

(1) 上述研究采用的是析因设计方案。

(2) 本研究涉及到 2 因素,即“补阳还五汤”和“肿瘤坏死因子”;每个因素涉及到 2 水平,即“有”和“无”;这是一个 2×2 析因设计。

(一) 析因设计的概念

析因设计(factorial design)指将两个或多个因素的各水平进行组合交叉,分组进行实验。既研究各因素的主效应作用,又要研究各因素的交互作用。

(二) 析因设计的基本模式

析因设计方案的基本模式见图 12-5。

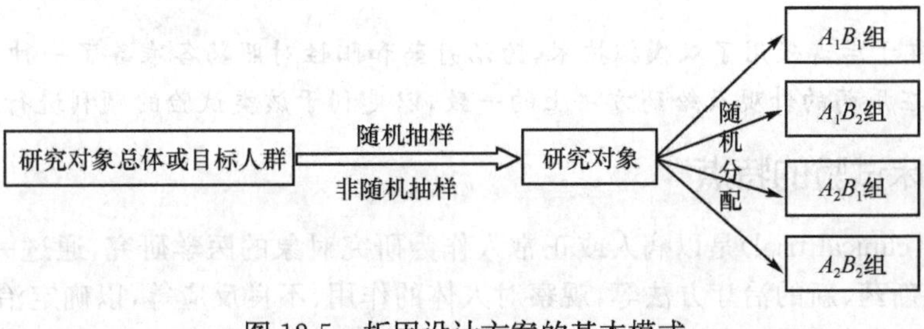

图 12-5 析因设计方案的基本模式

五、正交设计

正交设计(orthogonal design)是一种高效、快速的研究多因素多水平设计方案。它通过一套规格化的正交表和交互作用表,对研究因素进行合理安排,并对结果进行统计分析,以获得相关的信息。正交设计广泛应用于各个领域,除医学研究以外,在工业、农业、军事等领域的研究也常采用正交实验设计的方案。它可以找出各因素各水平的最佳配比,如药品制造工艺、中成药的处方筛选、细胞培养的最佳条件选择等;能最优地安排实验,提高实验的效率。正交设计所需要的正交表、交互作用表及其统计学分析方法请参考正交实验设计资料的方差分析。

第六节　临床试验设计

一、临床试验的特点与设计原则

【例 12-26】 ①为了解注射用兰索拉唑治疗糜烂性食管病不能口服患者的临床疗效和安全性,某制药公司进行了如下的研究:采用前瞻性、随机对照、双盲法、多中心临床试验设计。按《药品注册管理办法》规定,至少完成临床可评估病例数 240 例,随机分成试验组和对照组,试验组用药:注射用兰索拉唑 ;对照组用药:注射用奥美拉唑钠或者注射用法莫替丁。药物均通过静脉滴注,,成年人一次 30mg,用 0.9%氯化钠注射液(/乳酸钠林格注射液)100ml 溶解后,一日 2 次,推荐静滴时间 30 分钟;入组观察 5 天。

②为观察莫沙必利的疗效及安全性,某课题组设计了如下的研究方案:采用双盲、双模拟、多中心随机阳性对照方法进行。根据Ⅱ类新药Ⅱ期临床试验的要求,病例数不少于 200 例。考虑到失访和中途可能退出试验的人数(控制在 10%范围内),需要入选病例数 240 例,其中试验组 120 例,对照组 120 例,由 5 家医院完成。按每家医院 48 例制定随机数字表。用药方法:试验组:莫沙必利:5mg/片,由 XX 公司提供,批号:××××××。多潘立酮模拟片:要求大小形状颜色与多潘立酮相同,由 XX 公司提供。用法用量:莫沙必利:每天 3 次每次 1 片,口服。多潘立酮模拟片:每天 3 次每次 1 片,口服。疗程:4 周;2. 对照组:多潘立酮片:10mg/片,由××制药有限公司生产,批号:××××××。莫沙必利模拟片:要求大小形状颜色与莫沙必利相同,由××公司提供。用法用量:多潘立酮片:每天 3 次,每次 1 片,口服。莫沙必利模拟片:每天 3 次,每次 1 片,口服,疗程:4 周。

【问题 12-20】

(1) 上述两个临床试验的案例中,其设计提到的共同点有哪些?

(2) 上述两项临床试验设计中的不同点在哪里?

【分析】

(1) 以上临床试验的共同特点是前瞻性研究,遵循了随机分组原则,都采用了阳性对照和盲法观察。

(2) 不同在于后者采用了双模拟技术,为治疗药和阳性对照药各准备了一种安慰剂,以达到治疗组和对照在用药的外观及给药方法上的一致,以更利于该类试验的顺利进行。

(一) 临床试验的特点

临床试验(clinical trial)是以病人或正常人作为研究对象的医学研究,通过一定的干预(intervention),如新药、新的治疗方法等,观察对人体的作用、不良反应等,以确定治疗措施或药物的效果与价值。临床试验一般是前瞻性的研究。由于临床试验的观察对象是人,个体差异大,疾病的转归除了受疾病发展规律的支配外，还受许多其他因素的影响。因此，临床试验的设计要求更为严密，统计分析技术也有其特点。

(1) 临床试验属于一种前瞻性的追踪性研究，先给予药物治疗，再观察结果。

(2) 临床试验是以人为研究对象，必须符合《赫尔辛基宣言》和国际医学科学组织委员会颁布的《人体生物医学研究国际道德指南》的道德原则，即公正、尊重人格、力求使受试者最大限度受益和尽可能避免受到损害。因此，临床试验需要得到有关药品监督管理部门及所在单位伦理委员会的批准，以及受试者对象或家属、监护人的知情同意。

(3) 由于人具有社会性，受试者的主观因素、心理作用、精神状态会对研究结果产生偏性。因此，在临床研究中必须设计相应的措施，控制这些偏性的产生，因此，贯彻盲法原则在临床试验中非常重要。

(4) 除了患者的社会因素以外，患者的主观因素，如患者的依从性、处理的非标准化等也会对研究产生很大的影响。因此，在临床试验中，需要对病人提出一些要求，取得研究对象的合作，以保证研究的顺利进行。

(5) 临床试验与临床治疗不同，临床治疗是根据每一位患者的具体情况制定治疗方案，目的是使病人治愈。而临床试验是为了探索新的治疗方案或药物是否安全、有效，所以对所有的研究对象采用统一的试验方案。所有接受试验者均按同一方案治疗或处理，不得因人而异，以避免产生偏性，影响观察结果。

(二) 临床试验的原则

1. 随机化原则　随机化原则与前述相同，是科研设计的基本原则，目的是为了防止因选择和分配研究对象时可能出现的偏差对研究结果的影响。随机化原则主要是体现在抽样和分配研究对象过程中。临床上的随机抽样通常是指在确定的研究总体中随机抽取观察对象。临床研究的总体通常需要根据一定的纳入标准和排除标准来划定研究对象的总体范围。并采用书面形式用条文明确规定。随机分配是指采用某种随机方法将抽取的研究对象随机分配到各研究组。常用的随机化方法有简单随机化等。

2. 对照原则　设立对照是临床试验的另一重要原则，通过比较才能回答治疗是否有效、安全。临床试验常用的对照与前述相同，一般不用空白对照。

3. 盲法原则　临床试验中，按试验方案规定，在试验结束前，不让研究者或受试者知道受试对象分在何组(试验组或对照组)、接受何种处理，这种试验称为盲法试验(blind trial)。盲法试验可以避免人为主观因素的影响，保证结果的真实性。若在试验中，仅受试者不知道自己接受何种处理时，称为单盲试验(singleblind trial)；如果受试者和判断疗效的医务人员都不知道观察对象接受何种处理时，称为双盲试验(double blind trial)；在双盲试验中，盲态至始至终贯穿于整个试验，从产生随机数编制盲底、药物的分配、病人的入选、结果的观察和记录、检查、数据的管理直至统计分析都必须保持盲态，在统计分析结束后，才能揭盲。

二、新药临床试验与评价

(一) 新药临床试验管理规范

药品是指用于预防、治疗、诊断疾病，调节人体生理机能，并规定适应症、用法、用量的物质，包括有中药材、中药饮片、中成药、化学原料及其制剂、抗生素、生化药品、放射性药品、血清疫苗、血液制品和诊断药品等。根据我国药品监督管理局(state drug administration，SDA)新修订的《药品审批办法》第二条规定：新药系指我国从未生产过的药品。已生产的药品改变剂型、改变给药途径、增加药的适应症、或制成新的复方制剂，亦按新药管理。

新药临床研究是指在完成一系列临床前的研究内容，包括制备工艺、理化性质、纯度、检验方法、处方筛选、剂型、稳定性、质量标准、药理、毒理、动物药代动力学等研究后，向卫生行政部门申请并获准的以人(包括病人和健康者)为受试对象，在一定条件下，科学考察和评价新药对特定疾病的治疗或预防、诊断的有效性及安全性进行评价的过程。为保证药品临床试验过程规范、结果科学可靠，保护受试者的权益和安全，世界卫生组织(WHO)、各发达国家均制定了药品临床试验管理规范(Good Clinical Practice，GCP)。1992 年，我国有关专家开始着手酝酿我国 GCP 的制定，参照 WHO 的 GCP 和人用药品注册技术规定国际协调会议(ICH)的 GCP，经七次修订，于 1998 年颁布了我国的《药品临床试验管理规范》(试行)。我国的 GCP 共分为 13 章，62 条，2 个附录。其内容对临床研究中涉及到的试验方案、受试者权益保障、各研究人员的职责、结果的记录与报告、统计分析与数据处理试验药品的管理、临床试验的质量保证、多中心试验等都有明确的要求和规定。

(二) 新药临床试验的分期

新药临床试验分为 4 期：

1. Ⅰ期临床试验 进行初步的临床药理学及人体安全性评价试验。观察人体对于新药的耐受程度和药物代谢过程，为制定给药方案提供依据。要求参加试验组的人数不得少于 20 人。

2. Ⅱ期临床试验 是采用随机盲法对照试验，评价新药的安全性及有效性，推荐临床给药剂量。要求试验组的人数不少于 100 人。

3. Ⅲ期临床试验 扩大多中心临床试验，应遵循随机对照原则，进一步评价药物的有效性和安全性，要求试验组人数不少于 300 人。

4. Ⅳ期临床试验 新药上市后的监测。在广泛使用的条件下考察疗效和不良反应，特别是罕见的不良反应。要求试验组人数不少于 300 人。

在以上 4 期的研究中，研究对象必须按照研究设计的要求，明确规定受事对象的适应症，统一诊断标准，严格规定纳入标准和排除标准。除Ⅰ期试验的受试者以外，Ⅱ、Ⅲ、Ⅳ期试验的受试者都必须是病人。

(三) 临床试验方案

临床试验方案(protocol)是指导所有参与临床试验的研究者如何实施临床试验的研究计划书，也是试验结束后进行资料统计分析的重要依据。也是申报新药的正式文件。每一个研究者必须按照试验方案所规定的步骤进行诊断、筛选、处理、治疗和结果评判。

临床试验方案一般包括：首页、方案摘要、研究背景、立题依据、试验目的和目标、试验场所、试验总体设计、适应症以及纳入标准和排除标准、样本含量估计及依据、治疗方案、观察指标、药品管理制度、临床试验步骤、质量控制、不良事件、有效性评估、安全性评估、统计分析计划、伦理学要求、数据管理、资料保存、主要研究者签名和日期、参加单位等。

试验方案确定后，研究者和统计学家根据试验方案拟订病例报告表(case report form，CRF)，用以记录每一位受试者在试验中的观察指标及相关信息，病例报告表必须方便记录和计算机管理，方便统计分析。

统计学家根据试验方案和病例报告表拟定统计分析计划书(statistical analysis plan)。

试验方案、病例报告表和统计分析计划书是临床试验设计的三个核心文件。

(四) 新药临床试验的评价

新药临床试验的最终目的在于寻找安全有效的药物，因此安全性和有效性是评价的核心内容。所有结果的评价都是依据病例报告表所填写的内容进行。结果的评价分析主要包括：

1. 齐性检验 齐性是指可能影响疗效的非处理因素分配的均衡性，目的在于使试验组和对照组间应具有可比性。通常对于患者的年龄、性别、病程、病情的轻重、中医诊断证型等进行检验。对于计量指标采用 t 检验、方差分析等；对于离散数据采用 χ^2 检验进行分析。

2. 疗效比较 包括病人的症状、体征、化验检查结果的比较；治愈率的比较、平均治愈天数以及不良反应的比较等，根据数据类型选择合适的统计分析方法。

3. 等效性检验 在临床药物试验中，常常需要比较一种新的药物是否与“标准药物”具有同等的疗效，或能否用一种药物代替另一种药物。这种试验称之为等效试验(equivalence trial)。在临床上需要确定一个等效界限值，用 δ 表示。当新药的疗效与“标准”药物相比，相差不超过 δ 值时，就可认为新药的疗效与“标准”药物是相同的。因此，在等效检验中，无效假设 H_0 为：两药效间的差异在界限 δ 之外，即 $|\mu_1-\mu_2|>\delta$；备择假设为：两药效间的差异在界限 δ 范围之内，$|\mu_1-\mu_2|<\delta$。即等效假设是进行两次单向的假设检验。采用等效检验可以减少由于样本量不足，检验效能过低而出现的不拒绝 $H_0:\mu_1=\mu_2$ 的情况。临床上，等效界限值 δ 应该是一个有临床意义的值，由临床专家确定。当难以确定时，建议采用1/5～1/2标准差；如果是两样本率的比较，建议最大不应超过对比组样本率的 1/5。

【例 12-27】 为评价口服新药 A(实验药物)治疗绝经后妇女骨质疏松的疗效，以药物 B 作为阳性对照药进行临床试验。经过一个疗程后，药物 A 组观察的 162 例患者股骨颈的骨密度改善率为 2.53%±4.42%；药物 B 组观察 86 例，其股骨颈的骨密度改善率为 2.36%±5.18%。试检验药物 A 和药物 B 是否等效。(摘自中华流行病学杂志，2003，24(10)：935－938. 多临床终点的等效性检验方法探讨)

(1) 假设临床等效界值 $\delta=2\%$。

(2) 假设检验 $H_0:\mu_1-\mu_2\geqslant 2\%$ 和 $\mu_1-\mu_2\leqslant -2\%$；

$H_1:\mu_1-\mu_2<2\%$ 和 $\mu_1-\mu_2>-2\%$；

单侧 $\alpha=0.05$

(3) 计算：$$s_{\bar{x}_1-\bar{x}_2}=\sqrt{\frac{2.53\%\times 4.42\%^2+2.36\%\times 5.18\%^2}{162+86-2}\left(\frac{1}{162}+\frac{1}{86}\right)}=0.00009033$$

则：$t_1=\dfrac{\delta-(\bar{x}_1-\bar{x}_2)}{s_{\bar{x}_1-\bar{x}_2}}=202.59$，单侧 $P_1<0.05$

$t_2=\dfrac{\delta+(\bar{x}_1-\bar{x}_2)}{s_{\bar{x}_1-\bar{x}_2}}=240.23$，单侧 $P_2<0.05$

经两个单侧检验均拒绝 H_0，故可以认为药物 A 对股骨颈的骨密度改善是有效的。

(五) 新药临床试验统计分析中的有关问题

(1) 根据 GCP 规定，新药临床试验中涉及到的统计学工作必须由有资格的生物统计学家具体负责，参与整个临床试验的研究方案的设计和临床试验资料的统计分析，编写统计分析计划书和协助主研完成临床试验的统计分析报告(clinical study report)；提供试验结果的统计分析报告和解释。

(2) 统计分析应包括描述性统计(descriptive statistical analysis)和统计推断(statistical inference)，后者包括假设检验(hypothesis test)和参数估计(paramemter estimation)，一般都列出95%的可信区间。统计分析中还须考虑脱落病理的影响以及多中心效应等。

(3) 统计分析报告书应包括对试验中资料的收集和整理过程、统计分析方法的选择及理由、各组病人入选时的基本特征描述及统计检验、统计描述、参数估计、统计检验等以及病例组安全性评价。

(4) 在统计分析时,最好提供意向性分析(intention-to-treat,ITT)和符合方案数据分析(per-protocol population,PP)两种分析结果。ITT 分析是指统计分析时将其中未能观察到的全部治疗过程的病例资料,用最后一次观察数据接转到试验最终结果,对疗效和不良事件发生率进行意向性分析;PP 分析是指利用符合试验方案、依从性好的观察病例进行统计分析。若两者结果一致,则更具有说服力。

三、医学伦理学原则

当试验是以人为研究对象时,必须说明其遵循的程序是否符合人体试验委员会(单位性的、地区性的或国家性的)所制定的医学伦理学标准,并提供该伦理委员会的批准文件及受试对象的知情同意书。

【问题 12-21】

(1) 医学伦理学的概念是什么?

(2) 医学伦理委员会的职责是什么?

(3) 什么是知情同意?

(4) 医学伦理学的原则有哪些?

医学伦理学(medical ethics)是研究将普遍的道德规范和道德原则应用于医学的应用性学科,在伦理学理论的指导下,医学学科范围内应该做什么和如何做什么是需要研究的重要领域。

生命科学的飞速发展及其在临床上的广泛应用,带来了大量的社会、伦理和法律问题,引起医学界乃至整个社会的关注。为了保证医学科学的健康发展和医学技术的正确运用,从 20 世纪后期开始,许多国家的政府、医学组织、医疗机构和科研机构纷纷建立了医学伦理委员会。其主要职责为:①开展有关科研项目的伦理审查。②指导人类辅助生殖技术工作。③指导临床药理基地工作。④医学伦理教育培训,咨询服务协调,指导对医学生的医学伦理教育工作。

知情同意(informed consent)是生命法学和生命伦理学的核心问题之一,是人体试验和临床实践的行动指南。它包括两个必要的而且是相互联系的部分:知情同意文件和知情同意过程。知情同意文件为受试者或病人提供有关人体试验的目的、过程、计划、潜在的危险和益处以及参加者的权利等。知情同意过程是一个解释、说明和交流的过程,通过向受试者或病人提供有关信息,以便他们作出是否参加试验的决定。

医学伦理学的原则:

(1) 知情同意原则。在医疗活动中,知情同意是患者的基本权利。即实施诊疗之前要给患者讲明其疾病或伤残的性质,要给患者说明建议的诊疗措施会有什么样的效果和可能的风险等,征得患者的同意,方可实施诊疗。这是医疗活动中一个最基本的原则,也是新药进入临床试验的必须过程。

(2) 尊重原则。实验者应当尊重患者在道德上和法律上所拥有的权利,尊重患者在医疗过程中的自主权。

(3) 有利原则。从大的方面来讲,积极参与新药临床试验,促进新药早日用于临床,对发展医学科学,保障人民生命健康有利。针对准备参与临床试验的参试者,有利原则还包含两层意思。第一层意思是指解除或减轻患者的痛苦,治愈患者的疾病或缓解患者的症状;在经济上减少患者的开支;在生理上和精神上使患者受益等。第二层意思是指不给患者带来痛苦、损害、残疾甚至死亡。

(4) 公正原则。这项原则在新药临床试验阶段包括了公平、合理和适度的内容。

(5) 保密原则。为患者保密,是维护患者的权利,是医生在医疗行为中必须遵循的原则。医生对病人提供的有关自己生理、心理、行为、生活事件和生活习惯方面的隐私保密，病人与医生交流才能有安全感，医生才能获得病人的信任。

【知识点 12-12】

1. 所有以人为研究对象的研究必须符合《世界医学大会赫尔辛基宣言》，即公正、尊重人格、力求使受试者最大程度受益和尽可能避免伤害。

2. 新药临床试验时，必须由指定的药物临床试验机构按照《药物临床试验质量管理规范》进行。

思考练习

(一) 名词解释

1. 实验研究　　2. 对照原则　　3. 重复原则　　4. 处理因素　　5. 析因设计

(二) 是非题(正确记“+”，错误记“-”)

1. 安慰剂只能用没有任何药理作用的物质　（　）
2. 随机对照实验中所谓随机化就是由受试对象随便选择进入实验组或对照组。　（　）
3. 随机化、重复和对照原则的实施也就是均衡原则的实施。　（　）
4. 实验设计中均衡性原则是指实验组和对照组间非处理因素应尽可能相同　（　）
5. δ 越小，所需样本含量越小。　（　）

(三) 选择题(从 a～e 中选出一个最佳答案)

1. 在研究抗心律不齐药物的药效时，选择研究对象正确的是

a. 最好选择近期心律不齐频繁发作的病人

b. 最好不要选择近期心律不齐频繁发作的病人

c. 可用孕妇作为研究对象

d. 样本量越大，结果越能说明问题

e. 病人的年龄和性别对研究结果影响不大

2. 有关安慰剂的使用哪项论述不正确?

a. 使用目的是为了排除非特异性效应的干扰

b. 安慰剂常用没有任何药理作用的物质

c. 可用于研究那些目前尚无有效药物治疗的疾病作对照

d. 安慰剂的外观和剂型与试验药物不同

e. 安慰剂和试验药要同步应用

3. 目前进行疾病预后研究的主要方法是

a. 现况调查　　b. 病例对照研究　　c. 随机对照临床试验

d. 生态学研究　　e. 队列研究

4. 在估计两样本均数比较所需的样本例数时，需要事先确定________。

a. α、β、б、δ　　b. δ、β、S、γ　　c. δ、β、μ、α

d. δ、$1-\beta$、S、α　　e. α、β、μ、$1-\beta$

5. 为研究治疗偏头痛的药物(片剂)的有效性，研究者让一部分患者服用与研究药物外观、性状完全相同的淀粉片，其主要目的是________。

a. 研究淀粉片的治疗作用　　b. 比较两种片剂的有效性

c. 避免患者的心理因素影响　　d. 减少选择性偏倚

e. 评价试验药物的安全性

(四) 应用分析题

1. 某医师研究果胶治疗铅中毒疗效时，采用治疗前后血铅和尿铅作为观察指标，治疗40例铅中毒患者，结果治疗前测得血铅为0.181±0.029mg/L，尿铅为0.116±0.009mg/L；治疗后血铅为0.073±0.019mg/L，尿铅为0.087±0.010mg/L。血铅、尿铅治疗前后比较 P 值均小于0.01，差异有统计学意义，结论为果胶有良好的驱铅作用，可用于治疗铅中毒患者。请从统计学角度进行分析。

2. 为研究口服2号避孕药对血液凝固的影响，随机抽取服药组12例，未服任何避孕药的对照组10例，分别测定其抗凝血酶活力。问：(1)该实验采用的什么设计？(2)该设计有无对照，如有，属于何种类型？

3. 在测量由两种处理因素作用下的动物冠状静脉窦血流时，A处理使平均血流量增加1.8ml/min，B处理使平均血流量增加2.4ml/min。设两处理的标准差相等，均为1.0ml/min，$\alpha=0.05$，$\beta=0.10$，若要得出两处理有差别的结论，成组设计时需要多少实验动物？

（叶运莉　刘军祥　陈　润　贯　红）

第十三章 剂量反应

【例 13-1】 某研究者观察某有机磷农药对大白鼠的毒力，设置 6 个剂量组(mg/L)，每组用 20 只大鼠进行试验，观察其死亡情况，结果见表 13-1。为分析某有机磷农药对大白鼠的毒力，该医师用剂量和死亡率进行线性回归分析，得到剂量推算死亡率的回归方程为 $\hat{y}=-11.296+0.061x$。据此得死亡率为 50%时的剂量(即半数致死量)为 1004.85mg/L。

表 13-1 某有机磷农药对大白鼠的毒力测定结果

剂量(mg/L)	试验大鼠数	死亡大鼠数	死亡率(%)
450	20	2	10
550	20	4	20
675	20	7	35
825	20	9	45
1025	20	11	55
1275	20	12	60

【问题 13-1】

(1) 这是什么资料?

(2) 该医师的统计方法是否正确? 为什么?

【分析】

该资料为双变量计量资料，要应用线性回归分析，首先要绘制散点图，观察两变量间是否存在线性关系。本例资料的散点图见图 13-1。可见散点呈上升趋势，但明显呈曲线关系，故线性回归分析用于此资料是不合适的，应该进行直线化之后再进行线性回归分析。对于求 50%致死剂量的问题，有专门的统计方法可以采用。

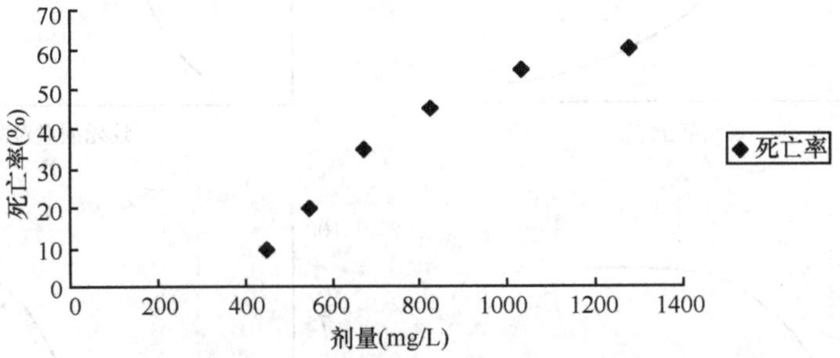

图 13-1 某有机磷农药对大白鼠的毒力

如果将某种因素(理化刺激、药物、毒物、细菌及病毒等)作用于生物体，由于生物个体对药物耐受量的差异性，即使是同一窝别的动物，所产生的反应也不尽相同。如按其致死剂量与动物死亡数绘制成动物死亡频数分布图(耐受分布图)呈正偏态，高峰在左，右侧伸延较远(图 13-2A)。如将致死剂量作对数变换，即接近正态分布(图 13-2B)。因此，为了得到一个准确、稳定的结果，我们要从经过合理设计的、包含一定数量的动物的结果来进行判断和分析，所用的方法为剂量反应。剂量反应(dose response)是实验物质引起实验动物总体中产生某种反应所需的剂量，常用的剂量反应指标有最小效量(minimum effective dose)(刚能使动物起反应的剂量)、半数效量(median effective dose, ED_{50})(有一半动物起反应的剂量)及绝对效量(全部动物起反应的剂量)。其中最常用的指标是半数效量(ED_{50})。半数效量(ED_{50})常用 mg/kg 或 μg/kg 表示，若剂量用浓度(mg/m³ 或 mg/L)或时间作标志，也称半数有效浓度(EC_{50})或半数有效时间(ET_{50})；若反应用死亡、耐受或抑制作标志，则称半数致死量(LD_{50})、半数耐受量(TLM)或半数抑制量(ID_{50})。其中半数致死量最为常用。半数效量在药理学及毒理学研究中应用最广泛，根据剂量反应曲线(dose response curve)的特点等，计算方法有概率单位法、面积法、点斜法、移动平均法、序贯法和累计法等。

如按不同剂量分组，观察动物的死亡率，可见死亡率随剂量增加而递升，绘出的曲线称为剂量反应曲线(dose response curve)，呈长尾 S 形(图 13-2C)。如将剂量作对数变换后，则剂量反应曲线呈对称的 S 形(图 13-2D)。此曲线两端伸延较缓，说明低剂量与高剂量的改变引起动物死亡率变化很小，在曲线两端，死亡率的反应不敏感。因此用最小效量(最小致死量)和绝对效量(绝对致死量)这两个指标作为药物的毒性指标是不合适的。而曲线中段，斜度较大，特别在死亡率 50%处剂量稍微有改变，即引起动物死亡率明显变化，说明 LD_{50} 最敏感，用 LD_{50} 作为药物的毒性指标是最精确的。如将死亡率作概率单位变换，即以概率单位尺度表示，将对称的 S 形曲线直线化，则更便于统计处理(图 13-2E)。同样物质在相同实验条件下进行了四次实验的簇剂量反应线(图 13-2F)表明在死亡率为 50%处，其致死量非常一致，但在较低死亡率与较高死亡率的致死量，则四条反应线有明显差别，说明 LD_{50} 最稳定。由于 LD_{50} 不但灵敏而且稳定，医学科研中常用作反映实验物质毒性大小的指标。本章介绍剂量反应关系中 LD_{50} 的计算和比较。

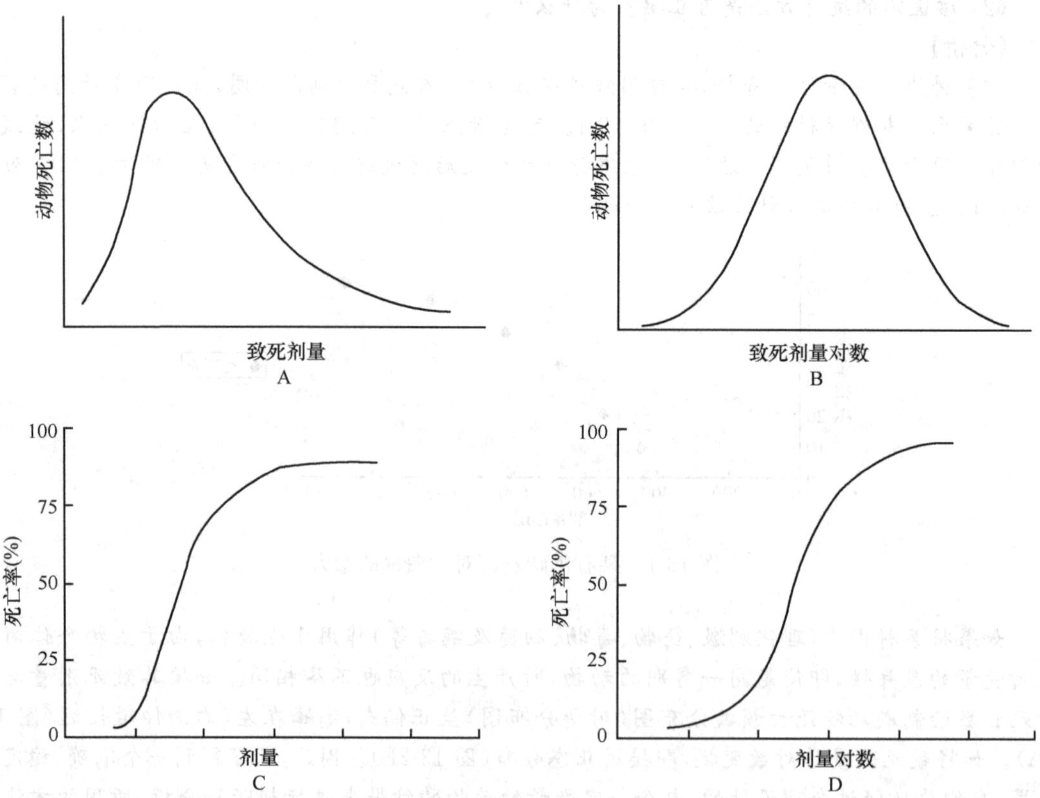

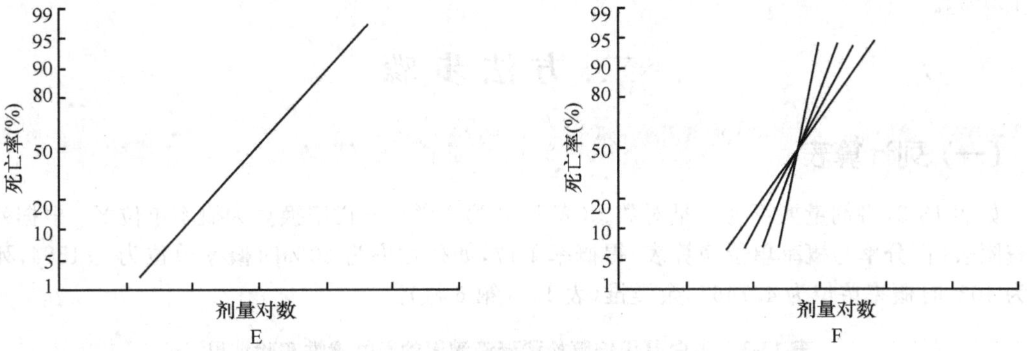

图 13-2 剂量反应曲线

【知识点 13-1】

1. 剂量反应是实验物质引起实验动物总体中产生某种反应所需的剂量。
2. 最小效量是刚能使动物起反应的剂量。
3. 半数效量(ED_{50})是有一半动物起反应的剂量。
4. 绝对效量是全部动物起反应的剂量。
5. 半数致死量(LD_{50})是使一半动物死亡的剂量。

第一节 剂量反应概率单位法

【例 13-2】 小白鼠用倍腈松稀释液灌胃的急性毒性实验结果如表 13-2。求半数致死量。

表 13-2 小白鼠用倍腈松稀释液灌胃的急性毒性实验结果

剂量(mg/kg)	动物数	死亡数	死亡率(%)
60	20	4	20.0
80	20	8	40.0
100	20	9	45.0
120	20	15	75.0
140	20	17	85.0

一、基 本 概 念

剂量反应概率单位法(probability unit method)是剂量反应中计算半数效量(LD_{50} 或 ED_{50})的有效方法。概率单位是死亡率(百分数)的变换单位,是以正态曲线下的面积为反应率,其横坐标上相应的标准离差,为了免去正负号的麻烦,用横坐标上相应的标准离差加 5 作为概率单位。在实际应用中,将死亡率转换为概率单位时,可以直接查百分率与概率单位换算表。本法基本原理是将剂量反应曲线直线化,求出直线方程,再从方程求出半数效量。

目测概率单位法是概率单位法中计算最简便、最直观的方法,缺点是精确度较差。本法实验设计要求:剂量分组一般取等比级数,也可为等差级数或不等距的数值;各剂量组的受试动物数不一定相等,但应相近;要求一半剂量组数的反应率在 10%～50%,其余一半在 50%～90%,尽量避免出现反应率为 0%和 100%。如出现反应率为 0%和 100%可舍去不用,或加以校正[用“0.25/(死亡率为 0%组的动物数)”代替 0%,用“(1－0.25)/(死亡率为 100%组的动物数)”代替 100%]。

二、方法步骤

(一) 列计算表

如表 13-3,将剂量换算为剂量对数 x(表 13-3 第 2 栏),死亡率换算为概率单位 Y。根据死亡率查附表(百分率与概率单位换算表)得概率单位,如死亡率为 20%时概率单位为 4.1584,死亡率为 40%时概率单位为 4.7467,余类推(表 13-3 第 6 栏)。

表 13-3　小白鼠用倍腈松稀释液灌胃的急性毒性实验结果

剂量(mg/kg)(1)	剂量对数 x(2)	实验动物 n(3)	死亡数 r(4)	死亡率(%)$p=r/n\times100$(5)	概率单位 y(6)
60	1.7782	20	4	20.0	4.16
80	1.9031	20	8	40.0	4.75
100	2.0000	20	9	45.0	4.87
120	2.0792	20	15	75.0	5.67
140	2.1461	20	17	85.0	6.04

(二) 目测概率法(图解法)计算半数致死量

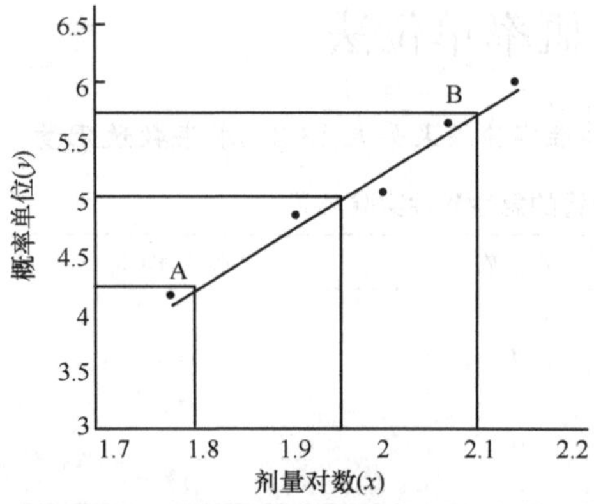

图 13-3　目测概率法(图解法)计算 LD_{50}

1. 绘制散点图　以剂量对数 x 为横坐标,以概率单位 y 为纵坐标,绘制散点图。

2. 配置直线　在散点图上,按点子的分布趋势作一直线,使直线穿过各点中间(各点至直线的纵向距离尽量短些,并重点照顾 $y=5$ 附近的点子)(图 13-3)。

3. 求 LD_{50}　在纵轴概率单位为 5 处作一水平线与 x 轴平行,该水平线与配置直线交点的横坐标(过交点作垂线与横轴相交的读数)即 $\lg LD_{50}$,取反对数得 LD_{50}。本例 $\lg LD_{50}=1.96$,取反对数得 $LD_{50}=91.20\text{mg/kg}$。

(三) 求剂量反应直线方程

在直线上任取两点 A(x_1,y_1)和 B(x_2,y_2),按式(13-1)求出直线方程。

$$y=\left[y_1-\left(\frac{y_2-y_1}{x_2-x_1}\right)x_1\right]+\left(\frac{y_2-y_1}{x_2-x_1}\right)x \tag{13-1}$$

本例在直线上任取两点 A(1.8,4.2)和 B(2.1,5.7)代入(13-1)式得:

$$\hat{y}=\left[4.2-\left(\frac{5.7-4.2}{2.1-1.8}\right)\times1.8\right]+\left(\frac{5.7-4.2}{2.1-1.8}\right)x$$

$$\hat{y}=-4.8+5.0x$$

(四) 拟合优度检验

求出直线方程后,应进行拟合优度检验,可用 χ^2 检验。检验假设 H_0 为实际频数符合由该直线方程推算出来的估计频数，即实际死亡数与估计死亡数相符合，实际存活数与估计存活数相符合。经检验，接受 H_0 认为拟合好；拒绝 H_0 则认为拟合的直线不够满意，需另行拟合满意的直线求 LD_{50} 。

【检验步骤】

1. 建立检验假设，确定检验水准

H_0：实际频数与估计频数相符合。

H_1：实际频数与估计频数不相符合。

$\alpha = 0.05$

2. 计算检验统计量 先将各剂量对数 x(死亡率为 0 及 100%的剂量对数除外)代入直线方程求得估计概率单位 $\hat{y}$（表 13-4 第 4 栏），查附表(百分率与概率单位换算表)得相应的估计死亡率 $\hat{p}$ ，计算估计死亡数 $\hat{r}=n\hat{p}$ ，估计存活数 $\hat{s}=n-\hat{r}$ ，按式(13-2)计算 χ^2 值。

$$\chi^2=\sum\frac{n(r-\hat{r})^2}{\hat{r}\hat{s}} \tag{13-2}$$

本例，$\chi^2=1.599$。

3. 确定 *P* 值，做出统计推断 以自由度 $v=k-2$(k 为剂量组数，死亡率为 0 及 100%的剂量组不计在内)查 χ^2 界值表确定 P 值，根据检验水准做出推断结论。本例，$v=5-2=3$，查 χ^2 界值表，得 $0.750>P>0.500$，按 $\alpha=0.05$ 水准，接受 H_0，可认为此直线拟合较好。

表 13-4 回归直线的拟合优度检验计算表

剂量对数 (x)(1)	实验动物 n(2)	实际死亡数 r(3)	估计				$\frac{n(r-\hat{r})^2}{\hat{r}\hat{s}}$(8)
			概率单位 $\hat{y}$(4)	死亡率 $\hat{p}$(5)	死亡数 $\hat{r}$(6)=(2)(5)	存活数 $\hat{s}$(7)	
1.7782	20	4	4.0910	0.182	3.64	16.36	0.0435
1.9031	20	8	4.7155	0.388	7.76	12.24	0.0121
2.0000	20	9	5.2000	0.580	11.60	8.40	1.3875
2.0792	20	15	5.5960	0.725	14.50	5.50	0.0627
2.1461	20	17	5.9305	0.824	16.48	3.52	0.0932

(五) 计算 LD_{50} 的可信区间

按式(13-3)计算各致死剂量对数值的标准差 s(即回归系数的倒数)，按式(13-4)计算 $\lg LD_{50}$ 的标准误 $s_{\lg LD_{50}}$ ，按式(13-5)计算总体 $\lg LD_{50}$ 的 95%可信区间，取反对数得 LD_{50} 可信区间。

$$s=\frac{x_2-x_1}{y_2-y_1} \tag{13-3}$$

$$s_{\lg LD_{50}}=\frac{s}{\sqrt{\frac{n'}{2}}} \tag{13-4}$$

$$(\lg LD_{50}-1.96s_{\lg LD_{50}}\ ,\ \lg LD_{50}+1.96s_{\lg LD_{50}}) \tag{13-5}$$

式中，x_1、x_2、y_1、y_2 为直线上任取的两点 A(x_1,y_1)和 B(x_2,y_2)，n' 为概率单位 4～6 范围内各组受试动物之和。两点 A(1.8,4.2)和 B(2.1,5.7)。

本例 $\lg LD_{50}=1.96$，$x_1=1.8$，$x_2=2.1$，$y_1=4.2$，$y_2=5.7$，$n'=100$，代入式(13-3)得：

$$s=\frac{2.1-1.8}{5.7-4.2}=0.2000$$

代入式(13-4)得：$s_{\lg LD_{50}}=0.2000\div\sqrt{\frac{100}{2}}=0.0283$ 代入式(13-5)得：总体 $\lg LD_{50}$ 的 95%可

信区间为(1.96−1.96×0.0283,1.96+1.96×0.0283),即(1.9045,2.0155)。

取反对数得 LD_{50} 可信区间为(80.26,103.33)mg/kg。

故小白鼠用倍腈松稀释液灌胃的急性毒性实验结果半数致死量 LD_{50} 的可信区间为80.26～103.33mg/kg。

(六) 计算5%致死量 LD_5 和95%致死量 LD_{95}

计算其他致死量可以分别查附表(百分率与概率单位换算表)得相应的概率单位,代入直线方程即可。$\hat{y}=-4.8+5.0x$

例如,死亡率为5%的概率单位为 $y=3.3551$,代入直线方程得

$$3.3551=-4.8+5.0x_5,\ x_5=1.6310$$

取反对数得 $LD_5=42.76$,即5%致死量 LD_5 为42.76 mg/kg。

死亡率为95%的概率单位为 $y=6.6449$,代入直线方程得

$$6.6449=-4.8+5.0x_{95},\ x_{95}=2.2890$$

取反对数得 $LD_{95}=194.54$,即95%致死量 LD_{95} 为194.54 mg/kg。

【知识点 13-2】

1. 目测概率单位法计算 LD_{50} 直观、简便,但精确度较差。
2. 要求各组剂量取等比级数,也可为等差或不等距。
3. 各组动物数应相等或相近。
4. 避免反应率0%或100%的剂量。
5. 配直线时应重点照顾 $y=5$ 附近的点。
6. 配出的直线应拟合回归方程并进行检验,有统计学意义后方可应用。

第二节　剂量反应面积法(寇氏法)

【例 13-3】 小白鼠用毒死蜱稀释液灌胃的急性毒性实验结果,资料见表13-5,试求 LD_{50}。

表 13-5　小白鼠用毒死蜱稀释液灌胃的急性毒性实验结果

剂量(mg/kg)	实验动物	死亡数	死亡率	剂量(mg/kg)	实验动物	死亡数	死亡率
450	20	0	0.00	1050	20	15	0.75
600	20	3	0.15	1200	20	17	0.85
750	20	7	0.35	1500	20	20	1.00
900	20	11	0.55				

【分析】

本资料中包含了反应率为0和100%的剂量,不适宜用目测概率单位法进行计算,可选择剂量反应的面积法,即寇氏法进行 LD_{50} 的计算。

一、基本概念

剂量反应的面积法(平均法)是将相邻组的剂量对数平均,再以相应的反应率的差值加权,即得到半数效量,是一种计算半数效量(或半数致死量)的有效方法。最先由G. Karber提出,故称为G. Karber法(寇氏法)。后经D. J. Finnery等修正。

二、实验设计要求

(1) 各剂量组呈等比级数或等差级数；

(2) 各剂量组动物数相等，每组 5～20 只为宜；

(3) 反应情况要基本符合正态分布，使最小剂量的反应率为 0(或近于 0)，最大剂量的反应率为 100%(或近于 100%)。

三、方法步骤

按式(13-6)计算 $\lg LD_{50}$

$$\lg LD_{50}=\frac{1}{2}\sum(x_i+x_{i+1})(p_{i+1}-p_i) \tag{13-6}$$

式中：i 为组号，(x_i+x_{i+1}) 为相邻两组剂量对数之和，$(p_{i+1}-p_i)$ 为相应的两组死亡率之差。

当各剂量组为等比级数时，式(13-6)可简化为式(13-7)；求半数致死量的标准误 $S_{\lg LD_{50}}$ 可用式(13-8)。

$$\lg LD_{50}=x_m-\frac{d}{2}\sum(p_i+p_{i+1}) \tag{13-7}$$

$$s_{\lg LD_{50}}=d\sqrt{\frac{\sum p(1-p)}{n-1}} \tag{13-8}$$

式中，x_m 为最高剂量的对数，d 为 LD_{50} 所在组相邻两剂量对数的差值，p 为各剂量组死亡率，n 为每组受试动物数。求出 $\lg LD_{50}$ 及 $s_{\lg LD_{50}}$ 后，尚可由正态近似原理，按式(13-9)求总体 LD_{50} 的 95%可信区间的对数值，取反对数即得真数值。

$$\lg LD_{50}\pm 1.96 s_{\lg LD_{50}} \tag{13-9}$$

【计算步骤】

1. 计算 LD_{50} 列计算表如表 13-6，将表中第(8)栏的合计代入式(13-6)，得：

$$\lg LD_{50}=\frac{1}{2}\times 5.854645=2.9273$$

$$LD_{50}=\lg^{-1}2.9273=845.86\ (\text{mg/kg})$$

或按式(13-7)计算 LD_{50}。今 $x_m=3.1303, d=0.0791, \sum(p_i+p_{i+1})=6.30$，得

$$\lg LD_{50}=3.1763-\frac{0.0791}{2}\times 6.30=2.9271$$

$$LD_{50}=\lg^{-1}2.9271=845.47\ (\text{mg/kg})$$

与按式(13-6)计算结果接近。

表 13-6 剂量反应面积法求 LD_{50} 计算表

剂量 (mg/kg)(1)	剂量对数 (x)(2)	实验动物 n(3)	死亡数 d(4)	死亡率 p(5)	x_i+x_{i+1} (6)	$p_{i+1}-p_i$ (7)	$(x_i+x_{i+1})(p_{i+1}-p_i)$ (8)=(6)(7)	p_i+p_{i+1}(9)
450	2.6532	20	0	0.00	5.4314	0.15	0.81471	0.15
600	2.7782	20	3	0.15	5.6533	0.20	1.13066	0.50
750	2.8751	20	7	0.35	5.8293	0.20	1.16586	0.90

续表

剂量 (mg/kg)(1)	剂量对数 (x)(2)	实验动物 n(3)	死亡数 d(4)	死亡率 p(5)	x_i+x_{i+1} (6)	$p_{i+1}-p_i$ (7)	$(x_i+x_{i+1})(p_{i+1}-p_i)$ (8)=(6)(7)	p_i+p_{i+1}(9)
900	2.9542	20	11	0.55	5.9754	0.20	1.19508	1.30
1050	3.0212	20	15	0.75	6.1004	0.10	0.61004	1.60
1200	3.0792	20	17	0.85	6.2553	0.15	0.938295	1.85
1500	3.1761	20	20	1.00				
合计	—	—	—	3.65	—	—	5.854645	6.30

2. 求 LD_{50} 的95%可信区间

令 $\sum p(1-p)=0.9175$，$n=20$，代入式(13-8)及(13-9)：

$$s_{\lg LD_{50}}=0.9175\sqrt{\frac{0.0791}{20-1}}=0.0592$$

$$(2.9273-1.96\times0.0592,2.9273+1.96\times0.0592)=(2.811268,3.043332)$$

取反对数得(647.54,1104.92)。

故该毒死蜱稀释液小白鼠灌胃急性毒性的 LD_{50} 为 845.86mg/kg，其 95%可信区间为 647.54～1104.92mg/kg。

【知识点 13-3】

1. 寇氏法计算 LD_{50}，要求各组剂量呈等比或等差级数。
2. 各组动物数相等，以 5～20 只为宜。
3. 最小剂量的反应率为 0，最大剂量的反应率为 100%，反应率应基本符合正态分布。

第三节　加权直线回归法

【例 13-4】 对例 13-2 小白鼠用倍腈松稀释液灌胃的急性毒性实验结果，用其他方法计算 LD_{50} 及其可信区间。

一、基本概念

加权直线回归法较目测概率单位法(图解法)精确度高，但计算较复杂。其基本思想是动物数目越多的组、越接近 ED_{50} 或 LD_{50} 的组在决定回归线的位置时起的作用越大。除考虑各组受试动物多少对死亡率稳定性的影响外，拟合直线时使 $y=5$ 附近的数据给予较大的权数(加权系数见附表 18)，以消除极值的影响。

二、方法步骤

1. 在目测概率单位法(图解法)的基础上列出 LD_{50} 加权回归计算表 (见表 13-7)。用目测概率单位法(图解法)求出直线方程，经拟合优度检验无统计学差异，由方程求出各剂量组的估计概率单位(见表 13-4)。在此基础上，根据估计概率单位(保留一位小数)查附表 18 得加权系数 w、极小值 α 和全距 β，结合实际死亡率 p，代入式(13-10)求出作业概率单位 y'。计算各个剂量组的 nw、nwx、nwx^2、nwy'、$nwxy'$、$\sum nw$、$\sum nwx$、$\sum nwx^2$、$\sum nwy'$、$\sum nwxy'$。

$$y'=\alpha+\beta p \tag{13-10}$$

2. 计算加权直线回归方程 $y' = a + bx$

$$\bar{x} = \frac{\sum nwx}{\sum nw} \tag{13-11}$$

$$\bar{y}' = \frac{\sum nwy'}{\sum nw} \tag{13-12}$$

$$\sum nw(x-\bar{x})^2 = \frac{\sum nwx^2 - (\sum nwx)^2}{\sum nw} \tag{13-13}$$

$$\sum nw(y'-\bar{y}')^2 = \frac{\sum nw(y')^2 - (\sum nwy')^2}{\sum nw} \tag{13-14}$$

$$\sum nw(x-\bar{x})(y'-\bar{y}') = \frac{\sum nwxy' - (\sum nwx)(\sum nwy')}{\sum nw} \tag{13-15}$$

$$b = \frac{\sum nw(x-\bar{x})(y'-\bar{y}')^2}{\sum nw(x-\bar{x})^2} \tag{13-16}$$

$$a = \bar{y}' - b\bar{x} \tag{13-17}$$

3. 按式(13-18)计算任何死亡率(k%)时的致死量对数($\lg LD_k$),按式(13-19)计算其标准误($s_{\lg LD_k}$),按式(13-20)计算 LD_k 的95%可信区间的对数值,取反对数即得 LD_k。

$$\lg LD_k = \bar{x} + \frac{y_k - \bar{y}'}{b} \tag{13-18}$$

式中,Y_k 为死亡率 k 相应的概率单位。

$$s_{\lg LD_k} = \sqrt{\frac{1}{b^2}\left[\frac{1}{\sum nw} + \frac{(\lg LD_k - \bar{x})^2}{\sum nw(x-\bar{x})^2}\right]} \tag{13-19}$$

$$\lg LD_k \text{ 的95\%可信区间为 } \lg LD_k \pm 1.96 s_{\lg LD_k} \tag{13-20}$$

通过上述计算得到的第一轮加权直线回归方程,应将各个剂量对数代入方程计算各个剂量组的估计概率单位,前后估计概率单位相差均不超过0.2为止。如前后估计概率单位相差超过0.2,应进行多轮加权,逐次逼近。每轮均以所得方程的应变量估计值作为下一轮加权的估计概率单位。如此重复进行,直到各个剂量组前后估计概率单位之差均不超过0.2为止。

(1) 例13-2进行目测概率单位法(图解法)计算得到的剂量反应回归方程为:

$$\hat{y} = -4.8 + 5.0x$$

根据表13-4列出加权回归计算表,见表13-7。

表13-7 LD_{50}加权回归计算表

剂量对数 x(1)	实验动物 n(2)	实际死亡率 p(3)	估计概率单位 $\hat{y}_0$(4)	加权系数 w(5)	极小值 α(6)	全距 β(7)	作业概率单位 y'(8)	估计概率单位 $\hat{y}_1$(9)
1.7782	20	0.20	4.1	0.47144	3.4083	3.7582	4.1599	4.1
1.9031	20	0.40	4.7	0.61609	3.6982	2.6220	4.7470	4.7
2.0000	20	0.45	5.2	0.62742	3.7187	2.5573	4.8695	5.2
2.0792	20	0.75	5.6	0.55788	3.4220	3.0010	5.6728	5.6
2.1461	20	0.85	5.9	0.47144	2.8335	3.7582	6.0280	5.9

注:第(1)~(3)栏为原始数据(见表13-2),第(4)栏由直线回归方程求得,第(5)~(7)栏由第(4)栏查附表18得到,第(8)栏由式(13-10)算得,第(9)栏由第一轮加权回归方程求得

$$\sum nw(y')^2 = 1440.0420$$

计算 $\sum nw$ 、$\sum nwx$ 、$\sum nwx^2$、$\sum nwy'$ 、$\sum nwxy'$ 等得

$$\sum nw = 54.8854 \text{，} \sum nwx = 108.7467 \text{，} \sum nwx^2 = 216.2962 \text{，} \sum nwy' = 278.9505 \text{，}$$

$$\sum nwx(y')^2 = 2895.4823 \text{，} \sum nwxy' = 556.8504 \text{。}$$

(2) 计算直线回归方程。将数据分别代入公式得

$$\bar{x} = \frac{\sum nwx}{\sum nw} = \frac{108.7467}{54.8854} = 1.9813$$

$$\bar{y}' = \frac{\sum nwy'}{\sum nw} = \frac{278.9505}{54.8854} = 5.0824$$

$$\sum nw(x-\bar{x})^2 = \sum nwx^2 - \frac{(\sum nwx)^2}{\sum nw} = 216.2962 - \frac{108.7467^2}{54.8854} = 0.8319$$

$$\sum nw(y'-\bar{y}')^2 = \sum nw(y')^2 - \frac{(\sum nwy')^2}{\sum nw}$$

$$= \frac{1440.0420 - 278.9505^2}{54.8854} = 22.7616$$

$$\sum nw(x-\bar{x})(y'-\bar{y}') = \sum nwxy' - \frac{(\sum nwx)(\sum nwy')}{\sum nw}$$

$$= 556.8504 - \frac{108.7467 \times 278.9505}{54.8854} = 4.1543$$

$$b = \frac{\sum nw(x-\bar{x})(y'-\bar{y}')}{\sum nw(x-\bar{x})^2} = \frac{4.1543}{0.8319} = 4.9937$$

$$a = \bar{y}' - b\bar{x} = 5.0824 - 4.9937 \times 1.9813 = -4.8116$$

第一轮加权回归方程为 $\hat{y}'_1 = -4.8116 + 4.9937x$

将表 13-7 第(1)栏数据代入上式得表中第(9)栏，第(9)栏与第(4)栏比较，前后估计概率单均相同，直线拟合较满意。

(3) 计算 LD_{50} 及其 95%可信区间

$$\lg LD_{50} = \bar{x} + \frac{y_{50} - \bar{y}'}{b} = 1.9813 + \frac{5 - 5.0824}{4.9937} = 1.9648$$

$$LD_{50} = \lg^{-1} 1.9648 = 92.21\ (\text{mg/kg})$$

$$s_{\lg LD_{50}} = \sqrt{\frac{1}{b^2}\left[\frac{1}{\sum nw} + \frac{(\lg LD_{50} - \bar{x})^2}{\sum nw(x-\bar{x})^2}\right]}$$

$$= \sqrt{\frac{1}{4.9937^2}\left[\frac{1}{54.8854} + \frac{(1.9648 - 1.9813)^2}{0.8319}\right]} = 0.0292$$

95%可信区间为 $\lg LD_{50} \pm 1.96 s_{\lg LD_{50}} = 1.9648 \pm 1.96 \times 0.0292$ 即 1.9075～2.0220，取反对数得 80.82～105.20mg/kg。

小白鼠用倍腈松稀释液灌胃的急性毒性实验结果 LD_{50} 为 92.21mg/kg，其 95%可信区间为 80.82～105.20mg/kg。

【知识点 13-4】

1. 以目测概率单位回归建立的回归模型进行加权回归分析，直到各剂量组前后估计概率单位之差不超过 0.2 为止。

2. 加权直线回归法计算 LD_{50} 较精确，但计算较复杂。

第四节 剂量反应的应用

一、剂量反应实验设计要求

(一) 确定染毒剂量范围和各组剂量

根据以往经验或作预备实验或参考有关资料，找出实验动物死亡率为 0 和 100% 的剂量范围，并进一步分为 5～8 组，要求 50%死亡率的上下各有一半组数。剂量分组常取等比级数，而等差级数较少用。等比级数分组的比值可按公式(13-21)计算：

$$相邻两组剂量的比值 = \sqrt[组数-1]{\frac{最高剂量}{最低剂量}}$$

或

$$相邻两组剂量的比值 = \lg^{-1}\left(\frac{\lg 最高剂量 - \lg 最低剂量}{组数 - 1}\right) \tag{13-21}$$

求得比值后，从最低剂量组开始乘以比值，即得相邻的高组剂量，余类推。

(二) 实验动物的选择与分组

根据实验的性质合理选择动物的种属。在同一实验中，动物的种类、品系、窝别、性别、年龄、体重和营养状况等应尽可能一致。若雌雄混合编组时，每组雌雄各半。一般每组10～20 只动物，如系粗略估计，每组动物可少一些，但至少应在 5 只以上。动物分组应严格遵守随机化的原则，具体分组时，应采用随机数字排列表或统计软件包。以昆虫作实验时，因考虑昆虫易产生自然死亡，如对照组死亡率在 10%以下，可按式(13-22)对实验组死亡率进行校正后再计算 LD_{50} 。

$$实验组昆虫校正死亡率 = \frac{实验组死亡率 - 对照组死亡率}{1 - 对照组死亡率} \tag{13-22}$$

(三) 实验操作规程与记录等应有统一标准

在实验过程中，应严格遵守实验设计的要求，注意实验条件、方法和操作人员的一致。对于动物的种类、给药途径、实验药物或毒物、实验记录等应进行标准化。

二、剂量反应的用途

剂量反应(半数有效量 ED_{50} 与半数致死量 LD_{50})除用于描述某药物的效应强弱、毒力大小外，还可用于药物间的相互比较，以及毒物的蓄积作用和联合作用分析等。

(一) 相对效力比与相对毒力比

相对效力比是两药物 ED_{50} 之比，相对毒力比则是两毒物 LD_{50} 之比。算式如下：

$$相对效力比 = \frac{A 药 ED_{50}}{B 药 ED_{50}} \tag{13-23}$$

$$相对毒力比=\frac{A\ 毒物\ LD_{50}}{B\ 毒物\ LD_{50}} \tag{13-24}$$

当比值大于1，说明A药效力(毒力)小于B药；相反，当比值小于1，说明A药的效力(毒力)大于B药。在实际工作中，A药是受检药物，B药常为已知的标准药物，相对效力(毒力)比表示受检药物的效力(毒力)为标准药物的倍数或百分比。

【例 13-5】 甲农药的 LD_{50} 为 835mg/kg，乙农药的 LD_{50} 为 1335mg/kg，试比较其相对毒力。

$$相对毒力比=\frac{甲农药\ LD_{50}}{乙农药\ LD_{50}}=\frac{835}{1335}=62.55\%$$

即乙农药的毒力仅为甲农药的 62.55%，或甲农药的毒力为乙农药的 1.60 倍。

(二) 治疗指数(TI)

治疗指数(TI)为 LD_{50} 与 ED_{50} 之比，即

$$治疗指数\ TI=\frac{LD_{50}}{ED_{50}} \tag{13-25}$$

治疗指数 TI 大，表示药物毒力低，疗效高，实用价值大。

(三) 毒物蓄积系数(K)

毒物蓄积系数为分 n 次染毒的 $LD_{50(n)}$ 总量与一次染毒(急性毒性实验)的 $LD_{50(1)}$ 的比值，即

$$K=\frac{LD_{50(n)}}{LD_{50(1)}} \tag{13-26}$$

常用 K 值大小表示蓄积的程度：

K 值	蓄积程度
<1	高度
1～	明显
3～	中等
5～	轻度
7～	不明显

(四) 毒物联合作用

通过急性毒理实验，测定单项毒物和混合毒物的 LD_{50}，可以判断联合作用的特征：协调作用、拮抗作用或相加作用。

比值法是先根据单项单位的 LD_{50}，按式(13-27)计算混合毒物的“预期 LD_{50}”；再按式(13-28)计算它与“实测 LD_{50}”的比值 R。

$$预期\ LD_{50}=\frac{1}{\left(\frac{\pi_1}{LD_{50(1)}}+\frac{\pi_2}{LD_{50(2)}}+\cdots\cdots+\frac{\pi_n}{LD_{50(n)}}\right)} \tag{13-27}$$

式中，π_1、π_2、…、π_n 分别为混合毒物中 n 个单项毒物各占的比重，$\pi_1+\pi_2+\cdots+\pi_n=1$。$LD_{50(1)}$、$LD_{50(2)}$、…、$LD_{50(n)}$ 分别为 n 个单项毒物的 LD_{50}。

$$R=\frac{预期\ LD_{50}}{实测\ LD_{50}} \tag{13-28}$$

常以 $R<0.4$ 为拮抗作用，$0.4\leqslant R<2.5$ 为相加作用，$R\geqslant 2.5$ 为协同作用。

思考练习

(一) 名词解释

1. 剂量反应 2. 半数效量(ED_{50}) 3. 最小效量 4. 半数致死量(LD_{50}) 5. 概率单位 6. 毒物蓄积系数 7. 相对效力比 8. 相对毒力比

(二) 是非题(正确记"+",错误记"-")

1. 计算某毒物的 LD_{50},可以用普通直线回归分析。 ( )
2. 计算 LD_{50} 的资料需要服从正态分布。 ( )
3. LD_{50} 的实验设计要求各组的剂量为等比级数。 ( )
4. LD_{50} 的实验设计要求各组的例数相等。 ( )
5. LD_{50} 越大,毒物的毒力越强。 ( )
6. ED_{50} 越大,药物的效果越好。 ( )
7. LD_{50}是指某实验物质引起50%实验动物起有效反应的剂量。 ( )
8. ED_{50}是使一半动物死亡的剂量。 ( )
9. 用 ED_{50}作为药物的毒性指标是最稳定的。 ( )
10. 治疗指数 TI 大,表示药物毒力低,疗效高,实用价值大。 ( )

(三) 选择题(从 a~e 中选出一个最佳答案)

1. 毒物蓄积系数 $K=LD_{50(n)}/LD_{50(1)}$,当 $K<1$ 时,表示蓄积程度为________。

a. 高度 b. 明显 c. 中等 d. 轻度 e. 不明显

2. 通过急性毒理实验,测定单项毒物和混合毒物的 LD_{50},可以判断联合作用的____特征。

a. 协调作用 b. 拮抗作用 c. 相加作用 d. a+b+c e. 以上都不是

3. 最小效量用________表示。

a. LD_5 b. ED_5 c. LD_{50} d. ED_{50} e. LD_{95}

4. 95%有效量用________表示。

a. LD_5 b. ED_{50} c. LD_{50} d. ED_{95} e. LD_{95}

5. 5%致死量用________表示。

a. LD_5 b. ED_5 c. LD_{50} d. ED_{50} e. LD_{95}

6. 表示毒物毒力的指标中,最稳定的是________。

a. LD_5 b. ED_5 c. LD_{50} d. ED_{50} e. LD_{95}

7. 以下指标中,________个越小,说明药物的效果越好。

a. LD_5 b. ED_5 c. LD_{50} d. ED_{50} e. LD_{95}

8. 寇氏法计算 LD_{50},要求各组的例数________。

a. 必须相等 b. 相近 c. 不能相等 d. 无所谓 e. 可以相等也可以不等

9. LD_{50} 的实验设计要求各组的剂量。

a. 必须是等比级数 b. 必须是等差级数 c. 不能是等比级数
d. 不能是等差级数 e. 可以是等比级数,也可以是等差级数

10. 根据R值(R=预测 LD_{50}/实测 LD_{50})等于________判断毒物联合作用有协同作用。

a. $R<0.4$ b. $0.4\leqslant R<2.5$ c. $R\geqslant 2.5$ d. 以上都对 e. 以上都不对

(四) 应用分析题

1. 简述 LD_{50} 和 ED_{50} 的概念和差别。
2. 试用例 13-1 资料计算 LD_{50} 及其 95%可信区间。
3. 用苯肼进行小白鼠腹腔注射急性毒性实验结果见表 13-8,试计算 LD_{50}、LD_5、LD_{95} 及其

95%可信区间。

表 13-8　苯肼小白鼠腹腔注射急性毒性实验结果

剂量(mg/kg)	实验动物	死亡数	死亡率	剂量(mg/kg)	实验动物	死亡数	死亡率
256	20	2	0.10	500	20	16	0.80
320	20	6	0.30	625	20	20	1.00
400	20	14	0.70				

4. 某有机磷农药对大白鼠灌胃的急性毒性实验，资料见表 13-9。求半数致死量。

表 13-9　某有机磷农药对大白鼠灌胃的急性毒性实验结果

剂量(mg/kg)	受试动物数	死亡动物数	存活动物数	剂量(mg/kg)	受试动物数	死亡动物数	存活动物数
400	10	0	10	781	10	7	3
500	10	2	8	976.3	10	10	0
625	10	4	6				

5. 用小白鼠试验比较吐酒石与黏液酸锑钠的 LD_{50}。实验数据见表 13-10。试进行比较分析。

表 13-10　吐酒石与黏液酸锑钠的毒力试验结果

吐酒石			黏液酸锑钠		
剂量(mg/kg)	动物数	死亡数	剂量(mg/kg)	动物数	死亡数
10.8	11	0	6.2	12	0
11.6	10	3	8.3	21	1
12.3	11	5	10.4	22	12
13.7	17	10	11.0	10	6
14.4	20	12	11.7	14	8
18.0	20	17	12.5	17	11
21.7	27	27	14.6	17	14

6. 90%甲胺基阿维菌素苯甲酸盐原药对大鼠急性经皮毒性试验结果资料见表 13-11，试求 LD_{50}。

表 13-11　90 %甲胺基阿维菌素苯甲酸盐原药对大鼠急性经皮毒性试验结果

剂量(mg/kg)	实验动物	死亡数	死亡率	剂量(mg/kg)	实验动物	死亡数	死亡率
464	10	0	0.00	2150	10	8	0.80
1000	10	4	0.40	4640	10	10	1.00

7. 舒血宁注射液对大鼠急性静脉给药毒性试验结果资料见表 13-12，试求 LD_{50}。

表 13-12　舒血宁注射液对大鼠急性静脉给药毒性试验结果

剂量(mg/kg)	实验动物	死亡数	死亡率	剂量(mg/kg)	实验动物	死亡数	死亡率
3	10	2	0.20	5	10	9	0.90
3.5	10	4	0.40	6	10	10	1.00
4	10	6	0.60				

8. 小鼠腹腔注射牛膝多糖的急性毒性实验结果资料见表13-13,试求LD_{50}。

表13-13 小鼠腹腔注射牛膝多糖的急性毒性实验结果

剂量(mg/kg)	实验动物	死亡数	死亡率	剂量(mg/kg)	实验动物	死亡数	死亡率
6.7	10	0	0.00	19.6	10	6	0.60
9.6	10	1	0.10	28.0	10	10	1.00
13.7	10	4	0.40	40.0	10	10	1.00

9. 小鼠腹腔注射复方苦豆子浸膏的急性毒性实验结果资料见表13-14,试求LD_{50}。

表13-14 小鼠腹腔注射复方苦豆子浸膏的急性毒性实验结果

剂量(mg/kg)	实验动物	死亡数	死亡率	剂量(mg/kg)	实验动物	死亡数	死亡率
54.0	20	4	0.20	87.93	20	12	0.60
63.53	20	6	0.30	103.45	20	14	0.70
74.74	20	8	0.40	121.75	20	18	0.90

10. 小鼠腹腔注射浙贝乙素氧化物和浙贝乙素苯甲酰化衍生物的急性毒性实验结果资料见表13-15,试求LD_{50},并比较两物的毒性大小。

表13-15 小鼠腹腔注射浙贝乙素氧化物和浙贝乙素苯甲酰化衍生物的急性毒性实验结果

浙贝乙素氧化物			浙贝乙素苯甲酰化衍生物		
剂量(mg/kg)	动物数	死亡数	剂量(mg/kg)	动物数	死亡数
7.05	20	2	12.29	20	0
8.30	20	4	15.36	20	2
9.76	20	8	19.20	20	6
11.48	20	16	24.00	20	10
13.51	20	20	30.00	20	16

(姚应水 金岳龙 贺连平)

第十四章 Ridit分析

【例 14-1】 某医师用复方山楂片和降脂平片治疗成人原发性高脂血症患者，其中复方山楂片治疗 100 例，总有效率为 83.0%；降脂平片 100 例，总有效率为 75.0%。治疗结果见表 14-1。该医师对此资料采用行×列 χ^2 检验，得 $\chi^2=5.810$，$P=0.121$，差异无统计学意义，故认为两药治疗原发性高脂血症的疗效分布无差别。

表 14-1　两种药物治疗原发性高脂血症患者的疗效比较

药物	痊愈	显效	有效	无效	合计	总有效率(%)
复方山楂片	20	25	38	17	100	83.00
降脂平片	12	17	46	25	100	75.00
合计	32	42	84	42	200	79.00

【问题 14-1】

(1) 该研究是什么设计？

(2) 统计分析的目的是什么？统计方法有无不妥之处？

(3) 最好采用何种统计方法？

【分析】

(1) 该资料为完全随机设计方案。

(2) 欲比较两组的疗效是否有差别，其比较的结局变量(分析变量)是等级资料，为单向有序分类资料。用 χ^2 检验不妥，因为如果对其中的两列不同疗效的数值进行调换，χ^2 值不会有变化，但秩和检验或 Ridit 分析统计量有变化。

(3) 该资料最好采用利用等级信息较好的秩和检验或 Ridit 分析。**(经 Ridit 分析，结果为 $z=-2.324$，$P=0.020$，差异有统计学意义。该结论与上述结论相反。)**

Ridit 是 Relative to an identified distribution unit 的缩写，有些人将它译为“参照单位法”。Ridit 分析是一种以 Ridit 值为统计量的等级资料的假设检验方法，是非参数检验方法中的一种常用方法之一，主要用于分析等级资料(或有序分类资料)。

第一节　样本与总体比较

【例 14-2】 某医师采用复方黄精片治疗糖尿病患者，采用公认有效的甘露消渴片作为对照。甘露消渴片治疗 120 例糖尿病患者，总有效率为 80.83%；复方黄精片治疗 319 例糖尿病患者，总有效率为 89.97%。全部结果见表 14-2。该医师对资料进行了完全随机设计行×列表 χ^2 检验，得到 $\chi^2=7.200$，$P=0.066$，差异无统计学意义。据此认为：复方黄精片对糖尿病治疗的疗效与甘露消渴片相同。

表 14-2　两种药物治疗糖尿病患者的疗效比较

药物	痊愈	显效	有效	无效	合计	总有效率(%)
甘露消渴片	18	25	54	23	120	80.83
复方黄精片	60	80	147	32	319	89.97
合计	78	105	201	55	439	87.47

注：$\chi^2=7.200$，$P=0.066$

【问题 14-2】

(1) 这是什么资料?

(2) 该研究属于何种设计类型?

(3) 该医师的统计分析方法有无不妥? 为什么?

(4) 该资料最好采用何种统计方法?

(5) 其具体步骤如何?

【分析】

(1) 表 14-2 显示,该资料属于 2×4 表即行×列表资料,其分组变量(药物分为甘露消渴片、复方黄精片两种)属于二项无序分类资料;其比较的结局变量(分析变量)是疗效,按"痊愈、显效、有效、无效"4 个类别分组,且这 4 个类别之间存在着程度上的差异即等级资料。因此,该资料属于单向有序行列表资料。

(2) 该研究属于完全随机设计。甘露消渴片是公认有效的药物,可看作总体,作为标准组;新药复方黄精片作为样本,该研究属于完全随机设计的样本与总体的比较。

(3) 统计方法选择 χ^2 检验不妥,理由如下:对于有序分类资料而言,χ^2 检验未充分利用资料中的等级信息,如果对其中的两列不同疗效的数值进行调换,χ^2 值不会有变化,但秩和检验或 Ridit 分析统计量有变化。另外,χ^2 检验的结果只能说明各处理组的效应在分布上有无差异,无法说明各处理组效应的平均水平有无差别。

(4) 该资料最好采用 Ridit 分析或者秩和检验来进行分析。

(5) 如果采用秩和检验,可以使用 Wilcoxon 法,详见第 9 章。

如果采用 Ridit 分析,其分析步骤如下:

【检验步骤】

1. 建立检验假设,确定检验水准

H_0:复方黄精片对糖尿病的疗效与甘露消渴片相同(即 $\overline{R}=0.5$)。

H_1:复方黄精片对糖尿病的疗效与甘露消渴片不同(即 $\overline{R}\neq 0.5$)。

$\alpha=0.05$

2. 计算检验统计量 Z 值

(1) 选定标准组,计算标准组各等级的 Ridit 值(即 R)、平均 Ridit 值(即 $\overline{R}$ 值)。先求出标准组各等级频数的一半,再求出累计频数并向下移动一行,然后将前两者之和除以标准组的总例数,这就是 Ridit 值(即 R)。用样本组各个等级的例数与相应等级的 R 值作加权平均,即可得到 $\overline{R}$ 值。

本例中,甘露消渴片是临床上公认有效的药物,作为标准组,列出 Ridit 值计算表即表 14-3,表中,第(2)列为甘露消渴片各等级的例数;第(3)列为第 2 列的一半;第(4)列为第(2)列的累计例数往下移了一行;第(5)列是第(3)、(4)列的合计;第(6)列是第(5)列与标准组总例数的比值,即各等级的 Ridit 值(R),以后各组计算平均 Ritit 值时各等级均用此相应的 Ridit 值。

表 14-3　标准组各等级的 Ridit 值计算表

等级(j)(1)	例数(f)(2)	f/2(3)=(2)/2	(2)的累计(下移一行)(4)	(3)+(4)(5)	Ridit 值(R)(6)=(5)/N
痊愈	18	9	0	9	0.075000
显效	25	12.5	18	30.5	0.254167
有效	54	27	43	70	0.583333
无效	23	11.5	97	108.5	0.904167
合计	120	—	—	—	—

R 值、$\overline{R}$ 值的计算还可以分别用式(14-1)、式(14-2)表示。

$$R_k=\frac{\frac{n_k}{2}+\sum_{j<k}n_j}{N} \tag{14-1}$$

$$\overline{R}=\frac{\sum(f_kR_k)}{N} \tag{14-2}$$

式中：f_k、n_k 均表示第 k 等级的例数，n_j 表示第 j 等级的例数，N 表示标准组的总例数。

本例中标准组的 $\overline{R}$ 值计算方法为：

$$\overline{R}=\frac{18\times 0.075000+25\times 0.254167+54\times 0.583333+23\times 0.904167}{120}=0.5000$$

(2) 计算对比组的平均 Ridit 值(即 $\overline{R}$ 值)。直接用标准组的 Ridit 值作为对比组各相应等级的 R 值，计算对比组 Ridit 值的加权平均值，用式(14-3)计算。

$$\overline{R}=\frac{\sum fR}{n} \tag{14-3}$$

式中，n 为对比组的总例数。

本例中对比组的 $\overline{R}$ 值计算方法为：

$$\overline{R}=\frac{60\times 0.07500+80\times 0.254167+147\times 0.583333+32\times 0.904167}{319}=0.4374$$

其实，对比组的 $\overline{R}$ 值总是介于 0 和 1 之间；标准组的 $\overline{R}$ 值恒等于 0.5。这一点可以帮助我们初步判断计算是否有误，如：某同学求得对比组的 $\overline{R}=1.22$，即可断定该同学计算有误。

(3) 计算标准组 R 值的方差、标准差：

$$s_R^2=\frac{\sum(fR^2)-\frac{(\sum fR)^2}{N}}{N-1} \tag{14-4}$$

$$s_R=\sqrt{s_R^2}=\sqrt{\frac{\sum(fR^2)-\frac{(\sum fR)^2}{N}}{N-1}} \tag{14-5}$$

式中：N 表示标准组的总例数。

本例中，标准组 R 值的方差、标准差计算为：

$$\sum(fR^2)=(18\times 0.075000^2+25\times 0.254167^2+54\times 0.583333^2+23\times 0.904167^2)=38.8942$$

$$(\sum fR)^2=(18\times 0.075000+25\times 0.254167+54\times 0.583333+23\times 0.904167)^2=3599.9998$$

$$s_R^2=\frac{\sum(fR^2)-\frac{(\sum fR)^2}{N}}{N-1}=\frac{38.8942-\frac{3599.9998}{120}}{120-1}=0.074741$$

$$s_R=\sqrt{s_R^2}=\sqrt{0.074741}=0.273388$$

(4) 计算对比组 $\overline{R}$ 值的标准误：

$$s_{\overline{R}}=\frac{s_R}{\sqrt{n}} \tag{14-6}$$

式中：$s_{\bar{R}}$ 表示标准组的标准差，n 表示对比组的总例数。

本例中，对比组 $\overline{R}$ 值的标准误计算为：

$$s_{\bar{R}}=\frac{s_{\bar{R}}}{\sqrt{n}}=\frac{0.273388}{\sqrt{319}}=0.015307$$

(5) 计算统计量 z 值：

$$z=\frac{\overline{R}-0.5}{s_{\bar{R}}}=\frac{\overline{R}-0.5}{\frac{s_{\bar{R}}}{\sqrt{n}}} \tag{14-7}$$

式中，$\overline{R}$ 表示对比组的平均 Ridit 值，0.5 表示标准组的 $\overline{R}$ 值，$s_{\bar{R}}$ 表示对比组的标准误，n 表示对比组的总例数。

本例中，$$z=\frac{\overline{R}-0.5}{s_R}=\frac{0.4374-0.5}{0.015307}=-4.089632\approx-4.090$$

3. 确定 *P* 值，做出统计推断　如果原假设 H_0 成立，则按照式(14-7)求得的 z 值将近似服从标准正态分布。所以，当求出 z 值之后，我们只需查阅 z 界值表即可确定 P 值，进而推断对比组与标准组的差异是否有统计学意义。当对比组与标准组的差异有统计学意义时，再结合对比组的 $\overline{R}$ 值来下结论；换言之，如果对比组与标准组的差异没有统计学意义，则对比组的 $\overline{R}$ 值就没有太多意义了。

本例求得 $z=-4.090$，查 z 界值表可得 $P<0.001$，拒绝 H_0，接受 H_1，差异有统计学意义，可认为对比组(复方黄精片)与标准组(甘露消渴片)之间的疗效不同。由于本例中对比组(复方黄精片)的 $\overline{R}=0.4374<0.5$(标准组的 $\overline{R}$ 值)，可认为复方黄精片治疗糖尿病的疗效比甘露消渴片好。

【注意】　关于对比组 $\overline{R}>0.5$ 或 $\overline{R}<0.5$ 的具体意义，应以标准组频数的累计方向而定。标准组的累计方向是由差到好，如从“无效”到“治愈”，则疗效最好的“治愈”等级的 R 值必然最大，所以，对比组 $\overline{R}>0.5$ 就表示疗效优于标准组，$\overline{R}<0.5$ 则表示疗效比标准组差。但是，如果标准组的累计方向是由好到差，如从“治愈”到“无效”，则疗效最差的“无效”等级的 R 值最大，此时，对比组 $\overline{R}<0.5$ 就表示疗效优于标准组，$\overline{R}>0.5$ 则表示疗效比标准组差。本例中，标准组(甘露消渴片)的累计方向是从“治愈”到“无效”，即累计方向是由好到差，计算得对比组(复方黄精片)的 $\overline{R}=0.4374<0.5$，且经假设检验得 $0.01<P<0.05$，故可认为复方黄精片的疗效比甘露消渴片好。

正态分布近似法用式(14-8)计算可信区间。

$$\overline{R}\pm z_{\alpha}s_{\bar{R}} \tag{14-8}$$

式中，$\overline{R}$ 表示对比组的平均 Ridit 值，$s_{\bar{R}}$ 表示对比组 $\overline{R}$ 值的标准误。

由式(14-8)，可得 95%、99%时 $\overline{R}$ 值的可信区间公式：

$$95\%\text{的可信区间：}\overline{R}\pm1.96s_{\bar{R}} \tag{14-9}$$

$$99\%\text{的可信区间：}\overline{R}\pm2.58s_{\bar{R}} \tag{14-10}$$

本例中，经计算得到 $\overline{R}=0.4374$，$s_R=0.015307$，把数据代入式(14-9)即可求得复方黄精片总体 $\overline{R}$ 值的 95%的可信区间：$(0.4374-1.96\times0.015307, 0.4374+1.96\times0.015307)$，进一步计算得：(0.4074, 0.4674)。对比组的 95%可信区间没有包括 0.5，说明与标准组差异有统计学意义。

如果需要的话，也可以求复方黄精片总体 $\overline{R}$ 值的 99%的可信区间。

【知识点 14-1】

1. Ridit 分析属于非参数检验的一种，实际上是采用了对有序变量进行重新赋值（即 Ridit 值）的方法，并用赋值后的数据（Ridit 值）来构建出统计量进行分析。Ridit 值与秩次（Rank）有如下关系：$Ridit_k=\dfrac{Rank_k-0.5}{N}$。

2. Ridit 分析的基本思想是：确定一个特定的总体为标准组，并把标准组视为已知总体，把对比组作为未知总体的一个样本，然后对未知总体和已知总体进行比较。具体操作办法是：先确定标准组，并求出标准组各等级的 Ridit 值（R）以及 R 的均数、方差，再用对比组各等级的例数与标准组各对应等级的 Ridit 值进行加权平均，得到对比组的平均 Ridit 值（即 $\overline{R}$），最后进行未知总体与已知总体均数（即 $\overline{R}$）的比较，并作出统计推断。

3. 总体通常不易得到，一般是选择一个公认比较稳定、且例数较多的组作为标准组，并将其作为总体来看待。

4. Ridit 分析的结果不但可以说明各个处理组之间的构成比有无差异，而且可以回答孰优孰劣的问题。

5. Ridit 分析在下结论前必须进行假设检验，或者求取对比组总体 $\overline{R}$ 值的可信区间。实际工作中，当不需要提供一个确切的概率 P 值时，人们更多采用求对比组总体 $\overline{R}$ 值的可信区间的方法。若求出对比组总体 $\overline{R}$ 值的可信区间包括了 0.5，则表示对比组与标准组（已知总体）差异无统计学意义；若不包括 0.5 则表示对比组与标准组（已知总体）差异有统计学意义。

6. 对比组 $\overline{R}>0.5$ 或 $\overline{R}<0.5$ 的具体意义，与标准组频数的累计方向有关。在 $P<\alpha$ 的前提下，若标准组的累计方向是由差到好，则对比组 $\overline{R}>0.5$ 就表示疗效优于标准组，$\overline{R}<0.5$ 则表示疗效比标准组差。如果标准组的累计方向是由好到差，则对比组 $\overline{R}>0.5$ 则表示疗效比标准组差，$\overline{R}<0.5$ 表示疗效优于标准组。

7. 标准组的 $\overline{R}$ 值恒等于 0.5；对比组的 $\overline{R}$ 值总是介于 0 和 1 之间。

第二节　两样本比较

【例 14-3】 某医师用甲、乙两种方法分别检查注射乙肝疫苗后的乙型肝炎表面抗体（抗-HBs）效价，结果见表 14-4。该医师对资料进行了 χ^2 检验，得到 $\chi^2=7.227$，$P=0.065$，差异无统计学意义。该医师据此认为：甲、乙两种方法检查注射乙肝疫苗后的乙型肝炎表面抗体（抗-HBs）的结果没有差异。

表 14-4　甲、乙两法检查乙型肝炎表面抗体（抗-HBs）效价结果

检查方法	−	+	++	+++	合计
甲法	28	37	40	17	122
乙法	16	44	40	30	130
合计	44	81	80	47	252

【问题 14-3】

（1）这是什么资料？

（2）该医院的统计分析方法有无不妥？为什么？

(3) 本题如果采用 Ridit 分析,具体应该怎样做?

【分析】

(1) 本例资料属于单向有序行列表资料。

(2) 统计方法的选择不正确。本例的资料属于单向有序行列表资料,应该选择 Ridit 分析较为恰当。χ^2 检验的结果只能说明各处理组的效应在构成比上有无差异,无法说明各处理组效应的平均水平有无差别。

(3) 本题采用 Ridit 分析有两种具体处理办法:可以先求出甲法、乙法的 $\overline{R}$ 值,然后采用 z 检验;还可以求出甲法与乙法的 $\overline{R}$ 值的差值的总体可信区间后来解释。可信区间的具体方法详见问题 14-3 的解答部分,z 检验的具体方法如下:

【检验步骤】

1. 建立检验假设,确定检验水准

H_0:甲、乙两种方法检查注射乙肝疫苗后的乙型肝炎表面抗体(抗-HBs)效价的结果相同。(即,$\overline{R}_甲=\overline{R}_乙$)

H_1:甲、乙两种方法检查注射乙肝疫苗后的乙型肝炎表面抗体(抗-HBs)效价的结果不相同。(即,$\overline{R}_甲\neq\overline{R}_乙$)

$\alpha=0.05$

2. 计算检验统计量 z 值

(1) 选定标准组,计算标准组各等级的 R 值、$\overline{R}$ 值。由于甲法、乙法检查都不是公认的人数都不多,所以把甲、乙两组进行合并之后的人数作为标准组。选定标准组后即可列出 Ridit 值的计算表,如表 14-5 所示,表中第(2)列即为甲、乙两法的合计人数;第(3)~(6)列的计算方法与例 14-1 相同,此处不再赘述。

表 14-5 标准组各等级的 Ridit 值计算表

等级(j) (1)	例数(f) (2)	f/2(3)=(2)/2	(2)的累计 (下移一行)(4)	f+(f/2)(5)= (3)+(4)	Ridit 值(R) (6)=(5)/N
−	44	22	0	22	0.087302
+	81	40.5	44	84.5	0.335317
++	80	40	125	165	0.654762
+++	47	23.5	205	228.5	0.906746
合计	252	—	—	—	—

表 14-5 中,第(6)列即为标准组各等级的 R 值。用标准组的 R 值可以进一步求标准组的 $\overline{R}$ 值,具体方法为:

$$\overline{R}=\frac{44\times0.087302+81\times0.335317+80\times0.654762+47\times0.906746}{252}=0.5$$

(2) 计算对比组的平均 Ridit 值(即 $\overline{R}$ 值)。本例以甲法、乙法的资料作为对比组,用式(14-3)分别计算甲法组、乙法组的 $\overline{R}$ 值:

$$\overline{R}_甲=\frac{28\times0.087302+37\times0.335317+40\times0.654762+17\times0.906746}{122}=0.462757$$

$$\overline{R}_乙=\frac{16\times0.087302+44\times0.335317+40\times0.654762+30\times0.906746}{130}=0.534951$$

(3) 根据式(14-4),计算标准组(即甲法、乙法两组合并)R 值的方差:

$$\sum(fR^2)=(44\times0.087302^2+81\times0.335317^2+80\times0.654762^2+47\times0.906746^2)$$

$=82.382701$

$(\sum fR)^2=(44\times0.087302+81\times0.335317+80\times0.654762+47\times0.906746)^2$
$=15875.996720$

$$s_R^2=\frac{\sum(fR^2)-\frac{(\sum fR)^2}{N}}{N-1}=\frac{82.382701-\frac{15875.996720}{252}}{252-1}=0.077222$$

(4) 计算统计量 z 值。z 值的计算公式如下

$$z=\frac{\overline{R}_1-\overline{R}_2}{\sqrt{s_R^2\times(\frac{n_1+n_2}{n_1\times n_2})}} \tag{14-11}$$

式中，$\overline{R}_1$、$\overline{R}_2$ 分别表示两对比组的平均 Ridit 值，s_R^2 表示标准组(合并组)R 的方差，n_1、n_2 分别表示两对比组的样本含量。

本例中，$z=\frac{\overline{R}_甲-\overline{R}_乙}{\sqrt{s_R^2\times\left(\frac{n_甲+n_乙}{n_甲\times n_乙}\right)}}=\frac{0.462757-0.534951}{\sqrt{0.077222\times\left(\frac{122+130}{122\times130}\right)}}=-2.061019\approx-2.061$

3. 确定 P 值并作出统计推断 据计算结果($z=-6.464$)查 z 界值表即可得到 P 值，可得到 $0.02<P<0.05$；或者直接根据 $z_{0.05}=1.96$，本例中 $z=|-2.061|>1.96$，亦可得到 $P<0.05$。按 $\alpha=0.05$ 水准，拒绝 H_0，接受 H_1，可以认为甲、乙两种方法检查支气管扩张病人痰内的嗜酸性白细胞的结果不相同。

由于本例嗜酸性白细胞等级的排列是由少到多，且求得 $\overline{R}_甲<\overline{R}_乙$，所以可以认为甲法检查支气管扩张病人痰内嗜酸性白细胞数少于乙法，亦即甲法的阳性率低于乙法。

【问题 14-4】

(1) 在例 14-2 中，甲法、乙法的总体 $\overline{R}$ 值 95%的可信区间应该怎样求？

(2) 能否用甲法、乙法的总体 $\overline{R}$ 值的可信区间直接与标准组的 $\overline{R}$ 值(0.5)进行分别比较，进而判断甲、乙法检查的结果有无差异？

(3) 欲用可信区间来回答甲法、乙法的检查结果有无差别，应该怎样做？

【解答】

(1) 在例 14-2 中，前边的计算已经求得 $\overline{R}_甲=0.462757$、$\overline{R}_乙=0.534951$、标准组的方差 $s_R^2=0.077222$，又知道 $n_甲=122$，$n_乙=130$。

于是根据公式(14-5)和(14-6)就可以求出甲法、乙法的标准误：

$$s_{\overline{R}_甲}=\frac{\sqrt{s_R^2}}{\sqrt{n}}=\frac{\sqrt{0.077222}}{\sqrt{122}}=0.025159$$

$$s_{\overline{R}_乙}=\frac{\sqrt{s_R^2}}{\sqrt{n}}=\frac{\sqrt{0.077222}}{\sqrt{130}}=0.024372$$

再根据公式(14-9)即可方便地求取甲法、乙法总体 $\overline{R}$ 值的可信区间：

甲法 $\overline{R}$ 值的 95%可信区间上限：$0.462757+1.96\times0.025159=0.5121$

甲法 $\overline{R}$ 值的 95%可信区间下限：$0.462757-1.96\times0.025159=0.4134$

乙法 $\overline{R}$ 值的 95%可信区间上限：$0.534951+1.96\times0.024372=0.5827$

乙法 $\overline{R}$ 值的 95%可信区间下限：$0.534951-1.96\times0.024372=0.4872$

(2) 不可以。欲判断甲法、乙法检查的结果有无差异，就应该在甲法与乙法间进行比较，不能转换成分别与第三方去比较。本例中，甲法总体 $\overline{R}$ 值的 95%可信区间是(0.4143,0.5121)，乙

法总体 $\overline{R}$ 值的95%可信区间是(0.4872,0.5827),二者均包括了标准组的 $\overline{R}$ 值0.5,如果据此作出“甲、乙两种方法检查支气管扩张病人痰内的嗜酸性白细胞的结果相同”的结论,显然与刚才 z 检验的结果是矛盾的。

(3) 在例14-2中,也可以用可信区间来回答甲法、乙法的检查结果有无差别。理由及具体的做法如下:

例14-2中的“$H_0:\overline{R}_甲=\overline{R}_乙$”可以写为“$H_0:\overline{R}_甲-\overline{R}_乙=0$”,于是,“$\overline{R}_甲$的总体是否等于$\overline{R}_乙$的总体”的问题就转变成了“$\overline{R}_甲$与$\overline{R}_乙$差值的总体是否等于0”,因此,只要求出$(\overline{R}_甲-\overline{R}_乙)$的可信区间并看其是否包含0,就可以回答甲法、乙法的检查结果有无差别了。

把$(\overline{R}_甲-\overline{R}_乙)$看作一个差值,即可仿公式(14-8)计算$(\overline{R}_甲-\overline{R}_乙)$的可信区间,其中,用$(\overline{R}_甲-\overline{R}_乙)$代替$\overline{R}$,用$s_{(\overline{R}_甲-\overline{R}_乙)}$代替$s_{\overline{R}}$,具体如下:

$$(\overline{R}_甲-\overline{R}_乙)\pm z_\alpha s_{(\overline{R}_甲-\overline{R}_乙)} \tag{14-12}$$

式中,$s_{(\overline{R}_甲-\overline{R}_乙)}$表示甲、乙法$\overline{R}$的差值$(\overline{R}_甲-\overline{R}_乙)$的标准误。

$$s_{(\overline{R}_甲-\overline{R}_乙)}=\sqrt{s_R^2\times(\frac{n_甲+n_乙}{n_甲\times n_乙})} \tag{14-13}$$

式中,s_R^2表示标准组(合并组)R的方差,$n_甲$、$n_乙$分别表示甲组、乙组的样本含量。

在例14-2中,$\overline{R}_甲-\overline{R}_乙=0.462757-0.534951=-0.072194$,

$$s_{(\overline{R}_甲-\overline{R}_乙)}=\sqrt{s_R^2\times(\frac{n_甲+n_乙}{n_甲\times n_乙})}=\sqrt{0.077222\times(\frac{122+130}{122\times 130})}=0.035028,$$

把数据代入公式14-12即可得到$(\overline{R}_甲-\overline{R}_乙)$的可信区间:$-0.072194\pm z_\alpha\times 0.035028$,进一步求95%的可信区间就是$(-0.072194-1.96\times 0.035028,-0.072194+1.96\times 0.035028)$,即$(-0.1408,-0.0035)$,此区间没有包括0。

由于$(\overline{R}_甲-\overline{R}_乙)$的可信区间不包括“0”,则按$\alpha=0.05$水准,拒绝$H_0$,接受$H_1$,差异有统计学意义,可认为甲法、乙法的检查结果有差别。此结论与前述假设检验的结果一致。

【知识点14-2】

1. 如果各处理组中没有大家公认比较稳定、或例数均不甚多,即没有总体,这时难以选定标准组,一般就把各处理组的合并数据当作标准组,把各处理组当作对比组。

2. 不可根据计算出的$\overline{R}$值直接下结论,下结论前必须进行假设检验,或者求可信区间。

3. 如果欲分析两处理组间的效应是否有差异,不能用各处理组$\overline{R}$的总体可信区间分别与0.5比较。应该可以把问题转换成“两处理组$\overline{R}$之差的总体是否等于0”来解决,即求出$(\overline{R}_甲-\overline{R}_乙)$的可信区间并看其是否包含0,若包含0则表示两处理组间的效应没有差异,不包含0则表示两处理组间的效应有差异。

第三节　多样本比较

【例14-4】 某医师采用A、B、C三种中药治疗风湿性关节炎患者,结果如表14-6所示。该医师采用χ^2检验,得到$\chi^2=11.845$,$P=0.066$,差异无统计学意义,认为A、B、C三种中药的疗效没有差异。

表 14-6　三种中药治疗风湿性关节炎患者的疗效观察

药物	治愈	显效	好转	无效	合计	有效率(%)
A药	25	30	45	10	110	90.9
B药	20	25	50	15	110	86.4
C药	15	20	50	25	110	77.3
合计	60	75	145	50	330	84.8

【问题 14-5】

(1) 这是什么资料?

(2) 该医师的统计分析方法有无不妥?

(3) 本题如果采用 Ridit 分析,具体应该怎样做?

【分析】

(1) 本例资料表格中,横标目按照治疗药物把病人分成了 3 组,结局变量即分析变量为疗效,分为 4 个等级,该资料属于单向有序列联表资料或多组等级资料。

(2) 统计方法的选择不正确。χ^2 检验对于单向有序列联表资料的检验效率不高,本例的资料属于单向有序列联表资料,应该选择 Ridit 分析更为恰当。

(3) 本题采用 Ridit 分析。

【检验步骤】

1. 建立检验假设,确定检验水准

H_0:三种药物治疗风湿性关节炎患者的疗效相同。

H_1:三种药物治疗风湿性关节炎患者的疗效不同或不全相同。

$\alpha=0.05$

2. 计算检验统计量 χ^2 值

(1) 选定标准组,计算标准组各等级的 R 值、$\overline{R}$ 值。进行多组数据的比较时,一般是把各组的数据进行合并作为标准组。本例中把 3 种药物治疗风湿性关节炎患者的数据进行合并,即用合计数作为标准组。

选定标准组后即可列出 Ridit 值的计算表,如表 14-7 所示,表中第 2 列即为甲、乙两法的合计人数;第(3)～(6)列的计算方法同例 14-1、例 14-2,此处不再赘述。

表 14-7　合并组(标准组)各等级的 Ridit 值计算表

等级(j) (1)	例数(f) (2)	f/2(3)=(2)/2	(2)的累计 (下移一行)(4)	f+(f/2)(5)= (3)+(4)	Ridit 值(*R*) (6)=(5)/N
治愈	60	30	0	30	0.090909
显效	75	37.5	60	97.5	0.295455
好转	145	72.5	135	207.5	0.628788
无效	50	25	280	305	0.924242
合计	330	—	—	—	—

表 14-7 中,第(6)列即为标准组各等级的 *R* 值。用标准组的 *R* 值可以进一步求标准组的 $\overline{R}$ 值,具体为:

$$\overline{R}=\frac{60\times0.090909+75\times0.295455+145\times0.628788+50\times0.924242}{330}=0.5$$

(2) 计算对比组的平均 Ridit 值(即 $\overline{R}$ 值)。本例以 3 种治疗风湿性关节炎患者疗效的资料作为对比组,用公式 14-3 分别计算 3 种治疗风湿性关节炎患者疗效的 $\overline{R}$ 值:

$$\overline{R}_A=\frac{25\times0.090909+30\times0.295455+45\times0.628788+10\times0.924242}{110}=0.442493$$

$$\overline{R}_B=\frac{20\times0.090909+25\times0.295455+50\times0.628788+15\times0.924242}{110}=0.495524$$

$$\overline{R}_C=\frac{15\times0.090909+20\times0.295455+50\times0.628788+25\times0.924244}{110}=0.561984$$

(3) 计算检验统计量 χ^2 值。χ^2 值、自由度的计算公式如下:

$$\chi^2=12\times\sum_{i=1}^{k}[n_i\times(\overline{R_i}-0.5)^2] \tag{14-14}$$

$$\nu=k-1 \tag{14-15}$$

式中:n_i 表示第 i 组的样本含量,$\overline{R}_i$ 表示第 i 组的平均 Ridit 值,k 表示处理组的组数。

本例中,把相应数据代入公式 14-12 即可得出 χ^2 值:

$\chi^2=12\times[110\times(0.442493-0.5)^2+110\times(0.495524-0.5)^2+110\times(0.561984-0.5)^2]=9.463220\approx9.463$

本例共有 4 种类型病人,即 $k=3$,所以自由度 $\nu=k-1=3-1=2$。

3. 确定 P 值并作出推断　本例求得 $\chi^2=9.463$,$\nu=2$,查 χ^2 界值表,得 $0.005<P<0.010$,即 $P<0.05$,按 $\alpha=0.05$ 水准,拒绝 H_0,接受 H_1,差异有统计学意义,可认为 A、B、C 三种中药治疗风湿性关节炎患者的疗效不全相同。

如果需要进行组间的两两比较,可以借用方差分析中的 q 检验来进行,q 值的计算如下:

$$q=\frac{|\overline{R_A}-\overline{R_B}|}{\sqrt{\frac{1}{2}s_R^2\left(\frac{1}{n_A}+\frac{1}{n_B}\right)}} \tag{14-16}$$

如果想进一步了解 A、B、C 三种中药哪一种治疗风湿性关节炎患者的疗效最好,应结合各对比组的 $\overline{R}$ 值来看。从表 14-6 可见,标准组的频数累计方向(等级排列)是从疗效好到疗效差,即 $\overline{R}$ 值越大表示疗效越差。本例中 $\overline{R}_A=0.442493$,$\overline{R}_B=0.495524$,$\overline{R}_C=0.561984$,可见 A 药治疗风湿性关节炎患者的疗效最好,C 药治疗风湿性关节炎患者的疗效最差。

【知识点 14-3】

1. 对三组或三组以上的有序分类资料进行比较时,采用 Ridit 分析是一种相对比较简便、高效的方法。

2. 三组以上的有序分类资料进行 Ridit 分析时,通常把各处理组的数据进行合并后作为标准组,构建出检验统计量是 χ^2 值,确定 P 值时所查的表是 χ^2 界值表。在这种情况下,Ridit 分析与用于多组资料的 Kruskal-Wallis 检验、用于两组资料的 Wilcoxon 秩和检验是完全等价的。

思考练习

(一) 选择题(从 a～e 中选出一个最佳答案)

1. 等级资料的比较最好采用________。

a. t 检验　　b. Ridit 分析　　c. χ^2 检验

d. 方差分析　　e. z 检验

2. 标准组的频数累计方向是从无效到控制，求得对比组的 $\overline{R}=0.76$，这表示对比组的疗效________。

a. 优于标准组　　b. 比标准组差　　c. 比其他对比组好
d. 比其他对比组差　　e. 没有经过检验，无法下结论

3. Ridit 分析适用资料一般是________。

a. 计数资料　　b. 计量资料　　c. 等级资料
d. 任何类型的资料　　e. 以上选项都对

4. 多组资料比较的 Ridit 分析，其统计量是________。

a. χ^2 值　　b. z 值　　c. F 值
d. R 值　　e. t 值

5. 甲、乙两样本比较的 Ridit 分析，其标准组的应选择________。

a. 甲组　　b. 乙组　　c. 甲乙组的合并资料
d. 无法确定　　e. 必须重新寻找其他公认稳定的资料

6. Ridit 分析中，标准组的 $\overline{R}$ 值________。

a. $0<\overline{R}<0.5$　　b. $0<\overline{R}<1$　　c. $\overline{R}>1$
d. $\overline{R}=0.5$　　e. 无法确定

7. 甲、乙两种新药疗效比较的 Ridit 分析，得到 $\overline{R}_{甲}$ 的总体可信区间是(0.48,0.62)，$\overline{R}_{乙}$ 的总体可信区间是(0.53,0.79)，则结论为________。

a. 甲药的疗效优于乙药　　b. 乙药的疗效优于甲药
c. 甲药的疗效与乙药相同　　d. 需作 t 检验后才能下结论
e. 无法判断甲乙两药的疗效有无差异

8. 某新药与标准药疗效比较的 Ridit 分析，得到 $\overline{R}_{新}$ 的总体可信区间是(0.46,0.64)，则可认为该新药的疗效________。

a. 优于标准药　　b. 比标准药差　　c. 与标准药相同
d. 需作 z 检验后才能下结论　　e. 无法判断是否优于标准药

9. 甲、乙两种新药疗效比较的 Ridit 分析，得到 $\overline{R}_{甲}=0.75$，$\overline{R}_{乙}=0.45$，P=0.21，若 α 水准为 0.05，则结论为________。

a. 甲药的疗效优于乙药　　b. 乙药的疗效优于甲药
c. 甲药的疗效与乙药相同　　d. 需知道标准组的频数累计方向才能下结论
e. 无法判断甲乙两药的疗效有无差异

10. 甲、乙两种新药疗效比较的 Ridit 分析，得到 $\overline{R}_{甲}=0.75$，$\overline{R}_{乙}=0.45$，$P=0.02$，若 α 水准为 0.05，则结论为________。

a. 甲药的疗效优于乙药　　b. 乙药的疗效优于甲药
c. 甲药的疗效与乙药相同　　d. 需知道标准组的频数累计方向才能下结论
e. 无法判断甲乙两药的疗效有无差异

11. 标准组的频数累计方向是从无效到控制，求得对比组的 $\overline{R}=0.76$，$P=0.02$，若 α 水准为 0.05，则表示对比组的疗效________。

a. 优于标准组　　b. 比标准组差　　c. 比其他对比组好
d. 比其他对比组差　　e. 没有经过检验，无法下结论

(二) 简答题

1. 三组单向有序分类资料可以用哪些统计方法处理？这些统计方法各有何优缺点？

2. 简答 Ridit 分析的基本思想。

3. 怎样用可信区间来回答甲法、乙法治疗糖尿病的疗效有无差别?

(三) 应用分析题

1. 某医师用某种中药治疗高血压1级患者和高血压2级患者共46例,结果见表14-8。为评价该中药对两型高血压病的疗效有无差异,该医师对此资料进行 χ^2 检验,得 $\chi^2=5.280$,$P=0.071$,差异无统计学意义,故认为该中药对两型高血压病患者的疗效基本相同。

表14-8 某种中药治疗两型高血压病的疗效比较

疗效等级	高血压1级	高血压2级	合计	疗效等级	高血压1级	高血压2级	合计
无效	2	7	9	显效	13	6	19
好转	9	9	18	合计	24	22	46

问:(1) 该资料是什么资料? (2) 该研究是什么设计? (3) 统计分析中有无不妥之处?

2. 某医生用七氟醚对即行肺切除术治疗的三组患者进行麻醉,麻醉效果分三级,结果见表14-9。经 χ^2 检验,$\chi^2=8.441$,$P>0.05$,故认为七氟醚对三组患者麻醉效果无差别。

表14-9 七氟醚对三组肺切除术患者的麻醉效果比较

麻醉效果等级	肺癌	肺化脓症	肺结核	合计	麻醉效果等级	肺癌	肺化脓症	肺结核	合计
Ⅰ	18	12	9	39	Ⅲ	8	13	19	40
Ⅱ	13	15	11	39	合计	39	40	39	118

3. 某医师用某种中草药治疗不同类型的小儿肺炎,其中病毒性肺炎60例,细菌性肺炎60例,治疗结果见表14-10。该医师对此资料采用行×列 χ^2 检验,得 $\chi^2=7.077$,$P=0.069$,差异无统计学意义,故认为此种中草药对不同类型小儿肺炎的疗效分布无差别。

表14-10 某种中草药治疗不同类型小儿肺炎的疗效比较

小儿肺炎类型	治愈	显效	有效	无效	合计
病毒性肺炎	21	17	11	11	60
细菌性肺炎	11	13	17	19	60
合计	32	30	28	30	120

问:(1)该研究是什么设计? (2)统计分析的目的是什么? (3)统计方法是否正确? 为什么?

4. 据称,患者的血型与慢性胃炎的疗效有关,某医师用A药治疗慢性胃炎患者338例,结果如表14-11所示。问:用A药治疗胃溃疡的疗效与患者的血型是否有关?

表14-11 A药治疗胃溃疡的疗效与患者的血型关系

血型	无效	有效	显效	控制	合计	血型	无效	有效	显效	控制	合计
A	10	15	26	30	81	O	16	26	21	23	86
B	8	18	20	33	79	合计	40	87	99	112	338
AB	6	28	32	26	92						

5. 某医院用甲药治疗Ⅱ型糖尿病患者,结果如表14-12所示。问:用甲药不同性别的糖尿病患者疗效有无差异?

表 14-12　甲药治疗Ⅱ型糖尿病患者的疗效观察

性别	无效	有效	显效	控制	合计	性别	无效	有效	显效	控制	合计
男	16	18	16	8	58	合计	24	40	36	23	123
女	8	22	20	15	65						

6. 某医院用苯巴比妥治疗 A、B 两组癫痫患者，疗效如表 14-13 所示，问两组的疗效有无差别？

表 14-13　苯巴比妥治疗 A、B 两组癫痫患者的疗效观察

患者分组	无效	有效	显效	控制	合计	患者分组	无效	有效	显效	控制	合计
A	75	65	68	125	333	合计	80	76	87	176	419
B	5	11	19	51	86						

7. 某医院随机抽取了一群 65 岁以上的慢性气管炎患者，给予复方石苇冲剂进行治疗，治疗结果按病型整理成表 14-14。该医院对资料进行了 χ^2 检验，得到 $\chi^2=16.229$，$P=0.067$，差异无统计学意义。医院据此认为：复方石苇冲剂治疗不同类型的老年慢性气管炎疗效没有差异。

表 14-14　复方石苇冲剂治疗不同类型老年慢性气管炎的疗效

疗效等级	单纯型(1 组)	喘息型(2 组)	单纯型合并肺气肿(3 组)	喘息型合并肺气肿(4 组)	合计
控制	33	14	12	9	68
显效	30	22	10	10	72
有效	38	30	24	28	120
无效	25	33	16	24	98
合计	126	99	62	71	358

8. 某医师进行伤风停胶囊临床试验中，试验组和对照组病情程度资料如表 14-15，试比较试验组和对照组病情程度分布是否不同？

表 14-15　试验组和对照组病情程度比较

组别	例数	轻	中	重
试验组	311	44	191	76
对照组	103	17	61	22

（许传志　孙艳春）

第十五章　寿　命　表

第一节　寿命表的概念

【例 15-1】　某医师根据 2001 年云南省某县的人口普查数据(表 15-1),并且采用每个年龄组的组中值作为该年龄组的死亡年龄,采用加权法即 $\overline{x}=\sum fx/\sum f$,计算平均死亡年龄为 $\sum f\,x/\sum f=83496/1424\approx58.63$(表 15-2),从而该医生认为该县的期望寿命就是 58.63 岁,你认为如何?

表 15-1　2001 年云南省某县人口普查数据

年龄组(岁)	平均人口数	实际死亡数	年龄组(岁)	平均人口数	实际死亡数
0～	3418	89	40～	11167	33
1～	14877	48	45～	13029	41
5～	17738	10	50～	9371	50
10～	19503	13	55～	7803	60
15～	13762	12	60～	6834	102
20～	19068	30	65～	6139	146
25～	25793	32	70～	4883	197
30～	25193	44	75～	2762	174
35～	20083	41	80～	2156	302

表 15-2　2001 年云南省某县平均死亡年龄的计算

年龄组(岁)	实际死亡数(f)	组中值(x)	累计死亡年龄(fx)	年龄组(岁)	实际死亡数(f)	组中值(x)	累计死亡年龄(fx)
0～	89	0.5	44.5	45～	41	47.5	1947.5
1～	48	3	144	50～	50	52.5	2625
5～	10	7.5	75	55～	60	57.5	3450
10～	13	12.5	162.5	60～	102	62.5	6375
15～	12	17.5	210	65～	146	67.5	9855
20～	30	22.5	675	70～	197	72.5	14282.5
25～	32	27.5	880	75～	174	77.5	13485
30～	44	32.5	1430	80～	302	82.5	24915
35～	41	37.5	1537.5	合计	1424	—	83496
40～	33	42.5	1402.5				

【问题 15-1】

(1) 该医生的做法是否正确?为什么?

(2) 平均死亡年龄与期望寿命是一个概念吗?有何区别?

笔记：

【分析】

(1) 该医生把平均死亡年龄当作是期望寿命是不对的，因为两者有区别，如果想了解该县的期望寿命，应该根据已有的数据，编制出该县的寿命表，从而计算出各个年龄组的平均期望寿命。

(2) 平均死亡年龄和期望寿命并不是一个概念，两者的具体区别如下：平均年龄是用某年或某时期所有死亡人数的死亡年龄相加后除以总死亡人数的商，即某地某一时期内所有死亡者死亡年龄的平均值，该指标不仅取决于年龄组死亡率的高低、也取决于人口的年龄别结构，因此不同地区的相同性别的平均死亡率不可直接比较。

期望寿命是根据某一特定人群的年龄组死亡率编制出的寿命表中的一个指标，是指 x 岁存活者预期可以存活的平均年数，该指标仅取决于年龄组死亡率的高低，与年龄结构无关，因此，不同地区相同性别的平均寿命可以直接比较。

一、寿命表的概念及分类

寿命表又称生命表(life table)，或称死亡表、死亡率表，是根据某一特定人群的年龄组死亡率编制出来的一种统计表。一般编制时，假定有同时出生的一代人(一般为 10 万人)，按照某一特定的年龄组死亡率先后死去，直到所有人都死完为止，计算出这一代人在不同年龄组的"死亡概率"、"死亡人数"、"尚存人数"及"期望寿命"等指标。其中期望寿命是评价不同国家或不同地区社会健康状况的主要指标之一。

寿命表分为定群寿命表(cohort or generation life table)与现时寿命表(current life table)。定群寿命表又可以称为队列寿命表，是某一特殊人群的寿命表，它是对某一特殊人群中的每一个人，从进入该特殊人群直到最后一个人死完，记录其死亡过程，计算出该特殊人群在不同时间的生存概率与期望寿命。定群寿命表主要用于流行病学、基础医学和临床医学研究，特别是随访资料的生存分析、防治措施或方法的效果评价等。由于人的生命周期很长，若用定群寿命表的方法来研究人的生命过程，不仅随访人数要很多，随访时间也要数十年。因此，在编制人群寿命表时，一般较少使用定群寿命表，较多使用现时寿命表。

现时寿命表是反映一定时期某地区实际人口的生存与死亡经历的寿命表，目前人们常说的期望寿命，基本上就是指现时寿命表的平均期望寿命。现时寿命表按照寿命表中年龄分组法的不同，分为完全寿命表(complete life tables)和简略寿命表(abbreviated life table)。完全寿命表是从 0 岁开始，每岁一个年龄组，直到某一特定人群的生命极限。通常把刚出生不足 1 岁的记为"0～"；实足 1 岁到不足 2 岁记为"1～"，以此类推直到 100 岁或以上合并为"≥100"。编制完全寿命表时的观察人数要足够多，因为完全寿命表中年龄分组细，各年龄组死亡率又低，观察人数太少容易出现年龄组死亡率不够稳定的现象，且完全寿命表的编制需要每岁一组的人口资料和死亡登记资料，这在登记工作不健全或非普查年往往难以获得。简略寿命表一般以 5 岁为 1 个年龄组，但是鉴于不足 1 岁的婴儿死亡率对寿命表的影响非常大，简略寿命表的第 1 组仍然是刚出生不足 1 岁的"0～"，第 2 组则是组距为 4 的实足 1 岁到不足 5 岁组，记为"1～"，第 3 组从实足 5 岁开始，组距为 5 岁，最后一个年龄组视情况而定，常为 80 岁及以上(或者 85 岁、90 岁及以上等)。现时寿命表反映一定时期某地区实际人口的生存与死亡的经历，其期望寿命是该地区人群的平均寿命。现时寿命表的优点是不同地区、不同国家或不同时期的寿命表指标可以直接比较，不受年龄别构成的影响。

二、寿命表简史

寿命表创始人格兰特(John Grant)于 1662 年用伦敦几十年人口统计资料完成《关于死亡表

的自然和政治的观察》(简称《死亡率表》),提出了寿命表概念,当时伦敦平均寿命为 18.2 岁。1693 年哈雷(Edmund Halley)发表了著名的布勒斯劳(Breslaw)城寿命表,平均寿命为 33.5 岁。18、19 世纪欧洲的法国(1871)、英国(1843)、瑞典(1755)、挪威(1821)、荷兰(1816)、德国(1871)、瑞士(1876)、美国(1900)等相继有了自己的寿命表。

中国第一个编制寿命表的是袁贻瑾医师,他于 1935 年根据广东省中山县李氏 1365～1849 年家谱中记录的死亡资料编制了最早的寿命表。1929～1931 年间,原金陵大学肖富德(Selfert)根据中国 16 个省 101 个地区 20 万农民调查资料,编制了中国农民寿命表,平均寿命男性为 34.85 岁,女性为 34.63 岁。1944 年薛仲三根据 1935 年南京市人口死亡资料编制了南京市寿命表,平均寿命男性为 39.80 岁,女性为 38.22 岁。1946 年陈达根据云南省呈贡县资料编制了全死因寿命表及中国第一个去死因寿命表,全死因平均寿命男性为 31.9 岁,女性为 34.2 岁,去霍乱死因平均寿命男性为 33.8 岁,女性为了 38.0 岁。1957 年李光荫根据北京市 1950 年和 1953 年资料编制了新中国第一个寿命表,北京市城区平均寿命 1950 年男性为 53.38 岁,女性为 50.22 岁,1953 年男性为 61.18 岁,女性为 60.52 岁。50 年代起,在北京市寿命表的推动下,上海、哈尔滨、长春、武汉、南京等城市先后编制了寿命表。1984 年蒋正华等根据 1982 年第三次人口普查资料编制了我国 1981 年寿命表,平均寿命男性为 66.43 岁,女性为 69.35 岁。在中国改革开放后,人民生活水平日益提高,期望寿命提高较快,如 1983 年云南省石林县平均期望寿命为 54.59 岁,2000 年达到 71.86 岁,增长 17.27 岁,平均每年增长 1 岁多。WHO 定期都会公布各国及地区的期望寿命,如 2011 年 WHO 网站上公布的中国 2009 年男性出生期望寿命是 72 岁,女性出生期望寿命是 76 岁,而全球 2009 年男性出生期望寿命的平均值是 66 岁(中位数是 69 岁),女性出生期望寿命的平均值是 71 岁(中位数是 75 岁)。

【知识点 15-1】

1. 寿命表又称生命表(life table),或称死亡表、死亡率表,是根据某一特定人群的年龄组死亡率编制出来的一种统计表。

2. 寿命表分为定群寿命表(cohort life table)与现时寿命表(current life table),定群寿命表也可以称为队列寿命表。现时寿命表按照寿命表中年龄分组法的不同,又分为完全寿命表和简略寿命表。完全寿命表是以 0 岁开始,一岁一组,直到某一特定人群的生命极限。简略寿命表一般以 5 岁为 1 个年龄组,但 0 岁至不足 1 岁作为一个独立组,80 岁或 85 岁及以上合并为最后一个组。

第二节 寿命表的主要指标与其计算方法

定群寿命表和现时寿命表的编制方法不完全一致,这里仅介绍现时寿命表的编制。现时寿命表中的完全寿命表与简略寿命表除了年龄分组不同外,其指标、方法、步骤基本一致,下面介绍寿命表主要指标及其意义与计算方法。

一、年 龄 分 组

寿命表中的年龄 x 是指刚满年龄(exact age),又称临界年龄。完全寿命表的年龄分组是 1 岁一组,分别表示为:0～,1～,2～,3～,4～……。简略寿命表中一般是每 5 岁一个组但由于婴儿死亡率对寿命表影响较大,故将 0～5 岁

笔记:

分为两组，0～1 作为第 1 组，1～5 作为第 2 组，以后是每 5 岁一个组，最后一个年龄组视情况而定，常为 80 岁及以上(或者 85 岁、90 岁及以上等)。习惯上，寿命表中的年龄区间包含下限，但不包含上限。

二、年龄组死亡率

年龄组死亡率(m_x 或 $_nm_x$)是根据各年龄组的平均人口数(P_x 或 $_nP_x$)与相应的实际死亡数(D_x 或 $_nD_x$)计算的，它说明某年龄组人口在“ $x \sim x+n$ ”年内的平均死亡率，用公式表示为

$$_nm_x=\frac{x\text{ 岁到 }x+n\text{ 岁之间死亡人数}}{x\text{ 岁到 }x+n\text{ 岁之间的平均人口数}}\text{ 或 }_nm_x=\frac{_nD_x}{_nP_x}\text{ 或 }m_x=\frac{D_x}{P_x} \qquad (15\text{-}1)$$

上式中的分母平均人口数，可用一年中的 7 月 1 日零点时的人口数，也可采用年初 1 月 1 日零点与年末 12 月 31 日零点的人口数的平均值。而某年的 0 岁组的平均人口数通常用当年的活产胎儿数(即出生数)。

三、年龄组死亡概率

年龄组死亡概率($_nq_x$)(age specific probability of dying)表示 x 岁尚存者今后 n 年内的死亡概率。

$$_nq_x=\frac{x\text{ 岁到 }x+n\text{ 岁之间死亡人数}}{\text{活满 }x\text{ 岁的人口}}\text{ 或 }_nq_x=\frac{_nd_x}{_nl_x}\text{ 或 }q_x=\frac{d_x}{l_x} \qquad (15\text{-}2)$$

式中 q_x 表示 x 岁尚存者在今后一年内的死亡概率，$_nq_x$ 表示 x 岁尚存者今后 n 年内的死亡概率。$_nq_x$ 与 $_nm_x$ 有一定的函数关系，当年龄分组比较细时，尚存人数(或生存人数，l_x)与年龄(x)呈直线关系，可以用下式计算 $_nq_x$。

$$_nq_x=\frac{2n_nm_x}{2+n_nm_x} \qquad (15\text{-}3)$$

式中年龄组死亡率($_nm_x$)宜用六位小数，$_1q_0$ 以婴儿死亡率代替。当年龄组分得较粗时，l_x 与 x 呈曲线关系，可用下式计算 $_nq_x$。

$$_nq_x=1-e^{-n_nm_x} \qquad (15\text{-}4)$$

死亡概率常用于评价人口健康状况，习惯将死亡概率的变化绘制成半对数线图，不同地区和时期的死亡概率曲线可直接比较，健康水平高的地区，死亡概率曲线较低，特别是婴幼儿段。

四、尚存人数与死亡人数

尚存人数(l_x)或生存人数($_nl_x$) (number of survivors)是假想同时出生的一代人到刚活满 x 岁时尚能生存的人数 $_nl_x$，实际上是某一出生总体(一般假设为 100 000 人，记为 l_0)活到各个确切年龄的生存人数。死亡人数($_nd_x$)(numbe of dying)是表示假想的同时出生的一代人中，x 岁尚存着按照死亡概率 $_nq_x$ 死于某年龄组“ $x \sim x+n$ 岁”的平均人数。它与 $_nD_x$ 不同，$_nD_x$ 是各年龄组的实际死亡人数，而 $_nd_x$ 是“理论”上的死亡人数。

$$d_x=l_x\cdot q_x\text{ 或 }_nd_x=l_x\cdot {_nq_x} \qquad (15\text{-}5)$$

$$l_x+1=l_x-d_x\text{ 或 }l_x+1=l_x-{_nd_x} \qquad (15\text{-}6)$$

生存人数和死亡人数也用于评价人口健康状况，生存人数可用线图绘制生存曲线比较。不同年龄段生存人数的比值称为生存比，也可用来反映人口健康状况，人寿保险精算中也常用这个指标。死亡人数可用直方图绘制死亡人数变化情况，反映不同年龄组的死亡状况。

五、生存人年数

生存人年数($_nL_x$)(number of survival person-year, $_nL_x$)是同时出生的一代人，x 岁尚存者在今后 $x \sim x+n$ 岁期间的生存人年数，亦称寿命表人口数。

计算婴儿组生存人年数(L_0 或 $_1L_0$)按下式计

$$L_0 = l_1 + \alpha_0 d_0 \text{ 或 } {}_1L_0 = \alpha_0 l_0 + (1-\alpha_0) l_1 \tag{15-7}$$

式中 α_0 为当地每个死亡婴儿平均存活的年数，一般用小数表示。根据我国 1981、1982 年部分地区的婴儿死亡资料计算得的 α_0 值：男性为 0.1450，女性为 0.1525，男女合计为 0.1484=0.15。

在缺乏实际资料时，也可以用婴儿死亡率来确定 α_0 值。世界卫生组织提供了婴儿死亡率与 α_0 值对应规则为：婴儿死亡率小于 20‰，α_0 值为 0.09；婴儿死亡率为 20‰～39.99‰，α_0 为 0.15；婴儿死亡率为 40‰～59.99‰，α_0 值为 0.23；婴儿死亡率为 60‰及以上，α_0 值为 0.30。

1 岁以上组生存人年数按下式计算

$${}_nL_x = \frac{n}{2}(l_x + l_{x+n}) \tag{15-8}$$

最后一组生存人年数按下式计算

$$L_w = \frac{l_w}{m_w} \tag{15-9}$$

六、生存总人年数

生存总人年数(T_x)是同时出生的一代人，活到刚满 x 岁者今后尚能生存的总人年数。x 岁尚存者 l_x 今后存活的总人年数 T_x 为 x 岁以上各年龄组生存人年数(L_x 或 $_nL_x$)总和，即

$$T_x = \sum L_x \text{ 或 } T_x = \sum {}_nL_x \tag{15-10}$$

七、平均期望寿命

平均期望寿命也可称为期望寿命(e_x)(life expectancy)是同时出生的一代人活到 x 岁时，尚能生存的平均存活年数，按式(15-11)计算

$$e_x = \frac{T_x}{l_x} \tag{15-11}$$

期望寿命是评价居民健康状况的主要指标，也是寿命表中最广泛使用的指标，是不同国家或者不同地区或不同时期死亡水平比较的最常用指标。通常，随着岁数 x 的增大，期望寿命会减少，但是如果在一个婴儿死亡率非常高的国家，“1～”岁组的期望寿命可能反而会比“0～”岁组的期望寿命高。

第三节　简略寿命表的编制步骤与方法

医学统计中常用的寿命表是简略寿命表，此外由于男女性的年龄组死亡率及平均期望寿命不相同，所以应该分性别来编制寿命表。

【例 15-2】　2001 年某人想要根据某县的人口普查数据(表 15-3)，来编制该县男性的简略寿命表，他该如何进行呢？

表 15-3　2001 年某县男性的人口普查数据

年龄组(岁)	平均人口数(人)	实际死亡数(人)	年龄组(岁)	平均人口数(人)	实际死亡数(人)
0～	1767	34	40～	5759	22
1～	7684	24	45～	6577	23
5～	9045	8	50～	4817	31
10～	10032	6	55～	4065	46
15～	7409	5	60～	3528	73
20～	9874	16	65～	3102	89
25～	13500	19	70～	2420	112
30～	13038	33	75～	1259	93
35～	10500	24	80～	860	141

【分析】 要编制简略寿命表，必须知道的数据有各个年龄组的年平均人口数及年龄组的实际死亡数，其中年平均人口数如何确定呢？一个国家或一个地区的人口随时都在发生变化，我们可用一年中的 7 月 1 日零点时的人口数作为某年某地的年平均人口数，也可采用年初 1 月 1 日零点与年末 12 月 31 日零点的人口数的平均值作为某年某地的年平均人口数。而对各个年龄组的实际死亡数一定要认真核查和校正，尤其是“0～”岁组的死亡人数，因为我们要用它来计算婴儿死亡率。若已知道各个年龄组的平均人口和各个年龄组的死亡人数，可以按一定的步骤编制寿命表。

具体步骤如下：

【具体步骤】

1. 年龄分组　将 0 岁至不足 1 岁作为第一组，1～4 岁作为第二组，5 岁以上每 5 岁一个组，80 岁及以上合并为“80～”岁组。

2. 计算各年龄组死亡率　按照公式 ${}_nm_x=\dfrac{{}_nD_x}{{}_nP_x}$ 计算各年龄组死亡率${}_nm_x$，计算结果列入表 15-3 中的第(4)栏，为了减小计算误差，计算结果保留 6 位小数。

3. 填死亡率入表　计算出各年龄组死亡概率${}_nq_x$，计算结果列入表 15-3 中的第(5)栏。

0 岁组的死亡概率${}_1q_0$，可以用婴儿死亡率代替。所以${}_1q_0=34/1767=0.019242$

按照式 ${}_nq_x=\dfrac{2n_nm_x}{2+n_nm_x}$ 计算${}_nq_x$，本例${}_4q_1=\dfrac{2\times4\times0.003123}{2+4\times0.003123}$；${}_5q_5=\dfrac{2\times5\times0.000884}{2+5\times0.000884}$

余下的依此类推，但是最后一组的死亡概率 $q_{80}=1.000000$。

1 岁组及以上组可用 ${}_nq_x=1-e^{-n_nm_x}$ 计算，如${}_4q_1=1-e^{-4\times0.003123}$，${}_5q_5=1-e^{-5\times0.000884}$，余下的依此类推，但是最后一组的死亡概率 $q_{80}=1.000000$。

4. 填死亡人数、尚存人数入表　令 $l_0=100\ 000$，按照式(15-5)计算死亡人数${}_nd_x$，填入第(7)栏；按照式(15-6)计算尚存人数 l_x；填入第(6)栏。

本例，$d_0=l_0\cdot q_0=100000\times0.019242=1924$

$l_1=l_0-d_0=100000-1924=98076$

${}_4d_1=l_1\cdot{}_4q_1=98076\times0.012416=1218$

$l_5=l_1-{}_4d_1=98076-1218=96858$，余下依此类推。

笔记：

5. 填生存人年数入表　计算生存人年数${}_nL_x$，填入第(8)栏。

按公式 $L_0=l_1+\alpha_0d_0$ 计算“0～”岁组的生存人年数，式中 α_0 为当地每个死亡婴儿平均存活的年数，这里我们取 α_0 为 0.09（因为此地的男性婴儿死亡率小于 20‰）；

本例中，$L_0 = 98076 + 0.09 \times 1924 = 98249$

按照式(15-8)计算“1～”组、“5～”岁组的生存人年数

本例 ${}_4L_1 = \frac{4}{2}(l_1 + l_5) = \frac{4}{2}(98076 + 96858) = 389868$；

${}_5L_5 = \frac{5}{2}(l_5 + l_{10}) = \frac{5}{2}(96858 + 96431) = 483223$，余下类推。结果如表 15-4。

按式(15-9)计算最后一组生存人年数：

$$L_{80}(+) = \frac{l_{80}}{m_{80(+)}} = 34624 \div 0.163953 = 211182$$

6. 填生存总人年数入表 计算生存总人年数 T_x，填入第(9)栏。

按式(15-10)，由下向上累计求各年龄组尚存者的生存总人年数。

本例，$T_{80} = L_{80(+)} = 211182$；

$T_{75} = T_{80} + {}_5L_{75} = 211182 + 212333 = 423515$；余下类推。

7. 计算平均预期寿命，填表 计算平均预期寿命 e_x，填入第(10)栏。

按式(15-11)计算各年龄尚存者的平均期望寿命，本例：

$e_0 = \frac{T_0}{l_0} = \frac{7011590}{100000} = 70.12$（岁）；$e_1 = \frac{T_1}{l_1} = \frac{6913341}{98076} = 70.49$（岁），余下类推。结果如表 15-4。

表 15-4 某县 2001 年男性简略寿命表

年龄组(岁) x～(1)	平均人口数 ${}_nP_x$(2)	实际死亡数 ${}_nD_x$(3)	年龄组死亡率 ${}_nm_x$(4)	死亡概率 ${}_nq_x$(5)	尚存人数 l_x(6)	死亡人数 ${}_nd_x$(7)	生存人年数 ${}_nL_x$(8)	生存总人年数 T_x(9)	预期寿命 e_x(10)
0～	1767	34	0.0192417	0.019242	100000	1924	98249	7011590	70.12
1～	7684	24	0.003123	0.012416	98076	1218	389868	6913341	70.49
5～	9045	8	0.000884	0.004413	96858	427	483223	6523473	67.35
10～	10032	6	0.000598	0.002986	96431	288	481435	6040250	62.64
15～	7409	5	0.000675	0.003369	96143	324	479905	5558815	57.82
20～	9874	16	0.001620	0.008069	95819	773	477163	5078910	53.01
25～	13500	19	0.001407	0.007012	95046	666	473565	4601747	48.42
30～	13038	33	0.002531	0.012576	94380	1187	468933	4128182	43.74
35～	10500	24	0.002286	0.011364	93193	1059	463318	3659249	39.27
40～	5759	22	0.003820	0.018920	92134	1743	456313	3195931	34.69
45～	6577	23	0.003497	0.017334	90391	1567	448038	2739618	30.31
50～	4817	31	0.006436	0.031668	88824	2813	437088	2291580	25.80
55～	4065	46	0.011316	0.055024	86011	4733	418223	1854492	21.56
60～	3528	73	0.020692	0.098370	81278	7995	386403	1436269	17.67
65～	3102	89	0.028691	0.133855	73283	9809	341893	1049866	14.33
70～	2420	112	0.046281	0.207407	63474	13165	284458	707973	11.15
75～	1259	93	0.073868	0.311767	50309	15685	212333	423515	8.42
80～	860	141	0.163953	1.000000	34624	34624	211182	211182	6.10

【解释】 从简略寿命表(表 15-4)可以看出,2001 年该县男性的出生期平均期望寿命为 70.12 岁,80 岁及以上平均尚可生存 6.10 岁。由于婴儿死亡率较高(19.242‰),导致“1～”岁组的期望寿命比“0～”岁组的期望寿命高,如果降低婴儿死亡率,期望寿命将继续提高。

【例 15-3】 某研究者根据某地 2000 年人口普查的资料(包括了年龄组平均人口数及实际死亡人数),想比较当地男女的平均寿命有无差异,他应该如何做呢?

【分析】

想要比较男女的平均寿命有无差异,可分别计算出男性和女性的出生期期望寿命,直接进行比较。因为平均期望寿命是按不同年龄组计算的,不受年龄别人口构成的影响,同一个地区不同性别间的平均期望寿命可直接比较,不同地区的平均期望寿命也可直接比较。因此,该研究者应该按照简略寿命表的步骤分别编制出该地男性和女性的简略寿命表。

【具体步骤】

①用${}_nD_x$表示死亡人数,而${}_nP_x$表示年龄组平均人口数,按照公式 ${}_nm_x=\frac{{}_nD_x}{{}_nP_x}$ 计算各年龄组死亡率${}_nm_x$;②将年龄组死亡率转换为年龄组死亡概率${}_nq_x$,用公式表示为 ${}_nq_x=\frac{2n_nm_x}{2+n_nm_x}$ 或 ${}_nq_x=1-e^{-n_nm_x}$,q_0 以婴儿死亡率代替;③分别用公式 $d_x=l_x\cdot q_x$ 或 ${}_nd_x=l_x\cdot{}_nq_x$,$l_{x+1}=l_x-d_x$ 或 $nl_x=l_x-{}_nd_x$ 计算尚存人数(l_x 或${}_nl_x$)和死亡人数(${}_nd_x$);④生存人年数(L_x 或${}_nL_x$)计算时,婴儿组的生存人年数(L_0 或${}_1L_0$)用公式 $L_0=l_1+\alpha d_0$ 或 ${}_1L_0=\alpha l_0+(1-\alpha)l_1$ 计算,式中 α 为当地每个死亡婴儿平均存活的年数(此例因婴儿死亡率均高于 20‰但是低于 39.99‰,α 取 0.15),“1～”岁组的生存人年数用公式 ${}_nL_x=\frac{n}{2}(l_x+l_{x+n})$ 计算,最后一组生存人年数按公式 $L_w=\frac{l_w}{m_w}$ 计算;⑤用公式 $T_x=\sum L_x$ 或 $T_x=\sum{}_nL_x$ 计算生存总人年数 T_x;⑥按公式 $e_x=\frac{T_x}{l_x}$ 计算期望寿命 e_x。结果如表 15-5:

表 15-5 某地 2000 年男女性简略寿命表比较

年龄组(岁)x～	男					女				
	平均人口数${}_nP_x$	实际死亡数${}_nD_x$	死亡概率${}_nq_x$	尚存人数 l_x	预期寿命 e_x	平均人口数${}_nP_x$	实际死亡数${}_nD_x$	死亡概率${}_nq_x$	尚存人数 l_x	预期寿命 e_x
0～	4812	114	0.023691	100000	69.10	4088	162	0.039628	100000	72.04
1～	22250	44	0.007881	97631	69.77	18767	28	0.00595	96037	74.00
5～	28154	27	0.004784	96862	66.31	23778	16	0.003359	95466	70.43
10～	30231	11	0.001818	96399	61.62	26972	13	0.002407	95145	65.66
15～	25881	32	0.006161	96224	56.72	23886	18	0.003763	94916	60.81
20～	25927	52	0.00998	95631	52.06	23667	39	0.008206	94559	56.03
25～	29862	60	0.009995	94677	47.56	26713	45	0.00839	93783	51.48
30～	28891	62	0.010673	93731	43.01	26461	24	0.004525	92996	46.89
35～	24144	65	0.01337	92731	38.45	23296	43	0.009188	92575	42.09
40～	19673	58	0.014632	91491	33.94	18449	35	0.00944	91724	37.46
45～	16647	78	0.023159	90152	29.41	16006	50	0.015499	90858	32.79
50～	13496	96	0.034944	88064	25.04	12314	46	0.018507	89450	28.27

续表

年龄组(岁)x～	男					女				
	平均人口数$_nP_x$	实际死亡数$_nD_x$	死亡概率$_nq_x$	尚存人数l_x	预期寿命e_x	平均人口数$_nP_x$	实际死亡数$_nD_x$	死亡概率$_nq_x$	尚存人数l_x	预期寿命e_x
55～	10806	120	0.054025	84987	20.86	9731	72	0.036323	87795	23.76
60～	9690	182	0.089698	80396	16.91	8629	135	0.075281	84606	19.56
65～	7989	266	0.153687	73185	13.33	7838	207	0.123871	78237	15.95
70～	5561	288	0.229262	61937	10.29	6003	220	0.167861	68546	12.85
75～	3090	278	0.36724	47737	7.61	3966	242	0.264714	57040	9.93
80～	1195	178	0.542683	30206	5.58	2203	214	0.390795	41941	7.61
85～	391	83	0.693400	13814	4.23	991	138	0.516466	25551	5.89
90～	63	20	1.000000	4235	3.15	266	59	1.000000	12355	4.51

注：表中“0～”组的$_nP_x$为出生数

【结果解释】

从上表中，我们可以看到2000年该地男性期望寿命“0～”组的为69.10岁，“1～”岁组的为69.77岁，“5～”岁组的是66.31岁，“90～”岁组以上为3.15岁，女性期望寿命“0～”组的为72.04岁，“1～”岁组的为74.00岁，“5～”岁组的是70.43岁，“90～”岁组以上为4.51岁。由此，我们可认为该地女性平均期望寿命比男性长2.94岁。此外，还可看出由于女性婴儿死亡率均较高(39.628‰)，导致女性“1～”岁组的期望寿命比“0～”岁组高很多，如果降低女性婴儿死亡率，女性期望寿命有望继续提高。

【知识点15-2】　　简略寿命表的具体步骤：

1. 年龄分组；
2. 计算各年龄组死亡率$_nm_x$；
3. 计算出各年龄组死亡概率$_nq_x$；
4. 计算死亡人数$_nd_x$及计算尚存人数l_x；
5. 计算生存人年数$_nL_x$；
6. 计算生存总人年数T_x；
7. 计算平均期望寿命e_x。

第四节　去死因寿命表

【例15-4】 根据例15-2中某县男性的平均人口数和全死因死亡人数等基本数据以及后来调查得到该地的年龄别肿瘤死亡数，某研究者想了解肿瘤对该地居民生命的影响，应该怎么做？

【分析】

研究某种死因对居民死亡的影响，常用死因别死亡率、年龄组死因死亡率及标准化死亡率等指标，但都不是很理想，比较合适的方法是利用去死因寿命表来分析某种或某类死因对期望寿命等指标的影响程度。

去死因寿命表的结构、指标及原理和简略寿命表基本一样，只是多了一个年龄组因某病的死亡人数，具体步骤如下：

【具体步骤】

1. 年龄分组 将0岁作为第一组，1～4岁作为第二组，5岁以上每5岁一个组，85岁及以上合并为85～岁组。

2. 平均人口数、全死因死亡人数和肿瘤死亡人数填表 将平均人口数$_nP_x$及全死因死亡人数$_nD_x$以及肿瘤死亡人数$_nD_x^i$分别填入表15-6的第(2)栏，第(3)栏，第(4)栏。

3. 求去肿瘤死亡人数后剩余的死亡人数比例 根据各年龄组死亡人数$_nD_x$及肿瘤死亡人数$_nD_x^i$，按式(15-12)求得去肿瘤后所剩余的死亡人数比例$_nr_x^{-i}$，列入表15-6中的第(5)栏，为了减小计算误差，计算结果保留6位小数。

$$_nr_x^{-i}=\frac{_nD_x-{}_nD_x^i}{_nD_x} \tag{15-12}$$

本例 $r_0^{-i}=\dfrac{D_0-D_0^i}{D_0}=\dfrac{34-1}{34}=0.970588$；

笔记：

$_4r_1^{-i}=\dfrac{_4D_1-{}_4D_1^i}{_4D_1}=\dfrac{24-1}{24}=0.958333$；余下依此类推。

4. 求各年龄组死因生存概率 根据该地全死因寿命表(表15-4)中的死亡概率$_nq_x$，求得各年龄组的全死因生存概率$_np_x=1-{}_nq_x$，填入第(6)栏。

本例，$p_0=1-q_0=1-0.019242=0.980758$

$_4p_1=1-{}_4q_1=1-0.012416=0.987584$；余下依此类推。

5. 求去肿瘤死亡后的生存概率 按式(15-13)求得去肿瘤死亡后的生存概率$_np_x^{-i}$，填入第(7)栏。

$$_np_x^{-i}=({}_np_x)^{_nr_x^{-i}} \tag{15-13}$$

本例 $p_0^{-i}=(p_0)^{r_0^{-i}}=(0.980758)^{0.970588}=0.981319$

$_4p_1^{-i}=({}_4p_1)_0^{r^{-i}}=(0.987584)^{0.958333}=0.988098$；余下依此类推。

6. 求去肿瘤死亡后的死亡概率 根据去肿瘤死亡后的生存概率$_np_x^{-i}$，求得去肿瘤死亡后的死亡概率$_nq_x^{-i}=1-{}_np_x^{-i}$，表中略；再按式(15-14)计算去肿瘤死亡后的尚存人数l_x^{-i}，填入表中第(8)栏。

$$l_{x+n}^{-i}=l_x^{-i}\cdot{}_np_x^{-i} \tag{15-14}$$

本例 $l_1^{-i}=l_0^{-i}\cdot p_0^{-i}=100000\times0.981319=98132$

$l_5^{-i}=l_1^{-i}\cdot{}_4p_1^{-i}=98132\times0.988098=96964$

7. 求生存人年数 计算生存人年数nL_x^{-i}，填入第(9)栏。

按公式$L_0^{-i}=l_1^{-i}+\alpha_0d_0^{-i}$计算婴儿组生存人年数，式中$\alpha_0$为当地每个死亡婴儿平均存活的年数，这里我们取$\alpha_0$为0.09；$d_0^{-i}=l_0^{-i}-l_1^{-i}=100000-98132=1868$，则

本例中，$L_0^{-i}=l_1^{-i}+\alpha_0d_0^{-i}=98132+0.09\times1868=98300$

笔记：

参照公式(15-8)计算1岁以上组去肿瘤死亡后的生存人年数

本例$_4L_1^{-i}=\dfrac{4}{2}(l_1^{-i}+l_5^{-i})=\dfrac{4}{2}(98132+96964)=390192$；

$_5L_5^{-i}=\dfrac{5}{2}(l_5^{-i}+l_{10}^{-i})=\dfrac{5}{2}(96964+96536)=483750$，余下类推。

按式$L_{80(+)}^{-i}=\dfrac{l_{80}^{-i}}{m_{80(+)}^{-i}}$计算最后一组生存人年数，其中$m_{80(+)}^{-i}=\dfrac{D_{80(+)}-D_{80(+)}^i}{P_{80(+)}}$

本例 $L_{80(+)}^{-i}=\dfrac{l_{80}^{-i}}{m_{80(+)}^{-i}}=\dfrac{44392}{(141-22)/860}=320819$

8. 求生存总人年数 计算生存总人年数T_X^{-i}，填入第(10)栏。

参照式(15-10)，由下向上累计求各年龄组尚存者的生存总人年数，本例，$T_0^{-i} = L_{80(+)}^{-i} = 320819$；

$$T_{75}^{-i} = T_{80}^{-i} + {}_5L_{75}^{-i} = 320819 + 262805 = 583624;$$

$$T_{70}^{-i} = T_{75}^{-i} + {}_5L_{70}^{-i} = 583624 + 329957 = 913581$$；余下类推。结果见表 15-6。

9. 求平均期望寿命　计算平均期望寿命 e_x^{-i}，填入第(11)栏。

参照式(15-11)计算各年龄尚存者的平均期望寿命，本例：

$e_0^{-i} = \frac{T_0^{-i}}{l_0^{-i}} = \frac{7312667}{100000} = 73.13$(岁)；$e_1^{-i} = \frac{T_1^{-I}}{l_1^{-i}} = \frac{7214367}{98132} = 73.52$(岁)，余下类推。结果见表 15-6。

表 15-6　某地 2001 年男性去肿瘤死因简略寿命表

年龄分组 x～(1)	平均人口数 ${}_nP_x$ (2)	全死因死亡人数 ${}_nD_x$(3)	肿瘤死亡人数 ${}_nD_x^i$(4)	去肿瘤后剩余死亡比例 ${}_nr_x$(5)	全死因生存概率 ${}_np_x$(6)	去肿瘤死亡后生存概率 ${}_np_x^{-i}$(7)	尚存人数 l_x^{-i} (8)	生存人年数 ${}_nL_x^{-i}$(9)	生存总人年数 T_X^{-i} (10)	平均预期寿命 e_x^{-i} (11)
0～	1767	34	1	0.970588	0.980758	0.981319	100000	98300	7312667	73.13
1～	7684	24	1	0.958333	0.987584	0.988098	98132	390192	7214367	73.52
5～	9045	8	0	1.000000	0.995587	0.995587	96964	483750	6824176	70.38
10～	10032	6	0	1.000000	0.997014	0.997014	96536	481960	6340425	65.68
15～	7409	5	0	1.000000	0.996631	0.996631	96248	480429	5858466	60.87
20～	9874	16	2	0.875000	0.991931	0.992936	95924	477924	5378037	56.07
25～	13500	19	3	0.842105	0.992988	0.994092	95246	474823	4900113	51.45
30～	13038	33	6	0.818182	0.987424	0.989699	94683	470978	4425290	46.74
35～	10500	24	2	0.916667	0.988636	0.989578	93708	466098	3954312	42.20
40～	5759	22	5	0.772727	0.981080	0.985348	92731	460260	3488214	37.62
45～	6577	23	7	0.695652	0.982666	0.987910	91373	454101	3027954	33.14
50～	4817	31	8	0.741935	0.968332	0.976407	90268	446015	2573852	28.51
55～	4065	46	12	0.739130	0.944976	0.959031	88138	431664	2127837	24.14
60～	3528	73	22	0.698630	0.901631	0.930211	84527	407889	1696173	20.07
65～	3102	89	28	0.685393	0.866145	0.906202	78628	374704	1288284	16.38
70～	2420	112	35	0.687500	0.792593	0.852309	71253	329957	913581	12.82
75～	1259	93	15	0.838710	0.688233	0.730983	60730	262805	583624	9.61
80～	860	141	22	0.843972	0.000000	0.000000	44392	320819	320819	7.24

列出表 15-7，以比较表 15-4 与表 15-6 中 x 岁尚存者的平均期望寿命。

表 15-7　某地 2001 年男性因肿瘤死亡减少的平均期望寿命

年龄组(岁)	e_x^{-i} (岁)	e_x (岁)	$e_x^{-i} - e_x$ (岁)	$\frac{e_x^{-i} - e_x}{e_x}$ (%)
0～	73.13	70.12	3.01	4.29
1～	73.52	70.49	3.03	4.30
5～	70.38	67.35	3.03	4.50
10～	65.68	62.64	3.04	4.85
15～	60.87	57.82	3.05	5.27
20～	56.07	53.01	3.06	5.77
25～	51.45	48.42	3.03	6.26

续表

年龄组(岁)	e_x^{-i}(岁)	e_x(岁)	$e_x^{-i}-e_x$(岁)	$\frac{e_x^{-i}-e_x}{e_x}$(%)
30～	46.74	43.74	3.00	6.86
35～	42.20	39.27	2.93	7.46
40～	37.62	34.69	2.93	8.45
45～	33.14	30.31	2.83	9.34
50～	28.51	25.80	2.71	10.50
55～	24.14	21.56	2.58	11.97
60～	20.07	17.67	2.40	13.58
65～	16.38	14.33	2.05	14.31
70～	12.82	11.15	1.67	14.98
75～	9.61	8.42	1.19	14.13
80～	7.23	6.10	1.13	18.52

由表 15-7 可见，该地 2001 年男性因肿瘤死亡而减少的出生时期期望寿命为 3.01 岁，如果肿瘤死亡得到有效控制，则出生时的期望寿命可增加 4.29%。此外，从表中还可以看出此百分数有随着年龄增长而增加的趋势。

【知识点 15-3】

1. 去死因寿命表(cause eliminated table)是去除某个死因后编制的寿命表，可用于研究某种死因或某些死因对居民死亡的影响。其原理是假定某种死因消除了，则原死于该死因的人不死于该死因了，寿命就会延长，若该死因对生命的威胁越大，则寿命就会延长越多，与全死因寿命表比较，则消除该死因后增加的期望寿命就越多。

2. 去死因寿命表的优点：①平均期望寿命的损失量等可以综合说明某类死因对人群生命的危害程度，概念清楚；②去死因寿命表指标既能说明某死因对全人口的综合作用，又能说明它对某年龄人口的作用；③去死因寿命表指标不受人口年龄构成的影响，便于互相比较。

3. 去死因寿命表的编制步骤：①根据各个年龄组死亡人数及某死因死亡人数计算去某死因后所剩余的死亡人数比例$_nr_x$。②根据全死因寿命表中的死亡概率求生存概率，再计算去某死因后的生存概率。③计算去死因寿命表的尚存人数。④计算去死因寿命表的生存人数及生存总人年数。⑤计算去死因寿命表的期望寿命。

第五节　寿命表的应用

一、寿命表分析

寿命表指标中的 l_x、q_x、d_x、e_x 等指标，并不是实际值，而是根据各年龄组死亡率得到的虚拟的综合评价指标，均可用于评价居民健康水平，尤其是 e_0 值，已成为国内外评价不同地区、不同时期居民健康水平的最好单项指标。

1. 寿命表尚存人数 l_x　该指标反映一定年龄别死亡概率下一代人的生存过程，一般用普通线图表示(图 15-1)。分析时要注意曲线的高度和曲度，尤其是曲线头部曲度的变化。年龄组死亡率低，曲线就高；婴儿死亡率低，曲线头部的曲度小；反之，下降的坡度大。曲线肩部的形态亦可直观反映生存状况。若肩部较“坦阔”，曲率变化较缓慢(曲线下面积较大)，则表示人群生存状况较好，反之若肩部较“瘦削”，曲线变化较快(曲线下面积较小)则说明人群生存状况较差。

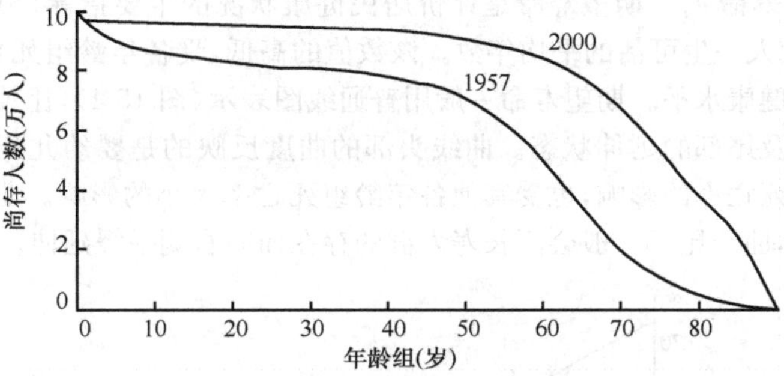

图 15-1 某地 1957 年与 2000 年男性尚存人数 l_x 曲线比较

2. 寿命表死亡概率 $_nq_x$ 死亡概率曲线可被绘制成半对数线图，横坐标为年龄，用算术尺度，纵坐标为死亡概率，用对数尺度，见图 15-2。一般呈"V"型，可比较死亡概率曲线起点及线条的高低。分析时要注意曲线的高度和曲度，健康水平较高的地区，死亡概率曲线较低，尤以婴幼儿段明显。

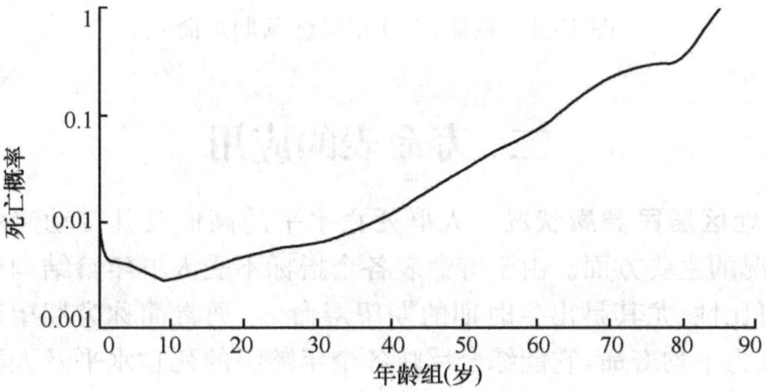

图 15-2 某地 2000 年男性死亡概率 $_nq_x$

3. 寿命表死亡人数 $_nd_x$ 反映在一定年龄组死亡率基础上，一代假想人口的死亡过程。可用直方图表示(图 15-3)，横坐标为年龄，纵坐标为死亡人数，通过观察各年龄组直条的高低了解寿命表死亡人数的多少。分析时要注意直方图的高峰位置与高度。婴幼儿段高峰的降低，老年段高峰位置的后移，说明年龄组死亡率的下降。

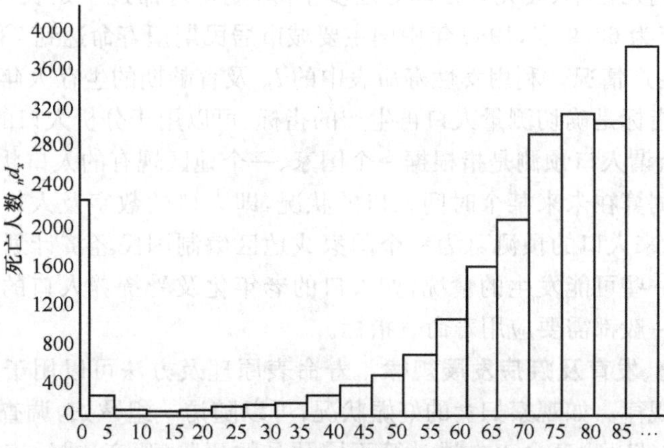

图 15-3 某地 2000 年男性寿命表死亡人数 $_nd_x$

4. 寿命表期望寿命 e_x 期望寿命是评价居民健康状况的主要指标。0～岁组的期望寿命 e_0，表示虚拟的一代人一生可活的平均年数。该数值的高低，受各年龄组死亡率的影响，可概括一定时期某人群的健康水平。期望寿命一般用普通线图表示（图 15-4），比较分析时要注意曲线头部、高度、坡度以及尾部的延伸状态。曲线头部的曲度反映的是婴幼儿死亡率的高低。曲线的高度既受婴幼儿死亡率的影响，也受其他各年龄组死亡率大小的影响。曲线的坡度反映了平均每岁的寿命损失，曲线尾部一般会因长寿人群的存在而向右侧平缓延伸。

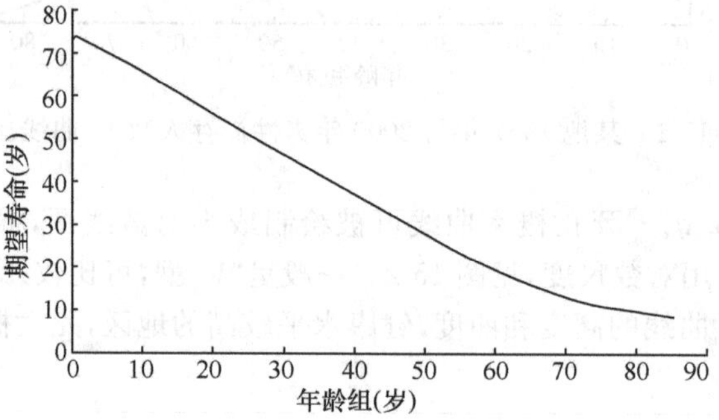

图 15-4 某地 2000 年男性预期寿命 e_x

二、寿命表的应用

笔记：

1. 评价国家或地区居民健康状况 人群死亡水平的高低及其变动趋势是评价社会卫生状况的主要方面。由于寿命表各个指标不受人群年龄结构等影响，具有较好的可比性，尤其是出生时期的期望寿命 e_0，通常简称为期望寿命，也有些资料称其为平均寿命，它能综合反映各个年龄组的死亡水平及人群健康水平，是评价不同国家和不同地区社会卫生状况的主要指标之一。目前，发达国家的期望寿命比发展中国家要长，根据世界卫生组织推算，1980～1985 年世界人口期望寿命为 59.2 岁，发达国家和发展中国家期望寿命相差 15.4 岁，其原因是发展中国家的社会经济、医疗卫生保健状况和营养状况较差所致。中国属于发展中国家，中国的期望寿命发展变化较大，解放前，中国居民的期望寿命很短，是当时世界上期望寿命最低的国家之一，1929～1931 年中国农民的期望寿命男性 34.85 岁，女性 34.65 岁；解放后，随着经济的高速发展，医疗卫生保健状况和居民营养状况逐步改善，传染病死亡率、婴儿死亡率等逐步下降，期望寿命逐步延长，50 年代初期望寿命为 50 岁左右，1985 年为 68.9 岁，1989 年中国主要城市居民期望寿命达到 73.82 岁。

2. 研究人口再生产情况 利用女性寿命表中的 l_x 及育龄期的生存人年数 ${}_nL_x$，可以计算出人口净再生育率，该指标是确切测量人口再生产的指标，可以用于分析人口的发展趋势。

3. 人口预测 所谓人口预测是指根据一个国家、一个地区现有的人口状况及可以预计到的未来发展变化趋势，测算在未来某个时间人口的状况，即人口的数字及人口性别年龄构成。一个国家或一个地区未来人口的预测可为一个国家或地区编制国民经济计划及卫生保健规划提供人口资料；可预见一些可能发生的情况，如人口的老年化及受抚养人口的增长问题等。人口预测的方法有很多，一般都需要应用寿命表指标。

4. 研究人的生育、发育及疾病发展规律 寿命表原理及方法可以用于研究人（生物）的生育、发育及疾病发展规律。如观察妇女的妊娠状况，可以随访一组孕妇，调查其妊娠结局（死胎、死产或活产），用定群（队列）寿命表方法计算不同孕月的死胎（死产）或活产概率及预期妊娠月数。在生长发育中，欲了解女性青春期发育状况，可以调查一群女性青少年，了解其月经初潮情况，就可以计算不同年龄者的月经初潮概率及月经未来潮者的预期月经初潮年龄。在临床研究中，通常用定群（队列）寿命表来计算某疗法治疗后不同时期的生存率和平均生存期。

思考练习

（一）是非题（正确记"＋"，错误记"－"）

1. 寿命表中一定是 0 岁组期望寿命大于 1 岁组。（ ）
2. 去死因寿命表是用来说明某一死因对居民寿命的危害程度。（ ）
3. 寿命表中的 ${}_nq_x$ 是指刚活满 x 岁的人今后 n 年内死亡的可能性。（ ）
4. 一个地区居民期望寿命越大，表示该地区居民的经济、医疗卫生等情况越好。（ ）
5. 寿命表中的尚存人数不受原始数据中人口年龄构成的影响。（ ）
6. 要提高居民的出生期期望寿命，应首先降低婴儿死亡率。（ ）
7. 不同地区的预期寿命不能直接比较。（ ）

（二）选择题（从 a～e 中选出一个最佳答案）

1. 在简略寿命表计算中，0～岁组的死亡概率________用代替。

a. 年龄组死亡率　　b. 总死亡率　　c. 人口构成比
d. 婴儿死亡率　　e. 性别死亡率

2. 简略寿命表的编制是根据某一人群的________计算出的一种统计表。

a. 年龄组死亡率　　b. 总死亡率　　c. 人口构成比
d. 某病的年龄别死亡率　　e. 性别死亡率

3. 表示同时出生的一代人活到 x 岁时，尚能生存的平均岁数的指标是。

a. ${}_nq_x$　　b. ${}_nd_x$　　c. ${}_nm_x$
d. ${}_nl_x$　　e. e_x

4. 某地某年女性简略寿命表中 0 岁组的期望寿命为 71.5 岁，则 1 岁组的期望寿命为________。

a. 大于 71.5　　b. 小于 71.5　　c. 等于 71.5
d. 大于等于 71.5　　e. 不一定

5. 两地平均死亡年龄不能直接比较的原因是________。

a. 总死亡率不同　　b. 总人口不同　　c. 年龄别死亡率不同
d. 年龄别人口构成不同　　e. 性别死亡率不同

6. 在寿命表的编制中，10 通常假定为________人。

a. 1000　　b. 10000　　c. 100000
d. 1000000　　e. 10000000

7. 通常用线图描述的寿命表指标是________。

a. l_x，T_x　　b. ${}_nq_x$，${}_nL_x$　　c. ${}_nL_x$，${}_nd_x$
d. l_x，e_x　　e. ${}_nL_x$，T_x

8. 编制寿命表的关键在于将________转换为 ${}_nq_x$。

a. ${}_nD_x$　　b. ${}_nL_x$　　c. ${}_nm_x$
d. e_x　　e. ${}_nq_x$

（三）应用分析题

1. 2007 年某县年龄别人口数及死亡数如表 15-8，请编制该县简略寿命表。

表 15-8　某县 2007 年年龄别人口数及死亡数

年龄组(岁)	平均人口数	实际死亡数	年龄组(岁)	平均人口数	实际死亡数
0～	3318	87	40～	15167	32
1～	13877	45	45～	13129	40
5～	15738	11	50～	9571	51
10～	17503	13	55～	7813	61
15～	12762	12	60～	6734	103
20～	18068	30	65～	6239	136
25～	24793	32	70～	4783	187
30～	25093	40	75～	3762	184
35～	19083	41	80～	2256	312

2. 2000 年石林县男女年龄别人口数及死亡数见表 15-9，请编制 2000 年石林县男女简略寿命表，并且比较不同性别间的期望寿命。

表 15-9　石林县 2000 年年龄别人口数及死亡数

年龄组(岁)x	男		女	
	平均人口数${}_nP_x$	实际死亡数${}_nD_x$	平均人口数${}_nP_x$	实际死亡数${}_nD_x$
0～	1767	34	1651	55
1～	7684	24	7193	24
5～	9045	8	8693	2
10～	10032	6	9471	7
15～	7409	5	6353	7
20～	9874	16	9194	14
25～	13500	19	12293	13
30～	13038	33	12155	11
35～	10500	24	9583	17
40～	5759	22	5408	11
45～	6577	23	6452	18
50～	4817	31	4554	19
55～	4065	46	3738	14
60～	3528	73	3306	29
65～	3102	89	3037	57
70～	2420	112	2463	85
75～	1259	93	1503	81
80～	860	141	1296	161

3. 某市 2000 年男性居民的各年龄组年平均人口数、全死因死亡数及肿瘤死亡数等资料见表 15-10，试编制去肿瘤死亡后的去死因寿命表。

表 15-10　某市 2000 年男性居民的按年龄分组的生存资料

年龄组(岁)	平均人口数(人)	死亡人数(人)	肿瘤死亡人数(人)	年龄组(岁)	平均人口数(人)	实际死亡人数(人)	肿瘤死亡人数(人)
0～	18753	246	1	45～	65863	239	71
1～	54325	60	2	50～	54243	346	120
5～	64063	46	4	55～	43355	528	180
10～	94683	64	6	60～	32004	763	200
15～	114332	90	7	65～	24445	972	220
20～	126941	123	11	70～	12818	897	120
25～	118930	127	18	75～	5813	647	70
30～	91922	104	15	80～	2685	517	4
35～	62290	92	22	85～	1456	544	10
40～	56806	134	40				

注：$a_0=0.145$

（孟　琼　常　巍　陈　莹）

第十六章　随访资料生存分析

第一节　概　　述

【例 16-1】 某医生将20例原发性肺癌患者随机分为两组，一组采用纯中药治疗（甲组），另一组采用中西药结合治疗（乙组），观察终点为复发或转移，从缓解出院日开始随访，随访时间（月）如表16-1，右上带有"+"的表示有截尾数据，试比较两种治疗方案的效果有无差别。该医生采用两独立样本的 t 检验进行分析，得 $t=2.293, P=0.038$，差异有统计学意义，故认为两种治疗方案的效果有差别，且中西药结合治疗组的效果好于中药组。

表 16-1　20 例原发性肺癌两种治疗方案的随访时间

组别	随访时间(月)									
甲组	1	4	6	9	12	12	15	22^+	25	32
乙组	6	8	10^+	18	25	35	35^+	45	50	58

【问题 16-1】

笔记：

(1) 这是什么资料？

(2) 该医生的统计分析是否正确？为什么？

【分析】

(1) 该资料为随访得到的生存资料(survival data)。

(2) 统计分析不正确。尽管本资料的随访时间为计量变量，但随访时间通常不服从正态分布，且本资料的随访时间存在截尾数据，因此不宜用前面学过的 t 检验或方差分析。对这种资料应该用生存分析方法，如对数秩检验或 Gehan 比分检验。

在医学随访研究中，像例16-1这种既关心某事件发生的结局，又关心发生该结局所经历的时间的研究很常见。如恶性肿瘤、糖尿病、心血管病等慢性病治疗措施的疗效评价，不仅要考虑治愈率或缓解率，还要考虑治愈时间或缓解时间；疾病预后的影响因素评价，也要同时考虑疾病的结局（"生存"或"死亡"）和出现这种结局所经历的时间，如肺癌术后效果的评价，不仅要考虑患者是否复发或转移，还要考虑其复发或转移的时间。这类资料统计学上统称为生存资料(survival data)，该资料具有以下几个特点：①结局为两分类互斥事件（是否复发或转移、死亡或生存等）；②蕴含有结局和时间两个方面的信息；③通过随访得到；④常因失访等原因造成某些研究对象的生存时间数据不完整，分布类型复杂（通常不服从正态分布）。

生存分析是专门处理生存资料的统计方法，它将随访时间和事件发生的结果两个因素结合在一起进行分析。生存分析的观察结果（结局）可以是任何事件，如死亡、痊愈、发病、复发或缓解等。下面介绍生存分析中的基本概念。

【知识点 16-1】

1. 生存资料的特点：①结局为两分类互斥事件（是否复发或转移、死亡或生存等）；②蕴含有结局和时间两个方面的信息；③通过随访得到，故又称为随访资料；④常因失访等原因造成某些研究对象的生存时间数据不完整，一般呈偏态分布。

2. 生存分析是专门处理生存资料的统计方法，它将随访时间和事件发生的结果两个因素结合在一起进行分析。生存分析的观察结果（结局）可以是任何事件，如死亡、痊愈、发病、复发或缓解等。

一、死亡事件与起始事件

（一）死亡事件

死亡事件（failure event）又称失效事件或终点事件。狭义的死亡事件指通常意义下的生物体死亡。广义的死亡事件泛指标志某种处理措施失败或失效的事件，如急性白血病患者化疗后的复发，接受健康教育戒烟后的青少年复吸烟、接受某种健康保险方式后的中途退保等。一般在设计阶段根据研究目的确定，并在研究中严格遵守。

（二）起始事件

起始事件（initial event）又称起点事件，是反映生存时间起始特征的事件，如疾病确诊、某种疾病治疗开始、开始戒烟、开始接触某种毒物等，设计时也需要明确规定。

二、生存时间

生存时间（survival time）指观察对象出现某种结局所经历的时间，可用小时、天、周、月、年等时间单位记录，常用符号 t 表示。狭义的生存时间是指通常意义下生物体的存活时间，如患某种疾病的病人从发病到死亡的持续时间。广义的生存时间定义为从某种起始事件到死亡事件所经历的时间。例如，急性白血病病人从治疗开始到复发为止之间的缓解期，冠心病病人两次发作之间的时间间隔，戒烟开始到重新吸烟之间的时间长短，接触危险因素到发病的时间跨度等。生存分析中最基本的问题就是计算生存时间，它有三个要素：即事件的起点、终点及时间的测度单位（如小时、日、月、年等），否则就无法分析比较。

三、完全数据与截尾数据

（一）完全数据

完全数据（complete data）是指观察对象从某种起始事件到死亡事件所经历的时间，用符号 t 表示。完全数据生存时间观察过程的截止是由于死亡事件，观察对象所提供的关于生存时间的信息是完整的。由完全数据组成的样本资料称为完全资料（complete data）。

（二）截尾数据

截尾数据（censored data）又称删失值、终检值或截尾值。从观察起点到截尾时点所经历的生存时间称为截尾数据（censored data），用符号 t^+ 表示，如在 7 天时截尾写成 7^+。

生存时间观察过程的截止不是由于死亡事件，而是由其他原因引起的，称为截尾（censored）。虽然截尾数据所提供的关于生存时间的信息是不完全的，不知其真正能生存多长时间，但是这类数据还是提供了部分信息。它告诉我们该观察对象至少在已经经历的时间内没有死亡，其真实的生存时间只会长于而不会短于观察时间。

产生截尾数据的原因主要有以下 3 种：①失访：由于搬迁而失去联系，信访无回音；②退出，指死于非研究因素或非处理因素而退出研究，如由于其他原因死亡而未能观察到规定的终点，如死于车祸或其他疾病。③终止：指观察对象的的生存期超过了研究的终止期仍然存活。如研究计划规定只对病人随访 5 年，但有的病人的生存期超过了 5 年，或者由于病人进入研究的时间较晚，虽然对他的随访期未满 5 年，但已到研究的截止时间；又如在动物试验中，有时规定观察期限或动物数；虽然有一部分动物在到达实验终止日期时尚未出现规定的终止事件，但仍停止实验，或者当达到了事先规定的终止事件的动物数后实验停止，这一部分残存动物的生存时间就是截尾数据。

含有截尾数据的样本资料称为截尾资料（censored data）或不完全资料（uncomplete data）。

完全数据提供了观察对象确切的生存时间，是生存分析的主要依据；截尾数据仅提供了部分信息，研究者并不知道观察对象确切的时间。因此，截尾数据太多会影响生存分析的效果。

四、死亡概率与生存概率

（一）死亡概率

死亡概率（mortality probability），记为 q，是指在某单位时段开始存活的观察对象在该时段内死亡的可能性大小。年死亡概率的计算公式为

$$q=\frac{\text{某年内死亡数}}{\text{某年年初观察例数}} \tag{16-1}$$

若年内有截尾，则分母用校正人口数

$$\text{校正人口数}=\text{年初观察例数}-\frac{1}{2}\text{截尾例数} \tag{16-2}$$

（二）生存概率

生存概率（survival probability），记为 p，与死亡概率相对立，表示在某单位时段开始时存活的观察对象到该时段结束时仍存活的可能性大小。某年生存概率的计算公式为

$$p=1-q=\frac{\text{某年活满一年人数}}{\text{某年年初观察例数}} \tag{16-3}$$

五、生存率与风险函数

（一）生存率

生存率（survival rate）又称生存函数，表示观察对象生存时间长于 t 的概率。生存率也是一个广义概念，研究者定义的失效事件不同，其含义也不同，可以是缓解率、有效率等。生存率具有以下特点：观察起点即 $t=0$ 时的生存率为 1；当观察期为无穷大时，其生存率为 0。

若无截尾数据，则

$$S(t_k)=P(T\geqslant t_k)=\frac{\text{生存时间长于 } t_k \text{ 的观察人数}}{\text{观察总人数}} \tag{16-4}$$

式中 T 为观察对象的存活时间。但如果含有截尾数据，分母就必须分时段校正，故上式一般不能直接使用，大多采用概率乘法原理估计生存率。

假定观察对象在各个时段的生存事件独立，生存概率分别为 $p_1 p_2, \cdots, p_k$，则根据概率乘法原理得到估计生存率的计算公式为：

$$S(t_k)=P(T\geqslant t_k)=p_1p_2\cdots p_k \tag{16-5}$$

从式(16-5)可以看出，$S(t_k)$ 实质上是累积生存概率，简称生存率。例如 3 年生存率等于第 1、2、3 年生存概率的连乘积，是第一年存活，第二年也存活，第三年仍然存活的累积结果。

(二) 风险函数

风险函数(hazard function)又称危险率函数、条件死亡率、瞬时死亡率等。表示个体在生存过程中，每单位时间死亡的危险度，或表示具有协变量 x 并已生存到时间 t 的每个观察对象从生存时间 t 到 $t+\Delta t$ 这一非常小的区间内死亡的概率极限，即生存时间已达到 t 的一群观察对象在 t 时刻的瞬时死亡率。

$$h(t,x)=\lim_{\Delta t\to 0}\frac{P(t<T<t\pm\Delta t\mid T>t,x)}{\Delta t} \tag{16-6}$$

六、中位生存时间

中位生存时间(median survival time)又称半数生存期，是指生存率为 0.5 时对应的生存时间，表示有 50%的观察对象可活这么长时间。一般是采用内插法进行估计，计算详后。

【知识点 16-2】

1. 生存分析是一种既考虑研究结局，又考虑生存时间的统计方法。
2. 生存分析不仅能分析完全数据的资料，同时也可以分析包含截尾数据的资料。
3. 生存概率与生存率在名称上仅一字之差，但在意义上差别很大，前者是单个时段的概率，后者是从 0～t 多个时段的累积结果。

第二节　生存率分析

一、生存率分析的主要内容

(一) 描述生存率

研究生存时间的分布特点，估计生存率及其标准误，估计中位生存时间，绘制生存率曲线等。常用的估计生存率的方法有乘积极限法和寿命表法。

(二) 比较生存率

获得生存率及其标准误的估计值后，可进行两组或多组生存率(生存曲线)的比较，以探讨各总体的生存过程是否有差别。常用的比较生存率的方法有对数秩检验、Gehan 比分检验及 Breslow 检验。

(三) 生存率的影响因素分析

研究影响生存时间长短的因素，或在排除一些协变量影响的情况下研究某些因素对生存率的影响。通常将生存时间和结局作为应变量，而将影响因素作为协变量。常用的方法为 Cox 回归(详见本章第三节)。

二、生存率分析的基本方法

(一) 非参数法

非参数法的特点是不论资料是什么样的分布形式，只根据样本提供的信息对生存率进行估计。对于两个及多个生存率的比较，其无效假设只是假定两组或多组总体生存时间分布相同，而不对其具体的分布形式及参数进行推断。非参数法是常用的生存分析方法，上面提到的乘积极限法、寿命表法、对数秩检验和 Gehan 比分检验均属于非参数法。

(二) 参数法

参数法的特点是假定观察对象的生存时间服从于某一特定的参数分布，然后根据已知分布的特点对影响生存的时间进行分析，通过估计的参数得到生存率的估计值。对于两组及以上的样本，可根据参数估计对其进行统计推断。生存时间的分布可能为指数分布、Weibull 分布、对数正态分布等，这些分布曲线都有其特定的生存率曲线。

(三) 半参数法

半参数法兼有参数法和非参效法的特点，属于多因素分析方法，主要用于分析影响生存时间和生存率的因素，其典型方法是 Cox 回归。

三、生存率的估计

生存率的估计方法较多，对于未分组资料常用乘积极限法；对于分组资料常用寿命表法。

(一) 未分组资料的生存率估计——乘积极限法

当观察对象人数较少时，不需要对随访时间进行分组，这类随访资料又称未分组资料(即未按时间分组)。此时生存率的计算常采用乘积极限法(Product-limited method)，该法由 Kaplan-Meier 于 1958 年提出，故又称为 Kaplan-Meier 法(记为 KM 法)。这是一种非参数法，主要用于未分组资料的生存率估计，其基本思想是根据实际资料计算不同时间的死亡概率和生存概率，然后由概率乘法法则估计出生存率。下面对例 16-1 两组资料各时点的生存率及其标准误、各时点总体生存率的 95%可信区间、中位生存时间进行估计，并绘制生存曲线。

1. 生存率及其标准误的计算 计算例 16-1 的生存率及其标准误，参照表 16-2，计算步骤为：

(1) 数据列表

1) 将生存时间 t(月数)由小到大依次排序，并列出序号 k，若遇重复数据(如相同月数)只列一次，如表 16-2 甲组第(2)列的“12”；若某相同时间点既有完全数据又有截尾数据，将截尾数据排在后面；如表 16-2 乙组第(2)列的 35 和 35^{+}。

2) 登记各时刻的死亡人数 D_k 和截尾人数 C_k，见表第(3)、(4)列。

(2) 求 t_k 时刻期初例数 n_k，即在 t_k 时刻以前尚存活的病例数，各生存时间期初病例数自下而上累计获得，公式为

$$n_k = n_{k+1} + D_k + C_k \tag{16-7}$$

结果见表第(5)列，如甲组 $n_8 = 1+1+0=2$，$n_7 = 2+0+1=3$，余类推；

(3) 求 t_k 时刻死亡概率 q_k，即在 t_k 时刻以前尚存活的患者在 t_k 时刻死亡的概率，公式为：

$$q_k = \frac{D_k}{n_k} = \frac{\text{期内死亡数}}{\text{某期初观察人数}} \tag{16-8}$$

结果见表第(6)列。

(4) 求 t_k 时刻生存概率 p_k，即在 t_k 时刻以前尚存活的患者在 t_k 时刻继续存活的概率，公式为：

$$p_k = 1 - q_k \tag{16-9}$$

结果见表第(7)列。

表 16-2　乘积极限法估计两组的生存率及其标准误计算表

	序号 k (1)	生存时间(月) t_k (2)	t 时刻死亡数 D_k (3)	t 时刻截尾数 C_k (4)	t 时刻期初病例数 n_k (5)	死亡概率 q_k (6)	生存概率 p_k (7)	生存率 $S(t_k)$ (8)	标准误 $SE[S(t_k)]$ (9)
甲组	1	1	1	0	10	1/10	9/10	0.9000	0.0949
	2	4	1	0	9	1/9	8/9	0.8000	0.1265
	3	6	1	0	8	1/8	7/8	0.7000	0.1449
	4	9	1	0	7	1/7	6/7	0.6000	0.1549
	5	12	2	0	6	2/6	4/6	0.4000	0.1549
	6	15	1	0	4	1/4	3/4	0.3000	0.1449
	7	22	0	1	3	0/3	3/3	0.3000	0.1449
	8	25	1	0	2	1/2	1/2	0.1500	0.1285
	9	32	1	0	1	1/1	0/1	0.0000	0.0000
乙组	1	6	1	0	10	1/10	9/10	0.9000	0.0949
	2	8	1	0	9	1/9	8/9	0.8000	0.1265
	3	10^+	0	1	8	0/8	8/8	0.8000	0.1265
	4	18	1	0	7	1/7	6/7	0.6857	0.1515
	5	25	1	0	6	1/6	5/6	0.5714	0.1638
	6	35	1	0	5	1/5	4/5	0.4571	0.1662
	7	35^+	0	1	4	0/4	4/4	0.4571	0.1662
	8	45	1	0	3	1/3	2/3	0.3048	0.1666
	9	50	1	0	2	1/2	1/2	0.1524	0.1362
	10	58	1	0	1	1/1	0/1	0.0000	0.0000

(5) 计算生存率 $S(t_k)$，即患者活过 t_k 时刻的概率，根据概率乘法法则，公式如下：

$$S(t_k) = p_1 \times p_2 \times \cdots p_k \tag{16-10}$$

结果见表第(8)列。如甲组的生存时间 t 为 6 月的生存率为：

$$S(t_3) = p_1 \times p_2 \times p_3 = (9/10) \times (8/9) \times (7/8) = 0.7000$$

【注意】 对于具有截尾数据的死亡概率为 0，而其生存概率必为 1，其对应的生存率必然与前一个非截尾值的生存率相同。

(6) 计算生存率的标准误 $SE[S(t_k)]$，其计算公式为：

$$SE[S(t_k)] = S(t_k)\sqrt{\sum_{j=1}^{k}\frac{d_j}{n_j(n_j - d_j)}} \tag{16-11}$$

结果见表第(9)列。如甲组 $S(t_3)$ 的标准误 $SE[S(t_3)]$ 为：

$$SE[S(t_3)] = 0.7000\sqrt{\frac{1}{10(10-1)} + \frac{1}{9(9-1)} + \frac{1}{8(8-1)}} = 0.1449$$

2. 估计各时点总体生存率的95%可信区间 生存时间是一个随机变量，前面计算的只是各时点的样本生存率，因此还必须对总体生存率进行可信区间估计。根据前面计算的样本生存率及其标准误，可用近似正态法估计某时点总体生存率的可信区间，公式为：

$$S(t_k) \pm z_\alpha SE[S(t_k)] \tag{16-12}$$

如甲组 t 为 6 月总体生存率的 95%可信区间为：

$$S(t_3) \pm z_\alpha SE[S(t_3)] = 0.7000 \pm 1.96 \times 0.1449 = (0.4160, 0.9840)$$

即纯中药治疗组 6 月生存率的 95%可信区间为(0.4160，0.9840)。

【注意】 上述估计生存率可信区间的方法是基于正态近似分布原理，不宜用于估计生存曲线右端尾部的总体生存率。因为此处期初观察人数可能太少，正态性较差，总体生存率的可信区间误差较大，可能会出现一些不合理的现象，如所估计的可信区间的上下限值可能小于 0 或大于 1。此时可以计算生存率经对数变换后的值及相应的标准误，据此来估计其可信区间。

3. 中位生存时间的计算 中位生存时间即生存率为 0.5 时对应的生存时间，又称半数生存期，表示有 50%的观察对象可以活这么长时间。它是生存分析中最常用的概率统计量。计算中位生存时间的方法有两种，即图解法和线性内插法。图解法是利用生存曲线图，从纵轴生存率为 0.5 处划一条平行线与生存率曲线相交，然后自交点划垂线与横轴相交，此交点即为中位生存时间。图解法比较简单直观，但其结果较粗略，在例数较少时，结果的误差较大。线性内插法首先找出两个生存率 $S(t_{i-1})$ 和 $S(t_i)$，使得 $S(t_{i-1}) > 0.5$，$S(t_i) < 0.5$，然后计算中位生存时间。例 16-1 中，根据表 16-2，$t=9$，$P(x>9)=0.6000$，$t=12$，$P(x>12)=0.4000$，故甲组患者的中位生存时间为：

$$(9-12):(9-t) = (0.6000-0.4000):(0.6000-0.5)$$

$$t = 9 - \frac{(9-12)(0.6000-0.5)}{0.6000-0.4000} = 10.5(\text{月})$$

即纯中药治疗组患者的中位生存时间为 10.5 个月。

4. 绘制生存曲线(survival curve) 生存曲线是指将各个时点的生存率在坐标轴上连接在一起的曲线图，用以说明生存时间与生存率之间的关系。未分组资料的生存曲线也叫 Kaplan-Meier 曲线。它是以生存时间 t 为横轴，生存率 $S(t_k)$ 为纵轴绘制而成的连续型阶梯形曲线。图中水平横线的长短代表一个 t 时点到下一个 t 时点的距离，当最后一个时点的观察对象完全死亡时，曲线与横轴相交。可以根据两条生存曲线的高低，直观地比较各组观察对象的生存过程，也可对任意时刻的生存率作出粗略的估计。随时间增加，该曲线一般呈下降趋势。下降速度快在图形上表现为坡度大，曲线陡峭，意味着生存率较低或生存期较短；下降速度慢在图形上表现为坡度小，曲线平缓，意味着生存率较高或生存期较长。例 16-1 的生存曲线图如图 16-1，可以看出，乙组的生存曲线位置较高，即乙组的生存率较高。

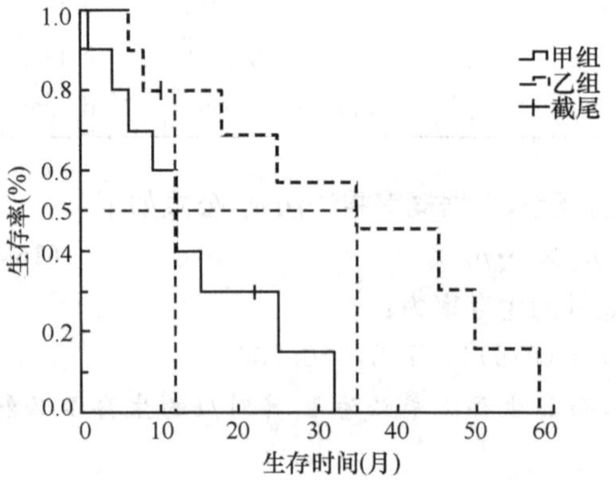

图 16-1 乘积极限法生存曲线(Kaplan-Meier 曲线)

(二) 分组资料的生存率估计——寿命表法(life table method)

【例 16-2】 某医师对 174 例大肠癌患者术后进行随访，资料见表 16-3 第(1)～(5)列所示，请用寿命表法估计其生存率及其标准误，计算生存率的 95%可信区间、中位生存时间，并绘制生存曲线。

表 16-3　寿命表法估计生存率及其标准误计算表

序号 k (1)	术后年数(年) t_k (2)	期内死亡数 D_k (3)	期内截尾数 C_k (4)	期初观察人数 n_k (5)	校正期初人数 $N_k = n_k - C_k/2$ (6)	死亡概率 $q_k = D_k/n_k$ (7)	生存概率 $p_k = 1 - q_k$ (8)	生存率 $S(t_k)$ (9)	标准误 $SE[S(t_k)]$ (10)
1	0～	56	3	174	172.5	0.3246	0.6754	0.6754	0.0357
2	1～	34	4	115	113.0	0.3009	0.6991	0.4722	0.0383
3	2～	25	2	77	76.0	0.3289	0.6711	0.3168	0.0362
4	3～	18	1	50	49.5	0.3636	0.6364	0.2016	0.0316
5	4～	12	0	31	31.0	0.3871	0.6129	0.1236	0.0262
6	5～	8	3	19	17.5	0.4571	0.5429	0.0671	0.0205
7	6～	5	1	8	7.5	0.6667	0.3333	0.0224	0.0134
8	7～8	0	2	2	1.0	0.0000	1.0000	0.0224	0.0134

【分析】 本例为按时间分组的资料，此时不宜采用乘积极限法计算生存率及其标准误，应当用寿命表法计算。

当观察对象的人数较多时，常将生存时间按年、月或日进行分组，得出具有若干时间段生存数据的频数表，即寿命表。对于这种按时间分组的生存资料称为分组资料，可按寿命表法计算生存率，其基本原理是首先求出观察对象在各时期的生存概率，然后根据概率的乘法原理，将各时期生存概率相乘，即可得自观察开始到各时点的生存率。并可对生存率或生存曲线之间的差别进行假设检验。用寿命表法计算生存率比较复杂，但它能利用截尾数据综合反映各个不同时期的治疗效果，而且不会出现直接法计算生存率时高时低的不稳定情况，因此应用较为广泛。

笔记：

1. 生存率及其标准误的计算　参照表 16-3，用寿命表法计算生存率及其标准误的步骤如下：

(1) 随访时间分组根据生存时间数据的变异范围按年、月或日进行分组，并列出序号 k。本例按年分组，见表 16-3 第(1)(2)列。

(2) 分别列出各时段的死亡和截尾人数见表第(3)(4)列。

(3) 求期初观察人数 n_k 各时段期初观察人数自下而上累计获得，按公式(16-7)计算，如 $n_7 = n_8 + D_7 + C_7 = 2 + 5 + 1 = 8$，$n6 = n7 + D6 + C6 = 8 + 8 + 3 = 19$，余类推，结果见表第(5)列。

(4) 求校正期初人数 N_k 相当于实际观察人年数，凡在 t 年内截尾的病例都被当作平均观察了半年时间。因此，校正期初人数 N_k 等于年初观察人数减去当年截尾人数的一半，按式 16-13 计算，结果见表第(6)列。

$$N_k = n_k - \frac{C_k}{2} \tag{16-13}$$

(5) 计算死亡概率 q_k 按式(16-8)计算，结果见表第(7)列。

(6) 计算生存概率 p_k 按式(16-9)计算，结果见表第(8)列。

(7) 计算生存率 $S(t_k)$ 按式(16-10)计算，结果见表第(9)列。

(8) 计算生存率的标准误 $SE[S(t_k)]$，其公式为

$$SE[S(t_k)] = S(t_k)\sqrt{\frac{q_1}{p_1 N_1} + \frac{q_2}{p_2 N_2} + \cdots + \frac{q_k}{p_k N_k}} \tag{16-14}$$

如 2 年生存率的标准误为

$$SE[S(t_2)]=S(t_2)\sqrt{\frac{q_1}{p_1N_1}+\frac{q_2}{p_2N_2}}$$

$$=0.4722\times\sqrt{\frac{0.3246}{0.6754\times172.5}+\frac{0.3009}{0.6991\times113.0}}=0.0383$$

其余结果见表第(10)列。

2. 各时点总体生存率的95%可信区间估计 对于大样本资料，仍采用正态近似法估计总体生存率的可信区间，按式(16-13)计算。如本例 3 年总体生存率的 95%可信区间为

$$S(t_3)\pm z_{0.05}SE[S(t_3)]=0.3168\pm1.96\times0.0362=(0.2459,0.3878)$$

即大肠癌患者术后 3 年生存率的 95%可信区间为(0.2458,0.3878)。

同样要注意：对生存曲线右端尾部的生存率不宜用该法估计生存率的可信区间。

3. 计算中位生存时间 分组资料也可采用图解法和线性内插法计算其中位生存时间，其方法与未分组资料相同。

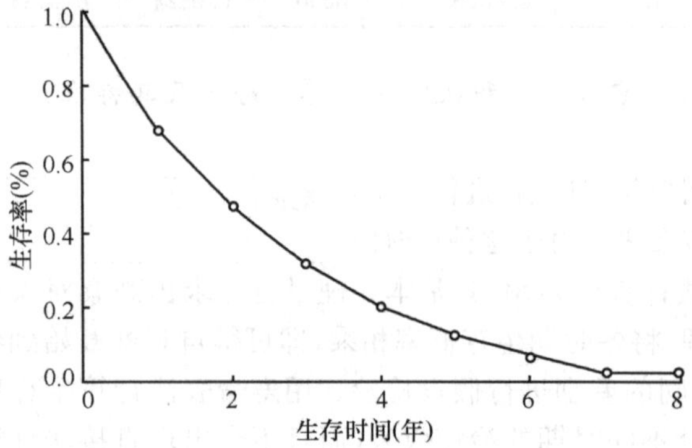

图 16-2 寿命表法生存曲线

4. 绘制生存曲线 分组资料的生存曲线是以生存时间 t 为横轴，生存率 $S(t_k)$ 为纵轴绘制而成的连续型折线形曲线。一般不宜绘成阶梯型曲线，因为分组资料是按生存时间分组的，即使每个组内的两个时点的生存率也是不同的，且其变化规律不详，故用直线连接之。绘制时要注意，各个时段对应的生存率应点在各组段的上限处。同未分组资料生存曲线一样，当最后一个时点的观察对象全部死亡时，曲线与横轴相交。例 16-2 的生存曲线图，见图 16-2。

【知识点 16-3】

1. 乘积极限法用于未分组资料生存率的估计，寿命表法用于分组资料生存率的估计。两者都是非参数法。

2. 乘积极限法或寿命表法估计生存率可信区间的方法都是基于近似正态分布原理，不宜用于估计生存曲线右端尾部的总体生存率。

3. 未分组资料的生存曲线应绘成阶梯型曲线，分组资料的生存曲线应绘成连续性折线形曲线。可以根据生存曲线的高低，直观地比较各组的生存率大小。

4. 生存曲线不能随意延长，也不能轻易地用于预报。经过大量研究所得的生存曲线才能推广使用。

四、生存率比较的假设检验

前面介绍的寿命表法和乘积极限法对实际资料所估计的生存率时样本统计量具有抽样误差，因而不同组间的生存率不能直接比较，应通过假设检验方法检验其总体生存率是否相同。生存率假设检验方法有参数法和非参数法两类。非参数检验方法有对数秩检验、Gehan 比分检验和 Breslow 检验，这里仅介绍前两种。

（一）对数秩检验

对数秩检验(log-rank test)，又称时序检验，于 1966 年提出，它适用于两组及多组生存率之间的比较。该法的基本思想是，先计算实际死亡数(或复发病例数)，并根据 H_0(组间生存率相同)推算出理论死亡数，然后将理论死亡数与实际死亡数进行比较，其统计量的计算公式如下：

$$\chi^2=\sum\frac{(A-T)^2}{T} \tag{16-15}$$

ν ＝组数－1

式中 A 为实际死亡数，T 为理论死亡数。

对例 16-1 作对数秩检验，步骤如下：

1. 建立检验假设，确定检验水准

H_0：两组的生存率相同(或两组的生存曲线位置相同)。

H_1：两组的生存率不同(或两组的生存曲线位置不同)。

α ＝0.05

表 16-4　对数秩检验计算表

序号 k(1)	组别 g(2)	生存时间 t_k(3)	死亡人数 $D_{k甲}$(4)	死亡人数 $D_{k乙}$(5)	死亡人数 合计(6)	截尾人数 $C_{k甲}$(7)	截尾人数 $C_{k乙}$(8)	期初观察人数 $N_甲$(9)	期初观察人数 $N_乙$(10)	期初观察人数 合计(11)	理论死亡数 T：$T_甲$ (12)$=\frac{(6)\times(9)}{(11)}$	理论死亡数 T：$T_乙$ (13)$=\frac{(6)\times(10)}{(11)}$
1	甲	1	1	0	1	0	0	10	10	20	0.5000	0.5000
2	甲	4	1	0	1	0	0	9	10	19	0.4737	0.5263
3	甲、乙	6	1	1	2	0	0	8	10	18	0.8889	1.1111
4	乙	8	0	1	1	0	0	6	10	16	0.3750	0.6250
5	甲	9	1	0	1	0	0	6	9	15	0.4000	0.6000
6	乙	10^+	0	0	0	0	1	5	9	14	0.0000	0.0000
7	甲	12	2	0	2	0	0	5	8	13	0.7692	1.2308
8	甲	15	1	0	1	0	0	4	8	11	0.3636	0.7273
9	乙	18	0	1	1	0	0	3	7	10	0.3000	0.7000
10	甲	22^+	0	0	0	1	0	3	6	9	0.0000	0.0000
11	甲、乙	25	1	1	2	0	0	2	6	8	0.5000	1.5000
12	甲	32	1	0	1	0	0	2	5	6	0.3333	0.8333
13	乙	35	0	1	1	0	0	1	5	5	0.2000	1.0000
14	乙	35^+	0	0	0	0	1	0	5	4	0.0000	0.0000
15	乙	45	0	1	1	0	0	0	4	3	0.0000	1.3333
16	乙	50	0	1	1	0	0	0	3	2	0.0000	1.5000
17	乙	58	0	1	1	0	0	0	1	1	0.0000	1.0000
合计			9	8	17						5.1038	13.1871

2. 计算检验统计量 χ^2 值

(1) 将两组资料混合后统一按生存时间小到大排序，并标明序号、组别，见表 16-4 第(1)～(3)列。生存时间相同的应列在同一行，如生存时间为 6 个月的患者有两例，甲组和乙组各 1 例，故甲乙两组列在同一行；若某时间点既有完全数据又有截尾数据，截尾数据排在后面，如 35 和 35^{+}。

(2) 列出各时间点的死亡人数 D_k 与截尾人数 C_k，见表 16-4 第(4)～(8)列。

(3) 列出各时点的期初观察人数 N_k，不同时间点的期初观察人数等于其前一个生存时间的观察人数减去其死亡人数 D_k 与截尾人数 C_k，见表 16-4 第(9)～(11)列。

(4) 分别计算甲、乙两组各时点的理论死亡数，见表 16-4 第(12)～(13)列。

$$\text{甲组各时点的理论数}=\frac{\text{两组某时点死亡合计数}}{\text{该时点两组的期初观察合计数}}\times\text{甲组期初观察人数}=\frac{(6)\times(9)}{(11)}$$

同理，乙组各时点的理论死亡数 $=\frac{(6)\times(10)}{(11)}$。

实际上，两组生存率比较时，每个时点均可列出一个四格表，并做 χ^2 检验。甲、乙两组理论死亡数的计算公式，就是 χ^2 检验理论频数计算公式 $T=\frac{n_r\times n_c}{n}$。

(5) 求出甲组和乙组理论死亡数的合计值分别为 5.1038 和 13.1871。

(6) 将以上结果总结为表 16-5。

表 16-5　对数秩检验总结表

组别	实际死亡数 A	理论死亡数 T
甲	9	5.1038
乙	8	13.1871

$$\chi^2=\frac{(9-5.1038)^2}{5.1038}+\frac{(8-13.1871)^2}{13.1871}=5.0147$$

$$\nu=2-1=1$$

3. 确定 P 值，做出统计推断　查 χ^2 界值表，得 $0.025<P<0.05$，按 $\alpha=0.05$ 水准拒绝 H_0，接受 H_1，且从图 16-2 可以看出中西药结合治疗组的生存曲线位置较高，故可以认为中西药结合治疗原发性肺癌的效果较好。

对于分组资料生存率的比较，可以将其整理成频数表的形式，其基本原理与上述方法相同。

【知识点 16-4】

1. 生存率的比较分两种情况：一是对某一特定时点生存率(如 5 年生存率)进行比较，可直接根据特定时点的生存率及其标准误用普通方法(如 χ^2 检验)得出结果；二是对不同时点生存率的综合比较，即生存曲线或分布的比较，如对数秩检验、Gehan 比分检验和 Breslow 检验。前者方法简单，但未充分利用样本的信息，因此多用后者。

2. 对数秩检验的基本思想：先计算实际死亡数(或复发病例数)，并根据 H_0(组间生存率相同)推算出理论死亡数，再将理论死亡数与实际死亡数进行比较。

3. 对数秩检验适用于两组及多组生存率之间的比较，既可用于未分组资料生存率(或生存曲线)的比较，又可用于分组资料生存率(或生存曲线)的比较。

4. 当对数秩假设检验有意义时，可以从以下几方面来考察效果的好坏：生存曲线图(表)目测判断、中位生存时间比较、死亡比 SMR(SMR＝A/T)的大小比较。

(二) Gehan 比分检验

Gehan 比分检验是对普通 Wilcoxon 秩和检验的推广，仅用于两样本生存率的比较。

对例 16-1 做 Gehan 比分检验，参照表 16-6，步骤如下：

1. 建立检验假设，确定检验水准

H_0：两组的生存率相同（或两组的生存曲线位置相同）。

H_1：两组的生存率不同（或两组的生存曲线位置不同）。

$\alpha=0.05$

2. 计算检验统计量 z 值

(1) 将甲乙两组按生存时间由小到大统一排序：某时间点既有完全数据又有截尾数据，截尾数据排在后面。然后按不同组别分别标明各时间点上的人数，并作累计，见表 16-6 第(1)～(4)列。

(2) 计算 R_1、R_2 及(R_1-R_2)值：对每个病例而言，(从上向下数)肯定比他生存时间短的病例记为 R_1，(从下向上数)肯定比他的生存时间长的病例数记为 R_2，如本例比生存时间 6 小的有 1 和 4，因此 $t=6$ 时，$R_1=2$；$t=12$ 时，因不能肯定它前面的 10^+ 比它小，因此 $R_1=6$。R_1、R_2 及(R_1-R_2)值见表 16-6 第(5)～(7)列。

(3) 求 Gehan 比分总计 V：Gehan 比分总计 V 为任何一组各个时点的(R_1-R_2)之和，$V_{甲}$ 和 $V_{乙}$ 的计算结果见表 16-6(8)～(10)列。$\sum V_{甲}$ 和 $\sum V_{乙}$ 的绝对值相等，符号相反，可作核对，如本例甲组 $\sum V_{甲}=-50$，$\sum V_{乙}=50$。

(4) 求 z 值：数理统计学上证明 V 值的抽样分布近似均数为 0、标准误为 $\sqrt{\frac{n_1 n_2}{n(n-1)}\sum(R_1-R_2)^2}$ 的正态分布，故采用正态近似法计算 z 值

$$z=\frac{\sum V_{乙}}{\sqrt{\frac{n_1 n_2}{n(n-1)}\sum(R_1-R_2)^2}} \tag{16-16}$$

式中 n_1 和 n_2 分别为两组的样本含量，$n=n_1+n_2$。由于 $\sum V_{甲}$ 和 $\sum V_{乙}$ 的绝对值相等，式(16-16)的分子也可用 $\sum V_{甲}$ 代替。

$$本例\ z=\frac{50}{\sqrt{\frac{10\times 10}{20\times(20-1)}\times 2388}}=1.9945$$

3. 确定 P 值，做出统计推断　查附表 2，t 界值表($\nu=\infty$)，得 $P<0.05$，按 $\alpha=0.05$ 水准拒绝 H_0。结论同前。

表 16-6　Gehan 比分检验计算表

序号(1)	组别(2)	生存时间(3)	死亡人数(4)	R_1(5)	R_2(6)	R_1-R_2(7)	$(R_1-R_2)^2$(8)	$V_{甲}$(9)	$V_{乙}$(10)
1	甲	1	1	0	19	−19	361	−19	0
2	甲	4	1	1	18	−17	289	−17	0
3	甲	6	1	2	16	−14	196	−14	0
4	乙	6	1	2	16	−14	196	0	−14
5	乙	8	1	4	15	−11	121	0	−11
6	甲	9	1	5	14	−9	81	−9	0
7	乙	10^+	0	6	0	6	36	0	6
8	甲	12	1	6	11	−5	25	−5	0
9	甲	12	1	6	11	−5	25	−5	0
10	甲	15	1	8	10	−2	4	−2	0

续表

序号(1)	组别(2)	生存时间(3)	死亡人数(4)	R_1(5)	R_2(6)	R_1-R_2(7)	$(R_1-R_2)^2$(8)	$V_甲$(9)	$V_乙$(10)
11	乙	18	1	9	9	0	0	0	0
12	甲	22^+	0	10	0	10	100	10	0
13	甲	25	1	10	6	4	16	4	0
14	乙	25	1	10	6	4	16	0	4
15	甲	32	1	12	5	7	49	7	0
16	乙	35	1	13	4	9	81	0	9
17	乙	35^+	0	14	0	14	196	0	14
18	乙	45	1	14	2	12	144	0	12
19	乙	50	1	15	1	14	196	0	14
20	乙	58	1	16	0	16	256	0	16
合计				163	163	0	2388	−50	50

【知识点 16-5】

1. Gehan 比分检验仅用于小样本的两样本生存率(生存曲线)的比较。

2. 用 log-rank 检验或 Gehan 比分检验对样本的生存率进行比较时,要求各组生存曲线不能交叉,生存曲线的交叉提示存在某种混杂因素,此时应采用分层分析如分层对数秩检验,或多因素生存分析方法如 Cox 比例风险模型来校正混杂因素。

3. 当 Gehan 比分假设检验有意义时,可以从以下几方面来考察效果的好坏:生存曲线(表)目测判断、半数生存期比较、Gehan 比分总计 V 的正负比较。

第三节　COX 回归

【例 16-3】 某医师随访观察了 58 例手术切除治疗结肠癌的患者,以探讨影响结肠癌术后生存(复发或转移)时间长短的预后因素,随访内容包括病人的年龄(岁)、性别、梗阻、生长方式、术后化疗等指标,观察终点为复发或转移,时间以月为单位。原始资料见表 16-7,各指标的定义及量化方法见表 16-8。该医师以结局(是否复发或转移)为应变量而未考虑生存时间,采用 Logistic 回归方法分析,筛选出结肠癌预后的影响因素为梗阻和术后化疗,且梗阻与生存时间呈负相关,为不利因素,术后化疗与生存时间呈正相关,为有利因素。另一研究者认为该方法不对,应当以生存时间为应变量作多元线性回归。

表 16-7　58 例结肠癌手术切除患者的随访资料

编号	*Time*	*Status*	x_1	x_2	x_3	x_4	x_5	编号	*Time*	*Status*	x_1	x_2	x_3	x_4	x_5
1	23	1	65	1	1	0	0	9	6	1	66	1	1	1	0
2	55	0	47	1	1	1	1	10	43	0	62	1	1	0	1
3	31	0	55	1	0	1	1	11	23	0	51	1	0	0	0
4	11	1	51	0	1	0	0	12	58	0	43	1	0	1	1
5	7	0	49	1	0	1	1	13	34	0	49	1	1	0	1
6	45	0	47	1	0	1	0	14	47	1	60	0	0	0	0
7	42	0	64	1	0	1	1	15	24	0	54	1	0	1	1
8	17	0	43	0	0	0	1	16	15	1	50	1	0	1	0

续表

编号	*Time*	*Status*	x_1	x_2	x_3	x_4	x_5	编号	*Time*	*Status*	x_1	x_2	x_3	x_4	x_5
17	59	0	58	0	0	0	1	38	53	0	72	1	0	1	1
18	32	0	36	1	0	1	1	39	52	0	44	1	1	0	1
19	25	0	69	1	0	0	0	40	54	0	42	0	0	1	0
20	37	1	44	1	1	1	0	41	46	0	39	1	1	0	1
21	19	0	39	1	0	1	0	42	46	0	71	1	0	0	0
22	9	0	47	1	0	0	1	43	24	1	38	1	0	1	0
23	24	1	68	0	1	1	0	44	35	0	46	0	0	0	1
24	38	0	35	1	0	0	1	45	48	0	49	1	0	1	1
25	46	0	51	1	0	0	0	46	58	1	56	1	1	1	0
26	52	1	55	1	1	1	0	47	52	0	47	1	0	0	1
27	43	1	62	1	1	1	0	48	16	0	68	1	0	1	0
28	55	0	40	1	0	0	0	49	34	1	54	1	1	0	1
29	44	0	38	0	0	1	1	50	37	0	67	1	0	1	0
30	48	0	45	0	0	0	0	51	42	0	66	1	0	0	1
31	40	0	63	1	0	0	1	52	46	0	50	0	1	1	1
32	57	1	59	1	1	1	0	53	50	0	58	1	0	1	1
33	60	0	56	1	0	0	0	54	48	1	53	1	1	0	0
34	40	0	57	0	1	1	1	55	28	0	64	0	0	0	1
35	46	1	70	1	0	0	0	56	36	0	53	1	0	0	0
36	44	1	52	0	1	0	1	57	50	1	52	1	1	1	1
37	58	0	63	1	0	0	1	58	56	0	66	1	0	0	0

表 16-8　结肠癌术后的预后影响因素及量化值

变量	含义	量化值	
x_1	年龄	实测值(岁)	
x_2	性别	0 女	1 男
x_3	梗阻	0 无	1 有
x_4	生长方式	0 膨胀型	1 浸润型
x_5	术后化疗	0 未行	1 已行
Time	复发或转移时间	实测值(月)	
Status	结局	0 截尾	1 复发或转移

【问题 16-2】

(1) 这是什么资料？

(2) 该研究者的统计分析是否正确？为什么？

笔记：

【分析】

(1) 该资料为含有多个协变量的生存资料。

(2) 两个研究者的统计方法都不正确。生存资料分析的目的是分析生存时间与结肠癌预后因素间的关系，此时不仅要考虑结局（是否复发或转移），还要考虑生存时间的长短，因此不宜采用 logistic 回归分析或多元线性回归，而应选用 Cox 回归分析。这是因为：①如果不考虑生存时间仅考虑事件结局（“发生”和“未发生”），或将生存时间离散化为二项分类变量，做 logistic 回归分析，显然会损失部分信息；②生存时间 t 往往不满足正态分布和方差齐性的要求，或者生存时间的分布种类根本难以确定，因此不宜采用多元线性回归。此外，有时生存时间的分布完全不明确，采用其他生存分析模型来拟合也会感到困难。此时应当用分析连续性时间变量的 Cox 比例风险回归模型（Cox's proportional hazard regression model）来分析，该模型又称 Cox 相对危险度模型、Cox 模型、Cox 回归或半参数模型。它以时间顺序统计量为基础，对生存时间的分布形式无事先的假定，能在众多协变量共存的情况下，排除混杂因子的影响，提高预后分析质量，因而适用范围较广；能处理生存资料中特有的截尾数据，这是多元线性回归、logistic 回归等多元回归分析方法难以处理的问题。

一、Cox 模型的基本原理

假定某观察对象的生存时间为 t，同时具有 p 个与生存时间有关的因素（协变量）x_1，x_2，…，x_p，则该观察对象生存到时间 t 时的死亡风险函数（hazard function）$h(t)$ 可定义为：

$$h(t)=h_0(t)\times\exp(\beta_1x_1+\beta_2x_2+\cdots+\beta_px_p) \qquad (16\text{-}17)$$

式中：$h(t)$ 为具有协变量的个体在时间 t 时的风险函数，又称为瞬时死亡率；t 表示生存时间；x_j（$j=1,2,\cdots,p$）为与生存时间可能有关的协变量或交互项；$h_0(t)$ 为基准风险函数（baseline hazard function），表示当所有预后因素为 0 时的风险函数，它是未知的，分布形式无任何的假定，但假定它与 $h(t)$ 是呈比例的；exp() 是自然数 e 为底的指数函数，如 $\exp(\beta x)=e^{\beta x}$；$\beta_j$（$j=1,2,\cdots,p$）为 Cox 模型的回归系数，是一组未知的参数，需要根据实际的数据来估计，其估计值记为 b。

由上可见，Cox 模型是描述一组协变量 x 与风险函数 $h(t)$ 关系的模型。公式（16-17）的右侧由非参数和参数两部分组成：$h_0(t)$ 没有明确的定义，其分布形式无任何假定，这是非参数部分；另一部分是参数部分，其参数可以通过样本的实际观察值来估计。因此又将 Cox 模型称为半参数模型。

又因死亡风险函数 $h(t)$ 与基准风险函数 $h_0(t)$ 成比例，比例常数为 $\exp(\beta_1x_1+\beta_2x_2+\cdots+\beta_px_p)$，因此称为比例风险回归模型。由于式中参数 β_j 的估计和假设检验方法是由英国生物统计学家 D. R. Cox 于 1972 年首次提出的，故称为 Cox 比例风险模型，简称 Cox 模型。

将式（16-17）的 $h_0(t)$ 移至等式左边并取自然对数后可得到：

$$\ln\left[\frac{h(t)}{h_0(t)}\right]=\beta_1x_1+\beta_2x_2+\cdots+\beta_px_p \qquad (16\text{-}18)$$

从式（16-18）可以看出，β_j 的流行病学意义是：在其他协变量不变的情况下，x_j 每改变一个观察单位时所引起的相对风险度改变量的自然对数值。

二、Cox 回归的参数估计与假设检验

（一）偏似然函数（partial likelihood function）的构造

Cox 模型中的参数估计是采用偏似然函数估计的。为便于了解偏似然函数的概念，先解释一下危险集。假设有 n 个观察对象，其生存时间分别为 $t_1,t_2,\cdots,t_n$，将它们按由小到大的顺序重新排列后仍用符号 t_i（$i=1,2,\cdots,n$）表示，有 $t_1\leqslant t_2\leqslant\cdots\leqslant t_n$。对时间 t_i 来说，凡生存时间

大于及等于 t_i 的所有观察对象组成一个在时间 t_i 上的危险集(risk set),用 R_i 表示。危险集内的观察对象虽恰在 t_i 之前尚生存,但处于危险之中,将在 t_i 及以后陆续死亡或失访而退出危险集。例如,在 t_1 时危险集 R_1 包含所有的 n 例观察对象,由于第 1 个观察对象($i=1$)在 t_1 死亡或失访,其后的危险集 R_2 就只包含 n-1 个观察对象了。到 t_n 之前,R_n 中只包含最后 1 个观察对象。当最后一个观察对象在 t_n 时刻死亡并退出观察时,危险集消失为 0。

Cox 指出,在生存时刻 t_i 上,第 i 个观察对象死亡的条件似然函数(或称偏似然函数) l_i 为:

$$l_i=\frac{h_0(t)\exp(\beta_1 x_{i1}+\beta_2 x_{i2}+\cdots+\beta_p x_{ip})}{\sum\limits_{S\in R_i} h_0(t)\exp(\beta_1 x_{s1}+\beta_2 x_{s2}+\cdots+\beta_p x_{sp})} \tag{16-19}$$

式中 $S\in R_i$ 表示所有属于危险集 R_i 中的观察对象。当存在截尾数据 t_i^+ 时,由于仅知道该观察对象在 t_i 时刻尚存活,但不知道其确切死亡时间,因此,不宜直接构造似然函数。为方便构造整体似然函数,用指示变量来定义 t_i 是否为完全数据,其赋值规则为:

$$\delta_i\begin{cases}1 & \text{当观察对象 } i \text{ 在 } t_i \text{ 上死亡(即 } t_i \text{ 为完全数据)}\\ 0 & \text{当观察对象 } i \text{ 在 } t_i \text{ 上截尾(即 } t_i \text{ 为截尾数据)}\end{cases}$$

由全部 n 个观察对象所构造的条件似然函数为:

$$L(\beta)=\prod_{i=1}^{n} l_i=\prod\left[\frac{\exp(\beta_1 x_{i1}+\beta_2 x_{i2}+\cdots+\beta_p x_{ip})}{\sum\limits_{S\in R_i}\exp(\beta_1 x_{s1}+\beta_2 x_{s2}+\cdots+\beta_p x_{sp})}\right]^{\delta_i} \tag{16-20}$$

式中 $\prod$ 为连乘号,即全部 n 个观察对象的条件似然函数为每个观察对象的条件似然函数的连乘积。通常意义下的似然函数应包含所有的样本点,而 $L(\beta)$ 上式只含有死亡时点,忽略了无死亡的观察时点,故称为偏似然函数(或部分似然函数)。

(二) 参数估计(极大似然估计)

构造出全部 n 个观察对象的条件似然函数后,可采用极大似然函数法求解上式中参数 β 的估计值 b,常用的方法是 Newton-Raphson 迭代法。

(三) 假设检验

至于参数估计值 b 有无统计学意义,还需要进行假设检验。常用的假设检验方法有 Score 检验、Wald 检验和似然比检验。

三、应用举例

对例 16-3 资料采用 Cox 回归分析,探讨影响结肠癌术后生存时间长短的预后因素。用统计软件包选择 Forward:LR 法(基于偏最大似然估计的向前逐步回归法)建立模型。当进入水准 $\alpha=0.05$,剔除水准 $\beta=0.10$ 时,最终进入模型的变量为 x_3(梗阻)和 x_5(术后化疗),见表 16-9。

表 16-9　Cox 回归的拟合结果

选入变量 x_j	参数估计值 b_j	估计值的标准误 s_b	Wald 值	概率 P	相对危险度 RR	RR 的 95%可信区间
x_3	1.7278	0.5741	9.0588	0.0026	5.6283	1.8270～17.3388
x_5	−1.5774	0.6416	6.0449	0.0139	0.2065	0.0587～0.7262

表 16-9 中 b_j 与 s_b 分别为回归系数的估计值及其标准误,RR 为相对危险度即 $\exp\beta_j$ 。x_3 的回归系数为正值,与生存时间呈正相关,是结肠癌术后复发或转移的不利因素(危险因素);x_5 的回归系数为负值,与生存时间呈负相关,是防止结肠癌术后复发或转移的有利因素(保护因素)。

x_3 对应的相对危险度为 5.6283，说明有梗阻与无梗阻相比，病人复发或转移的风险为 5.6283 倍，该相对危险度对应的 95%可信区间为 1.8270～17.3388；同理可以解释 x_5 的相对危险度的含义。

四、Cox 回归的应用条件

应用比例风险模型时，需验证"等比例风险条件"是否成立。所谓等比例风险是指在协变量的不同的状态下相比，病人的风险在不同时间是常数。例如，在研究的十年中，无论是在研究的第一年，还是在第二年……，吸烟者患肺癌的风险都是不吸烟者的 2 倍。

验证等比例风险有很多方法。一个简单的方法，是绘制协变量不同水平时的 Kaplan-Meier 曲线，如果曲线相交，则等比例风险不成立。

上述方法是图示法，比较直观。还有一种方法是在模型中增加协变量与时间的交互作用项，考察该交互作用项是否有统计学意义。如果有统计学意义则说明等比例风险条件不成立；如果无统计学意义，则说明等比例风险条件成立。分析中，需要对每个协变量进行考察。

当等比例风险条件不成立时，可以引入时间变量，建立非比例风险模型，并对这种现象进行解释。

【知识点 16-6】

1. Cox 回归主要用于疾病的预后分析，也可用于队列研究的病因探索。Cox 回归中的协变量可能是定量或定性的，在整个观察期间内它不随时间的变化而变化。

2. 当协变量较多时，进行 Cox 回归分析以前需要对这些协变量进行筛选，即作单因素分析，常用的方法有 χ^2 检验、log-rank 检验等。经单因素检验有统计学意义的协变量才进行 Cox 回归分析。单因素统计分析的结果可与 Cox 模型分析的结果进行比较，以分析影响生存时间的因素。

3. 在筛选因素时，还要考虑因素间是否有共线性的影响，当各因素间存在共线性时，可采用主成分分析法或 R 型聚类分析法消除多元共线性的影响，再进行 Cox 回归分析。此外，Cox 回归分析的结果既要考虑变量的统计学意义，又要考虑其实际意义。

4. Cox 回归分析时，样本含量不宜过小，一般在 40 例以上。随着协变量的增加其样本含量应适当的增加，要求样本含量为观察协变量的 5～20 倍。

5. 尽管 Cox 模型可以分析截尾的生存时间，但在观察时，要尽量避免观察对象的失访，因为过多的失访容易造成研究结果的偏倚。

6. Cox 回归与其他回归分析一样，当进入模型中的因素有统计学意义时，该因素与生存时间可能是因果关系，也可能是伴随关系。

7. Cox 回归还要求观察对象的风险函数与基础风险函数呈比例，若这一假定不成立，则不能用 Cox 回归进行分析。

8. 模型拟合要重视因素间交互作用，根据专业知识对可能相关性大的因素适当处理(不在同一模型或引进其交互项)。

9. Cox 回归的应用不仅限于医学的预后分析或临床疗效评价，一般说来，只要获得开始时间和反应时间，并带有协变量的问题都可以进行 Cox 回归分析，它在临床、基础、预防、流行病学、环境、毒理等医学领域有着广泛的应用。

思考练习

(一) 是非题(正确记“+”，错误记“-”)

1. 含有截尾数据的生存时间比较可以用 t 检验。 (　　)

2. 生存率是患者活过 t_k 时刻的概率，等于活过时刻 t_k 与生存概率(P_k)相乘的积。 (　　)

3. 甲乙两条生存曲线比较，甲曲线比乙曲线高，说明甲的生存率比乙的生存率低。 (　　)

4. 乘积极限法用于分组资料生存率的估计，寿命表法用于未分组资料生存率的估计。 (　　)

5. 用 log-rank 检验或 Gehan 比分检验对样本的生存率进行比较时，要求各组生存曲线不能交叉，生存曲线的交叉提示存在某种混杂因素。 (　　)

6. 生存分析是一种既考虑研究结局，又考虑生存时间的统计方法。 (　　)

7. Cox 回归分析肝癌资料，死于非肝癌者当做截尾数据。 (　　)

8. Cox 回归可用于某种疾病手术风险资料的分析。 (　　)

9. Cox 回归要求观察对象的风险函数与基础风险函数呈比例。 (　　)

(二) 选择题(从 a～e 中选出一个最佳答案)

1. 生存资料包含________。

a. 删失值　　b. 生存时间　　c. 正态分布变量

d. 结局变量　　e. 生存时间与结局变量

2. 生存资料结局为________。

a. 数值变量　　b. 必然事件　　c. 不可能事件

d. 两分类互容事件　　e. 两分类互斥事件

3. 生存资料分布一般呈________。

a. 正态分布　　b. 偏态分布　　c. 均匀分布

d. 分布不明　　e. 以上都不对

4. 生存曲线纵坐标取值为 0.5 所对应点的横坐标为________。

a. 生存率　　b. 生存曲线　　c. 中位生存时间

d. 50%生存概率　　e. 平均年龄

5. 未分组资料的生存率估计，应该采用________。

a. 乘积极限法或 Kaplan-Meier 法　　b. 寿命表法　　c. ab 均可用

d. ab 均不可用　　e. 以上都不对

6. 随访 20 年 200 名宫颈癌患者治疗情况，资料整理时将生存时间划分为组距为 1 年的多个时间段，估计生存率可采用________。

a. 秩和检验　　b. 寿命表法　　c. 方差分析

d. 乘积极限法　　e. Log-rank 检验

7. Cox 回归分析的因变量是________。

a. 正态的和方差齐性的　　b. 生存时间和结局变量　　c. 生存时间

d. 结局变量　　e. 完全数据(未截尾)

8. 乳腺癌化疗患者预后分析中，________情况不属于删失数据。

a. 失访　　b. 死于车祸　　c. 死于乳腺癌

d. 死于胃癌　　e. 观察期结束尚存活

9. 对于随访资料，Logistic 回归与 Cox 回归分析结果比较________。

a. 两者结果是一致的　　b. Logistic 回归结果较可靠　　c. Cox 回归结果较可靠

d. 两者结果均不可靠　　e. 以上都不对

10. 乘积极限法或寿命表法估计生存率可信区间的方法都是基于________原理。

a. 近似正态分布　　b. 偏态分布　　c. ab 均是

d. ab 均不是　　e. 以上都不对

(三) 应用分析题

1. 30 例白血病患者进行同一种治疗，随访到 2007 年年底，结果如表 16-10。请计算生存率，中位生存时间，并绘制生存曲线。

表 16-10　30 例白血病患者随访资料结果

患者	随访天数	终止原因	患者	随访天数	终止原因
1	25	白血病	16	1256	仍存活
2	395	肺炎	17	3356	白血病
3	854	车祸	18	18	仍存活
4	9581	仍存活	19	658	白血病
5	87	白血病	20	245	白血病
6	2589	白血病	21	254	白血病
7	352	失去联系	22	87	失去联系
8	69	仍存活	23	178	白血病
9	458	心脏病	24	1587	失去联系
10	125	仍存活	25	556	白血病
11	95	失去联系	26	789	仍存活
12	16	失去联系	27	2462	车祸
13	548	白血病	28	1445	白血病
14	1548	白血病	29	1287	失去联系
15	825	仍存活	30	985	车祸

2. 云南省肿瘤医院某医师对乳腺癌术后生存情况进行了随访，资料见表 16-11。试计算乳腺癌术后各年的生存率。

表 16-11　乳腺癌术后随访资料结果

术后年数	0～	1～	2～	3～	4～	5～	6～	7～	8～	9～	10～11
失访人数	8	9	6	5	7	4	4	3	2	0	1
死亡人数	14	16	31	40	29	18	15	14	8	4	3

3. 25 例胃癌病人随机用甲、乙两种疗法进行治疗，随访治疗后病人的生存时间如表 16-12。试比较两种治疗方法的效果有无差别？

表 16-12　25 例胃癌患者随访资料结果

治疗方法	生存时间(天)												
甲疗法	12	14	56	225	356	456	465^+	982^+	1856^+	2458^+	2560^+	3276^+	
乙疗法	14	20	28	85	90	199	210	240	542	680	1230	1880^+	1980^+

4. 50 例急性淋巴细胞性白血病病人出院后的生存时间如表 16-13，其中分组 1 表示出院后继续巩固治疗(25 例)，2 为没有继续巩固治疗(25 例)。试分析出院后巩固治疗的效果。

表 16-13　50 例急性淋巴细胞性白血病患者随访资料结果

分组	生存时间(天)													
1	102	112	112	115	120	121	125	126	126	150	158	171	218	220	226
	228	230	250	277	330	353	359	395	445	713+					
2	212	226	230	249	250	264	355	355	455	547	547	575+	605+	605+	605+
	617	630	656	780	850	940	1133	2005	2207	3725+					

5. 昆明医科大学附一院某医师对甲乙两法治疗直肠癌术后生存情况进行了随访，资料见表 16-14。问甲乙两法治疗直肠癌术后生存情况有无差别？

表 16-14　甲乙两法治疗直肠癌术后生存情况随访资料结果

组别	术后年数	0～	1～	2～	3～	4～	5～	6～	7～	8～9
甲法	失访人数	6	5	4	3	2	2	2	3	1
	死亡人数	4	6	11	10	9	8	5	4	3
乙法	失访人数	5	4	4	4	3	3	4	5	1
	死亡人数	8	14	14	30	34	18	22	12	5

6. 为探讨宫颈癌术后的主要预后因素，某研究者随访观察了 30 例宫颈癌患者，资料见表 16-15。其中术后生存时间(time)以月为单位，status 表示随访结局(1 表示死亡、复发或转移，0 表示相应的术后生存时间为删失值)。三个协变量为：年龄(age)、组织学类型(type)(1 表示高分化，0 表示低分化)、淋巴结转移(transfer)(1 表示转移，0 表示未转移)。试对此数据作 Cox 回归分析。

表 16-15　30 例宫颈癌患者随访资料结果

Time	status	age	type	transfer	Time	status	age	type	transfer
68	1	65	0	1	80	0	35	1	0
52	1	55	1	1	120	1	45	0	0
65	0	54	0	0	16	1	65	0	1
45	0	45	0	1	45	0	55	1	1
74	0	35	1	0	65	1	65	0	1
45	1	53	0	1	68	1	52	1	1
156	0	38	0	0	74	0	44	0	0
35	0	45	0	0	18	1	54	1	1
50	1	44	1	1	45	1	48	0	0
12	0	62	1	1	35	1	64	1	1
28	1	39	0	1	55	1	55	1	0
56	1	40	1	0	70	1	57	0	1
180	0	35	0	0	154	0	68	1	1
45	1	55	0	1	270	0	45	0	0
325	0	35	0	0	315	0	55	1	0

(张俊辉　贾　红)

第十七章　病例对照研究设计与分析

【例 17-1】 Doll 和 Hill 在 20 世纪中叶对吸烟与肺癌的关系进行了研究，他们选择 1948 年至 1952 年间在伦敦 20 家医院确诊的肺癌患者 709 例，其中男性 649 例，女性 60 例。对照组为同期来自同一医院，且年龄、性别、民族、职业、经济条件、社会阶层等方面一致或相近的 709 例非肿瘤患者。通过调查表收集调查对象的吸烟状况，所得资料列入表 17-1 中。

表 17-1　吸烟与肺癌的关系

吸烟史	病例组	对照组	合计
有	688	650	1338
无	21	59	80
合计	709	709	1418

【问题 17-1】

(1) 该研究采用何种设计？

(2) 这种研究方法有何特点？

【分析】

(1) 本研究所使用的是病例对照研究(case-control study)，这种方法是在部分人发病后对病人和非病人(对照)调查其暴露于各种可能危险因素的情况，进而探索各因素与疾病间是否有统计学关联。

(2) 病例对照研究有以下特点：①属于观察性研究。②是一种由结果探索病因的研究方法，属回顾性设计。③研究周期短、样本量相对较小，特别适合罕见疾病病因的研究。④可以在一次研究中同时研究多个致病危险因素。

第一节　病例对照研究的设计

一、概　　述

(一) 基本原理

病例对照研究(case-control study)的基本原理：首先由明确诊断标准确定患有某种疾病的一组病人作为病例组，以不患该病但具有可比性的一组个体作为对照组，通过回顾性地询问、实验室检查或复查病史，搜集既往各种可能的危险因素的暴露史，测量并比较病例组和对照组中各因素的暴露比例，进而探索各因素与疾病间的统计学关联。

(二) 设计类型

按照研究设计将病例对照研究分为非匹配病例对照研究和匹配病例对照研究。

1. 非匹配病例对照研究　病例和对照的关系不作限定，分别抽取一定数量的研究对象，一般两组人数均等或对照大于病例。

2. 匹配病例对照研究　根据匹配的方式，分为成组匹配和个体匹配两种设计形式。

匹配(matching)是指所选择的对照在某些因素或特征上与病例保持一致。匹配的目的主要是为了提高研究效率,其次是控制混杂因素的干扰。因此,在条件允许时尽可能选择匹配的方式选取对照。

(1) 成组匹配(category matching):病例组与对照组在某种(或某些)因素(或特征)的分布一致或接近。如病例组男女各半,则对照也应如此。

这种设计简单易行,但容易受混杂因素的干扰而使分析结果不够稳定。一般情况下,可采用分层分析方法或多重回归模型分析,来控制混杂因素的影响。

(2) 个体匹配(individual matching):为了消除重要的已知混杂因素(如性别、年龄等)对研究结果的影响,按病例的混杂因素的水平选择一个或以上的匹配对照,共同组成一个匹配组,统计分析按匹配组进行,以提高分析的效率,这就是配对设计的病例对照研究。若每一病例选择1名对照,则称1∶1配对设计;若选择2名对照,则称1∶2匹配设计;一般对照最多可为4名,再多时其设计效能未必提高很多,还可能造成过度匹配(over-matching)。匹配设计保证了病例组和对照组在匹配的混杂因素方面分布一致,避免其混杂影响。

二、基本内容和步骤

(一) 确定病例组与对照组

【例 17-2】 假定夫妻不和睦的女性高级知识分子易患忧郁症,某研究者用病例-对照研究来研究此假设,选择了患忧郁症的女性高级知识分子作为病例组,而选择"夫妻和睦的女性"作为对照。

【问题 17-2】

(1) 这样做恰当吗?

(2) 正确的对照组应该怎样选择?

【分析】 这种对照的选择是不恰当的。在本题中,考虑到与病例组的可比性,必须选择女性高级知识分子;而研究的是忧郁症患病率的问题,所以必须选择未患忧郁症的作为对照;所以,该研究应该选择"未患忧郁症的女性高级知识分子"作为对照。而"夫妻不和"是研究的因素,要比较的是患忧郁症的女性高级知识分子与未患忧郁症的女性高级知识分子之间夫妻不和的情况有无差别,所以不能选择"夫妻和睦的女性"作为对照。

在病例-对照研究中,正确地选择对照是研究成败的关键。对照组和病例组在暴露的分布及其他主要混杂因素的分布应该相似,也就是说病例组和对照组之间一定要有可比性。在进行病例对照研究时,首先要确定疾病的诊断标准和病人及对照的选入标准,要避免将非本病患者选入研究病例或将隐性患者选入对照。

病例及对照的来源主要有两种:①以医院病人为基础选择研究对象,可以是1个或多个医院某一时期内住院或门诊收治的所有确诊病人。而选取与病例同一医院的非研究疾病的患者中随机抽取一部分住院病人作为对照。这种方法简单易行,故应用也最多。②从自然人群中选取,以局部地区人口为基础选择研究对象,通过疾病登记报告网或医疗卫生网收集该地区一段时期内发生的全部新病例,也可以是某次疾病普查的所有确诊病例。对照也是该地区未患病人口中随机抽取。

(二) 样本含量的估计

第一步,计算 N' 值:

$$N'=\frac{\left[z_{\alpha}\sqrt{(1+\frac{1}{C})pq}+z_{\beta}\sqrt{p_1q_1+p_0\frac{q_0}{C}}\right]^2}{(p_1-p_0)^2} \tag{17-1}$$

式中 C =对照组例数/病例组例数，p_0 为对照中有暴露史者所占比例的估计值，$q_0=1-p_0$，p_1 为病例中有暴露史者所占比例，其计算见式(17-2)；$q_1=1-p_1$；OR 为对立假设中比值比的数值；$p=(p_1+p_0)/2$，$q=1-p$；z_α 为第Ⅰ类错误概率为 α 时的标准正态临界值，通常取 $\alpha=0.05$，单侧 $z_{0.05}=1.645$，双侧 $z_{0.05}=1.96$；z_β 为第Ⅱ类错误概率为 β 时的标准正态临界值，通常取单侧 $z_{0.05}=1.282$。

$$p_1=\frac{p_0OR}{1+p_0(OR-1)} \tag{17-2}$$

第二步，计算病例组的样本含量 N：

$$N=\frac{N'}{4}\left(1+\sqrt{1+\frac{4}{N'\delta}}\right)^2,\delta=|p_1-p_0| \tag{17-3}$$

(三) 病例对照研究常见的偏倚及其控制

由于病例对照研究是一种回顾性的观察性研究，在研究实施过程中不可避免地受到多种因素的影响，导致结果出现偏倚(bias)。

病例对照研究常见的偏倚有以下几种：

1. 选择性偏倚(selection bias)

(1) 入院率偏倚：又称伯克森偏倚(Berkson bias)。从医院选择病例和对照时，由于具有相同特征的人的住院率常因病种不同而不同，这样就有可能造成这类特征与疾病相关的假象。病人与医院之间存在双向的选择性，因此从医院选择的病例和对照，由于入院率的不同，各自的代表性都不够好。

(2) 现患病例-新发病例偏倚：又称奈曼偏倚(Neyman bias)。研究对象选自现患病例，尤其是病程较长的现患病例，可能由于疾病而改变了原有的一些暴露特征(如运动方式)，其所提供的暴露信息与新发病例不同，导致放大或缩小了研究因素与研究疾病的真实关系。

(3) 检出症候偏倚：又称暴露偏倚(unmasking bias)。病人常因某些与致病无关的体征或症状而就医，从而提高了早期病例的检出率，过高地估计了某因素的暴露程度而产生的系统误差。

2. 信息偏倚(information bias)

(1) 回忆偏倚：病例对照研究的信息主要依据研究对象通过回忆获取过去的暴露情况，这使得获取信息的准确性和完整性存在系统误差。这种偏倚是病例对照研究中最常见和最严重的偏倚之一。

(2) 调查偏倚：偏倚来自调查者或调查对象。由于病例与对照的调查环境与条件不同，或者调查技术、调查质量不高或差错以及仪器设备等问题产生的偏倚。

3. 混杂偏倚(confounding bias) 疾病的发生是多因素作用的结果，当探讨研究因素与疾病关系时，某个因素既与疾病有关联又与暴露有关联，可能夸大或掩盖了研究因素与疾病之间的关系，这就产生了混杂偏倚。

病例对照研究中偏倚的控制，首先需要一个严密科学的设计方案。应认真斟酌研究对象的来源，严格掌握病例与对照的选择标准，规范调查方法并严格培训调查员。如果条件允许最好采用盲法，使现场调查人员不知道被调查者是病例还是对照，以避免主观因素对调查结果的影响。在研究设计阶段，可以采用随机化、限制和匹配的方法来控制混杂因素；资料分析阶段可用标准化、分层分析和多因素分析方法。

（四）描述疾病与危险因素关联的指标

病例对照研究中，由于病例和对照最多只是所有病例和所有对照的有代表性的样本，并不知道暴露组和非暴露观察人数是多少，故无法直接计算真实的发病率，也无法直接计算相对危险度，但可以通过计算病例组和对照组暴露这一事件的比值比（odds ratio，*OR*），来估计相对危险度。病例对照研究中不同疾病状态下暴露于危险因素这一事件的比值比就等于队列研究中不同暴露水平下发病这一事件的比值比；在发病率很低（如小于5%）的情况下，*OR* 很接近于相对危险度。这两点是病例对照研究之所以能用于病因学研究的重要理论根据。

1. 比值（odds）　指接触某危险因素的暴露频率与非暴露频率的比值。设病例组的危险因素暴露频率为 p_1，非暴露频率 $q_1=1-p_1$；相应对照组的暴露和非暴露频率分别为 p_0 和 $q_0=1-p_0$。则：病例组暴露这一事件的比值(odds)$=\dfrac{p_1}{q_1}$，对照组暴露这一事件的比值(odds)$=\dfrac{p_0}{q_0}$。

2. 比值比（odds ratio，*OR*）　指病例组与对照组暴露某一事件的比值的比值（即 $OR=\dfrac{p_1/q_1}{p_0/q_0}=\dfrac{p_1q_0}{p_0q_1}$）。$OR>1$ 说明疾病的危险度因暴露而增加，暴露与疾病之间呈“正关联”，且数值越大，暴露为危险因素的可能性越大；$OR=1$ 说明疾病的危险度不因暴露而改变，暴露与疾病间不存在关联。$OR<1$ 说明疾病的危险度因暴露而减少，暴露于疾病之间呈“负”关联，数值越小，暴露为保护因素的可能性越大

（五）病例对照研究的优缺点

1. 优点　①适用于罕见的、潜伏期较长的疾病研究。②病例对照研究所需样本量小，病例容易找到，因此工作量小，所需人力、物力较少，易于进行，出结果快；③适用于一种疾病与多种暴露因素关联的研究；④不仅用于病因的探讨，还可以用于研究药物不良反应、对疫苗或治疗措施效果作出初步的评价。

2. 缺点　①主要受到回忆偏倚的影响，合理的对照选择较困难，偏倚较大；②不能计算暴露与非暴露人群的发病率和相对危险度，只能推算比值比；③对因果推断的论证强度较低，尤其是无法从时间先后上判断何为因、何为果。

【知识点 17-1】

1. 病例对照研究有两种设计类型：非匹配病例对照研究与匹配病例对照研究。

(1) 非匹配设计，它是把患某种疾病的病人作为病例组，不患该种疾病的人作为对照组，比较这两类人群的暴露史。

(2) 匹配设计，为了消除重要的已知混杂因素对研究结果的影响，按病例的混杂因素的水平相同或相近原则选择1至数例对照，共同组成一个匹配组。

2. 病例对照研究中不同疾病状态下暴露于危险因素这一事件的比值比 OR 值，在发病率很低（如小于5%）的情况下，接近于队列研究的相对危险度 RR 值，可以反映疾病与暴露的关联程度。

3. 病例对照研究的特点：①这是一种由结果探索病因的研究方法，属回顾性设计。②研究周期短、样本量相对较小，特别适合罕见疾病病因的研究。③可以在一次研究中同时研究多个致病危险因素。

第二节　成组设计资料分析

(一) 简单四格表资料的分析

仍以例 17-1 为例对其进行分析。资料已经列入了表 17-1 中，参见表 17-1。

【问题 17-3】

(1) 这是什么资料?

(2) 该资料属于何种设计方案?

(3) 该资料应该用何种统计方法? 其步骤如何

【分析】

(1) 该资料是四格表资料。

(2) 该资料没有按照某一条件将病例和对照组配对，属于病例对照研究的非匹配(成组)设计方案。

(3) 成组设计资料分析的步骤如下所述。

【分析步骤】

1. 列计算表　将资料整理成病例对照研究设计的频数表，如表 17-2；

表 17-2　常见病例对照研究设计形式

暴露状态	暴露	非暴露	合计
病例	a	b	a+b
对照	c	d	c+d
合计	a+c	b+d	n

2. 计算比值比　病例组比值 $odd_1 = \frac{a}{(a+b)} / \frac{b}{(a+b)} = a/b$

对照组比值 $odd_0 = \frac{c}{(c+d)} / \frac{d}{(c+d)} = c/d$

病例组比值与对照组比值之比称为比值比。

$$OR = odd_1/odd_0 = (\frac{a}{b})/(\frac{c}{d}) = \frac{ad}{bc} \tag{17-4}$$

3. 对比值比进行假设检验　由于通过随机样本计算所得的比值比具有变异性，应排除抽样误差的影响后方能对疾病与暴露之间的关系作出统计学结论。对比值比检验的零假设为 H_0: $\varphi = 1.0$，对立假设 H_1 为：$\varphi \neq 1.0$。采用下面的公式来计算 χ^2 值。

$$\chi^2 = \frac{(ad - bc)^2 n}{(a+b)(c+d)(a+c)(b+d)} \tag{17-5}$$

在零假设成立的条件下，这个 χ^2 统计量服从自由度为 1 的 χ^2 分布。

4. 估计比值比的可信区间　基于比值比的自然对数近似正态分布的理论推出的 Woolf 法，以及在 χ^2 检验的基础上计算的 Miettinen 法是两种较为简单的近似估计方法。

比值比可信区间上下限的计算方法如下(以 95%可信区间为例)：

Woolf 法：
$$\hat{OR} \exp\left(\pm 1.96\sqrt{Var(\ln \hat{OR})}\right) \tag{17-6}$$

Miettinen 法：
$$(OR)^{(1 \pm 1.96/\sqrt{\chi^2})} \tag{17-7}$$

采用以上的步骤对例 17-1 进行分析，其分析步骤如下：

1. 列计算表　将例 17-1 资料列成表 17-3。

表 17-3　吸烟与肺癌的关系

吸烟史	病例组	对照组	合计
有	688	650	1338
无	21	59	80
合计	709	709	1418

2. 计算比值比　将表 17-3 的数据用式(17-1)计算 *OR* 值。

$$OR = ad/bc = (688 \times 59)/(650 \times 21) = 2.97$$

结果表明，有吸烟史的人患肺癌的危险性是没有吸烟史的人的 2.97 倍，即吸烟为肺癌的危险因素。

3. 比值比的假设检验　一般采用 χ^2 检验，其基本步骤如下：

(1) 建立检验假设，确定检验水准 α

H_0：吸烟与肺癌没有关系，即 $\varphi = 1.0$

H_1：吸烟与肺癌有关系，即 $\varphi \neq 1.0$

$\alpha = 0.05$

(2) 计算检验统计量 χ^2 值

$$\chi^2 = \frac{(688 \times 59 - 650 \times 21)^2 \times 1418}{1338 \times 80 \times 709 \times 709} = 19.13$$

(3) 确定 P 值，做出统计推断：以 $\nu = 1$ 查 χ^2 界值表，得 $\chi^2_{0.05} = 3.84$，$\chi^2_{0.01} = 6.63$，$P < 0.01$。按 $\alpha = 0.05$ 水准，拒绝 H_0，接受 H_1，差异有统计学意义，可认为吸烟与肺癌之间存在关联性。

4. 比值比的区间估计　本例的 $OR = 2.97$，$\chi^2 = 19.13$ 代如上式中得到比值比 95%可信区间的估计值为：

$$(2.97)^{(1 \pm 1.96/\sqrt{19.13})}，即(1.824, 4.837)$$

从可信区间可知，*OR* 值大于 1，可以认为吸烟与肺癌之间存在正关联，即吸烟会增加肺癌的风险。

【例 17-3】　某医师对 100 例肝癌患者和 140 例正常对照组进行调查以了解其饮酒史，分析饮酒对肝癌的影响，结果算得比值比 $OR = 7.31$，此时是否可以认为饮酒是肝癌的危险因素？若算得比值比的 95%可信区间为(3.54,26.45)，此时是否可以认为饮酒是肝癌的危险因素？

【分析】　当求得 $OR = 7.31$ 时，尚不能认为饮酒是肝癌的危险因素。因为此时所求得的 *OR* 只是样本的比值比，而现实世界的样本数据都是有抽样误差的，即样本 $OR = 7.31$ 是含有抽样误差的，它并不能代表总体的 $OR = 7.31$，甚至不能说明总体 $OR > 1$，需要进行假设检验来判断抽样误差对 *OR* 值的影响，或者通过求可信区间来估计总体 *OR* 值，假设检验和可信区间在回答"某因素是否是某病的危险因素"时其作用是近似的。

若算得比值比的 95%可信区间为(3.54,26.45)，则可以认为饮酒是肝癌的危险因素。因为可信区间的意义为：在某置信水平下可能包含总体参数的范围。即在本题中我们有 95%的把握认为区间(3.54,26.45)包含总体比值比，亦即总体比值比 $OR > 1$ 的可能性是很大的(可能性至少大于 95%)。$OR > 1$ 说明疾病的危险度因暴露而增加，故我们可以认为饮酒是肝癌的可能的危险因素。

因此，要注意区分样本和总体的比值比。若得到的是样本比值比却要针对总体下结论，则需要进行假设检验或可信区间估计之后才能下结论；若得到的是总体比值比则可以直接下结论。

【知识点 17-2】

1. 病例对照成组设计简单四格表资料的分析步骤：

(1) 列计算表。

(2) 计算比值比。

(3) 采用 χ^2 检验对比值比进行假设检验。

(4) 估计比值比的可信区间。

2. 对于样本比值比，需要进行假设检验或可信区间估计之后才能下结论，对于总体比值比则可以直接下结论。

(二) 分层四格表资料的分析

【例 17-4】 一项研究口服避孕药(OC)与心肌梗死(MI)关联的病例对照研究(见表 17-4)。考虑到年龄既与口服避孕药有关，又与 MI 的发生有关，可能是个混杂因素。故按年龄分为两层<40 岁和≥40 岁，计算结果见表。

表 17-4 按年龄分层口服避孕药与心肌梗死的联系

年龄分层	服药情况	病例	对照	合计	*OR*	*OR* 的 95%可信区间
<40 岁	服 OC	21(a_1)	17(b_1)	38(n_{11})		
	未服 OC	26(c_1)	59(d_1)	85(n_{01})	2.803	1.274～6.167
	合计	47(m_{11})	76(n_{01})	123(t_1)		
≥40 岁	服 OC	18(a_2)	7(b_2)	25(n_{12})		
	未服 OC	88(c_2)	95(d_2)	183(n_{02})	2.776	1.106～6.695
	合计	106(m_{12})	102(m_{02})	208(t_2)		
合计	服 OC	39	24	63	2.195	1.250～3.855
	未服 OC	114	154	268		
	合计	153	178	331		

1. 列计算表 分层资料的整理，首先按照表 17-5 的形式整理资料。

表 17-5 病例对照研究分层资料整理表

暴露或特征	i 层的疾病情况		合计
	病例	对照	
有	a_i	b_i	n_{1i}
无	c_i	d_i	n_{0i}
合计	m_{1i}	m_{0i}	t_i

2. 计算公共比值比 OR_{M-H} 公共比值比 OR_{M-H} 的估计公式为：

$$OR_{M-H}=\frac{\sum \frac{a_i d_i}{n_i}}{\sum \frac{b_i c_i}{n_i}} \tag{17-8}$$

本例公共比值比 $OR_{M-H}=\dfrac{\dfrac{21\times 59}{123}+\dfrac{18\times 95}{208}}{\dfrac{26\times 17}{123}+\dfrac{88\times 7}{208}}\approx 2.79$

$OR_{M-H}=2.79$,粗 $OR=2.195$,粗 $OR<OR_{M-H}$,提示:年龄因素可能降低了口服避孕药与心肌梗死间的关联。

3. 比值比假设检验　对公共比值比进行假设检验,所用 χ^2 计算公式如下:

$$\chi^2_{M-H}=\frac{\left(\left|\sum_{i=1}^{k}a-\sum_{i=1}^{k}\frac{n_{1i}m_{1i}}{N_i}\right|-0.5\right)^2}{\sum_{i=1}^{k}\left(\frac{n_{1i}n_{0i}m_{1i}m_{0i}}{(N_i-1)N_i^2}\right)} \tag{17-9}$$

$\chi^2_{M\text{-}H}$ 的服从自由度为 1 的 χ^2 分布。

χ^2 检验的基本步骤

(1) 建立假设、确定检验水准 α

H_0:口服避孕药与心肌梗死没有关系,即 $\varphi=1.0$;

H_1:口服避孕药与心肌梗死有关系,即 $\varphi\neq 1.0$。

$\alpha=0.05$

(2) 计算检验统计量 χ^2 值

$$\chi^2=\frac{\left(\left|(21+18)-\left(\frac{38\times 47}{123}+\frac{25\times 106}{208}\right)\right|-0.5\right)^2}{\left(\frac{38\times 476\times 47\times 85}{(123-1)\times 123^2}+\frac{25\times 106\times 183\times 102}{(208-1)\times 208^2}\right)}=10.729$$

(3) 确定 P 值,做出统计推断:以 $\nu=1$ 查 χ^2 界值表,得 $\chi^2_{0.005}=7.88$,$P<0.005$。按 $\alpha=0.05$ 水准,拒绝 H_0,接受 H_1,关联有统计学意义,可以认为按年龄分层后口服避孕药与心肌梗死之间存在关联。

4. 估计公共比值比的 95%可信区间

$$[OR_{M-H}]^{\left(1\pm\frac{1.96}{\sqrt{\chi^2_{M-H}}}\right)} \tag{17-10}$$

利用(17-10)公式估计公共比值比 OR_{M-H} 的 95%可信区间为

$$(2.79)^{(1\pm 1.96/\sqrt{10.729})}=(1.510,5.155)$$

即扣除年龄混杂效应后,口服避孕药与心肌梗死的 $OR>1$,口服避孕药仍是心肌梗死的危险因素。

【知识点 17-3】

1. 病例对照研究资料的分层分析是在资料分析阶段为控制混杂因素而采取的措施之一,所谓分层就是按可能的混杂因素将原始资料分成若干层,然后进行分析。

2. 分层分析的分析步骤如下:

(1) 列计算表。

(2) 计算公共比值比。

(3) 用分层分析的 Mantel-Haenszel χ^2 检验法对公共比值比进行假设检验

(4) 采用 Miettinen 法估计其 95%可信区间。

(三) 多个暴露水平—2×k 表资料的分析

如果在病例对照研究中暴露水平在三个或三个以上时,统称为 k 个暴露水平,就成了表 17-6 的形式:

表 17-6 2×k 表资料整理表

组别	暴露水平					合计
	1	2	3	…	k	
病例组	a_1	a_2	a_3	…	a_k	n_1
对照组	c_1	c_2	c_3	…	c_k	n_0
合计	m_1	m_2	m_3	…	m_k	N

如果暴露水平没有自然的等级关系，如研究肝癌与血型的关系或肝癌与籍贯的关系是可以采用公式(17-11)对比值比是否都为 1 进行 χ^2 检验。

$$\chi^2=(N-1)\left(\frac{1}{n_1}+\frac{1}{n_0}\right)\sum_{i=1}^{k}\frac{\left(a_i-\frac{m_i n_1}{N}\right)^2}{m_i} \tag{17-11}$$

此 χ^2 服从于自由度为 k－1 的 χ^2 分布。

如果暴露水平有某种数量或等级关系，如"－，＋，＋＋，＋＋＋"或者"优，中，良，差"等，那就应该充分利用这种顺序所提供的信息作趋势检验(2×k 表线性回归的统计学检验)，此时所做的统计假设是比值比相等，比值比无线性趋势。可采用公式(17-12)来计算统计量 χ^2 值。

$$\chi^2=\frac{N^2(N-1)\left\{\sum z_i\left(a_i-\frac{m_i n_1}{N}\right)\right\}^2}{n_1 n_0\left\{N\sum z_i^2 m_i-\left(\sum z_i m_i\right)^2\right\}} \tag{17-12}$$

自由度＝1，式中 z 值是决定分数，是人为给的分数，其一般计算方法如下：

$z_1=-0.5(k-1)$，$z_2=-0.5(k-3)$，$z_3=-0.5(k-5)$，$z_4=-0.5(k-7)$……

第三节 配对设计资料分析

【例 17-5】 1976 年 Mack 等报告外源性雌激素与子宫内膜癌关系的病例对照研究，病例来自于美国洛杉矶退休人群，收集新发病例 63 例，按每个病例的婚姻状况和年龄匹配选取对照(表 17-7)。其中子宫内膜癌病人中有过服药史有 56 人，无服药史 7 人，对照组中有服药史的 30 人，检塞病人和对照均有服药史的 27 对，均无服药史的 4 对。

表 17-7 外源性雌激素与子宫内膜癌关系的病例对照研究资料

对照	病例		合计
	有服药史	无服药史	
有服药史	27	3	30
无服药史	29	4	33
合计	56	7	63

【问题 17-4】

(1) 该资料属于病例对照的何种设计方案？

(2) 该资料应该用何种统计方法？其步骤如何？

【分析】

(1) 该资料是按照某一条件将病例和对照组配对的 1∶1 配对设计的病例对照研究资料。

(2) 配对设计资料分析的步骤如下所述。

【配对设计资料的分析步骤】

1. 列计算表　将资料整理成配对设计的病例对照研究频数表，如表 17-8；

表 17-8　1∶1 配对病例对照研究结果计算表

对照	病例		合计
	有暴露	无暴露	
有暴露	a	b	a+b
无暴露	c	d	c+d
合计	a+c	b+d	a+b+c+d

2. 计算比值比　根据以下公式计算在配对条件下的比值比 *OR*

$$OR = \frac{c}{b} \tag{17-13}$$

3. *OR* 假设检验　对 *OR* 进行假设检验，采所用检验统计量为 χ^2 的计算公式为

$$\chi^2 = \frac{(b-c)^2}{b+c} \tag{17-14}$$

4. 估计 *OR* 的 95%可信区间　仍是采用 Miettinen 法，应用公式 17-7 计算。

【分析步骤】

1. 列计算表　例 17-6 计算表见表 17-9。

表 17-9　外源性雌激素与子宫内膜癌关系的病例对照研究资料

对照	病例		合计
	有服药史	无服药史	
有服药史	27	3	30
无服药史	29	4	33
合计	56	7	63

2. 计算比值比　采用式(17-13)计算得：

$$OR = 29/3 = 9.667$$

结果表明，服用外源性雌激素者患子宫内膜癌的危险是不服药者的 9.667 倍，且服用外源性雌激素与患子宫内膜癌呈正关联。

3. 比值比的假设检验　采用 χ^2 检验进行假设检验。

χ^2 检验的基本步骤

(1) 建立假设、确定检验水准 α

H_0:外源性雌激素与子宫内膜癌没有关系，即 $\varphi = 1.0$

H_1:外源性雌激素与子宫内膜癌有关系，即 $\varphi \neq 1.0$

$\alpha = 0.05$

(2) 计算检验统计量 χ^2 值

$$\chi^2 = \frac{(b-c)^2}{b+c} = \frac{(3-29)^2}{3+29} = 21.125$$

(3) 确定 *P* 值，做出统计推断：以 $\nu=1$ 查 χ^2 界值表，得 $\chi^2_{0.05} = 3.84$，$P < 0.05$。按 $\alpha = 0.05$ 水准，拒绝 H_0，接受 H_1，差异有统计学意义，可以认为服用外源性雌激素与子宫内膜癌之间存有关联。

4. 比值比的区间估计　本例的 $OR = 9.667$，$\chi^2 = 21.125$，代入式 17-7 中得到比值比 95%

可信区间的估计值为：

$$(9.667)^{(1\pm1.96/\sqrt{21.125}} \text{或}(3.674,25.437)$$

从可信区间可知，*OR* 值大于 1，可以认为服用外源性雌激素是子宫内膜癌的危险因素。

在配对病例对照研究中，除 1∶1 设计外，还有 1∶m 匹配设计，即 1 个病例与 m 个对照配比，m>1；危险因素除按两水平分类之外(有或无、高或低)，还有多水平分类，此处不再详细讲述。

【知识点 17-4】

1. 配对资料是由病例与对照结合成对子，分析结果时不应把对子拆开分析。值得注意的是：①*OR* 值用 b/c 来计算；②假设检验应采用配对设计 χ^2 检验来进行分析。

2. 在配对病例对照研究中，除 1∶1 设计外，还有 1∶m 匹配设计，即 1 个病例与 m 个对照配比，m>1。

3. 匹配的目的首先在于提高研究效率，其次在于控制混杂因素。但匹配对照例数过多(m>4)，或者匹配项目过多，就会导致工作难度增加，关键信息丢失，造成匹配过头。

思考练习

(一) 是非题(正确记"＋"，错误记"－")

1. 匹配设计的病例-对照研究排除了已知的混杂因素的干扰，所以结论比成组设计的病例—对照研究更加可靠。 (　　)

2. 接触危险因素的暴露频率与无暴露频率的比值就是比值比。 (　　)

3. *OR*>1 说明疾病的危险度因为暴露而减少，暴露与疾病之间为"负"关联。 (　　)

4. 某医师在肺癌与吸烟的分析中，算得比值比的 95%可信区间为(4.08，7.79)，据此可以认为吸烟是肺癌的危险因素。 (　　)

5. 正确选择对照是病例—对照研究成败的关键，病例的来源决定了对照的来源，常用的对照形式有人群随机抽样，从产出病例的人群中匹配选取对照等。 (　　)

(二) 选择题(A～E 中选出一个最佳答案)

1. 一位调查者有兴趣研究新生儿黄疸的病因学说，他的研究条件是：选择 100 例确诊为黄疸新生儿和同期同医院确诊无黄疸的新生儿 100 例，然后收集产科和产妇的分娩卡片，了解产前及产时各种暴露情况，这种研究为________。

a. 病例对照研究　　b. 队列研究　　c. 实验性研究

d. 临床随访研究　　e. 现况调查研究

2. 研究罕见病的病因时宜采用的研究方法是________。

a. 病例分析　　b. 现况调查　　c. 队列研究

d. 病例对照研究　　e. 临床试验

3. 在设计配对调查时确定配对条件的主要原则是________。

a. 对所研究疾病有影响的项目均应列为配对条件

b. 对所研究疾病有较大的直接影响的项目，均应列为配对条件

c. 对所研究的疾病有较大影响的项目，但又不是研究项目的应列为配对条件

d. 年龄和性别必须作为配对条件

e. 对所研究疾病有较大影响的项目，不应列为配对条件

4. 在病例对照研究中，匹配是指________。

a. 病例组的样本数等于对照组的样本数

b. 在安排病例和对照组时，使两者的某些特征或变量相一致的方法

c. 在安排病例和对照组时，使两者的研究因素相一致的方法

d. 在安排病例和对照组时，使两者的所有特征或变量相一致的方法

e. 病例组的研究因素的数量与对照组完全一致

5. 在病例对照研究中，比值比的含义是指________。

a. 病例组的发病率与对照组的发病率之比

b. 病例组的发病率与对照组的发病率之差

c. 病例组的暴露比值与对照组的暴露比值之比

d. 对照组的暴露比值除以病例组的暴露比值

e. 病例组的暴露比值与对照组的暴露比值之差

6. 在病例对照研究的资料分析阶段，最常用的控制混杂因素的方法是________。

a. 匹配　　b. 标准化　　c. 多元回归分析

d. 分层分析　　e. 遵守随机化原则

7. 根据某医院20年来肝癌住院病人500例分析，乙型肝炎表面抗原阳性者占80%，乙型肝炎表面抗原阴性者仅为20%，说明乙型肝炎表面抗原阳性者易患肝癌________。

a. 正确，因为这是患者中的乙肝携带率

b. 错误，因为没有计算 p 值

c. 错误，因为只是一个医院的资料，代表性不够

d. 错误，因为只是病例组的乙肝携带率，而无对照组的乙肝携带率

e. 乙型肝炎表面抗原阳性者肝癌发生率为阴性者的4倍

8. 某医师进行子宫内膜癌的病因研究，下列哪一组病例最为理想？

a. 一所肿瘤专科医院收治的所有子宫内膜癌病例

b. 一个地区多所医院诊断的所有子宫内膜癌病例

c. 一个地区肿瘤发病监测系统登记的所有子宫内膜癌病例

d. 一个地区肿瘤死亡监测系统登记的所有子宫内膜癌病例

e. 一个地区多所医院新诊断的子宫内膜癌病例

9. 某医师研究某因素与肝癌的关系，得 $OR=1.2$，95%可信区间为0.7～1.7，这意味着________。

a. 总体 OR 值95%的可能是错误的　　b. 总体 OR 值在0.7～1.7的可能性为95%

c. 存在偏倚的可能性为95%　　d. OR 值正负联系的可能都存在

e. 总体 OR 值说明该因素与肝癌有联系，而95%可信区间则说明该因素与肝癌无关。

10. 病例对照研究的缺点是________。

a. 不能估计相对危险度　　b. 不能调查多个暴露因素　　c. 回忆时易发生偏倚

d. 样本含量要求很大　　e. 容易发生医德问题

(三) 应用分析题

1. 一项膀胱癌患者及对照者吸烟史的兵力对照研究资料列于表17-10，试分析膀胱癌与吸烟史之间的关系。

表 17-10　膀胱癌患者及对照者吸烟史资料

观察组	有吸烟史	无吸烟史	合计
膀胱癌患者	192	129	321
对照者	156	181	337
合计	348	310	658

2. 为探索饮酒与食管癌之间的联系，某地进行了一次食管癌病因的病例对照研究，共调查病例 200 例，人群对照 776 例，但除了饮酒史外吸烟史也可能对食管癌有影响，于是研究者按吸烟这个混杂因素分层后分别进行计算，详见表 17-11。请对该资料进行分析。

表 17-11　饮酒与食管癌的联系

吸烟状况分层	饮酒史	病例	对照	合计
不吸烟者	饮酒	69	191	260
	不饮酒	9	257	266
	合计	78	448	526
吸烟者	饮酒	102	190	292
	不饮酒	20	138	158
	合计	122	328	450

3. 某医师怀疑某乳腺癌的发生与哺乳史有关，于是做了一项病例—对照研究：若该医师所作的研究为 1∶1 匹配设计，共有对象 158 对，病例组共有暴露 92 人，对照组共有暴露 50 人，病例组和对照组都无暴露者共 43 对。请列出计算用的列联表，并回答：有无哺乳史是否与乳腺癌的发生有关？

（姚雪梅　王　倩　曹明芹）

第十八章　队列研究

【例 18-1】　为探讨木尘与癌症的关系，某研究团队于 2006 年 1 月至 6 月对某木综厂 1987 年 1 月 1 日至 2004 年 12 月 31 日的在册职工进行调查。调查人数为 1106 人；调查内容包括对进入队列的每个职工摘录姓名、性别、出生日期、文化程度、参加工作时间、工种（以职工所在车间区分）、烟酒史、疾病史、生存状况（现患疾病与症状及死因）等。对照组采用了内对照和外对照，前者是指该厂行政人员、未直接接触木尘的车间职工等，后者为该厂所在地某市 1987 年 1 月 1 日至 2004 年 12 月 31 日居民人口统计和死亡资料。调查结果显示：癌症死亡率为 305.64/10 万，不同工龄、不同工种的各种癌症发病情况分别见表 18-1 和表 18-2。

表 18-1　某木综厂不同工龄组各种癌症死亡率（1/10 万）

工龄（年）	观察人年数	人时死亡率						合计
		肺癌	肝癌	食道癌	肠癌	胃癌	其他癌症	
0～	7835	0	12.76(1)	0	0	0	0	12.76(1)
5～	2309	86.62(2)	43.31(1)	43.31(1)	86.62(2)	43.31(1)	86.62(2)	389.78(9)
10～	3648	137.06(5)	54.82(2)	82.24(3)	27.41(1)	27.41(1)	54.82(2)	383.77(14)
15～	1629	552.49(9)	368.32(6)	122.77(2)	61.39(1)	0	61.39(1)	1166.36(19)
20～	284	704.23(2)	0	352.11(1)	704.23(2)	0	0	1760.56(5)
合计	15705	114.61(18)	63.67(10)	44.57(7)	38.20(6)	12.73(2)	31.84(5)	305.64(48)

注：括号内为死亡人数

表 18-2　某木综厂不同工种（以所在车间表示）各种癌症死亡率（1/10 万）

工种（车间）	观察人年数	人时死亡率						合计
		肺癌	肝癌	食道癌	肠癌	胃癌	其他癌症	
制材	5169	116.08(6)*	38.69(2)	19.35(1)	0	19.35(1)	38.69(2)	232.15(12)*
加工	4061	49.25(2)	24.62(1)	49.25(2)	73.87(3)	0	24.62(1)	221.62(9)
胶合板	3621	82.85(3)	110.47(4)*	27.62(1)	55.23(2)	27.62(1)	55.23(2)	359.02(13)
造纸	2854	245.27(7)*	105.12(3)	105.12(3)	35.04(1)	0	0	490.54(14)*
合计	15705	114.61(18)	63.67(10)	44.57(7)	38.20(6)	12.73(2)	31.84(5)	305.64(48)

注：括号内为死亡人数；与内对照组比较：$*P<0.05$

【问题 18-1】

（1）该研究所使用的研究方法是什么？

（2）这种研究方法有何特点？

（3）怎样完成该研究的设计工作？

笔记：

【分析】

（1）该医生所使用的研究方法为历史性队列研究。

（2）队列研究共有五个特点：①属于观察性研究。本例中，研究者对某木综厂 1987 年 1 月 1

日至2004年12月31日的在册职工进行了问卷调查，没有施加任何干预措施，为“被动研究”。②研究方向为从因到果。虽然研究者收集资料的时间为现在(2006年1月至6月)。但是，研究对象是在1987年1月1日至2004年12月31日期间进入了该木综厂的职业有害因素(木尘)暴露队列。因此，该研究的实质是从暴露到结局。③设立了对照组。研究者使用了两个对照组：一个为内对照，是该厂未直接接触木尘暴露的其他工作人员；另一个为外对照(人群对照)，是该厂所在地某市2004年居民人口统计和死亡资料。④能确证暴露与结局的因果关系。调查者能切实地知道研究对象的暴露情况和随访结果，能计算发病率和相对危险度。因此，能进行因果关系的推断性分析。⑤能进行一因多效的研究。该队列的调查使得研究者可以进行木综厂的职业有害因素(木尘)与肺癌、肝癌、食道癌等多种癌症的关系研究。

(3) 该研究的设计工作必须按照后述的队列研究设计方案来实施。

【知识点18-1】

队列研究的特点：① 属于观察性研究；② 研究方向为从因到果；③ 设立了对照组；④ 能确证暴露与结局的因果关系；⑤ 能进行一因多效的研究。

第一节　队列研究的设计

一、概　　述

(一) 基本概念

1. 暴露　研究对象接触某种研究物质(如木综厂的职业有害因素)或具备某种共同的研究特征(如年龄、性别等)或行为(如吸烟)，称为暴露(exposure)。反之，称为非暴露。暴露因素也称研究变量(variable)，既可以是对人体的有害因素，也可以是有利因素(如戒烟)。

2. 队列　队列(cohort)是指一个特定的研究人群组。如根据暴露的有无可以将人群划分为暴露队列和非暴露队列。

(二) 基本原理

队列研究(cohort study)的基本原理是首先选定一个研究人群，根据是否已经或将来是否可能暴露于某种因素，或根据暴露的不同程度将人群划分若干个组别(即划分为若干个队列)，然后随访一段时间，检查并登记各组人群待研究的预期结局的发生情况(如疾病、死亡或其他指标)，最后比较分析各组结局的发生率，从而评价暴露和结局之间的关系。如果暴露组(或高剂量组)某结局的发生率明显高于非暴露组(或低剂量组)，且差异有统计学意义，则可以推断暴露是结局的危险因素。反之，如果暴露组(或高剂量组)的某结局发生率明显低于非暴露组(或低剂量组)，且差异有统计学意义，则可以推断暴露是结局的保护因素或预防因子。

(三) 类型

1. 前瞻性队列研究(prospective cohort study)　它是研究者在研究开始时(现在)，首先收集研究对象的暴露状况资料。然后，随访观察暴露组和非暴露组的结局发生情况。其优点是直接获取第一手资料，偏倚较小，结果可信。其缺点是所需的样本量较大，观察时间较长，费用较高。

2. 历史性队列研究(historical cohort study)　它是研究者从现在开始去搜集既往某个时点到现在的记录资料，并根据暴露情况进行分组，确定研究对象从过去某个时间起直到现在这个时间内暴露组和非暴露组预期观察结局的发生情况。如例 18-1。它具有省时、省力和出结果快的特点,因而是一种深受欢迎的队列研究方法。

3. 双向性队列研究(ambispective cohort study) 它是研究者从研究开始时(现在)搜集既往某个时点到现在的记录资料,并根据暴露情况进行分组,然后继续观察随访一段时间到未来某个时点结束的队列研究。

(四) 用途

(1) 验证病因假设,可以确定与某种疾病的发生或死亡有关的危险因素。

(2) 初步评价预防措施的自发预防效果。如观察到戒酒者的心脑血管死亡率,以评价戒酒对心脑血管死亡的预防作用。

(3) 描述疾病的自然史,以补充临床观察的不足。

(4) 研究某种疾病发生和发展的长期变动趋势,为制定新的预防规划和治疗方案等提供依据。

【知识点 18-2】

1. 队列研究是根据暴露的有无或不同程度将一个研究人群划分若干个组别(或队列),然后随访一段时间,检查并登记各组人群待研究预期结局的发生情况,比较分析各组结局的发生率,从而评价暴露和结局之间的关系。

2. 队列研究有前瞻性队列研究、历史性队列研究和双向性队列研究三种类型。主要用于验证病因假设、评价预防效果和研究疾病自然史等方面。

3. 暴露就是指研究对象接触某种因素、具备某种特征或行为。暴露因素可以有害因素,也可以是保护因素。

二、基本内容和步骤

(一) 确定暴露因素和观察结局

1. 确定暴露因素 在研究设计阶段应对暴露因素做出明确的规定。明确暴露的性质(如物理、化学、生物、心理或社会等)以及时间、强度和方式等。如例 18-1,调查者将研究对象按不同的工龄分组,就是按不同的暴露时间划分队列;按不同的车间(工种)分组,就是按不同的暴露方式和暴露剂量划分队列。此外,为了对研究对象作深入的分析,还要搜集其他暴露因素和背景资料(包括各种可疑的混杂因素及研究对象的人口学资料)。

笔记:

2. 确定观察结局 结局是指随访观察中将出现的预期观察结果事件,即研究者希望追踪观察的事件,是队列研究的观察终点。如例 18-1 中,调查者将癌症死亡作为观察终点。结局事件除了可以是死亡或发病外,还可以是临床检验指标(如阳性或阴性、正常或异常等)。需要注意的是结局事件要有明确而统一的标准,最好为国内或国际公认的金标准。

(二) 研究对象的选择

1. 暴露人群的选择 选择方法主要有四种,要结合实际和研究目的选择切实可行的暴露人群。

(1) 一般人群:一般人群即某地区的全体人群。如美国 Framingham 地区的心脏病研究就是一个很好的例子。由于该地区的人口比较稳定,交通方便和医疗设施良好,故研究者选择该地区年龄在 30～60 岁，经检查无冠心病的 5000 多人作为研究对象，1948 年开始随访，随访 20 年，每二年检查一次。结果发现高血压、血清胆固醇增高和吸烟等是冠心病的危险因素。

(2) 特殊暴露人群：它是研究某些罕见暴露的唯一选择，如对西部某铅污染严重的村庄居民的健康调查，可以进行铅污染对该村居民健康状况的近期和远期影响的研究。

(3) 职业人群：有关职业有害因素与疾病或健康关系的研究，必须选择相关的职业人群。如例 18-1，研究职业有害因素木尘与癌症之间的关系，研究者选择了木尘厂的工人作为研究对象。

(4) 有组织的人群团体：该人群可以看作是一般人群的特殊形式，如机关、学校或参加保险的成员等。具有能有效地收集随访资料和职业、经历相同或相似的特点。如 Doll 和 Hill 在英国注册医师中研究肺癌与吸烟之间的关系。选择医师的原因是他们对自身的健康状况比较注意，并且可通过医师协会随访到每个人。

2. 对照人群的选择　为了分析暴露因素对疾病的作用强度，需选择对照人群作为对比基础。选择方式有三种：

(1) 内对照(internal reference)：即在同一个研究群体中从无暴露或暴露水平最低的亚人群中选择对照组。如例 18-1 中，研究者将木综厂未直接接触木尘的其他工种职工作为内对照。

(2) 外对照(external reference)：也称特设对照，即从年龄、性别、健康状况等方面与暴露组相一致的无暴露特征的人群中选择对照组。其优点是可以避免受暴露组的影响，缺点是另外组织一群人进行观察将大大增加人、财、物各方面的成本，并且有时不具可行性。

(3) 总人口对照：即以当地同时期的总人口作为对照组。如例 18-1，研究者还选择了该厂所在城市 2004 年的居民人口统计和死亡资料为对照。它的优点是，对比资料容易获得，缺点是资料比较粗糙，人群可比性较差。

(三) 样本含量的估计

1. 需要注意的几个问题

(1) 抽样方法：选择不同的抽样方法，将直接影响到样本含量。

(2) 对照组的样本含量：一般来说，对照组的样本含量不宜少于暴露组的样本含量。通常采用的是等量的作法。

(3) 失访率：由于队列研究的失访情况是难以避免的，因此，估计样本含量时要考虑失访率的影响。通常在计算出来的样本含量基础上再加上 10%作为实际样本含量。

2. 决定样本含量大小的因素

(1) 一般人群中所研究疾病的发病率水平 p_0：p_0 越接近于 0.5，所需观察的人数越少。

(2) 暴露组和对照组发病率之差：差别越大，所需观察人数越少。

(3) 检验水准：即第Ⅰ类错误，用 α 表示。α 通常取 0.05 或 0.01。检验水准越高，所需观察的人数越多。

(4) 检验效能(Power)：即把握度 $1-\beta$。要求的检验效能越高，所需的样本含量越大。

3. 计算方法　样本含量的估计方法有公式法和查表法。查表法请参见相关的书籍。在暴露组与对照组样本含量相等的情况下，可用公式 18-1 计算各组所需的样本含量。

$$n=\frac{(z_\alpha\sqrt{2\bar{p}\times\bar{q}}+z_\beta\sqrt{p_0\times q_0+p_1\times q_1})^2}{(p_1-p_0)^2} \tag{18-1}$$

式中：p_1 与 p_0 分别代表暴露组与对照组的预期发病率或死亡率，$\bar{p}$ 为两个发病率的平均值，$q=1-p$，z_α 和 z_β 为 α 和 β 时所对应的正态变量 z 界值，可查 z 界值表获得。样本含量的单位为人或人年，当预期发病率或死亡率较低而随访时间较长时，样本含量的单位为人年。

【例 18-2】　如果例 18-1 的研究者希望其检验效能为 90%，检验水准为 0.05(双侧)，该木综厂的全癌预期死亡率为300.00/10万，其所在城市的全癌死亡率为115.00/10万。

【问题18-2】

(1) 请估计完成该项研究所需的样本含量?

(2) 请评价研究者所使用的样本含量是否符合要求?

【解答】

(1) 可利用公式18-1计算该研究所需的样本含量：

$z_{0.05}=1.96$(双侧)；$z_{0.10}=1.28$(单侧)；$p_0=115.00/10$万；$p_1=300.00/10$万

$$\bar{p}=\frac{(115+300)}{2}=\frac{207.5}{10\text{万}};\bar{q}=1-\bar{p}\approx 1;\quad q_1\approx 1;\quad q_0\approx 1$$

将上述数值代入公式(18-1)计算n。

$$n=\frac{(1.96\times\sqrt{2\times 207.5/100000\times 1}+1.28\times\sqrt{115/100000\times 1+300/100000\times 1})^2}{(300/100000-115/100000)^2}=$$

12729(人年)

即暴露组和对照组各需观察12729人年。

考虑失访因素的影响尚需增加10%的样本含量，即每组需12729+12729×10%=14002人年。如果抽样不是单纯随机抽样，还需增加一定的样本含量。

(2) 评价：在例18-1中，研究者所使用的抽样方法是整群抽样；暴露组的样本含量为15705人年、内对照组的样本含量为25030人年，均大于所估计的样本含量。因此，该研究的样本含量符合队列研究设计的要求。

(四) 资料的收集

队列研究的资料主要包含三个方面的内容：①与暴露有关的资料；②与结局有关的终点资料；③与混杂因素有关的资料(或基线资料)。在收集时注意以下几个方面：

1. 随访

(1) 研究对象的随访是队列研究中一项十分复杂细致又至关重要的工作，因此，应该事先计划好，并严格实施。

(2) 对于各组人群的随访方法、随访内容和随访期等应尽可能全面、完整与统一。

(3) 对混杂因素的测量应与暴露因素的测量方法相同。

2. 观察终点和终止时间

(1) 观察终点(end-point)：观察终点是研究对象出现了结局事件，至此就不再继续观察该对象了。在调查设计中应对观察终点定出明确的标准和明确的判断方法。这种规定自始自终不能改变。确定终点的方法要敏感、可靠、简单、易被接受。

(2) 观察终止时间：观察终止时间是指整个队列随访截止的时间。终止时间直接决定了观察期的长短。观察期长短的确定主要考虑两个因素：①暴露因素作用于人体至产生预期结局的时间，即潜隐期为依据；②研究所需要的观察人年数。此外，观察期的长短要适中，不要太长或太短。如例18-1的研究起始时间为1987年1月1日，研究终止时间为2004年12月31日，观察期为18年。

3. 质量控制 选择具有严谨工作作风和科学态度，且具有一定文化程度的人员作为调查员。所有调查员和实验技术人员要经过严格培训和考核合格后才能进行随访。随访过程中要加强质量的监督工作，发现问题及时解决。还应制定质量控制手册，对全部操作程序、注意事项及调查问卷等做出完整详细的说明。

(五) 偏倚及控制

1. 选择偏倚及控制 在选择研究对象时容易发生下列现象，从而产生选择偏倚：①早期的病人，在研究开始时未能及时发现，造成错误分类。②研究对象由志愿者组成，他们往往比较健康或具有特殊的倾向或习惯。③有些人的档案丢失了或记录不全。④最初选定的研究对象有人拒绝参与。

主要控制方法：①选择正确的抽样方法。②严格按标准选择对象。③研究对象一旦选定，要坚持随访到底。

2. 失访偏倚及控制 在观察期内，研究对象由于迁移、外出、死于非终点事件或拒绝继续参加观察等原因都会造成失访，因此失访偏倚是难以避免的。

主要控制方法：①加强宣传解释等工作，提高研究对象的依从性。②在估计样本含量时，增加10%的样本含量。

3. 信息偏倚及控制 在获取暴露、结局或其他信息时所出现的系统误差或偏差叫信息偏倚。主要原因有：仪器不精确、询问技术不佳、检验技术不熟练或诊断标准不明确等。

主要控制方法：仪器要准确，诊断标准要明确，严格实验技术操作规程，加强调查员的培训，同等地对待每个研究对象等。

4. 混杂偏倚及控制 由混杂因素引起的偏倚，称为混杂偏倚。最常见的混杂因素有性别、年龄等。

主要控制方法：①选择研究对象时严格遵守随机化原则，或对研究对象采取某种限制，或在对照选择中采取匹配的办法。②统计分析时采用分层分析、标准化或多因素分析。

【知识点 18-3】

1. 可用定性和定量的方法确定暴露因素；用明确、统一和公认的标准确定观察结局。

2. 研究对象的选择要从研究目的和现场实际情况等方面综合考虑。

3. 样本含量要适中。估计样本含量时既要考虑四个基本要素，还要考虑抽样方法、失访等因素的影响。

4. 资料收集时要特别注意随访的标准要明确、统一。加强质量控制，尽量减少各类偏倚，特别是失访偏倚。

第二节 队列研究的分析

【例 18-3】 例 18-1 的研究者在获取原始资料后，应该怎样完成资料的分析工作？其基本步骤是什么？

笔记：

【分析】

(1) 由于该资料属于队列研究资料，因此应该按队列研究的分析方法来完成该资料的分析工作。

(2) 队列研究资料分析的基本步骤是：①对所获取的原始资料要进行审查、查遗补漏和整理等工作。②描述性分析，主要包括资料的基本信息描述（如研究对象的组成、人口学特征、随访时间及失访情况等）和效应指标的描述（如绘制统计表、计算发病率、相对危险度和归因危险度等）。③推断性分析，即对效应指标进行可信区间估计、暴露和结局的关联性分析、剂量反应关系分析、分层分析以及多因素分析等。

一、基本统计表

根据统计表的绘制原则，队列研究的资料一般可整理成表 18-3 的模式。

表 18-3 队列研究资料的基本统计表

组别	病例数	非病例数	合计	发病率
暴露组	a	b	$a+b=n_1$	a/n_1
非暴露组	c	d	$c+d=n_0$	c/n_0
合计	$a+c=m_1$	$b+d=m_0$	$a+b+c+d=n$	$(a+c)/n$

二、描述性分析

(一) 描述指标

1. 累积发病率

(1)概念:用 n 表示观察开始的总人数,I 表示研究期内新发病例数,在研究期内的累积发病率(cumulative incidence,CI)的计算公式为

$$CI=\frac{I}{n} \tag{18-2}$$

(2) 适用范围:研究人群的数量比较多,人口比较稳定的研究。通常只用于观察期限较短而无中途失访的情况。

2. 发病密度

(1) 概念:以观察人时为分母计算出来的发病率,由于带有瞬时频率性质,故称为发病密度(incidence density,ID)。其计算公式为:

$$ID=\frac{I}{PT} \tag{18-3}$$

式中 ID 是发病密度,PT 是观察总人时数,I 是观察期内发病人数。最常用的人时单位是人年,以此求出人年发病(死亡)率。

(2) 适用范围:观察时间较长,人口变化(迁入、迁出)较大的研究。一般用于慢性病和职业流行病学的研究。

【例 18-4】 在例 18-1 中,研究者甲计算出来的所有研究人群肺癌发病率为 114.61/10 万人年、研究者乙所计算出来的所有研究人群肺癌发病率为 1627.49/10 万。两人的结果明显不同。

【问题 18-3】

(1) 请问谁的结果能更好的反映该队列人群的肺癌发病情况?

(2) 请简述你的理由。

【分析】

(1) 研究者甲的结果更能反映该队列人群的肺癌发病情况。

(2) 研究者甲所使用的计算方法是发病密度(人年发病率),即 18/15705=114.61/10 万人年。研究者乙所使用的计算方法是累积发病率,即 18/1106=1627.49/10 万。由于该研究的观察时间长达 18 年,因此,宜用发病密度来计算发病率。

3. 标化比

(1) 概念:以全人口发病(死亡)率作为标准,算出某观察人群的理论发病(死亡)人数,即预期发病(死亡)人数,再求观察人群中实际发病(死亡)人数与预期发病(死亡)人数之比,被称为标化发病(死亡)比。最常用的指标为标化死亡比(standardized mortality ratio,SMR)。

(2) 适用范围:研究对象较少,结局事件发生率比较低的研究;特别是暴露人群与一般人群的比较。

【例 18-5】 在例 18-1 中，暴露工人的人时数为 15705 人年，肺癌死亡者 18 人，其所在地某城市的 2004 年肺癌死亡率为 52.26/10 万。研究者欲了解木尘暴露工人的肺癌死亡率是否比当地一般人群高。

【问题 18-4】

笔记：

(1) 请问用什么方法分析?

(2) 请简述你的理由。

【分析】

(1) 应该用标化死亡比(SMR)来分析。

(2) 这是因为结局事件的发生率(肺癌死亡率)比较低，且与一般人群的比较用标化比来进行分析直观、易懂。以该厂所在地某城市 2004 年肺癌死亡率(52.26/10 万)为标准，暴露工人预期死亡数为 15705 人年×(52.26/10 万 * 年)＝8.21 人。观察人群中肺癌实际死亡人数为 18 人，则 SMR＝18/8.21＝2.19。这说明木综厂木尘暴露工人的肺癌死亡率是一般人群的 2.19 倍。

4. 人时数

(1) 以个人为单位计算暴露人年(精确法)：

【例 18-6】 假设在例 18-1 中，有三个研究对象的出生日期和观察时间如表 18-4 所示，请计算观察人时数。

表 18-4　3 例研究对象的出生日期和观察时间

编号	出生日期	进入研究时间	退出研究时间
1	1961.02.01	1987.01.01	2000.05.04(出现终点结局)
2	1975.09.12	1999.09.10	2003.9.10(失访)
3	1980.11.04	2004.03.21	2004.12.31(观察结束时仍健在)

【分析】 由于人数较少，可以用精确法计算人时数。计算过程见表 18-5。

表 18-5　3 例研究对象的人年计算

年龄组(岁)	对象 1 1961 年 2 月 1 日出生	对象 2 1975 年 9 月 12 日出生	对象 3 1980 年 11 月 4 日出生	暴露人年
20～		2000.9.11—99.9.10 共 1 年 0 月 2 天(367 天)，即 1.01 人年	2004.12.31(结束)—2004.3.21 共 9 月 11 天(286 天)，即 0.78 人年	1.79
25～	91.1.31—87.1.1 共 4 年 1 月(1491 天)，即 4.08 人年	2003.9.10(离职失访)—2000.9.11 共 3 人年		7.08
30～	96.1.31—91.2.1(30 岁) 共 5 人年			5.00
35～	2000.5.4(死于肺癌)—96.2.1 共 4 年 4 月 4 天(1554 天)，即 4.26 人年			4.26
合计	2000.05.04—1987.01.01 共 13.34 人年	2003.9.10—1999.9.10 共计 4.01 人年	2004.12.31—2004.3.21 共计 0.78 人年	18.13

(2) 用近似法计算暴露人年：

【例 18-7】 某医师对某地队列人群进行了为期 5 年的随访调查，以研究心血管疾病的危险因素。所得部分资料如表 18-6。

表 18-6　某地心血管疾病危险因素的队列研究资料

年龄(岁)	观察人数					
	2000.1.1	2001.1.1	2002.1.1	2003.1.1	2004.1.1	2005.1.1
35～	6712	6775	6731	6790	6766	6751
45～	5864	5909	5922	5918	5895	5873
55～	4113	4139	4102	4090	4125	4088

【问题 18-5】 请问用什么方法计算人时数？

【分析】 由于该资料只知道每年的年初人口数，不知道每个研究对象进入与退出研究的具体时间，且人口变化较大。因此，只能用近似法计算人年数。计算方法为用平均人数乘以观察年数得到总人年数，平均人数一般取相邻两年的年初人口数的平均值或年中人口数。如 35～组的人年数＝(6712＋6775)÷2＋(6775＋6731)÷2＋(6731＋6790)÷2＋(6790＋6766)÷2＋(6766＋6751)÷2＝33793.5 人年。其余类推，结果见表 18-7。

表 18-7　某地心血管疾病危险因素队列研究资料的人时计算(近似法)

年龄(岁)	观察人数						观察人年数
	2000.1.1	2001.1.1	2002.1.1	2003.1.1	2004.1.1	2005.1.1	
35～	6712	6775	6731	6790	6766	6751	33793.5
45～	5864	5909	5922	5918	5895	5873	29512.5
	4113	4139	4102	4090	4125	4088	20556.5

(3) 用寿命表法计算人年：

【例 18-8】 某研究者为研究汽车铸造作业工人缺血性心脏病的发病风险，对某国大型汽车公司铸造厂进行了为期 5 年的队列研究，调查开始时年初人口数为 1821 人，具体的数据整理成表 18-8。

表 18-8　某汽车铸造厂的队列研究整理资料

观察时间(第 x 年)	年初人数(I_x)	年内进入人数(N_x)	年内发病人数(D_x)	年内失访人数(W_x)
1	1821	35	2	21
2		69	5	16
3		30	8	27
4		22	3	28
5		12	7	11

【问题 18-6】 请问用什么方法计算人时数？

【分析】 该资料不仅知道调查开始时的年初人口数，而且知道每年年内人口的动态变化情况(即每年年内进入人数、发病人数、失访人数等)。因此，可以用寿命表法来计算人年。其基本原理是：规定观察当年内进入队列的每个人均作 1/2 个人年计算，失访或出现终点结局的个人也作 1/2 个人年计算。其观察人年数、观察第 2 年及其后的年初人数计算公式如下：

$$L_x = I_x + \frac{1}{2}(N_x - D_x - W_x) \tag{18-4}$$

$$I_{x+1} = I_x + N_x - D_x - W_x \tag{18-5}$$

式中：L_x 为第 x 时间内的暴露人年数，I_x 为第 x 时间开始时的观察人数，N_x 为第 x 时间内进入队列的人数，D_x 为第 x 时间内出现终点结局的人数，W_x 第 x 时间内的失访人数。表 18-9 中，第一年的观察人年数和第二年的年初人口数的计算过程为：

$$L_1 = I_1 + \frac{1}{2}(N_1 - D_1 - W_1) = 1821 + (35 - 2 - 21)/2 = 1827 \text{人年}$$

$$I_2 = I_1 + N_1 - D_1 - W_1 = 1821 + 35 - 2 - 21 = 1833 \text{人}$$

其余类推，结果见表 18-9。

表 18-9　某汽车铸造厂的队列研究观察人年数汇总资料

观察时间(第 x 年)	年初人数(I_x)	年内进入人数(N_x)	年内发病人数(D_x)	年内失访人数(W_x)	观察人年数(L_x)
1	1821	35	2	21	1827
2	1833	69	5	16	1857
3	1881	30	8	27	1878.5
4	1876	22	3	28	1871.5
5	1867	12	7	11	1864
合计	—	—	25	—	9298

【知识点 18-4】

1. 常见发病强度的描述指标主要有三个，即累积发病率、发病密度和标化比，要特别注意每个指标的适用范围。

2. 人时数是发病密度的分母，其三种算法的特点和适用范围分别为：

① 精确法：结果精确，很费时间。适用于样本含量较小且知道每个研究对象进入与退出的具体时间的队列研究。

② 近似法：计算简单，但精确性较差。适用于样本含量较大或不知道每个研究对象进入与退出研究的具体时间的队列研究。

③ 寿命表法：计算简单，精确性较高。适用于样本含量较大且知道研究对象每年的动态变化情况的队列研究。

（二）暴露与结局的关联性描述指标（效应指标）

【例 18-9】 在例 18-8 中，研究者在 5 年的队列研究中收集了该汽车铸造厂不同工种工人新发缺血性心脏病病例数。所得资料见表 18-10。

表 18-10　汽车铸造中的矽尘暴露与缺血性心脏病之间的关系

组别	病例数	非病例数	合计	发病率(‰)
暴露组	19	1211	1230	15.45
非暴露组	6	753	759	7.91
合计	25	1964	1989	12.57

【问题 18-7】 请问有哪些指标可以进行暴露与结局的关联性描述？

【分析】

暴露与结局的关联性描述指标也称效应指标主要有：相对危险度、归因危险度、归因危险度百分比、人群归因危险度和人群归因危险度百分比。

1. 相对危险度

（1）概念：暴露组发病率 I_e 与作为对比基础的对照组发病率 I_0 的比值称为相对危险度（relative risk, RR）。相对危险度也叫危险比（risk ratio）或率比（rate ratio），是反映暴露与结局关联强度的最常用指标。

$$RR=\frac{I_e}{I_0}=\frac{a/n_1}{c/n_0} \tag{18-6}$$

式中 I_e 和 I_0 分别代表暴露组和对照组的发病率，a、c、n_1 和 n_0 的意义同表 18-3。

如例 18-9 的 $RR=\frac{I_e}{I_0}=\frac{a/n_1}{c/n_0}=\frac{19/1230}{6/759}=1.95$。

（2）意义：表示暴露组发病率为对照组发病率的多少倍。$RR=1.0$ 表示两组发病率相等，RR 值越偏离 1 说明暴露的效应越大，暴露与结局的关联强度越大。表 18-11 列出了常用的判断标准。

表 18-11　相对危险度与关联的强度

相对危险度（RR）		关联的强度
0.9～1.0	1.0～1.1	无
0.7～0.8	1.2～1.4	弱
0.4～0.6	1.5～2.9	中
0.1～0.3	3.0～9.9	强
＜0.1	10～	很强

（Monson RA 1980）

2. 归因危险度

（1）概念：暴露组发病率 I_e 与作为对比基础的对照组发病率 I_0 的差值称为归因危险度（attributable risk, AR）。归因危险度也叫超额危险度（excess risk）或率差（rate difference, RD）。

$$AR=I_e-I_0=\frac{a}{n_1}-\frac{c}{n_0} \tag{18-7}$$

如例 18-9 的 $AR=I_e-I_0=\frac{a}{n_1}-\frac{c}{n_0}=\frac{19}{1230}-\frac{6}{759}=7.54‰$。

（2）意义：表示危险特异地归因于暴露因素的程度。$AR=0$，表示暴露与结局可能无关联；$AR\neq 0$，表示暴露与结局可能有关联；$AR>0$，为正关联；$AR<0$，为负关联。

（3）AR 与 RR 的联系与区别：

1）联系：
$$AR=I_0(RR-1) \tag{18-8}$$

2）区别：RR 具有病因学意义；AR 表示数量的变化幅度，具有疾病预防和公共卫生学意义。

3. 归因危险度百分比

概念：归因危险度百分比（attributable risk percent, $AR\%$）表示暴露人群中的发病或死亡归因于暴露的部分占全部发病或死亡的百分比。它又称病因分值 EF（etiologic fraction）。

$$AR\%=\frac{I_e-I_0}{I_e}\times 100\% \tag{18-9}$$

$$或\ AR\% = \frac{RR-1}{RR} \times 100\% \tag{18-10}$$

如例 18-9 的 $AR\% = \frac{RR-1}{RR} \times 100\% = \frac{1.95-1}{1.95} = 48.72\%$，这说明汽车铸造厂的人群中发生的缺血性心脏病有 48.72%归因于矽尘暴露。

4. 人群归因危险度 人群归因危险度(population attributable risk, *PAR*)也称人群特异危险度，指人群暴露于某因素所致的发病率或死亡率。其计算公式为：

$$PAR = I_t - I_0 \tag{18-11}$$

式中 I_t 表示全人群的发病率或死亡率；I_0 表示对照组的发病率或死亡率。

5. 人群归因危险度百分比 人群归因危险度百分比(population attributable risk percent, *PAR*%)也称人群病因分值(population etiologic fraction, *PEF*)，指人群暴露于某因素所致的发病或死亡占全人群发病(死亡)的百分比。其计算公式为：

$$PAR\% = \frac{I_t - I_0}{I_t} \times 100\% \tag{18-12}$$

$$或\ PAR\% = \frac{P_e(RR-1)}{P_e(RR-1)+1} \times 100\% \tag{18-13}$$

式中：P_e 为人群中某一因素的暴露率。

【知识点 18-5】

反映暴露与疾病关联强度的指标主要有五个，其流行病学意义各不相同。*RR* 和 *AR* 都说明暴露的生物学效应，即暴露的致病作用有多大。*PAR* 和 *PAR*%则说明暴露对一个具体人群的危害程度，以及消除这个因素后可能使发病率或死亡率减少的程度，它既与 *RR* 和 *AR* 有关，又与人群中暴露者的比例有关。

三、推断性分析

【例 18-10】 例 18-9 的研究者计算出汽车铸造的矽尘暴露与缺血性心脏病发病之间的关联程度指标 *RR* 为 1.95，*AR* 为 7.54‰，*AR*%为 48.72%，从而得出矽尘暴露是缺血性心脏病的病因结论。

【问题 18-8】

(1) 请问该研究者的结论是否正确？

(2) 请简述其原因。

【分析】

笔记：

该研究者的结论不正确。这是因为所获得的资料只是样本资料，*RR* 和 *AR* 只是一个点估计值，没有考虑抽样误差的存在，不能说明总体的情况。若要对总体下结论还要进行统计推断分析，即由样本特征来推断总体的情况，包括参数估计和假设检验两个方面。

(一) 暴露与结局的关联性指标(效应指标)的区间估计

1. 相对危险度的区间估计 其方法有很多，常用的有 Woolf 法和 Miettinen 法。Miettinen 法见病例对照研究，这里介绍 Woolf 法。

$$Var(\ln RR) = \frac{1}{a} + \frac{1}{b} + \frac{1}{c} + \frac{1}{d} \tag{18-14}$$

$\ln RR$ 的95%可信区间$=\ln RR \pm 1.96\sqrt{Var(\ln RR)}$，其反对数即为 RR 的95%可信区间。

【例 18-11】 请对例 18-9 的相对危险度进行区间估计。

【解答】 按 Woolf 法，进行区间估计。

$$Var(\ln RR)=\frac{1}{19}+\frac{1}{1211}+\frac{1}{6}+\frac{1}{753}=0.22$$

$\ln RR$ 的95%可信区间为：

$\ln RR \pm 1.96\sqrt{Var(\ln RR)}=\ln(1.95)\pm 1.96\sqrt{0.22}=0.67\pm 1.96\times 0.47=0.67\pm 0.92$，取其反自然对数即为 RR 的95%的可信区间 0.78～4.89。

2. 归因危险度的区间估计 AR 的95%可信区间$=AR\pm 1.96s$，其中

$$s=\sqrt{\frac{a}{n_1^2}+\frac{c}{n_0^2}} \tag{18-15}$$

【例 18-12】 请对例 18-9 的归因危险度进行区间估计。

【解答】 可用公式(18-15)，对 AR 的95%可信区间进行估计。

$$s=\sqrt{\frac{19}{1230^2}+\frac{6}{759^2}}=0.00479$$

AR 的95%可信区间为 $0.00754\pm 1.96\times 0.00479$，即为$-1.85‰$～$16.93‰$。

(二) 暴露组与非暴露组率的差异性检验

其方法有率的 z 检验、χ^2 检验、直接概率法、二项分布检验或泊松分布检验等。每种方法的用途、适用条件和计算方法等可参阅前面有关章节的内容。

【例 18-13】 请对例 18-9 的暴露组发病率和非暴露组发病率的差异性进行假设检验。

【分析】

(1) 暴露组的 $n_1\times p_1=1230\times 15.45‰=19$，$n_1(1-p_1)=1230\times(1-15.45‰)=1211$；非暴露组的 $n_0\times p_0=759\times 7.91‰=6$，$n_0(1-p_0)=759\times(1-7.91‰)=753$；由于 $n_i\times p_i$ 和 $n_i(1-p_i)$ 均大于5，可以用率的 z 检验。

笔记：

(2) $n=1989$，最小的理论频数为 9.54，因此也可以用四格表的 χ^2 检验专用公式。本例选用后者。

【检验步骤】

1. 建立假设，确定检验水准

$H_0:\pi_1=\pi_0$，即暴露组发病率与非暴露组发病率无差异。

$H_1:\pi_1\neq\pi_0$，即暴露组发病率与非暴露组发病率有差异。

$\alpha=0.05$

2. 计算统计量 χ^2 值

$$\chi^2=\frac{(ad-bc)^2 n}{(a+b)(c+d)(a+c)(b+d)}=\frac{(19\times 753-1211\times 6)^2\times 1989}{1230\times 759\times 25\times 1964}=2.15$$

3. 确定 P 值，做出统计推断 以 $\nu=1$ 查 χ^2 界值表，$\chi^2_{0.05}=3.84$，$P>0.05$。按 $\alpha=0.05$ 水准，还不能拒绝 H_0，即差异没有统计学意义，尚不能认为暴露组与非暴露组的缺血性心脏病发病率有差异。

(三) 暴露与结局的关联性检验

暴露因素与结局事件两者之间是否有联系或相关，应该使用两种属性的关联性检验。尽管

关联性检验与行×列表 χ^2 检验(率或构成比的比较)的 χ^2 值计算方法一致,但是检验目的不一样,前者是两种属性的关联性分析,而后者是两个或多个样本率(构成比)的比较。因此,在评价暴露与结局之间的关系时还应做两种属性的关联性检验。

【例 18-14】 请对例 18-9 的汽车铸造中的矽尘暴露与缺血性心脏病发病之间的关系进行分析。

【分析】 汽车铸造厂中的矽尘暴露与缺血性心脏病发病之间的关系可以用两种属性的关联性检验。

【检验步骤】

1. 建立假设,确定检验水准

H_0:矽尘暴露与缺血性心脏病发病之间无关联。

H_1:矽尘暴露与缺血性心脏病发病之间有关联。

$\alpha=0.05$

2. 计算统计量

$n=1989$,最小的理论频数为 9.54。因此,可以用四格表的 χ^2 检验专用公式

$$\chi^2=\frac{(ad-bc)^2n}{(a+b)(c+d)(a+c)(b+d)}=\frac{(19\times753-1211\times6)^2\times1989}{1230\times759\times25\times1964}=2.15$$

3. 确定 P 值,做出统计推断 以 $\nu=1$ 查 χ^2 界值表,$\chi^2_{0.05}=3.84$,$P>0.05$。按 $\alpha=0.05$ 水准,不拒绝 H_0,关联性没有统计学意义,还不能认为汽车铸造中的矽尘暴露与缺血性心脏病发病之间有关联。

(四) Mantel-Haenszel 分层分析

【例 18-15】 为研究轮胎制造的职业暴露与肝癌发病的关系,对某市轮胎橡胶行业人群进行了 20 年的双向队列研究,由于吸烟可能是一个混杂因素,将资料按吸烟分层后列入表 18-12 中。

【问题 18-9】

(1) 请问应该用何种方法分析轮胎橡胶行业的职业暴露与肝癌发病的关系?

(2) 具体步骤如何?

表 18-12 按吸烟分层的轮胎橡胶行业中的职业暴露与肝癌发病关系的资料

指标	吸烟者			非吸烟者		
	生产工种	非生产工种	合计	生产工种	非生产工种	合计
肝癌人数(人)	18	3	21	3	15	18
观察人年数(人年)	9534	2322	11856	2034	17859	19893
发病率(1/10 万人年)	188.80	129.20	177.13	147.49	83.99	90.48

【分析】 上例中吸烟是一个混杂因素,在设计时无法控制,因此在分析时,需采用 Mantel-Haenszel 分层卡方检验对其进行分层处理。

具体步骤如下:

1. 列计算表 将资料整理为队列研究的格式,如表 18-13。

表 18-13 按吸烟分层的轮胎橡胶行业中的职业暴露与肝癌发病关系的资料

组别	职业暴露	肝癌发病情况		观察人年数	发病率(1/10万人年)
		病例(人)	非病例(人)		
吸烟者	生产工种	18	129	9534	188.80
	非生产工种	3	41	2322	129.20
非吸烟者	生产工种	3	59	2034	147.49
	非生产工种	15	326	17859	83.99
合计		39	555	31749	122.84

2. 计算各吸烟情况组预期发病数 E_{1i} 按式(18-16)计算分层因素各组预期死亡数 E_{1i} 。

$$E_{1i}=\frac{d_i N_{1i}}{N_i} \tag{18-16}$$

式中,d_i 为合计发病数,N_i 为合计观察人年数,N_{1i}为暴露队列各个吸烟情况组的观察人年数。

将例 18-15 中"吸烟者"定义为第 1 组,"非吸烟者"定义为第 2 组,按式(18-16)计算例 18-15 中各年龄组的预期死亡数列入表 18-14 中第(5)栏中,并计算 $\sum E_{1i}=15$。

3. 计算出预期发病数方差 V_{1i} 按式(18-17)计算年龄组预期发病数方差 V_{1i}。

$$V_{1i}=\frac{d_i N_{1i} N_{0i}}{N_i^2} \tag{18-17}$$

式中:N_{1i}为暴露队列各吸烟情况组的观察人年数,N_{0i}为未暴露队列各吸烟情况组暴露人年数,N_i 和 d_i 为合计观察人年数和发病数。

按式(18-17)计算例 18-15 中各年龄组的预期发病数方差列入表 18-14 中第(6)栏中,并计算 $\sum V_{1i}=2.27$。

4. 计算分层校正后的相对危险度 计算公式为:

$$R\hat{R}_A=\frac{\sum d_{1i}\dfrac{N_{0i}}{N_i}}{\sum d_{0i}\dfrac{N_{1i}}{N_i}} \tag{18-18}$$

式中,d_{1i} 为各吸烟情况组暴露队列发病数;首先计算:

$$\sum d_{1i}N_{0i}/N_i=\frac{18\times 2322+3\times 17859}{31749}=3.00$$

$$\sum d_{0i}N_{1i}/N_i=\frac{3\times 9534+15\times 2034}{31749}=1.86$$

按公式 18-18 计算例 18-15 的分层校正后的相对危险度 $R\hat{R}_A=1.61$。

表 18-14 按吸烟分层的轮胎橡胶行业中的职业暴露与肝癌发病关系计算相对危险度表格

组别(1)	职业暴露(2)	发病人数 d(3)	观察人年数 N(4)	预期发病数 E(5)	预期发病数方差 V(6)
第 1 组	有(生产工种)	18	9534	12	0.86
	无(非生产工种)	3	2322		
第 2 组	有(生产工种)	3	2034	3	1.41
	无(非生产工种)	15	17859		
	合计	39($\sum d_i$)	31749($\sum N_i$)	15($\sum E_{1i}$)	2.27($\sum V_{1i}$)

5. 分层相对危险度假设检验 对分层校正后的相对危险度进行假设检验,假设检验的过程与前述的相对危险度的假设检验相同,但是统计量 χ^2 的计算公式不同,此时采用的是 Mantel-Haenszel χ^2 统计量,计算公式为:

$$\chi^2=\frac{(\sum d_{1i}-\sum E_{1i})^2}{\sum V_{1i}} \tag{18-19}$$

对例 18-15 分层校正后的相对危险度进行假设检验。

检验步骤

(1) 建立假设,确定检验水准

H_0:按吸烟情况分层后的轮胎橡胶行业中的职业暴露与肝癌发病之间无关联,$RR=1$。

H_1:按吸烟情况分层后的轮胎橡胶行业中的职业暴露与肝癌发病之间有关联,$RR\neq 1$。

$\alpha=0.05$

(2) 计算统计量 χ^2 值:首先计算 $\sum d_{1i}=21$

$$\chi^2=\frac{(\sum d_{1i}-\sum E_{1i})^2}{\sum V_{1i}}=\frac{(21-15)^2}{2.27}=15.86$$

(3) 确定 P 值,做出统计推断:以 $\nu=1$ 查 χ^2 界值表,$\chi^2_{0.005}=7.88$,$P<0.005$。按 $\alpha=0.05$ 水准,拒绝 H_0,接受 H_1,关联性有统计学意义,可认为按吸烟情况分层后的轮胎橡胶行业中的职业暴露与肝癌发病之间有关联。

6. 计算相对危险度 95%可信区间 可采用公式(18-20)计算相对危险度 95%可信区间。

$$\hat{RR}^{(1\pm1.96/\sqrt{\chi^2})} \tag{18-20}$$

$\hat{RR}_A=1.61$,$\chi^2=15.86$,按式(18-20)计算例 18-15 中分层校正后相对危险度的 95%可信区间为 $1.61^{(1\pm1.96/\sqrt{15.86})}$ 或(1.27,2.04)。

(五) 剂量反应关系分析

【例 18-16】 某研究者为了研究社会支持与大学生网络成瘾的关系,对 2000 年入学的某医科大学的 350 名五年制学生,进行了 4 年的前瞻性队列研究。研究者采用"领悟社会支持量表"和"网络成瘾诊断量表"分别于 2000 年年底及 2004 年年底对队列人群进行了基线调查和结局事件筛查,并进行了剂量反应关系分析,所得资料见表 18-15。该研究者依据该表得出结论:随着领悟社会支持得分增加,其网络成瘾检出率、RR 和 AR 也随之降低,认为领悟社会支持与网络成瘾之间存在剂量反应关系。

表 18-15 社会支持与网络成瘾的剂量反应关系分析

组别(社会支持得分)	调查人数	成瘾例数	成瘾率(‰)	*RR*	*AR*
0 ~	74	13	17.57	6.94	15.04
61 ~	197	17	8.63	3.41	6.10
74 ~	79	2	2.53	1.00	0
合计	350	32	9.14	—	—

【问题 18-10】

(1) 问该研究者的结论是否正确?

(2) 请简述其理由。

笔记:

【分析】

(1) 该研究者的结论不正确。

(2) 该研究者将暴露因素(社会支持)按“领悟社会支持量表”得分的不同分成三个不同的水平,并以最高得分组(74 ~ 分)为对照,计算各暴露水平的相对危险度和率差,这些剂量反应关系的分析方法是正确的。但是,由于该研究者所分析的资料是样本资料。因此,还需对结局的变化进行率的趋势性检验。

【趋势性检验步骤】

将剂量反应资料列成剂量反应关系分析表(见表 18-16)。

表 18-16 剂量反应关系分析表

暴露水平	赋值	发病人数	未发病人数	观察人数	发病率
e_i	x_i	a_i	b_i	n_i	R_i
e_0	x_0	a_0	b_0	n_0	R_0
e_1	x_1	a_1	b_1	n_1	R_1
e_2	x_2	a_2	b_2	n_2	R_2
—	—	—	—	—	—
e_k	x_k	a_k	b_k	n_k	R_k
合计	—	m_1	m_0	n	R

依据表 18-15 资料,将社会支持与网络成瘾的剂量反应关系分析资料整理成表 18-17。

表 18-17 社会支持与网络成瘾的剂量反应关系分析表

组别(社会支持得分)	赋值 x_i	成瘾例数 a_i	未成瘾例数 b_i	观察人数 n_i	成瘾率(%)R_i
0~	0	13	61	74	17.57
61~	1	17	180	197	8.63
74~	2	2	77	79	2.53
合计	—	32(m_1)	318(m_0)	350(n)	9.14

1. 建立检验假设,确定检验水准

H_0:网络成瘾率与领悟社会支持得分之间无剂量反应关系。

H_1:网络成瘾率与领悟社会支持得分之间有剂量反应关系。

$\alpha=0.05$

2. 计算统计量 χ^2 值

剂量反应关系趋势检验的计算公式见式(18-21)。

$$\chi^2=\frac{\left(\sum_{i=0}^{k}a_ix_i-\frac{m_1}{n}\sum_{i=0}^{k}n_ix_i\right)^2}{m_1m_0\left[n\sum_{i=0}^{k}n_ix_i^2-\left(\sum_{i=0}^{k}n_ix_i\right)^2\right]/\left[n^2(n-1)\right]} \tag{18-21}$$

式中各个符号代表的含义见表 18-16,其中 χ_i 是对第 i 暴露水平的赋值,等间隔时可按自然顺序取值 0,1,2,…,也可取暴露水平组段内的组中值。χ^2 值在零假设条件下服从自由度为 1 的 χ^2 分布,根据 χ^2 值的大小可作出是否拒绝 H_0 的决定。该假设的实质就是计算发病(网络成瘾)和剂量(领悟社会支持得分)的相关系数,并检验相关系数是否为零。

依据表 18-17 资料,领悟社会支持得分与网络成瘾的剂量反应关系的趋势检验 χ^2 值为:

$$\chi^2=\frac{\left(21-\frac{32}{350}(197+79\times 2)\right)^2}{32\times 318(350(197+79\times 2^2)-(197+79\times 2)^2)/(350^2\times 349)}=10.30$$

3. 确定 P 值，做出统计推断 以 $\nu=1$ 查 χ^2 界值表，$\chi^2_{0.005}=7.88$，$P<0.005$。按 $\alpha=0.05$ 水准，拒绝 H_0，接受 H_1，线性趋势有统计学意义，可认为领悟社会支持得分与网络成瘾之间的剂量反应关系有线性趋势，即领悟社会支持得分越高，网络成瘾发生率越低。

（六）多变量分析

除了分层分析外，多变量分析是控制混杂偏倚的有效和常用方法。多变量分析包括Logistic 回归和 Cox 回归等分析技术，不仅可以进行多因素分析、研究因素之间的相互作用分析，还可以克服分层分析的缺点，在控制混杂因素的作用方面有明显的作用。其具体内容详见有关多因素分析的章节。

【知识点 18-6】

1. 在完成对队列研究资料的描述性分析后，一定要进行统计推断分析，才能做出暴露与结局之间关系的结论。

2. 队列研究的统计推断方法有：

(1) *RR* 和 *AR* 等效应指标的区间估计。

(2) 暴露组与非暴露组发病率的差异性检验。

(3) 暴露与结局的关联性检验。

(4) 分层分析。

(5) 剂量反应关系分析（先将暴露因素按程度不同分成若干个水平，并以最低暴露水平组为对照，计算各暴露水平的相对危险度和率差，并进行趋势性检验）。

(6) 多因素分析。

思考练习

（一）名词解释

1. 队列研究
2. 暴露
3. 观察终点
4. 发病密度
5. 累积发病率
6. 标化死亡比
7. 相对危险度
8. 归因危险度

（二）是非题（正确记“＋”，错误记“－”）

1. 队列研究中选择不同的抽样方法，其样本含量也将不一致。 （ ）
2. 观察终止时间是指研究对象出现结局事件的时间。 （ ）
3. 队列研究中控制混杂因素唯一的方法是采用匹配设计。 （ ）
4. 失访偏倚是队列研究中不可避免的偏倚。 （ ）
5. 如果某种暴露与发病间存在剂量效应关系，即暴露的剂量越大，其效应越大，则该种暴露作为病因的可能性就增大。 （ ）

6. 外对照是指选择没有暴露或具有最低暴露剂量的其他人群为对照。 ( )

7. 当随访人口比较稳定,观察时间较短,失访人数较少时,计算累积发病率。 ( )

8. *RR* 的区间估计和假设检验具有相同的推断结果。 ( )

9. 若 *RR* 的可信区间不包含 1,可认为暴露因素与发病之间没有关联性。 ( )

10. 在队列研究中,一次研究可以分析多种因素的效果。 ( )

(三) 应用分析题

1. 有一个 180 人的固定队列,前瞻性随访观察 5 年(观察期间没有失访),共有 18 人发生了某疾病(观察结局),资料见表 18-18。请计算该人群该病的发病率、死亡率和病死率?

表 18-18 某人群随访 5 年的某疾病发生情况

病例	发病时间(年)	死亡时间(年)	病例	发病时间(年)	死亡时间(年)
1	1.2	3.6(死于该病)	10	2.5	3.3(死于该病)
2	0.8	2.7(死于该病)	11	1.9	2.6(死于该病)
3	2.9	4.2(死于它病)	12	2.2	4.4(死于该病)
4	2.4	4.7(死于该病)	13	1.7	存活
5	1.8	4.0(死于该病)	14	1.8	3.9(死于该病)
6	3.9	存活	15	0.5	3.1(死于该病)
7	1.5	3.8(死于该病)	16	4.5	存活
8	4.7	存活	17	2.6	3.8(死于它病)
9	2.5	3.9(死于该病)	18	3.3	3.9(死于它病)

2. 某研究者为了研究吸烟与肺癌的关系,对某市的人群进行了 10 年的随访队列研究,资料见表 18-19。请分别计算各组的发病率,并计算 RR、AR、AR%和 PAR%,并作统计推断?

表 18-19 某市吸烟与肺癌关系的队列研究资料

年份	吸烟组				不吸烟组			
	年初人数	病例数	年末人数	人年数	年初人数	病例数	年末人数	人年数
2000	20750	12	20564		20003	4	20236	
2001	20564	10	19983		20236	4	20698	
2002	19983	9	20356		20698	2	19987	
2003	20356	11	19988		19987	0	19189	
2004	19988	13	18995		19189	2	19763	
2005	18995	16	17968		19763	3	19565	
2006	17968	9	17886		19565	0	19653	
2007	17886	8	17396		19653	0	19547	
2008	17396	13	17553		19547	3	19486	
2009	17553	10	17900		19486	2	18998	
合计	191439	111	188589		198127	20	197122	

3. 为了解 40~45 岁男性血清胆固醇水平与冠心病发病的关系,某研究者按照基线血清胆固醇水平分组后进行了为期 5 年的前瞻性队列研究,收集到的冠心病发病资料见表 18-20。请对该资料进行剂量反应关系分析?

表 18-20　40～45 岁男性血清胆固醇水平与冠心病发病情况

血清胆固醇(mmol/L)	观察人数	病例数	累积发病率(%)
2.86～	386	8	2.07
5.86～	421	33	7.84
6.86～	399	45	11.28
7.86～	402	63	15.67
合计	1608	149	9.14

（尹家祥　章丽娟　巫秀美）

第十九章　多重线性回归和相关

【例 19-1】 某医院对 30 名慢性阻塞性肺气肿(COPD)患者测定内皮素(ET)、一氧化氮(NO)、动脉血 pH(pH)、应用脉冲多普勒(PWD)检测二尖瓣血流频谱,测量舒张早期血流峰值速度(E)与舒张晚期血流峰值速度(A)的比值(EA 比值)、肺动脉收缩压(PASP),测定结果见下表,要分析肺动脉收缩压与其它 4 项指标有无关系?有何关系?

研究者将肺动脉收缩压作为应变量,其它指标分别作为自变量,建立了直线回归方程为:

$$\hat{y}_1 = 38.058 + 0.199x_{ET} \quad (F = 12.038,\ P = 0.002),\ r_1 = 0.548$$

$$\hat{y}_2 = 66.204 - 0.254x_{NO} \quad (F = 1.530,\ P = 0.226),\ r_2 = 0.228$$

$$\hat{y}_3 = 62.962 - 9.701x_{EA比值} \quad (F = 5.217,\ P = 0.030),\ r_3 = 0.396$$

$$\hat{y}_4 = -109.882 + 21.919x_{PH} \quad (F = 9.087,\ P = 0.005),\ r_4 = 0.495$$

据此认为,肺动脉收缩压分别与 ET、动脉血 PH 呈正相关关系,与 E/A 值呈负相关,与 NO 无关。

表 19-1　30 名 COPD 患者 5 项指标测定结果

序号 i	ET x_1	NO x_2	E/A 值 x_3	PH x_4	PASP x_5	序号 i	ET x_1	NO x_2	E/A 值 x_3	PH x_4	PASP x_5
1	173.900	49.450	0.284	7.325	86	16	41.900	56.100	1.339	7.426	45
2	40.100	37.640	0.939	7.390	36	17	22.300	44.300	1.987	7.302	45
3	151.800	39.140	0.258	7.380	78	18	83.750	52.600	0.514	7.424	50
4	102.000	44.480	0.436	7.330	56	19	91.760	62.200	0.678	7.350	50
5	24.640	37.360	1.516	7.450	60	20	80.600	45.300	0.562	7.378	60
6	64.000	47.200	0.738	7.350	45	21	77.300	46.100	0.596	7.314	40
7	156.610	48.600	0.310	7.447	62	22	29.200	38.300	1.312	7.326	85
8	145.670	49.200	0.338	7.500	48	23	39.200	44.600	1.138	7.396	65
9	77.200	47.120	0.610	7.350	45	24	139.700	49.300	0.502	9.388	98
10	69.330	119.370	1.722	7.290	41	25	128.32	55.100	0.808	7.360	73
11	21.350	53.840	2.522	7.430	35	26	60.730	57.100	0.940	7.384	45
12	21.350	44.600	2.089	7.379	45	27	42.100	55.200	1.311	7.430	35
13	26.740	54.870	2.052	7.360	35	28	97.600	44.900	0.460	7.330	55
14	94.430	36.800	0.390	7.390	40	29	88.900	56.700	0.638	7.348	50
15	26.230	62.260	2.374	7.386	45	30	77.300	48.100	0.622	7.382	45

【问题 19-1】

(1) 这是什么资料?

(2) 研究者用的统计方法是什么方法?正确吗?为什么?

【分析】

(1) 该资料包含有五个变量,属于多变量的计量资料,为多因素设计。

(2) 该研究者的统计分析方法为简单的回归分析方法,分别将自变量单独与应变量进行简单回归分析。用这种统计分析是错误的。因为要分析多种因素对肺动脉收缩压的影响，这些因素不是单独存在的，而是同时对肺动脉收缩压有影响，彼此之间也有影响，故应用多重线性回归分析方法进行分析才适合。

笔记：

在第十章介绍了简单线性相关与回归的概念和计算，简单线性相关是研究两个有共变关系的两个变量间相互关系的一种研究方法，以相关系数说明直线相关关系的密切程度和相关方向；简单线性回归是研究一个应变量与单个自变量之间的数量依存关系，以直线回归方程来反映这种线性关系。在医学实际工作中常遇到的事物间关系并不是简单的两个方面的关系，由于自然界的复杂多变性，事物间的关系也是多方面的，其中很多不是一对一的关系，某一现象的变化受多种因素的影响，不能简单的用直线回归与相关来解决问题。如：人的体重与身高有关，也与胸围有关；血压值的大小除了与年龄有关外，还受到性别、劳动强度、饮食习惯、吸烟状况、家族史等因素的影响。

第一节　多重线性回归与相关

多重线性回归与多重相关是研究一个应变量和多个自变量之间线性关系的统计学分析方法。多重线性回归分析(multiple linear regression)，简称多重回归，它是简单线性回归的推广。

一、多重线性回归模型

对 n 例观察对象测定了一个应变量 y 与 m 个自变量 $x_1, x_2, x_3 \cdots x_m$ 的数值，形式如表 19-2。

表 19-2　多重线性回归数据资料格式

编号	x_1	x_2	…	y
1	x_{11}	x_{12}	…	y_1
2	x_{21}	x_{22}	…	y_2
⋮	⋮	⋮	⋮	⋮
n	x_{n1}	x_{n2}	…	y_n

多重线性回归模型一般表达式为：

$$\mu_{y|x_1,x_2\cdots x_m} = \beta_0 + \beta_1 x_1 + \beta_2 x_2 + \cdots + \beta_m x_m + l \tag{19-1}$$

式中：β_0 是回归方程的常数项，即截距。$\beta_1, \beta_2, \cdots \beta_m$ 称为偏回归系数(partial regression coefficient)，偏回归系数 $\beta_i (i=1,2,\cdots,m)$ 表示在其它自变量固定的条件下，x_i 每增加或减少一个单位时，y 的平均变化量，y 变化的方向由 β_i 的符号决定。l 则是去除了 m 个自变量对 y 的影响后的随机误差，也称残差(residual)。

通常情况下我们可以根据样本数据求得模型参数 $\beta_0, \beta_1, \beta_2 \cdots \beta_m$ 的估计值 $b_0, b_1, b_2 \cdots b_m$，从而得到应变量 y 与多个自变量 $x_1, x_2, \cdots x_m$ 的数量表达式：

$$\hat{y} = b_0 + b_1 x_1 + b_2 x_2 + \cdots + b_m x_m \tag{19-2}$$

与简单回归相同，$\hat{y}$ 是 y 的估计值或回归值，式(19-2)称为多重线性回归方程。

二、多重线性回归方程的建立

多重线性回归方程同样根据数学上的最小二乘法(method of least square)求解 $b_1, b_2, \cdots, b_m$，然后求 b_0，即求得系数所建立的回归方程使估计值 $\hat{y}$ 与观测值 y 之间差异的平方和 $\sum (y-\hat{y})^2$ 达到最小。

$$Q = \sum_{i=1}^{n} (y-\hat{y})^2 = \sum_{i=1}^{n} [y - (b_0 + b_1 x_1 + b_2 x_2 + \cdots + b_m x_m)]^2$$

$$\begin{cases} l_{11}b_1 + l_{12}b_2 + \cdots + l_{1m}b_m = l_{1y} \\ l_{21}b_1 + l_{22}b_2 + \cdots + l_{2m}b_m = l_{2y} \\ \cdots\cdots \\ l_{m1}b_1 + l_{m2}b_2 + \cdots l_{mm}b_m = l_{my} \end{cases} \tag{19-3}$$

$$b_0 = \overline{y} - (b_1\overline{x}_1 + b_2\overline{x}_2 + \cdots + b_m\overline{x}_m) \tag{19-4}$$

公式(19-3)中

$$l_{ij} = \sum(x_i - \overline{x}_i)(x_j - \overline{x}_j) = \sum x_i x_j - \frac{\sum x_i \sum x_j}{n} \quad i,j = 1,2,\cdots,m \tag{19-5}$$

$$l_{jY} = \sum(x_j - \overline{x}_j)(y - \overline{y}) = \sum x_j y - \frac{\sum x_j \sum y}{n} \quad j = 1,2,\cdots,m \tag{19-6}$$

l_{ij} 是一个自变量的离均差平方和($i = j$)或两个自变量的离均差积和($i \neq j$),

l_{jy} 是自变量 x_j 与应变量 y 的离均差积和。

例 19-1 应建立肺动脉收缩压与其它 4 项指标关系的多重线性回归方程。由表(19-1)的数据按式(19-5)和式(19-6)计算的各变量的离均差矩阵:

$$\{l_{ij}\} = \begin{bmatrix} l_{11} & l_{12} & l_{13} & l_{14} & l_{1y} \\ l_{21} & l_{22} & l_{23} & l_{24} & l_{2y} \\ l_{31} & l_{32} & l_{33} & l_{34} & l_{3y} \\ l_{41} & l_{42} & l_{43} & l_{44} & l_{4y} \\ l_{y1} & l_{y2} & l_{y3} & l_{y4} & l_{yy} \end{bmatrix}$$

按式(19-3)列出多元一次方程组,解得 b_i ,并求得各变量的均数,再按照式(19-4)求得常数项 b_0(这些数值均可在 SAS、SPSS 等统计软件中直接得到,节省了大量的计算时间),得:

$$b_1 = 0.234 \quad b_2 = -0.288 \quad b_3 = 5.965 \quad b_4 = 15.236$$

各变量的均数为: $\overline{x}_1 = 76.534$　$\overline{x}_2 = 50.928$　$\overline{x}_3 = 0.999$　$\overline{x}_4 = 7.443$　$\overline{y} = 53.270$

$$b_0 = 53.270 - (0.234 \times 76.534 - 0.288 \times 50.928 + 5.965 \times 0.999 + 15.236 \times 7.443)$$
$$= -69.332$$

得到动脉血氧分压与其他 4 项指标关系的多重线性回归方程为:

$$\hat{y} = -69.332 + 0.234x_1 - 0.288x_2 + 5.965x_3 + 15.236x_4$$

【知识点 19-1】

1. 多重线性回归与多重相关是研究一个应变量和多个自变量之间线性关系的统计学分析方法。

2. 偏回归系数 $\beta_i (i = 1,2,\cdots,m)$ 表示在其他自变量固定的条件下, x_i 每增加或减少一个单位时, y 的平均变化量。

3. 多重线性回归方程为: $\hat{y} = b_0 + b_1x_1 + b_2x_2 + \cdots + b_mx_m$

三、多重线性回归的假设检验和评价

【问题 19-2】

(1) 为什么对多重线性回归方程作假设检验?

(2) 假设检验的内容包括什么?

笔记:

【分析】

(1) 与简单线性回归一样,为了确定回归方程及引入的自变量是否有统计学意义,需要进行假设检验。

(2) 多重线性回归方程的假设检验包括对整个回归方程的检验和对偏回归系数的检验。整个回归方程的检验用方差分析,并且对回归方程的预测或解释能力作出综合评价。在此基础上对各变量的作用也要做假设检验,各偏回归系数的检验用 F 检验或 t 检验。

(一) 回归方程的假设检验及评价指标

回归方程假设检验的目的是推断多个自变量作为一个整体与应变量间的线性关系是否存在,即整个方程是否有统计学意义。

1. 方差分析 其基本思想同简单线性回归分析,将应变量 y 的总变异 $SS_{总}$ 经回归分析分解成回归平方和 $SS_{回归}$ 和残差(误差)平方和 $SS_{误差}$,有

$$\sum (y-\overline{y})^2=\sum (\hat{y}-\overline{y})^2+\sum (y-\hat{y})^2$$

即
$$SS_{总}=SS_{回归}+SS_{残差}$$

相应的自由度也有:
$$\nu_{总}=\nu_{回归}+\nu_{残差}$$

$$\nu_{总}=n-1, \nu_{回归}=m, \nu_{残差}=n-\mathrm{m}-1$$

其中,回归平方和用公式(19-7)计算:

$$SS_{回归}=b_1l_{1y}+b_2l_{2y}+\cdots+b_ml_{my}=\sum b_jl_{jy} \tag{19-7}$$

残差平方和
$$SS_{残差}=SS_{总}-SS_{回归}$$

计算统计量 F 值,检验假设 $H_0:\beta_1=\beta_2=\cdots=\beta_m=0$ 是否成立

$$F=\frac{SS_{回归}/\nu_{回归}}{SS_{残差}/\nu_{残差}}=\frac{MS_{回归}}{MS_{残差}}$$

$F\sim F(m,n-m-1)$,方差分析见表 19-3。

表 19-3 多元线性回归方差分析表

变异来源	变异	自由度 ν (df)	MS	F	P
回归	$SS_{回归}$	m	$SS_{回归}/v_{回归}$	$MS_{回归}/MS_{残差}$	
残差	$SS_{残差}$	$n-m-1$	$SS_{残差}/\nu_{残差}$		
总	$SS_{总}$	$n-1$			

如果 $F\geqslant F_{\alpha(m,n-m-1)}$,则 $P\leqslant\alpha$,在 α 水准上拒绝 H_0,接受 H_1,可认为应变量 y 与 m 个自变量 $x_1,x_2,\cdots,x_m$ 之间整体上存在线性回归关系。反之亦然。

对上述多重线性回归方程 $\hat{y}=-69.332+0.234x_1-0.288x_2+5.965x_3+15.236x_4$ 进行整体的假设检验。

检验步骤

(1) 建立检验假设,确定检验水准

$H_0:\beta_1=\beta_2=\beta_3=\beta_4=0$

H_1:各偏回归系数 β_i 不全为 0

$\alpha=0.05$

(2) 计算检验统计量

本例方差分析的结果见表 19-4。

表 19-4　例 19-1 的多重线性回归方差分析表

变异来源	SS	自由度	MS	F	P
回归	3791.902	4	947.976	5.907	0.002
残差	4011.965	25	160.479		
总变异	7803.867	29			

(3) 确定 p，统计推断：查 F 界值表得 $F_{0.01(4,25)}=4.18$，$P<0.01$，在 $\alpha=0.05$ 的水准上拒绝 H_0，接受 H_1，认为所建立的回归方程具有统计学意义，肺动脉收缩压与其它 4 项指标有线性回归关系。

2. 决定系数(coefficient of determination)　又称为复确定系数，根据方差分析结果，可以计算出多重线性回归的决定系数 R^2，计算公式为

$$R^2=\frac{SS_{回归}}{SS_{总}}=1-\frac{SS_{残差}}{SS_{总}}$$

$0\leqslant R^2\leqslant 1$，用来说明回归方程中的 m 个自变量($x_1,x_2,\cdots x_m$)能解释 Y 变异的比重，其值越接近 1，y 的变异中由 m 个自变量解释的部分越多，回归方程对数据的拟合程度越好，引入这些相关自变量的效果越好。本例的决定系数

$$R^2=\frac{3791.902}{7803.867}=0.486$$

表明肺动脉收缩压变化的 48.6%可由 ET、NO、E/A 值、动脉血 PH 值的变化来解释。

3. 校正决定系数 R_c^2(Adjusted determination coefficient)　用来评价回归方程的优劣，此值越大，所建方程越好。因为决定系数 R^2 随着自变量个数的增加而不断增大，若对两个具有不同个数自变量的方程进行优劣比较时，必须考虑方程中自变量个数的影响，不能简单地以 R^2 作为评价的标准，为此提出校正决定系数，其计算公式为

$$R_c^2=1-(1-R^2)\frac{n-1}{n-m-1}=1-\frac{MS_{残差}}{MS_{总}}=1-\frac{SS_{残差}/\nu_{残差}}{SS_{总}/\nu_{总}} \tag{19-8}$$

通常 $R_C^2<R^2$，当 R^2 相同时，自变量个数越多，R_c^2 越小。“越优”回归方程是指 R_c^2 最大者。

4. 复相关系数　同简单相关分析一样，所用评价指标主要是复相关系数(multiple correlation coefficient)又称多元相关系数，符号 R，是多重相关分析的指标之一，可用来说明应变量 y 与多个自变量之间的线性相关关系的密切程度的指标，也是说明观察值 y 与估计值 $\hat{y}$ 之间的相关程度。$R=\sqrt{R^2}$，R 的取值介于 0 和 1 之间，与简单线性相关系数 r 不同，没有负值，R 越接近 1，多个自变量与应变量的相关越密切，R 值随引入方程中的变量个数增加而增加。其假设检验等价于多重线性回归方程的假设检验。本例的复相关系数为

$$R=\sqrt{0.486}=0.697$$

如果只有一个自变量，此时 $R=|r|$。

5. 剩余标准差(residual standard deviation)　用 $s_{y|1,2,\cdots,m}$ 表示，它等于误差均方 MSE 的算术平方根，与简单线性回归相似，是反映回归方程估计精度的指标，其值越小说明回归效果越好，一般它随自变量个数增加而减小，但删除了某些无统计学意义的自变量后，反而减小。

【知识点 19-2】

1. 多重线性回归方程的假设检验方法用 F 检验。

2. 多重回归方程的评价指标包括决定系数、校正决定系数、复相关系数、剩余标准差。

3. 决定系数用来说明回归方程中的 m 个自变量($x_1,x_2,\cdots x_m$)能解释 y 变异的比重。

4. 复相关系数是多重相关分析的指标，可用来说明应变量 y 与多个自变量之间的线性相关关系的密切程度的指标。

(二) 各自变量的假设检验及评价

【问题 19-3】

(1) 为什么对每一个自变量作假设检验?

(2) 假设检验的内容包括什么?

笔记:

【分析】

(1) 上述分析中是将所有自变量作为一个整体来检验它们与应变量 y 的相关程度和对应变量解释的比重,未指明方程中每一个自变量对应变量的影响,其中只要有一个自变量对应变量的影响有统计学意义,整体上就可以解释。而医学研究中我们往往关心每一个自变量对应变量的影响如何,各自变量是否均能解释应变量 y 的变化,故对每一个自变量的作用进行检验和评价,衡量其对应变量的作用大小。

(2) 假设检验的内容实质上是对偏回归系数进行假设检验,可用方差分析和 t 检验。

1. 方差分析 检验假设为:

$$H_0:\beta_j=0$$
$$H_1:\beta_j\neq 0 \quad (j=1,2,\cdots,m)$$
$$\alpha=0.05$$

考虑变量 x_j $(j=1,2,\cdots,m)$ 对应变量 y 是否有作用,可用该自变量 x_j $(j=1,2,\cdots,m)$ 的偏回归平方和(sum of squares for partial regression)来度量。偏回归平方和表示回归模型中含有其它 $m-1$ 个自变量的条件下,该自变量(x_j)对应变量 Y 的回归效应(贡献)。相当于从多重回归方程中剔除 x_j 后所引起的回归平方和($SS_{回归}$)减少的量;或在 $m-1$ 个自变量建立的回归方程中增加 x_j 后 $SS_{回归}$ 增加的量。表示符号 $SS_{回}(x_j)$,其值越大,说明该自变量越重要,对应变量的作用越大。但 $SS_{回}(x_j)$ 的计算并不是简单地由 $SS_{回}(x_j)=b_jl_{jy}$ 求得,而是由 m 个自变量的回归方程得到的 $SS_{回}(x_1,x_2,\cdots x_m)$ 减去 $m-1$ 个自变量的回归方程所得到的 $SS_{回}(-x_j)$ 算得,$SS_{回}(-x_j)$ 则要重新建立包含 $m-1$ 个自变量的回归方程来求得,不能在原包含 m 个自变量的回归方程中剔除 b_jx_j 后得出。

检验统计量为:

$$F_j=\frac{SS_{回}(x_j)/1}{SS_{残差}/(n-m-1)} \tag{19-9}$$

若 $F\geqslant F_{\alpha(1,n-m-1)}$,则在 α 水平上拒绝 H_0,接受 H_1,可认为应变量 y 与自变量 x_j $(j=1,2,\cdots,m)$ 之间存在线性依存关系。

各自变量的偏回归平方和通过建立包含不同自变量的回归方程计算得到,例 19-1 的各自变量的偏回归平方和见表 19-5。

表 19-5 例 19-1 数据回归分析中的部分结果

回归方程中包含的自变量	回归平方和 $SS_{回}$	剩余平方和 $SS_{剩余}$
x_1,x_2,x_3,x_4	3791.902	4011.965
x_2,x_3,x_4	2861.193	4942.674
x_1,x_3,x_4	3377.463	4426.403
x_1,x_2,x_4	3662.618	4141.249
x_1,x_2,x_3	2958.310	4845.557

各自变量的偏回归平方和为：

$$SS_{回}(x_1)=SS_{回}(x_1,x_2,x_3,x_4)-SS_{回}(x_2,x_3,x_4)$$
$$=SS_{回归}-SS_{回}(-x_1)=3791.902-2861.193=930.709$$
$$SS_{回}(x_2)=SS_{回归}-SS_{回}(-x_2)=3791.902-3377.463=414.439$$
$$SS_{回}(x_3)=SS_{回归}-SS_{回}(-x_3)=3791.902-3662.618=129.284$$
$$SS_{回}(x_4)=SS_{回归}-SS_{回}(-x_4)=3791.902-2958.310=833.592$$

计算的各自变量偏回归平方和的统计量分别为：

$$F_1=\frac{930.709/1}{4011.965/(30-4-1)}=5.800 \qquad F_2=\frac{414.439/1}{4011.965/(30-4-1)}=2.583$$

$$F_3=\frac{129.284/1}{4011.965/(30-4-1)}=0.806 \qquad F_4=\frac{833.592/1}{4011.965/(30-4-1)}=5.194$$

查 F 界值表得 $F_{0.05(4,22)}=4.30$，可见 F_1，F_4 均大于 $F_{0.05(4,25)}$，其 $P<0.05$，在 $\alpha=0.05$ 的水准上拒绝 H_0，接受 H_1，可认为自变量中 ET(x_1)、动脉血 PH(x_4)与肺动脉收缩压 y 之间存在线性依存关系。由两个变量的偏回归平方和大小看出，ET 的回归贡献更大一些。

2. t 检验法　对偏回归系数进行 t 检验，与偏回归平方和的方差分析的检验方法是完全等价的。

检验假设同上。

检验统计量为：

$$t_j=\frac{b_j}{s_{b_j}},\nu=n-m-1 \tag{19-10}$$

其中 b_j 为偏回归系数的估计值，s_{b_j} 为 b_j 的标准误。

当 $|t_j|\geqslant t_{\alpha/2,n-m-1}$，则在 α 水准上拒绝 H_0，接受 H_1，可认为自变量 x_j $(j=1,2,\cdots,m)$ 与应变量 y 之间存在线性依存关系。

例 19-1 资料的偏回归系数的 t 检验结果见表 19-6。

表 19-6　例 19-1 资料回归方程中偏回归系数的检验结果

模型	b_j	s_b	t 值	p 值
常数项	−69.317	49.302	−1.406	0.172
ET	0.234	0.097	2.408	0.024
NO	−0.288	0.179	−1.607	0.121
EA 比值	5.965	6.646	0.898	0.378
PH	15.236	6.685	2.279	0.031

根据上表结果，在 α 水准上拒绝 H_0，接受 H_1，可认为 ET(x_1)、动脉血 PH(x_4)与肺动脉压 y 之间存在线性依存关系。通常请况下，统计软件在输出多重回归分析结果时，同时输出 t 检验结果。

3. 标准化偏回归系数　多重线性回归假设检验从统计意义上确定在消除了其他自变量的影响后，每一个自变量的变化是否引起应变量的变化，并且估计出在其它自变量固定不变的情况下，每个自变量对应变量的数值影响大小。但由于各指标的测量单位不一样，因此不能直接根据偏回归系数的绝对值大小来比较自变量对应变量的作用大小，必须消除单位的影响，才能合理比较。因此，为了比较所有自变量中哪一个自变量对应变量的作用更大，所以选用标准化偏回归系数来比较各个自变量对应变量的影响强度。

标准偏回归系数(standardized partial regression coefficient):就是将原始数据经过标准化变化$\left(x'_{ij}=\frac{x_{ij}-\bar{x}_j}{s_j}\right)$后,以新数据重新建立回归方程,此方程称为标准化回归方程,其常数项为0,相应的偏回归系数即为标准化偏回归系数。通常在有统计学意义的前提下,标准化偏回归系数的绝对值愈大说明相应自变量对应变量的作用愈大。

标准化偏回归系数 b'_j 与偏回归系数 b_j 的关系式为:

$$b'_j=b_j\sqrt{\frac{l_{jj}}{l_{yy}}}=b_j\sqrt{\frac{s_j}{s_y}} \tag{19-11}$$

式中:s_j 为自变量 x_j 的标准差,s_y 为应变量 y 的标准差,l_{jj} 和 l_{yy} 分别为自变量 x_j 和应变量 y 的离均差平方和。

对于例 19-1 的数据,计算得各变量的标准差

$$s_1=45.265, s_2=14.699, s_3=0.670, s_4=0.370, s_y=16.404$$

代入上述公式的:

$$b'_1=0.234\times\frac{45.265}{16.404}=0.646, b'_2=-0.288\times\frac{14.699}{16.404}=-0.258$$

$$b'_3=5.965\times\frac{0.670}{16.404}=0.244, b'_4=15.236\times\frac{0.370}{16.404}=0.344$$

结果显示,对肺动脉压影响大小的顺序是 ET(x_1)、动脉血 PH(x_4)。

【知识点 19-3】

1. 偏回归系数的假设检验方法为 F 检验和 t 检验。

2. 偏回归平方和 $SS_{回}(x_j)$:表示回归模型中含有其他 $m-1$ 个自变量的条件下,该自变量(x_j)对应变量 y 的回归效应(贡献)。

3. 标准化偏回归系数 b'_j:将原始数据经过标准化变化后计算出来的偏回归系数,用来比较各个自变量对应变量的影响强度。

四、多重线性相关

应用条件:同简单线性相关一样,仅当 $x_1,x_2,\cdots,x_m,y$ 为多元正态分布的随机变量时才能考虑相关分析。

1. 复相关系数(多重相关系数) 多重相关的实质就是 y 的实际观察值与由 m 个自变量预测的 $\hat{y}$ 值的相关。

有关复相关系数前以述及。

2. 偏相关系数(部分相关系数) 部分相关系数反映校正其它变量后某一变量与另一变量的相关关系,在多重相关分析中扣除了 p 个自变量的线性影响(z)后。y 与 x_j 的偏相关系数(partial correlation coefficient)记为 $r_{x_jy.Z}$($p<m$)。

一般地,设有 x_1,x_2 和 x_3,扣除了 x_3 的线性影响后,x_1 和 x_2 的偏相关系数的计算公式为:

$$r_{12,3}=\frac{r_{12}-r_{13}r_{23}}{\sqrt{(1-r_{13}^2)(1-r_{23}^2)}}$$

或

$$r_{12,3}^2=\frac{R_{1(2,3)}^2-R_{1(3)}^2}{1-R_{1(3)}^2}$$

后一公式的意义比较直观:x_2 对 x_1 的“纯”决定系数在 x_3 未能“解释”的那部分中占的百分比即为 $r_{12,3}^2$,开方后便是偏相关系数 $r_{12,3}$。

3. 偏相关系数的假设检验——t 检验 总体中扣除 p 个变量影响的偏相关系数为 $\rho(-p)$，样本中相应的偏相关系数为 $r(-p)$。

检验假设： $H_0:\rho(-p)=0$，$H_1:\rho(-p)\neq 0$

可采用统计量：

$$t=\frac{r_{(-p)}\sqrt{n-p-2}}{\sqrt{1-r_{(-p)}^2}} \qquad \nu=n-p-2$$

【注意】 偏相关系数的假设检验等同于偏回归系数的 t 检验。复相关系数的假设检验等同于回归方程的方差分析。

第二节 多重线性回归自变量的选择

【问题 19-4】

(1) 为什么要选择自变量？

(2) 选择自变量的目的是什么？

笔记：

【分析】

(1) 前面讨论的多重线性回归方程中的自变量是作者根据专业知识和经验事先选好的。有时，所拟合的方程经假设检验不成立，或虽然方程成立了，但方程中有些变量经检验无统计学意义。所以多重线性回归分析时，不是引入模型的变量越多越好。与 y 不相干的变量引入模型不但不能改善模型的预测效果，可能还会增加预测误差，降低方程的精度。因此筛选自变量拟合"较优"的模型是多重回归分析的重要任务之一。

(2) 选择自变量的目的是对应变量有统计学意义的自变量全部引入回归方程，对应变量无统计学意义的自变量剔出回归方程。

一、全局选择法

全局选择法是对所有自变量的不同组合建立回归方程，从中选出一个"最优"的回归方程，具体方法有校正决定系数选择法、C_p 选择法。

(一) 校正决定系数选择法

决定系数 R^2 可用来评价回归方程的优劣，校正决定系数 R_c^2 考虑了自变量个数的影响，R_c^2 最大者为"最优"回归方程，一般情况下，当 R^2 相同时，自变量个数越多 R_c^2 越小。

(二) C_p 选择法

CL Mallows1964 年提出，C_p 定义为：

$$C_p=(n-p-1)\left(\frac{MS_{残,p}}{MS_{残,m}}-1\right)+(p+1) \tag{19-12}$$

其中 $MS_{残,p}$ 是 p ($p\leqslant m$)个自变量作回归的残差均方，$MS_{残,m}$ 是全部 m 个自变量的回归模型中得到的残差均方。

此统计量由两部分组成，当入选自变量增多即 p 增大时，上式中第一项变小，第二项变大；而 p 减小时，上式中第一项变大，第二项变小。想得到较小的 C_p 值，必须是这两项的折中，即入选自变量的数目 p 较为适中，不能过大也不能过小。C_p 统计量值接近 p 的回归方程为最优回归方程。但全部自变量中未包含对应变量有主要作用的自变量，则不宜用 C_p 选择法。

用全局选择法对例 19-1 数据的自变量进行选择。以不同的自变量组合建立了包含不同个数自变量的多重线性回归方程，分别拟合 $2^4-1=15$ 个方程的校正决定系数（R_c^2）、C_p，见表 19-7。

表 19-7 所有回归方程的 R_c^2、C_p 的值

方程中包含的自变量	C_p	R_c^2	方程中包含的自变量	C_p	R_c^2
x_1,x_4	3.425	0.390	x_1,x_3	7.282	0.255
x_1,x_3,x_4	5.006	0.367	x_4	7.646	0.218
x_1,x_2,x_3,x_4	5.028	0.404	x_2,x_4	7.920	0.232
x_3,x_4	5.821	0.306	x_1,x_2,x_4	9.910	0.408
x_1	5.903	0.276	x_3	10.401	0.127
x_1,x_2	6.095	0.296	x_2,x_3	11.417	0.110
x_2,x_3,x_4	6.989	0.294	x_2	13.697	0.018

可以看出，根据 C_p 选择法，最优组合为 x_1,x_4，即由 ET、动脉血 PH 建立的线性回归方程最优。

二、逐步选择法

如果自变量个数为 4，则所有的回归模型有 $2^4-1=15$ 个；当自变量数个数为 10 时，所有可能的回归为 $2^{10}-1=1023$ 个；……；当自变量数个数为 50 时，所有可能的回归为 $2^{50}-1$ 个，计算量就大了。逐步选择法则可以克服这一点。实际应用中普遍使用。他们的共同特点是每一步只引入或剔除一个自变量。决定引入或剔除基于对偏回归平方和的 F 检验

$$F_j=\frac{SS_{回}-SS_{回(-j)}}{SS_{残}/(n-p-1)};\quad \upsilon_1=1;\quad \upsilon_2=n-p-1$$

具体方法包括向前法、后退法、逐步回归法。

（一）前进法

又称向前法（forward），从引入一个自变量（其偏回归平方和最大，$F_j>F_{\alpha(1,n-m-1)}$）开始，Y 对每一个自变量作直线回归，对回归平方和最大的自变量做 F 检验，若偏回归系数有意义，则引入。在此基础上，计算其它自变量的偏回归平方和，选取偏回归平方和最大者作 F 检验，如果有统计学意义则进入方程，如此反复。自变量由少到多逐个引入，使方程外有统计学意义的变量全部引入为止。

该法的优点是快速，计算量小，易于实施。缺点是一次只能引入一个变量。并且是某自变量进入方程后就一直留在方程中，不再剔除（因此该法又称“只进不出法”）。某些变量在其它变量进入方程后可能显得不再重要，有必要剔除，但该法不能做到。有时联合作用强而单独作用弱的自变量，用逐个自变量选入的办法便一个也不被选进方程，故所得的回归方程不是最优而是局部的。

（二）后退法

又称向后法（backward），开始可将自变量 X_i 全部引入方程中，然后逐个剔除（偏回归平方和最小，$F_j<F_{\alpha(1,n-m-1)}$）的自变量，当第一个无统计学意义的自变量剔除后，须重建立新的回归方程，重复上述过程，直到方程内无统计学意义的变量全部剔除为止。

该法优点是考虑了变量间的交互作用，一般筛选的变量比向前法多。该法缺点是某变量剔除出方程后将永远不会在方程中重新出现，但该变量可能在其他变量剔除后又对因变量有显著影响，而自变量高度相关时，可能得不出正确的结果。

（三）逐步回归法（stepwise）

逐步回归法是向前法的改进，具有向前法和向后法的优点。逐步回归的基本原理是：在可供选择的所有自变量 x_i 中，按其对因变量的作用大小（即偏相关系数或偏回归平方和的大小），由大到小地把自变量逐个引入方程，每引入一个自变量，都要对其进行假设检验，有统计学意义时才引入。而当新的自变量进入方程后，再对方程中的所有自变量按照偏回归平方和由小到大进行假设检验，并把退化为没有统计学意义的变量剔除方程，这样如此反复进行下去，直到没有变量可引入方程，也没有变量可剔除方程时为止。逐步回归法既有引入变量，也有剔除变量，原来被剔除的变量在后面又可能被引入方程。逐步回归法建立的方程是目前应用最广泛的一种多重回归方法。

对选入和剔除自变量的 F 检验，可以设置不同和相同的检验水准 α 。一般小样本可取 0.15 或 0.10，大样本可取 0.05，α 值越小，被选入的自变量的个数相对较少，反之，α 值越大，被选入的自变量的个数相对较多。需要注意是：选入自变量的检验水准 $\alpha_{入}$ 要小于或等于剔除自变量的检验水准 $\alpha_{出}$。

例 19-1 的逐步回归分析具体步骤如下（令 $\alpha_{入}=0.05$，$\alpha_{出}=0.1$）：

第一步　建立 m 个 y 对各自变量（x_j）的直线回归方程，以回归平方和最大的 $SS_{回}(x_1)$ 作 F 检验，结果为（表 19-8）：

表 19-8　逐步回归第一步

模型	$SS_{回}$	$SS_{残差}$	F 值	P 值
y 与 x_1	2346.284	5457.583	12.038	0.002
y 与 x_2	404.324	7399.542		
y 与 x_3	1225.676	6578.190		
y 与 x_4	1912.076	5891.791		

将 x_1 引入方程。

第二步　在方程 $\hat{y}=b_0+b_1x_1=38.058+0.199x_1$ 的基础上，拟合加入另一个变量的方程。其中偏回归平方和 $SS_{回}(x_4)$ 最大，作 F 检验，考虑是否引入，结果为（表 19-9）：

表 19-9　逐步回归第二步

变量	模型	$SS_{回}$	$SS_{回}(x_j)$	$SS_{残差}$	F 值	P 值
	y 与 x_1	2346.284				
x_2	y 与 x_1x_2	2691.694	345.410	5112.173		
x_3	y 与 x_1x_3	2389.758	43.474	5414.108		
x_4	y 与 x_1x_4	3370.919	1024.635	4432.947	6.241	<0.05

将 x_4 引入方程。此时要考虑是否要剔出自变量，在方程

$$\hat{y}=b_0+b_1x_1+b_4x_4=-83.054+0.163x_1+16.644x_4$$

中，$SS_{回}(x_1)=1458.843$，$SS_{回}(x_4)=1024.635$（最小），对其刚进行了进行 F 检验，得 $P<0.1$，

显然 x_1,x_4 均不能剔出。方程中没有剔出的自变量,从而再考虑从方程外引入自变量。

第三步 在方程 $\hat{y}=b_0+b_1x_1+b_4x_4=-83.054+0.163x_1+16.644x_4$ 的基础上,再拟合加入另一个变量的方程。对其中偏回归平方和最大者 $SS_{回}(x_2)$ 作 F 检验,考虑是否引入,结果为(表 19-10):

表 19-10 逐步回归第三步

变量	模型	$SS_{回}$	$SS_{回}(x_j)$	$SS_{残差}$	F 值	P 值
	y 与 x_1x_4	3370.919				
x_2	y 与 $x_1x_4\ x_2$	3662.618	291.699	4141.249	1.831	>0.1
x_3	y 与 $x_1x_4\ x_3$	3377.463	6.544	4426.403		

没有可以引入方程的变量,也没有剔出的自变量,选择自变量的过程结束。

逐步回归分析可以方便的利用 SPSS、SAS 等统计软件实现,例 19-1 SPSS 的输出结果见表 19-11、表 19-12。

表 19-11 逐步回归引入自变量过程中三个模型的方差分析结果

模型(Model)		离均差平方和	自由度	均方	F 值	P 值
1	回归	2346.284	1	2346.284	12.038	0.002
	残差	5457.583	28	194.914		
	总	7803.867	29			
2	回归	3370.919	2	1685.46	10.266	<0.001
	残差	4432.947	27	164.183		
	总	7803.867	29			

表 19-12 逐步回归引入自变量过程中三个模型的偏回归系数的 t 检验结果

模型(Model)		偏回归系数 b	标准误 s_b	标准回归系数	t 值	p 值
1	常数项	38.058	5.071		7.506	<0.001
	ET	0.199	0.057	0.548	3.470	0.002
2	常数项	−83.054	48.703		−1.705	0.100
	ET	0.163	0.055	0.448	2.981	0.006
	PH	16.644	6.662	0.376	2.498	0.019

最后有两个自变量选入回归方程:

$$\hat{y}=-83.054+0.163x_1+16.644x_4$$

结果显示,肺动脉压与 ET(x_1)、动脉血 PH(x_4)存在线性依存关系,并且呈正相关。根据标准化偏回归系数看出,ET(x_1)对肺动脉压影响最大。

第三节 多重线性回归与相关的应用及注意事项

一、多重回归分析的应用

多重回归分析应用较广，归纳起来主要有：

1. 确定多个自变量(指标变量) 与应变量之间的线性关系。

2. 影响因素分析 疾病的影响因素的分析是医学研究中经常考虑的问题,特别是寻找病因的研究中，例如影响高血压的因素可能有性别、民族、年龄、家族史、饮食习惯、生活方式、居住环境、职业、吸烟状况、饮酒状况、紧张心理等，这些众多的可疑因素中，究竟哪些因素确实有关，哪些因素影响大，通过建立多个自变量与因变量的数学模型，来确定影响因素，同时利用多重回归方程由多个自变量推算因变量。在临床试验中，由于种种原因难以保证各比较组之间的基本情况相同，如比较不同的疗效，病人的年龄、性别、病情程度等出现混杂，如何使之合理比较，这就可以利用回归分析来处理。所以在研究中控制混杂因素(confounding factor)的一个简单办法就是将其引入回归方程，与其他变量一起分析。

3. 预测预报　同简单回归方程的应用一样，多重回归方程可以用于估计和预测，根据各个自变量 x_i 值估计 y 的波动范围。估计个体 y 值的 $1-\alpha$ 容许区间为($\hat{y}\pm t_{\alpha,\nu}s_y$)，其中 s_y 是自变量的任意一组所对应的 y 的标准差，统计软件可直接输出该结果。提醒注意的是：用于预测的回归方程，应选择具有较高 R^2 值的方程。

4. 统计控制　就是回归方程的逆估计，即用 y 来估计 x_i，通过控制多个自变量，使应变量在给定的范围内波动。此时要求回归方程的 R^2 值要大，偏回归系数的标准误要小。

二、应用多重线性回归的注意事项

1. 多重回归分析的前提条件　与简单线性回归相同，多重线性回归的前提条件也是直线回归分析的条件，即线性(linearity)、独立性(independence)、正态性(normality)和方差齐性(equal variances)，即应变量 y 与 $x_1, x_2, \cdots, x_m$ 之间具有线性关系；各例观测值 $y_i(i=1,2,\cdots,n)$ 以及自变量之间是相互独立的；残差 l 服从均数为 0、方差为 σ^2 的正态分布，它等价于对任意一组自变量 $x_1, x_2, \cdots, x_m$ 值，应变量 y 具有相同的方差，且服从正态分布。

2. 多重线性回归对变量的要求　由于直线回归分析是对应变量的要求，因此，多重线性回归仅仅要求应变量是为连续变量，服从正态分布的随机变量，而自变量可以是计量资料，也可以是计数资料，还可以是无法精确测量的等级资料。

(1) 自变量为连续变量：当某个自变量 x_j 与应变量 y 之间不呈线性关系时，要考虑对 x_j 的原始观察值作某种变量变换，以改善方程的拟合优度。如变换合理，可以增大决定系数。

(2) 自变量对分类变量：如人的性别、血型、干预方式等，都会影响到某一项研究指标，为了能将这些信息引入回归分析，必须对其进行量化处理。如果是二分类变量，如性别变量的赋值为：

$$x=\begin{cases}0 & 女\\ 1 & 男\end{cases} \qquad 或\ x=\begin{cases}1 & 男\\ -1 & 女\end{cases}$$

如果是多分类变量，将其变换为一组两分类的哑变量后再进行回归分析。比如分 k 类，则用 $k-1$ 个亚变量完整的标记这些类别。如血型变量 x 分为 A 型、B 型、AB 型、O 型四种类型，可用三个亚变量 x_1, x_2, x_3 表示，其赋值为：

$$x_1=\begin{cases}1 & \text{A型}\\ 0 & 其他\end{cases} \qquad x_2=\begin{cases}1 & \text{B型}\\ 0 & 其他\end{cases} \qquad x_3=\begin{cases}1 & \text{0型}\\ 0 & 其他\end{cases}$$

AB 血型者上述三个变量的取值均为 0。

亚变量的引入，扩大了多重回归分析的应用范围，但当 $k>2$ 时，不能用常规的逐步回归的方法选择自变量，而应将 $k-1$ 个亚变量作为一个整体来考虑是否引入方程。

(3) 自变量为有序分类变量：如疾病的治疗效果分为痊愈、好转、未愈，以 x 表示疗效，其赋值有两种，一种为：

$$x=\begin{cases}1 & 痊愈\\ 2 & 好转\\ 3 & 未愈\end{cases}$$

这时疗效的赋值看作分类的得分，该变量按连续变量处理；另一种赋值方法为：将疗效变量 x 用两个亚变量（x_1，x_2）表示。当方程中的变量不是很多，样本量较大时用亚变量的方法比较好；反之，当方程中自变量较多，样本量又不够大时，用亚变量的方法会进一步增大自变量的数目，所建的方程可能极不稳定，这时按连续变量处理更为妥当些。

3. 样本量 当多重线性回归方程中包含的自变量个数较多，而样本量相对于自变量个数不很大时，建立的方程就很不稳定，常常会出现决定系数（R^2）较大，造成假象，误以为自变量对应变量的影响很大。因此，有学者提出：样本量应是方程中自变量个数的5～10倍。

4. 回归系数 建立回归方程时要用偏回归系数，但因各变量的单位及数量级不相同，要比较各变量对应变量的作用大小应用标准化偏回归系数(Beta)。

5. 回归方程 采用不同的变量筛选方法或进入水准不同得到的"最优"方程不同，一般说来，前进法用于各变量的协同作用不太大以及变量较多的情形；后退法用于各变量协同作用较大以及变量不太多的情形。逐步法则兼有二者的优点，而且能使问题得到简化，用得最多，但必须指出：无论哪种方法得到的结果，都不要盲目信任，所谓"最优"方程并不一定是最好的，没有选入方程的自变量也未必是没有意义，因为所确定的选入标准 $\alpha_入$ 和剔出标准 $\alpha_出$ 不同，引入方程的变量也不同；另一方面，回归方程有不同的用途，根据不同的用途，研究者应结合问题本身和专业知识以及经验来确定变量筛选的方法。

6. 多重共线性(collinearity)问题 指自变量间非独立或线性相关，使一个或几个自变量可以由另外的自变量线性表示时，称为该变量与另外的自变量间存在有共线性。

共线性较强时会产生严重的问题，如重要变量选不进方程、回归系数不稳定或符号改变，回归方程不稳定，增加或减少几个观察值，估计值会发生很大的变化，甚至出现整个回归方程有统计学意义，R^2 很高，但偏回归系数都没有统计学意义的情况。

共线性的诊断主要通过容忍度(tolerance)、方差膨胀因子(variance inflation factor, VIF)、特征根(eigenvalue)、条件指数(condition index)等进行考察。一般说来，如果容忍度小于0.1、方差膨胀因子大于10、特征根趋于0、条件指数大于30，则可能存在比较严重的共线性。

消除多重共线性的方法有多种：①筛选自变量：从自变量中剔出某个造成共线性的自变量，重新建立方程；将一组具有相关性的自变量合并成一个变量或定义一个新变量代替有相关的自变量。②采用逐步回归也能有效遏制有较强相关关系的自变量同时进入回归方程。③采用主成分回归和岭回归分析。

7. 自变量间的交互作用(interaction) 当某一自变量对应变量的作用大小与另一个自变量的取值有关时，则表示两个变量有交互作用。

检验两变量间有无交互作用，普遍的做法是在方程中加入它们的乘积项，将此作为一个新的变量再做检验。如考察例19-1中 x_1，x_4 间的交互作用，可在模型中加入 $x_5=x_1\cdot x_4$ 项，重新建立方程进行 β_5 是否为0的建设检验，如果拒绝 $H_0:\beta_5=0$，便可认为ET和动脉血PH除了有主效应外，还有交互作用。回归分析中是否考虑交互作用主要依靠专业知识而定。

8. 残差分析 残差分析是检验资料是否符合模型条件的方法。残差是指观察值 y_i 与估计值 $\hat{y}_i$ 之差。标准化残差为：

$$e'_i=\frac{e_i}{\sqrt{MS_{残差}}}\ (i=1,2,\cdots,n) \tag{19-13}$$

以标准化残差 e'_i 为纵坐标，以预测值 $\hat{y}_i$ 为横坐标作散点图。若 e'_i 以0为中心，在一恒定区内较均匀地散布在一条直线的上下两侧，则可认为 e'_i 近似服从均值为0，方差为1的正态分布。

【知识点 19-4】

1. 通过自变量筛选保证模型中的自变量均有统计学意义。筛选方法有向前法、向后法和逐步法，常用逐步法。

2. 多重线性回归的应用有描述、预测和控制。

3. 要求应变量是服从正态分布的随机变量，自变量可以是计量、计数或等级资料，对于分类资料引入亚变量进行分析。

4. 多重线性回归分析所需样本量应是回归方程中自变量个数的5～10倍。

思考练习

(一) 名词解释

1. 偏回归系数　2. 复决定系数　3. 复相关系数　4. 标准化偏回归系数　5. 偏回归平方和　6. 残差　7. 校正决定系数　8. 偏相关系数　9. 多重共线性

(二) 是非题(正确记"＋"，错误记"－")

1. 标准偏回归系数可用来直接解释自变量和应变量的依存关系，但在不同的模型中不能进行比较。　(　)

2. 多元线性回归分析方法只适合于用来分析应变量与自变量都为连续性的资料。　(　)

3. 在筛选自变量时，逐步回归法优于其他方法。　(　)

4. 逐步回归也能有效遏制多重共线性问题。　(　)

5. 多重线性回归仅仅要求应变量是为连续变量，服从正态分布的随机变量，而自变量可以是计量资料，也可以是计数资料，还可以是无法精确测量的等级资料。　(　)

6. 多重线性回归分析必须要求样本量足够大。　(　)

(三) 选择题(从 a～e 中选出一个最佳答案)

1. 多重线性回归分析中，度量一组自变量与因变量线性相关程度的统计量是(　)。

a. 复相关系数　b. 复确定系数　c. 偏相关系数
d. 偏回归系数　e. 标准化偏回归系数

2. 可用来对多重线性回归模型进行检验的方法有(　)。

a. F 检验　b. U 检验　c. χ^2 检验
d. 秩和检验　e. t 检验

3. 多重线性回归分析中可用来对自变量的作用大小进行比较的统计量是(　)。

a. 偏回归系数　b. 标准偏回归系数　c. 复相关系数
d. 复确定系数　e. 相关系数

4. 作多重回归分析时，若增大检验水准 $\alpha_{入}$，则进入回归方程的变量个数(　)。

a. 增多　b. 减少　c. 可增多也可减少
d. 不变　e. 以上都不对

5. 多重线性回归分析中，在其它自变量固定不变的情况下，反映一个自变量每改变一个单位时，引起应变量有平均改变量的统计量是(　)。

a. 偏回归系数　b. 复确定系数　c. 标准化偏回归系数
d. 复相关系数　e. 相关系数

6. 作多重回归分析时，若减小检验水准 α，则进入回归方程的变量个数(　)。

a. 增多　b. 减少　c. 可增多也可减少
d. 不变　e. 以上都不对

(四) 应用分析题

1. 偏回归系数与标准化偏回归系数有什么不同?

2. 偏回归系数与偏回归平方和有何异同?

3. 某医院收集了 20 例儿童的血红蛋白(g/L)和四种微量元素(μmol/L)含量,数据如表 19-13。

(1) 试求 y 关于 x_1, x_2, x_3, x_4 的线性回归方程,并进行检验。

(2) 用前进法、后退法和逐步回归方法选择变量,看结果是否一致。

(3) 对逐步法得到的方程作方差分析,计算复确定系数,并看看有没有异常极端值。

(4) 计算扣除钙、镁、铜的影响后血红蛋白和铁的偏相关系数。

表 19-13 20 例儿童的血红蛋白和四种微量元素的资料

编号 i	钙 x_1	镁 x_2	铁 x_3	铜 x_4	血红蛋白 y	编号 i	钙 x_1	镁 x_2	铁 x_3	铜 x_4	血红蛋白 y
1	13.70	12.68	80.32	0.16	135.0	11	17.48	15.13	73.35	0.19	102.5
2	18.09	17.51	83.65	0.26	130.0	12	15.73	14.41	68.75	0.13	100.0
3	13.43	21.73	76.18	0.19	137.5	13	12.16	12.55	61.38	0.15	97.5
4	16.15	16.10	84.09	0.19	140.0	14	13.04	11.15	58.41	0.13	95.0
5	14.67	15.48	81.72	0.16	142.5	15	13.03	14.87	69.55	0.16	92.5
6	10.90	10.76	70.84	0.09	127.5	16	12.40	10.45	59.27	0.14	90.0
7	13.70	12.68	80.32	0.16	125.0	17	15.22	12.03	46.35	0.19	87.5
8	21.49	18.00	78.78	0.28	122.5	18	13.39	11.83	52.41	0.21	85.0
9	15.06	15.70	70.60	0.18	120.0	19	12.53	11.99	52.38	0.16	82.5
10	13.48	14.07	72.60	0.20	117.5	20	16.30	12.33	55.99	0.16	80.0

4. 吸毒者的生存质量由躯体功能、心理功能、社会功能等部分组成。测得 54 例吸毒者各功能及总生存质量的得分如表 19-14。试分析各功能得分之间的相关性(简单相关和一级偏相关),并分析总生存质量与各功能之间的关系,说明何者对总生存质量影响最大。

表 19-14 54 例吸毒者各功能及总生存质量的得分资料

躯体功能	心理功能	社会功能	总生存质量	躯体功能	心理功能	社会功能	总生存质量
25.0	27.0	33.0	117.0	37.0	35.0	43.0	151.0
45.0	45.0	43.0	188.0	28.0	33.0	37.0	147.0
43.0	45.0	53.0	196.0	37.0	37.0	47.0	160.0
24.0	21.0	26.0	102.0	22.0	19.0	25.0	90.0
38.0	22.0	39.0	150.0	41.0	41.0	45.0	177.0
23.0	10.0	16.0	70.0	29.0	40.0	54.0	168.0
20.0	16.0	27.0	91.0	38.0	31.0	39.0	147.0
39.0	37.0	33.0	162.0	24.0	27.0	35.0	119.0
37.0	42.0	51.0	176.0	31.0	29.0	43.0	148.0
31.0	38.0	47.0	160.0	39.0	36.0	39.0	165.0
31.0	36.0	47.0	157.0	14.0	17.0	19.0	66.0
16.0	17.0	21.0	77.0	37.0	34.0	43.0	158.0
28.0	31.0	33.0	127.0	11.0	13.0	19.0	57.0

续表

躯体功能	心理功能	社会功能	总生存质量	躯体功能	心理功能	社会功能	总生存质量
20.0	27.0	28.0	108.0	14.0	16.0	27.0	69.0
24.0	26.0	27.0	110.0	32.0	28.0	45.0	144.0
21.0	24.0	38.0	115.0	38.0	39.0	41.0	164.0
16.0	29.0	37.0	118.0	22.0	20.0	38.0	109.0
37.0	42.0	48.0	163.0	24.0	27.0	38.0	133.0
36.0	42.0	43.0	172.0	40.0	37.0	49.0	177.0
41.0	33.0	41.0	170.0	38.0	23.0	35.0	137.0
34.0	35.0	40.0	152.0	31.0	37.0	44.0	162.0
42.0	43.0	51.0	186.0	9.0	9.0	11.0	40.0
22.0	25.0	39.0	118.0	24.0	23.0	27.0	102.0
36.0	39.0	46.0	161.0	43.0	42.0	49.0	187.0
28.0	26.0	23.0	117.0	12.0	22.0	24.0	76.0
9.0	9.0	11.0	40.0	44.0	40.0	45.0	183.0
23.0	25.0	31.0	109.0	31.0	23.0	35.0	126.0

5. 某次高考成绩的调查中，得到50个考生的高考成绩以及其性别（1男，2女）、年龄、民族（1汉族，>1少数民族）、父母亲文化程度（1文盲，2小学，3中学，4大专，5本科及以上）和父母亲职业（1工人，2农民，3教师，4医生，5其它）7个因素（见表19-15），作高考总分与其他因素的多重回归分析。

表 19-15 50例考生的高考成绩及其影响因素的资料

编号	年龄	性别	民族	父文化	母文化	父职业	母职业	总分
1	21	1	2	3	3	3	3	356.0
2	22	2	52	5	2	5	5	340.0
3	23	2	2	4	2	2	2	295.8
4	23	1	2	5	5	3	3	340.0
5	22	1	8	5	5	3	3	280.0
6	21	1	2	2	2	2	2	322.0
7	23	1	8	4	4	2	2	267.0
8	22	2	2	3	1	1	5	240.0
9	24	2	5	3	4	1	2	260.0
10	20	2	8	4	1	3	2	220.0
11	20	2	5	3	3	2	5	256.0
12	22	1	2	2	1	2	2	249.5
13	21	1	15	5	5	3	5	254.0
14	22	1	8	4	4	1	1	220.0
15	24	1	8	4	1	4	5	230.0
16	22	1	8	2	1	2	2	239.5
17	21	1	2	3	2	1	5	260.0
18	21	1	8	2	2	2	2	270.0
19	22	1	2	3	1	1	1	304.0
20	21	1	8	3	3	1	5	250.0

续表

编号	年龄	性别	民族	父文化	母文化	父职业	母职业	总分
21	22	1	15	2	5	1	5	278.0
22	21	2	8	3	4	5	5	220.0
23	21	1	8	4	1	5	2	220.0
24	23	1	21	2	1	3	2	230.0
25	24	1	8	5	5	3	3	291.0
26	21	2	53	2	1	1	5	270.0
27	20	1	8	3	1	4	5	219.0
28	20	1	15	4	4	3	1	298.0
29	21	2	8	2	1	1	1	293.0
30	22	2	2	1	2	5	1	311.0
31	24	1	2	5	4	3	5	260.0
32	21	2	8	5	2	2	2	225.0
33	22	2	24	5	4	3	3	283.0
34	22	2	21	4	4	2	2	280.0
35	25	1	15	1	1	5	5	270.0
36	20	1	15	5	5	3	4	300.0
37	22	1	2	3	2	3	2	240.0
38	22	2	8	4	2	2	2	267.0
39	22	2	8	5	2	3	1	250.0
40	28	1	12	5	3	3	5	196.0
41	23	1	1	2	2	1	5	356.0
42	25	1	1	5	4	3	5	357.5
43	23	1	1	5	4	3	3	370.0
44	23	1	1	3	2	3	5	354.0
45	23	2	1	4	5	1	1	360.0
46	23	2	1	5	4	1	1	354.0
47	23	2	1	4	4	3	1	350.0
48	23	2	1	4	1	1	5	350.0
49	24	2	1	2	1	2	2	356.0
50	24	1	1	5	4	2	2	354.0

6. 某研究者用世界卫生组织生存质量测定量表 WHOQOL-100 测定了 50 例哈尼族居民的生存质量，结果如表 19-16（其中性别取值为：1 男，2 女；文化程度取值为：1 文盲，2 小学，3 初中，4 高中，5 大专及以上；有无慢性病和手术取值为：1 有，0 无。）试对其生命质量影响因素进行分析。

表 19-16　50 例哈尼族居民的生存质量及其影响因素的资料

年龄(岁) x_1	性别 x_2	文化程度 x_3	睡眠时间(h) x_4	有无慢性病 x_5	有无手术 x_6	生存质量总分 y
27	1	2	8	0	1	94.8
22	1	2	8	0	1	91.8
24	2	2	8	0	1	92.1
25	2	3	4	0	0	86.7
35	1	4	7	0	1	92.5
45	2	3	8	0	1	90.4
55	1	3	7	1	1	92.3
32	2	1	5	0	0	85.1
36	1	3	3	0	0	84.9

续表

年龄(岁) x_1	性别 x_2	文化程度 x_3	睡眠时间(h) x_4	有无慢性病 x_5	有无手术 x_6	生存质量总分 y
59	1	2	9	0	1	94.0
52	2	2	8	0	1	88.8
36	1	2	8	0	1	90.8
32	2	2	8	0	1	92.8
19	1	2	9	0	0	88.0
32	1	2	8	0	1	90.9
30	2	2	8	0	1	89.5
19	2	2	9	0	1	91.2
49	2	2	8	0	1	85.4
56	1	2	7	0	1	88.5
48	2	1	7	0	1	90.7
23	1	2	7	0	1	90.4
23	2	2	7	0	1	89.6
54	1	2	5	1	0	78.7
38	1	2	6	1	0	78.7
28	2	2	6	1	0	77.2
25	1	2	6	1	0	77.7
24	2	2	6	1	0	77.7
36	1	2	7	1	0	78.7
35	2	1	7	1	0	78.6
19	1	2	7	1	0	74.5
48	2	1	7	1	0	73.9
44	1	1	8	0	1	91.4
41	2	2	9	0	1	90.7
17	2	2	8	0	1	88.9
62	1	4	8	0	1	91.8
55	2	1	7	0	1	92.0
28	1	2	8	0	1	91.8
30	2	2	8	0	1	92.2
22	1	2	7	0	1	92.0
22	2	2	8	0	1	91.8
70	1	1	8	0	1	92.0
65	2	1	8	0	1	89.7
39	1	3	8	0	1	91.5
37	2	1	7	0	1	90.2
70	2	2	8	0	1	91.3
18	1	3	8	0	1	92.0
46	1	1	3	1	0	77.7
40	2	2	4	1	0	78.5
18	2	2	5	1	0	78.6
16	1	2	5	1	0	78.7

（韦丽琴　侯瑞丽　赵若望）

第二十章　Logistic 回归

第一节　概　　述

【例 20-1】　为了解城市糖尿病的患病情况以及有关的危险因素，随机抽取了某城市 45 岁以上居民 1631 名进行了问卷调查。设 $y=1$ 表示患病，$y=0$ 表示未患病。各危险因素的说明及调查结果见表 20-1 和表 20-2。

表 20-1　糖尿病患病可能的危险因素

因素	变量名	赋值
性别	sex	1=男性 2=女性
年龄(岁)	age	连续性变量
吸烟	smoking	1=吸 0=不吸
饮酒	drinking	1=饮酒 0=不饮酒
BMI 指数	BMI	连续性变量
劳动强度	Labour	等级变量 1=轻 2=中 3=重

表 20-2　1631 名居民现场调查结果示例

调查对象	sex	age	smoking	drinking	BMI	Labour	y
1	1	55	1	1	23.2	1	1
2	1	46	1	1	24.1	1	0
3	2	47	0	1	25.3	3	0
4	2	52	0	0	22.8	2	1
5	1	48	1	0	23.7	3	0
6	2	72	0	1	24.8	2	1
7	1	78	0	1	22.1	2	1
8	2	55	0	0	25.5	1	0
9	1	68	1	1	24.3	1	0
10	2	52	0	0	21.8	1	1
…	…	…	…	…	…	…	…

采用多重线性逐步回归分析，建立回归方程为 $y=-0.118+0.002\text{age}+0.003\text{BMI}$。该回归方程表明糖尿病新发病与年龄和 BMI 有关。

【问题 20-1】

(1) 该资料有什么特点？

(2) 采用的统计方法是否正确？

(3) 该资料应该用何种统计方法？其步骤如何？

【分析】

(1) 该资料的应变量为二分类变量。

(2) 自变量既有连续性变量也有分类变量或等级变量。

(3) 该资料的统计方法不正确。因为如果将可能的危险因素与糖尿病的发病率 P 直接描述为线性关系，进行线性回归分析，则建立的回归模型形式为：

$$P(y=1)=f(x_1,x_2,x_3,\cdots x_7)$$

但由于 P 的取值为 0—1，而由自变量建立的方程所得的 P 值会出现大于 1 或小于 0 的情况，无法解释其实际意义，因而线性回归方程就不合适了。

(4) 该资料应采用 Logistic 回归分析。

一、Logistic 回归模型的基本概念及数学模型

Logistic 回归(Logistic regression)属于概率型非线性回归。它是研究应变量 y 为分类变量指标(可以是二项分类变量或多项分类变量)与一些影响因素之间关联的一种多变量统计分析方法。Logistic 回归模型对自变量的分布没有要求，可以是计量、计数和等级资料，对于多分类计数资料应数量化为二项分类的指示变量。

假设 y 为二分类变量，取值为 1 表示某阳性结果发生，取值为 0 表示某阳性结果未发生。在 m 个自变量为 $x_1,x_2,\cdots,x_m$ 的作用下(每个自变量可以是分类变量也可以是连续型变量)，该事件发生的概率为 P，则不发生的概率为 $1-P$，于是，多变量二分类的 Logistic 回归模型是：

$$P=\frac{e^{\beta_0+\beta_1x_1+\cdots+\beta_mx_m}}{1+e^{\beta_0+\beta_1x_1+\cdots+\beta_mx_m}} \tag{20-1}$$

或

$$P=\frac{1}{1+e^{-(\beta_0+\beta_1x_1+\cdots+\beta_mx_m)}} \tag{20-2}$$

$P/(1-P)$ 为发生概率与不发生概率之比，记作优势比(odds)或比数比，简记为 OR。若对其取自然对数则有：

$$\text{logit}(P)=\ln\left[\frac{P}{1-P}\right]=\beta_0+\beta_1x_1+\beta_2x_2+\cdots+\beta_mx_m \tag{20-3}$$

式中：β_0 为常数项，$\beta_1,\beta_2,\cdots\beta_m$ 称为回归系数。$\ln[P/(1-P)]$ 与各 x 的关系成为了线性关系。当 P 在(0,1)之间变动时，对应的 Logit(p) 取值范围在($-\infty$，$+\infty$)之间，此时无论自变量 $x_1,x_2,\cdots,x_m$ 如何取值方程都不会得到不符合实际的结果。

根据分析资料的类型不同，Logistic 回归模型可分为二种：条件 Logistic 回归(conditional logistic regression)和非条件 Logistic 回归(unconditional logistic regression)。前者主要用于分析配对病例对照研究资料，后者主要用于分析成组数据或非配对的病例对照研究。非条件 Logistic回归是 Logistic 回归最基本的一种类型，简称为 Logistic 回归，又包括二项分类 Logistic 回归、无序多项分类 Logistic 回归和有序分类 Logistic 回归。

二、Logistic 回归模型的参数估计和假设检验

(一) 参数估计

主要指估计出 Logistic 回归模型的回归系数，以及回归系数估计值的标准误。

参数估计的方法有多种，如加权最小二乘法(weighted least squares，WLS)，线性判别法，最大似然法(maximum likelihood，ML)等。Logistic 回归参数的估计常应用最大似然法(maximum likelihood，ML)。

最大似然法估计的基本思想是先建立似然函数 L 和对数似然函数，然后采用非线性迭代法求出使其似然函数值或对数似然函数值达到极大的回归系数估计值，此时参数的估计取值称为最大似然估计值。而参数估计值的标准误的估计，是以似然函数 L 的一阶和二阶导函数建立的估计公式，采用递推方法计算。

（二）假设检验和回归系数的区间估计

求得回归方程和得到回归系数估计值后，还需要对回归方程和回归系数进行假设检验，目的是检验整个模型是否有统计学意义以及单个所研究的影响因素是否有作用。

1. 拟合优度检验 对回归方程参数的检验即检验整个模型是否有统计学意义：对 Logistic 回归模型的总体检验也称为拟合优度检验。常用的假设检验方法有：

(1) AIC 检验法：AIC 检验（Akaike Information Criterion）是对同一资料下的不同模型（含自变量个数不同）进行比较，选择最优模型。AIC 值越小，模型越适合。AIC 的计算公式为：

$$AIC=-2\log(L)+2(g+k) \tag{20-4}$$

式中：L 是最大似然函数，g 是应变量取值个数，k 是模型中自变量个数。

(2) 似然比检验法：似然比检验（likelihood ratio test）常用于比较两个模型，比较其在两种不同假设条件下的对数似然函数值。其中第一个模型不包含欲检验的因素在内，第二个模型包括检验的因素在内。分别求出两个模型的对数似然函数值 $\ln L_0$ 和 $\ln L_1$。检验的假设为

H_0：模型Ⅰ与模型Ⅱ拟合效果无区别

H_1：模型Ⅰ模型Ⅱ拟合效果不同

$$\alpha=0.05$$

似然比检验统计量的计算公式为：

$$G=2(\ln L_1-\ln L_0) \tag{20-5}$$

G 反映的是模型Ⅱ较模型Ⅰ拟合优度提高的程度即检验因素对因变量的影响大小。当样本含量较大时，在 H_0 成立的条件下，G 服从 χ^2 分布，自由度为增加变量的个数。

2. 对变量的检验 即对单个总体回归系数是否为零进行检验。常用的假设检验方法有：

(1) 似然比检验：似然比检验（likelihood ratio test）还可用于检验单个变量的作用，是比较假设 $H_0:\beta_i=0$ 的前提下的对数似然函数值。其中第一个模型不包含检验变量在内，第二个模型包括检验变量在内。分别求出两个模型的对数似然函数值 $\ln L_0$ 和 $\ln L_1$。检验的假设为

$H_0:\beta_i=0$ 该变量对因变量没有影响

$H_0:\beta_i\neq 0$ 该变量对因变量有影响

$\alpha=0.05$

似然比检验统计量的计算公式为：

$$G=2(\ln L_1-\ln L_0) \tag{20-6}$$

G 反映的是 x_i 进入方程后提高的程度即检验该因素对因变量的影响大小。当样本含量较大时，在 H_0 成立的条件下，G 服从 χ^2 分布，其自由度为 1。

(2) Wald 检验：Wald 检验方法计算简便，只需将各参数的估计值 b_k 与 0 比较。

Wald 检验的检验假设为

H_0：$\beta_k=0 x_k$ 对因变量没有影响

H_1：$\beta_k\neq 0 x_k$ 对因变量有影响

$$\alpha=0.05$$

其统计量的计算公式为：

$$\chi^2(\text{Wald})=\left[\frac{b_k}{SE(b_k)}\right]^2 \tag{20-7}$$

式中：b_k 为回归系数 β_k 的估计值，$SE(b_k)$ 为回归系数估计值的标准误。当样本含量较大时，χ^2 服从自由度为 1 的 χ^2 分布。

3. 优势比(OR)的区间估计 Logistic 回归模型回归系数的区间估计主要根据正态分布理论作估计。总体回归系数 β 的$(1-\alpha)$可信区间为

$$b_k \pm z_\alpha SE(b_k) \tag{20-8}$$

三、筛选自变量

与多重线性回归分析一样，logistic 回归分析中也必须对自变量进行筛选，仅保留对回归方程有统计学意义的变量。筛选自变量的方法主要有三种：向前引入法、向后剔除法和逐步回归法。

四、Logistic 回归模型回归系数的意义

Logistic 回归模型的回归系数表示的是自变量对应变量作用大小的一种度量。设$\hat{\beta}_i$为变量 x_i 的回归系数，它表示当因素 x_i 改变一个单位时 $\text{logit}(p)$的改变量。$\exp(\hat{\beta}_i)$表示的是在其他因素(自变量)固定的情况下，该变量与疾病关联的优势比，即因素 x 与疾病关联的程度。

【知识点 20-1】

1. Logistic 回归属于概率型非线性回归，主要用于应变量为分类变量的多因素分析。

2. Logistic 回归模型的应变量 y 为分类变量(可以是二项分类，多项分类或有序分类)，自变量可以是计量、计数和等级资料。

3. Logistic 回归分析分为二种：条件 Logistic 回归和非条件 Logistic 回归。前者主要用于分析配对病例对照研究资料，后者主要用于分析成组数据或非配对的病例对照研究。

4. Logistic 回归模型为 $\ln\left(\frac{P}{1-P}\right)=\beta_0+\beta_1x_1+\beta_2x_2+\cdots+\beta_ix_i$，$\beta_i$ 为偏回归系数，意义为当其它自变量固定时，变量 x_i 对 y 的作用，常用 OR 表示。通常 $OR>1$ 可能为危险因素，$OR<1$ 可能为保护因素，$OR=1$ 因素对 y 无影响。

5. Logistic 回归模型可以用来筛选危险因素、校正混杂因素、预测某事件发生的概率，也可以用于判别分析。但当有关因素均为连续性变量而且近似服从正态分布时，最好采用 Fisher 准则判别或贝叶斯准则判别。

第二节 二分类 Logistic 回归

【例 20-2】 糖尿病是一种常见的慢性内分泌系疾病，患病人数多。据 WHO 估计，糖尿病引起的疾病负担在不断增加。为了解某城市居民糖尿病患病的影响因素，对该市 20 岁以上的城市居民进行了现场调查。设因变量 y 表示糖尿病的患病情况，1＝患病，0＝未患病。分析性别、年龄、吸烟与否、是否饮酒、BMI 和劳动对糖尿病的患病率的影响。设 x_1 表示性别，1＝男性，2＝女性。x_2 表示年龄，实际年龄。x_3 表示吸烟状况，0＝不吸，1＝吸烟。x_4 表示饮酒状况，0＝不饮，1＝饮酒。调查结果示例见表 20-3。

表 20-3　1631 名居民现场调查结果示例

调查对象	sex	age	smoking	drinking	BMI	Labour	y
1	1	55	1	1	23.2	1	1
2	1	46	1	1	24.1	1	0
3	2	47	0	1	25.3	3	0
4	2	52	0	0	22.8	2	1
5	1	48	1	0	23.7	3	0
6	2	72	0	1	24.8	2	1
7	1	78	0	1	22.1	2	1
8	2	55	0	0	25.5	1	0
9	1	68	1	1	24.3	1	0
10	2	52	0	0	21.8	1	1
…	…	…	…	…	…	…	…

【问题 20-2】

（1）该资料具有什么特点？

（2）该资料应该用何种统计方法？其步骤如何？

（3）结果如何解释？

【分析】

（1）该资料的因变量是二项分类变量，取值为 0 或 1。自变量为定量、定性与等级变量都有的资料。

（2）该研究目的是分析多个自变量对因变量的影响作用，属于多变量分析。应该采用二分类 Logistic 回归分析。

采用二分类 Logistic 回归分析，结果见表 20-4。

表 20-4　糖尿病患病 Logistic 回归筛选分析结果

Variables	B	S. E.	Wald	df	Sig	Exp(B)
age	0.062	0.011	34.337	1	0.000	1.064
BMI	0.082	0.036	5.168	1	0.023	1.085
Constant	−8.298	1.063	60.907	1	0.000	0.000

（3）结果解释：糖尿病患病 Logistic 回归分析结果表明，年龄、BMI 是糖尿病患病的危险因素（P 值（Sig.）均 <0.05），且年龄每增长 1 岁得糖尿病的危险性（Exp(B)即 OR）是原来的 1.064 倍，且 BMI 每增长 1 个单位糖尿病的危险性是原来的 1.085 倍。

【知识点 20-2】

1. 二分类 Logistic 回归是 Logistic 回归分析中最基本的一种类型。

2. 二分类 Logistic 回归模型的因变量 y 为二项分类，取值为 0 或 1，而自变量既可以是分类变量也可以是等级变量或连续型数值变量。

3. 二分类 Logistic 回归模型可以筛选危险因素、校正混杂因素、预测和判别等。

第三节　多分类 Logistic 回归

【例 20-3】 为了解性别、年龄、吸烟、饮酒等对高血压、糖尿病与其他内分泌疾病的患病影响，在某社区对 900 名高血压、糖尿病、其它内分泌疾病以及无任何慢性病的居民进行了调查，删除不合格问卷，有效问卷 862 份。设：

因变量　y 表示患病情况，1＝高血压，2＝糖尿病，3＝内分泌疾病，4＝正常人

自变量　x_1 表示性别，1＝男性，2＝女性

x_2 表示年龄，连续变量，单位：岁

x_3 表示工作压力，1＝重度，2 中度，3＝轻度或无

数据示例见表 20-5。

表 20-5　某社区 862 名居民的患病情况

居民编号	患病类型(y)	性别(x_1)	年龄(x_2)	工作压力(x_3)
1	1	1	72	2
2	1	1	80	1
3	2	2	62	2
4	3	1	49	1
5	4	2	53	3
6	2	2	76	2
7	1	2	71	1
8	4	1	69	3
9	3	1	68	1
…	…	…	…	…

【问题 20-3】

(1) 该资料具有什么特点？

(2) 该资料应该用何种统计方法？

【分析】

(1) 该资料的因变量是多分类变量，自变量为数值型、等级与定性变量。

(2) 该研究目的是分析多个自变量对因变量的影响作用，属于多变量分析。应该采用多分类 Logistic 回归分析。

一、多分类 Logistic 回归的模型结构

当因变量 y 的取值为 1,2,…,g 的 g 个不同结果时，$x_1,x_2,\cdots,x_m$ 为 y 的 m 个影响因素时（自变量也可以是一元变量），应建立多分类 Logistic 回归模型，又称为多分类 Logit 模型。多分类 Logistic 回归模型描述的是因变量取每个值的概率与自变量之间的关系，因此因变量的每个取值都对应一个模型。当因变量 y 的取值为 g 个不同结果时，只需要估计 $g-1$ 个模型。

若以 $y=g$ 的结果作为模型比较的基准组，用 $P_j=P(y=j \mid x)$ 表示在一组自变量为 x 时 $y=j$ 这一结果发生的概率，则模型可表示为：

$$logit(p_j)=\ln(p_j/p_g)=\alpha_j+\beta_{j1}x_1+\beta_{j2}x_2+\cdots+\beta_{jm}x_m \quad j=1,2,\cdots,g-1 \tag{20-9}$$

其中的未知参数 α_j 和$\beta_{j1},\beta_{j2},\cdots\beta_{jm}$ 可用最大似然法求出。

实际计算中记：

$$G_j=\ln(p_j/p_g)=\alpha_j+\beta_{j1}x_1+\beta_{j2}x_2+\cdots+\beta_{jm}x_m \quad j=1,2,\cdots,g-1$$

$$G_g=0 \tag{20-10}$$

则有：

$$P_j=\frac{\exp(G_j)}{\sum_{i=1}^{g-1}\exp(G_i)+1} \quad j=1,2,\cdots,g-1$$

$$P_g=\frac{1}{\sum_{i=1}^{g-1}\exp(G_i)+1}$$

判断法则：归概率值最大的那一类。

二、多分类 Logistic 回归的假设检验

多分类 Logistic 回归模型的假设检验方法与二分类 Logistic 回归模型的方法完全相同，这里不再复述。

三、多分类 Logistic 回归结果解释

对例 20-3 数据进行多分类 Logistic 回归分析，得结果如下（表 20-6）：

表 20-6 Parameter Estimates

y^a		B	Std. Error	Wald	df	Sig.	Exp(B)	95%Confidence Interval for Exp(B)	
								Lower Bound	Upper Bound
高血压	Intercept	−6.080	0.635	91.580	1	0.000			
	x2	0.081	0.009	81.369	1	0.000	1.085	1.066	1.104
	[x1=1]	−0.076	0.267	0.082	1	0.775	0.927	0.549	1.563
	[x1=2]	0^b	.	.	0	.	.	.	.
	[x3=0]	0.864	0.404	4.564	1	0.033	2.373	1.074	5.243
	[x3=1]	0.887	0.401	4.891	1	0.027	2.429	1.106	5.333
	[x3=2]	0^b	.	.	0	.	.	.	.
糖尿病	Intercept	−5.086	0.781	42.407	1	0.000			
	x2	0.017	0.009	3.826	1	0.050	1.017	1.000	1.035
	[x1=1]	1.055	0.266	15.783	1	0.000	2.873	1.707	4.835
	[x1=2]	0^b	.	.	0	.	.	.	.
	[x3=0]	2.444	0.628	15.148	1	0.000	11.522	3.365	39.454
	[x3=1]	1.628	0.638	6.505	1	0.011	5.093	1.458	17.794
	[x3=2]	0^b	.	.	0	.	.	.	.

续表

	y^a	B	Std. Error	Wald	df	Sig.	Exp(B)	95%Confidence Interval for Exp(B)	
								Lower Bound	Upper Bound
内分泌疾病	Intercept	−3.374	0.559	36.4	1	0.000			
	x2	0.039	0.008	23.997	1	0.000	1.039	1.023	1.056
	[x1=1]	−0.337	0.258	1.708	1	0.191	0.714	0.431	1.183
	[x1=2]	0[b]	.	.	0	.	.	.	.
	[x3=0]	0.544	0.385	1.995	1	0.158	1.724	0.810	3.669
	[x3=1]	0.107	0.393	0.073	1	0.786	1.112	0.515	2.405
	[x3=2]	0[b]	.	.	0	.	.	.	.

a. The reference category is：正常人.

b. This parameter is set to zero because it is redundant. 0.191

结果解释：

由上述结果可见，年龄、工作压力、性别都与是否患慢性病有关，且年龄、工作压力均为患慢性病的危险因素，而性别在不同疾病间表现不一样，在高血压病男女之间无差异；在糖尿病男性患病率高于女性，$OR=2.873$；在内分泌疾病中男性患病危险低于女性，$OR=0.191$。

【知识点 20-3】

1. 多分类 Logistic 回归是二项 Logistic 回归分析的推广。

2. 多分类 Logistic 回归模型的应变量 y 为多项分类，取值为 1，2，…，而自变量既可以是分类变量也可以是等级变量。

3. 多分类 Logistic 回归分析模型需要估计的参数较多，因此一般应保证足够的样本含量。

4. 当应变量为有序分类变量时，应采用有序分类 Logistic 回归。

第四节 有序分类 Logistic 回归

【例 20-4】 为了解城市居民高血压的危险因素，在某市对 1700 名居民进行了问卷调查，调查性别、文化程度、饮酒、劳动强度、睡眠时间。剔除不合格问卷，有效问卷 1635 份。设应变量表示高血压患病情况，1＝高血压，2＝临界高血压，3＝正常。分析性别，年龄，文化程度、饮酒、劳动强度对高血压患病情况的影响。变量值设置：性别，1＝男性，2＝女性。文化程度，1＝小学及以下，2＝初中，3＝高中及中专，4＝大专及以上。饮酒，0＝否，1＝是。劳动强度，1＝轻度，2＝中度，3＝重度。睡眠时间，1＝小于 6 小时，2＝6—8 小时，3＝大于 8 小时。调查结果示例见表 20-7。

表 20-7 某市 1635 名城市居民健康情况调查结果

高血压	性别	文化程度	饮酒	劳动强度	睡眠时间
1	1	1	1	1	3
1	1	1	1	2	3

续表

高血压	性别	文化程度	饮酒	劳动强度	睡眠时间
2	1	1	1	1	1
2	1	1	1	1	3
2	1	1	1	1	3
2	1	1	1	2	1
2	1	1	1	2	3
1	1	1	2	3	2
2	1	1	2	1	1
…	…	…	…		

【问题 20-4】

(1) 该资料具有什么特点?

(2) 该资料应该用何种统计方法? 其步骤如何?

【分析】

(1) 该资料的应变量是有序分类变量,自变量为定性变量或等级变量。

(2) 该研究目的是分析多个自变量对应变量的影响作用,属于多变量分析。应该采用有序分类 Logistic 回归分析。

一、有序分类 Logistic 回归的模型结构

有序分类 Logistic 回归模型属于有序回归方法中的一种类型,它与普通 Logistic 模型的不同之处在于模型中概率代表的含义不同。在医学研究中,有很多研究其观察结果为有序分类结果,比如药物疗效的研究,其观察结果为"未愈,好转,显效,治愈"。对这类资料如果用多分类 Logistic 回归模型进行分析,需要较大的样本含量,而且结果解释比较繁杂,意义不太明确,此时可采用有序分类 Logistic 回归模型进行分析即累计 Logit 模型。

有序分类 Logistic 回归模型的种类很多,比较常用的是累积 Logit 模型。设应变量 y 为有序分类变量,其取值为 1,2,…g 的 g 个不同结果呈等级排列,$x_1,x_2,\cdots x_m$ 为 y 的 m 个影响因素,用 $P_j=P(y\geqslant j \mid x)$表示在一组自变量为 x 时出现 $y\geqslant j$ 的累积概率,则累积 Logit 模型可表示为:

$$\ln\frac{\sum_{i=1}^{k}P_i}{1-\sum_{i=1}^{k}P_i}=\alpha_k+\beta_1x_1+\beta_2x_2+\cdots+\beta_mx_m \quad k=1,2,\cdots g-1 \qquad (20\text{-}11)$$

式中:α_k 和$\beta_1,\beta_2,\cdots\beta_m$ 为模型的常数项和回归系数。有序分类 Logistic 回归分析可以得出 y 取每个值的概率模型,但要求每一个模型中 x 变量的系数 β 都是相同的。上述模型表示将应变量 y 的 g 个有序分类分别合并为两类作 Logistic 回归,则上述模型可以线性方式表达为:

$$\mathrm{log}it(P_j)=\ln\left(\frac{P_j}{1-P_j}\right)=\alpha_j+\beta_1x_1+\beta_2x_2+\cdots+\beta_mx_m, \quad j=1,2,\cdots g-1 \qquad (20\text{-}12)$$

式中:未知参数 α_j 和$\beta_1,\beta_2,\cdots,\beta_m$ 可用最大似然法求出。

二、有序分类 Logistic 回归的假设检验

有序分类 Logistic 回归模型的假设检验方法与多分类 Logistic 回归模型的方法完全相同,

这里不再复述。

三、有序分类 Logistic 回归的结果及解释

对例 20-4 数据进行多分类 Logistic 回归分析，得结果如下表 20-8：

表 20-8　Parameter Estimates

		Estimate	Std. Error	Wald	df	Sig.	95%Confidence Interval	
							Lower Bound	Upper Bound
Threshold	[高血压=1]	−0.933	0.157	35.439	1	0.000	−1.240	−0.626
	[高血压=1]	−0.467	0.156	8.942	1	0.003	−0.774	−0.161
Location	[性别=1]	−0.179	0.063	7.986	1	0.005	−0.303	−0.055
	[性别=2]	0[a]	.	.	0	.	.	.
	[文化程度=1]	−0.831	0.106	61.711	1	0.000	−1.038	−0.623
	[文化程度=2]	−0.397	0.078	26.072	1	0.000	−0.550	−0.245
	[文化程度=3]	−0.385	0.084	20.842	1	0.000	−0.551	−0.220
Threshold	[文化程度=4]	0[a]	.	.	0	.	.	.
	[饮酒=0]	0.419	0.101	17.086	1	0.000	0.220	0.618
	[饮酒=1]	0[a]	.	.	0	.	.	.
	[劳动强度=1]	−0.033	0.127	0.065	1	0.798	−0.282	0.217
	[劳动强度=2]	0.288	0.137	4.419	1	0.036	0.020	0.557
	[劳动强度=3]	0[a]	.	.	0	.	.	.
	[睡眠时间=1]	−0.399	0.093	18.270	1	0.000	−0.582	−0.216
	[睡眠时间=2]	−0.093	0.074	1.604	1	0.205	−0.238	0.051
	[睡眠时间=3]	0[a]	.	.	0	.	.	.

Link function：Negative Log-log.

a. This parameter is set to zero because it is redundant

结果解释：

由上述结果如下两个方程。

$$\ln\frac{P_1}{1-P_1}=-0.933-0.179\times 男性-0.831\times 学历1-0.397 学历2-0.385 学历3$$

$$+0.419 不饮酒-0.033 劳动强度1+0.288 劳动强度2-0.399 睡眠1-0.093 睡眠2$$

$$\ln\frac{P_1+P_2}{1-(P_1+P_2)}=-0.467-0.179\times 男性-0.831\times 学历1-0.397 学历2-0.385 学历3$$

$$+0.419 不饮酒-0.033 劳动强度1+0.288 劳动强度2-0.399 睡眠1-0.093 睡眠2$$

将个体的具体信息代入两个方程上，可得到 P_1，P_2，以及 $1-(P_1,P_2)$，通过比较三个 P 值，判断该个体的等级。

【知识点 20-4】

1. 有序分类 Logistic 回归模型的应变量 y 为多项有序分类。

2. 有序分类 Logistic 回归比二项 Logistic 回归的适用范围更广。累积 Logit 模型可以分解为若干个简单的二项 Logistic 回归模型，但要求进行数据的平行性检验。

3. 累积 Logistic 模型的参数估计误差比二项 Logistic 回归小，而且所需的样本含量也相对要少。

第五节　条件 Logistic 回归

【例 20-5】 为研究痛风的危险因素，某研究按 1∶1 配对收集了 180 病例对照研究资料如表 20-9 所示。变量的含义如下：

Casenum 表示每一对病例对照。

y 表示是否患痛风及关节病，y=1 患病，y=2 正常对照。

x_1 是否饮酒，$x_1=1$ 不饮酒，$x_1=2$ 饮酒。

x_2 劳动强度，$x_2=1$ 轻度，$x_2=2$ 中度，$x_2=3$ 重度。

x_3 总胆固醇，x_3 数值型，单位 mmol/L。

x_4 甘油三酯，x_4 数值型，单位 mmol/L。

x_5 低密度脂蛋白，x_5 数值型，单位 mmol/L。

表 20-9　痛风的危险因素的病例对照资料

Casenum	y	x_1	x_2	x_3	x_4	x_5
1	1	2	1	3	0.76	1.87
1	2	2	1	4.58	1.13	2.82
2	1	1	3	4.76	1.88	1.57
2	2	1	1	3.17	0.37	1.75
3	1	2	1	4.45	1.11	2.04
3	2	2	1	4	0.97	2.75
…	…	…	…	…	…	…
90	1	1	1	5.90	3.50	3.30
90	2	1	3	5.50	3.10	3.60

【问题 20-5】

(1) 该资料具有什么特点？

(2) 该资料应该用何种统计方法？

【分析】

(1) 该资料是 1∶1 配对病例对照研究资料。

(2) 该研究应采用条件 Logistic 回归分析。

配对病例对照研究方法是流行病学研究中常用的方法，为了分析危险因素与疾病之间的关系，需要控制混杂因素的影响。在设计时对每一个病例配以性别、年龄等条件相似的对照。而资料配比的方法有两种方式：一种是各配比组中均只有一个病例和一个对照，称为 1∶1 配对。另一种是各配比组中有一个病例和 r 个对照($r=2,\cdots,k$)，称为 1∶r 配对。对照即可以是正常人也可以是区别于所研究疾病的其他病例。然后分析比较病例组与对照组以往暴露于危险因素的经历。对用这种方式收集得到的资料可采用条件 Logistic 回归分析。

一、条件 Logistic 回归的模型结构

一般地，设 y 为二项分类变，取值 0 或 1，变量 $x_1,x_2,\cdots,x_m$ 为 y 的 m 个危险因素，有 n 个匹配组，每个病例有 r 个对照。x_{ijk} 表示第 i 组第 j 个观察对象的第 k 个危险因素的观察结果，1∶r 配比资料的格式如表 20-10 所示：

表 20-10 1 : r 条件 Logistic 回归的数据格式

配比组号 i	组内编号 j	危险因素				应变量 y
		x_1	x_2	…	x_m	
1	0	x_{101}	x_{102}	…	x_{10m}	1
	1	x_{111}	x_{112}	…	x_{11m}	0
	…	…	…	…	…	…
1	r	x_{1r1}	x_{1r2}	…	x_{1rm}	0
2	0	x_{201}	x_{202}	…	x_{20m}	1
	1	x_{211}	x_{212}	…	x_{21m}	0
	…	…	…	…	…	…
2	r	x_{2r1}	x_{2r2}	…	x_{2rm}	0
…	…	…	…	…	…	…
n	0	x_{n01}	x_{n02}	…	x_{n0m}	1
	1	x_{n11}	x_{n12}	…	x_{n1m}	0
	…	…	…	…	…	…
	r	x_{nr1}	x_{nr2}	…	x_{nrm}	0

用 $P_i=P_i(y=1|x)$表示第 1 个配比组在危险因素为 x 的发病概率，则条件 Logistic 回归模型可表示为：

$$P_i=\frac{1}{1+\exp[-(\alpha_i+\beta_1x_1+\beta_2x_2+\cdots+\beta_mx_m)]},i=1,2,\cdots,m \tag{20-13}$$

其中 α_i 表示各层的效应，$\beta_1,\beta_2,\cdots,\beta_m$ 为待估的参数。与非条件 Logistic 回归模型不同之处在常数项上，不同配比组的 α_i 可以各不相同，但内在假定了每个危险因素的危险程度在不同的配比组中是相同的。

每一个配比组的条件概率为：

$$L_i=\frac{P(x_{i0}\mid y=1)\prod_{i=1}^{r}P(x_{it}\mid y=0)}{\sum_{t=1}^{r}P(x_{it}\mid y=1)\prod_{i=1,t=1}^{r}P(x_{it}\mid y=0)}$$

可写成：$$L_i=\frac{P(y=1\mid x_{i0})\prod_{i=1}^{r}P(y=0\mid x_{it})}{\sum_{t=1}^{r}P(y=1\mid x_{it})\prod_{i=1,t=1}^{r}P(y=1\mid x_{it})}=\frac{1}{1+\sum_{t=1}^{r}\exp\left[\sum_{j=1}^{m}\beta_j(x_{itj}-x_{i0j})\right]}$$

求得 n 个配比组的条件似然函数为：

$$L=\prod_{i=1}^{n}\frac{1}{1+\sum_{t=1}^{r}\exp\left[\sum_{j=1}^{m}\beta_j(x_{itj}-x_{i0j})\right]} \tag{20-14}$$

由此可以看出，条件 logistic 回归分析只估计了表示危险因素的 $\beta_1,\beta_2,\cdots,\beta_m$，对于表示区组效应的常数项 α_i 则被自动地消去了。

二、条件 Logistic 回归模型的参数估计和假设检验

条件 Logistic 回归模型的参数估计和假设检验方法与非条件 Logistic 回归模型的方法类

似，这里不再详述。但 SPSS 软件没有单独计算条件 Logistic 回归的选项，需调用生存分析中 COX 选项实现。

三、条件分类 Logistic 回归的结果及解释

对例 20-5 数据进行条件 Logistic 回归分析，得结果如表 20-11：

表 20-11　Variables in the Equation

		B	SE	Wald	df	Sig.	Exp(B)	95.0%CI for Exp(B)	
								Lower	Upper
Step 2	x1	1.866	0.544	11.762	1	0.001	6.463	2.225	18.774
	x2	0.708	0.231	9.407	1	0.002	2.030	1.291	3.192
	x4	0.344	0.166	4.303	1	0.038	1.411	1.019	1.953
	x5	−0.528	0.249	4.490	1	0.034	0.590	0.362	0.961

由上述结果可见饮酒、劳动强度、总胆固醇、低密度脂蛋白是患痛风与关节病的主要影响因素，饮酒、劳动强度、总胆固醇是危险因素，其 *OR* 值分别是 6.463、2.030、1.411；低密度脂蛋白是保护因素，*OR*＝0.590。

【知识点 20-5】

1. 条件 Logistic 回归主要用于分析配对病例对照研究资料，可以是 1∶1 配对或 1∶*M* 配对。

2. 条件 Logistic 回归分析参数估计中用到了条件概率，而非条件 Logistic 回归分析没有。

3. 条件 Logistic 回归模型中不含常数项，只估计了表示危险因素作用的 β_k 值，因此条件 Logistic 回归模型不能用于预测。

思考练习

(一) 是非题(正确记“＋”，错误记“－”)

1. Logistic 回归模型中，进行自变量的筛选时，可采用逐步回归法。　(　　)

2. Logistic 回归模型中，自变量的取值只能是分类变量。　(　　)

3. Logistic 回归适用于分组资料和病例对照研究资料。　(　　)

4. Logistic 回归模型也可用于判别分析。　(　　)

5. 多分类 Logistic 回归模型要求进行数据的平行性检验。　(　　)

6. 在进行多变量分析时，若应变量为有序分类资料，则应采用有序分类 Logistic 回归模型进行分析。　(　　)

7. 多项分类 Logistic 回归是条件 Logistic 回归的一种类型。　(　　)

8. Logistic 回归属于概率型非线性回归。　(　　)

9. Logistic 回归与多元线性回归的区别在于前者的应变量只能为 0－1 变量，而后者的应变量为连续性变量。　(　　)

10. 在进行非条件 Logistic 回归分析时，对同一资料下的不同模型(含自变量个数不同)进行比较，选择最优模型，AIC 值越小，模型越适合。　(　　)

(二) 选择题(从 a ～ e 中选出一个最佳答案)

1. Logistic 回归模型的自变量________。

a. 只能是二分类资料
b. 只能是连续性资料
c. 只能是分类资料或等级资料
d. 可以是分类资料(二项或多项)、等级资料或连续性资料
e. 变量个数必须大于或等于 2

2. Logistic 回归模型的应变量________。
a. 只能是二分类资料
b. 只能是连续性资料
c. 只能是分类资料或等级资料
d. 可以是分类资料(二项或多项)、等级资料或连续性资料
e. 必须服从正态分布

3. 在 Logistic 回归模型中，欲比较哪个自变量对应变量的作用大，应采用________。
a. 优势比(OR)
b. 偏回归系数
c. 标准化偏回归系数
d. 复相关系数
e. 以上均不可以

4. 欲研究高血压患病率与吸烟，饮酒和肥胖之间的关系，0=未患高血压，1=患高血压，可采用________。
a. 条件 Logistic 回归分析　　b. 多元线性回归分析
c. 二分类 Logistic 回归分析　　d. 卡方检验
e. 多变量方差分析

5. 条件 Logistic 回归可用于________。
a. 成组设计资料
b. 1∶1 配对病例对照研究资料
c. 1∶M 配对病例对照研究资料
d. 1∶1 或 1∶M 配对病例对照研究资料
e. 非配对病例对照研究资料

6. Logistic 回归分析的类型可分为________。
a. 二分类 Logistic 回归分析和多分类 Logistic 回归分析
b. 有序分类 Logistic 回归分类和无序分类 Logistic 回归分析
c. 配对病例对照研究资料的 Logistic 回归分析和成组设计资料的 Logistic 回归分析
d. 条件 Logistic 回归分析和非条件 Logistic 回归分析
e. 单因素 Logistic 回归分析和多因素 Logistic 回归分析

7. 以下建立的 Logistic 回归模型中，哪一个不能用于预测________。
a. 二分类 Logistic 回归模型
b. 有序分类 Logistic 回归模型
c. 多项分类 Logistic 回归模型
d. 条件 Logistic 回归模型
e. 非条件 Logistic 回归模型

8. Logistic 回归与多元线性回归相比________。
a. Logistic 回归模型可用于预测，而多元线性回归模型不能用于预测

b. Logistic 回归模型需要的样本含量比多元线性回归模型的要大
c. Logistic 回归的应用范围比多元线性回归广
d. Logistic 回归模型的参数意义比多元线性回归更容易解释
e. Logistic 回归的结果比多元线性回归的结果更可靠
9. 要增加 Logistic 模型中的变量，如只改变进入水准(α)和剔除水准(β)则________。
a. α增加，β减少　　b. α减少，β增加
c. α减少，β减少　　d. α增加，β增加
e. 以上都不对
10. 发表论文时，主要用 Logistic 回归分析结果的________表。
a. Model Summary　　b. Variables not in the Equation
c. Variables in the Equation　　d. Classification Table
e. Step Summary

(三) 应用分析题

1. 某医师研究了肺癌发病率与吸烟和饮酒的关系，共调查了 32 名患者和对照。设应变量 $y=1$ 表示病例，$y=0$ 表示对照。设 x_1 表示吸烟状况，0＝未吸，1＝吸烟。x_2 表示饮酒情况，0＝不饮酒，1＝饮酒。调查结果见表 20-12。请选择适当的方法进行分析。

表 20-12　肺癌与吸烟和饮酒关系的调查结果

调查者编号	肺癌发病情况(y)	吸烟(x_1)	饮酒(x_2)
1	1	1	0
2	1	1	0
3	1	0	1
4	0	1	1
5	0	0	0
6	1	0	0
7	0	1	0
8	0	0	1
9	0	0	1
10	0	0	0
11	1	1	0
12	1	0	0
13	0	0	1
14	1	1	0
15	1	1	0
16	1	0	1
17	1	1	1
18	0	1	0
19	0	1	1
20	0	0	0
21	1	0	0
22	0	0	0
23	0	1	1

续表

调查者编号	肺癌发病情况(y)	吸烟(x_1)	饮酒(x_2)
24	0	0	0
25	0	1	0
26	0	0	0
27	1	1	0
28	1	0	1
29	1	0	0
30	1	1	1
31	0	0	1
32	1	1	0

2. 为了解消化系统疾病住院病人治疗结果的影响因素，调查了某医院 45 名消化系统疾病住院病人的病案首页资料，选取性别，有无并发症和有无手术为可能的影响因素。设应变量 y 为治疗结果，将治疗结果分为 4 个等级，0＝治愈，1＝好转，2＝未愈，3＝死亡。设 x_1 表示性别，0＝男性，1＝女性。x_2 表示年龄，将年龄分为 2 组，1 为 0～44 岁组，2 为 45 岁及以上组。x_3 表示有无并发症，0＝无，1＝有。x_4 表示有无手术，0＝无，1＝有。调查结果见表20-13。请选择适当的方法进行分析。

表 20-13 消化系统疾病住院病人治疗结果的影响因素调查数据

调查者编号	治疗结果	性别(x_1)	年龄分组(x_2)	有无并发症(x_3)	有无手术(x_4)
1	0	0	1	0	0
2	0	1	1	0	0
3	1	0	1	0	0
4	3	1	1	1	0
5	1	0	1	0	0
6	2	0	1	1	1
7	0	0	1	0	1
8	0	1	2	0	0
9	4	1	2	1	0
10	0	0	1	0	0
11	0	1	2	0	1
12	0	1	1	0	0
13	1	1	1	0	0
14	1	0	1	0	0
15	2	0	1	0	0
16	3	0	2	1	1
17	4	1	2	1	1
18	2	1	2	0	0
19	2	1	1	0	0

续表

调查者编号	治疗结果	性别(x_1)	年龄分组(x_2)	有无并发症(x_3)	有无手术(x_4)
20	3	1	2	1	0
21	0	0	2	0	0
22	0	0	1	0	0
23	0	1	1	0	0
24	4	1	1	0	1
25	0	1	2	0	0
26	0	0	2	0	0
27	0	1	1	0	0
28	1	0	1	0	0
29	2	1	1	1	0
30	1	1	2	0	0
31	1	1	1	0	0
32	3	0	1	0	1
33	0	0	2	0	0
34	0	0	1	0	0
35	0	1	1	0	0
36	4	1	2	1	0
37	0	0	1	0	0
38	1	1	1	0	0
39	3	1	2	0	1
40	2	0	2	1	0
41	0	1	2	0	0
42	0	1	1	0	0
43	0	1	1	0	0
44	0	0	1	0	0
45	0	0	2	0	0

3. 为了解不同性别和年龄的胃病患者情况，对某医院 48 名胃病患者进行了调查。将胃病患者分为 3 种类型，1＝胃溃疡，2＝胃炎和十二直肠炎，3＝胃机能紊乱。设 x_1 表示性别，0＝男性，1＝女性。x_2 表示年龄，将年龄分为 3 组，1 为 0-39 组，2 为 40-59 组，3 为 60 岁及以上组。结果见表 20-14，试作多项分类 Logistic 回归分析。

表 20-14 不同性别，年龄胃病患者情况

调查者编号	胃病类型	性别(x_1)	年龄分组(x_2)	调查者编号	胃病类型	性别(x_1)	年龄分组(x_2)
1	1	1	1	5	3	0	3
2	2	0	2	6	2	1	3
3	1	0	2	7	1	1	3
4	1	0	2	8	3	1	1

续表

调查者编号	胃病类型	性别(x_1)	年龄分组(x_2)	调查者编号	胃病类型	性别(x_1)	年龄分组(x_2)
9	3	0	1	29	3	0	2
10	1	0	1	30	3	0	3
11	1	1	1	31	1	1	3
12	1	1	2	32	1	1	3
13	3	1	2	33	1	0	1
14	2	0	3	34	1	0	1
15	2	0	3	35	1	1	1
16	2	1	3	36	2	1	1
17	2	1	1	37	2	1	2
18	1	1	1	38	2	1	2
19	1	1	1	39	2	1	2
20	3	0	1	40	3	0	2
21	1	0	1	41	3	0	2
22	1	0	2	42	3	0	3
23	1	1	2	43	1	1	3
24	3	1	2	44	1	1	3
25	2	1	1	45	1	1	2
26	2	1	1	46	2	1	2
27	2	1	2	47	2	0	2
28	3	0	2	48	2	0	1

4. 为了研究高血压和肥胖与糖尿病的关系，某研究按 1∶1 配对收集了 15 对病人和对照组的资料。设 x_1 表示高血压患病情况，0＝未患，1＝高血压；x_2 表示肥胖患病情况，0＝正常，1＝肥胖。调查结果见表 20-15，试采用适当的方法进行分析。

表 20-15 高血压和肥胖与糖尿病关系的 1∶1 配对病例对照研究数据

配对编号	病例		配对编号	对照	
	x_1	x_2		x_1	x_2
1	1	1	1	0	0
2	1	0	2	0	1
3	1	1	3	0	0
4	1	1	4	0	0
5	0	1	5	1	0
6	0	1	6	1	1
7	1	0	7	0	0
8	0	0	8	0	1
9	0	1	9	0	0
10	1	1	10	1	0

续表

配对编号	病例		配对编号	对照	
	x_1	x_2		x_1	x_2
11	1	1	11	0	0
12	1	1	12	0	0
13	1	0	13	0	0
14	0	0	14	1	1
15	0	1	15	1	0

5. 某医院为了研究导致手术切口感染的原因，收集了300例手术者情况，其中手术时间小于或等于5小时的有240例，感染者13例；手术时间大于5小时的有60例，感染者7例。问两种手术时间对手术切口感染有无影响？

6. 某医师为了探讨心肌炎发生的有关危险因素，对30例心肌炎病人和30例健康对照者进行病例一对照研究，各因素的说明及资料见表20-16和表20-17，试用Logistic回归方法筛选危险因素。

表 20-16　心肌炎 7 个拟选危险因素数量化

因素	变量名	数量化
年龄	x_1	<40=1，40～49=2，50～59=3，60～=4
高血压史	x_2	无=0，有=1
高血压家族史	x_3	无=0，有=1
吸烟	x_4	不吸=0，吸=1
高血脂史	x_5	无=0，有=1
动物脂肪摄入	x_6	低=0，高=1
体重指数	x_7	<24=1，24～=2，26～=3
心肌炎	y	对照=0，病例=1

表 20-17　心肌炎危险因素的病例一对照调查资料

序号	x_1	x_2	x_3	x_4	x_5	x_6	x_7	y	序号	x_1	x_2	x_3	x_4	x_5	x_6	x_7	y
1	1	0	1	1	0	0	1	0	12	2	0	0	0	0	0	1	0
2	3	1	0	1	0	0	1	0	13	4	1	0	1	0	0	1	0
3	2	0	0	1	0	0	1	0	14	3	0	1	1	0	0	1	0
4	3	0	0	1	0	1	1	0	15	1	0	0	1	0	0	3	0
5	3	0	1	1	0	0	2	0	16	2	0	0	1	0	0	1	0
6	2	0	1	0	0	0	1	0	17	1	0	0	1	0	0	1	0
7	3	0	1	1	1	0	1	0	18	3	1	1	1	1	0	1	0
8	2	0	0	0	0	0	1	0	19	2	1	1	1	1	0	2	0
9	1	0	0	1	0	0	1	0	20	3	1	0	1	0	0	1	0
10	1	0	1	0	0	0	1	0	21	2	1	1	0	1	0	3	0
11	1	0	0	0	0	0	2	0	22	2	0	0	1	1	0	1	0

续表

序号	x_1	x_2	x_3	x_4	x_5	x_6	x_7	y	序号	x_1	x_2	x_3	x_4	x_5	x_6	x_7	y
23	2	0	0	0	0	0	1	0	42	2	1	1	1	1	0	2	1
24	2	0	1	0	0	0	1	0	43	3	1	0	1	0	1	2	1
25	2	0	0	1	1	0	1	0	44	3	1	0	1	0	0	1	1
26	2	1	1	1	1	0	2	0	45	3	1	1	1	1	1	2	1
27	3	1	0	1	0	0	1	0	46	4	0	0	1	1	0	3	1
28	2	1	1	0	1	0	3	0	47	3	1	1	1	1	0	3	1
29	2	0	0	1	1	0	1	0	48	4	1	1	1	1	0	3	1
30	2	0	0	0	0	0	1	0	49	3	0	1	1	1	0	1	1
31	1	0	0	1	1	1	2	1	50	4	0	0	1	0	0	2	1
32	3	0	0	1	1	1	1	1	51	1	0	1	1	1	0	2	1
33	3	1	1	1	1	1	3	1	52	2	0	1	1	0	1	2	1
34	2	0	0	1	0	0	1	1	53	2	1	1	1	0	0	2	1
35	2	0	1	0	1	1	1	1	54	2	1	0	1	0	0	1	1
36	2	0	0	1	0	1	1	1	55	3	1	1	0	1	0	3	1
37	2	1	1	1	1	0	1	1	56	1	0	1	1	1	0	2	1
38	3	1	1	1	1	0	1	1	57	2	0	1	1	0	1	2	1
39	3	1	1	1	0	1	1	1	58	2	1	1	1	0	0	2	1
40	3	1	1	1	1	0	1	1	59	2	1	0	1	0	0	1	1
41	3	0	1	0	0	0	1	1	60	3	1	1	0	1	0	3	1

7. 某医院外科采用两种不同的处理方式(1＝trental,0＝placebo),两种不同的绷带(1＝bandage-4-layer,0＝convatee)和两种不同的包扎方式(1＝Granuflex,0＝Na)进行腿溃疡的治疗处理。治疗的结果分两种:0＝无效,1＝有效。治疗方式和治疗效果如表(20-18)所示。试分析治疗方式对治疗效果的影响。

表 20-18 包扎处理记录表

处理方式(trental)				处理方式(placebo)			
治疗效果	绷带	包扎	人数	治疗效果	绷带	包扎	人数
0	0	0	19	0	0	0	21
1	0	0	4	1	0	0	2
1	0	0	2	1	0	0	4
0	1	0	9	0	1	0	5
1	1	0	8	1	1	0	10
1	1	0	6	1	2	1	0
0	0	1	21	0	0	1	10
1	0	1	3	1	0	1	5
1	0	1	2	1	0	1	10
0	1	1	10	0	1	1	12

续表

处理方式(trental)				处理方式(placebo)			
治疗效果	绷带	包扎	人数	治疗效果	绷带	包扎	人数
1	1	1	10	1	1	1	7
1	1	1	5	1	1	1	7

8. 某研究组研究肥胖(x_1)、口服避孕药雌激素(x_2)与子宫内膜癌(y)的关系。采取了1∶2配对作病例—对照研究。共调查了16对,资料为表20-19所示,其中,1表示事件发生,0表示未发生。试用条件Logistic回归分析方法对该研究作出分析结论。

表20-19 肥胖、口服雌激素与子宫内膜癌调查表

配对编号	病例		对照Ⅰ		对照Ⅱ	
	x_1	x_2	x_1	x_2	x_1	x_2
1	1	1	0	0	0	0
2	1	1	1	1	0	1
3	1	1	0	1	1	1
4	0	1	0	1	0	1
5	0	1	1	0	0	1
6	1	0	0	0	1	0
7	1	1	0	0	1	1
8	1	1	0	1	1	1
9	1	0	1	1	1	1
10	0	1	1	0	0	0
11	0	1	0	1	1	0
12	0	1	0	1	0	1
13	1	1	0	1	1	1
14	1	1	0	0	1	1
15	1	0	0	1	0	0
16	1	1	1	1	0	0

(刘启贵)

第二十一章 聚类分析

【例21-1】 有一项对某国家39座城市空气污染情况的调查数据,在这39个城市中,对每个城市检测了二氧化硫(SO_2)、平均气温(temperature)、20人以上的手工企业(factories)、人口数(population)、平均风速(windspeed)、平均降雨量(rain)、每年平均降雨天数(rainydays)7项指标(表21-1)。试利用这7项指标对这39个城市的空气污染程度进行分类。

表21-1 某国家39座城市空气污染的七个指标

city	SO_2	temperature	factories	population	windspeed	rain	rainydays
Little Rock	13	61	91	132	8	49	100
San Francisco	12	57	453	716	9	21	67
Denver	17	52	454	515	9	13	86
Hartford	56	49	412	158	9	43	127
Wilmington	36	54	80	80	9	40	114
Washington	29	57	434	757	9	39	111
Jacksonville	14	68	136	529	9	54	116
Miami	10	76	207	335	9	60	128
Atlanta	24	62	368	497	9	48	115
Indianapolis	28	52	361	746	10	39	121
Des Moines	17	49	104	201	11	31	103
Wichita	8	57	125	277	13	31	82
Louisville	30	56	291	593	8	43	123
New Orleans	9	68	204	361	8	57	113
Baltimore	47	55	625	905	10	41	111
Detroit	35	50	1064	1513	10	31	129
Minneapolis	29	44	699	744	11	26	137
Kansas City	14	55	381	507	10	37	99
St. Louis	56	56	775	622	10	36	105
Omaha	14	52	181	347	11	30	98
Albuquerque	11	57	46	244	9	8	58
Albany	46	48	44	116	9	33	135
Buffalo	11	47	391	463	12	36	166
Cincinnati	23	54	462	453	7	39	132
Cleveland	65	50	1,007	751	11	35	155
Columbus	26	52	266	540	9	37	134
Philadelphia	69	55	1,692	1,950	10	40	115
Pittsburgh	61	50	347	520	9	36	147

续表

city	SO_2	temperature	factories	population	windspeed	rain	rainydays
Providence	94	50	343	179	11	43	125
Memphis	10	62	337	624	9	49	105
Nashville	18	59	275	448	8	46	119
Dallas	9	66	641	844	11	36	78
Houston	10	69	721	1233	11	48	103
Salt LakeCity	28	51	137	76	9	15	89
Norfolk	31	59	96	308	11	45	116
Richmond	26	58	197	299	8	43	115
Seattle	29	51	379	531	9	39	164
Charleston	31	55	35	71	7	41	148
Milwaukee	16	46	569	717	12	29	123

【问题 21-1】

笔记：

(1) 该资料有什么特点?

(2) 该资料应该用何种统计方法分析?

【分析】

(1) 该资料为多变量设计资料，属于事先没有分类的情况，需要将相似或相近的城市聚在一起。

(2) 根据空气污染情况的实际数据将 39 座城市进行分类，应该用聚类分析(cluster analysis)中的样品聚类分析，结果见图 21-1，从树状图(Dendrogram)中可以看出 39 座城市分为五类。

人以类聚，物以群分，人们经常将纷繁复杂的事物分门别类，尤其在医学领域，对于疾病的分类、基因的归组等一系列问题，如何分类，使之系统化显得格外重要。

【知识点 21-1】

1. 聚类分析(cluster analysis)，又称群落分析或集群分析，按照“物以类聚”的原则对事物分类进行研究和探讨，是一种依据事物数据间的亲疏关系或距离远近，对客观事物进行分类和建类的多元分析方法。

2. 聚类分析应用于事先不知道客观事物分类情况的资料，属于探索性分析。

过去数十年来，人们往往只凭借传统经验和专业知识来分类。随着人们对客观事物认识的不断深入，事物的分类越来越细，要求越来越高。随着计算机技术和多元分析方法的迅速发展，聚类分析(cluster analysis)逐渐从分类学中衍生出来，被广大临床和科研人员关注和应用，并发挥着越来越重要的作用。

根据研究目的的不同，聚类分析有两种：一种是对样品聚类(Q 型聚类)，依据事物间的特点和属性，对不同的记录或研究对象分类和建类的方法，其目的是找出样品间的共性。如中医学上根据脉搏跳动的特点将其分为平脉、数脉、滑脉、弦脉等不同类型，归类对象是所有就诊者，换言之，是对每一个记录或样品归类。在样品聚类中，根据样品是否存在顺序，又可细分为无需样品聚类和有序样品聚类。另一种是对指标聚类(R 型聚类)，依据指标间的相似性或相关程度，将若干指标归为同类或异类，目的是将指标降维以便选择有代表性的指标。

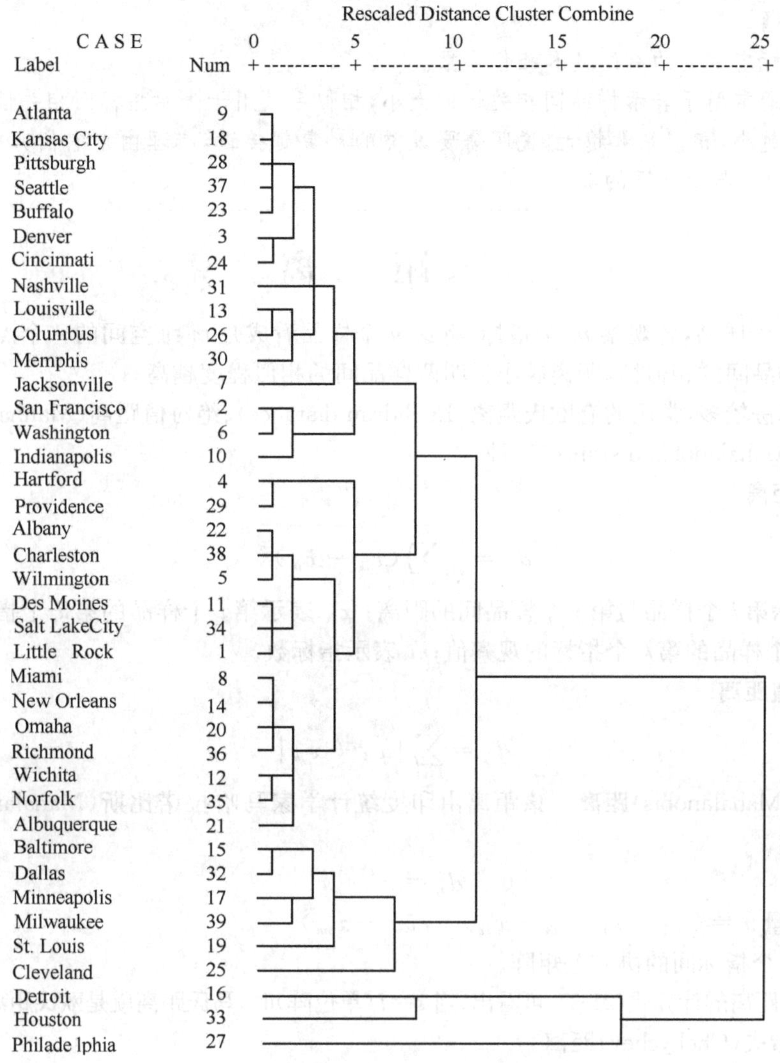

图 21-1 美国 39 座城市聚类分析树状图

【知识点 21-2】

1. 聚类分析中，聚类对象可分为两种：样品聚类（Q 型聚类）和指标聚类（R 型聚类）。

① 样品聚类分析是依据事物间的特点和属性，对不同的记录或研究对象进行分类和建类的方法。

② 指标聚类分析是依据指标间的相似性或相关程度，将若干指标归为同类或不同类。

2. 常用的聚类分析方法有系统聚类、样品动态聚类和有序样品聚类等。

第一节 距离与相似系数

聚类分析（cluster analysis）是依据数据间的亲疏关系或距离的远近把数据分成若干类别，以使类别间的数据差异尽可能最大，类别内的数据差异尽可能最小。衡量亲疏程度的指标为聚类统计量（聚类标志），聚类统计量分为距离和相似系数两种。

【知识点 21-3】

1. 聚类标志常见的有距离和相似系数。

2. 距离通常用于表示样品间相关性的大小，相似系数用于表示指标间相关性的大小。

3. 距离越小，相似系数越大，说明需要聚类的对象越接近，有理由把它们归在一类，聚在一起；反之，则应归于不同的类。

一、距　　离

假设有 n 个样品，各观察 m 个指标，将这 n 个样品看成是 m 维空间的 n 个点，用两点间的距离来表示样品间的相似性，距离越小说明两样品间的相似程度越高。

距离的算法较多，常用的有欧氏距离(Euclidean distance)、绝对值距离(Manhattan distance)和马氏距离(Mahalanobis distance)三种。

1. 欧氏距离

$$d_{ij}=\sqrt{\sum_{k=1}^{m}(x_{ik}-x_{jk})^2} \tag{21-1}$$

其中，d_{ij} 表示第 i 个样品与第 j 个样品间的距离；x_{ik} 表示第 i 个样品的第 k 个指标的观察值；x_{jk} 表示第 j 个样品的第 k 个指标的观察值；m 表示指标数。

2. 绝对值距离

$$d_{ij}=\sum_{k=1}^{m}|x_{ik}-x_{jk}| \tag{21-2}$$

3. 马氏(Mahalanobis)距离　该距离由印度统计学家马哈拉诺比斯(Mahalanobis)于 1936 年提出而故名。

$$d_{ij}^2=x's^{-1}x \tag{21-3}$$

其中，向量 $x=(x_{i1}-x_{j1},x_{i2}-x_{j2},\cdots,x_{im}-x_{jm})$

s 表示 m 个指标间的协方差矩阵。

通过马氏距离的计算式(21-3)，可看出，当 $s=I$(单位阵)时，马氏距离就是欧氏距离的平方。

4. 切比雪夫(Chebychev)距离

$$dij(\infty)=\max_{1\leqslant k\leqslant p}|x_{ik}-x_{jk}| \tag{21-4}$$

5. 明可斯基(氏)(Minkowski)距离

$$d_{ij}(q)=\left(\sum_{k=1}^{p}|x_{ik}-x_{jk}|^q\right)^{\frac{1}{q}} \tag{21-5}$$

上述距离中，绝对距离、欧氏距离、切比雪夫距离是明氏距离的特例，当 $q=1$ 时为绝对距离，当 $q=2$ 时为欧氏距离，当 $q=\infty$时为切比雪夫距离。

6. 兰氏(Lanberra)距离　该距离由 Lance 和 Williams 最早提出而故名。

$$d_{ij}(L)=\frac{1}{p}\sum_{k=1}^{p}\frac{|x_{ik}-x_{jk}|}{x_{ik}+x_{jk}} \tag{21-6}$$

【知识点 21-4】

1. 聚类分析时常用到的是欧氏距离和绝对值距离。

2. 应用欧氏距离和绝对值距离时，需对数据进行标准化变换，以消除量纲对各指标的影响。

(1) 欧氏距离是一种我们较为熟悉和常用的距离指标，易受异常值影响。

(2) 绝对值距离对异常值有一定的稳健性。

3. 1936 年由印度统计学家马哈拉诺比斯提出的马氏距离，不仅能排除指标间相关性的干扰，还能消除各指标量纲的影响，故常用于指标间相关程度较强的情况。

4. 当 $s=\mathrm{I}$（单位阵）时，马氏距离就是欧氏距离的平方。

5. 绝对距离、欧氏距离、切比雪夫距离是明氏距离的特例，当 q=1 时为绝对距离，当 $q=2$ 时为欧氏距离，当 $q=\infty$ 时为切比雪夫距离。

二、相似系数

相似系数用夹角余弦(cosine)和简单相关系数(Pearson correlation)的绝对值来表示。相关系数(Pearson correlation)是表示指标间相关密切程度和方向的指标，在基础统计学部分，我们学习了三种常用的相关系数：*Pearson* 相关系数、*Spearman* 相关系数和 *Pearson* 列联系数。正态数值变量（指标）间的相关性大小用 *Pearson* 相关系数表示；非正态数值变量（指标）间、数值变量与等级变量间或等级变量间的相关用 *Spearman* 相关系数来表示；无序分类变量间或无序分类变量与等级变量间的相关用 *Pearson* 列联系数表示。

相似系数接近于 1 时，认为样品或指标之间的性质比较接近；相似系数接近于 0 时，认为样品或指标之间是无关的。

1. 夹角余弦(cosine)（相似系数）

$$\cos\theta_{ij}=\frac{\sum_{k=1}^{p}x_{ik}x_{jk}}{\sqrt{\sum_{k=1}^{p}x_{ik}^2\cdot\sum_{k=1}^{p}x_{jk}^2}}\quad 0\leqslant\cos\theta_{ij}\leqslant 1 \tag{21-7}$$

2. 相关系数(Pearson correlation)（相似系数）

$$r_{ij}=\frac{\sum_{k=1}^{p}(x_{ik}-\overline{x}_i)(x_{jk}-\overline{x}_j)}{\sqrt{\sum_{k=1}^{p}(x_{ik}-\overline{x}_i)\cdot\sum_{k=1}^{p}(x_{jk}-\overline{x}_j)}}\quad -1\leqslant r_{ij}\leqslant 1 \tag{21-8}$$

指标间的相关性大小也可以通过两指标间的距离 d_{ij} 来衡量。

$$d_{ij}=1-|r_{ij}| \tag{21-9}$$

其中，r_{ij} 表示两指标间的相似系数。

可见，距离越小，则相似系数越大，相关程度越高。

第二节 系统聚类分析

聚类分析的方法很多，常用的有系统聚类、样品动态聚类和有序样品聚类等。本节着重介绍系统聚类分析，包括样品聚类(Q 型聚类)和指标聚类(R 型聚类)。

一、样品聚类(Q 型聚类)

(一) 无序样品聚类分析

无序样品聚类分析的主要目的是对样品进行分类，但是在这里要求样品之间不受次序的限制，即在分类的过程中，样品次序可随意排列。对于无序样品聚类的方法很多，常用的是系统聚类法。在实际应用中，常采用多种方法对数据进行聚类，最终由研究人员根据专业知识及实际情况来确定所要分类的数目及分类情况。

【例 21-2】 假设在临床研究中，观察 10 位患者临床上 3 个常见指标 x_1、x_2、x_3，结果列于表 21-2，且 10 位患者的临床表现有一定差别。

表 21-2 10 位患者临床上 3 个常见指标的观测值

患者编号	指标的观测值		
	x_1	x_2	x_3
1	5	7	10
2	7	1	5
3	3	2	14
4	6	5	2
5	6	6	9
6	7	7	7
7	8	1	4
8	20	7	9
9	19	8	12
10	7	4	4

对于这样 10 位患者，期望找出患者间的共性，对他们进行分类，给临床诊疗工作带来帮助。

做一切事都应尽力而为，半途而废永远不行。
——美国诗人 斯大林·托达夫

【问题 21-2】

(1) 通过本例，你认为采用聚类分析有什么意义？

(2) 本研究中聚类的对象是什么？此外常见的聚类对象还有哪些？

(3) 衡量聚类对象间相似性或相关程度的统计量有哪些？在本例中可以采用哪些指标？

(4) 对这 10 位患者进行合适的建类，应采用什么统计分析方法，其步骤如何？

【分析】

(1) 聚类分析依据观察对象的某些数量特征对样品或指标加以归类。尤其在总体中各类别划分不清，甚至不知道具体该分几类时，进行的探索性分析，其在生物学与医学分类问题中有着重要作用。

本例对于这样的 10 位患者，首先找出患者间的相似性，将性质相近的归在同一类，通过聚类，期望能给临床的诊疗工作提供一定的帮助。

(2) 本研究中聚类的对象是 10 位患者，属于对样品的聚类分析。此外聚类的对象还可以是指标。

(3) 衡量聚类对象间相似性或相关程度的统计量有距离和相关系数。

本例是针对样品的聚类分析，采用距离作为聚类标志。可在欧氏距离、绝对值距离和马氏距离中任选一个。

(4) 本研究拟对这 10 位患者进行合适的建类，应采用样品系统聚类法。

【无序样品系统聚类法基本步骤】

1. 计算距离的大小 采用式(21-2)计算样品间的绝对值距离。如样品 1 与样品 2 的绝对值距离为：

$$d_{12}=|x_{11}-x_{21}|+|x_{12}-x_{22}|+|x_{13}-x_{23}|=|5-7|+|7-1|+|10-5|=13$$

样品 2 与样品 3 的绝对值距离为：

$d_{23}=|x_{21}-x_{31}|+|x_{22}-x_{32}|+|x_{23}-x_{33}|=|7-3|+|1-2|+|5-14|=14$
余类推,结果列于表 21-3。

表 21-3 10 个样品(s)间的距离矩阵

	s_1	s_2	s_3	s_4	s_5	s_6	s_7	s_8	s_9	s_{10}
s_1	0									
s_2	13	0								
s_3	11	14	0							
s_4	11	8	18	0						
s_5	3	10	12	8	0					
s_6	5	8	16	8	7	0				
s_7	15	[2]	16	8	12	10	0			
s_8	16	23	27	23	15	15	23	0		
s_9	17	26	24	26	18	18	26	5	0	
s_{10}	11	4	16	4	8	6	4	21	24	0

2. 进行聚类合并 将这 10 个样品看作 10 类,将距离最小的两个样品合并成新的一类,计算这 9 类之间的距离,列出距离矩阵,再将距离最小的两类合并,则类别减少至 8 类,计算这 8 类之间的距离,……,直至归类完毕为止。

具体过程如下:

表 21-3 列出的所有距离中,s_2 与 s_7 之间的距离系数 $d_{27}=2$ 最小,d_{27} 也称为聚类距离。将 s_2 与 s_7 合并为一类,记为 G_{11}(G 表示类),$G_{11}=\{G_2,G_7\}=\{s_2,s_7\}$。

计算新类与其他类距离的计算公式如下:

$$d_{ic}=\mathrm{Min}\{d_{ia}\ d_{ib}\} \tag{21-10}$$

其中,d_{ia} 表示样品(类)a 与第 i 类之间的距离,

d_{ib} 表示样品(类)b 与第 i 类之间的距离,

d_{ic} 表示新类 c(由 a 与 b 合并而成)与第 i 类之间的距离。

由式(21-10)计算 G_{11} 与其他类的距离。如计算上式中 G_{11} 与 G_3 的距离,$d_{311}=\mathrm{Min}\{d_{32},d_{37}\}=\mathrm{Min}\{14,16\}=14$,余同,结果列于表 21-4。

表 21-4 9 类间的距离矩阵

	G_1	G_{11}	G_3	G_4	G_5	G_6	G_8	G_9	G_{10}
G_1	0								
G_{11}	13	0							
G_3	11	14	0						
G_4	11	8	18	0					
G_5	[3]	10	12	8	0				
G_6	5	8	16	8	7	0			
G_8	16	23	27	23	15	15	0		
G_9	17	26	24	26	18	18	5	0	
G_{10}	11	4	16	4	8	6	21	24	0

在表 21-4 列出的所有距离中，G_1 与 G_5 之间的距离最近，聚类距离为 3，将 G_1 与 G_5 聚为一类，记为 G_{12}，$G_{12}=\{G_1,G_5\}$。计算新类 G_{12} 与其他类的距离，结果见表 21-5。

表 21-5　8 类间的距离矩阵

	G_{12}	G_{11}	G_3	G_4	G_6	G_8	G_9	G_{10}
G_{12}	0							
G_{11}	10	0						
G_3	11	14	0					
G_4	8	8	18	0				
G_6	5	8	16	8	0			
G_8	15	23	27	23	15	0		
G_9	17	26	24	26	18	5	0	
G_{10}	8	4	16	4	6	21	24	0

在表 21-5 中，距离最近的有两组 G_4 与 G_{10}、G_{10} 与 G_{11}，聚类距离均为 4，可任取一种方案合并。

本例将 G_4 与 G_{10} 聚为一类，记作 G_{13}，$G_{13}=\{G_4,G_{10}\}$，计算新类 G_{13} 与其他类的距离，结果见表 21-6。

表 21-6　7 类间的距离矩阵

	G_{12}	G_{11}	G_3	G_{13}	G_6	G_8	G_9
G_{12}	0						
G_{11}	10	0					
G_3	11	14	0				
G_{13}	8	4	16	0			
G_6	5	8	16	6	0		
G_8	15	23	27	21	15	0	
G_9	17	26	24	24	18	5	0

在表 21-6 中，G_{11} 与 G_{13} 之间的距离最近，聚类距离为 4，将 G_{11} 与 G_{13} 聚为一类，记作 G_{14}，$G_{14}=\{G_{11},G_{13}\}$，计算 G_{14} 与其他类的距离，结果见表 21-7。

表 21-7　6 类间的距离矩阵

	G_{12}	G_{14}	G_3	G_6	G_8	G_9
G_{12}	0					
G_{14}	8	0				
G_3	11	4	0			
G_6	5	6	16	0		
G_8	15	21	27	15	0	
G_9	17	24	24	18	5	0

在表 21-7 中，G_3 与 G_{14} 之间的距离最小，聚类距离为 4，将 G_3 与 G_{14} 聚为一类，记作 G_{15}，$G_{15}=\{G_3, G_{14}\}$，计算 G_{15} 与其他类的距离，结果见表 21-8。

表 21-8　5 类间的距离矩阵

	G_{12}	G_{15}	G_6	G_8	G_9
G_{12}	0				
G_{15}	8	0			
G_6	[5]	6	0		
G_8	15	21	15	0	
G_9	17	24	18	[5]	0

在表 21-8 中，距离最近的有两组 G_6 与 G_{12}、G_8 与 G_9，聚类距离均为 5，可任取一种方案合并。

本例将 G_6 与 G_{12} 聚为一类，记作 G_{16}，$G_{16}=\{G_6, G_{12}\}$，计算新类 G_{16} 与其他类的距离，结果见表 21-9。

表 21-9　4 类间的距离矩阵

	G_{16}	G_{15}	G_8	G_9
G_{16}	0			
G_{15}	6	0		
G_8	15	21	0	
G_9	17	24	[5]	0

在表 21-9 中，G_8 与 G_9 之间的距离最小，聚类距离为 5，将 G_8 与 G_9 聚为一类，记作 G_{17}，$G_{17}=\{G_8, G_9\}$，计算 G_{17} 与其他类的距离，结果见表 21-10。

表 21-10　3 类间的距离矩阵

	G_{16}	G_{15}	G_{17}
G_{16}	0		
G_{15}	[6]	0	
G_{17}	15	21	0

在表 21-10 中，G_{15} 与 G_{16} 之间的距离最小，聚类距离为 6，将 G_{15} 与 G_{16} 聚为一类，记作 G_{18}，$G_{18}=\{G_{15}, G_{16}\}$，计算 G_{18} 与其他类的距离，结果见表 21-11。

表 21-11　2 类间的距离矩阵

	G_{18}	G_{17}
G_{18}	0	
G_{17}	15	0

3. 绘制聚类图　将上述采用最短距离法进行聚类分析的过程用图表示，称为谱系聚类图。绘制聚类图如下，见图 21-1，图中横坐标的长度表示每一步骤的聚类距离。

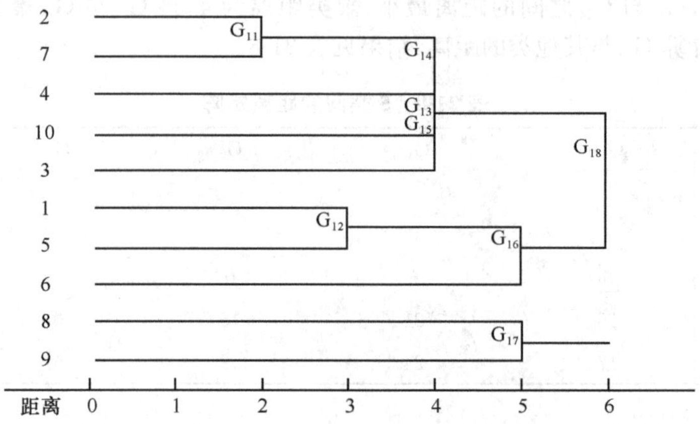

图 21-2　10 位患者临床上 3 个常见指标的聚类图(最短距离法)

4. 根据聚类图,结合专业做出结论　依据聚类图所提供的信息,结合专业知识最终来确定适当的聚类方案。由图 21-1 可见,这 10 个患者以聚成三类为宜,即第一类 2、7、4、10、3 号,第二类 1、5、6 号,第三类 8、9 号。

【知识点 21-5】

1. 系统聚类从距离或相关系数出发,将距离小或相关系数大的样品或指标归为一类,将距离大或相关系数小的归为不同类,简单易行。

2. 系统聚类分为样品的系统聚类和指标的系统聚类。

【知识点 21-6】

1. 样品系统聚类的基本思想:

首先将每个样品看成一类,定义样品间距离,将距离最近的两个样品或两类合并,重新计算新类与其他类之间的距离,再将距离最近的两类合并,周而复始,一步步进行,每一步减少一类,直至所有样品均合并为一类。

2. 样品系统聚类的基本步骤:

①衡量聚类对象间相似或相关程度的统计量大小,即计算距离。

②采用最小距离法进行合并聚类。

③绘制聚类图。

④根据聚类图,结合专业知识做出结论。

(二) 有序样品聚类分析

前面所介绍的对样品的聚类分析是不考虑样品之间的排列次序,即样品是“无序”的。但在很多实际工作中,例如在研究不同年龄段儿童生长发育规律,按年龄进行聚类,此时,年龄的次序是不能打乱的。像这类在实际工作中,不能打乱原有次序来分类的样品就是“有序样品”。

对于有序样品进行聚类分析时,要在不破坏样品顺序的前提下进行,由此形成的样品聚类方法称为有序样品聚类(Ordinal Clustering Methods)。具体地说,假定有 10 个有序样品,它们按一定顺序排列后,在它们之间就有 9 个“间隔”,若希望将它们分成 3 类,则需要从 9 个间隔中选择 2 个间隔,分别插入“标记”,这样就把 10 个有序样品分成了 3 段。至于这 3 段中的每一段分别包含几个样品，取决于划分的标准，即在什么意义下得到一种划分的结果。不失一般性，假定有 n 个有序样品，它们按一定顺序排列后，在它们之间就有 $n-1$ 个"间隔"，若希望将它们分成 k 类，则需要从 $n-1$ 个间隔中选择 $k-1$ 个间隔，分别插入"标记"，即可把 n 个有序样品分成了 k 段。

从 $n-1$ 个间隔中选择 $k-1$ 个间隔的方法数为 $R=C_{n-1}^{k-1}=\dfrac{(n-1)!}{(k-1)!\ (n-k)!}$ 种。这么多种选择分割点的方法得到的分类结果是不相同的，那么，究竟哪一种分割方法对应的分类结果比较理想呢？什么叫比较理想的分类结果呢？

【例 21-3】 某医生为了解儿童的生长发育规律，现统计了男孩从出生到 11 岁，平均每年增长的重量(kg)，试对他们的生长发育情况进行合理的分期。

【问题 21-3】

笔记：

(1) 通过本例，你认为采用有序样品聚类分析有什么意义？

(2) 本研究中聚类的对象是什么？此外常见的聚类对象还有哪些？

(3) 衡量聚类对象间相似性或相关程度的统计量有哪些？在本例中可以采用哪些指标？

(4) 对有序样品进行合适的建类，应采用什么统计分析方法，其步骤如何？

【分析】

由表 22-12 所呈现的数据结构可看出，每个样品序号并非代表一个女生，而是一个特定年龄段上一个"代表者"；年龄是一个有序变量，本质上为"时间"；身高增长量是一个定量的观测指标。就是要根据这 10 个身高增长量数据，将 10 个"代表者"在年龄上进行分段。

表 21-12　某地 10 名 7 岁到 16 岁的女生身高平均增长量(cm)

样品序号	年龄(岁)	身高增长量(cm)
1	7	3.19
2	8	5.36
3	9	4.58
4	10	5.39
5	11	4.97
6	12	4.93
7	13	4.67
8	14	2.41
9	15	1.64
10	16	0.35

【有序样品系统聚类法基本步骤】

在有序样品聚类分析中最常用的是由 Fisher 提出最优分割法，就是在给定样品数 n、分类数 k 的前提下且在某种损失函数达到最小值意义下，给出的一种分类方法。

1. 定义类的直径　用 $D(i,j)$ 表示 $\{x_i, x_{i+1}, \cdots, x_j\}$ 的直径，它被定义为

$$D(i,j)=\sum_{l=i}^{j}(x_l-\overline{x}_{ij})^2$$

式中，$\overline{x}_{ij}=\dfrac{1}{j-i+1}\sum_{l=i}^{j}x_l$。显然，这里所谓的直径实际上就是处于同一类中的有序样品之间的离均差平方和，简称为直径。计算出 k 类样品中每一类的直径。

2. 定义与特定分类方法对应的损失函数　用 $b(n,k)$ 表示 n 个有序样品分成 k 类的一种分

法,即

$b(n,k):\{i_1=1,i_1+1,\cdots,i_2-1\},\{i_2,i_2+1,\cdots,i_3-1\},\cdots,\{i_k,i_k+1,\cdots,i_{k+1}-1=n\}$

与这种分法对应的损失函数(即 k 类离均差平方和之和)定义为

$$L[b(n,k)]=\sum_{j=1}^{k}D(i_j,i_{j+1}-1)$$

令 $b^*(n,k)$ 是使 $L[b(n,k)]$ 达到最小值的解。

3. 求解最优解的递推公式 将 n 个有序样品分成 k 类的最优解对应的一切损失可用以下两个递推公式获得:

$$L[b^*(n,2)]=\min_{2\leqslant j\leqslant n}\{D(1,j-1)+D(j,n)\}$$

$$L[b^*(n,k)]=\min_{k\leqslant j\leqslant n}\{L[b^*(j-1,k-1)]+D(j,n)\}$$

4. 具体计算步骤 第一步,计算一切可能类的直径 $D(i,j)(i<j)$。

表 21-13 10 个有序样品的直径 D 表

Obs	x1	x2	x3	x4	x5	x6	x7	x8	x9	x10
1	0.000	.	.	.	.	.	.	.	.	.
2	2.354	0.000	.	.	.	.	.	.	.	.
3	2.416	0.304	0.000	.	.	.	.	.	.	.
4	3.187	0.422	0.328	0.000	.	.	.	.	.	.
5	3.279	0.437	0.328	0.088	0.000	.	.	.	.	.
6	3.324	0.453	0.330	0.130	0.001	0.000	.	.	.	.
7	3.328	0.571	0.401	0.266	0.053	0.034	0.000	.	.	.
8	8.026	6.247	5.601	5.592	4.543	3.842	2.554	0.000	.	.
9	14.982	13.995	12.571	12.284	9.972	8.031	4.960	0.296	0.000	.
10	27.819	27.472	24.773	23.714	33.458	15.534	9.863	2.167	0.832	0

以上是 10 个样品点任何两者之间的距离矩阵。第一列为第一个样品与其后的 9 个样品之间的距离;第二列为第二个样品与其后的 8 个样品之间的距离;依次类推。

第二步,计算最小损失 $L[b^*(i,j)](2\leqslant j\leqslant i\leqslant n)$。

表 21-14 10 个有序样品的最小损失表

Obs	COL1	COL2	COL3	COL4	COL5	COL6	COL7	COL8	COL9	COL10
1	()	()	()	()	()	()	()	()	()	()
2	()	0.000(2)	()	()	()	()	()	()	()	()
3	()	0.304(2)	0.000(3)	()	()	()	()	()	()	()
4	()	0.422(2)	0.304(4)	0.000(4)	()	()	()	()	()	()
5	()	0.437(2)	0.328(3)	0.088(4)	0.000(5)	()	()	()	()	()
6	()	0.453(2)	0.330(3)	0.130(4)	0.001(5)	0.000(6)	()	()	()	()
7	()	0.571(2)	0.401(3)	0.266(4)	0.053(5)	0.001(7)	0.000(7)	()	()	()
8	()	3.328(8)	0.571(8)	0.401(8)	0.266(8)	0.053(8)	0.001(8)	0.000(8)	()	()
9	()	3.624(8)	0.867(8)	0.571(9)	0.401(9)	0.266(9)	0.053(9)	0.001(9)	0.000(9)	()
10	()	5.495(8)	2.738(8)	0.867(10)	0.571(10)	0.401(10)	0.266(10)	0.053(10)	0.001(10)	0.000(10)

以上是将10个有序样品分成2段到9段所对应的目标函数值，也称为最小损失值矩阵。表内数据（即最小损失值）后括号内的编号叫起始样品号，表头上的编号（即COL后的数值）叫分段数。

例如，从第3列（COL2）可看出，若希望将10个有序样品分为两段时，第一段为Obs(1)～Obs(7)号，第二段为Obs(8)～Obs(10)号，即分两段的最优分法为(1-7)和(8-10)，此时损失最小值为5.495。

第三步，确定类的个数，并给出最优解。

表 21-15　10个有序样品的聚类结果

Obs	COL1	COL2	COL3	COL4	COL5	COL6	COL7	COL8	COL9	COL10
1	.	.	.	.	.	.	.	.	.	.
2	1	8	.	.	.	.	.	.	.	.
3	1	2	8	.	.	.	.	.	.	.
4	1	2	8	10	.	.	.	.	.	.
5	1	2	8	9	10	.	.	.	.	.
6	1	2	3	8	9	10	.	.	.	.
7	1	2	3	4	8	9	10	.	.	.
8	1	2	3	4	5	8	9	10	.	.
9	1	2	3	4	5	7	8	9	10	.
10	1	2	3	4	5	6	7	8	9	10

以上是以简化的形式呈现有序样品聚类的结果。每一行代表不同的分段结果。例如：第一行代表全部10个样品分在一类，没有分割点；第二行代表将全部10个有序样品分割成两类，对应的样品号分别为(1～7)和(8～10)；第三行代表将全部10个有序样品分割成三类，对应的样品号分别为(1)、(2～7)和(8～10)；第四行代表将全部10个有序样品分割成四类，对应的样品号分别为(1)、(2～7)、(8～9)和(10)；余类推，第九行代表将全部10个有序样品分割成9类，仅(5～6)在一类，其他样品各在一类；最后一行是10个有序样品分成10类，每个样品在一类。

结果：

若希望将10个有序样品分成3类，其各类对应的起始样品号为(1,2,8)，即分类结果为(1)、(2～7)和(8～10)；

若希望将10个有序样品分成4类，其各类对应的起始样品号为(1,2,8,10)，即分类结果为(1)、(2～7)、(8～9)和(10)；

若希望将10个有序样品分成5类，其各类对应的起始样品号为(1,2,8,9,10)，即分类结果为(1)、(2～7)、(8)、(9)和(10)。

二、指标聚类(R型聚类)

【例21-4】　为研究人脑老化的严重程度，有人测定了不同年龄的60名正常男性10项有关指标，数据见表21-16。各变量的含义如下：AGE为年龄、TJ为图片记忆、SG为数字广度记忆、TS为图形顺序记忆、XX为心算位数、XS为心算时间、CK为规定时间内穿孔数、BJ为步距、JJ为步行时双下肢夹角、BS步速。试对这些指标作变量聚类分析。

表 21-16 60 名正常男性 10 项有关指标的测量结果

ID	AGE	TJ	SG	XX	XS	TS	CK	BJ	JJ	BS
1	16	17	9	14	5.14	4	9	54	35.32	3.92
2	33	15	9	14	3.36	5	6	42	28.61	5.39
3	48	20	8	3	5.00	5	12	37	24.70	3.73
4	63	14	9	4	9.40	2	12	42	28.96	4.01
5	18	12	8	14	3.57	5	11	46	30.66	3.30
6	34	15	7	14	3.94	5	10	43	30.26	4.31
7	49	18	8	5	1.87	5	10	34	22.54	4.77
8	64	12	9	5	3.00	5	12	30	22.18	5.41
9	19	11	8	2	11.67	3	12	53	37.01	3.08
10	35	17	9	14	2.64	2	11	27	27.79	4.45
11	50	13	8	4	3.20	5	11	45	33.47	2.78
12	66	7	7	3	8.49	5	1	29	20.62	5.67
13	20	18	9	5	7.04	5	9	47	30.10	3.90
14	36	18	9	12	3.23	5	10	38	25.83	4.68
15	51	16	7	14	3.58	5	2	40	26.27	4.38
16	67	15	8	6	3.43	5	6	37	24.65	5.50
17	21	15	9	6	6.57	5	10	57	37.14	2.72
18	37	19	8	7	3.00	5	9	38	25.38	3.73
19	52	17	8	14	2.86	5	7	34	23.93	5.10
20	68	14	5	6	8.00	0	8	40	28.06	4.34
21	22	19	8	14	3.29	5	11	46	30.66	3.24
22	38	16	8	7	4.38	4	11	35	23.34	4.99
23	53	10	8	14	3.43	3	4	41	26.01	4.04
24	69	6	7	2	8.34	2	2	29	17.02	4.69
25	24	16	9	5	3.50	2	10	43	27.64	4.41
26	39	20	8	14	1.43	5	11	46	30.30	3.41
27	54	11	8	8	6.18	5	2	37	25.45	3.80
28	70	13	9	11	4.94	4	1	38	25.83	3.70
29	25	19	9	6	3.57	1	9	42	26.54	4.49
30	40	17	8	7	2.05	2	12	37	24.56	4.49
31	55	11	8	14	2.15	4	0	42	29.68	2.61
32	71	15	9	14	4.50	5	6	41	28.01	5.06
33	26	17	9	14	3.86	3	9	52	29.24	3.54
34	41	17	9	11	3.70	5	11	35	23.76	4.33
35	56	8	7	9	22.10	1	5	45	29.80	6.67
36	72	10	7	2	3.33	5	7	38	24.80	3.88
37	27	15	8	1	6.00	4	9	42	32.30	4.38

续表

ID	AGE	TJ	SG	XX	XS	TS	CK	BJ	JJ	BS
38	42	16	9	8	3.33	5	9	12	32.11	2.63
39	57	12	10	7	4.50	5	8	24	15.95	7.29
40	73	0	7	6	5.77	1	0	31	21.27	5.73
41	28	18	7	14	3.98	5	9	51	33.94	3.03
42	43	20	8	3	2.50	2	10	39	25.90	3.77
43	58	10	6	9	9.50	2	4	43	28.96	3.50
44	74	20	8	8	4.11	5	7	39	27.69	5.60
45	29	20	10	14	1.93	5	8	43	30.79	4.51
46	44	14	9	14	2.57	4	10	43	27.03	3.71
47	59	11	10	12	8.69	0	12	44	31.15	2.89
48	75	12	8	14	8.14	3	4	28	19.23	6.26
49	30	14	10	14	2.93	5	7	45	32.67	4.45
50	45	18	8	2	2.67	5	8	39	27.51	3.94
51	60	12	7	8	8.78	2	8	18	12.92	7.43
52	76	6	7	3	6.75	3	5	24	16.63	7.56
53	31	19	8	10	3.73	5	10	33	19.91	5.71
54	46	20	8	10	2.82	5	10	40	27.06	3.54
55	61	10	5	2	6.35	5	0	15	8.96	11.14
56	78	9	7	4	8.20	2	4	13	9.44	8.91
57	32	14	10	14	3.57	2	12	44	31.92	4.12
58	47	18	9	14	1.93	5	9	43	27.95	5.01
59	62	12	8	7	17.00	5	8	32	21.83	4.71
60	79	13	5	1	9.50	0	6	38	25.53	3.24

【问题 21-4】

笔记：

(1) 该资料是什么类型的资料？

(2) 已知该资料服从正态分布，试问在此所计算的是哪一种相关系数？

(3) 本研究中，聚类的对象是什么？

(4) 本研究中可用哪些统计量来衡量聚类对象间的相似性或相关程度？

(5) 对这些指标进行适当的分类，应该采用什么统计分析方法，其步骤如何？

【分析】

(1) 资料的类型分为三类：计量资料、计数资料、等级资料。该资料是计量资料。

(2) 若该资料的各项指标服从正态分布，则对于任意两个计量资料指标，使用 Pearson 相关系数来衡量其相关性的大小。

(3) 本研究属于指标的聚类分析。聚类的对象是不同的人脑老化程度指标。

(4) 由于指标的系统聚类分析法多从相关系数出发，亦可从距离出发进行分析。

(5) 对这些指标进行适当的分类，采用指标系统聚类法，有两种方案：一种从相关系数出发，一种从距离出发进行聚类分析。

(一) 以相关系数为聚类标志的指标系统聚类分析基本步骤

1. 选择相关系数作为聚类标志，计算相关系数 经前期的数据分析，本资料已给出了 AGE

为年龄、TJ 为图片记忆、SG 为数字广度记忆、TS 为图形顺序记忆、XX 为心算位数、XS 为心算时间、CK 为规定时间内穿孔数、BJ 为步距、JJ 为步行时双下肢夹角、BS 步速。10 个形态学指标之间的相关系数矩阵，见表 21-17。

表 21-17　10 个指标之间的相关系数矩阵

	AGE	TJ	SG	XX	XS	TS	CK	BJ	JJ	BS
AGE	1.000	−0.546	−0.448	−0.312	0.306	−0.249	−0.558	−0.558	−0.598	0.423
TJ	−0.546	1.000	0.361	0.271	−0.504	0.371	0.598	0.326	0.365	−0.347
SG	−0.448	0.361	1.000	0.403	−0.342	0.249	0.443	0.266	0.372	−0.291
XX	−0.312	0.271	0.403	1.000	−0.300	0.197	0.061	0.310	0.328	−0.216
XS	0.306	−0.504	−0.342	−0.300	1.000	−0.415	−0.218	−0.064	−0.115	0.231
TS	−0.249	0.371	0.249	0.197	−0.415	1.000	0.055	0.046	0.084	−0.043
CK	−0.558	0.598	0.443	0.061	−0.218	0.055	1.000	0.339	0.426	−0.394
BJ	−0.558	0.326	0.266	0.310	−0.064	0.046	0.339	1.000	0.826	−0.665
JJ	−0.598	0.365	0.372	0.328	−0.115	0.084	0.426	0.826	1.000	−0.806
BS	0.423	−0.347	−0.291	−0.216	0.231	−0.043	−0.394	−0.665	−0.806	1.000

2. 进行聚类合并　将这 10 个指标看作 10 类，将相关系数最大的两个指标合并成新的一类，计算 9 类之间的相关系数，列出相关系数矩阵，再将相关系数最大的两类合并，则类别减少至 8 类，……，直至归类完毕为止。

聚类的基本过程如下：

表 21-17 所列出的相关系数中，BJ 与 JJ 之间的相关系数 $r_{89}=0.8312$ 最大，将 BJ 与 JJ 聚成一类，记为 G_{11}（G 表示类），$G_{11}=\{G_8,G_9\}=\{x_8,x_9\}$。

计算新类与其他类的相关系数，采用计算公式如下：

$$r_{ic}=\frac{r_{ia}+r_{ib}}{2} \tag{21-11}$$

其中，r_{ia} 表示指标（类）a 与第 i 类之间的相关系数，

r_{ib} 表示指标（类）b 与第 i 类之间的相关系数，

r_{ic} 表示新类 c（由 a 与 b 合并而成）与第 i 类之间的相关系数。

3. 绘制聚类图　对上述聚类分析的过程，绘制聚类图，见图 21-3，图中横坐标表示相关系数大小。

4. 根据聚类图，结合专业知识做出结论　根据聚类图所提供的信息，可以得知 10 项指标可粗分为 4 类。

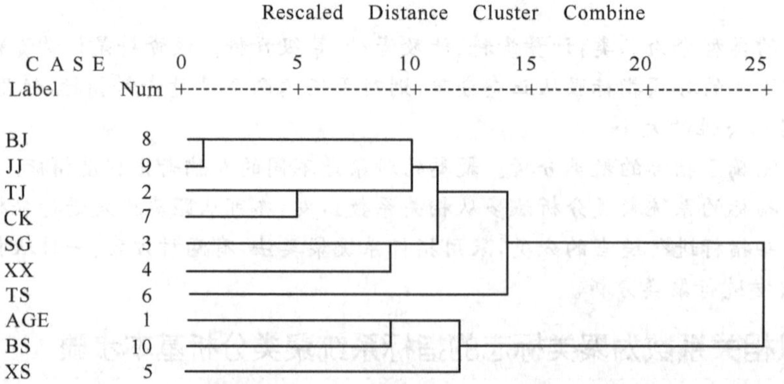

图 21-3　60 名正常男性 10 项人脑老化程度相关指标的聚类结果

(二)以距离为聚类标志的指标系统聚类分析的基本步骤

1. 计算距离 已知相关系数,通过公式(21-9)计算距离,列出矩阵如下(见表21-18):

表21-18 10个指标之间的距离矩阵

	AGE	TJ	SG	XX	XS	TS	CK	BJ	JJ	BS
AGE	0.000	302.511	337.877	338.758	354.025	368.099	345.465	202.408	236.861	359.213
TJ	302.511	0.000	57.184	60.349	87.710	87.167	57.663	196.015	102.540	84.612
SG	337.877	57.184	0.000	32.985	38.802	35.833	24.310	242.516	147.037	31.794
XX	338.758	60.349	32.985	0.000	57.355	51.245	43.463	238.416	144.544	50.363
XS	354.025	87.710	38.802	57.355	0.000	36.592	46.878	266.041	171.938	28.104
TS	368.099	87.167	35.833	51.245	36.592	0.000	42.226	275.165	179.938	18.501
CK	345.465	57.663	24.310	43.463	46.878	42.226	0.000	244.190	149.070	41.369
BJ	202.408	196.015	242.516	238.416	266.041	275.165	244.190	0.000	101.065	271.355
JJ	236.861	102.540	147.037	144.544	171.938	179.938	149.070	101.065	0.000	176.586
BS	359.213	84.612	31.794	50.363	28.104	18.501	41.369	271.355	176.586	0.000

2. 进行聚类合并 将这10个指标看作10类,将距离最小的两个指标合并成新的一类,计算9类之间的距离,列出距离矩阵,再将距离最小的两类合并,则类别减少至8类,……,直至归类完毕为止。

聚类过程参见样品系统聚类分析。在此,不再赘述。

3. 绘制聚类图。

4. 根据聚类图,结合专业做出结论。

【知识点21-7】

1. 指标系统聚类的基本思想:

将每个指标看成一类,定义并计算指标间的相关系数,将相关系数最大的两个指标或两类合并,重新计算新类与其他类之间的相关系数,再将相关系数最大的两类合并,周而复始,一步步进行,每一步减少一类,直至所有指标均合并为一类。

2. 指标系统聚类的基本步骤:

(1) 计算相关系数或距离。

(2) 进行聚类合并。

(3) 绘制聚类图。

(4) 根据聚类图,结合专业知识做出结论。

第三节 动态聚类分析

虽然系统聚类法是实际工作中最为常用的一种聚类方法,但其存在一定的缺陷,如样品较多(如海量数据挖掘)时,计算速度慢,需要存储大量的计算资源,没有计算机软件的帮助,很难实现;其次,在系统聚类分析的过程中,样品一旦归了类以后,再不能变动,这就对分类过程提出了较高要求,不能错分;第三,样品较多时,作出的聚类图过于复杂,不便于分析。

据此,统计学者提出了样品动态聚类分析。样品动态聚类分析,也叫快速聚类分析、样品逐步聚类分析。它的引入，既可解决计算速度缓慢的问题，又可在聚类过程中，对样品的归类及时进行调整。

【知识点 21-8】

1. 样品动态聚类分析，又称样品逐步聚类或快速聚类。

2. 待分类样品较多时，常用样品动态聚类分析，其克服了聚类对象过多引起的计算量大，结果过于复杂的缺陷。

3. 样品动态聚类分析的基本思想是：

首先选择几个有代表性的样品作为凝聚点，把每个凝聚点作为今后聚类的核心，将其他样品按就近原则向核心凝聚，逐一归类，归类的同时，按照一定的规则调整各类凝聚点，直至分类完毕为止。

凝聚点是一些有代表性的点，对于凝聚点的选择，常用的方法有：

1. 经验法 根据经验将样品划分为若干类。

2. 均值法 人为按某标准将样品划分为若干类，计算每一类的均值，选择这些均值作为凝聚点。

3. 密度法 人为规定一距离 d，以每个样品为中心，以 d 为半径，绘圆。凡距离小于 d 的样品数就是这个样品的密度。将样品密度最大的样品作为第 1 凝聚点；次大且与第 1 凝聚点距离不超过 $2d$ 的样品作为第 2 凝聚点；再考虑下一个次大的样品，它与第 1 凝聚点、第 2 凝聚点距离均不超过 $2d$，即可作为第 3 凝聚点。这样将所有样品考察完后，就可选出若干个凝聚点。

上述凝聚点选择的三种方法中，密度法相对较客观。

样品动态聚类分析常用的方法是 k-mean 法。

对例 21-2 的资料，若采用样品动态聚类分析法，该如何进行？

笔记：

【问题 21-5】

(1) 对于这 10 位患者，若采用样品动态聚类分析法，找出部分患者间的共性，其基本思路是什么？

(2) 通过样品动态聚类分析过程，来看样品系统聚类分析法有什么优缺点？

【分析】

(1) 对于这 10 位患者，若采用样品动态聚类分析法，其基本思路为：

①采用密度法确定若干凝聚点；

②对其他样品计算样品间距离，按就近原则向凝聚点凝聚，逐一归类。

③采用 SPSS 统计软件，调用 k-mean cluster 过程（相应的步骤与程序详见配套实习指导）。最终分类结果为：

第一类(8,9)　　　　重心为(20,8,10)

第二类(2、4、6、7、10)　　重心为(7,4,4)

第三类(1、3、5)　　　重心为(5,5,11)

(2) 样品系统聚类分析法的优缺点

优点：①原理清晰，简单易行；②可将整个聚类过程绘制成聚类图，生动形象。

缺点：①样品较多时，计算速度慢；②需要存储大量的计算资源；③系统聚类分析的过程中，样品归了类后不能变动；④样品较多时，作出的聚类图过于复杂，不便于分析。

第四节　应用聚类分析时注意事项

(1) 进行聚类分析前应对变量作预处理，剔除无效变量（变量值变化很小）、缺失值过多的变量。一般需对变量作标准化变换或极差变换，以消除量纲和变异系数大幅波动的影响。

(2) 聚类分析方法常用于数据的探索性分析，聚类分析的结果解释应密切结合专业知识，同时尝试用多种聚类方法分类，才能获得较理想的结论。

(3) 较理想的样品分类结果应使类间差异大，类内差异较小。分类后单变量时应用方差分析、多变量时应用多元方差分析，用于检验类间差异有无统计学意义。

(4) 对于模糊聚类、神经网络聚类、定性资料的隐数模型，以及对基因库作数据挖掘的特殊聚类分析方法，本章由于篇幅所限均未加介绍，需要时可参考其他书籍。

思考练习

(一) 是非题(正确记“＋”，错误记“－”)

1. 聚类分析适用于事先没有分类的情况，即如何将样品或指标进行分类的问题。　(　　)
2. 聚类分析中两个个案距离最大者先合并成新类。　(　　)
3. 聚类分析中两个个案相似系数最接近1或－1的最先合并成新类。　(　　)
4. 从垂直冰柱图中，根据需要分几类就可以分几类。　(　　)
5. 当 $s=$ Ⅰ(单位阵)时，马氏距离就是欧氏距离的平方。　(　　)
6. 相似系数用简单相关系数的绝对值来表示。　(　　)
7. 相似系数接近于1或－1时，认为样品或指标之间的性质比较接近。　(　　)

(二) 选择题(从 a ～ e 中选出一个最佳答案)

1. 聚类分析根据两个样品(或指标)________者，将两类进行合并成一个新类。

a. 距离最小或相似系数最接近1　　b. 距离最大或相似系数最接近1
c. 距离最小或相似系数最接近0　　d. 距离最大或相似系数最接近0
e. 以上均不对

2. SPSS 软件中，聚类分析的作图(Plots)选项中，默认选项是________。

a. 树状图　　b. 特定范围的冰柱图　　c. 不显示冰柱图
d. 所有聚类的冰柱图　　e. 水平冰柱图

3. SPSS 软件中，聚类分析的聚类方法(Cluster Method)选项中，默认选项是________。

a. 组内均联法　　b. 近邻法　　c. 组间均联法
d. 远邻法　　e. 重心聚类法

4. SPSS 软件中，聚类分析的区间数据(Interval)选项中，默认选项是________。

a. 欧几里德距离　　b. 切比雪夫距离　　c. 组间均联法
d. 余弦　　e. 欧几里德距离平方

5. 聚类分析的结果是________。

a. 唯一　　b. 非唯一　　c. ab 均对
d. ab 均不对　　e. 以上均不对

6. 聚类标志常见的有________。

a. 距离　　b. 相似系数　　c. ab 均是
d. ab 均不是　　e. 以上均不对

(三) 简答题

1. 聚类分析的主要任务是什么？
2. 有哪些常用的聚类指标？各分为哪几种？
3. 聚类分析被分为哪两大类？
4. 系统聚类的基本思想和聚类过程是什么？

5. 什么情况下选用样品动态聚类分析？

6. 有序样品聚类与一般样品聚类区别在哪里？

(四) 计算分析题

1. 依据下表提供的13个国家的出生率、死亡率、期望寿命、总和生育率、城市人口比重、热卡、出生时低体重儿比例、婴儿死亡率、孕产妇死亡率等九项指标表21-19，把14个国家分成几个相似的类别。

表 21-19　14个国家的9项指标资料

国家	出生率(‰)	死亡率(‰)	期望寿命	总和生育率	城市人口比重	热卡	出生时低体重儿(%)	婴儿死亡率(‰)	孕产妇死亡率(1/10万)
中国	21	7	71	2.4	19	111	5	35	95
美国	15	9	79	1.8	74	138	7	0	108
英国	13	12	78	1.8	92	128	7	9	9
法国	14	10	79	1.8	74	130	5	8	14
原苏联	18	11	74	2.4	67	133	6	25	48
波兰	17	10	75	2.2	62	126	8	16	11
罗马尼亚	15	11	73	2.1	50	127	6	22	150
原南斯拉夫	9	72	1.9	49	13	97	25	22	15
巴西	28	8	68	3.4	75	111	8	62	120
泰国	22	7	67	2.5	22	105	12	149	340
印度	32	11	58	4.3	27	100	30	98	340
埃及	36	10	62	4.8	48	132	5	83	318
赞比亚	51	14	56	7.2	54	92	14	79	151

2. 现有27只家兔测定了血中唾液溶菌酶(LYS)、唾液酸(SA)、谷胱甘肽过氧化物酶(GSH)与超氧化物歧化酶(SOD)4项指标，资料见表21-20。问采用何种方法对27只家兔进行分类。

表 21-20　27只家兔4个生物学指标测量值

家兔	LYS	GSH	SA	SOD	家兔	LYS	GSH	SA	SOD
1	5.43	96.15	1.38	158.77	12	8.45	145.84	1.42	192.14
2	5.75	18.24	1.11	175.10	13	11.14	134.24	2.20	189.52
3	4.41	55.61	1.28	171.22	14	8.14	160.14	1.81	222.35
4	11.13	17.34	1.40	192.55	15	11.24	124.88	2.30	221.63
5	8.44	52.85	1.45	171.22	16	11.56	162.45	1.65	224.16
6	5.24	42.25	1.25	144.85	17	11.55	130.64	1.73	230.36
7	6.12	46.45	1.52	189.22	18	7.40	124.33	1.62	234.84
8	8.88	35.85	1.35	178.56	19	3.54	225.21	1.66	212.34
9	6.87	38.66	0.94	152.12	20	3.77	92.54	1.99	208.32
10	15.94	146.12	1.80	182.78	21	3.12	75.25	2.11	219.44
11	9.77	135.25	1.98	228.53	22	5.18	162.45	1.81	21.15

续表

家兔	LYS	GSH	SA	SOD	家兔	LYS	GSH	SA	SOD
23	4.88	218.24	3.24	215.45	26	3.45	123.55	1.75	228.15
24	4.21	140.34	2.64	188.78	27	11.15	195.15	2.58	218.77
25	3.88	126.24	1.88	220.23					

3. 华东地区10所医院工作指标的增长情况(增长系数＝本年/去年)列在表21-21中。试用聚类分析法对10所医院的工作指标进行聚类分析。

表21-21　10所医院11个工作指标的增长情况

医院编号	平均日门诊量	出院人数	门出诊断符合率	入出院诊断符合率	术前后诊断符合率	甲切口化脓率	治疗有效率	病床周转率	平均病床工作日	平均病床使用率	平均住院日
1	0.9973	0.9463	1.0159	1.0178	0.9997	0.9967	0.9969	0.9384	0.9885	0.9799	0.9231
2	1.0439	1.0576	1.0164	1.0034	1.0039	1.0010	1.0099	1.0575	1.0427	1.0398	1.0145
3	1.0431	0.8140	1.0095	1.0001	0.9969	1.0000	0.9942	1.0427	1.0527	1.0500	1.0059
4	1.0106	1.0137	0.9987	1.0056	1.0033	1.0070	1.0088	1.0134	0.9925	0.9898	1.0472
5	1.0431	0.9083	0.9692	0.9890	1.0045	1.0051	1.0075	0.7900	0.9135	0.9110	0.8756
6	0.9352	0.9552	1.0346	1.0112	0.9971	1.0034	0.9870	0.9550	0.9737	0.9710	0.9782
7	0.9596	0.9865	0.9893	0.9963	0.9897	0.9973	1.0156	0.9320	0.9730	0.9762	0.9444
8	1.0577	0.9736	1.0373	1.0166	1.0198	1.0000	1.0011	0.9667	1.0511	1.0483	0.9230
9	0.9844	0.9734	0.9930	0.9910	1.0001	1.0021	0.9981	1.0042	1.0705	1.0676	1.0536
10	1.0367	0.8593	1.0202	0.9972	0.9915	1.0017	1.0011	0.8963	0.9745	0.9717	0.9212

(郭秀花　郭　晋　杨兴华　罗艳侠)

第二十二章　判别分析

【例 22-1】 某研究者试用 8 个指标(年龄、体型、咳嗽、痰、呼吸困难、桶状胸及湿性啰音)对三种不同类型慢性阻塞性肺病(肺气肿型、支气管炎型、混合型)作鉴别诊断。该研究者根据收集到的一定数量的完整、确诊的三种类型慢性阻塞性肺病资料，计算出各种不同类型各指标出现的概率。对每一名预进行慢性阻塞性肺病鉴别诊断者，根据上述 8 个体征、症状具体出现情况，计算出其可能患三种类型中的每一种类型的概率，哪种类型计算出的概率大，即判断该诊断者是哪一种类型的慢性阻塞性肺病患者。

【例 22-2】 某研究者预研究慢性重型乙型肝炎预后指标与死亡概率的关系。收集一定数量的慢性重型乙型肝炎患者的有关的临床资料，计算出如下的函数式

$$D=-13.75+2.824x_1+0.017x_2 0.354x_3+0.185x_4+0.077x_5+0.00352x_6$$
$$+0.0101x_7-0.025x_8-0.072x_9-0.0703x_{10}$$

(x_1：肝性脑病分期、x_2：右肝厚、x_3：門脉主干内径、x_4：白细胞数、x_5：白蛋白、x_6：间接胆红素、x_7：肌酐、x_8：血红蛋白、x_9：胆固醇、x_{10}：凝血酶原活动度)，当 $D>0$ 时，判别患者发生死亡的概率大于存活的概率；当 $D<0$ 时，判别患者存活的概率大于发生死亡的概率。

笔记：

【问题 22-1】

(1) 上述两例属于何种统计方法?

(2) 其统计分析的思路是什么?

【分析】

(1) 统计方法采用的是判别分析。

(2) 统计分析思路：首先根据已知实测资料，确定一种判别准则，依据此判别准则对所研究的对象进行分类。当然，我们应当要求这种准则在某种意义下是最优的。如错判概率最小或错判损失最小等。这种统计学分析方法即为判别分析(discriminant analysis)。

在医学研究中经常可以遇到这类问题，如在临床上常常需要根据患者的症状、体征、各种检查结果等对其做出是否有某种病的诊断；或者进一步对其做出属于该类疾病中的哪一种或哪一类型的判断。与临床诊断相类似的还有放射学诊断、病理学诊断等。

判别分析是一种常用的多元统计分析方法。判别分析是根据判别对象若干指标的观测结果判定其应属于哪一类(即判断研究对象如何分类)的方法。进行判别分析必须已知观测对象的分类和若干表明观测对象特征的变量值。

【知识点 22-1】

判别分析：根据判别对象若干指标的观测结果判定其应属于哪一类的多元统计方法。

第一节　判别方法

判别分析方法根据划分的方式不同可分为不同种类：按待判别对象所属类别可分为两类判别和多类判别；按判别函数的不同可分为线性判别和非线性判别；按判别指标的属性可分为计量资料的判别分析和计数资料的判别分析；按对所处理的变量方法不同可分为逐步判别和序贯判别等。按判别准则的不同可分为距离判别、Fisher 判别、Bayes 判别等。以下简介不同判别准

则下的判别方法。

一、距离判别

(一) 距离判别基本原理

距离判别有欧氏距离、马氏距离等，欧氏距离法较粗糙，一般用马氏距离。距离判别的基本原理：建立马氏(Mahalanobis)距离，当被判断的样本距离哪个总体的马氏距离最小，就判该样本属于这个总体。该法没有考虑样本指标值的分布。

(二) 距离判别的基本方法

假定有 A、B 两个总体，其均值向量和协方差矩阵分别为 μ_1, μ_2 和 $\sum_1, \sum_2$ 且 $\sum_1 = \sum_2 = \sum$

马氏距离判别准则的数学模型可描述为：

$$\begin{cases} x \in A, \text{若 } d^2(x,A) > d^2(x,B) \\ x \in B, \text{若 } d^2(x,A) < d^2(x,B) \\ \text{待判, 若 } d^2(x,A) = d^2(x,B) \end{cases} \tag{22-1}$$

式中：$d^2(x,A) = (x-\mu_1)'\sum^{-1}(x-\mu_1)$

$$d^2(x,B) = (x-\mu_2)'\sum^{-1}(x-\mu_2) \tag{22-2}$$

由于每进行一个个体分类，就需计算式(22-2)和式(22-1)，计算繁琐，为此考虑两者的差

$$d^2(x,A) - d^2(x,B) = -2\left(x - \frac{\mu_1 - \mu_2}{2}\right)'\sum^{-1}(\mu_1 - \mu_2) \tag{22-3}$$

令 $\bar{\mu} = (\mu_1 + \mu_2)/2$

则
$$y(x) = (x - \bar{\mu})'\sum^{-1}(\mu_1 - \mu_2) \tag{22-4}$$

于是判别规则(22-1)可表示为

$$\begin{cases} x \in A, \text{若 } y(x) > 0 \\ x \in B, \text{若 } y(x) < 0 \\ \text{待判, 若 } y(x) = 0 \end{cases} \tag{22-5}$$

称 $y(x)$ 为判别函数。由于它是 x 的线性函数，又称为线性判别函数。线性判别的应用最为广泛。

应注意：若已知两个总体的协方差矩阵 $\Sigma_1 \neq \Sigma_2$，仍可应用式(22-5)进行判别，只是式(22-4)中的 Σ 用 $\sum_1 + \sum_2$ 代替。

当 $\mu_1, \mu_2, \sum$ 未知时，可用样本来估计。设 $x_1, x_2 \cdots x_{n_1}$ 是从 A 中取出的样本，$y_1, y_2 \cdots y_{n_2}$ 是从 B 中取出的样本，则 $\mu_1, \mu_2, \sum$ 的估计分别为：

$$\hat{\mu}_1 = \frac{1}{n_1}\sum_{i=1}^{n_1} x_i = \bar{x}$$

$$\hat{\mu}_2 = \frac{1}{n_2}\sum_{i=1}^{n_2} y_i = \bar{y}$$

$$\sum = \frac{1}{n_1 + n_2 - 2}(V_1 + V_2) \text{ 称为两样本的合并协方差阵。}$$

式中：$V_1=\sum_{j=1}^{n_1}(x_j-\overline{x})(x_j-\overline{x})'$

$$V_2=\sum_{j=1}^{n_2}(y_j-\overline{y})(y_j-\overline{y})'$$

二、Fisher 判别

（一）Fisher 判别基本原理

Fisher 判别又称为典则判别（canonical discriminant），该法是 Fisher 在 1963 年提出，以距离判别准则来分类，即样本与那个类的距离最短就分到那一类。主要适用于两类判别。Fisher 判别的基本原理：将多维数据投影到某个方向上，投影的原则是将总体与总体之间尽可能分开，然后再选择合适的判别规则，将待判样本进行分类判别。

（二）Fisher 判别的基本方法

下面以两类判别为例说明 Fisher 判别的方法。

假定有 A、B 两个总体，其均值向量和协方差矩阵分别为 μ_1，μ_2 和 $\sum_1$，$\sum_2$ 且 $\sum_1=\sum_2=\sum$ 考虑建立线性组合

$$y=l'x \tag{22-6}$$

通过寻求合适的 l 向量，使得来自两个总体的数据间的距离大（即不同类间的差异大），而来自同一个总体的数据间的变异小（即同类间的变异小）。为达此目的可使

$$l=(\mu_1-\mu_2)'\sum{}^{-1} \tag{22-7}$$

此时的线性函数

$$y=l'x=(\mu_1-\mu_2)'\sum{}^{-1}x \tag{22-8}$$

为 Fisher 线性判别函数。判别规则为：

$$\begin{cases}y>y_c\text{，判为 }A\text{ 类}\\ y<y_c\text{，判为 }B\text{ 类}\\ y=y_c\text{，判为任意一类}\end{cases} \tag{22-9}$$

其中 y_c 为两个总体均值在投影方向上的中点，即

$$y_c=\frac{l'\mu_1+l'\mu_2}{2}=\frac{1}{2}(\mu_1-\mu_2)'\sum{}^{-1}(\mu_1+\mu_2) \tag{22-10}$$

当 μ_1，μ_2，Σ 未知时，可由总体中分别抽出 n_1 和 n_2 个样本，计算相应的样本均值和协方差阵作为它们的估计值。

三、Bayes 判别

（一）Bayes 判别基本原理

Bayes 判别法是以概率为判别准则来分类，即样本属于那一类的概率最大就分到那一类。主要适用于多类判别。Bayes 判别法的基本原理是在判别分析时考虑先验概率（prior probability），并利用 Bayes 公式算出后验概率（posterior probability），即各个样品属于每一类的概率，判别准则是按后验概率大小归类。如果样品 x 属于 W 类的后验概率最大，则判样品 x 属于 W 类。先验概率的给出方法可考虑为：利用历史资料及经验进行估计；利用各类样本占总体的比

例；也可假定各类的概率相等。

Bayes 判别法在理论和处理方法上都比 Fisher 判别法完善和先进，它的优点是可以充分利用先验概率，可以考虑专家的意见，它不仅能解决多类判别分析，分析时还考虑了数据的分布状态，提高了判别效能。应用该法，需要事先假定样本指标值的分布(如多元正态分布等)。如果各类的先验概率相等时，则 Bayes 判别法失去了其优越性。

(二) Bayes 判别的基本方法

设有 g 个总体 $W_1, W_2, \cdots, W_g$，观测每个个体的 p 个指标，各总体对应的随机向量 $x(x_1, x_2, \cdots, x_g)$ 的密度函数分别为 $f_1(x), f_2(x), \cdots, f_g(x)$，且假定已知这 g 个总体各自出现的概率为 $q_1, q_2, \cdots, q_g$，这些概率称为先验概率(prior probability)。先验概率的给出方法可考虑为：利用历史资料及经验进行估计；由从总体中随机抽取的样本中各类样品的频率估计，即 $q_i = n_i/N$；也可以取各先验概率相等，即 $q_i = 1/g$。如果原来属于总体 W_i 的个体，正好取值落入了 R_j，我们就会将其错判为属于 W_j，记这种错判的概率为 $P(j|i,R)$，而这种错判所带来的损失记为 $C(j|i)$，由于错判是至 $W_1, \cdots W_{i-1}, W_{i+1}, \cdots, W_g$ 所有损失之和，考虑到各种误判出现的概率不同，应按误判概率取加权平均，则 R 把来自总体 W_i 的个体错判至其它总体的平均损失为：

$$\sum_{j=1}^{g}[C(j|i)\cdot P(j|i,R)] \text{ 其中 } C(i|i)=0$$

再考虑到这 g 个总体出现的先验概率 $q_i(i=1,2,\cdots,g)$，则用 R 来进行判别所造成的总平均损失为：

$$g(R)=\sum_{i=1}^{g}q_i\sum_{j=1}^{g}C(j|i)P(j|i,R) \tag{22-11}$$

Bayes 判别准则，就是要选择 $R_1, R_2, \cdots, R_g$，使这个总平均损失 g(R) 达到最小。一般情况下，由于各种错判造成的损失不尽相同，而且这种错判损失值的大小又很难确定，如果没有更好的赋值办法，可以假设错判损失值相同。

笔记：

即 $C(j|i)=\begin{cases}1, i\neq j\\0, i=j\end{cases}$

此时(22-11)为

$$g(R)=\sum_{i=1}^{g}q_i\sum_{j=1}^{g}P(j|i,R) \tag{22-12}$$

在此前提下计算后验概率(posterior probability)，即计算当样品 w 的观测向量 x 已知时，它属于 W_k 的概率，记作 $P(W_k|x)$，若

$$P(W_k|x)=\max_{1\leqslant i\leqslant g}\{P(W_k|x)\} \tag{22-13}$$

则判 $w\in W_k$。由连续随机变量的 Bayes 公式有

$$P(W_k|x)=\frac{q_k f_k(x)}{\sum_{i=1}^{g}q_i f_i(x)}, k=1,\cdots,g \tag{22-14}$$

由于上式中分母与 k 无关，所以式(22-14)等价于

$$q_i f_i(x)=\max_{1\leqslant i\leqslant g}\{q_i f_i(x)\} \tag{22-15}$$

总之，在错判损失相同情况下，Bayes 判别方法是：若

$$q_i f_i(x)=\max_{1\leqslant i\leqslant g}\{q_i f_i(x)\}$$

则判 $w\in W_k$

如对于多个正态总体的 Bayes 判别法

假设总体 W_i 服从 p 维正态分布 $N(\mu^{(i)},\sum),i=1,2,\cdots,g$。$f(x_i)$ 是第 i 个总体的密度函数，则 $q_i f_i(x)=q_k(2\pi)^{-p/2}\left|\sum\right|^{1/2}\exp\left\{\frac{1}{2}(x-\mu^{(k)})'\sum^{-1}(x-\mu^{(k)})\right\}$

可知 $\ln q_k f_k(x)=\ln q_k-\ln(2\pi)^{p/2}-\ln\left|\sum\right|^{1/2}-\frac{1}{2}x'\sum^{-1}x+\mu^{(k)}\sum^{-1}x-\frac{1}{2}\mu^{(k)\prime}\sum^{-1}\mu^{(k)}$

其中 $-\ln(2\pi)^{p/2}-\ln\left|\sum\right|^{1/2}-\frac{1}{2}x'\sum^{-1}x$ 与 k 无关，因此只考虑

$$\ln q_k-\frac{1}{2}\mu^{(k)}\sum^{-1}\mu^{(k)}+\mu^{(k)}\sum^{-1}x$$

令 $b_0^{(k)}=-\frac{1}{2}\mu^{(k)}\sum^{-1}\mu^{(k)}$

$b^{(k)}=\sum^{-1}\mu^{(k)}$

$y_k(x)=\ln q_k+b_0^{(k)}b^{(k)\prime}x,\mathrm{k}=1,2,\cdots,g$

称 $y_k(x)$ 为线性判别函数，$b(k)$ 为判别系数向量。

当总体参数向量未知时，用它们的估计值向量代替，即 $\mu^{(i)}=\overline{x}^{(i)},i=1,2,\cdots g$ 。$\sum=V$

$$q_i=n_i/n$$

于是实际采用的判别函数为

$$y_k(x)=\ln(\frac{n_k}{n})+b_0^{(k)}+b^{(k)\prime}x \qquad k=1,2,\cdots,g$$

其中 $b_0^{(k)}=-\frac{1}{2}\overline{x}^{(k)}V^{-1}\overline{x}^{(k)} \quad b^{(k)}=V^{-1}\overline{x}^{(k)}$

【知识点 22-2】

1. Bayes 判别的优点：①可充分利用先验概率；②可考虑专家的意见；③解决了多类判别分析；④分析时考虑了数据的分布状态，提高了判别效能。

2. 如果各类的先验概率相等时，则 Bayes 判别法失去了其优越性。

四、判别效果的评价

不论应用何种判别方法，在作出判别以后，需对已知样本的分类情况作出评判，以判断所选择的判别方法、判别函数是否符合实际。一般要求误判概率小于 0.1 或 0.2 才有应用价值。常用的有以下几种方法。

（一）回代法

将用于建立判别函数的所有样品分别回代入判别方程，计算出错分频数及错判率。这种方法往往夸大判别效果，错判率低于实际情况。

（二）考核样本法

一般而言，在建立判别函数前即将样本随机分为两部分，一部分用于建立差别函数，称为训练样本，另一部分用于考核判别函数的判别效果，称为验证样本。该种方法比回代法客观。

(三) 刀切法(jackknife)或称交叉核实法(cross validation)

它是顺序的将全部样品中的一个样品去掉,用其他的 N－1 个样品作为训练样本建立判别函数,然后用判别函数去判别去掉的样品,以此循环,可以建立 N 组判别方程,得到 N 个样品的分类结果,以此结果计算错判频数及错判率。这种估计的优点是充分利用了样本的信息建立和验证判别函数,因此这种方法是比较客观的。

判别分析的计算量一般均很大,需借助计算机统计软件完成。

【知识点 22-3】

1. 距离判别适用于总体为非正态和协方差阵不相等的计量资料的判别。Fishetr 判别用于两类或多类判别,但常用于两类判别,要求各类内指标服从多元正态分布。Bayes 判别用于两类与多类判别,且要求各类内指标服从正态分布。

2. 对于两类判别,Fisher 判别与 Bayes 判别是等价的。

3. 判别效果的评价可以采用回代法、考核样本法及刀切法。三种方法中以刀切法相对的比较客观。

第二节 逐步判别

【例 22-3】 现有健康人 12 名及已确诊的某二种病患者各 8 及 6 名。分别测定该三种人的某 5 项观测指标,其数据见表 22-1。①试找出区分这三类人的方法。②现有一就诊者,其该 5 项各指标分别为 $x_1=278.64$ $x_2=5.28$ $x_3=15.49$ $x_4=10.62$ $x_5=4.75$,试做出诊断。

表 22-1 三类 26 个人的 5 项观测指标数据

类别	个体编号	x_1	x_2	x_3	x_4	x_5
1	1	250.64	9.89	16.43	5.86	6.09
1	2	281.21	7.82	17.14	8.84	4.98
1	3	230.13	9.58	9.18	8.47	4.82
1	4	234.67	6.12	14.46	8.73	5.71
1	5	165.90	7.51	18.16	9.24	4.65
1	6	243.04	8.10	13.82	7.13	6.23
1	7	143.23	3.00	9.52	4.27	6.14
1	8	278.37	8.45	14.03	7.49	4.73
1	9	258.46	9.76	9.14	9.69	5.53
1	10	269.51	6.90	14.21	8.95	4.97
1	11	245.98	4.02	14.67	9.98	5.59
1	12	269.98	7.45	16.11	5.12	4.83
2	1	345.87	5.29	15.01	9.24	5.00
2	2	307.21	3.68	17.56	8.13	5.98

续表

类别	个体编号	x_1	x_2	x_3	x_4	x_5
2	3	320.35	6.82	15.23	8.53	5.51
2	4	257.40	8.63	14.32	8.68	5.52
2	5	458.60	8.04	7.34	10.98	5.89
2	6	397.04	9.99	19.87	11.29	5.26
2	7	269.45	5.28	16.83	7.97	4.73
2	8	392.60	7.32	15.01	9.31	5.34
3	1	333.84	3.31	16.12	11.21	4.56
3	2	341.27	5.31	18.31	10.23	5.01
3	3	320.64	4.87	21.08	13.69	4.39
3	4	190.01	8.24	12.86	6.98	5.72
3	5	357.20	4.69	21.05	10.01	5.13
3	6	321.16	4.62	18.62	13.52	4.41

笔记：

【问题 22-2】

(1) 该资料宜选用何种方法进行分析？

(2) 应如何对该资料进行判别？

【分析】

(1) 该资料可用判别分析法，建立判别函数，对就诊者做出鉴别诊断。

(2) 该资料由于不知其 5 项指标是否均对鉴别诊断起作用因此可采用逐步判别法进行分析。下面就此资料介绍逐步判别方法。

一、逐步判别的基本思想

与逐步回归分析相类似，在多因素多类判别分析中，如果判别函数中引入了不重要的变量，一方面增加了计算量，另一方面也可能影响判别效果。因此，逐步判别分析的目的是选取具有判别效能的变量建立判别函数，使判别函数简洁，判别效果稳定。

逐步判别的中心思想是逐个引进变量，引进对判别分类起重要作用的变量，每引进一个变量进入判别函数的同时，对已入选的变量逐个检验，一旦发现由于新变量的引入而变为不重要，就将它们从判别函数中剔除。不断引进或剔除变量，直到判别函数中的变量都较重要而方程外的变量都不甚重要为止。判别函数内的变量是否具有重要作用可进行 F 检验，检验的零假设是：该变量对判别的贡献为零。若 P 值较小则拒绝零假设，认为该变量的贡献具有统计学意义。

二、逐步类判别基本步骤

(一) 筛选变量

首先计算各类的样本均值向量和总样本均值向量；计算总离差阵 T 和组内离差阵 W；筛选变量，此过程与逐步回归相类似，只是逐步回归是利用自变量偏回归平方和的大小来筛选变量的，而逐步判别是根据多元方差分析中介绍的 Wilks 统计量 Λ 来筛选判别指标。

Λ 与 F 分布的关系是

$$F=\frac{1-\Lambda}{\Lambda}\cdot\frac{n-g-p}{p}\sim F(g-1,n-g-p)$$

式中：p 为入选变量数。在进行筛选前应先设定选入变量和剔除变量的域值 Λ_α 和 Λ_β，并将它们对应于 F_α 和 F_β。

(二) 建立判别函数

根据 Bayes 判别准则，计算判别系数，建立判别函数式

确定先验概率，可取 $q_k=n_k/n \quad k=1,2,\cdots,g$

判别函数式：$y_k(x)=\ln q_k+b_0^{(k)}+b^{(k)\prime}x \qquad k=1,2,\cdots,g$

其中 $b_0^{(k)}=-\frac{1}{2}\overline{x}^{(k)}V^{-1}\overline{x}^{(k)} \quad b^{(k)}=V^{-1}\overline{x}^{(k)}$

(三) 样品的判别归类

将样本按判别函数进行新的判别。

(四) 判别效果评价

可利用回代法或刀切法计算出错分频数及错判率。

以例 22-3 说明逐步判别方法。利用 SPSS 软件。

1. 基本参数　例 22-3 的基本参数为 $g=3,p=5,n_1=12,n_2=8,n_3=6,n=26$

2. 统计描述　统计描述的结果见表 22-2。

表 22-2　五项指标的各类内均数及总均数

	x_1	x_2	x_3	x_4	x_5
第一类	239.2600	7.3833	13.9058	7.8142	5.3558
第二类	343.5650	6.8813	15.1463	9.2663	5.4038
第三类	310.6867	5.1733	18.0067	10.9400	4.8700
总	287.8369	6.7188	15.2338	8.9823	5.2585

注：第一类为健康人，第二类为第一种病病人，第三类为第二种病病人

合并类内协方差阵

$$S=\begin{pmatrix}3134.809 & 20.805 & 12.119 & 53.010 & -4.958\\ 20.805 & 4.092 & -0.802 & 0.247 & -0.004\\ 12.119 & -0.802 & 10.736 & 1.003 & -0.614\\ 53.010 & 0.247 & 1.003 & 3.491 & -0.430\\ -4.958 & -0.004 & -0.614 & -0.430 & 0.281\end{pmatrix}$$

注：自由度为 23

合并总协方差阵

$$T=\begin{pmatrix}5135.793 & -2.595 & 55.768 & 91.806 & -6.371\\ -2.595 & 4.558 & -2.195 & -0.857 & 0.179\\ 55.768 & -2.195 & 12.572 & 2.963 & -0.889\\ 91.806 & -0.857 & 2.963 & 4.813 & -0.620\\ -6.371 & 0.179 & -0.889 & -0.620 & 0.306\end{pmatrix}$$

注：自由度为 25

3. 筛选变量 确定 $\alpha=0.1$ $\beta=0.2$

第一步：进入变量 x_1，$F=8.879$，$P<\alpha$，可以引入

第二步：进入变量 x_4，$F=5.919$，$P<\alpha$，可以引入

最终引入变量 x_1、x_4。

4. 建立判别函数 以各类的样本频率作为各类先验概率的估计。即 $q_1=12/26$，$q_2=8/26$，$q_3=6/26$。

建立 Bayes 判别函数。

表 22-3 线性判别函数

判别变量	类别		
	y_1	y_2	y_3
x_1	0.052	0.087	0.062
x_4	1.452	1.332	2.191
常数项	−12.640	−22.308	−23.092

判别函数为：

$$\begin{cases} y_1=-12.640+0.052x_1+1.452x_4 \\ y_2=-22.308+0.087x_1+1.332x_4 \\ y_3=-23.092+0.062x_1+2.191x_4 \end{cases}$$

5. 样品的判别归类

(1) 回代法

表 22-4 回代法判别分类

个体编号	原类别	新类别	后验概率(最高组别)	个体编号	原类别	新类别	后验概率(最高组别)
1	1	1	.802	14	2	2	.489
2	1	1	.553	15	2	2	.565
3	1	1	.807	16	2	1**	.691
4	1	1	.774	17	2	2	.939
5	1	1	.866	18	2	2	.708
6	1	1	.825	19	2	1**	.669
7	1	1	.991	20	2	2	.893
8	1	1	.623	21	3	3	.529
9	1	1	.584	22	3	2**	.525
10	1	1	.611	23	3	3	.906
11	1	1	.591	24	3	1**	.945
12	1	1	.670	25	3	2**	.666
13	2	2	.684	26	3	3	.894

（2）刀切法

表 22-5 刀切法判别分类

个体编号	原类别	新类别	后验概率(最高组别)	个体编号	原类别	新类别	后验概率(最高组别)
1	1	1	.757	14	2	2	.462
2	1	1	.536	15	2	2	.547
3	1	1	.793	16	2	1**	.735
4	1	1	.758	17	2	2	.909
5	1	1	.778	18	2	2	.651
6	1	1	.812	19	2	1**	.708
7	1	1	.994	20	2	2	.877
8	1	1	.595	21	3	3	.508
9	1	1	.551	22	3	2**	.550
10	1	1	.596	23	3	3	.874
11	1	1	.536	24	3	1**	.989
12	1	2**	.504	25	3	2**	.724
13	2	2	.669	26	3	3	.859

6. 判别效果评价

表 22-6 回代法分类结果

原分类	判别分类(例数)				判别分类(%)			
	$y1$	$y2$	$y3$	合计	$y1$	$y2$	$y3$	合计
$y1$	12	0	0	12	100.0	0.0	0.0	100.0
$y2$	2	6	0	8	25.0	75.0	0.0	100.0
$y3$	1	2	3	6	16.7	33.3	50.0	100.0

表 22-7 刀切法分类结果

原分类	判别分类(例数)				判别分类(%)			
	$y1$	$y2$	$y3$	合计	$y1$	$y2$	$y3$	合计
$y1$	11	1	10	12	91.7	0.0	0.0	100.0
$y2$	2	6	0	8	25.0	75.0	0.0	100.0
$y3$	1	2	3	6	16.7	33.3	50.0	100.0

从以上两种方法进行的判别效果评价中可以看出，回代法的错判率为 19.23%，刀切法错判率为 23.08%。回代法的错判率低于刀切法。

7. 判别应用

对例 22-3 中第②问进行诊断。

将x_1，x_4 代入判别函数式

$$y_1=-12.640+0.052\times278.64+1.452\times10.62=17.26952$$

$$y_2=-22.308+0.087\times278.64+1.332\times10.62=16.07952$$

$$y_3=-23.092+0.062\times278.64+2.191\times10.62=17.45210$$

因 y_3 的值最大，故将就诊者归入第 3 类，即诊断该就诊者所患的疾病可能是第二种疾病。

在 SPSS 判别分析中，建立判别函数的方法：①全部引入法（Enter independent together）或直接法（Direct method），所有变量均引入判别函数式中，此为默认方式。适用于变量较少的资料。②选用逐步判别法（Use stepwise method）采用逐步判别法进行分析，最后生成的判别函数中只包括主要的变量。如果选择逐步判别法，需要进一步选择筛选变量方法（Method），点 Method 弹出逐步判别方法对话框进行选择。适用于变量较多的资料。

SPSS 判别分析在逐步判别中（Method）选项　在 SPSS 判别分析中，选择逐步判别后，点 Method 打开判别方法选项：

（1）威尔克斯 λ 法（Wilk's Lambda）：默认选项，总 Wilks 统计量最小的变量先进入判别函数。对于每个候选预测变量，都要计算 F 统计量，度量变量添加到模型中以后 Wilk'sλ 值的改变量，具有最大 F 值的变量进入模型。F 值的改变量由式（22-16）计算。

$$F_{改变量}=\left(\frac{n-g-p}{g-1}\right)\left(\frac{1-\frac{\lambda_{p+1}}{\lambda_p}}{\frac{\lambda_{p+1}}{\lambda_p}}\right) \tag{22-16}$$

式中：n 为个案数，g 为类别数，p 为变量个数，λ_p 为添加变量以前的 Wilk's λ 值，λ_{p+1} 为添加变量以后的 Wilk'sλ 值。

（2）马氏距离法（Mahalanobis Distance）：在计算的每一步中，使两个相邻类别之间的马氏距离最大的变量进入模型。组 a 和组 b 之间的马氏距离由式（22-17）定义。

$$D_{ab}^2=(n-g)\sum_{i=1}^{p}\sum_{j=1}^{p}w_{ij}^*(\bar{x}_{ia}-\bar{x}_{ib})(\bar{x}_{ja}-\bar{x}_{jb}) \tag{22-17}$$

（3）最小 F 比法（Smallest F ratio）：在计算的每一步中，使配对组的最小 F 比最大的变量进入模型。F 统计量由式（22-18）计算。

$$F=\frac{(n-1-p)n_1n_2}{p(n-2)(n_1+n_2)}D_{ab}^2 \tag{22-18}$$

（4）劳氏 V 值法（Rao'sV）：Rao'sV 又称为 Lawley-Hotelling 迹，用式（22-19）定义。劳氏 V 值增加最大的变量先进入判别函数。

$$\nu=(n_k-g)\sum_{i=1}^{p}\sum_{j=1}^{p}w_{ij}^*\sum_{k=1}^{g}(\bar{x}_{ik}-\bar{x}_i)(\bar{x}_{jk}-\bar{x}_j) \tag{22-19}$$

式中：p 为变量个数，g 为组数，n_k 为第 k 组的样本大小，$\bar{x}_i$ 为第 k 组第 i 个变量的均值，w_{ij}^* 为组内协方差矩阵的逆矩阵的元素。

（5）未解释方差法（Unexplained variance）：在计算的每一步中，使未解释的方差和最小的变量引入模型。

【知识点 22-4】

1. 多因素多类判别中，应注意建立判别函数的变量个数不易过多，可利用逐步判别分析进行变量的筛选。

2. 逐步判别分析的一般步骤：(1)筛选变量；(2)建立判别函数；(3)样品的判别归类；(4)判别效果评价。

3. 判别分析中应注意：(1)样本的原始分类必须正确，否则得到的判别函数不可靠；(2)先验概率的计算可以用各类别的构成比代替，也可取等概率即 1/g，当不能保证各类的构成比无选择性偏倚时，以取等概率为佳；(3)判别效果的评价不能只以回代法进行评价，应利用考核样本法或刀切法更为客观些。

思考练习

(一) 是非题(正确记"+",错误记"-")

1. 判别分析是在已知分类数目的情况下,根据一定的指标对不知类别的数据进行归类。 ( )
2. 距离判别法可以使得错判之后所造成的损失减小。 ( )
3. 距离判别法中一般采用的是欧氏距离法。 ( )
4. Wilks 统计量是不能转化为 F 统计量的。 ( )
5. 逐步判别法生成的判别函数仅包含部分参与分析的变量。 ( )
6. Fisher 判别法主要适用于两类判别分析,也可用于多分类的资料。 ( )
7. Fisher 判别与 Bayes 判别是等价的。 ( )
8. 在 Bayes 判别中,先验概率都是相等的。 ( )
9. Bayes 判别法的判别准则是按后验概率大小归类。 ( )
10. Bayes 判别法对指标的分布无特定要求。 ( )

(二) 选择题(从 a ~ e 中选出一个最佳答案)

1. 判别分析根据处理变量的方式的不同,可以分为________和逐步判别。
a. 序贯判别　　b. Fisher 判别　　c. Bayes 判别
d. 距离判别　　e. 以上都不对

2. SPSS 软件中默认的确定逐步判别函数中变量的引入和剔除的方法是________。
a. Wilk′sLambda　　b. 最小 F 比　　c. Rao′sV
d. 马氏距离　　e. 未解释的方差

3. Bayes 判别法的优点是________。
a. 解决了多类判别　　b. 利用先验概率　　c. 考虑专家意见
d. 考虑数据分布状态　　e. 以上都对

4. 逐步判别中采用马氏距离判别法时,是使被判断样本与哪个总体具有________,则判定该样本属于这个总体。
a. 最大 F 值　　b. 最小 F 值　　c. 马氏距离最大
d. 马氏距离最小　　e. 以上均不对

5. 逐步判别中采用________的变量先进入判别函数。
a. Wilk′s 统计量最大　　b. Wilk′s 统计量最小
c. 自变量偏回归平方和最大　　d. 自变量偏回归平方和最小
e. 以上均不对

6. SPSS 软件的逐步判别分析中,采用 Rao′s V 法时,________的变量先进入判别函数。
a. Wilk′s Lambda 最小　　b. Mahalanobis Distance 最大
c. Mahalanobis Distance 最小　　d. Rao′s V 增加最大
e. Rao′s V 增加最小

7. Fisher 多类判别是找到 r 个投影方向,使得在每一个方向上________。
a. 类间变异尽量小　　b. 类间变异尽量大
c. 类内变异尽量相等　　d. 类内变异尽量大
e. 以上均不对

8. 下列关于聚类分析与判别分析说法正确的是________。
a. 聚类分析不能用于分类　　b. 聚类分析具有相对严谨的理论推导

c. 判别分析需事先有明确的分类　　d. 判别分析不属于多元统计分析

e. 以上均正确

9. SPSS 软件的逐步判别分析中，采用未解释方差法判别时，________的变量先进入判别函数。

a. 配对组的最小 F 比最大　　b. 配对组的最小 F 比最小

c. 未解释的方差和最大　　d. 未解释的方差和最小

e. 以上均不对

10. 判别效果的评价的三种方法中以________相对的比较客观。

a. 回代法　　b. 考核样本法　　c. 刀切法

d. abc 均是　　e. 以上都不是

(三) 简答题

1. 距离判别的基本原理是什么？
2. Fisher 判别的基本原理是什么？
3. Bayes 判别基本原理是什么？
4. 判别效果如何评价？
5. 逐步判别方法的基本步骤是什么？利用何种方法筛选变量？

(四) 分析计算题

1. 为研究某地区人口死亡状况，已按某种方法将 15 个地区的已知样品分为 3 类，指标及原始数据见表 22-8(x_1:0 岁组死亡概率；x_2:1 岁组死亡概率；x_3:10 岁组死亡概率；x_4:55 岁组死亡概率；x_5:80 岁组死亡概率；x_6:平均预期寿命)，试以此建立判别函数，并判定另外 2 个待判地区属于哪类？

表 22-8　某地区人口死亡情况

序号	类别	x_1	x_2	x_3	x_4	x_5	x_6
1	1	34.16	7.44	1.12	7.87	95.19	69.3
2	1	33.06	6.34	1.08	6.77	94.08	69.7
3	1	36.26	9.24	1.04	8.97	97.30	68.8
4	1	40.17	13.45	1.43	13.88	101.20	66.2
5	1	50.06	23.03	2.83	23.74	112.52	63.3
6	2	33.24	6.24	1.18	22.9	160.01	65.4
7	2	32.22	4.22	1.06	20.7	124.70	68.7
8	2	41.15	10.08	2.32	32.84	172.06	65.8
9	2	53.04	25.74	4.06	34.87	152.03	63.5
10	2	38.03	11.20	6.07	27.84	146.32	66.8
11	3	34.03	5.41	0.07	5.20	90.10	69.5
12	3	32.11	3.02	0.09	3.14	85.15	70.8
13	3	44.12	15.02	1.08	15.15	103.12	64.8
14	3	54.17	25.03	2.11	25.15	110.14	63.7
15	3	28.07	2.01	0.07	3.02	81.22	68.3
	待定 1	50.22	6.66	1.08	22.54	170.60	65.2
	待定 2	44.02	15.36	1.07	16.45	105.3	64.2

2. 在大骨节病的研究中，为探讨血清谷草转氨酶(SGOT)；乳酸脱氢酶(LDH)；羟丁酸脱氢

酶(HBDH)活力对大骨节病的鉴别诊断作用,在某患区测定了15名已确诊的大骨节病患者和在非患区测定了18名健康人(表22-9),试对此作判别分析。

表22-9 大骨节病人与健康人三项指标测定值

编号	病人组(A)			编号	健康人组(B)		
	SGOT	LDH	HBDH		SGOT	LDH	HBDH
1	47.4	88	243	1	40.4	71	204
2	54.4	73	245	2	29.4	96	262
3	39.8	96	257	3	33.1	96	277
4	44.0	110	285	4	47.0	89	223
5	53.0	105	278	5	32.4	68	190
6	48.2	111	276	6	32.3	84	237
7	37.7	103	288	7	32.0	85	229
8	43.9	92	248	8	26.5	73	204
9	47.9	77	262	9	40.0	98	253
10	68.7	150	262	10	48.1	66	223
11	45.2	152	271	11	32.0	80	243
12	52.6	167	329	12	31.6	63	295
13	51.1	156	294	13	33.6	84	225
14	52.8	145	263	14	39.1	81	232
15	40.8	132	246	15	33.8	85	230
				16	33.1	74	214
				17	44.2	66	201
				18	44.4	86	224

3. 某医院收集了已确诊的胃癌患者、萎缩性胃炎患者和非胃病三种病人的四种生化指标,它们是铜蓝蛋白试验(x_1)、蓝色反应试验(x_2)、吲哚乙酸值(x_3)和中性硫化物值(x_4),每种病人抽取了5个样本,数据列在表20-10中。表中有两个分组变量:$Group_1$和$Group_2$。$Group_1$取值1、2和3,分别表示胃癌、萎缩性胃炎和非胃病三种病人;$Group_2$取值1和2,分别表示胃癌患者和非胃癌患者。试分别以这两个分组变量建立两组判别函数,并分析这两组判别函数的可靠性。

表22-10 某医院三种患者的四种生化指标测定值

$Group_1$	$Group_2$	x_1	x_2	x_3	x_4
1	1	228	134	20	11
1	1	245	134	10	40
1	1	200	167	12	27
1	1	170	150	7	8
1	1	100	167	20	14
2	2	225	125	7	14
2	2	130	100	6	12

续表

Group$_1$	Group$_2$	x_1	x_2	x_3	x_4
2	2	150	117	7	6
2	2	120	133	10	26
2	2	160	100	5	10
3	2	185	115	5	19
3	2	170	125	6	4
3	2	165	142	5	3
3	2	135	108	2	12
3	2	100	117	7	2

4. 欲用四个指标(x_1、x_2、x_3、x_4)对 A、B、C 三类疾病进行鉴别。现收集已确诊的完整的资料 17 例(表 22-11)。①试用全部四个指标建立判别函数;②利用逐步判别分析建立判别函数。

表 22-11　三类四个指标观测数据

分类	编号	x_1	x_2	x_3	x_4
A	1	90.2	−17.0	17.0	3.0
A	2	0.0	−14.0	20.0	35.0
A	3	−100.0	−21.5	15.0	−40.0
A	4	13.0	−17.2	18.0	2.0
B	5	−11.0	−18.5	25.0	−36.0
B	6	1.0	−11.5	19.0	37.0
B	7	−10.0	−19.0	21.0	−42.0
B	8	20.0	−22.0	8.0	−20.0
B	9	1.0	−13.0	26.0	21.0
B	10	−40.0	−20.0	22.0	−50.0
C	11	6.0	−11.5	19.0	90.0
C	12	−4.0	−15.0	13.0	54.0
C	13	0.0	−23.0	5.0	−35.0
C	14	−100.0	−21.4	7.0	−15.0
C	15	−5.0	−18.5	15.0	18.0
C	16	10.0	−18.0	14.0	50.0
C	17	−8.0	−14.0	16.0	56.0

5. 某单位曾对工作质量好、中、差三类医院的 24 项指标作了调查。现从中抽出质量优秀(A 类)、中等(B 类)和较差(C 类)共 30 个医院的三项指标:床位使用率(x_1)、治愈率(x_2)、诊断符合率(x_3)来建立判别函数,用以判别医院工作质量的优劣。数据列于表 22-12。某医院的床位使用率(x_1)98.56、治愈率(x_2)83.46、诊断符合率(x_3)95.36,试判别该医院属于质量优秀(A 类)、中等(B 类)和较差(C 类)中的那一类。

表 22-12　某单位评价工作质量的三项指标资料

A类			B类			C类		
x_1	x_2	x_3	x_1	x_2	x_3	x_1	x_2	x_3
99.82	85.49	93.18	80.83	80.69	85.05	72.48	78.12	82.38
85.37	79.10	99.65	72.21	80.95	85.40	58.81	86.20	73.46
89.61	80.64	96.94	70.84	83.67	90.85	72.48	84.87	74.09
73.08	86.82	98.70	77.32	79.64	89.72	90.56	82.07	77.15
78.73	80.44	97.61	68.87	82.81	92.75	73.73	66.63	93.98
103.44	80.10	93.73	88.00	80.96	79.32	72.79	87.59	77.15
91.99	80.77	93.93	73.39	71.40	92.54	74.27	63.91	85.54
87.50	82.50	84.10	80.13	87.65	85.10	93.62	85.89	79.80
81.82	88.45	97.90	76.22	80.82	86.61	78.69	77.01	86.79
73.13	82.94	92.12	80.74	80.14	92.34			
86.19	83.55	93.90						

6. 为研究舒张期血压与血浆胆固醇对冠心病的作用，调查了 50～59 岁的女冠心病人 15 名和正常人 16 名。他们的舒张期血压(x_1)与血浆胆固醇(x_2)数据列在表 22-13 中。①试用判别分析法建立判别冠心病人与正常人的判别函数并给出刀切法错判编号；②某个就诊者的舒张期血压(x_1)为 10.56，血浆胆固醇(x_2)为 5.56，试对该就诊者进行诊断。

表 22-13　女冠心病人和正常人的舒张期血压与血浆胆固醇资料

冠心病组			健康人		
ID	x_1	x_2	ID	x_1	x_2
1	9.86	5.18	1	10.66	2.07
2	13.33	3.73	2	12.53	4.45
3	14.66	3.89	3	13.33	3.06
4	9.33	7.10	4	9.33	3.94
5	12.80	5.49	5	10.66	4.45
6	10.66	4.09	6	10.66	4.92
7	10.66	4.45	7	9.33	3.68
8	13.33	3.63	8	10.66	2.77
9	13.33	5.96	9	10.66	3.21
10	13.33	5.70	10	10.66	5.02
11	12.00	6.19	11	10.40	3.94
12	14.66	4.01	12	9.33	4.92
13	13.33	4.01	13	10.66	2.69
14	12.80	3.63	14	10.66	2.43
15	13.33	5.96	15	11.20	3.42
			16	9.33	3.63

（董莉萍　齐亚莉　李　岩）

第二十三章　主成分分析和因子分析

第一节　主成分分析

【例 23-1】 某研究者为了解某城市婴儿的生长发育情况，从该市不同等级医院、妇幼保健院及社区卫生服务中心(站)获得 1000 名婴儿的卫生保健资料，包括体重(kg，x_1)、身长(cm，x_2)、顶臀长(cm，x_3)、指距(cm，x_4)、头围(cm，x_5)、胸围(cm，x_6)、上臂围(cm，x_7)等七个评价指标。

笔记：

【问题 23-1】

(1) 该资料的研究目的是什么？

(2) 该资料指标的特点是什么？

(3) 统计分析该类资料的思路是什么？

【分析】

(1) 研究目的：本资料是针对某一问题(如生长发育)进行综合评价。

(2) 指标的特点：①指标较多，从不同角度、不同程度反映了被评价问题的部分信息；②各指标单位不全相同；③从专业角度分析，各指标并不相互独立，而是相关的，即所包含的信息是有重叠或交叉的。

(3) 统计分析思路：如任选一指标进行评价，则不能充分利用已有数据，其结果显然是片面的；但如分别对每一个指标进行评价，然后再综合各指标得到结论，这样做不仅工作量过大，而且可能出现各指标的结论相互不一致，甚至相互冲突的现象，给最终的综合评价带来巨大困难。在实际工作中，可充分利用原始指标间所存在相互关系这一性质，归纳出少数几个彼此独立的综合指标，既达到降维的目的，又保留了原变量的大部分信息量。这种统计分析思路，即称为主成分分析(Principal component analysis)。

【知识点 23-1】

主成分(principal component)的概念是 Karl Pearson 在 1901 年对非随机变量提出的。1933 年 Hotelling 将这个概念推广到随机变量。

1. 主成分分析基本思想：

利用降维的思想，提取变量共性，将原来众多且相关的指标所含信息集中到少数几个相互独立的综合指标(主成分)的统计分析方法。它可用于对某一问题进行客观的综合评价，还可与其他统计方法结合起来使用。

2. 主成分分析的用途：

(1) 简化观察指标(降维)，以较少几个独立的综合指标(主成分)来反映原始指标的主要信息。

(2) 探索原始指标对个体特征的影响作用。

(3) 用于综合评价。

一、主成分的基本原理

【例 23-2】 某研究者欲了解我国不同地区农村饮用水质量，收集了各省集中式供水覆盖率(x_1)、完全集中式供水覆盖率(x_2)、细菌总数合格率(x_3)、总大肠菌群合格率(x_4)、水样合格率(x_5)五个指标的资料，结果见表 23-1。

【问题 23-2】

(1) 该资料的研究目的是什么？

(2) 应如何分析该资料？

表 23-1　中国各省农村饮用水现状

省份	集中式供水覆盖率(%)x_1	完全集中式供水覆盖率(%)x_2	细菌总数合格率(%)x_3	总大肠菌群合格率(%)x_4	水样合格率(%)x_5
北京市	99.55	25.64	95.00	90.00	82.00
天津市	88.83	10.55	82.50	62.50	25.83
河北省	67.61	6.46	84.67	41.00	30.72
山西省	58.83	8.50	78.52	35.29	22.30
内蒙古	40.11	9.72	80.09	27.01	17.87
辽宁省	49.91	7.20	86.67	43.67	36.49
吉林省	40.99	12.14	90.91	62.42	42.42
黑龙江省	61.30	6.92	88.80	60.42	33.63
上海市	99.31	97.78	98.06	97.12	91.26
江苏省	87.43	48.34	85.63	80.00	67.61
浙江省	77.91	40.47	82.12	59.44	49.11
安徽省	26.85	11.20	80.12	27.33	17.50
福建省	58.32	26.21	86.45	44.19	31.73
江西省	26.59	7.87	74.22	16.44	8.68
山东省	73.17	7.47	68.84	25.68	18.84
河南省	50.94	4.34	77.21	25.00	20.00
湖北省	37.69	10.73	62.00	30.65	19.10
湖南省	31.04	7.26	67.66	29.37	20.45
广西	49.48	7.53	62.24	21.16	13.28
广东省	63.18	34.38	91.76	42.05	31.62
海南省	54.09	12.80	82.83	48.48	39.39
重庆市	50.05	23.99	62.14	30.10	19.42
四川省	34.55	17.66	60.73	15.76	11.95
贵州省	61.38	4.00	74.00	3.50	3.16
云南省	50.79	8.64	75.75	8.31	5.98
西藏	49.38	0.36	90.00	16.67	6.67
陕西省	52.03	8.73	83.26	47.08	30.54

续表

省份	集中式供水覆盖率(%)x_1	完全集中式供水覆盖率(%)x_2	细菌总数合格率(%)x_3	总大肠菌群合格率(%)x_4	水样合格率(%)x_5
甘肃省	47.22	4.66	96.84	40.53	25.26
青海省	63.73	5.94	64.86	39.64	24.27
宁夏	34.13	4.84	84.43	62.30	31.15
新疆	58.90	18.50	79.04	32.76	15.91
新疆兵团	87.31	15.64	97.33	49.85	33.83

资料来源：赵艳玲，我国农村饮用水质量、环境卫生状况与介水传染病发病的关系研究[D]，北京：中国疾病预防控制中心，2008：13-19

【分析】

(1) 研究目的：本资料的目的是针对我国各地农村饮用水质量进行综合评价。

(2) 我们可以寻找一个或几个相互独立的综合指标来概括这五个指标的大部分信息，且其可代表某一方面的性质，这正好符合了主成分分析的基本思想。那么如何判断是否包含了“大部分信息”？最常用就是用指标的方差或变异度来判断，即如果一个综合指标，不同个体间取值相差不大，那么该指标就不能有效区分不同个体，也就是说鉴别力差，那么这就不是一个“好”的综合指标。因此，“好”的综合指标应该在不同个体间变异越大越好，而以“变异大小”衡量“信息量多寡”得到的综合指标，就是我们即将讨论的主成分。

(一) 主成分的表达

首先，将变量做标准化变化。目的是消除原始指标之间的单位不同或单位相同但均数相差较大对分析的影响。

标准化变换公式为：$z_i=\dfrac{x_i-\overline{x}_i}{s}$ 。$(i=1,2,3,\cdots,p)$

显然，z_i 的样本均数为 0，标准差为 1。

对标准化变换后的变量 z_i，寻找主成分。

(1) 第一主成分 C_1，为 $z_1,z_2,\cdots z_p$ 的线性组合。

笔记：

$$C_1=1_{11}z_1+1_{12}z_2+\cdots+1_{1p}z_p$$

此时 C_1 应尽可能多地反映 p 个变量的信息，这里的信息用方差来表示，即 C_1 的方差 $Var(C_1)$ 应尽可能地大，$Var(C_1)$ 越大，C_1 包含的信息越多。因此 C_1 的方差应该最大，但显然如不对系数 $l_{11},l_{12},\cdots,l_{1p}$ 加以限定，可使 C_1 的方差趋于无穷，因此需限定：

$$l_{11}^2+l_{12}^2+\cdots+l_{1p}^2=1$$

在此限定下获得的线性函数 C_1 即为第一主成分，它的贡献率也最大。此时，我们可将组合系数$(l_{11},l_{12},\cdots,l_{1p})$看做一个向量，即为在 p 维空间的一个方向，而 C_1 的方差最大，即在这个方向上，所有个体的投影最为分散。

(2) 第二主成分 C_2，为 $z_1,z_2,\cdots z_p$ 的另一个线性组合。它是在第一主成分不足以代表原 p 个变量时，加以采用的。

$$C_2=l_{21}z_1+l_{22}z_2+\cdots+l_{2p}z_p$$

除限定 $l_{21}^2+l_{22}^2+\cdots+l_{2p}^2=1$外，$C_1$ 已有的信息就不应在 C_2 中出现，即 C_1 与 C_2 彼此独立。并且，C_2 的方差最大是在与 C_1 垂直的方向上变异最大，它的贡献率仅次于 C_1。C_2 即为第二主成分。

(3) 如此往复，直到找到最多的 p 个主成分。

由此可见，主成分 $C_i(i=1,2,3,\cdots,p)$ 实际就是原变量 $x_i(i=1,2,3,\cdots,p)$ 的线性组合，它们彼此相互独立，包含了原变量的所有信息。

(二) 主成分的计算

主成分是原变量的一个线性组合，故要求出主成分，只需求出线性组合的系数 l_{ij} 即可。

(1) 将各变量作标准化变换。

公式为：$z_i=\frac{x_i-\bar{x}_i}{s}$。$(i=1,2,3,\cdots,p)$

(2) 计算各指标的相关系数 r_{ij}，得相关系数矩阵。

本例

$$R=\begin{pmatrix} 1 & 0.566 & 0.455 & 0.648 & 0.678 \\ 0.566 & 1 & 0.331 & 0.632 & 0.756 \\ 0.455 & 0.331 & 1 & 0.620 & 0.582 \\ 0.648 & 0.632 & 0.620 & 1 & 0.938 \\ 0.678 & 0.756 & 0.582 & 0.938 & 1 \end{pmatrix}$$

(3) 算相关系数矩阵的特征根(eigenvalue, λ)，并将其由大到小的顺序排列。

$$\lambda_1 \geqslant \lambda_2 \geqslant \cdots \geqslant \lambda_5 \geqslant 0$$

计算过程由计算机软件完成，结果见表 23-2 及图 23-1。

表 23-2　例 23-2 资料相关矩阵的特征根

主成分 Component	特征根 Eigenvalues(λ_i)	贡献率 Proportion($\lambda_i/5$,%)	累计贡献率 Cumulative(%)
1	3.524	70.476	70.476
2	0.690	13.805	84.282
3	0.438	8.760	93.042
4	0.303	6.062	99.103
5	0.045	0.897	100.000
合计	5.000	100.00	—

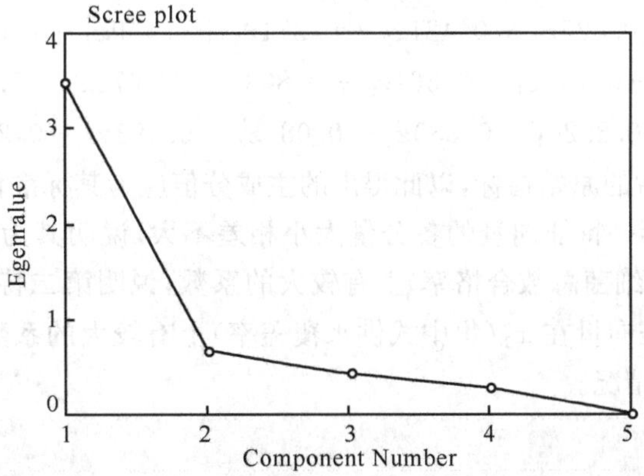

笔记：

图 23-1　例 23-2 资料相关矩阵的 5 个特征根图

从表 23-2 可见，以贡献来看：第一个特征根的贡献最大，即占的总变异最大，为 70.476%，前三个特征根的累计贡献即占总变异的 93.042%，故取前三个主成分已可基本反应原资料的信息。

将特征根绘制成如图 23-1 所示趋势图，可直观反映各主成分对应的特征根的变化。

【知识点 23-2】

1. 主成分 $C_i(i=1,2,3,\cdots,p)$ 实际就是原变量 $x_i(i=1,2,3,\cdots,p)$ 的线性组合，它们彼此相互独立，包含了原变量的所有信息。

2. 特征方程和特征根

$$\begin{vmatrix} r_{11}-\lambda & r_{12} & \cdots & r_{1p} \\ r_{21} & r_{22}-\lambda & \cdots & r_{2p} \\ \vdots & \vdots & \vdots & \vdots \\ r_{p1} & r_{p2} & \cdots & r_{pp}-\lambda \end{vmatrix}=0$$

此方程即为特征方程，解此方程所得的 λ 值为特征根。(其解法请参阅有关线性代数的书籍)。特征根 λ_i 就是第 i 个主成分的方差。

3. 特征根的性质

如果有 p 个变量，就有 p 个特征根，且各特征根之和为 p；且 $\lambda_1 \geqslant \lambda_2 \cdots \lambda_p \geqslant 0$。

(4) 求特征向量(eigenvector，l_{ij})，建立主成分模型。

计算过程由计算机软件完成，结果见表 23-3。

表 23-3 例 23-2 资料相关矩阵的特征向量(Eigenvector，l_{ij})

变量	特征向量				
	1	2	3	4	5
x_1	0.425	−0.139	0.892	0.060	0.009
x_2	0.421	−0.561	−0.330	0.603	0.189
x_3	0.371	0.808	−0.081	0.451	−0.009
x_4	0.495	0.079	−0.193	−0.570	0.622
x_5	0.510	−0.086	−0.225	−0.323	−0.759

前三个主成分可表示为：

$$C_1=0.425z_1+0.421z_2+0.371z_3+0.459z_4+0.510z_5$$

$$C_2=-0.139z_1-0.561z_2+0.808z_3+0.079z_4-0.086z_5$$

$$C_3=0.892z_1-0.330z_2-0.081z_3-0.193z_4-0.225z_5$$

其中，z_i 是标准化后的原始指标，以此得出的主成分值应为其标准化值。

从特征向量来看，第一特征向量的各分量大小相差不大，说明其为反映饮水状况的综合指标，第二特征向量在 x_3(细菌总数合格率)上有较大的系数，说明第二特性向量反映的是细菌合格率情况(x_3)，第三特征向量在 x_1(集中式供水覆盖率)上有较大的系数，说明第三特性向量反映的是集中式供水覆盖情况。

【知识点 23-3】

1. 主成分模型

如原始指标的个数为 p，主成分的个数为 m，则有如下表达式：

$$C_1=l_{11}z_1+l_{12}z_2+\cdots+l_{1p}z_p$$

$$C_2=l_{21}z_1+l_{22}z_2+\cdots+l_{2p}z_p$$

⋮

$$C_m = l_{m1}z_1 + l_{m2}z_2 + \cdots + l_{mp}z_p$$

式中 $C_1, C_2, \cdots C_m$ 分别是第 1 个，2 个，…，m 个主成分，$m \leqslant p$；

$z_1, z_2, \cdots z_p$ 分别是标准化后的原始指标；

l_{ij}（$i = 1, 2, \cdots, m$；$j = 1, 2, \cdots, p$）为第 i 个主成分和第 j 个标准化后原始指标的特征向量，也是主成分模型中第 i 个主成分和第 j 个标准化后原始指标的系数。

2. 主成分分析的一般步骤

(1) 将原始数据进行标准化转换。

(2) 计算相关系数，得相关系数矩阵。

(3) 解特征方程，求特征值和特征向量。

(4) 计算各主成分的贡献率和累计贡献率。

(5) 确定主成分的个数。

(6) 解释各主成分的含义，或者结合多重线性回归等其它方法使用。

3. 主成分个数的确定原则

(1) 一般选取累计贡献率大于 70% 的主成分。

(2) 选取特征值大于 1 的主成分。

(3) 在实际工作中除了考虑上述两原则外，还需要结合各主成分的实际含义来确定。

(三) 主成分的性质

(1) 主成分之间互不相关，即：

$$Corr(C_i, C_j) = 0 \qquad (i \neq j)$$

(2) 特征向量彼此垂直，即任意两列系数对应的乘积之和为 0。即：

$$l_{i1}l_{j1} + l_{i2}l_{j2} + \cdots + l_{ip}l_{jp} = 0$$

如例 23-2 中，第一特征向量和第二特征向量的对应分量的乘积之和为 0。

$l_{11}l_{21} + l_{12}l_{22} + \cdots + l_{15}l_{25} = 0.425 \times (-0.139) + 0.421 \times (-0.561) + 0.371 \times 0.808 + 0.495 \times 0.079 + 0.510 \times (-0.086) = 0$

(3) 特征向量为单位向量，各向量的分量的平方和为 1。

笔记：

如例 23-2 中，第一特征向量：

$0.425^2 + 0.421^2 + 0.371^2 + 0.495^2 + 0.510^2 = 1$

(4) 各特征向量对应分量的平方和为 1。

如例 23-2 中，第一变量（x_1）的各特征向量分量：

$$0.425^2 + (-0.139)^2 + 0.892^2 + 0.060^2 + 0.009^2 = 1$$

(5) 主成分与原变量间的关系可用相关系数来描述。

$$r_{C_i, x_j} = Corr(C_i, x_j) = a_{ij}\sqrt{VarC_i} = a_{ij}\sqrt{\lambda_i}$$

a_{ij} 反映了第 i 个主成分提取 x_j 的信息，称为第 i 个主成分对 x_j 的贡献，因此又称为因子负荷(factor loading)，是第 i 主成分与第 j 原始变量之间的相关系数，反映了第 i 主成分与第 j 原始变量之间的密切程度和作用方向。

(6) 第 i 个主成分对所有自变量的贡献为：

$$\sum_{j=1}^{p} r_{C_i, x_j}^2 = \sum_{j=1}^{p} a_{ij}^2 \lambda_i = \lambda_i$$

(7) 所有主成分对 x_j 的贡献为：

$$h_j^2=\sum_{j=1}^{p} r_{C_i,x_j}^2=\sum_{j=1}^{p} a_{ij}^2\lambda_i=\lambda_i$$

（8）总信息量不变，即第 i 个主成分的方差就等于对应的特征根 λ_i。

$$\sum_{i=1}^{p}[Var(C_i)]=\sum_{i=1}^{p}\lambda_i=p$$

如例 23-2 中，全部 5 个主成分的方差之和等于 5 个特征根之和，而 5 阶相关矩阵的特征根之和为 5，即：

$$\sum_{i=1}^{5}[Var(C_i)]=\sum_{i=1}^{5}\lambda_i=3.524+0.690+0.438+0.303+0.045=5$$

本特点再一次表明，主成分是原变量的线性组合，是对原变量信息的一种提取，主成分既不增加也不减少信息量，只是对原信息进行了重新分配。研究者可根据实际需要选择重要的信息（即前几个贡献大的主成分），作进一步分析。

【知识点 23-4】

主成分的性质

1. 第 i 主成分（C_i）的方差等于第 i 主成分的特征根（λ_i）

$Var(C_i)=\lambda_i$

2. 各主成分（C_i）分别是标准化后原始指标的线性函数，且它们互相垂直，彼此独立，即 $Cov(C_i,C_j)=0$（i 为第 i 主成分，j 为第 j 主成分）

3. 总信息量不变。通过解相关矩阵计算主成分时，所有主成分的方差之和等于变量的个数。

$Var(C_1)+Var(C_2)+\cdots+Var(C_p)=\lambda_1+\lambda_2+\cdots+\lambda_p=p$

4. 特征向量为单位向量，即从纵向来看，不同变量各向量的分量的平方和等于 1。

5. 从横向来看，同一变量各特征向量对应的分量的平方和等于 1。

6. 主成分的贡献率

第 i 个主成分的信息量贡献率为：$\frac{\lambda_i}{p}\times100\%$。因此，主成分信息量贡献最大的是第一主成分，其次是第二主成分，…依此类推，第 p 主成分贡献最低。

7. 主成分的累计贡献率

前 k 个主成分的信息量累计贡献率为：$(\sum_{i=1}^{k}\frac{\lambda_i}{p})\times100\%$。在主成分选取时有非常重要的作用。

8. 主成分与原变量间的关系可用相关系数来描述，这个相关系数即为因子负荷（factor loading）。

第 i 主成分与第 j 原始变量之间的因子负荷为：$a_{ij}=\sqrt{\lambda_i}\,l_{ij}$，是第 i 主成分与第 j 原始变量之间的相关系数，反映了第 i 主成分与第 j 原始变量之间的密切程度和作用方向。

二、主成分的应用

（一）主成分评价

【问题 23-3】

（1）如对该资料各指标直接赋权，即各指标值达到某一范围后，分别评分为 1 至 5 分，然后将评分相加求平均。这种方式是否合理，为什么？

(2) 请简述正确的评价方法。

【分析】

(1) 直接赋权的方式不合理、不科学。其最大的缺陷是没有充分考虑每项指标对整个效应（或变异）的贡献程度，定权方法过于主观。

(2) 从专业角度分析，这五个指标间存在着相关性，因此，可以利用此特性，进行主成分分析，从而找出综合指标（主成分），并将这些综合指标对整个变异的贡献率作为综合评分的权重，这就是主成分综合评价法。由于该方法充分地考虑了每个主成分所蕴涵的信息量以及对整体的贡献程度，因此其评价结果具有客观、合理和科学等特性。

【主要分析步骤】

1. 录入并运算　将资料录入计算机，并运行统计软件（SPSS 或 SAS 软件包）中的因子或主成分分析程序获得有关主成分的特征根、贡献率（%）、累计贡献率（%）和特征向量的结果。其结果见表 23-2 和表 23-3。

2. 确定主成分的个数，建立主成分方程，并计算样品主成分得分

(1) 确定主成分个数：本例中，第一个主成分的特征根大于 1 且其信息量累计贡献率为 70.476%，第二、三个主成分虽小于 1，但前三个主成分的累计贡献率可达到 93.042%，并考虑到评价饮水情况不仅要考虑到供水情况也应考虑生物学指标。因此根据主成分的选取原则，可以选取前三个主成分代替原始指标进行分析。

(2) 建立主成分方程

$$C_1 = 0.425z_1 + 0.421z_2 + 0.371z_3 + 0.459z_4 + 0.510z_5$$
$$C_2 = -0.139z_1 - 0.561z_2 + 0.808z_3 + 0.079z_4 - 0.086z_5$$
$$C_3 = 0.892z_1 - 0.330z_2 - 0.081z_3 - 0.193z_4 - 0.225z_5$$

(3) 计算样品主成分得分

按公式：$C_i = l_{i1}z_1 + l_{i2}z_2 + \cdots + l_{ip}z_p$ 所计算出来的主成分分值，称为样品的主成分得分（通常可由计算机算出结果，注意在 SPSS 中给出是因子得分，而不是主成分得分，必须通过 $C_i = F_i \times \sqrt{\lambda_i}$ 转换，i 为第 i 主成分或第 i 公因子）。利用样品的主成分得分可以对样品的特性进行推断和评价。本例题的样品主成分得分见表 23-4。

(4) 构建综合评价函数，计算样品的综合得分：在求出主成分后，选取前 m 个主成分，并以第 i 主成分的信息贡献率（$\frac{\lambda_i}{p}$）$\times 100\%$ 作为第 i 主成分的权数（w_i），构建综合评价函数（F）：$F_j = w_1C_1 + w_2C_2 + \cdots + w_mC_m$，式中 $C_1, C_2, \cdots, C_m$ 分别为第 j 样品的前 m 个主成分得分；$w_1, w_2, \cdots, w_m$ 分别为前 m 个主成分的权数（主成分信息贡献率）；F_j 为第 j 样品的综合得分。

一般来说，F_j 越大，表明该样品的综合评价效果越好。当然，这还要根据各主成分的专业意义而定。

本例的主成分综合评价得分见表 23-4。由于综合评分的平均值为 0，所以综合得分中的负值表示该样品所处位置在平均值 0 的下方，正值则表示该样品所处位置在平均值 0 的上方。

表 23-4　各省农村饮用水综合评价表

省份	C_1 得分(1)	C_2 得分(2)	C_3 得分(3)	W_1(%)(4)	W_2(%)(5)	W_3(%)(6)	综合得分(1)×(4)+(2)×(5)+(3)×(6)	排名
北京市	4.039	0.441	0.604	70.476	13.805	8.760	2.961	2
天津市	1.012	0.189	1.350	70.476	13.805	8.760	0.858	6

续表

省份	C_1 得分(1)	C_2 得分(2)	C_3 得分(3)	W_1(%)(4)	W_2(%)(5)	W_3(%)(6)	综合得分(1)×(4)+(2)×(5)+(3)×(6)	排名
河北省	0.186	0.524	0.587	70.476	13.805	8.760	0.255	12
山西省	−0.504	0.084	0.346	70.476	13.805	8.760	−0.314	17
内蒙古	−1.119	0.285	−0.406	70.476	13.805	8.760	−0.785	23
辽宁省	0.097	0.759	−0.323	70.476	13.805	8.760	0.145	14
吉林省	0.730	1.027	−1.071	70.476	13.805	8.760	0.562	9
黑龙江省	0.707	0.917	0.064	70.476	13.805	8.760	0.630	8
上海市	6.166	-1.526	−0.879	70.476	13.805	8.760	4.058	1
江苏省	3.390	−0.828	−0.027	70.476	13.805	8.760	2.273	3
浙江省	1.965	−0.778	0.097	70.476	13.805	8.760	1.286	5
安徽省	−1.370	0.338	−1.026	70.476	13.805	8.760	−1.009	25
福建省	0.592	0.131	−0.234	70.476	13.805	8.760	0.415	10
江西省	−2.117	0.002	−0.742	70.476	13.805	8.760	−1.557	31
山东省	−0.852	−0.722	1.201	70.476	13.805	8.760	−0.595	19
河南省	−1.099	0.142	0.191	70.476	13.805	8.760	−0.738	22
湖北省	−1.652	−1.062	−0.444	70.476	13.805	8.760	−1.350	29
湖南省	−1.675	−0.502	−0.726	70.476	13.805	8.760	−1.313	28
广西	−1.822	−1.038	0.287	70.476	13.805	8.760	−1.402	30
广东省	1.011	0.237	−0.181	70.476	13.805	8.760	0.730	7
海南省	0.363	0.280	−0.281	70.476	13.805	8.760	0.270	11
重庆市	−1.087	−1.542	−0.125	70.476	13.805	8.760	−0.990	24
四川省	−2.117	−1.366	−0.490	70.476	13.805	8.760	−1.723	32
贵州省	−1.896	−0.163	1.063	70.476	13.805	8.760	−1.266	27
云南省	−1.779	−0.095	0.420	70.476	13.805	8.760	−1.231	26
西藏	−1.309	1.248	0.318	70.476	13.805	8.760	−0.723	21
陕西省	−0.013	0.483	−0.193	70.476	13.805	8.760	0.041	15
甘肃省	−0.025	1.645	−0.321	70.476	13.805	8.760	0.181	13
青海省	−0.776	−0.877	0.653	70.476	13.805	8.760	−0.611	20
宁夏	−0.091	0.863	−1.074	70.476	13.805	8.760	−0.039	16
新疆	−0.476	−0.162	0.260	70.476	13.805	8.760	−0.335	18
新疆兵团	1.521	1.065	1.102	70.476	13.805	8.760	1.316	4

(二) 主成分回归

【例 23-3】 某医生为推测胎儿周龄，测得 21 例胎儿的外形指标，包括身长(x_1,cm)、体重(x_2,g)　、头围(x_3,cm)，见表 23-5。该医生用多元线性回归分析建立方程为：

$$\hat{y}=9.506+0.286x_1+0.006x_2-0.051x_3$$

表 23-5　21 例胎儿受精龄与胎儿外形指标

编号	身长(x_1,cm)	体重(x_2,g)	头围(x_3,cm)	胎儿受精龄(y,周)
1	15.0	80.0	11.5	13.0
2	17.5	98.0	12.4	14.0
3	18.8	105.0	13.6	14.0
4	19.5	115.0	13.9	16.0
5	22.5	201.0	16.2	17.0
6	26.5	332.0	18.9	18.0
7	28.6	452.0	20.3	19.0
8	30.7	450.0	21.8	20.0
9	31.5	552.0	22.3	21.0
10	32.5	635.0	23.5	22.0
11	36.8	805.0	25.8	23.0
12	37.2	1085.0	27.1	24.0
13	39.2	1245.0	28.5	25.0
14	42.5	1505.0	30.4	26.0
15	38.8	1288.0	28.5	27.0
16	41.2	1425.0	29.4	28.0
17	39.8	1454.0	29.9	29.0
18	43.7	1655.0	31.9	31.0
19	42.9	1860.0	29.5	33.0
20	49.5	2545.0	34.9	36.0
21	51.5	2655.0	35.6	37.0
$\bar{x}_i$	33.6	978.2	24.1	23.5
s_i	10.6	786.8	7.5	7.1

【问题 23-4】

(1) 该回归方程是否合理？为什么？

(2) 请从统计学的角度说明原因，并列举一些解决方法？

【分析】

(1) 该回归方程不合理。因为从专业角度来看，身长、体重、头围均应与胎儿周龄呈正相关，但是此方程中头围与胎儿周龄呈负相关，这与事实不符。

(2) 相关系数矩阵可以看出：身高与体重之间的相关系数(r=0.949)、身高和头围的相关系数(r=0.997)、体重和头围的相关系数(r=0.941)均较大。可见，原方程的自变量存在共线性问题。解决方法有：① 多元逐步线性回归；② 岭回归分析；③ 主成分回归等。接下来，我们就用主成分回归来分析本数据。

相关系数矩阵

$$
\begin{array}{c} \quad\quad \chi_1 \quad\quad \chi_2 \quad\quad \chi_3 \\ R=\begin{pmatrix} 1.000 & 0.949 & 0.997 \\ 0.949 & 1.000 & 0.941 \\ 0.997 & 0.941 & 1.000 \end{pmatrix} \end{array}
$$

【分析步骤】

1. 将数据进行标准化变换 将各变量作标准化变换。

$$z_1=\frac{x_1-33.6}{10.6}\quad z_2=\frac{x_2-978.2}{786.8}\quad z_3=\frac{x_3-24.1}{7.5}$$

2. 计算各指标的相关系数 $r_{ij}(i=1,\cdots,p;j=1,\cdots,p)$，得相关系数矩阵。

本例相关系数结果见上述的相关系数矩阵。

3. 解特征方程，求特征根、贡献率、累计贡献率和特征向量 采用SPSS统计软件包计算，结果见表23-6和表23-7。

表23-6 例23-1资料相关矩阵的特征根

主成分 Component	特征根 Eigenvalues	贡献率(%)Proportion	累计贡献率(%)Cumulative
1	2.925	97.500	97.500
2	0.072	2.402	99.901
3	0.003	0.099	100.000
合计	3.000	100.000	—

表23-7 各主成分的特征向量(Eigenvector, l_{ij})

变量	特征向量		
	1	2	3
x_1	0.582	−0.358	−0.730
x_2	0.570	0.820	0.055
x_3	0.580	−0.447	0.676

4. 确定主成分的个数，建立主成分模型

(1) 从贡献率及专业的角度考虑，选择前两个主成分，其累计信息贡献率为99.901%。即损失的信息仅占0.099%。

(2) 建立主成分模型

本例的主成分模型为：

$C_1=0.582z_1+0.570z_2+0.580z_3$

$C_2=-0.358z_1+0.820z_2-0.447z_3$

5. 建立主成分回归方程

(1) 用被选取的主成分C_1、C_2作为自变量与y作多元线性回归，得回归方程

$\hat{y}=23.474+4.102C_1+2.753C_2$

(2) 将前面的主成分C_1、C_2和标准化计算公式z_1、z_2、z_3代入上式，即可得主成分回归方程：$\hat{y}=9.626+0.132x_1+0.006x_2+0.153x_3$，$R^2$为0.978。由该回归方程可见，原来不合理的符号消失了，且所有的原始指标都得以利用。

此处，主成分C_1、C_2的累计信息贡献率为99.901%。即损失的信息仅占0.099%，因此所得方程更符合实际情况。如果只取第一个主成分与y做回归也能得到合理的解释。当取全部主成分与y做回归，所得方程与用原变量所做回归方程一样。

【知识点 23-5】

1. 主成分综合评价法

(1) 样品主成分得分

按公式：$C_i = l_{i1}z_1 + l_{i2}z_2 + \cdots + l_{ip}z_p$ 计算出主成分分值，称为样品的主成分得分。利用样品的主成分得分可以对样品的特性进行推断和评价。

(2) 综合评价函数和综合得分

综合评价函数：$F_j = w_1C_1 + w_2C_2 + \cdots + w_mC_m$　式中 $C_1, C_2, \cdots, C_m$ 分别为第 j 样品的前 m 个主成分得分；$w_1, w_2, \cdots, w_m$ 分别为前 m 个主成分的权重（主成分信息贡献率）；F_j 为第 j 样品的综合得分。

主成分综合评价法是一种客观确定权重的评价方法。

2. 主成分分析的应用

(1) 用于综合评价，为综合指标提供了可供参考的变量的权重。

(2) 常作为达到目的的手段之一与其他统计方法结合使用。如与多元线性回归结合使用，产生了主成分回归，有效地解决了自变量之间多重共线性的问题，避免了回归系数的不合理现象。此外，还可以用于因子分析、聚类分析、判别分析等，主要目的是减少变量个数，即降维。

3. 主成分分析的应用条件

(1) 主成分的计算基于相关系数矩阵，此矩阵是 Pearson 积差相关，因此主成分分析要求变量间为线性相关。

(2) 主成分是对原变量信息的重新提取，信息总量不增也不减，只是对原信息进行了重新分配，因此变量间的相关应较大，否则主成分分析没有意义。

第二节　因子分析

【例 23-4】 某研究者为了研究我国人口生活质量水平，利用统计年鉴收集了各省人均 GDP、城镇居民人均可支配收入、农民人均纯收入、失业率、城镇居民人均消费水平、农民人均消费水平、人均邮电业务总量、人均居住面积、万人拥有公共汽车数和人均铺装道路面积、失业保险覆盖面、养老保险覆盖面、自然增长率、平均预期寿命、万人医生数、城镇服务网点个数和恩格尔系数、人均公共绿地面积、SO2 处理率和废水排放达标率、教育与文化娱乐消费比、结婚离婚比、成人文盲率和专业技术人员比重共二十四个指标。

【例 23-5】 某研究者为了了解某省医学生择业所重视的因素情况，随机抽查了该省 556 名医学毕业生，涉及的变量包括：单位的经济效益、晋升机会、福利待遇、领导开明，人际关系融洽、符合个人兴趣爱好、行业发展前景、有利于施展个人才华、单位社会知名度、单位规模、与所学专业对口、工作舒适劳动强度低、当地的生活环境、距自己家庭距离近、工作的稳定性强、符合家庭的要求与期望、社会舆论的看法、能否与恋人在一起等 17 个变量，填写时请研究对象依据重视程度打分，从非常重视到不重视对应的分值为 9～0 分，部分结果见表 23-8。

表 23-8　某省 556 名医学毕业生择业影响因素

学生编号	工作地点生活环境(x_1)	距自己家庭距离近(x_2)	单位知名度高(x_3)	单位的规模大(x_4)	…
1	7	9	2	9	…
2	5	3	5	5	…

续表

学生编号	工作地点生活环境(x_1)	距自己家庭距离近(x_2)	单位知名度高(x_3)	单位的规模大(x_4)	…
3	5	3	5	5	…
4	8	3	8	7	…
5	5	4	5	4	…
⋮	⋮	⋮	⋮	⋮	⋮
556	5	5	7	7	…

【问题 23-5】

笔记：

(1) 这类资料的指标有什么特点?

(2) 这类资料的研究目分别是什么?

(3) 其统计分析的思路是什么?

【分析】

(1) 指标的特点:①评价指标较多,且均分别从不同角度及不同程度上反映了被评价问题的部分信息;②它们的单位不全相同;③从专业角度分析,这些指标存在着密切的关系,并不是相互独立的。

(2) 研究目的:两个例子的目的分别为综合利用众多指标有效评价人口生活质量以及探讨影响医学毕业生择业的因素,但指标过多,无法直接评价,需发现潜在的具有代表性的因素,以便更有效地评价及发掘影响因素。

(3) 统计分析思路:在科研和工作中,常有一些现象是难以直接观察到的或抽象的,通常称为不可观察现象(如例 23-4 中生活质量水平)。它们只能通过其他多个可观察测量的指标来间接地反映。此外,还存在在一组多指标的数据中寻找潜在的支配因素或揭示指标之间的内在联系等问题(如例 23-5 中寻找医学毕业生择业的影响因素)。这些问题可以通过利用指标之间的相关关系比较密切这一特性,来寻找公共的影响因素(公共因子或公因子)来解决。即因子分析法(factoranalysis)。因子分析模型是由 Charles Spearman 在 1904 年首次提出的。

【知识点 23-6】

1. 因子分析是从多个能直接测量的具有一定相关性的原始指标中,找到可支配它们的少数几个不不能直接测量的潜在变量,并对这些潜在变量进行预测或用其解释原始指标之间的相关性(协方差关系)的多元统计分析方法。

2. 因子分析的基本思想是将实测的多个指标,用少数几个潜在的彼此独立的指标(因子)的线性组合表示。

3. 因子分析的用途:

(1) 探索变量间潜在结构,简化观察指标。

(2) 对原始指标进行分类。

4. 因子分析适用条件:

(1) 样本量应比较充足,因为因子分析常常是用于寻找内在结构,所以如果样本量较少,则可能无法得到稳定和准确的结果。具体要求:①理想情况下,样本量应为变量数的 10～25 倍,如不易达到,至少应 5～10 倍;②总样本量不应少于 100。

(2) 因为是要提取共同因素，因此不论主成分分析，还是因子分析，均要求变量间必须有相关性，否则变量间没有共同信息，就无法提取公共因子，这也是要进行因子分析及主成分分析的前提条件。对该条件的判断，除了根据专业知识估计外，还可用 KMO 统计量和 Bartlett's 球形检验加以判定。

现简单介绍 KMO 统计量和 Bartlett's 球形检验：

①KMO 统计量：用于比较变量间的简单相关和偏相关的大小，取值范围为 0～1。该统计量越接近 1，作因子分析的效果越好。一般情况下，当 KMO 统计量大于 0.9 时效果最佳，大于 0.7 时效果尚可，0.5 以下时不宜作因子分析。

② Bartlett's 球形检验：用于检验各变量间是否各自独立。如果结论不拒绝该假设(即 $P>0.05$)，则变量间可彼此独立地提供信息，即没有相关性，资料不宜作因子分析。

一、因子分析的基本原理

(一) 因子分析模型的建立

由例 23-4 的资料可知，该研究者为了评价我国人口生活质量水平，收集了全国各省 24 个指标值，涉及面广泛，内容涵盖了经济、卫生、环境、教育等等各个方面，且指标间彼此相关并不独立，但总的来说，可以将其总结为物质生活质量、社会环境质量、生态环境质量、精神生活质量共 4 个方面。每一个方面就是公共因子(common factor)，简称因子(factor)，且这 4 个因子是彼此独立的。

那么我们可将每个省的人口生活质量($x_1,x_2,\cdots,x_m$)都看做是这 4 个因子的线性组合，则有：

$$x_i=a_{i1}f_1+a_{i2}f_2+a_{i3}f_3+a_{i4}f_4+u_i$$

式中 x_i 为标准化后的原始变量；其中 f_1,f_2,f_3,f_4 均表示对 x_i 有影响的潜在支配因子，作为公共因子(common factor)，简称因子(factor)。$a_{i1},a_{i2},a_{i3},a_{i4}$ 分别是它们的系数，称为因子负荷(factor loading)它表示公共因子 f_1,f_2,f_3,f_4 分别对 x_i 的影响程度。u_i 为第 i 个省的人口生活质量中不能用这 4 个方面的质量来解释的特殊部分，它只影响对应的 x_i，称为特殊因子(specific factor)，常假设 u_i 服从正态分布 $N(0,\Psi_i)$。各因子及特殊因子间均彼此相互独立。

从该模型来看，因子分析模型和回归模型有些相似。但需要注意的是：回归模型中，因变量和自变量均为可测量的，有具体的数值；但是这里的 f_1,f_2,f_3,f_4 即因子均为不可观察的，抽象的，且两种模型的有关参数的意义也是不同的。

因此，我们要建立因子分析模型，首要任务就是估计因子负荷 a_{ij} 和特殊方差 Ψ_i，并能对每个因子作出合理解释，若不能，则需要因子旋转。

综上，我们可以给出因子分析模型的一般形式。

先假设有 m 个随机变量 $X=\{x_1,x_2,\cdots,x_m\}$，且均为标准化变量，那么变量的相关矩阵为 $R=(r_{ij})$。假设提取了 p 个($p\leqslant m$)因子，则可将各变量表示为：

$$x_i=a_{i1}f_1+a_{i2}f_2+\cdots+a_{ip}f_p+u_i$$

并且：

(1) 特殊因子 u_i 的均数为 0，方差为 Ψ_i。

(2) 公共因子 f_i 的均数为 0，方差为 1。

(3) f_i 和 u_j 相互独立，$i=1,2,\cdots,m;j=1,2,\cdots,p$。

(4) f_i 与各 f_j 相互独立。($i\neq j$)

(二)各变量的变异分析

1. 每个变量总变异的分解 根据因子模型的假设,每个变量的总变异均可分解为公共因子所引起的变异和特殊因子所引起的变异,而变异程度常用方差表示,即每个变量的方差等于公共因子所引起的方差与特殊因子引起的方差之和。因此:

$$1 = Var(x_i) = Var(a_{i1}f_1 + a_{i2}f_2 + \cdots + a_{ip}f_p + u_i) = Var(a_{i1}f_1 + a_{i2}f_2 + \cdots + a_{ip}f_p) + Var(u_i) = h_i^2 + \Psi_i$$

即:X 的方差 = 共同度 + 特殊方差($1 = h_i^2 + \Psi_i$)

笔记:

由 p 个公共因子所带来的方差 $Var(a_{i1}f_1 + a_{i2}f_2 + \cdots + a_{ip}f_p)$,称为共同度(communality)或共性方差、公因子方差(common variance),记为 h_i^2,它是其对第 i 个变量的贡献,其意义在于该方差越大,说明公共因子可解释的变异越大,反之则越小。特殊因子带来的方差 $Var(u_i)$,是不能由公共因子解释的部分,为该变量的个性部分,称为特殊方差(specific variance),记为 Ψ_i。其意义在于该方差越大说明公共因子可解释的变异越小,反之则越大。

2. 共性方差 h_i^2 等于变量 χ_i 在公共因子上负荷的平方(a_i^2)

由于 $h_i^2 = Var(a_{i1}f_1 + a_{i2}f_2 + \cdots + a_{ip}f_p)$,按方差的性质 $Var(a_{i1}f_1 + a_{i2}f_2 + \cdots + a_{ip}f_p) = a_i^2 Var(f_1 + f_2 + \cdots + f_p)$,所以 $h_i^2 = a_i^2 Var(f_1 + f_2 + \cdots + f_p)$。

又由于 $Var(f_1 + f_2 + \cdots + f_p) = 1$,所以 $h_i^2 = a_i^2$

【知识点 23-7】

1. 因子模型

如果原始指标的个数为 m,因子的个数为 p,则有下列表达式:

$$x_1 = a_{11}f_1 + a_{12}f_2 + \cdots + a_{1p}f_p + u_1$$
$$x_2 = a_{21}f_1 + a_{22}f_2 + \cdots + a_{2p}f_p + u_2$$
$$\vdots$$
$$x_m = a_{m1}f_1 + a_{m2}f_2 + \cdots + a_{mp}f_p + u_m$$

式中 $f_1, f_2, \cdots, f_p$ 分别是第 $1, 2, \cdots, p$ 的公共因子,$p \leqslant m$;$x_1, x_2, \cdots, x_m$ 分别是标准化后的原始指标(变量);a_{ij}($i = 1, 2, \cdots, m$;$j = 1, 2, \cdots, p$)为第 i 个变量和第 j 个公共因子的相关系数,称为第 i 个变量在第 j 个公共因子上的负荷(loading),即因子负荷,它反映 f_j 对 χ_i 的影响程度和方向;$u_1, u_2, \cdots, u_m$ 分别为 $x_1, x_2, \cdots, x_m$ 的特殊因子。

2. 因子模型的性质:

(1) 各特殊因子之间相互独立。

(2) 各公共因子与各特殊因子之间相互独立。

(3) 各公共因子之间相互独立。

【知识点 23-8】

因子模型中变异的分析与评价

1. a_{ij}^2 是第 i 变量的总变异中,由公共因子所引起的变异,说明公共因子 f_j 对变量 i 的影响程度。

2. h_i^2 共性方差(共同度)第 i 变量的共性方差为所有公共因子对该变量所引起的变异之和。即：$h_i^2 = a_{i1}^2 + a_{i2}^2 + \cdots + a_{ip}^2$，说明所有公共因子对该变量的影响程度。

3. 因子贡献及贡献率　公共因子 f_j 对所有变量的影响为 f_j 对各个变量所引起的变异之和，即 $g_j^2 = \sum_{i=1}^{m} a_{ij}^2$。称为因子贡献，在初始模型中，等于其对应的主成分的特征根 λ_j。其因子贡献率为 $\frac{g_j^2}{m} = \frac{\sum_{i=1}^{m} a_{ij}^2}{m}$。其值越大，说明公共因子 f_j 对各个变量的影响越大。

二、因子分析的基本步骤

(一) 建立模型

对例 23-5 的资料进行因子分析，采用 SPSS 获得结果。具体步骤如下：

1. 对原始数据进行标准化变换，判断该资料是否需要进行因子分析　结果见表 23-9，并计算 KMO 统计量，完成 Bartlett's 球形检验。

表 23-9　各个指标的相关系数(r_{ij})

x_i	x_1	x_2	x_3	x_4	…	x_{17}
x_1	1	0.306	0.248	0.271	…	0.173
x_2	0.306	1	0.161	0.165	…	0.187
x_3	0.248	0.514	1		…	0.189
x_4	0.271	0.165	0.685	1	…	0.184
⋮	⋮	⋮	⋮	⋮	⋮	⋮
x_{17}	0.173	0.187	0.189	0.184	…	…

从变量的相关系数矩阵来看，只有部分指标具有相关性，似乎各指标相互独立，共线性的问题也不会很大。但是真的这样吗？Bartlett's 球形检验结果及 KMO 统计量值给了我们答案。Bartlett's 球形检验的结果差异有统计学意义($p<0.01$)，即球形假设被拒绝，因此这 17 个指标间并非独立，它们的取值是有关系的，并且计算 KMO 统计量，数值为 0.853，接近 0.9，可见各变量间的相关程度无太大差异，该资料非常适合做因子分析。

2. 计算特征根、贡献率、累计贡献率　选择主成分法获得相应数值，结果见表 23-10。

表 23-10　各个指标的特征根和贡献率

i	特征根 λ_i	贡献率	累计贡献率
1	5.233	30.782	30.782
2	1.633	9.606	40.387
3	1.282	7.538	47.926
4	1.021	6.008	53.934
5	0.987	5.806	59.740
6	0.873	5.136	64.876
7	0.787	4.631	69.506

续表

i	特征根 λ_i	贡献率	累计贡献率
8	0.747	4.393	73.899
9	0.683	4.015	77.914
10	0.642	3.774	81.689
11	0.613	3.606	85.294
12	0.535	3.146	88.440
13	0.500	2.943	91.383
14	0.451	2.654	94.037
15	0.396	2.328	96.366
16	0.343	2.017	98.383
17	0.275	1.617	100.000

3. 确定因子数目，计算标准化后原始变量在初始因子 f_j 上的负荷 a_{ij}^2

(1) 因子数目的确定：通常可依靠累计贡献率判断，一般认为 80%以上，也有人认为 70%以上即可。但由于因子分析中容易出现 Heywood 现象(即特征根出现负值，在计算累计贡献时，可能会超过 100%，或者公因子方差等于 1 或大于 1)，尤其是在用极大似然法、主因子法等估计因子时，此时考虑累计贡献率就没什么意义了。因此，因子数目的选择更依赖于具体问题，取决于所选因子是否能够解释每一个变量以及残差矩阵的大小。

本例，由于前七个公共因子的方差累计贡献率为 69.506%，所以公共因子数取 7。

(2) 计算标准化后原始变量在初始因子 f_j 上的负荷 a_{ij}^2

变量 χ_i 在公共因子 f_j 的负荷等于其所对应的主成分特征根的平方根与对应的特征向量之乘积，即 $a_{ij}=\sqrt{\lambda_j}\, l_{ij}$ (SPSS 软件可直接给出因子负荷矩阵)，计算共同度及特殊方差。本例结果见表 23-11。

公式为：$h_i^2=a_{i1}^2+a_{i2}^2+L+a_{ip}^2 \qquad \Psi_i=1-h_i^2$

表 23-11　初始模型中各自变量在各因子上的因子负荷系数、共同度、特殊方差(主成分法)

变量	因子负荷系数							共同度 h_i^2	特殊方差 Ψ_i
	a_1	a_2	a_3	a_4	a_5	a_6	a_7		
单位的经济效益 x_1	0.414	0.197	−0.376	0.590	0.052	−0.124	0.059	0.721	0.279
晋升机会 x_2	0.300	0.659	−0.151	0.267	0.138	−0.199	0.056	0.680	0.320
福利待遇 x_3	0.648	−0.021	−0.350	−0.194	−0.441	−0.026	0.129	0.792	0.208
领导开明，人际关系融洽 x_4	0.671	−0.009	−0.383	−0.174	−0.385	−0.079	0.049	0.784	0.216
符合个人兴趣爱好 x_5	0.631	−0.366	−0.357	−0.088	0.172	0.126	−0.060	0.716	0.284
行业发展前景 x_6	0.622	−0.346	−0.123	0.062	0.023	−0.011	−0.195	0.564	0.436
有利于施展个人才华 x_7	0.634	−0.275	−0.268	0.045	0.303	0.114	−0.111	0.669	0.331
单位社会知名度高 x_8	0.587	−0.211	0.284	0.120	0.112	0.070	0.541	0.794	0.206
单位规模大 x_9	0.521	−0.085	0.372	0.476	−0.257	−0.015	0.095	0.719	0.281
与所学专业对口 x_{10}	0.482	0.161	0.405	−0.147	−0.172	−0.197	−0.284	0.593	0.407
工作舒适劳动强度低 x_{11}	0.598	−0.353	0.331	−0.046	0.064	−0.097	−0.096	0.617	0.383

续表

变量	因子负荷系数 a_1	a_2	a_3	a_4	a_5	a_6	a_7	共同度 h_i^2	特殊方差 Ψ_i
当地的生活环境 x_{12}	0.546	0.263	0.029	0.009	0.336	−0.185	−0.404	0.679	0.321
距自己家庭距离近 x_{13}	0.633	−0.255	0.313	0.052	−0.011	−0.198	−0.024	0.606	0.394
工作的稳定性强 x_{14}	0.486	0.209	0.034	−0.386	0.492	−0.046	0.347	0.795	0.205
符合家庭的要求与期望 x_{15}	0.524	0.498	0.089	−0.187	−0.099	−0.108	0.113	0.600	0.400
社会舆论的看法 x_{16}	0.575	0.357	0.122	−0.218	−0.155	0.259	−0.075	0.617	0.383
能否与恋人在一起 x_{17}	0.411	0.274	0.135	0.146	0.012	0.758	−0.119	0.872	0.128
特征根 λ_j	5.233	1.633	1.282	1.021	0.987	0.873	0.787	7.978	1.708
累计贡献率(%)	30.782	40.387	47.926	53.934	59.740	64.876	69.506	—	—

4. 建立初步因子分析模型　本例的初因子分析模型为：

$$x_1 = 0.414f_1 + 0.197f_2 - 0.376f_3 + 0.590f_4 + 0.052f_5 - 0.124f_6 + 0.059f_7$$
$$x_2 = 0.300f_1 + 0.659f_2 - 0.151f_3 + 0.267f_4 + 0.138f_5 - 0.199f_6 + 0.056f_7$$
$$x_{17} = 0.411f_1 + 0.274f_2 + 0.153f_3 + 0.146f_4 + 0.012f_5 + 0.758f_6 - 0.119f_7$$

从表中可以看出公共因子对每个变量的变异影响都在60%以上，说明所有变量都受公共因子的支配。但是，哪个公共因子对哪些变量的影响大？各公共因子的实际意义是什么？这均由因子负荷 a_{ij} 的大小和方向决定。例如：f_1 因子所引起的方差在除了 χ_1、χ_2 和 χ_{17} 外的所有变量的总方差中所占的比重均较大，因此可认为 f_1 主要支配除 χ_1、χ_2 和 χ_{17} 外的变量；f_2 因子所引起的方差在变量 χ_2 的总方差中所占的比重较大，而其他因子所占的比重较小，因此可认为 f_2 主要支配变量 χ_2；f_4 因子所引起的方差在变量 χ_1 的总方差中所占的比重较大，而其他因子所占的比重均较小，可认为 f_4 因子主要支配变量 χ_1；f_6 因子所引起的方差在变量 χ_{17} 的总方差中所占的比重较大，而其他因子所占的比重均较小，可认为 f_6 因子主要支配变量 χ_{17}。其他各因子所占比重均较小。f_1 的负荷因子均为正值，说明 f_1 对各个变量的作用是正向的；f_3 在 χ_1 至 χ_7 的七变量上的负荷因子是负值，说明其作用是负向的，而在其他变量上的作用则是正向的。

上面只是根据因子负荷的大小、符号、共同度的大小，分析初始公共因子对各原始变量的影响，至于这些共性的实际意义究竟是什么？还需结合专业知识给予解释。

5. 因子旋转　提取公因子后得到的因子，是从该因子对观察变量总变异贡献最大出发选择的，所以各原始变量在公共因子上的负荷往往较均匀，故这些公共因子的专业意义并不典型，这些因子被称为初始因子，如表23-11的因子负荷系数，这种情况下，无法给出专业的解释。因此，实际工作中，我们可在一定条件下对因子负荷矩阵进行旋转，使之结构简化，得到专业意义更为典型的模型，从而有利于对因子的解释。其基本思想：通过旋转，使每个变量在各公共因子上的负荷向两极分化，在一个公共因子上的负荷尽量大，而在他公共因子上的负荷尽量小。旋转的方法有多种，其中最为常用的是方差最大正交旋转(Varimax orthogonal rotation)。方差最大正交旋转的基本原理是使公共因子上的相对负荷(a_{ij}/h_i^2)的方差之和达最大，且保持原公共因子正交性及共性方差总和不变。表23-12显示正交旋转后的因子模型。

表 23-12 Varimax 旋转后新因子模型的因子负荷系数、共同度和特殊方差

变量	因子负荷系数							共同度 h_i^2	特殊方差 Ψ_i
	a_1	a_2	a_3	a_4	a_5	a_6	a_7		
单位的经济效益 x_1	0.268	0.179	0.148	-0.100	0.759	-0.095	0.031	0.722	0.278
晋升机会 x_2	-0.111	-0.044	0.090	0.197	0.746	0.227	0.106	0.680	0.320
福利待遇 x_3	0.269	0.139	0.824	0.073	0.081	0.061	0.068	0.791	0.209
领导开明,人际关系融洽 x_4	0.330	0.096	0.792	0.131	0.137	0.048	0.035	0.785	0.215
符合个人兴趣爱好 x_5	0.773	0.095	0.289	-0.026	0.004	0.141	0.077	0.717	0.283
行业发展前景 x_6	0.639	0.256	0.223	0.186	0.034	-0.062	0.032	0.564	0.436
有利于施展个人才华 x_7	0.762	0.130	0.117	0.039	0.133	0.153	0.121	0.668	0.332
单位社会知名度高 x_8	0.205	0.740	0.115	-0.095	0.021	0.412	0.112	0.795	0.205
单位规模大 x_9	0.061	0.747	0.111	0.185	0.215	-0.185	0.176	0.720	0.280
与所学专业对口 x_{10}	0.011	0.242	0.176	0.702	-0.015	0.034	0.097	0.593	0.407
工作舒适劳动强度低 x_{11}	0.428	0.497	0.056	0.381	-0.168	0.099	-0.004	0.617	0.383
当地的生活环境 x_{12}	0.383	-0.043	-0.057	0.591	0.364	0.188	0.099	0.679	0.321
距自己家庭距离近 x_{13}	0.340	0.562	0.127	0.386	-0.019	0.087	-0.052	0.607	0.393
工作的稳定性强 x_{14}	0.208	0.067	0.078	0.140	0.087	0.842	0.062	0.794	0.206
符合家庭的要求与期望 x_{15}	-0.113	0.105	0.391	0.401	0.276	0.384	0.198	0.600	0.400
社会舆论的看法 x_{16}	0.052	0.082	0.374	0.384	0.064	0.227	0.514	0.617	0.383
能否与恋人在一起 x_{17}	0.148	0.118	0.016	0.053	0.099	0.027	0.907	0.872	0.128
特征根 λ_j	5.233	1.633	1.282	1.021	0.987	0.873	0.787	7.980	1.706
累计贡献率(%)	30.782	40.387	47.926	53.934	59.740	64.876	69.506	—	—

(二)解释公共因子的实际意义

通过将表 23-11 与表 23-12 比较,发现每个变量的共性方差(h_i^2)基本未变,但是,每个变量在各个公共因子上的负荷发生了改变,每个公共因子对各个变量所引起的变异也发生了变化。这些变化更有利于对结果的解释。从旋转后的因子模型看出,变量 χ_5、χ_6 和 χ_7 在 f_1 上的负荷较大,且均为正向作用,可将 f_1 解释为个人特性因子;χ_8 和 χ_9 在 f_2 上的负荷较大,且均为正向作用,可将 f_2 解释为单位特性因子;χ_3 和 χ_4 在 f_3 上的负荷较大,为正向作用,可将 f_3 解释为单位福利因子;x_{10}、x_{12} 和 x_{15} 在 f_4 上的负荷较大,且均为正向作用,可将 f_4 解释为外界心理肯定因子;x_1、x_2 在 f_5 上的负荷较大,且均为正向作用,可将 f_5 解释为就业前景因子;x_{14} 在 f_6 上的负荷较大,且均为正向作用,可将 f_6 解释为工作稳定性因子;x_{16}、x_{17} 在 f_7 上的负荷较大,且均为正向作用,可将 f_7 解释为心理慰藉因子。

【知识点 23-9】

1. 因子分析的一般步骤。

(1) 收集数据,列出原始计算表。

(2) 标准化变换,判断资料是否适合做因子分析。

(3) 计算特征根、贡献率、累计贡献率等。

(4) 确定因子的个数。

(5) 建立初始因子模型。

(6) 因子旋转。

(7) 结合专业,解释公共因子的实际含义。整个过程的第(2)～(6)步,由计算机执行。人工所需要完成的是第(1)和(7)步。

2. 因子个数的确定方法

因子数目的选择主要依赖于具体问题,取决于所选因子是否能够解释每一个变量以及残差矩阵的大小。通常可依靠累计贡献率判断,一般认为80%以上,也有人认为70%以上即可。

3. 由于提取公共因子的方法不同,则同一个问题可以有不同的因子分析解,如主成分分解、主因子解和极大似然解等。实际工作中,可视具体情况而定。

4. 可以通过因子旋转,以获得更具有专业意义的解释。

三、因子得分

在因子分析中,通常人们对因子模型的建立比较感兴趣,但如需进一步分析,即将因子作为下一步分析的原始变量与其他原始变量共同参与模型诊断过程,那么就需要用到对公共因子的估计值即因子得分(factor scores)。需注意的是:此时对因子得分的估计是对不可观察的、抽象的、但有实际意义的随机变量的估计,而不是通常意义下的参数估计。

例23-5中,研究者为了预测调查对象毕业后实际最可能进入的卫生单位级别,在研究了影响医学生择业的主观重视因素情况,提取出公共因子,建立因子模型后,进一步以学历水平、性别、父亲文化程度、母亲文化程度、家庭月收入、是否是独生子(女)、家庭所在地、对就业前景的看法、所能够接受的月薪以及择业时对前述各因子的重视程度等因素作为自变量进行分析。

得分系数的计算比较复杂,一般由计算机完成。本例的各公共因子在各个变量上的得分系数见表23-13。依据因子得分系数可以写出各公共因子与标准化后的原始变量的函数表达式,将原始指标的标准化值代入表达式中运算,就可得每个个体的择业重视因素预测值(因子得分)。

表23-13　各指标的因子得分系数

变量	因子得分系数						
	f_1	f_2	f_3	f_4	f_5	f_6	f_7
单位的经济效益 x_1	0.090	0.107	−0.032	−0.209	0.604	−0.181	−0.083
晋升机会 x_2	−0.124	−0.040	−0.045	0.051	0.536	0.110	−0.064
福利待遇 x_3	−0.060	−0.030	0.572	−0.107	−0.063	−0.055	−0.053
领导开明,人际关系融洽 x_4	−0.003	−0.085	0.523	−0.039	−0.016	−0.084	−0.095
符合个人兴趣爱好 x_5	0.400	−0.137	0.036	−0.140	−0.069	0.042	0.031
行业发展前景 x_6	0.303	−0.014	−0.010	0.079	−0.023	−0.184	−0.036
有利于施展个人才华 x_7	0.419	−0.110	−0.135	−0.084	0.044	0.036	0.059
单位社会知名度高 x_8	−0.114	0.532	−0.032	−0.371	−0.023	0.385	0.005
单位规模大 x_9	−0.162	0.515	−0.027	−0.014	0.155	−0.276	0.066
与所学专业对口 x_{10}	−0.110	0.015	0.023	0.553	−0.107	−0.135	−0.049

续表

变量	因子得分系数						
	f_1	f_2	f_3	f_4	f_5	f_6	f_7
工作舒适劳动强度低 x_{11}	0.129	0.191	−0.122	0.225	−0.178	−0.011	−0.096
当地的生活环境 x_{12}	0.236	−0.250	−0.280	0.468	0.206	−0.011	−0.055
距自己家庭距离近 x_{13}	0.037	0.267	−0.061	0.204	−0.055	−0.029	−0.179
工作的稳定性强 x_{14}	0.016	−0.038	−0.086	−0.091	−0.039	0.767	−0.081
符合家庭的要求与期望 x_{15}	−0.241	−0.010	0.205	0.164	0.079	0.233	0.007
社会舆论的看法 x_{16}	−0.103	−0.098	0.163	0.155	−0.125	0.049	0.384
能否与恋人在一起 x_{17}	0.060	−0.030	−0.139	−0.136	−0.063	−0.112	0.885

本例的预测模型为：

$$f_1=0.090x_1-0.124x_2-0.060x_3-0.003x_4+0.400x_5+0.303x_6+0.419x_7-0.114x_8-0.162x_9-0.110x_{10}+0.129x_{11}+0.236x_{12}+0.037x_{13}+0.016x_{14}-0.241x_{15}-0.103x_{16}+0.060x_{17}$$

$$f_2=0.107x_1-0.040x_2-0.030x_3-0.085x_4-0.137x_5-0.014x_6-0.110x_7+0.532x_8+0.515x_9+0.015x_{10}+0.191x_{11}-0.250x_{12}+0.267x_{13}-0.038x_{14}-0.010x_{15}-0.098x_{16}-0.030x_{17}$$

$$\vdots$$

$$f_7=-0.083x_1-0.064x_2-0.053x_3-0.095x_4+0.031x_5-0.036x_6+0.059x_7+0.005x_8+0.066x_9-0.049x_{10}-0.096x_{11}-0.055x_{12}-0.179x_{13}-0.081x_{14}+0.007x_{15}+0.384x_{16}+0.885x_{17}$$

式中的变量均为标准化后的原始变量。

【知识点 23-10】

各公共因子在每个样本上的取值，称为因子得分。除用于由可测变量预测不可测变量（潜在变量）外，还可以代替原变量参与进一步的统计分析。例如，如果各因子互相独立，则可克服原变量的多重共线性，摒弃部分虚假信息等，此时因子得分相当与主成分的作用。

【知识点 23-11】

主成分分析与因子分析的区别与联系

1. 区别

(1) 数学模型不同：主成分的数学模型为：$C_i=l_{i1}z_1+l_{i2}z_2+\cdots+l_{ip}z_p$，即主成分为原始变量的线性组合；因子分析的模型为：$x_i=a_{i1}f_1+a_{i2}f_2+\cdots+a_{ip}f_p+u_i$，即原始变量为公共因子与特殊因子的线性组合。

(2) 分析的重点不同：主成分分析的重点是综合原始变量的信息，而因子分析则重在解释原始变量之间的关系。

(3) 得分：主成分分析中各主成分的得分可以准确计算；而因子分析中的各公共因子的得分只能进行估计。

2. 联系

(1) 因子分析既是主成分分析的进一步发展，同时又能完成主成分分析的功能。

(2) 在初始因子模型中,主成分与公共因子之间的关系表达式为:$f_j = \frac{C_i}{\sqrt{\lambda_i}}$。

(3) 在初始因子模型中,f_j 对所有变量引起的方差等于其对应的主成分方差(λ_i)。

(4) 在初始因子模型中,因子分析的负荷因子 a_{ij} 为其对应主成分的特征根λ_i 的平方根与其对应的特征向量 l_{ij} 之乘积。

在 SPSS 因子分析中,主要选择提取公因子方法和因子旋转方法,其他可用默认选项。

笔记:

【SPSS 判别分析在因子分析中(Method)选项】

SPSS 提供 7 种提取公因子的方法:①主成分分析法(Principal components),这是默认方法;②未加权最小二乘法(Unweight least squares);③广义最小二乘法(Generalized least squares);④最大似然法(Maximum likelihood);⑤主轴因子法(Principal axis factoring);⑥α 因子法(Alpha factoring);⑦影像因子法(Image factoring)。

【SPSS 判别分析在因子分析中(Rotation)选项】

SPSS 提供 7 种旋转方法(Rotation method)选项:①不进行旋转(None),这是默认方法;②四分位最大正交旋转(Quartimax);③方差最大正交旋转(Varimax);④相等最大正交旋转(Equamax);⑤直接最小斜交旋转(Direct Oblimin);⑥最大斜交旋转(Promax)。

思考练习

(一) 名词解释

1. 主成分
2. 主成分的贡献率
3. 因子负荷
4. 公共因子和特殊因子
5. 共性方差

(二) 是非题(正确记"+",错误记"-")

1. 主成分之间有较高的相关性。 (　)
2. 第一主成分的方差比第二主成分的大。 (　)
3. 第 i 主成分的方差正好等于第 i 主成分的特征根(λ_i)。 (　)
4. 因子贡献是公共因子 f_j 对所有变量的影响为 f_j 对各个变量所引起的变异之和。 (　)
5. 如果有 p 个变量,就有 $p-1$ 个特征根;且 $\lambda_1 \geqslant \lambda_2 \cdots \lambda_p \geqslant 0$。 (　)

(三) 选择题(从 a~e 中选出一个最佳答案)

1. 在主成分分析中,任两个主成分之间的相关系数为________。

a. 等于 0　　b. 等于 1　　c. 大于 0

d. 大于 0 小于 1　　e. 小于 0

2. 在主成分 z_1、z_2、…、z_k 中,是按________排列的。

a. 主成分的大小从小到大　　b. 主成分的方差从小到大

c. 主成分的大小从大到小　　d. 主成分的方差从大到小

e. 以上都不对

3. 主成分个数的确定原则之一是一般选取累计贡献率大于________的主成分。

a. 50%　　b. 60%　　c. 70%

d. 80%　　e. 90%

4. 因子分析中，提取公因子的个数________。

a. 越多越好　　b. 越少越好　　c. 尽量少

d. 尽量多　　e. 以上都不对

5. 因子旋转的目的是________。

a. 计算因子得分　　b. 更容易提取公因子

c. 更合理地解释公因子　　d. 使因子负荷发生两极分化

e. 使指标变量的分布符合因子分析的条件

(四) 应用题

1. 某研究者对450名监狱服刑人员的心理状况进行了问卷调查，现随机抽取21名的问卷调查结果，见表23-14。试分析影响监狱服刑人员心理状况的潜在因子。

表 23-14　21名监狱服刑人员的心理状况问卷调查结果

编号	抑郁 x_1	焦虑 x_2	情绪管理 x_3	情绪判断 x_4	与他人关系 x_5	社会满意度 x_6	对工作满意度 x_7
1	6	5	10	6	5	6	18
2	7	6	9	7	7	5	11
3	6	6	9	5	6	5	13
4	5	5	8	5	7	6	10
5	6	6	9	8	7	6	12
6	5	5	9	5	7	6	18
7	6	5	6	5	5	5	9
8	6	5	9	5	7	6	13
9	6	5	9	5	7	5	18
10	8	7	9	5	7	5	18
11	7	6	9	7	7	5	11
12	6	6	9	5	6	5	13
13	6	6	10	8	7	6	12
14	6	5	9	5	5	5	18
15	8	7	9	5	7	5	18
16	5	5	6	5	5	5	18
17	5	5	7	5	7	5	9
18	8	8	6	5	7	5	18
19	7	9	7	5	7	6	18
20	8	7	9	5	7	5	18
21	5	5	7	5	5	7	18

2. 某研究者报告了20例胎儿孕龄(y，周)与胎儿外形指标：头径(x_1，mm)、胸径(x_2，mm)、腹径(x_3，mm)、股骨长(x_4，mm)的数据如表23-15，并建立下列回归方程：$\hat{y}=29.026-0.001x_1+0.015x_2+0.060x_3+0.033x_4$。请问：①该回归方程是否合理？为什么？②试用主成分回归进行分析。

表 23-15　20 例胎儿受精龄与胎儿外形指标的资料

编号	头径(x_1,mm)	胸径(x_2,mm)	腹径(x_3,mm)	股骨长(x_4,mm)	孕龄(y,周)
1	102	110	108	75	41
2	85	85	85	70	40
3	101	103	102	68	39
4	95	98	94	75	41
5	10	102	103	69	39
6	103	95	96	70	41
7	97	104	98	70	39
8	96	82	83	62	37
9	105	103	103	87	41
10	107	96	102	75	38
11	106	98	106	74	40
12	115	93	97	73	38
13	102	101	105	71	39
14	103	105	102	69	40
15	102	105	106	70	41
16	102	103	104	63	39
17	101	97	98	87	39
18	105	104	104	75	39
19	103	108	105	74	31
20	88	84	86	71	33

3. 某研究者调查了某地区 12 所医院有关医疗质量治疗，数据见表 23-16。试作主成分分析。

表 23-16　某地区 12 所医院的医疗质量的相关资料

医院编号	病床使用率(%)x_1	病床周转次数(次)x_2	平均住院日(天)x_3	出院人数(人)x_4	病死率(%)x_5	日均门诊数(次)x_6	出院病人平均费用(元)x_7
1	106.81	18.12	23.31	11423	1.68	785	1875
2	98.57	18.26	24.89	11852	1.37	759	3346
3	96.83	18.36	19.63	13410	1.36	843	4203
4	99.97	18.06	18.89	11752	1.37	779	3256
5	96.83	19.36	17.63	13510	1.36	853	4113
6	85.23	19.23	18.43	13623	1.69	915	4458
7	110.35	18.32	21.54	11323	1.29	732	2210
8	100.23	18.43	20.96	11504	1.32	688	3642
9	99.32	23.35	16.32	13481	1.86	1035	4425
10	94.65	23.36	17.35	13555	2.13	893	4658
11	96.72	24.43	15.56	13696	1.64	1324	5456
12	98.96	25.13	15.91	14251	1.76	1398	4641

4. 我国 16 个省市的 6 项指标如表 23-17，请作主成分分析。

表 23-17 我国 16 个省市的 6 项指标的资料

地区	城镇人口比重(%)	人口密度(人/公里^2)	地区生产总值(亿元)	居民消费价格指数	婴儿死亡率(‰)	期望寿命
北京市	85.0	823	16011.4	105.6	8.8	72.86
天津市	78.0	886	11191.0	104.9	10.7	72.32
河北省	43.0	359	24228.2	105.7	9.2	70.35
山西省	46.0	211	11100.2	105.2	19.2	68.97
内蒙古	53.4	20	14246.1	105.6	29.0	65.68
辽宁省	60.4	290	22025.9	105.2	70.22	70.22
吉林省	53.3	146	10530.7	105.2	67.95	67.95
黑龙江省	55.5	81	12503.8	105.8	66.97	66.97
上海市	88.6	2657	19195.7	105.2	74.90	74.90
江苏省	55.6	725	48604.3	105.3	71.37	71.37
安徽省	42.1	429	15110.3	105.6	69.48	71.38
福建省	51.4	286	17410.2	105.3	48.57	68.57
江西省	43.2	248	11583.8	105.2	66.11	66.11
山东省	48.3	579	45429.2	105.0	70.57	70.57
河南省	37.7	554	27232.0	105.6	70.15	70.15
湖北省	46.0	324	19594.2	105.8	67.25	67.25

5. 某医生对 18 名 15 岁的男生进行了体检，所得数据见表 23-18，并建立下列回归方程：$\hat{y}=2.007+0.007x_1-0.071x_2+0.042x_3+0.053x_4$。请问：①该回归方程是否合理？为什么？②试用主成分回归进行分析。（写出步骤，无需计算）

表 23-18 某校 18 名 15 岁男生的体检结果

学生编号	身高(cm)x_1	坐高(cm)x_2	胸围(cm)x_3	体重(kg)x_4	肺活量(L)y
1	142.45	75.40	69.00	36.05	2.55
2	143.74	75.57	70.98	35.87	2.37
3	145.62	76.87	72.48	35.48	2.35
4	143.77	76.77	71.68	34.47	2.46
5	146.54	78.64	73.12	38.42	2.34
6	142.35	76.45	73.44	33.54	2.22
7	144.35	76.25	72.35	36.55	2.10
8	140.25	75.22	69.87	38.21	2.64
9	139.42	74.32	69.54	35.44	2.35
10	144.43	76.88	74.26	36.15	2.85
11	142.65	74.78	69.89	37.48	2.65
12	146.84	76.98	72.58	35.25	2.45
13	141.79	74.73	69.44	35.67	2.13

续表

学生编号	身高(cm)x_1	坐高(cm)x_2	胸围(cm)x_3	体重(kg)x_4	肺活量(L)y
14	142.62	75.78	69.78	36.79	2.23
15	142.55	75.59	69.87	37.43	2.55
16	143.93	75.33	70.18	36.99	2.45
17	145.33	76.89	71.97	38.87	2.54
18	143.58	75.67	70.45	35.77	2.75

（田小兵　宋　湛）

第二十四章　诊断和筛检试验的设计与分析

【例 24-1】 目前临床上常采用纤维结肠镜诊断直肠癌，但用酶联免疫吸附试验法(ELISA)检测血清中癌胚抗原(CEA)测定已普遍开展，该方法也可以对直肠癌进行诊断。某医师欲研究用纤维结肠镜诊断直肠癌和采用癌胚抗原(CEA)测定来诊断直肠癌有无不同？可否用癌胚抗原(CEA)测定诊断方法来代替纤维结肠镜对直肠癌进行诊断？

笔记：

【问题 24-1】 该医师需要怎么做？

【分析】 纤维结肠镜诊断直肠癌是有创伤和有痛苦的但是目前通用的可靠的检测方法，该医师想通过比较分析评价来看能否用简便易行的癌胚抗原(CEA)测定检查来代替公认的标准方法纤维结肠镜检测法，这就需要进行诊断和筛检试验的设计和分析过程。

随着科学技术的发展，临床医学出现了许多新试验、新仪器或设备，如基因诊断、CT、核磁共振、超声诊断、脑磁源图(MSI)等。任何诊断试验(diagnostic test)或检查都不是十全十美，在实际工作中，临床医师需要熟悉有关诊断试验(diagnostic test)的优缺点和评价方法，正确选择诊断试验，对诊断试验的结果做出正确的解释和评价。以下介绍有关诊断和筛检试验(screening test)的设计、评价指标和评价方法等问题。

第一节　诊断和筛检试验的设计

一、诊断与筛检试验的概念

(一) 诊断试验的概念

诊断试验(diagnostic test)是指应用各种实验、仪器设备等手段对就诊者进行检查，对疾病进行诊断的一切检测方法。包括各种实验室检查、影像诊断、仪器检查，还包括病史询问、体格检查等。诊断试验(diagnostic test)的目的是对病人和可疑病人进一步确诊，把患某病的病人和非病人区别开来，以便对确诊病人给予相应的治疗。

(二) 筛检试验的概念

筛检试验(screening test)是指应用快速简洁的试验或其他检测方法，从表面健康的人群中查出某病可疑患者的试验方法。如单位或社区人群的健康体检，高血压、糖尿病、肺结核等疾病的普查、普治。筛检试验不等同于诊断试验，仅作为一个初步检查，主要目的是早期发现阳性人群或临床初期的病人，以便用更完善的诊断试验进行确诊，最后对确诊病人进行治疗。

(三) 诊断试验与筛检试验的联系与区别

1. 联系　诊断与筛检都是试验和检查，在研究设计、评价指标和方法上基本相似。

2. 区别　诊断试验和筛检试验的目的和用途不同，要求也不一样。诊断试验的目的对疾病进行确诊，以便对确诊病人进行相应的治疗，强调真实性和可靠性，要求有更高的特异度和灵敏度；主要用于对病人和可疑病人或筛检试验检出的阳性人群。筛检试验不等同于诊断试验，仅作为一个初步检查，目的是早期发现阳性人群或临床初期的病人，主要用于社区健康人群或外表健康的早期病人的健康体检、普查、普治或某些特殊意义的研究，侧重可行性、评价经济和社会效益。

二、诊断与筛检试验的设计

一项新诊断或筛检试验的应用，需要进行研究和评价该项新诊断或筛检试验对某种疾病的诊断价值、临床意义和准确性。评价的基本方法是选择适当的研究对象，用该项新诊断试验与诊断该病的金标准(gold standard)进行盲法和同步比较，以便评价该项新诊断试验的诊断符合率、灵敏度、特异度等。由于在医学科研工作中，某些试验有时既可作为筛检试验，又可作为诊断试验，例如空腹血糖检查、彩超的妇科检查或胆囊检查。诊断试验和筛检试验在研究设计、评价指标和方法上基本相同，因此，以下以诊断试验为例，介绍有关设计、评价的指标和方法，筛检试验可参照这些内容进行设计和评价。

(一) 确定金标准

诊断试验(diagnostic test)的金标准(gold standard)是指目前公认最好的、最可靠的、最准确的诊断方法，也称标准诊断方法，用来评价新诊断试验是否符合实际情况。临床上常用的金标准有病理学检查(活检、尸检)、手术探查、特殊影像诊断(CT、核磁共振、彩色B超)、细菌培养等，也可应用医学专家共同制定并得到公认的临床诊断标准作为金标准。金标准一般应是特异诊断，临床上可以正确区分有病人群和无病人群。如果金标准选择不当，就不能正确区分有病人群和无病人群，结果不能对新诊断试验做出正确的评价。

(二) 选择研究对象

临床诊断试验的研究对象应包括两组：一组是用金标准诊断为患有某病的病例组，另一组是用金标准诊断为未患该病的对照组。病例组和对照组人群的选择应采用随机化(randomization)原则，确保样本具有代表性和试验结果对总体的可推论性。病例组应包括各型病例，如不同症状(典型和非典型)，不同病程(早、中、晚期)，不同病情(轻、中、重型)，不同年龄层次，有无并发症等。对照组应选择与研究疾病鉴别的其他疾病，最好选择的对照组与病例组有许多相似的临床表现，除社区筛检试验外，少用志愿者或健康人，因健康人群与患病人群在许多方面均有明显差异，两组人群可比性差。

(三) 样本含量估计

根据实验设计的重复原则，诊断试验的评价需要选择足够的样本含量(sample size)。样本含量的估计可用经验法或公式计算法，公式计算法可用统计软件包或手工计算。公式计算法应预先设置(或已知)诊断试验的灵敏度(sensitivity)、和特异度(specificity)、检验水准 α 和允许误差 δ。如果灵敏度和特异度接近50%，可用公式(24-1)估计样本含量。

笔记：

$$n=\left(\frac{z_{\alpha}}{\delta}\right)^{2} p(1-p) \qquad (24-1)$$

【例 24-2】 欲评价的诊断试验的灵敏度为70%，估计特异度为60%，$\alpha=0.05$，$\delta=8\%=0.08$，试估计诊断试验的病例组和对照组各需要多少人？

【分析】

已知 $\alpha=0.05$，$z_{0.05}=1.96$，$\delta=8\%=0.08$，$p_1=70\%=0.70$，$p_2=60\%=0.60$，求 $n_1=$？$n_2=$？

将已知数据代入公式(24-1)计算 n。

$$n_1=\left(\frac{1.96}{0.08}\right)^2 0.70(1-0.70)=126.1\approx 126 \quad n_2=\left(\frac{1.96}{0.08}\right)^2 0.60(1-0.60)=144.1\approx 144$$

本次诊断试验的病例组样本量为 126 例，对照组样本量为 144 例。

如果灵敏度或特异度小于 20%或大于 80%，一般资料呈偏态分布，需要对率采用平方根反正弦转换，按公式(24-2)计算样本含量。

$$n=\left\{\frac{57.3z_\alpha}{\sin^{-1}\left(\frac{\delta}{\sqrt{p(1-p)}}\right)}\right\}^2 \tag{24-2}$$

式中 δ 为允许误差，p 为诊断试验的灵敏度或特异度。

【例 24-3】 欲评价的诊断试验的灵敏度和特异度均为 85%，$\alpha=0.05$，$\delta=5\%=0.05$，试估计诊断试验的病例组和对照组各需要多少人？

笔记：

【解答】

已知 $\alpha=0.05$，$z_{0.05}=1.96$，$\delta=5\%=0.05$，$p=85\%=0.85$，求 $n=$？

将已知数据代入公式(24-2)计算 n。

$$n=\left\{\frac{57.3z_\alpha}{\sin^{-1}\left(\frac{\delta}{\sqrt{p(1-p)}}\right)}\right\}^2=\left\{\frac{57.3\times 1.96}{\sin^{-1}\left(\frac{0.05}{\sqrt{0.85\times(1-0.85)}}\right)}\right\}^2=195$$

本次诊断试验的病例组和对照组各需要 195 人。

如果 $\delta=10\%=0.1$，其他已知条件不变，则病例组和对照组各需要 48 人。

(四) 双盲法同步测试

在观察或测试中，病例组与对照组除了遵循实验设计四大原则外，还需要双盲法同步测试，受试者同步接受新诊断试验方法和金标准的测试，受试者和测试人员均不知道受试者属于病例组还是对照组，只有研究者知道受试者属于病例组还是对照组。采用双盲法的目的是避免受试者和测试人员的偏性(bias)。测定结果进行新诊断试验与金标准的比较，计算相应的评价指标，即可对新诊断试验进行评价。

三、诊断与筛检试验的资料形式

将新诊断试验与金标准的结果列成四格表形式(见表 24-1)，以便进一步分析。通过诊断与筛检试验的资料形式(表 24-1)可以看出新诊断试验与金标准对某种疾病判断结果的异同，利用表中的数据可计算出诊断试验的各项评价指标。

表 24-1 诊断与筛检试验的资料形式

诊断试验	金标准		合计
	病例	对照	
阳性	a(真阳性)	b(假阳性)	a+b
阴性	c(假阴性)	d(真阴性)	
合计	a+c	b+d	a+b+c+d=n

表 24-1 中，诊断试验和金标准比较的结果有 a、b、c 和 d 4 种情况：①a 和 d 两种情况是正确

的，a 指在金标准确诊的病人中，诊断试验也诊断为阳性的病例数，可以称为真阳性；d 指在金标准确诊的非病人中，诊断试验也诊断为阴性的病例数，可以称为真阴性。②b 和 c 是错误的，b 是指在金标准确诊的非病人中，诊断试验却诊断为阳性的病例数，称为假阳性(false-postive)，就是将没有病的人诊断为病人即误诊；c 是在金标准确诊的病人中，诊断试验却诊断为阴性的病例数，称为假阴性，就是没有将有病的人准确地诊断出来即漏诊。

【例 24-4】 例 24-1 中，如果该医师将纤维结肠镜法确定为金标准，按纤维结肠镜法确定 60 例病例组和 40 例对照组，即阳性率为 60.0%。然后再用癌胚抗原(CEA)测定法对两组进行检查，癌胚抗原(CEA)测定法检查的阳性率是 50.0%，两法一致阳性率为 36.0%，问怎样列出计算表？

【问题 24-2】

(1) 这是什么资料？

(2) 该设计属于何种设计？

(3) 怎样列出计算表？

笔记：

【解答】

(1) 该资料的两种检查结果均按阳性、阴性分类，属于二分类计数资料。

(2) 首先该资料中同一个人接受了纤维结肠镜法和癌胚抗原(CEA)测定法进行检查，属于自身对照设计即配对设计；其次，该医师将纤维结肠镜法确定为金标准，按纤维结肠镜法确定 60 例病例组和 40 例对照组，然后再用癌胚抗原(CEA)测定法对两组进行检查，目的是比较癌胚抗原(CEA)测定法与金标准符合程度及其优劣，对新诊断试验方法——癌胚抗原(CEA)测定法进行评价，故该设计属于诊断试验设计。

(3) 将结果整理为诊断与筛检试验的资料形式如表 24-2。

表 24-2　纤维结肠镜法和癌胚抗原(CEA)测定法诊断直肠癌的比较

癌胚抗原(CEA)测定法	纤维结肠镜法		合计
	病例	对照	
+	36	14	50
−	24	26	50
合计	60	40	100

【知识点 24-1】

1. 诊断试验(diagnostic test)是指应用实验、仪器设备等手段检查就诊者，对疾病进行诊断的一切检测方法。

2. 筛检试验(screening test)是指应用简便快速的实验或其他检测方法，从大量表面健康的人群中查出某病可疑患者的试验方法。

3. 诊断试验设计的步骤：

(1) 确定金标准：金标准是指目前公认最好的、最可靠的、最准确的诊断方法，也称标准诊断方法。

(2) 选择研究对象：研究对象应包括两组：一组是用金标准确定为患有某病的病例组，另一组是用金标准确定为未患该病的对照组。

(3) 估计样本含量：一般采用公式计算法估计病例组和对照组样本例数。

(4) 双盲法同步测试：采用双盲法同步对研究对象进行测试。

第二节 诊断和筛检试验的分析

【例 24-5】 对例 24-4，该医生应该怎样对诊断试验进行分析评价？

【分析】 一般对诊断试验和筛检试验的分析多采用一些评价指标对其进行评价。

评价诊断和筛检试验的常用指标有：灵敏度、特异度、Youden 指数、阳性似然比、阴性似然比、阳性预测值和阴性预测值、一致百分率等。

一、诊断和筛检试验的评价指标

(一) 灵敏度

灵敏度（sensitivity，*Sen*）又称为敏感度，或称为真阳性率（true positive rate，*TPR*），是实际患病且被诊断为阳性的百分率，该指标只与病例组有关，反映了诊断试验检出病例的能力。其计算公式是：

$$灵敏度(Sen)=\frac{a}{a+c}\times 100\% \tag{24-3}$$

其标准误为：

$$s_{Sen}=\sqrt{\frac{Sen(1-Sen)}{n}} \text{ 或 } s_{Sen}=\sqrt{ac/(a+c)^3} \tag{24-4}$$

其可信区间为：

$$Sen \pm z_{\alpha} s_{Sen} \tag{24-5}$$

以例 24-4 为例，癌胚抗原（CEA）测定法的灵敏度为 $Sen=36/60=0.60$，即真阳性率 $TPR=0.60$，60%直肠癌的患者被癌胚抗原（CEA）测定法诊断为阳性；其标准误为：

$$s_{en}=\sqrt{\frac{0.60(1-0.60)}{60}}=0.063 \text{ 或 } s_{sen}=\sqrt{36\times 24/(36+24)^3}=0.063$$

95%信区间为：$0.60\pm 1.96\times 0.063=0.477\sim 0.723$。

(二) 特异度

特异度（specificity，*Spe*）是实际未患病且被诊断为阴性的百分率，也称为真阴性率（true negative rate，*TNR*）该指标只与对照组有关，反映了诊断试验排除非病例的能力。其计算公式为：

$$Spe=\frac{d}{b+d}\times 100\% \tag{24-6}$$

其标准误为：

$$s_{Spe}=\sqrt{\frac{Spe(1-Spe)}{n}} \text{ 或 } s_{Spe}=\sqrt{bd/(b+d)^3} \tag{24-7}$$

其可信区间为：

$$Spe \pm z_{\alpha} s_{Spe} \tag{24-8}$$

本例中，$Spe=26/40=0.65$，即 65%没有直肠癌的患者被癌胚抗原（CEA）测定法诊断为阴性。其标准误为：

$$s_{Spe}=\sqrt{\frac{0.65(1-0.65)}{40}}=0.075 \text{ 或 } s_{Spe}=\sqrt{26\times 14/(26+14)^3}=0.075$$

95%信区间为：$0.65\pm 1.96\times 0.075=0.503\sim 0.797$。

(三) 误诊率

误诊率(α)是诊断试验将实际无病的人错误地诊断为病人的百分率,也就是假阳性率(false positive rate,*FPR*)。

$$误诊率(\alpha)=1-特异度 \tag{24-9}$$

从式(24-9)中可见,特异度越大,误诊越少。

本例误诊率(α)=1－0.65=0.35。

(四) 漏诊率

漏诊率(β)是诊断试验将实际有病的人错误地诊断为非病人的百分率,也就是假阴性率(false negative rate,*FNR*)。

$$漏诊率(\beta)=1-灵敏度 \tag{24-10}$$

从式(24-10)中可见,灵敏度越大,漏诊越少。

本例漏诊率(β)=1－0.60=0.40。

灵敏度、特异度、漏诊率、误诊率之间的关系可用图 24-1 表示。此图中间的垂线与横轴的交点称为诊断界点,它是定义诊断试验为阳性与阴性的临界点。

笔记:

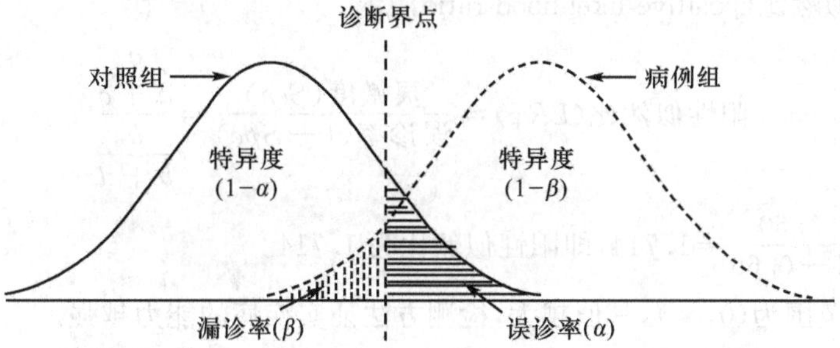

笔记:

图 24-1　灵敏度、特异度、漏诊率、误诊率之间关系图

灵敏度与特异度具有不受患病率影响的优点,其取值范围均在(0,1)之间,其值越接近于 1,说明其诊断试验的价值越好。

当比较两个诊断试验时,单独使用灵敏度或特异度,可能出现一个诊断试验的灵敏度高、特异度低,而另一个诊断试验的灵敏度低、特异度高,无法判断哪一个诊断试验更好。由此,有人提出了将灵敏度和特异度结合的诊断试验评价指标,如诊断指数、Youden 指数、阳性似然比、阴性似然比等。

(五) 诊断指数

诊断指数(diagnostic index,*DI*)是灵敏度与特异度之和。*DI* 值越大,诊断效能越好。一般DI>170%诊断效能才好。

$$诊断指数(DI)=Sen+Spe=\frac{a}{a+c}+\frac{d}{b+d} \tag{24-11}$$

本例 诊断指数(DI)=0.60＋0.65＝1.25

(六) Youden 指数

Youden 指数(Youden's index,γ)是诊断试验中灵敏度和特异度之和减去基数 1,表示诊断试验发现真正的患者和非患者的总的能力。Youden 指数按式(24-12)计算，其标准误按式(24-13)计算，其可信区间按式(24-14)计算。

$$\text{Youden 指数}(\gamma)=Sen+Spe-1=\frac{a}{a+c}+\frac{d}{b+d}-1 \tag{24-12}$$

其标准误为：

$$s_{\gamma}=\sqrt{\frac{ac}{(a+c)^3}+\frac{bd}{(b+d)^3}} \tag{24-13}$$

其可信区间为：

$$\gamma \pm z_{\alpha} s_{\gamma} \tag{24-14}$$

本例 *Youden* 指数(γ)＝0.60＋0.65－1＝0.25，即 Youden 指数为 0.25；其标准误为：

$$s_{\gamma}=\sqrt{\frac{36\times 24}{(60)^3}+\frac{14\times 26}{(40)^3}}=0.098$$

95%信区间为：$0.25\pm 1.96\times 0.098=0.058\sim 0.442$。

Youden 指数的取值范围在(－1，＋1)之间，其绝对值值越接近于 1，诊断准确性越好。

(七) 阳性似然比

阳性似然比(positive likelihood ratio，LR_+)是真阳性率与假阳性率之比，或灵敏度与误诊率之比就是阳性似然比(positive likelihood ratio，LR_+)，

$$\text{阳性似然比}(LR_+)=\frac{\text{灵敏度}(Sen)}{\text{误诊率}(1-Spe)}=\frac{\frac{a}{a+c}}{\frac{b}{b+d}} \tag{24-15}$$

本例 $LR_+=\frac{0.60}{1-0.65}=1.714$，即阳性似然比为 1.714。

LR_+ 的取值范围为$(0,\infty)$，其值越大，检测方法证实疾病的能力越强。

(八) 阴性似然比

阴性似然比(negative likelihood ratio，LR_-)是假阴性率与真阴性率之比，即漏诊率与特异度之比为阴性似然比(negative likelihood ratio，LR_-)

$$\text{阴性似然比}(LR_-)=\frac{\text{漏诊率}(1-Sen)}{\text{特异度}(Spe)}=\frac{\frac{c}{a+c}}{\frac{d}{b+d}} \tag{24-16}$$

本例 $LR_-=\frac{1-0.60}{0.65}=0.615$，即阴性似然比为 0.615。

LR_- 的取值范围为$(0,\infty)$，其值越小，检测方法排除疾病的能力越好。

(九) 阳性预测值

阳性预测值(positive predictive value，PV_+)是诊断试验阳性结果中实际为病人的概率，其公式为：

$$\text{阳性预测值}(PV_+)=\frac{a}{a+b}\times 100\% \tag{24-17}$$

其标准误为：

$$s_{pv+}=\sqrt{\frac{ab}{(a+b)^3}} \tag{24-18}$$

其可信区间为：　$PV_{+} \pm z_{\alpha} s_{pv+}$　(24-19)

本例 PV_{+} 为：$PV+=\dfrac{36}{50 \times 100\%}=0.720$

笔记：

其标准误为：$s_{PV+}=\sqrt{\dfrac{36+14}{(36+14)^{3}}}=0.020$

95%可信区间为：$0.720 \pm 1.96 \times 0.020=0.681 \sim 0.759$

如果已知样本人群的患病率 $p=\dfrac{a+c}{n}$ 和总体人群患病率 π，如果 p 与 π 相差不大用式(24-17)计算 PV_{+}，如果 p 与 π 相差较大用式(24-20)计算 PV_{+}。

$$PV_{+}=\frac{\pi Sen}{\pi Sen+(1-\pi)(1-Spe)} \times 100\% \qquad (24\text{-}20)$$

由上式可以看出，当灵敏度与特异度为常数时，增加患病率，将降低 $(1-\pi)(1-Spe)$，增加 πSen 的值，从而整个分母的值减少，阳性预测值增加。

本例 $Sen=0.60$，$Spe=0.65$，假如人群直肠癌患病率 $\pi=0.006$，代入式(24-20)得：

$$PV_{+}=\frac{0.006 \times 0.60}{0.006 \times 0.60+(1-0.006) \times (1-0.65)}=1.024\%$$

即采用癌胚抗原(CEA)测定法诊断整个人群时，在 100 例阳性结果的受试者中，约有 1 例是直肠癌。

(十) 阴性预测值

阴性预测值(negative predictive value, PV_{-})是诊断试验阴性结果中实际非病人的概率，其计算公式为：

$$\text{阴性预测值}(PV_{-})=\frac{d}{c+d} \times 100\% \qquad (24\text{-}21)$$

其标准误为：　$s_{pv-}=\sqrt{\dfrac{cd}{(c+d)^{3}}}$　(24-22)

其可信区间为：　$PV_{-} \pm z_{\alpha} s_{pv-}$　(24-23)

本例 PV_{-} 为：$PV_{-}=\dfrac{24}{50 \times 100\%}=0.480$

笔记：

其标准误为：$s_{PV+}=\sqrt{\dfrac{(24+26)}{(24+26)^{3}}}=0.020$

95%可信区间为：$0.480 \pm 1.96 \times 0.020=0.441 \sim 0.519$

如果已知样本人群的患病率 $p=\dfrac{a+c}{n}$ 和总体人群患病率 π，如果 p 与 π 相差不大用式(24-21)计算 PV_{-}，如果 p 与 π 相差较大用式(24-24)计算 PV_{-}。

$$PV_{-}=\frac{(1-\pi)Spe}{(1-\pi)Spe+\pi(1-Sen)} \times 100\% \qquad (24\text{-}24)$$

式中符号的意义与前面相同。当灵敏度与特异度为常数时，增加患病率将降低阴性预测值。

本例 $Sen=0.60$，$Spe=0.65$，假如人群直肠癌患病率 $\pi=0.006$，代入式(24-24)得：

$$PV_{-}=\frac{(1-0.006) \times 0.65}{(1-0.006) \times 0.65+0.006 \times (1-0.60)}=99.6\%$$

即在 100 例诊断试验结果为阴性的受试者中，约有 99.6 例不是直肠癌，只有 0.4 例是直肠癌，说明癌胚抗原(CEA)测定法在该患病率下的阴性预测价值较高。

从上述计算可知，按式(24-17)和式(24-21)计算的预测值，与式(24-20)和式(24-24)计算结果相差较大。这是因为本例的样本患病率 $p=60/100=0.6$ 与总体人群患病率 $\pi=0.006$ 相差较大所致。

PV_+ 和 PV_- 的取值范围在(0,1)之间；在总体人群患病率不变的情况下，其值越接近 1，检测方法的诊断价值越高。

(十一) 符合率

符合率(agreement/consistency)也称粗符合率(crude accuracy)，或一致率(consistency rate)，或精密度(precision)，或一致百分率(consistency percent，CP)，是诊断试验正确诊断为阳性与正确诊断为阴性的例数之和占全部诊断例数的百分率。

计算公式为：

$$CP=\frac{a+d}{a+b+c+d}\times 100\% \qquad (24\text{-}25)$$

其标准误为：

$$s_{CP}=\sqrt{(a+d)(b+c)/n^3} \qquad (24\text{-}26)$$

其可信区间为：

$$CP \pm z_\alpha s_{CP} \qquad (24\text{-}27)$$

本例的诊断符合率为：(36＋26)/100×100%＝62.0%

其标准误为：$s_{CP}=\sqrt{(36+26)(14+24)/100^3}=0.049$

95%可信区间为：$0.62\pm1.96\times0.049=0.524\sim0.716$

同时可计算调整一致率(adjusted agreement，AA)，与诊断符合率可综合反映诊断试验的可靠性。

$$AA=\frac{1}{4}\left(\frac{a}{a+b}+\frac{a}{a+c}+\frac{d}{c+d}+\frac{d}{b+d}\right)\times 100\% \qquad (24\text{-}28)$$

本例调整一致率为：$AA=\frac{1}{4}\left(\frac{36}{50}+\frac{36}{60}+\frac{26}{50}+\frac{26}{40}\right)\times 100\%=62.25\%$

如果患病率太低或太高时，可采用阳性符合率(positive agreement，PA)评价，计算公式如式(24-29)。

$$PA=\frac{2a}{2a+b+c}\times 100\% \qquad (24\text{-}29)$$

本例阳性符合率为：$PA=\frac{2\times 36}{2\times 36+14+24}\times 100\%=65.45\%$

【知识点 24-2】

1. 评价诊断和筛检试验的常用指标有：灵敏度、特异度、Youden 指数、阳性似然比、阴性似然比、阳性预测值和阴性预测值、诊断符合率等。

2. 灵敏度与特异度的优点：具有不受患病率影响的，其取值范围均在(0,1)之间，其值越接近于 1，说明其诊断试验的价值越好。缺点：当比较两个诊断试验时，单独使用灵敏度或特异度，可能出现一个诊断试验的灵敏度高、特异度低，而另一个诊断试验的灵敏度低、特异度高，无法判断哪一个诊断试验更好。

3. Youden 指数、阳性似然比、阴性似然比等指标是将灵敏度和特异度结合的诊断试验评价指标，已经综合考虑了两者。

4. 误诊率(α)是诊断试验将实际无病的人错误地诊断为病人的百分率，也就是假阳性率(false positive rate，*FPR*)，误诊率(α)＝1－特异度。

5. 漏诊率(β)是诊断试验将实际有病的人错误地诊断为非病人的百分率，也就是假阴性率(false negative rate，*FNR*)，漏诊率(β)＝1－灵敏度。

6. 若要对两个诊断试验进行比较，不能直接采用上述的评价指标进行比较，需要进行假设检验。

二、评价指标的假设检验

(一) z 检验

【例 24-6】 若要对两个诊断试验进行比较，能否直接采用上述的评价指标进行比较？

【分析】 不能，因为对诊断试验和筛检试验的评价，一般都采用抽样的方法来进行研究的，应用四格表计算出来的评价指标均为样本指标，存在抽样误差。因此，对计算出来的评价指标要进行区间估计或假设检验。

【例 24-7】 某个诊断试验对直肠癌的诊断符合率 $CP_2=0.67$，$s_{CP2}=0.047$，问该诊断试验的诊断符合率与癌胚抗原(CEA)测定法对直肠癌的诊断符合率是否不同？

【分析】 两个诊断符合率都是样本率，存在抽样误差，不能直接比较，需进行假设检验，假设检验的步骤为：

(1) 建立检验假设，确定检验水准

H_0：两个诊断试验的诊断符合率相等

H_1：两个诊断试验的诊断符合率不相等

$$\alpha=0.05$$

笔记：

(2) 计算统计量 z 值

$$z=\frac{CP_1-CP_2}{\sqrt{s_{CP_1}^2+s_{CP_2}^2}} \tag{24-30}$$

本例 $z=\dfrac{0.62-0.67}{\sqrt{0.049^2+0.047^2}}=-0.736$

(3) 确定 P 值，做出统计推断。根据 z 值，以 $\nu=\infty$ 查 t 界值表得 $z_{0.40}=0.842$，$z_{0.50}=0.675$，$0.50>P>0.40$。按 $\alpha=0.05$ 的水准，不拒绝 H_0，差别无统计学意义，尚不能认为两个诊断试验对直肠癌的诊断符合率不相等。

若是两个诊断试验的 Youden 指数进行比较，则假设检验的步骤与上述相似。

【例 24-8】 某个诊断试验对直肠癌的 Youden 指数 $\gamma_2=0.34$，$s_{\gamma2}=0.094$，问该诊断试验的 Youden 指数与癌胚抗原(CEA)测定法对直肠癌的 Youden 指数是否不同？

【分析】 两个 Youden 指数都是样本率，存在抽样误差，不能直接比较，需进行假设检验，假设检验的步骤为：

(1) 建立检验假设，确定检验水准

H_0：两个诊断试验的 Youden 指数相等。

H_1：两个诊断试验的 Youden 指数不相等。

$\alpha=0.05$

(2) 计算统计量 z 值

$$z=\frac{\gamma_1-\gamma_2}{\sqrt{s_{\gamma1}^2+s_{\gamma2}^2}} \tag{24-31}$$

本例 $z=\frac{0.25-0.34}{\sqrt{0.098^2+0.094^2}}=-0.663$

(3) 确定 P 值，做出统计推断。根据 z 值，以 $\nu=\infty$ 查 t 界值表得 P 值得 $z_{0.50}=0.675$，$P>0.50$。按 $\alpha=0.05$ 的水准，不拒绝 H_0，差别无统计学意义，尚不能认为两个诊断试验对直肠癌的 Youden 指数不相等。

(二) Kappa 分析

【例 24-9】 对 120 名肝癌患者同时采用甲胎蛋白(AFP)实验和核磁共振(MRI)进行诊断，AFP 诊断阳性率为 75.0%，MRI 诊断阳性率为 85.0%，两种方法诊断一致阳性率为 70.0%。问两种诊断方法诊断结果是否一致？

笔记：

【问题 24-3】

(1) 这是什么资料？

(2) 该设计属于何种设计？

(3) 怎样列出计算表？

(4) 应用何种统计方法分析？

【解答】

(1) 该资料的两种方法诊断结果均按阳性、阴性分类，属于二分类计数资料。

(2) 该资料中同一个人接受了两种方法的诊断，属于自身对照设计即配对设计。

(3) 将结果整理为配对四格表资料形式如表 24-3。

表 24-3 AFP 和 MRI 对肝癌患者诊断一致阳性率分析

AFP	MRI		合计
	+	−	
+	84(a)	6(b)	90(a+b)
−	18(c)	12(d)	30(c+d)
合计	102(a+c)	18(b+d)	120(*n*=a+b+c+d)

(4) 应该用诊断试验的一致性分析——Kappa 分析。

诊断试验或临床医师诊断水平如何，他们对同一人群的诊断结果是否一致，一般需要进行诊断的一致性分析，习惯采用 Kappa 分析。Kappa 值(简称 K 值)是用于测量分类变量可靠性的指标，它考虑了偶然因素(机遇因素)对一致性的影响。K 值的取值范围为 $-1\sim1$，如果 K 值为负数，说明观察一致率比偶然因素造成的一致率还小；$K=-1$，说明甲乙两个医师诊断完全不一致；$K=0$，说明观察一致率完全由偶然因素所致；$K>0$，说明观察一致程度大于因偶然因素造成一致的程度；$K=1$，说明甲乙两个医师的诊断完全一致。

【知识点 24-3】

1. 评价两法诊断或同一方法两次检测结果是否一致性，需要进行 *Kappa* 分析。

2. *Kappa* 值(简称 K 值)是用于测量分类变量可靠性的指标，它考虑了偶然因素(机遇因素)对一致性的影响。

3. K 值的取值范围为 $-1\sim1$。

4. 如果 K 值为负数，说明观察一致率比偶然因素造成的一致率还小；$K=-1$，说明甲乙两个诊断完全不一致；$K=0$，说明观察一致率完全由偶然因素所致；$K>0$，说明观察一致程度大于因偶然因素造成一致的程度；$K=1$，说明甲乙两个诊断完全一致。

5. 一般 $K \geqslant 0.75$，一致性极好。

K 值在 0.4～0.75 之间，中、高度一致。

$K \leqslant 0.4$，一致性差。

1. Kappa 分析指标　以表 24-3 资料为例，说明 Kappa 分析指标。

（1）观察一致性（observed agreement）率（P_o）

$$P_o=\frac{a+d}{n}\times 100\% \tag{24-32}$$

本例观察一致性率 $P_o=\frac{84+12}{120}\times 100\%=80.0\%$

（2）机遇一致性（chance agreement）率（P_c）

$$P_c=\frac{\left[\frac{(a+b)(a+c)}{n}+\frac{(c+d)(b+d)}{n}\right]}{n}\times 100\% \tag{24-33}$$

本例机遇一致性率 $p_c=\frac{\left[\frac{90\times 102}{120}+\frac{30\times 18}{120}\right]}{120}\times 100\%=67.5\%$

（3）非机遇一致性（potential agreement beyond chance）率（P_{PAC}）

$$P_{PAC}=1-P_c \tag{24-34}$$

本例非机遇一致性率 $P_{PAC}=1-67.5\%=32.5\%$

（4）实际一致性（actual agreement beyond chance）率（P_{AAC}）

$$P_{AAC}=P_o-P_c \tag{24-35}$$

本例实际一致性率 $P_{AAC}=80.0\%-67.5\%=12.5\%$

（5）Kappa 值（Kappa statistic）

$$K=\frac{\text{实际一致性}}{\text{非机遇一致性}}=\frac{P_o-P_c}{1-P_c} \tag{24-36}$$

本例 $K=\frac{80.0\%-67.5\%}{1-67.5\%}=\frac{12.5\%}{32.5\%}=0.3846$

（6）Kappa 值标准误（s_k）

$$s_k=\sqrt{\frac{P_o(1-P_o)}{n(1-P_c)^2}} \tag{24-37}$$

本例 $s_k=\sqrt{\frac{0.80(1-0.80)}{120(1-0.675)^2}}=0.1124$

2. Kappa 分析步骤

（1）建立检验假设，确定检验水准

H_0：两种诊断方法诊断结果无一致性，即 $K \leqslant 0$；

H_1：两种诊断方法诊断结果存在一致性，即 $K>0$。

$\alpha=0.05$

（2）计算统计量 z 值

$$z=\frac{K}{s_k} \tag{24-38}$$

本例 $z=\frac{0.3846}{0.1124}=3.4217$

(3) 确定 P 值,做出统计推断

以 $\nu=\infty$ 查 t 界值表得 $z_{0.001}=3.2905$,$P<0.001$。按 $\alpha=0.05$ 的水准,拒绝 H_0,接受 H_1,差别有统计学意义,可认为两种诊断方法诊断结果存在一致性。

3. 多分类资料的 Kappa 分析

【例 24-10】 某医师用临床诊断与血培养对伤寒进行诊断,结果见表 24-4,试进行两法诊断一致性分析。

表 24-4 伤寒临床诊断与血培养诊断结果

血培养	临床诊断			合计
	阳性	可疑	阴性	
阳性	46	21	23	90
可疑	12	10	28	50
阴性	17	16	27	60
合计	75	47	78	200

【问题 24-4】

笔记:

(1) 这是什么资料?

(2) 该设计属于何种设计?

(3) 应用何种统计方法分析? 列出详细步骤。

【分析】

(1) 该资料的两法诊断结果均按阳性、可疑、阴性分类,属于双向有序分类资料。

(2) 首先该资料中同一个人接受了临床诊断与血培养,属于自身对照设计即配对设计;其次,该医师将临床诊断与血培养诊断同时用于诊断伤寒,目的是比较两法诊断是否一致性,故该设计属于诊断试验设计。

(3) 应该用诊断试验的一致性分析——Kappa 分析,其分析步骤如下所述。

【多分类资料的 Kappa 分析步骤】

1. 建立检验假设,确定检验水准

H_0:临床诊断与血培养结果无一致性,即 $K\leqslant 0$;

H_1:临床诊断与血培养结果存在一致性,即 $K>0$。

$\alpha=0.05$

2. 计算统计量 z 值

(1) 计算观察一致率 P_o

$$P_o=\frac{\sum_{i=1}^{k}A_{ii}}{n} \tag{24-39}$$

式中 A_{ii} 为 R×C 表主对角线上的实际数,k 为等级数或分组数,n 为总例数。

本例 $P_o=\frac{46+10+27}{200}=0.4150$

(2) 计算机遇一致率 P_c

$$P_c=\frac{\sum_{i=1}^{k}n_{Ri}n_{ci}}{n^2} \tag{24-40}$$

式中 n_{Ri} 和 n_{ci} 分别为第 i 行和第 i 列的合计，k 为等级数或分组数，n 为总例数。

本例 $P_c=\dfrac{90\times75+50\times47+60\times78}{200^2}=0.3445$

(3) 计算 K 值　将观察一致性率和机遇一致性率代入式(24-36)，计算 K 值。

$$K=\frac{\text{实际一致性}}{\text{非机遇一致性}}=\frac{P_o-P_c}{1-P_c}=\frac{0.4150-0.3445}{1-0.3445}=0.1076$$

(4) 计算 K 值标准误(s_k)

$$s_k=\frac{1}{(1-P_c)n^2}\times\sqrt{P_cn^3+P_c^2n^3-\sum_{i=1}^{k}n_{Ri}n_{ci}(n_{Ri}+n_{ci})} \qquad (24\text{-}41)$$

式中 P_c 为机遇一致率，n_{Ri} 和 n_{ci} 分别为第 i 行和第 i 列的合计，k 为等级数或分组数，n 为总例数。

本例

$$s_k=\frac{1}{(1-0.3445)200^2}\times$$
$$\sqrt{0.3445\times200^3+0.3445^2\times200^3-[90\times75(90+75)+\cdots+60\times78(60+78)]}=0.0499$$

(5) 计算统计量 z 值　将 K 值及其标准误(s_k)代入式(24-38)计算 z 值。

本例 $z=\dfrac{0.1076}{0.0499}=2.1563$

3. 确定 P 值，做出统计推断　以 $\nu=\infty$ 查 t 界值表得 $z_{0.02}=2.3263$，$z_{0.05}=1.96$，$0.02<P<0.05$。按 $\alpha=0.05$ 的水准，拒绝 H_0，接受 H_1，差别有统计学意义，可认为临床诊断与血培养诊断结果存在一致性。

第三节　ROC 曲线

一、绘制 ROC 曲线

(一) 绘制 ROC 曲线

【例 24-11】　有 125 份 CT 影像，其中有 60 份采用金标准确诊为异常，65 份确诊为正常。某放射科医生对这些 CT 影像的异常程度按 1、2、3、4、5 的顺序进行分类，结果见表 24-5。试计算所有可能的灵敏度和特异度，并且绘制出 ROC 曲线。

表 24-5　125 份 CT 影像分类资料

按金标准分组	CT 影像分类					合计
	1	2	3	4	5	
病例组	4	3	4	14	35	60
对照组	32	6	7	17	3	65

【分析】　对于这种 5 级分类资料，按级别从大到小排列，以前 4 个分类(即不考虑最小的分类)作为诊断界点，大于等于诊断界点者为阳性，小于该值者为阴性。这样，可整理如表 24-6。

表 24-6　例 24-11 资料不同诊断界点时的灵敏度和特异度

诊断界点	a	b	c	d	灵敏度	特异度	1-特异度
5	35	3	25	62	0.5833	0.9538	0.0462
4	49	20	11	45	0.8167	0.6923	0.3077
3	53	27	7	38	0.8833	0.5846	0.4154
2	56	33	4	32	0.9333	0.4923	0.5077

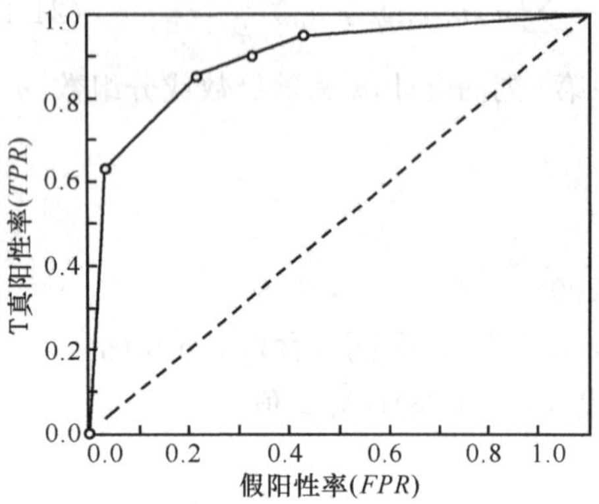

图 24-2　未光滑的 ROC 曲线

注意，以上都假设诊断试验结果较大者被判为阳性，如果检测结果较小者被判为阳性，则应按检测结果从小到大排列，小于等于诊断界值者为阳性，大于诊断界值者为阴性。

以假阳性率(FPR)(1－特异度)为横轴，真阳性率(TPR)(灵敏度)为纵轴，横轴与纵轴长度相等，形成正方形，在图中将各个诊断界点点标出，用直线连接各相邻两点构建未光滑的曲线，这条曲线称为受试者工作特征曲线(receiver operating characteristic curve)，简称为 ROC 曲线(ROC curve)。ROC 曲线一定通过(0,0)和(1,1)两点，这两点分别对应于灵敏度为 0 而特异度为 1，和灵敏度为 1 而特异度为 0。表 24-6 对应的未光滑 ROC 曲线见图 24-2。

笔记：

理论上，当诊断试验完全无价值时，有 $TPR = FPR$，是一条从原点到右上角的对角线，这条线称为机会线(chance line)；ROC 曲线一般位于机会线的上方，离机会线越远，说明诊断准确度越高；最好的诊断试验在图中表现为 ROC 曲线从原点垂直上升至左上角，然后水平到达右上角。

(二) 确定诊断界点

在前述的 Youden 指数、阳(阴)性似然比、阳(阴)性预测值等指标综合利用了灵敏度与特异度的信息，但这些指标都与诊断界点(或阈值)的选取有关。例如，同一项检测方法，采用不同的诊断界点就有不同的灵敏度和特异度。为了更全面地评价检测方法的诊断价值，必须考虑各种可能的诊断界点，从中选出最优的临界点。确定诊断界点的方法有：

1. 正态分布法　适用于呈正态分布、样本例数较多的资料，一般采用均数加减 2 倍标准差作为诊断界点。

2. 百分位数法　适用于呈偏态分布、样本例数较少的资料，通常以 P_{95} 或 P_{99} 作为诊断界点。

3. ROC 曲线　通过改变诊断界点，获得多对灵敏度与特异度，以不同界点的 1-特异度为横坐标，灵敏度为纵坐标，绘制的真阳性率和假阳性率曲线就是受试者工作特征曲线(receiver operating characteristic curve)简称 ROC 曲线(ROC curve)，它是确定诊断界点较为理想的一种方法。

ROC 曲线(ROC curve)原理为假设正常组有 n_c 个观察值，病例组有 n_a 个观察值，如果观察值大为异常，根据 Wilcoxon Mann-Whitney 统计量，ROC 曲线下的面积(A_z)就是病例组每个观察值大于正常组每个观察值的概率，其面积数在 0～1 之间。ROC 曲线下的面积(A_z)可以反映某个诊断试验的准确性大小。理论上，这一指标值的取值范围为 0.5～1 之间，$A_z=0.5$ 为完全无价值的诊断，$A_z=1$ 为完全理想的诊断。一般认为 $A_z=0.5\sim0.7$ 为诊断准确较低，$A_z=0.7\sim0.9$ 为诊断准确性中等，$A_z>0.9$ 为诊断准确性较高。

二、ROC 曲线下面积的计算

通过绘制出 ROC 曲线，计算与比较 ROC 曲线下面积，可用于评价诊断试验的诊断价值。

ROC 曲线下面积(A_z)的计算方法主要有双正态模型参数法、Hanley 和 McNeil 非参数法等。下面给出 Hanley 和 McNeil 非参数法的计算的基本公式。假设对照组有 n_c 个观察值，记为 $x_j(j=1,2,\cdots,n_c)$；病例组有 n_a 个观察值，记为 $x_i(i=1,2,\cdots,n_a)$。如果观察值大判归为病例，根据 Wilcoxon Mann-Whitney 统计量，ROC 曲线下面积(A_z)就是病例组每个观察值大于对照组每个观察值的概率，用公式表示为：

$$A_z=\frac{1}{n_a n_c}\sum_{j=1}^{n_c}\sum_{i=1}^{n_a}\psi(x_i,x_j) \tag{24-42}$$

$$\psi(x_i,x_j)=\begin{cases}1 & x_i=x_j\\ 0.5 & x_i<x_j\\ 0 & x_i>x_j\end{cases}$$

该公式为病例组的 n_a 个 x_i 与对照组的 n_c 个 x_j 比较，如果前者大于后者则比较结果为 1，相等时为 0.5，否则为 0，将 $n_a\times n_c$ 个比较结果相加取平均即得 A_Z。如果观察值小为异常，则改变公式中的大于与小于符号即可。

A_Z 的标准误的计算公式为

笔记：

$$s_{A_z}=\sqrt{\frac{A_z(1-A_z)+(n_a-1)(Q_1-A_z^2)+(n_c-1)(Q_2-A_z^2)}{n_a n_c}} \tag{24-43}$$

其中 s_{A_z} 为 A_z 的标准误，Q_1 是两个随机选择的病例组观察值比一个随机选择的对照组观察值都将有更大可能划归为病例的概率。Q_2 是一个随机选择的病例组观察值比两个随机选择的对照组观察值将有更大可能划归为病例的概率。

得出的 ROC 曲线下面积是否与完全随机情况下获得的 $A_z=0.5$ 有统计学差异，可近似采用标准正态离差 $z=\frac{A_Z-0.5}{s_{A_z}}$ 作检验。根据 $A_z\pm z_\alpha s_{A_z}$ 可计算 A_z 的 $100(1-\alpha)\%$可信区间。

如果需要比较的两个诊断试验曲线下面积分别为 A_{z1} 和 A_{z2}，对应的标准误分别为 $s_{A_{z1}}$ 和 $s_{A_{z2}}$，且面积之间的相关系数很小时，可利用公式

$$z=\frac{A_{z1}-A_{z2}}{\sqrt{s_{A_{z1}^2}+s_{A_{z2}^2}}} \tag{24-44}$$

比较两 ROC 曲线下面积。

【知识点 24-4】

1. 确定诊断界点的方法：

(1) 正态分布法：适用于正态分布、样本例数较多的资料。

(2) 百分位数法：适用于呈偏态分布、样本例数较少的资料。

(3) ROC 曲线：适用于计量资料、分类资料，是确定诊断界点较为理想的一种方法。

2. ROC 曲线(受试者工作特征曲线)是以不同界点的1-特异度为横坐标,灵敏度为纵坐标,绘制的真阳性率和假阳性率曲线。

3. ROC 曲线原理为假设正常组有 n_c 个观察值,病例组有 n_a 个观察值,如果观察值大为异常,根据 Wilcoxon Mann-Whitney 统计量,ROC 曲线下的面积(A_z)就是病例组每个观察值大于正常组每个观察值的概率,其面积数在 0～1 之间。

4. ROC 曲线下的面积(A_z)可以反映某个诊断试验的准确性大小。

第四节　诊断和筛检试验的评价

一、真实性评价

真实性(validity)也称准确性(accuracy)是指诊断试验的结果与实际情况相符合程度。

(一) 常用指标评价

采用前述的常用指标进行评价,灵敏度、特异度、诊断指数、Youden 指数、阳性似然比越高,误诊率、漏诊率、阴性似然比越低,说明新诊断或筛检试验方法的真实性越好,临床应用价值越高。

注意:灵敏度、特异度是评价真实性必需指标,两者已基本反映出真实性情况,其他指标是派生或推算出来的,不能脱离灵敏度、特异度单独用于评价诊断试验的真实性。

(二) ROC 曲线

ROC 曲线下的面积(A_z)可以反映某个诊断试验的准确性大小。理论上,这一指标值的取值范围为 0.5～1 之间,$A_z=0.5$ 为完全无价值的诊断,$A_z=1$ 为完全理想的诊断。一般认为 $A_z=0.5\sim0.7$ 为诊断准确较低,$A_z=0.7\sim0.9$ 为诊断准确性中等,$A_z>0.9$ 为诊断准确性较高。

二、可靠性评价

一般采用诊断符合率和 Kappa 值进行评价。诊断符合率越高,新诊断试验的可靠性越大。

Kappa 值的取值范围为 $-1\sim1$,如果 K 值为负数,说明观察一致率比偶然因素造成的一致率还小;$K=-1$,说明甲乙两个诊断完全不一致;$K=0$,说明观察一致率完全由偶然因素所致;$K>0$,说明观察一致程度大于因偶然因素造成一致的程度;$K=1$,说明甲乙两个的诊断完全一致。一般认为 $K\geqslant0.75$,一致性极好。K 值在 0.4～0.75 之间,中、高度一致。$K\leqslant0.4$,一致性差。

【知识点 24-5】

1. 诊断试验的真实性评价:

(1) 常用指标评价;

(2) ROC 曲线评价。

2. 诊断试验的可靠性评价:

(1) 诊断符合率评价;

(2) Kappa 值评价。

三、收益评价

(一) 绩效评价

衡量诊断和筛检试验的绩效主要用预测值(predictive value),预测值又称诊断价值,表示诊断试验结果的实际临床意义。常用阳性预测值和阴性预测值进行评价,例 24-3 中的阳性预测值为 68.1%,阴性预测值为 34.0%,临床医师可以说在心电图检查的阳性结果中,被检查者患冠心病的概率是 68.1%,而在心电图检查的阴性结果中,医师有 34.0%的把握排除被检查者患有冠心病。

(二) 经济效益评价

经济效益(cost-effectiveness)评价一般包括成本效益分析(cost-benefit analysis,CBA)、成本效果分析(cost-effect analysis,CEA)和成本效用分析(cost-utility analysis,CUA)。

1. 成本效益分析(cost-benefit analysis,CBA)　成本是试验所花费的全部费用,效益是指通过试验所取得经济效益,如早期发现和治疗病人、节省的医疗费用等。效益除以成本即可得到单位成本上所获得的收益。

2. 成本效果分析(cost-effect analysis,CEA)　效果是指通过试验所取得的社会效益,如延长了寿命,提高了生命质量,给患者、家庭、人群和社会带来好处等。一般计算每一效果所需的费用,只有大于成本的效果才有试验价值。

3. 成本效用分析(cost-utility analysis,CUA)　根据试验目的不同,使用的指标也不同。一般使用质量调整寿命年(quality adjusted life year,QALY)评价健康改善情况,伤残调整寿命年(disability adjusted life year,DALY)或生命质量指数(physical quality-of-life index,PQLI)衡量疾病负担等。

四、提高诊断试验效率的方法

(一) 提高患病率

前述的患病率与灵敏度、特异度及预测值等的公式中,当灵敏度和特异度不变时,阳性预测值随患病率的增高而增大;当似然比不变时,患病率升高,阳性预测值也会增大。阳性预测值越大,医师诊断的把握性也越大,诊断试验的价值和效率越高。一般可以通过选择高危人群、职业人群和特殊暴露人群等作为研究对象,提高患病率和诊断试验的价值及其效率。

(二) 联合试验

1. 平行(并联)试验　平行试验(parallel level)是几个试验同时进行,只要有一个试验出现阳性即可诊断为阳性。其优点是灵敏度提高,漏诊率降低;缺点是特异度降低,误诊率增高。

2. 系列(串联)试验　系列试验(series test)是几个试验相继进行,一旦试验有一个阴性即可诊断为阴性,全部阳性才能诊断为阳性。其优点是特异度增高,误诊率降低;缺点是灵敏度下降,漏诊率增高、

【知识点 24-6】

1. 诊断试验的收益评价:

(1) 绩效评价;

(2) 经济效益评价:①成本效益分析;②成本效果分析;③成本效用分析。

2. 提高诊断试验效率的方法:

(1) 提高患病率;

(2) 联合试验:①平行(并联)试验;②系列(串联)试验。

思考练习

(一) 名词解释

1. 筛检试验 2. 诊断试验 3. 平行试验 4. 灵敏度

5. 特异度 6. ROC 曲线 7. 漏诊率 8. 阳性预测值

9. 阴性预测值 10. 误诊率 11. Youden 指数 12. Kappa 值

(二) 是非题(正确记"+",错误记"-")

1. 筛检和诊断试验的灵敏度越高越好。 ( )
2. 当灵敏度和特异度不变时,阳性预测值随患病率的增高而增大。 ( )
3. 若目的要尽量减少误诊率,应提高灵敏度。 ( )
4. 选择高危人群作为研究对象可以提高患病率。 ( )
5. 平行试验的优点是灵敏度提高,漏诊率降低。 ( )
6. 阳性预测值越大,医师诊断的把握性也越大。 ( )
7. 特异度降低,误诊率增高。 ( )
8. ROC 曲线下的面积(A_z)取值范围为 0~1 之间。 ( )
9. Kappa 值没有考虑偶然因素(机遇因素)对一致性的影响。 ( )
10. ROC 曲线下的面积(A_z)可以反映某个诊断试验的准确性大小。 ( )

(三) 选择题(从 a~e 中选出一个最佳答案)

1. 诊断试验的灵敏度越高,则________。

a. 漏诊率越大　　b. 特异度越大

c. 阳性预测值越大　　d. 阴性预测值越大

e. 误诊率越大

2. 诊断试验的特异度越高,则________。

a. 漏诊率越大　　b. 灵敏度越大

c. 阳性预测值越大　　d. 阴性预测值越大

e. 误诊率越大

3. 假阳性率又称________。

a. 漏诊率　　b. 灵敏度　　c. 特异度

d. 误诊率　　e. 阳性预测值

4. 假阴性率又称________。

a. 漏诊率　　b. 灵敏度　　c. 特异度

d. 误诊率　　e. 阳性预测值

5. 为了普查、普治病人,一般要提高________。

a. 漏诊率　　b. 灵敏度　　c. 特异度

d. 误诊率　　e. 以上都不对

6. 为了确诊病人，一般要提高________。

a. 漏诊率　　b. 灵敏度　　c. 特异度

d. 误诊率　　e. 以上都不对

7. 某个诊断试验 ROC 曲线下的面积(A_z)为 0.856，诊断准确性评价为________。

a. 无　　b. 较低　　c. 中等

d. 较高　　e. 以上都不对

8. 某个诊断试验 Kappa 值为 0.66，诊断一致性评价为________。

a. 无一致性　　b. 一致性差　　c. 中、高一致

d. 一致性极佳　　e. 以上都不对

9. 一般使用________评价健康改善情况。

a. Kappa 值　　b. Youden 指数

c. 伤残调整寿命年(DALY)　　d. 质量调整寿命年(QALY)

e. 以上都不对

10. SPSS 软件 ROC 曲线主对话框选项一般应该________。

a. 不选择　　b. 部分选择　　c. 全选

d. 默认选择　　e. 以上都不对

(四) 应用题

1. 某医院甲乙两个医师用 B 超对 100 例胆结石患者进行诊断，两者诊断阳性率均为 90.0%，见表 24-7。该医院领导认为甲乙两个医师的诊断水平相同。请给予评价。

表 24-7　甲乙两个医师对胆结石患者诊断一致阳性率分析

甲医师	乙医师		合计
	+	−	
+	82	8	90
−	8	2	10
合计	90	10	100

2. 某医师评价血清总淀粉酶(Backman 法)诊断胰腺炎的价值，采用金标准确诊的各种胰腺炎 80 例；另选择了急性阑尾炎、胆道疾病、妇科疾病、胃肠疾病等非胰腺炎性腹痛 282 例作为对照。两组均测定血清总淀粉酶，以超过血清总淀粉酶正常值上限作为阳性标准，得到表 24-8 的资料。

表 24-8　血清总淀粉酶诊断急性胰腺炎的评价

血清总淀粉酶	金标准		合计
	急性胰腺炎	非急性胰腺炎	
>正常值上限	74	32	106
<正常值上限	6	250	256
合计	80	282	362

问：(1) 计算灵敏度、特异度、阳性预测值、阴性预测值、Youden 指数和 Kappa 值。

(2) 对血清总淀粉酶诊断价值进行评价。

(3) 若要提高该试验灵敏度，应提高还是降低正常值上限。

3. 某医院以骨髓穿刺为金标准诊断缺铁性贫血，对病例与对照各100例采用血液化验方法得到诊断结果见表24-9。

问：(1) 计算灵敏度、特异度、阳性预测值、阴性预测值、Youden指数和Kappa值。

(2) 对血液化验诊断价值进行评价。

表24-9 两种方法对比情况

血液化验	金标准		合计
	病例	对照	
+	68	22	90
−	32	78	110
合计	100	100	200

4. 某医师采用骨髓诊断作为金标准，将90例患者中的34例确诊为缺铁性贫血(病例组)，其余56例确诊非缺铁性贫血(对照组)，测得每个患者的红细胞平均体积(MCV)见表24-10，试采用ROC分析评价MCV诊断缺铁性贫血的能力。

表24-10 90例患者红细胞平均体积(MCV)测试结果

骨髓诊断	红细胞平均体积(MCV)结果																
病例组	51	52	55	57	58	61	63	65	67	68	69	70	71	71	71	72	72
	73	73	74	74	75	76	77	78	79	79	79	80	80	85	86	87	87
对照组	69	70	71	72	73	74	75	76	77	78	79	80	81	81	82	82	82
	83	84	84	84	85	85	85	86	86	87	87	88	89	89	90	90	90
	90	91	91	91	92	92	93	94	95	95	96	96	96	97	98	99	99
	99	100	101	102	103												

5. 某医师按肯定正常、可能正常、异常可疑、可能异常、肯定异常(分别记为1、2、3、4、5)对对照组样本201份，病例组样本52份影像资料进行诊断分类，频数资料见表24-11。问该医生对这类影像资料的诊断能力如何。

表24-11 两组影像资料诊断分类

分类	1	2	3	4	5	合计
对照组	42	66	50	32	11	201
病例组	3	4	11	19	15	52

(常 巍 陈 莹 孟 琼)

参考文献

陈峰．2001．医用多元统计分析方法．北京：中国统计出版社．

方积乾．2003．卫生统计学．5 版．北京：人民卫生出版社．

方积乾．2006．医学统计学与电脑实验．3 版．上海：上海科学技术出版社．

洪楠．2000．SPSS for Windows 统计分析教程．北京：电子工业出版社．

胡良平，李子建．2003．医学统计学基础与典型错误辨析．北京：军事医学科学出版社．

黄悦勤．2006．临床流行病学．2 版．北京：人民卫生出版社．

金丕焕．1993．医用统计方法．2 版．上海：上海医科大学出版社．

李志辉，罗平．2005．SPSS for Windows 统计分析教程．2 版．北京：电子工业出版社．

刘丹红．2005．医学统计学．北京：科学技术文献出版社．

柳青．2004．多元统计分册．//徐天和．中国医学统计百科全书．北京：人民卫生出版社．

卢纹岱．2002．SPSS for Windows 统计分析．2 版．北京：电子工业出版社．

罗家洪，郭秀花．2011．医学统计学．2 版．北京：科学出版社．

罗家洪，郭秀花．2012．医学统计计算机操作教程．2 版．北京：科学出版社．

罗家洪，唐军．2007．医学统计学学习指导．北京：科学出版社．

罗家洪，万崇华．2005．医学统计学学习辅导．昆明：云南民族出版社．

罗家洪，徐天和．2006．医学统计学．北京：科学出版社．

倪宗瓒．2003．医学统计学．北京：高等教育出版社．

倪宗瓒．2004．医学统计学学习指导．北京：高等教育出版社．

苏金明．2004．统计软件 SPSS12.0 for Windows 应用及开发指南．北京：电子工业出版社．

孙振球．2006．医学统计学．2 版．北京：人民卫生出版社．

唐军．2004．单变量推断统计分册．//徐天和．中国医学统计百科全书．北京：人民卫生出版社．

田考聪．2004．描述性统计分册．// 徐天和．中国医学统计百科全书．北京：人民卫生出版社．

万崇华，罗家洪．1999．卫生统计学学习辅导．昆明：云南民族出版社．

万崇华，罗家洪．2005．卫生统计学学习辅导．2 版．昆明：云南民族出版社．

万崇华，罗家洪．2014．高级医学统计学．北京：科学出版社．

徐勇勇．2003．医学统计学．2 版．北京：高等教育出版社．

徐勇勇．2004．医学研究统计设计分册．// 徐天和．中国医学统计百科全书．北京：人民卫生出版社．

杨树勤．1997．卫生统计学．3 版．北京：人民卫生出版社．

余松林．2002．医学统计学．北京：人民卫生出版社．

张文彤．2002．SPSS11 统计分析教程(基础篇、高级篇)．北京：北京希望电子出版社．

张文彤．2004．SPSS 统计分析高级教程．北京：高等教育出版社．

赵耐青．2004．医学统计学．北京：高等教育出版社．

附录一 统计用表

附表 1 标准正态分布密度函数曲线下的面积，$\Phi(-z)$值

z	0.00	0.01	0.02	0.03	0.04	0.05	0.06	0.07	0.08	0.09
−3.0	0.0013	0.0013	0.0013	0.0012	0.0012	0.0011	0.0011	0.0011	0.0010	0.0010
−2.9	0.0019	0.0018	0.0018	0.0017	0.0016	0.0016	0.0015	0.0015	0.0014	0.0014
−2.8	0.0026	0.0025	0.0024	0.0023	0.0023	0.0022	0.0021	0.0021	0.0020	0.0019
−2.7	0.0035	0.0034	0.0033	0.0032	0.0031	0.0030	0.0029	0.0028	0.0027	0.0026
−2.6	0.0047	0.0045	0.0044	0.0043	0.0041	0.0040	0.0039	0.0038	0.0037	0.0036
−2.5	0.0062	0.0060	0.0059	0.0057	0.0055	0.0054	0.0052	0.0051	0.0049	0.0048
−2.4	0.0082	0.0080	0.0078	0.0075	0.0073	0.0071	0.0069	0.0068	0.0066	0.0064
−2.3	0.0107	0.0104	0.0102	0.0099	0.0096	0.0094	0.0091	0.0089	0.0087	0.0084
−2.2	0.0139	0.0136	0.0132	0.0129	0.0125	0.0122	0.0119	0.0116	0.0113	0.0110
−2.1	0.0179	0.0174	0.0170	0.0166	0.0162	0.0158	0.0154	0.0150	0.0146	0.0143
−2.0	0.0228	0.0222	0.0217	0.0212	0.0207	0.0202	0.0197	0.0192	0.0188	0.0183
−1.9	0.0287	0.0281	0.0274	0.0268	0.0262	0.0256	0.0250	0.0244	0.0239	0.0233
−1.8	0.0359	0.0352	0.0344	0.0336	0.0329	0.0322	0.0314	0.0307	0.0301	0.0294
−1.7	0.0446	0.0436	0.0427	0.0418	0.0409	0.0401	0.0392	0.0384	0.0375	0.0367
−1.6	0.0548	0.0537	0.0526	0.0516	0.0505	0.0495	0.0485	0.0475	0.0465	0.0455
−1.5	0.0668	0.0655	0.0643	0.0630	0.0618	0.0606	0.0594	0.0582	0.0571	0.0559
−1.4	0.0808	0.0793	0.0778	0.0764	0.0749	0.0735	0.0721	0.0708	0.0694	0.0681
−1.3	0.0968	0.0951	0.0934	0.0918	0.0901	0.0885	0.0869	0.0853	0.0838	0.0823
−1.2	0.1151	0.1131	0.1112	0.1093	0.1075	0.1056	0.1038	0.1020	0.1003	0.0985
−1.1	0.1357	0.1335	0.1314	0.1292	0.1271	0.1251	0.1230	0.1210	0.1190	0.1170
−1.0	0.1587	0.1562	0.1539	0.1515	0.1492	0.1469	0.1446	0.1423	0.1401	0.1379
−0.9	0.1841	0.1814	0.1788	0.1762	0.1736	0.1711	0.1685	0.1660	0.1635	0.1611
−0.8	0.2119	0.2090	0.2061	0.2033	0.2005	0.1977	0.1949	0.1922	0.1894	0.1867
−0.7	0.2420	0.2389	0.2358	0.2327	0.2296	0.2266	0.2236	0.2206	0.2177	0.2148
−0.6	0.2743	0.2709	0.2676	0.2643	0.2611	0.2578	0.2546	0.2514	0.2483	0.2451
−0.5	0.3085	0.3050	0.3015	0.2981	0.2946	0.2912	0.2877	0.2843	0.2810	0.2776
−0.4	0.3446	0.3409	0.3372	0.3336	0.3300	0.3264	0.3228	0.3192	0.3156	0.3121
−0.3	0.3821	0.3783	0.3745	0.3707	0.3669	0.3632	0.3594	0.3557	0.3520	0.3483
−0.2	0.4207	0.4168	0.4129	0.4090	0.4052	0.4013	0.3974	0.3936	0.3897	0.3859
−0.1	0.4602	0.4562	0.4522	0.4483	0.4443	0.4404	0.4364	0.4325	0.4286	0.4247
0.0	0.5000	0.4960	0.4920	0.4880	0.4840	0.4801	0.4761	0.4721	0.4681	0.4641

注：$\Phi(z)=1-\Phi(-z)$

附表 2 t 界值表

自由度 ν	概率，P										
	单侧：	0.25	0.20	0.10	0.05	0.025	0.01	0.005	0.0025	0.001	0.0005
	双侧：	0.50	0.40	0.20	0.10	0.05	0.02	0.01	0.005	0.002	0.001
1		1.000	1.376	3.078	6.314	12.706	31.821	63.657	127.321	318.309	636.619
2		0.816	1.061	1.886	2.920	4.303	6.965	9.925	14.089	22.327	31.599
3		0.765	0.978	1.638	2.353	3.182	4.541	5.841	7.453	10.215	12.924
4		0.741	0.941	1.533	2.132	2.776	3.747	4.604	5.598	7.173	8.610
5		0.727	0.920	1.476	2.015	2.571	3.365	4.032	4.773	5.893	6.869
6		0.718	0.906	1.440	1.943	2.447	3.143	3.707	4.317	5.208	5.959
7		0.711	0.896	1.415	1.895	2.365	2.998	3.499	4.029	4.785	5.408
8		0.706	0.889	1.397	1.860	2.306	2.896	3.355	3.833	4.501	5.041
9		0.703	0.883	1.383	1.833	2.262	2.821	3.250	3.690	4.297	4.781
10		0.700	0.879	1.372	1.812	2.228	2.764	3.169	3.581	4.144	4.587
11		0.697	0.876	1.363	1.796	2.201	2.718	3.106	3.497	4.025	4.437
12		0.695	0.873	1.356	1.782	2.179	2.681	3.055	3.428	3.930	4.318
13		0.694	0.870	1.350	1.771	2.160	2.650	3.012	3.372	3.852	4.221
14		0.692	0.868	1.345	1.761	2.145	2.624	2.977	3.326	3.787	4.140
15		0.691	0.866	1.341	1.753	2.131	2.602	2.947	3.286	3.733	4.073
16		0.690	0.865	1.337	1.746	2.120	2.583	2.921	3.252	3.686	4.015
17		0.689	0.863	1.333	1.740	2.110	2.567	2.898	3.222	3.646	3.965
18		0.688	0.862	1.330	1.734	2.101	2.552	2.878	3.197	3.610	3.922
19		0.688	0.861	1.328	1.729	2.093	2.539	2.861	3.174	3.579	3.883
20		0.687	0.860	1.325	1.725	2.086	2.528	2.845	3.153	3.552	3.850
21		0.686	0.859	1.323	1.721	2.080	2.518	2.831	3.135	3.527	3.819
22		0.686	0.858	1.321	1.717	2.074	2.508	2.819	3.119	3.505	3.792
23		0.685	0.858	1.319	1.714	2.069	2.500	2.807	3.104	3.485	3.768
24		0.685	0.857	1.318	1.711	2.064	2.492	2.797	3.091	3.467	3.745
25		0.684	0.856	1.316	1.708	2.060	2.485	2.787	3.078	3.450	3.725
26		0.684	0.856	1.315	1.706	2.056	2.479	2.779	3.067	3.435	3.707
27		0.684	0.855	1.314	1.703	2.052	2.473	2.771	3.057	3.421	3.690
28		0.683	0.855	1.313	1.701	2.048	2.467	2.763	3.047	3.408	3.674
29		0.683	0.854	1.311	1.699	2.045	2.462	2.756	3.038	3.396	3.659
30		0.683	0.854	1.310	1.697	2.042	2.457	2.750	3.030	3.385	3.646
31		0.682	0.853	1.309	1.696	2.040	2.453	2.744	3.022	3.375	3.633
32		0.682	0.853	1.309	1.694	2.037	2.449	2.738	3.015	3.365	3.622
33		0.682	0.853	1.308	1.692	2.035	2.445	2.733	3.008	3.356	3.611
34		0.682	0.852	1.307	1.691	2.032	2.441	2.728	3.002	3.348	3.601
35		0.682	0.852	1.306	1.690	2.030	2.438	2.724	2.996	3.340	3.591
36		0.681	0.852	1.306	1.688	2.028	2.434	2.719	2.990	3.333	3.582
37		0.681	0.851	1.305	1.687	2.026	2.431	2.715	2.985	3.326	3.574
38		0.681	0.851	1.304	1.686	2.024	2.429	2.712	2.980	3.319	3.566
39		0.681	0.851	1.304	1.685	2.023	2.426	2.708	2.976	3.313	3.558
40		0.681	0.851	1.303	1.684	2.021	2.423	2.704	2.971	3.307	3.551
50		0.679	0.849	1.299	1.676	2.009	2.403	2.678	2.937	3.261	3.496
60		0.679	0.848	1.296	1.671	2.000	2.390	2.660	2.915	3.232	3.460
70		0.678	0.847	1.294	1.667	1.994	2.381	2.648	2.899	3.211	3.435
80		0.678	0.846	1.292	1.664	1.990	2.374	2.639	2.887	3.195	3.416
90		0.677	0.846	1.291	1.662	1.987	2.369	2.632	2.878	3.183	3.402
100		0.677	0.845	1.290	1.660	1.984	2.364	2.626	2.871	3.174	3.390
200		0.676	0.843	1.286	1.653	1.972	2.345	2.601	2.839	3.131	3.340
500		0.675	0.842	1.283	1.648	1.965	2.334	2.586	2.820	3.107	3.310
1000		0.675	0.842	1.282	1.646	1.962	2.330	2.581	2.813	3.098	3.300
∞		0.6745	0.8416	1.2816	1.6449	1.9600	2.3263	2.5758	2.8070	3.0902	3.2905

附表 3　F 界值表（方差齐性检验用，双侧界值）

$\alpha=0.05$

分母的自由度 ν_2	分子的自由度，ν_1															
	1	2	3	4	5	6	7	8	9	10	12	15	20	30	60	∞
1	647.789	799.500	864.163	899.583	921.848	937.111	948.217	956.656	963.285	968.627	976.708	984.867	993.103	1001.414	1009.800	1018.253
2	38.506	39.000	39.166	39.248	39.298	39.332	39.355	39.373	39.387	39.398	39.415	39.431	39.448	39.465	39.481	39.498
3	17.443	16.044	15.439	15.101	14.885	14.735	14.624	14.540	14.473	14.419	14.337	14.253	14.167	14.081	13.992	13.902
4	12.218	10.649	9.979	9.605	9.365	9.197	9.074	8.980	8.905	8.844	8.751	8.657	8.560	8.461	8.360	8.257
5	10.007	8.434	7.764	7.388	7.146	6.978	6.853	6.757	6.681	6.619	6.525	6.428	6.329	6.227	6.123	6.015
6	8.813	7.260	6.599	6.227	5.988	5.820	5.696	5.600	5.523	5.461	5.366	5.269	5.168	5.065	4.959	4.849
7	8.073	6.542	5.890	5.523	5.285	5.119	4.995	4.899	4.823	4.761	4.666	4.568	4.467	4.362	4.254	4.142
8	7.571	6.060	5.416	5.053	4.817	4.652	4.529	4.433	4.357	4.295	4.200	4.101	4.000	3.894	3.784	3.670
9	7.209	5.715	5.078	4.718	4.484	4.320	4.197	4.102	4.026	3.964	3.868	3.769	3.667	3.560	3.449	3.333
10	6.937	5.456	4.826	4.468	4.236	4.072	3.950	3.855	3.779	3.717	3.621	3.522	3.419	3.311	3.198	3.080
11	6.724	5.256	4.630	4.275	4.044	3.881	3.759	3.664	3.588	3.526	3.430	3.330	3.226	3.118	3.004	2.883
12	6.554	5.096	4.474	4.121	3.891	3.728	3.607	3.512	3.436	3.374	3.277	3.177	3.073	2.963	2.848	2.725
13	6.414	4.965	4.347	3.996	3.767	3.604	3.483	3.388	3.312	3.250	3.153	3.053	2.948	2.837	2.720	2.596
14	6.298	4.857	4.242	3.892	3.663	3.501	3.380	3.285	3.209	3.147	3.050	2.949	2.844	2.732	2.614	2.487
15	6.200	4.765	4.153	3.804	3.576	3.415	3.293	3.199	3.123	3.060	2.963	2.862	2.756	2.644	2.524	2.395
16	6.115	4.687	4.077	3.729	3.502	3.341	3.219	3.125	3.049	2.986	2.889	2.788	2.681	2.568	2.447	2.316
17	6.042	4.619	4.011	3.665	3.438	3.277	3.156	3.061	2.985	2.922	2.825	2.723	2.616	2.502	2.380	2.248
18	5.978	4.560	3.954	3.608	3.382	3.221	3.100	3.005	2.929	2.866	2.769	2.667	2.559	2.445	2.321	2.187
19	5.922	4.508	3.903	3.559	3.333	3.172	3.051	2.956	2.880	2.817	2.720	2.617	2.509	2.394	2.270	2.133
20	5.872	4.461	3.859	3.515	3.289	3.128	3.007	2.913	2.837	2.774	2.676	2.573	2.465	2.349	2.223	2.085
21	5.827	4.420	3.819	3.475	3.250	3.090	2.969	2.874	2.798	2.735	2.637	2.534	2.425	2.308	2.182	2.042

续表

分母的自由度 ν_2	分子的自由度, ν_1															
	1	2	3	4	5	6	7	8	9	10	12	15	20	30	60	∞
22	5.786	4.383	3.783	3.440	3.215	3.055	2.934	2.839	2.763	2.700	2.602	2.498	2.389	2.272	2.145	2.003
23	5.750	4.349	3.751	3.408	3.184	3.023	2.902	2.808	2.731	2.668	2.570	2.467	2.357	2.239	2.111	1.968
24	5.717	4.319	3.721	3.379	3.155	2.995	2.874	2.779	2.703	2.640	2.541	2.437	2.327	2.209	2.080	1.935
25	5.686	4.291	3.694	3.353	3.129	2.969	2.848	2.753	2.677	2.614	2.515	2.411	2.301	2.182	2.052	1.906
26	5.659	4.266	3.670	3.329	3.105	2.945	2.824	2.729	2.653	2.590	2.491	2.387	2.276	2.157	2.026	1.878
27	5.633	4.242	3.647	3.307	3.083	2.923	2.802	2.707	2.631	2.568	2.469	2.364	2.253	2.133	2.002	1.853
28	5.610	4.221	3.626	3.286	3.063	2.903	2.782	2.687	2.611	2.547	2.448	2.344	2.232	2.112	1.980	1.829
29	5.588	4.201	3.607	3.267	3.044	2.884	2.763	2.669	2.592	2.529	2.430	2.325	2.213	2.092	1.959	1.807
30	5.568	4.182	3.589	3.250	3.027	2.867	2.746	2.651	2.575	2.511	2.412	2.307	2.195	2.074	1.940	1.787
40	5.424	4.051	3.463	3.126	2.904	2.744	2.624	2.529	2.452	2.388	2.288	2.182	2.068	1.943	1.803	1.637
60	5.286	3.925	3.343	3.008	2.786	2.627	2.507	2.412	2.334	2.270	2.169	2.061	1.945	1.815	1.667	1.482
120	5.152	3.805	3.227	2.894	2.674	2.515	2.395	2.299	2.222	2.157	2.055	1.945	1.825	1.690	1.530	1.311
∞	5.024	3.689	3.116	2.786	2.567	2.408	2.288	2.192	2.114	2.048	1.945	1.833	1.709	1.566	1.389	1.013

附表 4　*F* 界值表(方差分析用,单侧界值)

上行 $\alpha=0.05$,下行 $\alpha=0.01$

分母的	分子的自由度,ν_1											
自由度 ν_2	1	2	3	4	5	6	7	8	9	10	11	12
1	161.448	199.500	215.707	224.583	230.162	233.986	236.768	238.883	240.543	241.882	242.984	243.906
	4052.18	4999.50	5403.35	5624.58	5763.65	5858.99	5928.36	5981.07	6022.47	6055.85	6083.32	6106.32
2	18.513	19.000	19.164	19.247	19.296	19.330	19.353	19.371	19.385	19.396	19.405	19.413
	98.503	99.000	99.166	99.249	99.299	99.333	99.356	99.374	99.388	99.399	99.408	99.416
3	10.128	9.552	9.277	9.117	9.014	8.941	8.887	8.845	8.812	8.786	8.763	8.745
	34.116	30.817	29.457	28.710	28.237	27.911	27.672	27.489	27.345	27.229	27.133	27.052
4	7.709	6.944	6.591	6.388	6.256	6.163	6.094	6.041	5.999	5.964	5.936	5.912
	21.198	18.000	16.694	15.977	15.522	15.207	14.976	14.799	14.659	14.546	14.452	14.374
5	6.608	5.786	5.410	5.192	5.050	4.950	4.876	4.818	4.773	4.735	4.704	4.678
	16.258	13.274	12.060	11.392	10.967	10.672	10.456	10.289	10.158	10.051	9.963	9.888
6	5.987	5.143	4.757	4.534	4.387	4.284	4.207	4.147	4.099	4.060	4.027	4.000
	13.745	10.925	9.780	9.148	8.746	8.466	8.260	8.102	7.976	7.874	7.790	7.718
7	5.591	4.737	4.347	4.120	3.972	3.866	3.787	3.726	3.677	3.637	3.603	3.575
	12.246	9.547	8.451	7.847	7.460	7.191	6.993	6.840	6.719	6.620	6.538	6.469
8	5.318	4.459	4.066	3.838	3.688	3.581	3.501	3.438	3.388	3.347	3.313	3.284
	11.259	8.649	7.591	7.006	6.632	6.371	6.178	6.029	5.911	5.814	5.734	5.667
9	5.117	4.257	3.863	3.633	3.482	3.374	3.293	3.230	3.179	3.137	3.103	3.073
	10.561	8.022	6.992	6.422	6.057	5.802	5.613	5.467	5.351	5.257	5.178	5.111
10	4.965	4.103	3.708	3.478	3.326	3.217	3.136	3.072	3.020	2.978	2.943	2.913
	10.044	7.559	6.552	5.994	5.636	5.386	5.200	5.057	4.942	4.849	4.772	4.706
11	4.844	3.982	3.587	3.357	3.204	3.095	3.012	2.948	2.896	2.854	2.818	2.788
	9.646	7.206	6.217	5.668	5.316	5.069	4.886	4.745	4.632	4.539	4.462	4.397
12	4.747	3.885	3.490	3.259	3.106	2.996	2.913	2.849	2.796	2.753	2.717	2.687
	9.330	6.927	5.953	5.412	5.064	4.821	4.640	4.499	4.388	4.296	4.220	4.155
13	4.667	3.806	3.411	3.179	3.025	2.915	2.832	2.767	2.714	2.671	2.635	2.604
	9.074	6.701	5.739	5.205	4.862	4.620	4.441	4.302	4.191	4.100	4.025	3.960
14	4.600	3.739	3.344	3.112	2.958	2.848	2.764	2.699	2.646	2.602	2.566	2.534
	8.862	6.515	5.564	5.035	4.695	4.456	4.278	4.140	4.030	3.939	3.864	3.800
15	4.543	3.682	3.287	3.056	2.901	2.791	2.707	2.641	2.588	2.544	2.507	2.475
	8.683	6.359	5.417	4.893	4.556	4.318	4.142	4.005	3.895	3.805	3.730	3.666
16	4.494	3.634	3.239	3.007	2.852	2.741	2.657	2.591	2.538	2.494	2.456	2.425
	8.531	6.226	5.292	4.773	4.437	4.202	4.026	3.890	3.780	3.691	3.616	3.553
17	4.451	3.592	3.197	2.965	2.810	2.699	2.614	2.548	2.494	2.450	2.413	2.381
	8.400	6.112	5.185	4.669	4.336	4.102	3.927	3.791	3.682	3.593	3.519	3.455
18	4.414	3.555	3.160	2.928	2.773	2.661	2.577	2.510	2.456	2.412	2.374	2.342
	8.285	6.013	5.092	4.579	4.248	4.015	3.841	3.705	3.597	3.508	3.434	3.371
19	4.381	3.522	3.127	2.895	2.740	2.628	2.544	2.477	2.423	2.378	2.340	2.308
	8.185	5.926	5.010	4.500	4.171	3.939	3.765	3.631	3.523	3.434	3.360	3.297
20	4.351	3.493	3.098	2.866	2.711	2.599	2.514	2.447	2.393	2.348	2.310	2.278
	8.096	5.849	4.938	4.431	4.103	3.871	3.699	3.564	3.457	3.368	3.294	3.231
21	4.325	3.467	3.073	2.840	2.685	2.573	2.488	2.421	2.366	2.321	2.283	2.250
	8.017	5.780	4.874	4.369	4.042	3.812	3.640	3.506	3.398	3.310	3.236	3.173
22	4.301	3.443	3.049	2.817	2.661	2.549	2.464	2.397	2.342	2.297	2.259	2.226
	7.945	5.719	4.817	4.313	3.988	3.758	3.587	3.453	3.346	3.258	3.184	3.121
23	4.279	3.422	3.028	2.796	2.640	2.528	2.442	2.375	2.320	2.275	2.236	2.204
	7.881	5.664	4.765	4.264	3.939	3.710	3.539	3.406	3.299	3.211	3.137	3.074
24	4.260	3.403	3.009	2.776	2.621	2.508	2.423	2.355	2.300	2.255	2.216	2.183
	7.823	5.614	4.718	4.218	3.895	3.667	3.496	3.363	3.256	3.168	3.094	3.032
25	4.242	3.385	2.991	2.759	2.603	2.490	2.405	2.337	2.282	2.237	2.198	2.165
	7.770	5.568	4.676	4.177	3.855	3.627	3.457	3.324	3.217	3.129	3.056	2.993

续表

分母的自由度 ν_2	分子的自由度，ν_1											
	14	16	20	24	30	40	50	75	100	200	500	∞
1	245.364	246.464	248.013	249.052	250.095	251.143	251.774	252.618	253.041	253.677	254.059	254.313
	6142.674	6170.101	6208.730	6234.631	6260.649	6286.782	6302.517	6323.561	6334.110	6349.967	6359.501	6365.833
2	19.424	19.433	19.446	19.454	19.462	19.471	19.476	19.482	19.486	19.491	19.494	19.496
	99.428	99.437	99.449	99.458	99.466	99.474	99.479	99.486	99.489	99.494	99.497	99.499
3	8.715	8.692	8.660	8.639	8.617	8.594	8.581	8.563	8.554	8.540	8.532	8.527
	26.924	26.827	26.690	26.598	26.505	26.411	26.354	26.278	26.240	26.183	26.148	26.125
4	5.873	5.844	5.803	5.774	5.746	5.717	5.700	5.676	5.664	5.646	5.635	5.628
	14.249	14.154	14.020	13.929	13.838	13.745	13.690	13.615	13.577	13.520	13.486	13.463
5	4.636	4.604	4.558	4.527	4.496	4.464	4.444	4.418	4.405	4.385	4.373	4.365
	9.770	9.680	9.553	9.467	9.379	9.291	9.238	9.166	9.130	9.075	9.042	9.021
6	3.956	3.922	3.874	3.842	3.808	3.774	3.754	3.726	3.712	3.690	3.678	3.669
	7.605	7.519	7.396	7.313	7.229	7.143	7.092	7.022	6.987	6.934	6.902	6.880
7	3.529	3.494	3.445	3.411	3.376	3.340	3.319	3.290	3.275	3.253	3.239	3.230
	6.359	6.275	6.155	6.074	5.992	5.908	5.858	5.789	5.755	5.702	5.671	5.650
8	3.237	3.202	3.150	3.115	3.079	3.043	3.020	2.990	2.975	2.951	2.937	2.928
	5.559	5.477	5.359	5.279	5.198	5.116	5.065	4.998	4.963	4.911	4.880	4.859
9	3.026	2.989	2.937	2.901	2.864	2.826	2.803	2.772	2.756	2.731	2.717	2.707
	5.005	4.924	4.808	4.729	4.649	4.567	4.517	4.449	4.415	4.363	4.332	4.311
10	2.865	2.828	2.774	2.737	2.700	2.661	2.637	2.605	2.588	2.563	2.548	2.538
	4.601	4.520	4.405	4.327	4.247	4.165	4.116	4.048	4.014	3.962	3.930	3.909
11	2.739	2.701	2.646	2.609	2.571	2.531	2.507	2.473	2.457	2.431	2.415	2.405
	4.293	4.213	4.099	4.021	3.941	3.860	3.810	3.742	3.708	3.656	3.624	3.603
12	2.637	2.599	2.544	2.506	2.466	2.426	2.401	2.367	2.350	2.323	2.307	2.296
	4.052	3.972	3.858	3.781	3.701	3.619	3.569	3.501	3.467	3.414	3.382	3.361
13	2.554	2.515	2.459	2.420	2.380	2.339	2.314	2.279	2.261	2.234	2.218	2.207
	3.857	3.778	3.665	3.587	3.507	3.425	3.375	3.307	3.272	3.219	3.187	3.166
14	2.484	2.445	2.388	2.349	2.308	2.266	2.241	2.205	2.187	2.159	2.142	2.131
	3.698	3.619	3.505	3.427	3.348	3.266	3.215	3.147	3.112	3.059	3.026	3.004
15	2.424	2.385	2.328	2.288	2.247	2.204	2.178	2.142	2.123	2.095	2.078	2.066
	3.564	3.485	3.372	3.294	3.214	3.132	3.081	3.012	2.977	2.924	2.891	2.869
16	2.373	2.334	2.276	2.235	2.194	2.151	2.124	2.087	2.069	2.040	2.022	2.010
	3.451	3.372	3.259	3.181	3.101	3.018	2.968	2.898	2.863	2.808	2.775	2.753
17	2.329	2.289	2.230	2.190	2.148	2.104	2.077	2.040	2.020	1.991	1.973	1.960
	3.353	3.275	3.162	3.084	3.003	2.921	2.869	2.800	2.764	2.709	2.676	2.653
18	2.290	2.250	2.191	2.150	2.107	2.063	2.035	1.998	1.978	1.948	1.929	1.917
	3.269	3.190	3.077	2.999	2.919	2.835	2.784	2.714	2.678	2.623	2.589	2.566
19	2.256	2.215	2.156	2.114	2.071	2.026	1.999	1.960	1.940	1.910	1.891	1.878
	3.195	3.117	3.003	2.925	2.844	2.761	2.709	2.639	2.602	2.547	2.512	2.489
20	2.225	2.184	2.124	2.083	2.039	1.994	1.966	1.927	1.907	1.876	1.856	1.843
	3.130	3.051	2.938	2.859	2.779	2.695	2.643	2.572	2.535	2.479	2.445	2.421
21	2.198	2.156	2.096	2.054	2.010	1.965	1.936	1.897	1.876	1.845	1.825	1.812
	3.072	2.993	2.880	2.801	2.720	2.636	2.584	2.512	2.476	2.419	2.384	2.360
22	2.173	2.131	2.071	2.028	1.984	1.938	1.909	1.869	1.849	1.817	1.797	1.783
	3.020	2.941	2.827	2.749	2.668	2.583	2.531	2.459	2.422	2.365	2.329	2.306
23	2.150	2.109	2.048	2.005	1.961	1.914	1.885	1.844	1.823	1.791	1.771	1.757
	2.973	2.894	2.781	2.702	2.620	2.536	2.483	2.411	2.373	2.316	2.280	2.256
24	2.130	2.088	2.027	1.984	1.939	1.892	1.863	1.822	1.801	1.768	1.747	1.733
	2.930	2.852	2.738	2.659	2.577	2.492	2.440	2.367	2.329	2.271	2.235	2.211
25	2.111	2.069	2.008	1.964	1.919	1.872	1.842	1.801	1.779	1.746	1.725	1.711
	2.892	2.813	2.699	2.620	2.538	2.453	2.400	2.327	2.289	2.230	2.194	2.170

续表

分母的自由度ν_2	分子的自由度,ν_1											
	14	16	20	24	30	40	50	75	100	200	500	∞
26	4.225	3.369	2.975	2.743	2.587	2.474	2.388	2.321	2.266	2.220	2.181	2.148
	7.721	5.526	4.637	4.140	3.818	3.591	3.421	3.288	3.182	3.094	3.021	2.958
27	4.210	3.354	2.960	2.728	2.572	2.459	2.373	2.305	2.250	2.204	2.166	2.132
	7.677	5.488	4.601	4.106	3.785	3.558	3.388	3.256	3.149	3.062	2.988	2.926
28	4.196	3.340	2.947	2.714	2.558	2.445	2.359	2.291	2.236	2.190	2.151	2.118
	7.636	5.453	4.568	4.074	3.754	3.528	3.358	3.226	3.120	3.032	2.959	2.896
29	4.183	3.328	2.934	2.701	2.545	2.432	2.346	2.278	2.223	2.177	2.138	2.105
	7.598	5.420	4.538	4.045	3.725	3.500	3.330	3.198	3.092	3.005	2.931	2.869
30	4.171	3.316	2.922	2.690	2.534	2.421	2.334	2.266	2.211	2.165	2.126	2.092
	7.563	5.390	4.510	4.018	3.699	3.474	3.305	3.173	3.067	2.979	2.906	2.843
32	4.149	3.295	2.901	2.668	2.512	2.399	2.313	2.244	2.189	2.143	2.103	2.070
	7.499	5.336	4.459	3.970	3.652	3.427	3.258	3.127	3.021	2.934	2.860	2.798
34	4.130	3.276	2.883	2.650	2.494	2.380	2.294	2.225	2.170	2.123	2.084	2.050
	7.444	5.289	4.416	3.927	3.611	3.386	3.218	3.087	2.981	2.894	2.821	2.758
36	4.113	3.259	2.866	2.634	2.477	2.364	2.277	2.209	2.153	2.106	2.067	2.033
	7.396	5.248	4.377	3.890	3.574	3.351	3.183	3.052	2.946	2.859	2.786	2.723
38	4.098	3.245	2.852	2.619	2.463	2.349	2.262	2.194	2.138	2.091	2.051	2.017
	7.353	5.211	4.343	3.858	3.542	3.319	3.152	3.021	2.915	2.828	2.755	2.692
40	4.085	3.232	2.839	2.606	2.450	2.336	2.249	2.180	2.124	2.077	2.038	2.004
	7.314	5.179	4.313	3.828	3.514	3.291	3.124	2.993	2.888	2.801	2.727	2.665
42	4.073	3.220	2.827	2.594	2.438	2.324	2.237	2.168	2.112	2.065	2.025	1.991
	7.280	5.149	4.285	3.802	3.488	3.266	3.099	2.968	2.863	2.776	2.703	2.640
44	4.062	3.209	2.817	2.584	2.427	2.313	2.226	2.157	2.101	2.054	2.014	1.980
	7.248	5.123	4.261	3.778	3.465	3.243	3.076	2.946	2.841	2.754	2.680	2.618
46	4.052	3.200	2.807	2.574	2.417	2.304	2.216	2.147	2.091	2.044	2.004	1.970
	7.220	5.099	4.238	3.757	3.444	3.222	3.056	2.925	2.820	2.733	2.660	2.598
48	4.043	3.191	2.798	2.565	2.409	2.295	2.207	2.138	2.082	2.035	1.995	1.960
	7.194	5.077	4.218	3.737	3.425	3.204	3.037	2.907	2.802	2.715	2.642	2.579
50	4.034	3.183	2.790	2.557	2.400	2.286	2.199	2.130	2.073	2.026	1.986	1.952
	7.171	5.057	4.199	3.720	3.408	3.186	3.020	2.890	2.785	2.698	2.625	2.563
60	4.001	3.150	2.758	2.525	2.368	2.254	2.167	2.097	2.040	1.993	1.952	1.917
	7.077	4.977	4.126	3.649	3.339	3.119	2.953	2.823	2.719	2.632	2.559	2.496
70	3.978	3.128	2.736	2.503	2.346	2.231	2.144	2.074	2.017	1.969	1.928	1.893
	7.011	4.922	4.074	3.600	3.291	3.071	2.906	2.777	2.672	2.585	2.512	2.450
80	3.960	3.111	2.719	2.486	2.329	2.214	2.126	2.056	1.999	1.951	1.911	1.875
	6.963	4.881	4.036	3.563	3.255	3.036	2.871	2.742	2.637	2.551	2.478	2.415
100	3.936	3.087	2.696	2.463	2.305	2.191	2.103	2.032	1.975	1.927	1.886	1.850
	6.895	4.824	3.984	3.513	3.206	2.988	2.823	2.694	2.590	2.503	2.430	2.368
120	3.920	3.072	2.680	2.447	2.290	2.175	2.087	2.016	1.959	1.911	1.869	1.834
	6.851	4.787	3.949	3.480	3.174	2.956	2.792	2.663	2.559	2.472	2.399	2.336
150	3.904	3.056	2.665	2.432	2.275	2.160	2.071	2.001	1.943	1.894	1.853	1.817
	6.807	4.750	3.915	3.447	3.142	2.924	2.761	2.632	2.528	2.441	2.368	2.305
200	3.888	3.041	2.650	2.417	2.259	2.144	2.056	1.985	1.927	1.878	1.837	1.801
	6.763	4.713	3.881	3.414	3.110	2.893	2.730	2.601	2.497	2.411	2.338	2.275
400	3.865	3.018	2.627	2.394	2.237	2.121	2.033	1.962	1.903	1.854	1.813	1.776
	6.699	4.659	3.831	3.366	3.063	2.847	2.684	2.556	2.452	2.365	2.292	2.229
1000	3.851	3.005	2.614	2.381	2.223	2.108	2.019	1.948	1.889	1.840	1.798	1.762
	6.660	4.626	3.801	3.338	3.036	2.820	2.657	2.529	2.425	2.339	2.266	2.203
∞	3.842	2.996	2.605	2.372	2.214	2.099	2.010	1.939	1.880	1.831	1.789	1.752
	6.635	4.605	3.782	3.319	3.017	2.802	2.640	2.512	2.408	2.321	2.248	2.185

续表

分母的自由度 ν_2	分子的自由度, ν_1 1	2	3	4	5	6	7	8	9	10	11	12
26	2.094	2.052	1.990	1.946	1.901	1.853	1.823	1.782	1.760	1.726	1.705	1.691
	2.857	2.778	2.664	2.585	2.503	2.417	2.364	2.290	2.252	2.193	2.156	2.132
27	2.078	2.036	1.974	1.930	1.884	1.836	1.806	1.764	1.742	1.708	1.686	1.672
	2.824	2.746	2.632	2.552	2.470	2.384	2.330	2.256	2.218	2.159	2.122	2.097
28	2.064	2.021	1.959	1.915	1.869	1.820	1.790	1.747	1.725	1.691	1.669	1.654
	2.795	2.716	2.602	2.522	2.440	2.354	2.300	2.225	2.187	2.127	2.090	2.064
29	2.050	2.007	1.945	1.901	1.854	1.806	1.775	1.732	1.710	1.675	1.653	1.638
	2.767	2.689	2.574	2.495	2.412	2.325	2.271	2.197	2.158	2.097	2.060	2.034
30	2.037	1.995	1.932	1.887	1.841	1.792	1.761	1.718	1.695	1.660	1.638	1.622
	2.742	2.663	2.549	2.469	2.386	2.299	2.245	2.170	2.131	2.070	2.032	2.006
32	2.015	1.972	1.908	1.864	1.817	1.767	1.736	1.692	1.669	1.633	1.610	1.594
	2.696	2.618	2.503	2.423	2.340	2.252	2.198	2.122	2.082	2.021	1.982	1.956
34	1.995	1.952	1.888	1.843	1.795	1.745	1.713	1.669	1.645	1.609	1.585	1.570
	2.657	2.578	2.463	2.383	2.299	2.211	2.156	2.080	2.040	1.977	1.938	1.911
36	1.977	1.934	1.870	1.824	1.776	1.726	1.694	1.648	1.625	1.587	1.564	1.547
	2.622	2.543	2.428	2.347	2.263	2.175	2.120	2.042	2.002	1.939	1.899	1.872
38	1.962	1.918	1.853	1.808	1.760	1.708	1.676	1.630	1.606	1.568	1.544	1.527
	2.591	2.512	2.397	2.316	2.232	2.143	2.087	2.009	1.968	1.905	1.864	1.837
40	1.948	1.904	1.839	1.793	1.744	1.693	1.660	1.614	1.589	1.551	1.526	1.509
	2.563	2.484	2.369	2.288	2.203	2.114	2.058	1.980	1.938	1.874	1.833	1.805
42	1.935	1.891	1.826	1.780	1.731	1.679	1.646	1.599	1.574	1.535	1.510	1.492
	2.539	2.460	2.344	2.263	2.178	2.088	2.032	1.953	1.911	1.846	1.805	1.776
44	1.924	1.879	1.814	1.768	1.718	1.666	1.633	1.585	1.560	1.520	1.495	1.477
	2.516	2.437	2.321	2.240	2.155	2.065	2.008	1.929	1.887	1.821	1.779	1.750
46	1.913	1.869	1.803	1.756	1.707	1.654	1.621	1.573	1.547	1.507	1.481	1.463
	2.496	2.417	2.301	2.220	2.134	2.044	1.987	1.907	1.864	1.797	1.755	1.726
48	1.904	1.859	1.793	1.746	1.697	1.644	1.610	1.561	1.536	1.495	1.469	1.450
	2.478	2.399	2.282	2.201	2.115	2.024	1.967	1.886	1.844	1.776	1.733	1.704
50	1.895	1.850	1.784	1.737	1.687	1.634	1.600	1.551	1.525	1.484	1.457	1.438
	2.461	2.382	2.265	2.184	2.098	2.007	1.949	1.868	1.825	1.757	1.713	1.683
60	1.860	1.815	1.748	1.700	1.649	1.594	1.559	1.509	1.481	1.438	1.409	1.389
	2.394	2.315	2.198	2.115	2.029	1.936	1.877	1.794	1.749	1.678	1.633	1.601
70	1.836	1.790	1.722	1.674	1.622	1.566	1.530	1.478	1.450	1.404	1.374	1.353
	2.348	2.268	2.150	2.067	1.980	1.886	1.826	1.741	1.695	1.622	1.574	1.541
80	1.817	1.772	1.703	1.654	1.602	1.545	1.508	1.455	1.426	1.379	1.347	1.325
	2.313	2.233	2.115	2.032	1.944	1.849	1.788	1.702	1.655	1.579	1.530	1.494
100	1.792	1.746	1.676	1.627	1.573	1.515	1.477	1.422	1.392	1.342	1.308	1.283
	2.265	2.185	2.067	1.983	1.893	1.797	1.735	1.646	1.598	1.518	1.466	1.427
120	1.775	1.729	1.659	1.608	1.554	1.495	1.457	1.400	1.369	1.316	1.280	1.254
	2.234	2.154	2.035	1.950	1.860	1.763	1.700	1.609	1.559	1.477	1.422	1.381
150	1.758	1.711	1.641	1.590	1.535	1.475	1.436	1.377	1.345	1.290	1.252	1.223
	2.203	2.122	2.003	1.918	1.827	1.729	1.665	1.572	1.520	1.435	1.376	1.332
200	1.742	1.694	1.623	1.572	1.516	1.455	1.415	1.355	1.321	1.263	1.221	1.189
	2.172	2.091	1.971	1.886	1.794	1.695	1.630	1.534	1.481	1.391	1.328	1.279
400	1.717	1.669	1.597	1.545	1.488	1.425	1.383	1.319	1.283	1.219	1.170	1.128
	2.126	2.045	1.925	1.838	1.745	1.643	1.576	1.477	1.421	1.323	1.249	1.187
1000	1.702	1.654	1.581	1.528	1.471	1.406	1.363	1.298	1.260	1.190	1.134	1.078
	2.099	2.018	1.897	1.810	1.716	1.613	1.545	1.442	1.384	1.278	1.195	1.113
∞	1.692	1.644	1.571	1.517	1.459	1.394	1.350	1.283	1.244	1.170	1.107	1.011
	2.082	2.000	1.879	1.791	1.697	1.593	1.523	1.419	1.358	1.248	1.154	1.015

附表 5 *q* 界值表(Student-Newman-Keuls 法用)

上行 $\alpha=0.05$,下行 $\alpha=0.01$

ν	组数,a								
	2	3	4	5	6	7	8	9	10
5	3.64	4.60	5.22	5.67	6.03	6.33	6.58	6.80	6.99
	5.70	6.98	7.80	8.42	8.91	9.32	9.67	9.97	10.24
6	3.46	4.34	4.90	5.30	5.63	5.90	6.12	6.32	6.49
	5.24	6.33	7.03	7.56	7.97	8.32	8.61	8.87	9.10
7	3.34	4.16	4.68	5.06	5.36	5.61	5.82	6.00	6.16
	4.95	5.92	6.54	7.01	7.37	7.68	7.94	8.17	8.37
8	3.26	4.04	4.53	4.89	5.17	5.40	5.60	5.77	5.92
	4.75	5.64	6.20	6.62	6.96	7.24	7.47	7.68	7.86
9	3.20	3.95	4.41	4.76	5.02	5.24	5.43	5.59	5.74
	4.60	5.43	5.96	6.35	6.66	6.91	7.13	7.33	7.49
10	3.15	3.88	4.33	4.65	4.91	5.12	5.30	5.46	5.60
	4.48	5.27	5.77	6.14	6.43	6.67	6.87	7.05	7.21
11	3.11	3.82	4.26	4.57	4.82	5.03	5.20	5.35	5.49
	4.39	5.14	5.62	5.97	6.25	6.48	6.67	6.84	6.99
12	3.08	3.77	4.20	4.51	4.75	4.95	5.12	5.27	5.39
	4.32	5.05	5.50	5.84	6.10	6.32	6.51	6.67	6.81
13	3.06	3.73	4.15	4.45	4.69	4.88	5.05	5.19	5.32
	4.26	4.96	5.40	5.73	5.98	6.19	6.37	6.53	6.67
14	3.03	3.70	4.11	4.41	4.64	4.83	4.99	5.13	5.25
	4.21	4.89	5.32	5.63	5.88	6.08	6.26	6.41	6.54
15	3.01	3.67	4.08	4.37	4.60	4.78	4.94	5.08	5.20
	4.17	4.83	5.25	5.56	5.80	5.99	6.16	6.31	6.44
16	3.00	3.65	4.05	4.33	4.56	4.74	4.90	5.03	5.15
	4.13	4.79	5.19	5.49	5.72	5.92	6.08	6.22	6.35
17	2.98	3.63	4.02	4.30	4.52	4.71	4.86	4.99	5.11
	4.10	4.74	5.14	5.43	5.66	5.85	6.01	6.15	6.27
18	2.97	3.61	4.00	4.28	4.49	4.67	4.82	4.96	5.07
	4.07	4.70	5.09	5.38	5.60	5.79	5.94	6.08	6.20
20	2.95	3.58	3.96	4.23	4.45	4.62	4.77	4.90	5.01
	4.02	4.64	5.02	5.29	5.51	5.69	5.84	5.97	6.09
30	2.89	3.49	3.85	4.10	4.30	4.46	4.60	4.72	4.82
	3.89	4.45	4.80	5.05	5.24	5.40	5.54	5.65	5.76
40	2.86	3.44	3.79	4.04	4.23	4.39	4.52	4.63	4.73
	3.82	4.37	4.70	4.93	5.11	5.26	5.39	5.50	5.60
60	2.83	3.40	3.74	3.98	4.16	4.31	4.44	4.55	4.65
	3.76	4.28	4.59	4.82	4.99	5.13	5.25	5.36	5.45
120	2.80	3.36	3.68	3.92	4.10	4.24	4.36	4.47	4.56
	3.70	4.20	4.50	4.71	4.87	5.01	5.12	5.21	5.30
∞	2.77	3.31	3.63	3.86	4.03	4.17	4.29	4.39	4.47
	3.64	4.12	4.40	4.60	4.76	4.88	4.99	5.08	5.16

附表 6 百分率的可信区间

上行:95%可信区间 下行;99%可信区间

n	x=0	1	2	3	4	5	6	7	8	9	10	11	12	13
1	0—98													
	0—100													
2	0—84	1—99												
	0—93	0—100												
3	0—71	1—91	9—99											
	0—83	0—96	4—100											
4	0—60	1—81	7—73											
	0—73	0—89	3—97											
5	0—52	1—72	5—85	15—95										
	0—65	0—81	2—92	8—98										
6	0—46	0—64	4—78	12—88										
	0—59	0—75	2—86	7—93										
7	0—41	0—58	4—78	12—88										
	0—53	0—68	2—86	7—93										
8	0—37	0—53	3—65	9—76	16—84									
	0—48	0—63	1—74	5—83	10—90									
9	0—34	0—48	3—60	7—70	14—79	21—86								
	0—45	0—59	1—69	4—78	9—85	15—91								
10	0—31	0—45	3—56	7—65	12—74	19—81								
	0—41	0—54	1—65	4—74	8—81	13—87								
11	0—28	0—41	2—52	6—61	11—69	17—77	23—83							
	0—38	0—51	1—61	3—69	7—77	11—83	17—89							
12	0—26	0—38	2—48	5—57	10—65	15—72	21—79							
	0—36	0—48	1—57	3—66	6—73	10—79	15—85							
13	0—25	0—36	2—45	5—54	9—61	14—68	19—75	25—81						
	0—34	0—45	1—54	3—62	6—69	9—76	14—81	19—86						
14	0—23	0—34	2—43	5—51	8—58	13—65	18—71	23—77						
	0—32	0—42	1—51	3—59	5—66	9—72	13—78	17—83						
15	0—22	0—32	2—41	4—48	8—55	12—62	16—68	21—73	27—79					
	0—30	0—40	1—49	2—56	5—63	8—69	12—74	16—79	21—84					
16	0—21	0—30	2—38	4—46	7—52	11—59	15—65	20—70	25—75					
	0—28	0—38	1—46	2—53	5—60	8—66	11—71	15—76	19—81					
17	0—20	0—29	2—36	4—43	7—50	10—56	14—62	18—67	23—72	28—77				
	0—27	0—36	1—44	2—51	4—57	7—63	10—69	14—74	18—78	22—82				
18	0—19	0—27	1—35	4—41	6—48	10—54	13—59	17—64	22—69	26—74				
	0—26	0—35	1—42	2—49	4—55	7—61	10—66	13—71	17—75	21—79				
19	0—18	0—26	1—33	3—40	6—46	9—51	13—57	16—62	20—67	24—71	29—76			
	0—24	0—33	1—40	2—47	4—53	6—58	9—63	12—68	16—73	19—77	23—81			
20	0—17	0—25	1—32	3—38	6—44	9—49	12—54	15—59	19—64	23—69	27—73			
	0—23	0—32	1—39	2—45	4—51	6—56	9—61	11—66	15—70	18—74	22—78			
21	0—16	0—24	1—30	3—36	5—42	8—47	11—52	15—57	18—62	22—66	26—70	30—74		
	0—22	0—30	1—37	2—43	3—49	6—54	8—59	11—63	14—68	17—71	21—76	24—80		
22	0—15	0—23	1—29	3—35	5—40	8—45	11—50	14—55	17—59	21—64	24—68	28—72		
	0—21	0—29	1—36	2—42	3—47	5—52	8—57	10—61	13—66	16—70	20—73	23—77		
23	0—15	0—22	1—28	3—34	5—39	8—44	10—48	13—53	16—57	20—62	23—66	27—69	31—73	
	0—21	0—28	1—35	2—40	3—45	5—50	7—55	10—59	13—63	15—67	19—71	22—75	25—78	
24	0—14	0—21	1—27	3—32	5—37	7—42	10—47	13—51	16—55	19—59	22—63	26—67	29—71	
	0—20	0—27	0—33	2—39	3—44	5—49	7—53	9—57	12—61	15—65	18—69	21—73	24—76	
25	0—14	0—20	1—26	3—31	5—36	7—41	9—45	12—49	15—54	18—58	21—61	24—65	28—69	31—72
	0—19	0—26	0—32	1—37	3—42	5—47	7—51	9—56	11—60	14—63	17—67	20—71	23—74	26—77

续表

n	x=0	1	2	3	4	5	6	7	8	9	10	11	12	13
26	0—13	0—20	1—25	2—30	4—35	7—39	9—44	12—48	14—52	17—56	20—60	23—63	27—67	30—70
	0—18	0—25	0—31	1—36	3—41	4—46	6—50	9—54	11—58	13—62	16—65	19—69	22—72	25—75
27	0—13	0—19	1—24	2—29	4—34	6—38	9—42	11—46	14—50	17—54	19—58	22—61	26—65	29—68
	0—18	0—25	0—30	1—35	3—40	4—44	6—48	8—52	10—56	13—60	15—63	18—67	21—70	24—73
28	0—12	0—18	1—24	2—28	4—33	6—37	8—41	11—45	13—49	16—52	19—56	22—59	25—63	28—66
	0—17	0—24	0—29	1—34	3—39	4—43	6—47	8—51	10—55	12—58	15—62	17—65	20—68	23—71
29	0—12	0—18	1—23	2—27	4—32	6—36	8—40	10—44	13—47	15—51	18—54	21—58	24—61	26—24
	0—17	0—23	0—28	1—33	2—37	4—42	6—46	8—49	10—53	12—57	14—60	17—63	19—66	22—70
30	0—12	0—17	1—22	2—27	4—31	6—35	8—39	10—42	12—46	15—49	17—53	20—56	23—59	26—63
	0—16	0—22	0—27	1—31	2—35	4—39	5—43	7—47	9—50	11—54	13—57	16—60	18—63	20—66
31	0—11	0—17	1—22	2—26	4—30	6—34	8—38	10—41	12—45	14—48	17—51	19—55	22—58	25—61
	0—16	0—22	0—27	1—31	2—35	4—39	5—43	7—47	9—50	11—54	13—57	16—60	18—63	20—66
32	0—11	0—16	1—21	2—25	4—29	5—33	7—36	7—40	12—43	14—47	16—50	19—53	21—56	24—59
	0—15	0—20	0—25	1—30	2—34	4—38	5—42	7—46	9—49	11—52	13—56	15—59	17—62	20—65
33	0—11	0—15	1—20	2—24	3—28	5—32	7—36	9—39	11—42	13—46	16—49	18—52	20—55	23—58
	0—15	0—20	0—25	1—30	2—34	3—37	5—41	7—44	8—48	10—51	12—54	14—57	17—60	19—63
34	0—10	0—15	1—19	2—23	3—28	5—31	7—35	9—38	11—41	13—44	15—48	17—51	20—54	22—56
	0—14	0—20	0—25	1—29	2—33	3—36	5—40	6—43	8—47	10—50	12—53	14—56	16—59	18—62
35	0—10	0—15	1—19	2—23	3—27	5—30	7—34	8—37	10—40	13—43	15—46	17—49	19—52	22—55
	0—14	0—20	0—24	1—28	2—32	3—35	5—39	6—42	8—45	10—49	12—52	14—55	16—57	18—60
36	0—10	0—15	1—18	2—22	3—26	5—29	6—33	8—36	10—39	12—42	14—45	16—48	19—51	21—54
	0—14	0—19	0—23	1—27	2—31	3—35	5—38	6—41	8—44	9—47	11—50	13—53	15—56	17—59
37	0—10	0—14	1—18	2—22	3—25	5—28	6—32	8—35	10—38	12—41	14—44	16—47	18—50	20—53
	0—13	0—18	0—23	1—27	2—30	3—34	4—37	6—40	7—43	9—46	11—49	13—52	15—55	17—58
38	0—10	0—14	1—18	2—21	3—25	5—28	6—32	8—34	10—37	11—40	13—43	15—46	18—49	20—51
	0—13	0—18	0—22	1—26	2—30	3—33	4—36	6—39	7—42	9—45	11—48	12—51	14—54	16—56
39	0—9	0—14	1—17	2—21	3—24	4—27	6—31	8—33	9—36	11—39	13—42	15—45	17—48	19—50
	0—13	0—18	0—21	1—25	2—29	3—32	4—35	6—38	7—41	9—44	10—47	12—50	14—53	16—55
40	0—9	0—13	1—17	2—21	3—24	4—27	6—30	8—33	9—35	11—38	13—41	15—44	17—47	19—49
	0—12	0—17	0—21	1—25	2—28	3—32	4—35	5—38	7—40	9—43	10—46	12—49	13—52	15—54
41	0—9	0—13	1—17	2—20	3—23	4—26	6—29	7—32	9—35	11—37	12—40	14—43	16—46	18—48
	0—12	0—17	0—21	1—24	2—28	3—31	4—34	5—37	7—40	8—42	10—45	11—48	13—50	15—53
42	0—9	0—13	1—16	2—20	3—23	4—26	6—28	7—31	9—34	10—37	12—39	14—42	16—45	18—47
	0—12	0—17	0—20	1—24	2—27	3—30	4—33	5—36	7—39	8—42	9—44	11—47	13—49	15—52
43	0—9	0—12	1—16	2—19	3—23	4—25	5—28	7—31	8—33	10—36	12—39	14—41	15—44	17—46
	0—12	0—16	0—20	1—23	2—26	3—30	4—33	5—35	6—38	8—41	9—43	11—46	13—49	14—51
44	0—9	0—12	1—15	2—19	3—22	4—25	5—28	7—30	8—33	10—35	11—38	13—40	15—43	17—45
	0—11	0—16	0—19	1—23	2—26	3—29	4—32	5—35	6—37	8—40	9—42	11—45	12—47	14—50
45	0—8	0—12	1—15	2—18	3—21	4—24	5—27	7—30	8—32	9—34	11—37	13—39	15—42	16—44
	0—11	0—15	0—19	1—22	2—25	3—28	4—31	5—34	6—37	8—39	9—42	10—44	12—47	14—49
46	0—8	0—12	1—15	2—18	3—21	4—24	5—26	7—29	8—31	9—34	11—36	13—39	14—41	16—43
	0—11	0—15	0—19	1—22	2—25	3—28	4—31	5—33	6—36	7—39	9—41	10—43	12—46	13—48
47	0—8	0—12	1—15	2—17	3—20	4—23	5—26	6—28	8—31	9—34	11—36	12—38	14—40	16—43
	0—11	0—15	0—18	1—21	2—24	2—27	3—30	5—33	6—35	7—38	9—40	10—42	11—45	13—47
48	0—8	0—11	1—14	2—17	3—20	4—22	5—25	6—28	8—30	9—33	11—35	12—37	14—39	15—42
	0—10	0—14	0—18	1—21	2—24	2—27	3—29	5—32	6—35	7—37	8—40	10—42	11—44	13—47
49	0—8	0—11	1—14	2—17	3—20	4—22	5—25	6—27	7—30	9—32	10—35	12—37	13—39	15—41
	0—10	0—14	0—17	1—20	1—24	2—26	3—29	4—32	6—34	7—36	8—39	9—41	11—44	12—46
50	0—7	0—11	1—14	2—17	2—19	3—22	5—24	6—26	7—29	9—31	10—34	11—36	13—38	15—41
	0—10	0—14	0—17	1—20	1—23	2—26	3—28	4—31	5—33	7—36	8—38	9—40	11—43	12—45

续表

n	x: 14	15	16	17	18	19	20	21	22	23	24	25
26												
27	32—71											
	27—76											
28	31—69											
	26—74											
29	30—68	33—71										
	25—72	28—75										
30	28—66	31—69										
	24—71	27—74										
31	27—64	30—67	33—70									
	23—69	26—72	28—75									
32	26—62	29—65	32—68									
	22—67	25—70	27—73									
33	26—61	28—64	31—67	34—69								
	21—66	24—69	26—71	29—74								
34	25—59	27—62	30—65	32—68								
	21—64	23—67	25—70	28—72								
35	24—58	26—61	29—63	31—66	34—69							
	20—63	22—66	24—68	27—71	29—73							
36	23—57	26—59	28—62	30—65	33—67							
	19—62	22—64	23—67	26—69	28—72							
37	23—55	25—58	27—61	30—63	32—66	34—68						
	19—60	21—63	23—65	25—68	28—70	30—73						
38	22—54	24—57	26—59	29—62	31—64	33—67						
	18—59	20—61	22—64	25—66	27—69	29—71						
39	21—53	23—55	26—58	28—60	30—63	32—65	35—68					
	18—58	20—60	22—63	24—65	26—68	28—70	30—72					
40	21—52	23—54	25—57	27—59	29—62	32—64	34—66					
	17—57	19—59	21—61	23—64	25—66	27—68	30—71					
41	20—51	22—53	24—56	26—58	29—60	31—63	33—65	35—67				
	17—55	19—58	21—60	23—63	25—65	27—67	29—69	31—71				
42	20—50	22—52	24—54	26—57	28—59	30—61	32—64	34—66				
	16—54	18—57	20—59	22—61	24—64	26—66	28—67	30—70				
43	19—49	21—51	23—53	25—56	27—58	29—60	31—62	33—65	36—67			
	16—53	18—56	19—58	21—60	23—62	25—65	27—66	29—69	31—71			
44	19—48	21—50	22—52	24—55	26—57	28—59	30—61	33—63	35—65			
	15—52	17—55	19—57	21—59	23—61	25—63	26—65	28—68	30—70			
45	18—47	20—49	22—51	24—54	26—56	28—58	30—60	32—62	34—64	36—66		
	15—51	17—54	19—56	20—58	22—60	24—62	26—64	28—66	30—68	32—70		
46	18—46	20—48	21—50	23—53	25—55	27—57	29—59	31—61	33—63	35—65		
	15—50	16—53	18—56	20—57	22—59	23—61	25—63	27—65	29—67	31—69		
47	18—45	19—47	21—49	23—52	25—54	26—56	28—58	30—60	32—62	34—64	36—66	
	14—19	16—52	18—54	19—56	21—58	23—60	25—62	26—64	28—66	30—68	32—70	
48	17—44	19—46	21—48	22—51	24—53	26—55	28—57	30—59	31—61	33—63	35—65	
	14—49	16—51	17—53	19—55	21—57	22—59	24—61	26—63	28—65	29—67	31—69	
49	17—43	18—45	20—47	22—50	24—52	25—54	27—56	29—58	31—60	33—62	34—64	36—66
	14—48	15—50	17—52	19—54	20—56	22—58	23—60	25—62	27—64	29—66	31—68	32—70
50	16—43	18—45	20—47	21—49	23—51	25—53	26—55	28—57	30—59	32—61	34—63	36—65
	14—47	15—49	17—51	18—53	20—55	21—57	23—59	25—61	26—63	28—65	30—67	32—68

附表 7　Poission 分布 μ 的可信区间

样本计数 x	95% 下限	95% 上限	99% 下限	99% 上限	样本计数 x	95% 下限	95% 上限	99% 下限	99% 上限
0	0.0	3.7	0.0	5.3					
1	0.1	5.6	0	7.4	26	17.0	38.0	14.7	42.2
2	0.2	7.2	0.1	9.3	27	17.8	39.2	15.4	43.5
3	0.6	8.8	0.3	11.0	28	18.6	40.4	16.2	44.8
4	1.0	10.2	0.6	12.6	29	19.4	41.6	17.0	46.0
5	1.6	11.7	1.0	14.1	30	20.2	42.8	17.7	47.2
6	2.2	13.1	1.5	15.6	31	21.0	44.0	18.5	48.4
7	2.8	14.4	2	17.1	32	21.8	45.1	19.3	49.6
8	3.4	15.8	2.5	18.5	33	22.7	46.3	20.0	50.8
9	4.0	17.1	3.1	20.0	34	23.5	47.5	20.8	52.1
10	4.7	18.4	3.7	21.3	35	24.3	48.7	21.6	53.3
11	5.4	19.7	4.3	22.6	36	25.1	49.8	22.4	54.5
12	6.2	21.0	4.9	24.0	37	26.0	51.0	23.2	55.7
13	6.9	22.3	5.5	25.4	38	26.8	52.2	24.0	56.9
14	7.7	23.5	6.2	26.7	39	27.7	53.3	24.8	58.1
15	8.4	24.8	6.8	28.1	40	28.6	54.5	25.6	59.3
16	9.4	26.0	7.5	29.4	41	29.4	55.6	26.4	60.5
17	9.9	27.2	8.2	30.7	42	30.3	56.8	27.2	61.7
18	10.7	28.4	8.9	32.0	43	31.1	57.9	28.0	62.9
19	11.5	29.6	9.6	33.3	44	32.0	59.0	28.8	64.1
20	12.2	30.8	10.3	34.6	45	32.8	60.2	29.6	65.3
21	13.0	32.0	11.0	35.9	46	33.6	61.3	30.4	66.5
22	13.8	33.2	11.8	37.2	47	34.5	62.5	31.2	67.7
23	14.6	34.4	12.5	38.4	48	35.3	63.6	32.0	68.9
24	15.4	35.6	13.2	39.7	49	36.1	64.8	32.8	70.1
25	16.2	36.8	14.0	41.0	50	37.0	65.9	33.6	71.3

附表 8 χ^2 界值表

自由度 ν	概率,P												
	0.995	0.990	0.975	0.950	0.900	0.750	0.500	0.250	0.100	0.050	0.025	0.010	0.005
1					0.02	0.10	0.45	1.32	2.71	3.84	5.02	6.63	7.88
2	0.01	0.02	0.05	0.10	0.21	0.58	1.39	2.77	4.61	5.99	7.38	9.21	10.60
3	0.07	0.12	0.22	0.35	0.58	1.21	2.37	4.11	6.25	7.82	9.35	11.35	12.84
4	0.21	0.30	0.48	0.71	1.06	1.92	3.36	5.39	7.78	9.49	11.14	13.28	14.86
5	0.41	0.55	0.83	1.15	1.61	2.67	4.35	6.63	9.24	11.07	12.83	15.09	16.75
6	0.68	0.87	1.24	1.64	2.20	3.45	5.35	7.84	10.64	12.59	14.45	16.81	18.55
7	0.99	1.24	1.69	2.17	2.83	4.25	6.35	9.04	12.02	14.07	16.01	18.48	20.28
8	1.34	1.65	2.18	2.73	3.49	5.07	7.34	10.22	13.36	15.51	17.53	20.09	21.95
9	1.73	2.09	2.70	3.33	4.17	5.90	8.34	11.39	14.68	16.92	19.02	21.67	23.59
10	2.16	2.56	3.25	3.94	4.87	6.74	9.34	12.55	15.99	18.31	20.48	23.21	25.19
11	2.60	3.05	3.82	4.57	5.58	7.58	10.34	13.70	17.28	19.68	21.92	24.72	26.76
12	3.07	3.57	4.40	5.23	6.30	8.44	11.34	14.85	18.55	21.03	23.34	26.22	28.30
13	3.57	4.11	5.01	5.89	7.04	9.30	12.34	15.98	19.81	22.36	24.74	27.69	29.82
14	4.08	4.66	5.63	6.57	7.79	10.17	13.34	17.12	21.06	23.69	26.12	29.14	31.32
15	4.60	5.23	6.26	7.26	8.55	11.04	14.34	18.25	22.31	25.00	27.49	30.58	32.80
16	5.14	5.81	6.91	7.96	9.31	11.91	15.34	19.37	23.54	26.30	28.85	32.00	34.27
17	5.70	6.41	7.56	8.67	10.09	12.79	16.34	20.49	24.77	27.59	30.19	33.41	35.72
18	6.26	7.01	8.23	9.39	10.86	13.68	17.34	21.60	25.99	28.87	31.53	34.81	37.16
19	6.84	7.63	8.91	10.12	11.65	14.56	18.34	22.72	27.20	30.14	32.85	36.19	38.58
20	7.43	8.26	9.59	10.85	12.44	15.45	19.34	23.83	28.41	31.41	34.17	37.57	40.00
21	8.03	8.90	10.28	11.59	13.24	16.34	20.34	24.93	29.62	32.67	35.48	38.93	41.40
22	8.64	9.54	10.98	12.34	14.04	17.24	21.34	26.04	30.81	33.92	36.78	40.29	42.80
23	9.26	10.20	11.69	13.09	14.85	18.14	22.34	27.14	32.01	35.17	38.08	41.64	44.18
24	9.89	10.86	12.40	13.85	15.66	19.04	23.34	28.24	33.20	36.42	39.36	42.98	45.56
25	10.52	11.52	13.12	14.61	16.47	19.94	24.34	29.34	34.38	37.65	40.65	44.31	46.93
26	11.16	12.20	13.84	15.38	17.29	20.84	25.34	30.43	35.56	38.89	41.92	45.64	48.29
27	11.81	12.88	14.57	16.15	18.11	21.75	26.34	31.53	36.74	40.11	43.19	46.96	49.64
28	12.46	13.56	15.31	16.93	18.94	22.66	27.34	32.62	37.92	41.34	44.46	48.28	50.99
29	13.12	14.26	16.05	17.71	19.77	23.57	28.34	33.71	39.09	42.56	45.72	49.59	52.34
30	13.79	14.95	16.79	18.49	20.60	24.48	29.34	34.80	40.26	43.77	46.98	50.89	53.67
40	20.71	22.16	24.43	26.51	29.05	33.66	39.34	45.62	51.81	55.76	59.34	63.69	66.77
50	27.99	29.71	32.36	34.76	37.69	42.94	49.34	56.33	63.17	67.51	71.42	76.15	79.49
60	35.53	37.49	40.48	43.19	46.46	52.29	59.34	66.98	74.40	79.08	83.30	88.38	91.95
70	43.28	45.44	48.76	51.74	55.33	61.70	69.33	77.58	85.53	90.53	95.02	100.43	104.22
80	51.17	53.54	57.15	60.39	64.28	71.15	79.33	88.13	96.58	101.88	106.63	112.33	116.32
90	59.20	61.75	65.65	69.13	73.29	80.63	89.33	98.65	107.57	113.15	118.14	124.12	128.30
100	67.33	70.07	74.22	77.93	82.36	90.13	99.33	109.14	118.50	124.34	129.56	135.81	140.17

附表 9 *T* 界值表(配对比较的符号秩和检验用)

N	单侧： 双侧：	0.05 0.10	0.025 0.05	0.01 0.02	0.005 0.010
5		0—15	.—.	.—.	.—.
6		2—19	0—21	.—.	.—.
7		3—25	2—26	0—28	.—.
8		5—31	3—33	1—35	0—36
9		8—37	5—40	3—42	1—44
10		10—45	8—47	5—50	3—52
11		13—53	10—56	7—59	5—61
12		17—61	13—65	9—69	7—71
13		21—70	17—74	12—79	9—82
14		25—80	21—84	15—90	12—93
15		30—90	25—95	19—101	15—105
16		35—101	29—107	23—113	19—117
17		41—112	34—119	27—126	23—130
18		47—124	40—131	32—139	27—144
19		53—137	46—144	37—153	32—158
20		60—150	52—158	43—167	37—173
21		67—164	58—173	49—182	42—189
22		75—178	65—188	55—198	48—205
23		83—193	73—203	62—214	54—222
24		91—209	81—219	69—231	61—239
25		100—225	89—236	76—249	68—257
26		110—241	98—253	84—267	75—276
27		119—259	107—271	92—286	83—295
28		130—276	116—290	101—305	91—315
29		140—295	126—309	110—325	100—335
30		151—314	137—328	120—345	109—356
31		163—333	147—349	130—366	118—378
32		175—353	159—369	140—388	128—400
33		187—374	170—391	151—410	138—423
34		200—395	182—413	162—433	148—447
35		213—417	195—435	173—457	159—471
36		227—439	208—458	185—481	171—495
37		241—462	221—482	198—505	182—521
38		256—485	235—506	211—530	194—547
39		271—509	249—531	224—556	207—573
40		286—534	264—556	238—582	220—600
41		302—559	279—582	252—609	233—628
42		319—584	294—609	266—637	247—656
43		336—610	310—636	281—665	261—685
44		353—637	327—663	296—694	276—714
45		371—664	343—692	312—723	291—744
46		389—692	361—720	328—753	307—774
47		407—721	378—750	345—783	322—806
48		426—750	396—780	362—814	339—837
49		446—779	415—810	379—846	355—870
50		466—809	434—841	397—878	373—902

附表 10 T 界值表（两样本比较的秩和检验用）

	单侧	双侧
1 行	$P=0.05$	$P=0.10$
2 行	$P=0.025$	$P=0.05$
3 行	$P=0.01$	$P=0.02$
4 行	$P=0.005$	$P=0.01$

n_1	n_2-n_1										
（较小 n）	0	1	2	3	4	5	6	7	8	9	10
2				3—13	3—15	3—17	4—18	4—20	4—22	4—24	5—25
							3—19	3—21	3—23	3—25	4—26
3	6—15	6—18	7—20	8—22	8—25	9—27	10—29	10—32	11—34	11—37	12—39
			6—21	7—23	7—26	8—28	8—31	9—33	9—36	10—38	10—41
					6—27	6—30	7—32	7—35	7—38	8—40	8—43
							6—33	6—36	6—39	7—41	7—44
4	11—25	12—28	13—31	14—34	15—37	16—40	17—43	18—46	19—49	20—52	21—55
	10—26	11—29	12—32	13—35	14—38	14—42	15—45	16—48	17—51	18—54	19—57
		10—30	11—33	11—37	12—40	13—43	13—47	14—50	15—53	15—57	16—60
			10—34	10—38	11—41	11—45	12—48	12—52	13—55	13—59	14—62
5	19—36	20—40	21—44	23—47	24—51	26—54	27—58	28—62	30—65	31—69	33—72
	17—38	18—42	20—45	21—49	22—53	23—57	24—61	26—64	27—68	28—72	29—76
	16—39	17—43	18—47	19—51	20—55	21—59	22—63	23—67	24—71	25—75	26—79
	15—40	16—44	16—49	17—53	18—57	19—61	20—65	21—69	22—73	22—78	23—82
6	28—50	29—55	31—59	33—63	35—67	37—71	38—76	40—80	42—84	44—88	46—92
	26—52	27—57	29—61	31—65	32—70	34—74	35—79	37—83	38—88	40—92	42—96
	24—54	25—59	27—63	28—68	29—73	30—78	32—82	33—87	34—92	36—96	37—101
	23—55	24—60	25—65	26—70	27—75	28—80	30—84	31—89	32—94	33—99	34—104
7	39—66	41—71	43—76	45—81	47—86	49—91	52—95	54—100	56—105	58—110	61—114
	36—69	38—74	40—79	42—84	44—89	46—94	48—99	50—104	52—109	54—114	56—119
	34—71	35—77	37—82	39—87	40—93	42—98	44—103	45—109	47—114	49—119	51—124
	32—73	34—78	35—84	37—89	38—95	40—100	41—106	43—111	44—117	45—122	47—128
8	51—85	54—90	56—96	59—101	62—106	64—112	67—117	69—123	72—128	75—133	77—139
	49—87	51—93	53—99	55—105	58—110	60—116	62—122	65—127	67—133	70—138	72—144
	45—91	47—97	49—103	51—109	53—115	56—120	58—126	60—132	62—138	64—144	66—150
	43—93	45—99	47—105	49—111	51—117	53—123	54—130	56—136	58—142	60—148	62—154
9	66—105	69—111	72—117	75—123	78—129	81—135	84—141	87—147	90—153	93—159	96—165
	62—109	65—115	68—121	71—127	73—134	76—140	79—146	82—152	84—159	87—165	90—171
	59—112	61—119	63—126	66—132	68—139	71—145	73—152	76—158	78—165	81—171	83—178
	56—115	58—122	61—128	63—135	65—142	67—149	69—156	72—162	74—169	76—176	78—183
10	82—128	86—134	89—141	92—148	96—154	99—161	103—167	106—174	110—180	113—187	117—193
	78—132	81—139	84—146	88—152	91—159	94—166	97—173	100—180	103—187	107—193	110—200
	74—136	77—143	79—151	82—158	85—165	88—172	91—179	93—187	96—194	99—201	102—208
	71—139	73—147	76—154	79—161	81—169	84—176	86—184	89—191	92—198	94—206	97—213

附表 11 *H* 界值表（三样本比较的秩和检验用）

n	n_1	n_2	n_3	P	
				0.05	0.01
7	3	2	2	4.71	
	3	3	1	5.14	
8	3	3	2	5.36	
	4	2	2	5.33	
	4	3	1	5.21	
	5	2	1	5.00	
9	3	3	3	5.60	7.20
	4	3	2	5.44	6.44
	4	4	1	4.97	6.67
	5	2	2	5.16	6.53
	5	3	1	4.96	
10	4	3	3	5.73	6.75
	4	4	2	5.45	7.04
	5	3	2	5.25	6.82
	5	4	1	4.99	6.95
11	4	4	3	5.60	7.14
	5	3	3	5.65	7.08
	5	4	2	5.27	7.12
	5	5	1	5.13	7.31
12	4	4	4	5.69	7.65
	5	4	3	5.63	7.44
	5	5	2	5.34	7.27
13	5	4	4	5.62	7.76
	5	5	3	5.71	7.54
14	5	5	4	5.64	7.79
15	5	5	5	5.78	7.98

附表 12 M 界值表(随机区组比较的秩和检验用)

(P= 0.05)

区组数 (b)	处理数(k) 2	3	4	5	6	7	8	9	10	11	12	13	14	15
2	—	—	20	38	64	96	138	192	258	336	429	538	664	808
3	—	18	37	64	104	158	225	311	416	542	691	865	1063	1292
4	—	26	52	89	144	217	311	429	574	747	950	1189	1460	1770
5	—	32	65	113	183	277	396	547	731	950	1210	1512	1859	2254
6	18	42	76	137	222	336	482	664	887	1155	1469	1831	2253	2738
7	24.5	50	92	167	272	412	591	815	1086	1410	1791	2233	2740	3316
8	32	50	105	190	310	471	676	931	1241	1612	2047	2552	3131	3790
9	24.5	56	118	214	349	529	760	1047	1396	1813	2302	2871	3523	4264
10	32	62	131	238	388	588	845	1164	1551	2014	2558	3189	3914	4737
11	40.5	66	144	261	427	647	929	1280	1706	2216	2814	3508	4305	5211
12	32	72	157	285	465	706	1013	1396	1862	2417	3070	3827	4697	5685
13	40.5	78	170	309	504	764	1098	1512	2017	2618	3326	4146	5088	6159
14	50	84	183	333	543	823	1182	1629	2172	2820	3581	4465	5479	6632
15	40.5	90	196	356	582	882	1267	1745	2327	3021	3837	4784	5871	7106

附表 13　*r* 界值表

自由度 ν	概率,*P*								
	单侧:0.25	0.10	0.05	0.025	0.01	0.005	0.0025	0.001	0.000
	双侧:0.50	0.20	0.10	0.05	0.02	0.01	0.005	0.002	0.001
1	0.707	0.951	0.988	0.997	1.000	1.000	1.000	1.000	1.000
2	0.500	0.800	0.900	0.950	0.980	0.990	0.995	0.998	0.999
3	0.404	0.687	0.805	0.878	0.934	0.959	0.974	0.986	0.991
4	0.347	0.608	0.729	0.811	0.882	0.917	0.942	0.963	0.974
5	0.309	0.551	0.669	0.755	0.833	0.875	0.906	0.935	0.951
6	0.281	0.507	0.621	0.707	0.789	0.834	0.870	0.905	0.925
7	0.260	0.472	0.582	0.666	0.750	0.798	0.836	0.875	0.898
8	0.242	0.443	0.549	0.632	0.715	0.765	0.805	0.847	0.872
9	0.228	0.419	0.521	0.602	0.685	0.735	0.776	0.820	0.847
10	0.216	0.398	0.497	0.576	0.658	0.708	0.750	0.795	0.823
11	0.206	0.380	0.476	0.553	0.634	0.684	0.726	0.772	0.801
12	0.197	0.365	0.457	0.532	0.612	0.661	0.703	0.750	0.780
13	0.189	0.351	0.441	0.514	0.592	0.641	0.683	0.730	0.760
14	0.182	0.338	0.426	0.497	0.574	0.623	0.664	0.711	0.742
15	0.176	0.327	0.412	0.482	0.558	0.606	0.647	0.694	0.725
16	0.170	0.317	0.400	0.468	0.542	0.590	0.631	0.678	0.708
17	0.165	0.308	0.389	0.456	0.529	0.575	0.616	0.662	0.693
18	0.160	0.299	0.378	0.444	0.515	0.561	0.602	0.648	0.679
19	0.156	0.291	0.369	0.433	0.503	0.549	0.589	0.635	0.665
20	0.152	0.284	0.360	0.423	0.492	0.537	0.576	0.622	0.652
21	0.148	0.277	0.352	0.413	0.482	0.526	0.565	0.610	0.640
22	0.145	0.271	0.344	0.404	0.472	0.515	0.554	0.599	0.629
23	0.141	0.265	0.337	0.396	0.462	0.505	0.543	0.588	0.618
24	0.138	0.260	0.330	0.388	0.453	0.496	0.534	0.578	0.607
25	0.136	0.255	0.323	0.381	0.445	0.487	0.524	0.568	0.597
26	0.133	0.250	0.317	0.374	0.437	0.479	0.515	0.559	0.588
27	0.131	0.245	0.311	0.367	0.430	0.471	0.507	0.550	0.579
28	0.128	0.241	0.306	0.361	0.423	0.463	0.499	0.541	0.570
29	0.126	0.237	0.301	0.355	0.416	0.456	0.491	0.533	0.562
30	0.124	0.233	0.296	0.349	0.409	0.449	0.484	0.526	0.554
31	0.122	0.299	0.291	0.344	0.403	0.442	0.477	0.518	0.546
32	0.120	0.225	0.287	0.339	0.397	0.436	0.470	0.511	0.539
33	0.118	0.222	0.283	0.334	0.392	0.430	0.464	0.504	0.532
34	0.116	0.219	0.279	0.329	0.386	0.424	0.458	0.498	0.525
35	0.115	0.216	0.275	0.325	0.381	0.418	0.452	0.492	0.519
36	0.113	0.213	0.271	0.320	0.376	0.413	0.446	0.486	0.513
37	0.111	0.210	0.267	0.316	0.371	0.408	0.441	0.480	0.507
38	0.110	0.207	0.264	0.312	0.367	0.403	0.435	0.474	0.501
39	0.108	0.204	0.261	0.308	0.362	0.398	0.430	0.469	0.495
40	0.107	0.202	0.257	0.304	0.358	0.393	0.425	0.463	0.490
41	0.106	0.199	0.254	0.301	0.354	0.389	0.420	0.458	0.484
42	0.104	0.197	0.251	0.297	0.350	0.384	0.416	0.453	0.479
43	0.103	0.195	0.248	0.294	0.346	0.380	0.411	0.449	0.474
44	0.102	0.192	0.246	0.291	0.342	0.376	0.407	0.444	0.469
45	0.101	0.190	0.243	0.288	0.338	0.372	0.403	0.439	0.465
46	0.100	0.188	0.240	0.285	0.335	0.368	0.399	0.435	0.460
47	0.099	0.186	0.238	0.282	0.331	0.365	0.395	0.431	0.456
48	0.098	0.184	0.235	0.279	0.328	0.361	0.391	0.427	0.451
49	0.097	0.182	0.233	0.276	0.325	0.358	0.387	0.423	0.447
50	0.096	0.181	0.231	0.273	0.322	0.354	0.384	0.419	0.443

附表 14 r_s 界值表

n		概率,P								
	单侧：	0.25	0.10	0.05	0.025	0.01	0.005	0.0025	0.001	0.0005
	双侧：	0.50	0.20	0.10	0.05	0.02	0.01	0.005	0.002	0.001
4		0.600	1.000	1.000						
5		0.500	0.800	0.900	1.000	1.000				
6		0.371	0.657	0.829	0.886	0.943	1.000	1.000		
7		0.321	0.571	0.714	0.786	0.893	0.929	0.964	1.000	1.000
8		0.310	0.524	0.643	0.738	0.833	0.881	0.905	0.952	0.976
9		0.267	0.483	0.600	0.700	0.783	0.833	0.867	0.917	0.933
10		0.248	0.455	0.564	0.648	0.745	0.794	0.830	0.879	0.903
11		0.236	0.427	0.536	0.618	0.709	0.755	0.800	0.845	0.873
12		0.217	0.406	0.503	0.587	0.678	0.727	0.769	0.818	0.846
13		0.209	0.385	0.484	0.560	0.648	0.703	0.747	0.791	0.824
14		0.200	0.367	0.464	0.538	0.626	0.679	0.723	0.771	0.802
15		0.189	0.354	0.446	0.521	0.604	0.654	0.700	0.750	0.779
16		0.182	0.341	0.429	0.503	0.582	0.635	0.679	0.729	0.762
17		0.176	0.328	0.414	0.485	0.566	0.615	0.662	0.713	0.748
18		0.170	0.317	0.401	0.472	0.550	0.600	0.643	0.695	0.728
19		0.165	0.309	0.391	0.460	0.535	0.584	0.628	0.677	0.712
20		0.161	0.299	0.380	0.447	0.520	0.570	0.612	0.662	0.696
21		0.156	0.292	0.370	0.435	0.508	0.556	0.599	0.648	0.681
22		0.152	0.284	0.361	0.425	0.496	0.544	0.586	0.634	0.667
23		0.148	0.278	0.353	0.415	0.486	0.532	0.573	0.622	0.654
24		0.144	0.271	0.344	0.406	0.476	0.521	0.562	0.610	0.642
25		0.142	0.265	0.337	0.398	0.466	0.511	0.551	0.598	0.630
26		0.138	0.259	0.331	0.390	0.457	0.501	0.541	0.587	0.619
27		0.136	0.255	0.324	0.382	0.448	0.491	0.531	0.577	0.608
28		0.133	0.250	0.317	0.375	0.440	0.483	0.522	0.567	0.598
29		0.130	0.245	0.312	0.368	0.433	0.475	0.513	0.558	0.589
30		0.128	0.240	0.306	0.362	0.425	0.467	0.504	0.549	0.580
31		0.126	0.236	0.301	0.356	0.418	0.459	0.496	0.541	0.571
32		0.124	0.232	0.296	0.350	0.412	0.452	0.489	0.533	0.563
33		0.121	0.229	0.291	0.345	0.405	0.446	0.482	0.525	0.554
34		0.120	0.225	0.287	0.340	0.399	0.439	0.475	0.517	0.547
35		0.118	0.222	0.283	0.335	0.394	0.433	0.468	0.510	0.539
36		0.116	0.219	0.279	0.330	0.388	0.427	0.462	0.504	0.533
37		0.114	0.216	0.275	0.325	0.382	0.421	0.456	0.497	0.526
38		0.113	0.212	0.271	0.321	0.378	0.415	0.450	0.491	0.519
39		0.111	0.210	0.267	0.317	0.373	0.410	0.444	0.485	0.513
40		0.110	0.207	0.264	0.313	0.368	0.405	0.439	0.479	0.507
41		0.108	0.204	0.261	0.309	0.364	0.400	0.433	0.473	0.501
42		0.107	0.202	0.257	0.305	0.359	0.395	0.428	0.468	0.495
43		0.105	0.199	0.254	0.301	0.355	0.391	0.423	0.463	0.490
44		0.104	0.197	0.251	0.298	0.351	0.386	0.419	0.458	0.484
45		0.103	0.194	0.248	0.294	0.347	0.382	0.414	0.453	0.479
46		0.102	0.192	0.246	0.291	0.343	0.378	0.410	0.448	0.474
47		0.101	0.190	0.243	0.288	0.340	0.374	0.405	0.443	0.469
48		0.100	0.188	0.240	0.285	0.336	0.370	0.401	0.439	0.465
49		0.098	0.186	0.238	0.282	0.333	0.366	0.397	0.434	0.460
50		0.097	0.184	0.235	0.279	0.329	0.363	0.393	0.430	0.456

附表 15 随机排列表(n=20)

编号	1	2	3	4	5	6	7	8	9	10	11	12	13	14	15	16	17	18	19	20	r_k
1	8	6	19	13	5	18	12	1	4	3	9	2	17	14	11	7	16	15	10	0	−0.0632
2	8	19	7	6	11	14	2	13	5	17	9	12	0	16	15	1	4	10	18	3	−0.0632
3	18	1	10	13	17	2	0	3	8	15	7	4	19	12	5	14	9	11	6	16	0.1053
4	6	19	1	5	18	12	4	0	13	10	16	17	7	14	11	15	8	3	9	2	−0.0842
5	1	2	7	4	18	0	15	13	5	12	19	10	9	14	16	8	6	11	3	17	0.2000
6	11	19	2	15	14	10	8	12	1	17	4	3	0	9	16	6	13	7	18	5	−0.1053
7	14	3	16	7	9	2	15	12	11	4	13	19	8	1	18	6	0	5	17	10	−0.0526
8	3	2	16	6	1	13	17	19	8	14	0	15	9	18	11	5	4	10	7	12	0.0526
9	16	9	10	3	15	0	11	2	1	5	18	8	19	13	6	12	17	4	7	14	0.0947
10	4	11	18	6	0	8	12	16	17	3	2	9	5	7	19	10	15	13	14	1	0.0947
11	5	15	18	13	7	3	10	14	16	1	8	2	17	6	9	4	0	12	19	11	−0.0526
12	0	18	10	15	11	12	3	13	14	1	17	2	6	9	16	4	7	8	19	5	−0.0105
13	10	9	14	18	12	17	15	3	5	2	11	19	8	0	1	4	7	13	6	16	−0.1579
14	11	9	13	0	14	12	18	7	2	10	4	17	19	6	5	8	3	15	1	16	−0.0526
15	17	1	0	16	9	12	2	4	5	18	14	15	7	19	6	8	11	3	10	13	0.1053
16	17	1	5	2	8	12	15	13	19	14	7	16	6	3	9	10	4	11	0	18	0.0105
17	5	16	15	7	18	10	12	9	11	6	13	17	14	1	0	4	3	2	19	8	−0.2000
18	16	19	0	8	6	10	13	17	4	3	15	18	11	1	12	9	5	7	2	14	−0.1368
19	13	9	17	12	15	4	3	1	16	2	10	18	8	6	7	19	14	11	0	5	−0.1263
20	11	12	8	16	3	19	14	7	9	17	4	1	10	0	18	15	6	5	13	2	−0.2105
21	19	12	13	8	4	15	16	7	0	11	1	5	14	18	3	6	10	9	2	17	−0.1368
22	2	18	8	14	6	11	1	9	15	0	17	10	4	7	13	3	12	5	16	19	0.1158
23	9	16	17	18	5	7	12	2	4	10	0	13	8	3	14	15	6	11	1	19	−0.0632
24	15	0	14	6	1	2	9	8	18	4	10	17	3	12	16	11	19	13	7	5	0.1789
25	14	0	9	18	19	16	10	4	5	1	6	2	12	3	11	13	7	8	17	15	0.0526

附表 16 随机数字表

编号	1 ～ 10	11 ～ 20	21 ～ 30	31 ～ 40	41 ～ 50
1	22 17 68 65 81	68 95 23 92 35	87 02 22 57 51	61 09 43 95 06	58 24 82 03 47
2	19 36 27 59 46	13 79 93 37 55	39 77 32 77 09	85 52 05 30 62	47 83 51 62 74
3	16 77 23 02 77	09 61 87 25 21	28 06 24 25 93	16 71 13 59 78	23 05 47 47 25
4	78 43 76 71 61	20 44 90 32 64	97 67 63 99 61	46 38 03 93 22	69 81 21 99 21
5	03 28 28 26 08	73 37 32 04 05	69 30 16 09 05	88 69 58 28 99	35 07 44 75 47
6	93 22 53 64 39	07 10 63 76 35	87 03 04 79 88	08 13 13 85 51	55 34 57 72 69
7	78 76 58 54 74	92 38 70 96 92	52 06 79 79 45	82 63 18 27 44	69 66 92 19 09
8	23 68 35 26 00	99 53 93 61 28	52 70 05 48 34	56 65 05 61 86	90 92 10 70 80
9	15 39 25 70 99	93 86 52 77 65	15 33 59 05 28	22 87 26 07 47	86 96 98 29 06
10	58 71 96 30 24	18 46 23 34 27	85 13 99 24 44	49 18 09 79 49	74 16 32 23 02
11	57 35 27 33 72	24 53 63 94 09	41 10 76 47 91	44 04 95 49 66	39 60 04 59 81
12	48 50 86 54 48	22 06 34 72 52	82 21 15 65 20	33 29 94 71 11	15 91 29 12 03
13	61 96 48 95 03	07 16 39 33 66	98 56 10 56 79	77 21 30 27 12	90 49 22 23 62
14	36 93 89 41 26	29 70 83 63 51	99 74 20 52 36	87 09 41 15 09	98 60 16 03 03
15	18 87 00 42 31	57 90 12 02 07	23 47 37 17 31	54 08 01 88 63	39 41 88 92 10
16	88 56 53 27 59	33 35 72 67 47	77 34 55 45 70	08 18 27 38 90	16 95 86 70 75
17	09 72 95 84 29	49 41 31 06 70	42 38 06 45 18	64 84 73 31 65	52 53 37 97 15
18	12 96 88 17 31	65 19 69 02 83	60 75 86 90 68	24 64 19 35 51	56 61 87 39 12
19	85 94 57 24 16	92 09 84 38 76	22 00 27 69 85	29 81 94 78 70	21 94 47 90 12
20	38 64 43 59 98	98 77 87 68 07	91 51 67 62 44	40 98 05 93 78	23 32 65 41 18
21	53 44 09 42 72	00 41 86 79 79	68 47 22 00 20	35 55 31 51 51	00 83 63 22 55
22	40 76 66 26 84	57 99 99 90 37	36 63 32 08 58	37 40 13 68 97	87 64 81 07 83
23	02 17 79 18 05	12 59 52 57 02	22 07 90 47 03	28 14 11 30 79	20 69 22 40 98
24	95 17 82 06 53	31 51 10 96 46	92 06 88 07 77	56 11 50 81 69	40 23 72 51 39
25	35 76 22 42 92	96 11 83 44 80	34 68 35 48 77	33 42 40 90 60	73 96 53 97 86
26	26 29 31 56 41	85 47 04 66 08	34 72 57 59 13	82 43 80 46 15	38 26 61 70 04
27	77 80 20 75 82	72 82 32 99 90	63 95 73 76 63	89 73 44 99 05	48 67 26 43 18
28	46 40 66 44 52	91 36 74 43 53	30 82 13 54 00	78 45 63 98 35	55 03 36 67 68
29	37 56 08 18 09	77 53 84 46 47	31 91 18 95 58	24 16 74 11 53	44 10 13 85 57
30	61 65 61 68 66	37 27 47 39 19	84 83 70 07 48	53 21 40 06 71	95 06 79 88 54
31	93 43 69 64 07	34 18 04 52 35	56 27 09 24 86	61 85 53 83 45	19 90 70 99 00
32	21 96 60 12 99	11 20 99 45 18	48 13 93 55 34	18 37 79 49 90	65 97 38 20 46
33	95 20 47 97 97	27 37 83 28 71	00 06 41 41 74	45 89 09 39 84	51 67 11 52 49
34	97 86 21 78 73	10 65 81 92 59	58 76 17 14 97	04 76 62 16 17	17 95 70 45 80
35	69 92 06 34 13	59 71 74 17 32	27 55 10 24 19	23 71 82 13 74	63 52 52 01 41
36	04 31 17 21 56	33 73 99 19 87	26 72 39 27 67	53 77 57 68 93	60 61 97 22 61
37	61 06 98 03 91	87 14 77 43 96	43 00 65 98 50	45 60 33 01 07	98 99 46 50 47
38	85 93 85 86 88	72 87 08 62 40	16 06 10 89 20	23 21 34 74 97	76 38 03 29 63
39	21 74 32 47 45	73 96 07 94 52	09 65 90 77 47	25 76 16 19 33	53 05 70 53 30
40	15 69 53 82 80	79 96 23 53 10	65 39 07 16 29	45 33 02 43 70	02 87 40 41 45
41	02 89 08 04 49	20 21 14 68 86	87 63 93 95 17	11 29 01 95 80	35 14 97 35 33
42	87 18 15 89 79	85 43 01 72 73	08 61 74 51 69	89 74 39 82 15	94 51 33 41 67
43	98 83 71 94 22	59 97 50 99 52	08 52 85 08 40	87 80 61 65 31	91 51 80 32 44
44	10 08 58 21 66	72 68 49 29 31	89 85 84 46 06	59 73 19 85 23	65 09 29 75 63
45	47 90 56 10 08	88 02 84 27 83	42 29 72 23 19	66 56 45 65 79	20 71 53 20 25
46	22 85 61 68 90	49 64 92 85 44	16 40 12 89 88	50 14 49 81 06	01 82 77 45 12
47	67 80 43 79 33	12 83 11 41 16	25 58 19 68 70	77 02 54 00 52	53 43 37 15 26
48	27 62 50 96 72	79 44 61 40 15	14 53 40 65 39	27 31 58 50 28	11 39 03 34 25
49	33 78 80 87 15	38 30 06 38 21	14 47 47 07 26	54 96 87 53 32	40 36 40 96 76
50	13 13 92 66 99	47 24 49 57 74	32 25 43 62 17	10 97 11 69 84	99 63 22 32 98

附表 17 百分率与概率单位换算表

%	0.0	0.1	0.2	0.3	0.4	0.5	0.6	0.7	0.8	0.9
0	—	1.9098	2.1218	2.2522	2.3479	2.4242	2.4879	2.5427	2.5911	2.6344
1	2.6737	2.7096	2.7429	2.7738	2.8027	2.8299	2.8556	2.8799	2.9031	2.9251
2	2.9463	2.9665	2.9859	3.0046	3.0226	3.0400	3.0569	3.0732	3.0890	3.1043
3	3.1192	3.1337	3.1478	3.1616	3.1750	3.1881	3.2009	3.2134	3.2256	3.2376
4	3.2493	3.2608	3.2721	3.2831	3.2940	3.3046	3.3151	3.3253	3.3354	3.3454
5	3.3551	3.3648	3.3742	3.3836	3.3928	3.4018	3.4107	3.4195	3.4282	3.4368
6	3.4452	3.4536	3.4618	3.4699	3.4780	3.4859	3.4937	3.5015	3.5091	3.5167
7	3.5242	3.5316	3.5389	3.5462	3.5534	3.5605	3.5675	3.5745	3.5813	3.5882
8	3.5949	3.6016	3.6083	3.6148	3.6213	3.6278	3.6342	3.6405	3.6468	3.6531
9	3.6592	3.6654	3.6715	3.6775	3.6835	3.6894	3.6953	3.7012	3.7070	3.7127
10	3.7184	3.7241	3.7298	3.7354	3.7409	3.7464	3.7519	3.7574	3.7628	3.7681
11	3.7735	3.7788	3.7840	3.7893	3.7945	3.7996	3.8048	3.8099	3.8150	3.8200
12	3.8250	3.8300	3.8350	3.8399	3.8448	3.8497	3.8545	3.8593	3.8641	3.8699
13	3.8736	3.8783	3.8830	3.8877	3.8923	3.8969	3.9015	3.9061	3.9107	3.9152
14	3.9197	3.9242	3.9286	3.9331	3.9375	3.9419	3.9463	3.9506	3.9550	3.9593
15	3.9636	3.9678	3.9721	3.9763	3.9806	3.9848	3.9890	3.9931	3.9973	4.0014
16	4.0055	4.0096	4.0137	4.0178	4.0218	4.0259	4.0299	4.0339	4.0379	4.0419
17	4.0458	4.0498	4.0537	4.0567	4.0615	4.0654	4.0693	4.0731	4.0770	4.0808
18	4.0846	4.0884	4.0922	4.0960	4.0998	4.1035	4.1073	4.1110	4.1147	4.1184
19	4.1221	4.1258	4.1295	4.1331	4.1367	4.1404	4.1440	4.1476	4.1512	4.1548
20	4.1584	4.1619	4.1655	4.1690	4.1726	4.1761	4.1796	4.1831	4.1866	4.1901
21	4.1936	4.1970	4.2005	4.2039	4.2074	4.2108	4.2142	4.2176	4.2210	4.2244
22	4.2278	4.2312	4.2345	4.2379	4.2412	4.2446	4.2479	4.2512	4.2546	4.2579
23	4.2612	4.2644	4.2677	4.2710	4.2743	4.2775	4.2808	4.2840	4.2872	4.2905
24	4.2937	4.2969	4.3001	4.3033	4.3065	4.3097	4.3129	4.3160	4.3192	4.3224
25	4.3255	4.3287	4.3318	4.3349	4.3380	4.3412	4.3443	4.3474	4.3505	4.3536
26	4.3567	4.3597	4.3628	4.3659	4.3689	4.3720	4.3750	4.3781	4.3811	4.3842
27	4.3872	4.3902	4.3932	4.3962	4.3992	4.4022	4.4052	4.4082	4.4112	4.4142
28	4.4172	4.4201	4.4231	4.4260	4.4290	4.4319	4.4349	4.4378	4.4408	4.4437
29	4.4466	4.4495	4.4524	4.4554	4.4583	4.4612	4.4641	4.4670	4.4698	4.4727
30	4.5756	4.4785	4.4813	4.4842	4.4871	4.4899	4.4928	4.4956	4.4985	4.5013
31	4.5041	4.5070	4.5098	4.5126	4.5155	4.5183	4.5211	4.5239	4.5267	4.5295
32	4.5323	4.5351	4.5379	4.5407	4.5435	4.5462	4.5490	4.5518	4.5546	4.5573
33	4.5601	4.5628	4.5656	4.5684	4.5711	4.5739	4.5766	4.5793	4.5821	4.5848
34	4.5875	4.5903	4.5930	4.5957	4.5984	4.6011	4.6039	4.6066	4.6093	4.6120
35	4.6147	4.6174	4.6201	4.6228	4.6255	4.6281	4.6308	4.6335	4.6362	4.6389
36	4.6415	4.6442	4.6469	4.6495	4.6522	4.6549	4.6575	4.6602	4.6628	4.6655
37	4.6681	4.6708	4.6734	4.6761	4.6787	4.6814	4.6840	4.6866	4.6893	4.6919
38	4.6945	4.6971	4.6998	4.7024	4.7050	4.7076	4.7102	4.7129	4.7155	4.7181
39	4.7207	4.7233	4.7259	4.7285	4.7311	4.7337	4.7363	4.7389	4.7415	4.7441
40	4.7467	4.7492	4.7518	4.7544	4.7570	4.7596	4.7622	4.7647	4.7673	4.7699
41	4.7725	4.7750	4.7776	4.7802	4.7827	4.7853	4.7879	4.7904	4.7930	4.7955
42	4.7981	4.8007	4.8032	4.8058	4.8083	4.8109	4.8134	4.8160	4.8185	4.8211
43	4.8236	4.8262	4.8287	4.8313	4.8338	4.8363	4.8389	4.8414	4.8440	4.8465
44	4.8490	4.8516	4.8541	4.8566	4.8592	4.8617	4.8642	4.8668	4.8693	4.8718
45	4.8743	4.8769	4.8794	4.8819	4.8844	4.8870	4.8895	4.8920	4.8945	4.8970
46	4.8996	4.9021	4.9046	4.9017	4.9096	4.9122	4.9147	4.9172	4.9197	4.9222
47	4.9247	4.9272	4.9298	4.9323	4.9348	4.9373	4.9398	4.9423	4.9448	4.9473
48	4.9498	4.9524	4.9549	4.9574	4.9599	4.9624	4.9649	4.9674	4.9699	4.9724
49	4.9749	4.9774	4.9799	4.9825	4.9850	4.9875	4.9900	4.9925	4.9950	4.9975

续表

%	0.0	0.1	0.2	0.3	0.4	0.5	0.6	0.7	0.8	0.9
50	5.0000	5.0025	5.0050	5.0075	5.0100	5.0125	5.0150	5.0175	5.0201	5.0226
51	5.0251	5.0276	5.0301	5.0326	5.0351	5.0376	5.0401	5.0426	5.0451	5.0476
52	5.0502	5.0527	5.0552	5.0577	5.0602	5.0627	5.0652	5.0677	5.0702	5.0728
53	5.0753	5.0778	5.0803	5.0828	5.0853	5.0878	5.0904	5.0929	5.0954	5.0979
54	5.1004	5.1030	5.1055	5.1080	5.1105	5.1130	5.1156	5.1181	5.1206	5.1231
55	5.1257	5.1282	5.1307	5.1332	5.1358	5.1383	5.1408	5.1434	5.1459	5.1484
56	5.1510	5.1535	5.1560	5.1586	5.1611	5.1637	5.1662	5.1687	5.1713	5.1738
57	5.1764	5.1789	5.1815	5.1840	5.1866	5.1891	5.1917	5.1942	5.1968	5.1993
58	5.2019	5.2045	5.2070	5.2096	5.2121	5.2147	5.2173	5.2198	5.2224	5.2250
59	5.2275	5.2301	5.2327	5.2353	5.2378	5.2404	5.2430	5.2456	5.2482	5.2508
60	5.2533	5.2559	5.2585	5.2611	5.2637	5.2663	5.2689	5.2715	5.2741	5.2767
61	5.2793	5.2819	5.2845	5.2871	5.2898	5.2924	5.2950	5.2976	5.3002	5.3029
62	5.3055	5.3081	5.3107	5.3134	5.3160	5.3186	5.3213	5.3239	5.3266	5.3292
63	5.3319	5.3345	5.3372	5.3398	5.3425	5.3451	5.3478	5.3505	5.3531	5.3558
64	5.3585	5.3611	5.3638	5.3665	5.3692	5.3719	5.3745	5.3772	5.3799	5.3826
65	5.3853	5.3880	5.3907	5.3934	5.3961	5.3989	5.4016	5.4043	5.4070	5.4097
66	5.4125	5.4152	5.4179	5.4207	5.4234	5.4261	5.4289	5.4316	5.4344	5.4372
67	5.4399	5.4427	5.4454	5.4482	5.4510	5.4538	5.4565	5.4593	5.4621	5.4649
68	5.4677	5.4705	5.4733	5.4761	5.4789	5.4817	5.4845	5.4874	5.4902	5.4930
69	5.4959	5.4987	5.5015	5.5044	5.5072	5.5101	5.5129	5.5158	5.5187	5.5215
70	5.5244	5.5273	5.5302	5.5330	5.5359	5.5388	5.5417	5.5446	5.5476	5.5505
71	5.5534	5.5563	5.5592	5.5622	5.5651	5.5681	5.5710	5.5740	5.5769	5.5799
72	5.5828	5.5858	5.5888	5.5918	5.5948	5.5978	5.6008	5.6038	5.6068	5.6098
73	5.6128	5.6158	5.6189	5.6219	5.6250	5.6280	5.6311	5.6341	5.6372	5.6403
74	5.6433	5.6464	5.6495	5.6526	5.6557	5.6588	5.6620	5.6651	5.6682	5.6713
75	5.6745	5.6776	5.6808	5.6840	5.6871	5.6903	5.6935	5.6967	5.6999	5.7031
76	5.7063	5.7095	5.7128	5.7160	5.7192	5.7225	5.7257	5.7290	5.7323	5.7356
77	5.7388	5.7421	5.7454	5.7488	5.7521	5.7554	5.7588	5.7621	5.7655	5.7688
78	5.7722	5.7756	5.7790	5.7824	5.7858	5.7892	5.7926	5.7961	5.7995	5.8030
79	5.8064	5.8099	5.8134	5.8169	5.8204	5.8239	5.8274	5.8310	5.8345	5.8381
80	5.8416	5.8452	5.8488	5.8524	5.8560	5.8596	5.8633	5.8669	5.8705	5.8742
81	5.8779	5.8816	5.8853	5.8890	5.8927	5.8965	5.9002	5.9040	5.9078	5.9116
82	5.9154	5.9192	5.9230	5.9269	5.9307	5.9346	5.9385	5.9424	5.9463	5.9502
83	5.9542	5.9581	5.9621	5.9661	5.9701	5.9741	5.9782	5.9822	5.9863	5.9904
84	5.9945	5.9986	6.0027	6.0069	6.0110	6.0152	6.0194	6.0237	6.0279	6.0322
85	6.0364	6.0407	6.0450	6.0494	6.0537	6.0581	6.0625	6.0669	6.0714	6.0758
86	6.0803	6.0848	6.0893	6.0939	6.0985	6.1031	6.1077	6.1123	6.1170	6.1217
87	6.1264	6.1311	6.1359	6.1407	6.1455	6.1503	6.1552	6.1601	6.1650	6.1700
88	6.1750	6.1800	6.1850	6.1901	6.1952	6.2004	6.2055	6.2107	6.2160	6.2212
89	6.2265	6.2319	6.2372	6.2426	6.2481	6.2536	6.2591	6.2646	6.2702	6.2759
90	6.2816	6.2873	6.2930	6.2988	6.3047	6.3106	6.3165	6.3225	6.3285	6.3346
91	6.3408	6.3469	6.3532	6.3595	6.3658	6.3722	6.3787	6.3852	6.3917	6.3984
92	6.4051	6.4118	6.4187	6.4255	6.4325	6.4395	6.4466	6.4538	6.4611	6.4684
93	6.4758	6.4833	6.4909	6.4985	6.5063	6.5141	6.5220	6.5301	6.5382	6.5464
94	6.5548	6.5632	6.5718	6.5805	6.5893	6.5982	6.6072	6.6164	6.6258	6.6352
95	6.6449	6.6546	6.6646	6.6747	6.6849	6.6954	6.7060	6.7169	6.7279	6.7392
96	6.7507	6.7624	6.7744	6.7866	6.7991	6.8119	6.8250	6.8384	6.8522	6.8663
97	6.8808	6.8957	6.9110	6.9268	6.9431	6.9600	6.9774	6.9954	7.0141	7.0335
98	7.0537	7.0749	7.0969	7.1201	7.1444	7.1701	7.1973	7.2262	7.2571	7.2904
99	7.3263	7.3656	7.4089	7.4573	7.5121	7.5758	7.6521	7.7478	7.8782	8.0902

附表 18　加权系数

估计概率单位，$\hat{Y}$	加权系数 w	极小值 α	全距 β	估计概率单位，$\hat{Y}$	加权系数 w	极小值 α	全距 β
1.1	0.00082	0.8578	5033.84	5.1	0.63431	3.7401	2.5192
1.2	0.00118	0.9521	3425.28	5.2	0.62742	3.7187	2.5573
1.3	0.00167	1.0462	2354.16	5.3	0.61609	3.6798	2.6220
1.4	0.00235	1.1399	1634.25	5.4	0.60052	3.6203	2.7154
1.5	0.00327	1.2334	1145.89	5.5	0.58099	3.536	2.8404
1.6	0.00451	1.3205	811.54	5.6	0.55788	3.422	3.0010
1.7	0.00614	1.4193	580.53	5.7	0.53159	3.2724	3.2025
1.8	0.00828	1.5118	419.45	5.8	0.5026	3.0794	3.4519
1.9	0.01104	1.6038	306.11	5.9	0.47144	2.8335	3.7582
2.0	0.01457	1.6954	225.639	6.0	0.43863	2.5229	4.1327
2.1	0.01903	1.7865	167.996	6.1	0.40474	2.1325	4.5903
2.2	0.02458	1.8772	126.335	6.2	0.37031	1.6429	5.1497
2.3	0.03143	1.9673	95.961	6.3	0.33589	1.0295	5.8354
2.4	0.03977	2.0568	73.622	6.4	0.30199	0.2606	6.6788
2.5	0.04979	2.1457	57.051	6.5	0.26907	−0.7051	7.7210
2.6	0.06168	2.2339	44.654	6.6	0.23753	−1.9214	9.0154
2.7	0.07564	2.3214	35.302	6.7	0.20774	−3.4589	10.6327
2.8	0.09179	2.4081	28.189	6.8	0.17994	−6.4111	12.6662
2.9	0.11026	2.4938	22.736	6.9	0.15436	−7.9026	15.2402
3.0	0.13112	2.5786	18.5216	7.0	0.13112	−11.1002	18.5216
3.1	0.15436	2.6624	15.2402	7.1	0.11026	−15.230	22.736
3.2	0.17994	2.7449	12.6662	7.2	0.09179	−20.597	28.189
3.3	0.20774	2.8261	10.6327	7.3	0.07564	−27.623	35.302
3.4	0.23753	2.9060	9.0154	7.4	0.06168	−36.888	44.65
3.5	0.26907	2.9842	7.7210	7.5	0.04979	−49.196	57.051
3.6	0.30199	3.0606	6.6788	7.6	0.03977	−65.678	73.622
3.7	0.88589	3.1351	5.8354	7.7	0.03143	−87.928	95.961
3.8	0.37031	3.2704	5.1497	7.8	0.02458	−118.212	126.335
3.9	0.40474	3.2773	4.5903	7.9	0.01903	−159.782	167.996
4.0	0.43863	3.3443	4.1327	8.0	0.01457	−217.335	225.639
4.1	0.47144	3.4083	3.7582	8.1	0.01104	−297.71	306.11
4.2	0.50260	3.4687	3.4519	8.2	0.00828	−410.96	419.45
4.3	0.53159	3.5251	3.2025	8.3	0.00614	−571.95	580.53
4.4	0.55788	3.5770	3.0010	8.4	0.00451	−802.87	811.54
4.5	0.58099	3.6236	2.8404	8.5	0.00327	−1137.13	1145.89
4.6	0.60052	3.6643	2.7154	8.6	0.00235	−1625.39	1634.25
4.7	0.61609	3.6982	2.6220	8.7	0.00167	−2345.20	2354.16
4.8	0.62742	3.7241	2.5573	8.8	0.00118	−3416.23	3425.28
4.9	0.63431	3.7407	2.5192	8.9	0.00082	−5024.70	5033.84
5.0	0.63662	3.7467	2.5068	9.0	0.00057	−7462.92	7472.15

附录二　英汉名词对照表

A

acceptability　可接受性
accuracy　准确度
actual frequency　实际频数
actual agreement beyond chance　实际一致性
adjusted agreement　调整一致率
adjusted determinant　校正决定系数
Adjusted determination coefficient　校正决定系数
adjusted mortality rate　调整死亡率
adjusted R-square　调整 R^2
age specific probability of death　年龄别死亡概率
age-specific death rate, ASDR　年龄别死亡率
age-specific fertility rate, ASFR　年龄别生育率
age specific probability of dying　年龄组死亡概率
agreement/consistency　符合率
aggregated data　合计数据
Akaike Information Criterion　AIC检验法
All clusters　所有聚类
Alpha factoring　α因子法
alternative hypothesis　对立假设、备择假设
ambispective cohort study　双向性队列研究
analysis of variance, ANOVA　方差分析
analytical study　分析性研究
angular transformation　角度变换
animal experiment　动物实验
arcsine square root transformation　平方根反正弦变换
arithmetic mean　算术均数
assumption free statistics　无分布形式假定
attributable risk percent, ARP　归因危险度百分比
average　平均数

B

balance　均衡性
balanced design　平衡设计
bar chart　直条图
bar graph　条图
Between-groups linkage　组间平均联结法
bias　偏性、偏倚
binary variable　二分类变量
binomial distribution　二项分布
Binegative Exponential　二次负指数分布
Biostatistics　生物统计学
blank control　空白对照
blind method　盲法
blind trial　盲法试验
block randomization　区组随机化
box plot　箱式图

C

canonical discriminant　典则判别
case　病例
case fatality rate, CFR　病死率
case report form, CRF　病例报告表
case-control study　病例对照研究
case study　个案研究
cause eliminated table　去死因寿命表
cause-specific death rate, CSDR　死因别死亡率
censored　截尾
censored data　截尾数据
Centroid Clustering　重心聚类法
categorical data　分类资料
categorical variable　分类变量
census　人口普查
central limit theorem　中心极限定理
central tendency　集中趋势
Centroid clustering　重心法
certain event　必然事件
chance agreement　机遇一致性
chance line　机会线
chi - square distribution　χ^2 分布
chi - square rest　χ^2 检验
chi - square distribution　χ^2 分布
chi - square rest　χ^2 检验
circle graph　圆图
circle graph　圆图
critical value　临界值
class interval　组距
class limit　组限
class mid-value　组中值
classification of diseases　疾病分类
class interval　组距
class limit　组限
class mid-value　组中值

classification of diseases　疾病分类
Classification　分类
clinical trial　临床试验
cluster sampling　整群抽样
cluster analysis　聚类分析
Cluster Method　聚类方法
cluster sampling　整群抽样
coefficient of determination　决定系数
coefficient of kurtosis,KURT　峰度系数
coefficient of skewness,SKEW　偏度系数
coefficient of variation,*CV*　变异系数
cohort　队列
cohort life table　队列寿命表
cohort study　队列研究
collinearity　共线性
common factor　公因子
complete data　完全数据(资料)
complete randomization　完全随机化
completely randomized design　完全随机设计
complete survey　全面调查
complete linkage　完全关联法
compliance　依从性
compound symmetry　复合对称性
condition index　条件指数
conditional logistic regression　条件 Logistic 回归
conditional mean　条件均数
confidence band　可信带
confidence interval,*CI*　可信区间
confidence level　置信水平
confounder　混杂因素
confounding　混杂
confounding bias　混杂偏倚
confounding factor　混杂因素
consistency test　一致性检验
consistency rate　一致率
consistency percent　一致百分率
contingency coefficient　列联系数
contingency table　列联表
continuous variable　连续型变量
control　对照
control group　对照组
Coordinate points of the ROC Curve ROC　曲线上各点的坐标值
correlation　相关
correlation coefficient　相关系数
cosine　夹角余弦
cost-effectiveness　经济效益
cost-benefit analysis　成本效益分析
cost-effect analysis　成本效果分析
cost-utility analysis　成本效用分析
count data　计数资料
covariance matrix　协方差阵
covariates　协变量
Cox's proportional hazard regression model Cox 比例风险回归模型
cross validation　交叉核实法
crude accuracy　粗符合率
crude birth rate,CBR　粗出生率
crude death rate,CDR　粗死亡率
cumulative incidence　累积发病率
cumulative incidence probability, CIP　累积发病概率
current life table　现时寿命表

D

data　数据、资料
data transformation　数据变换
degree of freedom　自由度
dependency ratio　负担系数
dependent variable　应变量
Dendrogram　树状图
descriptive study　描述性研究
descriptive survey　描述性调查
design　设计
design of experiment,DOE　实验设计
diagnosis test　诊断试验
diagnostic criteria　诊断标准
diagnostic index　诊断指数
Direct Oblimin　直接最小斜交旋转
disability adjusted life year　伤残调整寿命年
discrete variable　离散型变量
discriminant analysis　判别分析
Display　显示
dose response　剂量反应
dose-response relationship　剂量－反应关系
dose response curve　剂量反应曲线
double blind method　双盲法
double blind trial　双盲试验
dummy medication　伪药物
dummy variable　假变量、哑变量
dynamic series　动态数列

E

eigenvalue　特征根

emergency envelope 应急事件
end-point 观察终点
eigenvalue 特征值(根)
eigenvector 特征向量
equal variances 方差齐性
Equamax 相等最大正交旋转
ethics committee 伦理委员会
etiologic fraction 病因分值
Euclidean distance 欧几里德(氏)距离法
evaluation 评价
exact probability 确切概率
exact probabilities in 2×2 table 四格表确切概率法
excess risk 超额危险度
exclusion criteria 排除标准
experiment effect 实验效应
experiment group 实验组
experimental control 实验对照
experimental design 实验设计
experimental effect 实验效应
experimental study 实验性研究
exposure 暴露

F

F distribution *F* 分布
F test *F* 检验
face to face interview 面对面采访
factor 因素
factorial design 析因设计
factor loading 因子载荷
factor analysis 因子分析
failure event 死亡事件
false-positive 假阳性
false positive rate 假阳性率
false negative rate 假阴性率
field trial 现场试验
finite population 有限总体
Fisher's least significant difference *t* test LSD-*t* 检验
focus group discussion 专题小组讨论
follow - up study 随访研究
Forward 前进法
fourfold table 四格表
frequency distribution table 频数分布表
frequency table method 频数表法
Friedman test Friedman 检验
Furthest neighbor 最长距离法

G

Gaussian distribution Gauss 分布
general fertility rate,GFR 总生育率
Generalized least squares 广义最小二乘法
geometric mean 几何均数
gold standard 金标准
Good Clinical Practice,GCP 药品临床试验管理规范
goodness of fit test 拟合优度检验
gross reproduction rate,GRR 粗再生育率

H

harmonic mean 调和均数
hazard function 风险函数
histogram 直方图
historical control 历史对照
homogeneity 同质
homogeneity of variance 方差齐性
homogeneity of variance test 方差齐性检验
hypothesis test 假设检验

I

Icicle 冰柱图
Image factoring 影像因子法
incidence density,*ID* 发病密度
incidence probability,*IP* 发病概率
incidence rate,*IR* 发病率
inclusion criteria 纳入标准
independence 独立性
independent variable 自变量
indicator 指标
individual 个体
individual variation 个体变异
infant mortality rate,IMR 婴儿死亡率
infinite population 无限总体
information bias 信息偏倚
informed consent 知情同意
initial event 起始事件
interaction 交互作用、交互效应
intercept 截距
inter-percentiles range 百分位数间距
inter-quartiles range 四分位数间距
interval estimation 区间估计
internal reference 内参照
intervention study 干预性研究

J

jackknife 刀切法
judgmental sampling 判断抽样

K

Kappa statistic　Kappa 值
Kruskal-Wallis rank sum testKruskal-Wallis　秩和检验
kurtosis　峰度

L

least square method　最小二乘法
least squared estimation, LSE　最小二乘估计
level　水平
Levene′s test Levene　检验
life expectancy　期望寿命
life table　寿命表或生命表
life-time fertility rate, LTFR　终生生育率
likelihood ratio chi-square　似然比 χ^2
likelihood ratio test　似然比检验
line graph　线图
linear correlation　线性相关
linear correlation coefficient　直线相关系数
linear regression equation　直线回归方程
linearity　线性
loading　载荷
logarithmic transformation　对数变换
log-rank test　对数秩检验
logistic regression logistic　回归
losses to follow-up　失访偏倚
lower limit　下限

M

Mahalanobis Distance　马氏距离法
main effect　主效应
maternal mortality rate　孕产妇死亡率
matching　匹配
maximum likelihood ratio test　似然比检验
maximum likelihood, ML　最大似然法
mean　均数
mean square deviation　均方差
mean square, MS　均方
measurement data　计量资料
median　中位数
Median clustering　中间距离法
median effective dose, ED_{50}　半数效量
medical ethics　医学伦理学
medical reference range　医学参考值范围
medical statistician　医学统计学家
medical statistics　医学统计学
median survival time　中位生存时间
Measure　测度
method of least square　最小二乘法
minimum effective dose　最小剂量
Missing Value　缺失值
mode　众数
morbidity statistics　疾病统计
mortality probability　死亡概率
mortality rate　死亡率
multiple comparisons　多重比较(两两比较)
multiple correlation coefficient　复相关系数
multiple linear correlation　多重线性相关
multiple linear regression　多重线性回归
multiple regression　多重回归
multi-stage sampling　多阶段抽样

N

Nearest neighbor　最短距离法
negative correlation　负相关
negative likelihood ratio　阴性似然比
negative predictive value　阴性预测值
negative skewness　负偏态
neonatal mortality rate, NMR　新生儿死亡率
nominative variable　名义变量
Nonparametric　非参数分布
nonparametric statistics　非参数统计
nonparametric test　非参数检验
non-probability sampling　非概率抽样
normal curve　正态曲线
normal distribution　正态分布
normality　正态性
normality test　正态性检验
null hypothesis　无效假设、零假设
number of survivors　生存人数
number of survival person-year　生存人年数

O

observed agreement　观察一致性
observation index　观察指标
observational study　观察性研究
odds　优势
odds ratio, *OR*　优势比、比值比
one-sided test　单侧检验
one-tailed probability　单侧概率
one-tailed test　单侧检验
one-way ANOVA　单因素方差分析
ordinal variable　有序变量
Ordinal Clustering Methods　有序样品聚类方法
ordinal data　等级资料
orthogonal design　正交设计

over matching 过度匹配
overall survey 普查

P

paired design 配对设计
paired sample 配对样本
paired t-test 配对 t 检验
parallel level 平行试验
parameter estimation 参数估计
parametric test 参数检验
partial correlation coefficient 偏相关系数
partial regression coefficient 偏回归系数
partial likelihood function 偏似然函数
Pearson's correlation coefficient Pearson 相关系数
percent bar graph 百分条图
percentile, P_X 百分位数
perinatal mortality 围产儿死亡率
period prevalence rate 期间患病率
person-time incidence rate 人时发病率
person-year of survival 生存人年数
physical quality-of-life index 生命质量指数
pie chart 圆图
placebo control 安慰剂对照
point estimation 点估计
point prevalence rate 时点患病率
Poisson distribution Poisson 分布
population 总体
population attributable risk 人群归因危险度
population etiologic fraction 人群病因分值
positive correlation 正相关
positive likelihood ratio 阳性似然比
positive predictive value 阳性预测值
positive agreement 阳性符合率
positive skewness 正偏态
potential agreement beyond chance 非机遇一致性
posterior probability 后验概率
postneonatal mortality rate, PNMR 新生儿后期死亡率
power 检验效能
power of a test 检验效能
precision 精密度
predicted values 预测值
prediction band 预测带
prediction interval 预测区间
predictor 预测变量
prevalence rate, PR 患病率
prevalence survey 现况调查
Principal component 主成分
Principal component analysis 主成分分析
Principal axis factoring 主轴因子法
prior probability 先验概率
probability 概率
probability distribution 概率分布
probability function 概率函数
probability sampling 概率抽样
probability-probability plot, P-P plot 概率图(P-P 图)
probability theory 概率论
probability unit method 概率单位法
Promax 最大斜交旋转
proportion 构成比
proportion of child population 少年儿童人口系数
proportion of old population 老年人口系数
prospective study 前瞻性研究
prospective cohort study 前瞻性队列研究
protocol 试验计划

Q

quality adjusted life year 质量调整寿命年
qualitative data 定性资料
qualitative research 定性调查
quantile-quantile plot, Q-Q plot 分位数图(Q - Q 图)
quantitative 定量
quantitative data 定量资料
quantitative variable 定量变量
quantitative research 定量调查
quartile range, Q 四分位数间距
Quartimax 四分位最大正交旋转
questionnaire 调查问卷

R

random error 随机误差
random event 随机事件
random experiment 随机试验
random number 随机数
random phenomenon 随机现象
random sample 随机样本
random sampling 随机抽样
random variable 随机变量
randomization 随机化
randomization list 随机分配表
randomized block design 随机区组设计
randomized controlled trial, RCT 随机对照试验
randomized response technique 随机应答技术

range, R 全距、极差
rank correlation 秩相关
rank sum test 秩和检验
rank transformation 秩转换
rate 率
rate difference 归因危险度
ratio 比
ratio of old to young 老少比
Rao′s V 劳氏 V 值法
receiver operating characteristic curve 受试者工作特征曲线
reciprocal transformation 倒数变换
Relative to an identified distribution unit Ridit 分析
reference range 参考值范围
reference value 参考值
regression analysis 回归分析
regression equation 回归方程
relative number 相对数
relative ratio 相对比
relative risk, *RR* 相对危险度
reliability 信度
repeated measurement data 重复测量数据
replication 重复
residual standard deviation 剩余标准差
response 反应
response variable 反应变量
residual 残差
retrospective cohort study 回顾性队列研究
risk factor 危险因素
risk ratio 危险比或率比
risk set 危险集
ROC curve ROC 曲线
Rotation method 旋转方法

S

sample 样本
sample size 样本量、样本含量
sampling 抽样
sampling error 抽样误差
sampling research 抽样研究
sampling survey 抽样调查
scatter plot 散点图
screening test 筛检试验
self-controls 自身前后对照
semi-logarithmic linear chart 半对数线图
sensitivity 灵敏度
series test 系列试验
simple linear regression 简单直线回归
simple linear regression model 简单线性回归模型
simple random sampling 单纯随机抽样
simple randomization 简单随机化
simple randomized design 简单随机分组设计
simple regression 简单回归
single blind method 单盲法
single blind trial 单盲试验
Single linkage 简单连接
size of a test 检验水准
Smallest F ratio 最小 F 比法
Spearman′s rank correlation Spearman 等级相关
specific death rate 死亡专率
specificity 特异度
specific factor 特殊因子
specific variance 特殊因子方差
sphericity 球形性
Square Euclidean distance 欧几里德距离平方
square root transformation 平方根变换
square multiple correlation coefficient 决定系数
standard control 标准对照
standard deviation, *S* 标准差
standard error of estimate 估计的标准误
standard error 标准误
standard normal deviate 标准正态离差
standard normal distribution 标准正态分布
standardized mortality rate 标准化死亡率
standardized mortality ratio, *SMR* 标准化死亡比
standardized partial regression coefficient 标准偏回归系数
standardized rate 标准化率
Standard error and confidence interval 标准误及可信区间
Start cluster 起始聚类
State Variable 状态变量
statistic 统计量
Statistical Analysis System, SAS 统计分析系统
statistical description 统计描述
statistical graph 统计图
statistical index 统计指标
statistical inference 统计推断
statistical package 统计软件包
Statistical Package for Social Sciences, SPSS 社会科学统计软件包
statistical significance 有统计学意义

statistical table 统计表
statistical test 统计检验
statistics 统计学
Stepwise 逐步回归法
strata 层
stratified random sampling 分层随机抽样
stratified randomization 分层随机化
stratified sampling 分层抽样
Stop cluster 终止聚类
Student's t-distribution Student t 分布
study population 研究总体
study subjects 受试对象
sum of square 离均差平方和
sum of squares for partial regression 偏回归平方和
survey design 调查设计
survey research 调查研究
survival data 生存资料
survival probability 生存概率
survival rate 生存率
survival time 生存时间
synthetic evaluation 综合评价
systematic error 系统误差
systematic sampling 系统抽样

T

t test t 检验
table of random number 随机数字表
target population 目标总体
t-distribution t 分布
tendency of dispersion 离散趋势
Test Variable 检验变量
Test Direction 检验方向
test-retest reliability 重测信度
The Package for Encyclopaedia of Medical Statistics 《中国医学百科全书·医学统计学》统计软件包
theoretical frequency 理论频数
tie 相持
tolerance 容忍度
total fertility rate, TFR 总和生育率
total person-years of survival 生存总人年数
total variation 总变异
treatment 处理
treatment effect 处理效应
treatment factor 处理因素
triple blind method 三盲法
true positive rate 真阳性率
true negative rate 真阴性率
two-tailed probability 双侧概率
two-way ANOVA 两因素方差分析
type I error 第一类错误,I 型错误
type II error 第二类错误,II 型错误
typical survey 典型调查

U

uncomplete data 不完全资料
unconditional logistic regression 非条件 Logistic 回归
uncontrolled studies 无对照研究
Unexplained variance 未解释方差法
univariate 单变量
Unweight least squares 未加权最小二乘法
upper limit 上限
Use stepwise method 选用逐步判别法

V

validity 效度,真实性
Value of State Variable 状态变量值
variable 变量
variable value 变量值
variance 方差
variance inflation factor 方差膨胀因子
Varimax 方差最大正交旋转
Varimax orthogonal rotation 方差最大正交旋转
variation 变异
variation between groups 组间变异
variation within groups 组内变异

W

Ward's minimum variance method Ward 最小方差法
Ward's method 离差平方和法
weight 权重
Weight cases 加权例数
weighting coefficient 权重系数
weighting method 加权法
Wilcoxon rank sum test Wilcoxon 秩和检验
Wilcoxon signed rand test Wilcoxon 符号秩和检验
Wilk's Lambda 威尔克斯 λ 法
With diagonal reference line 带对角参考线
Within-groups linkage 组内平均联结法

Y

Youden's index Youden 指数

Z

Z test Z 检验
zero correlation 零相关